Modernes Fürstenrecht

Von

Dr. Hermann Rehm,

Professor der Rechte an der Universität Strassburg i. E.

München 1904.

J. Schweitzer Verlag (Arthur Sellier).

Kgl. Hof- u. Univers.-Buchdruckerei von Fr. Junge (Junge & Sohn) Erlangen

Vorwort.

Ihre äußere Anregung empfing nachstehende Einzelschrift durch die Tatsache, daß die heutige Staatsrechtslehre in der großen Mehrheit ihrer Vertreter der Anschauung huldigt, das Staatswesen könne Thronanwartschaftsrechte jeder Art durch seine Gesetzgebung einseitig aufheben oder schmälern, ohne dadurch eine Rechtsverletzung zu begehen. Diese Zuständigkeit des Staates wird für so unbedingt feststehend erachtet, daß man es regelmäßig sogar als unnötig ansieht, in eine Erörterung darüber einzutreten, ob den also Geschädigten denn nicht wenigstens ein vermögensrechtlicher Ersatzanspruch gegen den Staat zustehe.

Meinem geschichtlichen Empfinden widersprach diese Anschauung von jeher. In Deutschland geschah der Übergang vom absoluten zum Verfassungsstaate nicht schroff mit einem Ruck, sondern vermittelnd allmählich. Nicht vom Staate, sondern von seinem Hause hatte der Fürst, welcher zum konstitutionellen Staatsprinzipe fortschritt, wie seine Vorgänger durch Jahrhunderte, die Gewalt überkommen, welche er neu formte. Nicht der moderne Staat hat das Königtum, sondern das Königtum den modernen Staat geschaffen. Sollte der Fürst der Gegenwart diese Macht seines Hauses völlig und ganz dem Staatswillen unterstellt, dem Staats- und Verfassungsgedanken untergeordnet haben? Stehen in unserem heutigen politischen Bewußtsein lediglich Fürst und Volk, nicht auch Dynastie und Volk als gegebene politische Größen einander gegenüber? Sollte hieraus nicht folgen, daß auch noch in diesen Tagen die Dynastie eine von Fürst und Volk unabhängige, d. h. durch letztere beide nicht einseitig entziehbare Rechtsstellung im Staatsganzen einnimmt?

Von diesem Gesichtspunkte aus trat ich an die aufgeworfene Frage heran. Nicht daß ich die herrschende Lehre mit historisch-politischen Gründen bekämpfen wollte. Mit juristischen und lediglich mit solchen soll es geschehen. Aber mich dünkt: darin liegt das Grundversehen der üblichen

Meinung, daß sie zu sehr nur den Weg der logischen Rechtsauslegung betritt, dem historischen Auslegungsmoment zu wenig Beachtung gönnt. Ich stelle innerhalb der Grenzen des Rechts in höherem Maße auch die historisch-politische Seite der Auslegung in Rechnung.

Das Studium vorliegender Einzelfrage, die Beweisführung über sie, erforderte eine Durcharbeitung der ganzen Materie des Fürstenrechts unter dem Gesichtspunkte der Umgestaltungen dieses Rechtsstoffes im modernen Staate. Und so entschloß ich mich zu einer systematischen Darstellung des Fürstenrechts insgesamt vom Standpunkte seiner heutigen Geltung.

Hieraus ergab sich aber weiteres. Die Entwicklung aus der Vergangenheit ließ ich bei Seite. Wo heutige Rechtsinstitute in jenen früheren Jahrhunderten wurzeln, beschränkte ich mich auf Darstellung dessen, was gilt. Nur soferne neue Fragen nicht ohne Einkehr beim Alten und Vergangenen lösbar erschienen, ging ich zurück. Ferner unterließ ich den Gang von Streitfragen aufzurollen, deren Ergebnis mir heute festzustehen schien. Hier faßte ich mich äußerst kurz. Endlich aber erörterte ich nur allgemeine, prinzipielle Fragen. Ihre Anwendung auf die einzelnen Fürstenfamilien, besonders die Verhältnisse der weitverzweigten Gesamthäuser, würde die Übersicht gestört haben. Lediglich soweit es die Beweisführung erfordert, ist auf konkrete Verhältnisse eingegangen. Im übrigen mag solch Einzeluntersuchung besonderen Gelegenheiten vorbehalten sein. Vorläufig sei hierfür auf die Einleitungen verwiesen, welche Schulze in seinem Werke „Die Hausgesetze der regierenden deutschen Fürstenhäuser“ (1862 bis 1883) jeder Abteilung vorausschickt. Eine „Überschau“, wenn ich so sagen darf, über die äußere Rechtsgeschichte der einzelnen Dynastien gibt Heffter, Die Sonderrechte der souveränen und der mediatisierten, vormals reichsständischen Häuser (1871).

Kaum der Erwähnung bedarf, daß die Darstellung gleichmäßig dem öffentlichen und dem privaten Rechte sich widmet.

Straßburg i. E., Ende Januar 1904.

Hermann Rehm.

Inhaltsverzeichnis.

Allgemeiner Teil.

Erstes Kapitel.

Die Stellung des landesherrlichen Hauses und landesherrlichen Hausrechtes zum Staate nach gegenwärtigem Recht.

Seite

§ 1. 1. Die herrschende Lehre 1

2. Das wirklich geltende Recht.

§ 2. a) Das Recht am Throne, nicht vom Staate verliehen. Die Bedeutung von Gottes Gnaden. Die Verfassungsurkunde nicht begründend, sondern voraussetzend 7

§ 3. b) Das Recht am Throne, nicht durch den Staat entziehbar. Thronverzichte und Rangausweichungen vor Anfall. Schiedsverträge über Thronfolge. Erbverbrüderungen. Unteilbarkeit. Kognatenerbfolge 22

§ 4. c) Die reichsrechtliche Anerkennung der Unentziehbarkeit . 64

§ 5. d) Die Folgen rechtswidriger Entziehung oder Schmälerung agnatischer Rechte. Entschädigungsansprüche 79

Zweites Kapitel.

Das Wesen der landesfürstlichen Familiengewalt und der Begriff des landesherrlichen Hauses.

§ 6. 1. Das Wesen der landesfürstlichen Familiengewalt. Eine Schöpfung des modernen Staates. Demgemäß Häuptern nichtregierender Häuser und Chefs von Gesamthäusern als solchen nicht zustehend. Ihre Regelung durch Staatsgesetz, Hausgesetz, Hausverordnung. Hausrecht hier unter dem Staatsrecht . . 84

§ 7. 2. Der Begriff des landesherrlichen Hauses. Weitere und engere Bedeutung. Verhältnis beider zu einander 96

Seite

Drittes Kapitel.

Die Faktoren der fürstlichen Hausgesetzgebung.

§ 8. Die Satzungsgewalt des fürstlichen Hauses einstens. Die Auffassung der absoluten Zeit nach Auflösung des alten Reiches. Die Umstimmung durch das Verfassungsprinzip. Die agnatische Zustimmung in der Gegenwart 103

Viertes Kapitel.

Die Rechtswirkungen der Mitgliedschaft im landesfürstlichen Hause.

§ 9. 1. Notwendige, natürliche und zufällige Wirkungen. Unterordnung unter die Hausgesetzgebung und Hausgewalt, Ebenbürtigkeit, äußere Ehrenstellung. — Teilnahme an der Hausgesetzgebung, Anspruch auf Versorgung, Anwartschaft am Hausvermögen, Mitverfügung über dessen Substanz, Thronfolgefähigkeit. — Teilnahme am Familienrat und der laufenden Verwaltung des Hausvermögens, Bestätigung für den Hofstaat, Regentschaftsfähigkeit, Mitgliedschaft in der ersten Kammer und im Staatsrat, erhöhter strafrechtlicher Schutz der Ehre, besonderes Privatrecht, Vorrechte in bezug auf Gerichtsstand, Wehrpflicht, Steuerpflicht, Heereslasten, Prozeßprivilegien 115

§ 10. 2. Inhalt der Mitgliedschaft im weiteren und im engeren Hause 118

§ 11. 3. Die öffentlichrechtlichen und die privatrechtlichen Wirkungen der Mitgliedschaft. Die rechtliche Natur von Zivilliste, Apanagen und anderen Ansprüchen. Das rechtliche Wesen der einzelnen Äußerungen der Familiengewalt 122

§ 12. 4. Die Mitgliedschafts-Rechte und Pflichten im System . . . 126

§ 13. 5. Das Verhältnis der Haus- zur Staatsangehörigkeit. Letztere keine Voraussetzung und keine Wirkung der ersteren. Einfluss der Übernahme eines fremden Thrones. Verlust der Staatsangehörigkeit beendigt nicht auch die Hauszugehörigkeit; ebensowenig hat Verlust der Hauszugehörigkeit Beendigung der Staatsangehörigkeit zur Folge 130

Fünftes Kapitel.

Begriff und Einteilung des Fürstenrechtes.

§ 14. Mangelhaftigkeit des Ausdrucks Privatfürstenrecht. Standesherrenrecht kein Teil des Fürstenrechtes mehr. Einteilung des Fürstenrechtes in solches der regierenden und der depossedierten Häuser, ferner in öffentliches und privates Fürstenrecht . . . 136

Seite

Besonderer Teil.

Erstes Kapitel.

Das Recht der regierenden Fürstenhäuser.

I. Privates Fürstenrecht.

A. Erwerb der Familienangehörigkeit.

1. Die einzelnen Erwerbsgründe.

a) Abstammung.

§ 15. α) Allgemeines. Adoption. Agnaten, Kognaten. Der letzteren Familienzugehörigkeit. Sie gehören unter Umständen zwei Häusern an. Kein Anspruch der Kognaten auf Titel eines Mitgliedes. Gleichzeitige Zugehörigkeit zu mehreren Häusern als Agnat 142

§ 16. β) Eheliche Abstammung. Keine Legitimation. Anfechtung der Ehelichkeit 147

§ 17. γ) Ebenbürtigkeit. Das Ebenburtsprinzip des 17. und 18. Jahrhunderts außer rechtshistorischem Zusammenhang mit dem Ebenburtsprinzip der mittelalterlichen Hochfreien. Nach gemeinem Privatfürstenrecht des 17. und 18. Jahrhunderts sind für neufürstliche und alle gräflichen reichsständischen Familien auch Angehörige des niederen, selbst des einfachen, nicht höher titulierten niederen Adels ebenbürtig. Die Ebenbürtigkeit deutscher und ausserdeutscher jetzt und ehemals regierender Häuser. Außer Deutschland nur in Österreich-Ungarn und Rußland Ebenbürtigkeitsprinzip, sonst Ebenbürtigkeit nur soziale und politische Schranke. Rechtliche Form der Aufstellung des Ebenbürtigkeitsgrundsatzes 151

§ 18. δ) Landesfürstliche Heiratserlaubnis als Bedingung der Thronfolgefähigkeit und als Voraussetzung der Hausmitgliedschaft engeren Sinnes 180

§ 19. ε) Christliche Religion, Regierungsfähigkeit und Regierungswürdigkeit 182

§ 20. ζ) Heilung von Erwerbsmängeln. Die Verleihung der Hausmitgliedschaft an Adoptierte, Uneheliche, Unebenbürtige, nicht aus landesfürstlich genehmigter Ehe Abstammende. Keine rückwirkende Kraft, also Zustimmung der betroffenen Agnaten als Einzelpersonen erforderlich. Äußere Form der Heilung. Blosse Verleihung von Haustitel und Hausrang heilt Mängel nicht. Ganz unerheblich ist Verleihung von Staatstiteln und Staatsrang. Zur Zeit des

Seite

alten Reiches bedurften die Heilungen kaiserlicher Bestätigung. Kognatische Rechte werden durch Einschiebung erst geschaffener Agnaten nicht verletzt 184

§ 21. b) Vermählung mit einem Hausmitglied für die Frau. Zu vermutende Voraussetzung lediglich Ebenbürtigkeit und nicht auch fürstliche Genehmigung. Wo letztere notwendig, ist sie von dem Heiratskonsens als Folge der Hausmitgliedschaft zu unterscheiden. Verschiedene Personenkreise in beiden Richtungen. Form der Einwilligung. Wirkung ihres Unterbleibens. Bestätigung der Eheverträge. Morganatische Ehe. Heilung der Mißheirat. — Vermählung mit der Landesfürstin. Stellung des Fürstingemahls. Mitgliedschaftsstellung seiner Gemahlin und der Kinder aus der Ehe 210

§ 22. c) Verleihung und Aufnahme 232

§ 23. d) Ersitzung und unvordenklicher Besitz bilden keine Erwerbsgründe 239

§ 24. e) Mittelbare Erwerbsgründe: Entstehung neuer Dynastien auf haus-, staats- oder völkerrechtlichem Wege. Thronbesteigung auch als unmittelbarer Erwerbsgrund. Abdankung hat Entstehung engerer Mitgliedschaft zur Folge 240

§ 25. 2. Die Beziehung der Erwerbsgründe zu der Mitgliedschaft weiteren oder engeren Sinnes, insbesondere Aufnahme in engere oder nur in weitere Mitgliedschaft (Anschluß als selbständige Nebenlinie) 244

B. Verlust der Familienangehörigkeit.

1. Die einzelnen Verlustgründe.

§ 26. a) Vermählung für das weibliche Familienmitglied (geborene und angeheiratete Prinzessin) bei Eheeingehung mit dem Angehörigen eines anderen ebenbürtigen Hauses. Folgen der Mißheirat. Verheiratung einer Monarchin. Folgen unebenbürtiger Heiraten von Prinzen für letztere 248

§ 27. b) Thronbesteigung. Im eigenen Hause. In einem fremden Staate. Erstreckung der Veränderung auf Gemahlin und Kinder 260

§ 28. c) Ehescheidung. Fortbestand des Rechtes auf den Haustitel des Mannes. Für schuldig erklärter Teil 270

§ 29. d) Freiwilliger Austritt. Der Verzicht bedarf keiner Annahme. Er kann in die Form der Bitte um Genehmigung des Austritts gekleidet sein. Ausscheiden nur aus der engeren Mitgliedschaft bedarf der Zustimmung des Familienhauptes. Der Verzicht kann ausdrücklich oder stillschweigend ge-

Seite

schehen. Thron- und Thronfolgeverzicht, insbesondere Prinzessinnenverzicht. Abänderung des Familiennamens (Annahme eines bürgerlichen Namens). Entlassung aus dem Staatsverband, Niederlassung in einem anderen Staate . . 274

§ 30. e) Entziehung der Mitgliedschaft ist grundsätzlich unzulässig gegenüber Agnaten. Ausnahmen: Vorbehalt bei Erwerb der Mitgliedschaft, durch Reichsgesetz, auf völkerrechtlichem Wege. Die Entziehung von Titel und Rang gegen Mitglieder und frühere Mitglieder. Nur bei Mitgliedern engerer Bedeutung reicht hierzu Verfügung des Familienhauptes allein aus; sonst ist nach gemeinem Fürstenrecht Zustimmung der volljährigen Agnaten notwendig 297

§ 31. f) Verjährung kein Verlustgrund 308

§ 32. g) Beendigung der Stellung als Dynastie. Völkerrechtlicher Untergang des Staates 309

§ 33. 2. Die Beziehung der Verlustgründe zu der Mitgliedschaft weiteren oder engeren Sinnes. Vermählung und Thronbesteigung Erwerbs- und Verlustgründe zugleich 312

C. Die Entscheidung von Mitgliedschaftsstreitigkeiten.

§ 34. Kein Schutz aus B.G.B. § 12. Positive und negative Feststellungsklage. Unterschied von den Thronfolgestreitigkeiten. Schiedsgerichtliche Entscheidung. Bundesrat. Folgen der rechtskräftigen Entscheidung 313

D. Das Vermögensrecht der regierenden Familien.

§ 35. 1. Allgemeines. Unterschied zwischen Art. 57 und 58 des E.G. z. B.G.B. 323

2. Die einzelnen Vermögensmassen.

§ 36. a) Das Hausvermögen. Hausgut und Hausfideikommiß. Domänen-Hausfideikommiß und einfaches Hausfideikommiß. Schatull- und Kabinettsgüter. Hof-Kammer- und Staats-Kammergüter. Fideikommisse des Gesamt- und des Spezialhauses. Rechtliche Natur des Domänen-Hausfideikommiß. Beendigung des Eigentums des Hauses am Domänengut bei Untergang des Staates (Einverleibung). Entschädigungsansprüche. Rechtliche Natur der Vereinbarungen über das Domänengut zwischen Haus und Ständen 324

§ 37. b) Das Privatvermögen der Hausmitglieder. Vormundschaft 338

§ 38. 3. Die vermögensrechtlichen Ansprüche der Familienmitglieder gegen Staat, Haus oder Fürst. Natur der Zivilliste. Be-

Seite

deutung ihrer Radizierung. Unterschied zwischen Zivilliste und Dominialrente. Ansprüche der übrigen Familienangehörigen. Rechtliche Natur von Apanage, Sustentation, Aussteuer, Wittum u. s. w. Ihre Minderung und Einziehung . 341

II. Öffentliches Fürstenrecht.

A. Die öffentlichen Rechtsverhältnisse von Familie und Familienhaupt.

§ 39. 1. Die Gliederung des landesherrlichen Hauses. Ursprüngliche und angeheiratete Mitglieder. Agnaten und Kognaten. Linie. Haupt- und Unterlinien. Haupt- und Nebenlinien. Teilweise und völlig selbständige Nebenlinien. Spezialhaus. Gesamthaus 352

§ 40. 2. Die Hausorgane: a) die aus Mitgliedern des Hauses gebildeten; oberstes Organ die Gesamtheit der Agnaten; Stimmen-Gleichberechtigung; Familienhaupt; Familienrat; b) Hausbeamte (ehrenamtliche und angestellte); Unterschied zwischen Haus- und Hofdienst. Hausministerium 360

§ 41. 3. Die öffentlichen Rechte des fürstlichen Hauses. Autonomie. Hausdisziplin. An räumliche Grenzen rechtlich nicht gebunden 370

§ 42. 4. Die landesfürstliche Hausgewalt im einzelnen. Ihre Ausübung bedarf keiner Mitwirkung eines Staatsministers als solchen. Berücksichtigung politischer Interessen. Beendigung . . . 373

B. Das Verhältnis der Familienmitglieder zum Staat.

1. Die Thronfolge.

§ 43. a) Das Verhältnis von Thronfolgefähigkeit zu Familienangehörigkeit. Die Thronfolgefähigkeit der Erbtochter. Beide können von einander unabhängig sein nach Erwerb und Verlust. Verlust der Thronfolgefähigkeit aus strafrechtlichen Gründen 378

§ 44. b) Erwerb der Thronfolgefähigkeit mit und ohne gleichzeitigem Familienmitgliedschaftserwerb. Die alten Lehensverträge als solche sind unwirksam (Eventualbelehnung, Lehensanwartschaft, Samtbelehnung, Rückfall an den Lehensherrn), jedoch Rheinbundsakte Art. 34. Einräumung von eventuellen Sukzessionsrechten durch Hausverträge (insbesondere Erbverbrüderungen) und staatliche Verträge (vertragsmäßige Thronfolge), durch Hausgesetz und Staatsgesetz (Testamente) 382

Seite

§ 45. c) Erwerb des Thrones ohne vorausgehende Thronfolgefähigkeit. Usurpation. Vertrag (insbesondere Annahme der Erwählung zum Staatsoberhaupt). Die Frage der Thronfolgefähigkeit der Leibesfrucht 391

§ 46. d) Die Sukzessionsordnung. Reihenfolge der Agnaten bei mangelndem Primogeniturrecht. Die verschiedenen Systeme des Übergangs der Krone auf die Kognaten 393

e) Der Thronfolgeverzicht.

§ 47. α) Die Rechtskraft des Thronfolgeverzichts. Verzicht vor und nach Anfall. Bekämpfung der herrschenden Lehre 399

§ 48. β) Die Form des Thronfolgeverzichts. Widerruflicher und vertragsmäßiger Verzicht. Verzicht gegen Einzelne, Haus, Staat. Ausdrücklicher und stillschweigender Verzicht. Protesterhebung 407

§ 49. γ) Der Thronfolgeverzicht zu gunsten bestimmter Dritter. Rangausweichung 410

§ 50. δ) Der Thronfolgeverzicht auch für Nachkommen: für noch nicht erzeugte (empfangene), für minderjährige, für großjährige 413

§ 51. f) Der Thronanfall. Auch der am Regierungsantritt behinderte Thronanwärter wird Monarch. Ausnahme in Braunschweig: kein Thronanfall, sondern Interregnum. Im Zweifel kann der gesetzliche Vertreter für den Fürsten Verzicht leisten. Möglichkeit vertragsmäßigen, zum Teil sogar einseitigen Vorbehalts des Widerrufs. Regierungsantritt kein Regierungsakt 417

§ 52. g) Die Beendigung der Throninhaberschaft. Tod, Entsetzung, Verlust kraft Gesetzes, freiwillige und unfreiwillige Abdankung; völkerrechtliche Beendigungsgründe. Wirkung der Abdankung auch gegen die Deszendenz. Abdankung auf Zeit und Widerruf 428

§ 53. h) Primogenitur, Linealfolge und Parteiwille im Thronfolgerecht. Verlust von Throninnehabung und Thronanwartschaft wider Willen des Berechtigten grundsätzlich ausgeschlossen. Verlust beider mit Willen des Befugten grundsätzlich gestattet. Der Erstgeburtsgrundsatz geht dem Prinzip der Linealfolge vor. Die Krone fällt an die wiederauflebende ältere Linie sofort zurück 432

§ 54. 2. Vormundschaft, Pflegschaft und Regentschaft. Ihre Wesensähnlichkeit. Wo nicht das Institut der Regentschaft eingeführt ist, gilt noch Regierungsvormundschaftsrecht. Abgrenzung der Zuständigkeiten zwischen Regentschaft und Vormundschaft, wenn beide gegeben sind. Erlaß von Regentschaftsgesetzen

Seite

bedarf nicht agnatischer Zustimmung. Volljährigkeitstermine. Regierungsstellvertreter und Mitregenten 433

§ 55. 3. Die übrige Rechtsstellung zum Staate: als Staatseinwohner, Staatsaufenthalter, Staatsangehörige, Forensen, Staatsdiener u. s. w. Grundsätzlich gilt für die Hausangehörigen, wenn sie Staatsangehörige u. s. w. sind, dasselbe Recht wie für den gewöhnlichen Staatsangehörigen u. s. w. Schöffen- und Geschworenenpflicht. Pflichten des Arbeitgebers. Recht der Führung eines Inkognitonamens gegenüber der Polizei. Aktives und passives Wahlrecht; letzteres aber nicht beim Familienhaupt vorhanden. Räumliches Geltungsgebiet der Vorrechte 439

C. Die Stellung der Familienmitglieder im Völkerrecht.

§ 56. Ihre Stellung in anderen deutschen Staaten und im Auslande. Exterritorialität 449

Zweites Kapitel.

Das Recht der vormals regierenden Fürstenhäuser.

§ 57. 1. Der Begriff der vormals regierenden Familie. Nicht erforderlich, daß im Momente des Aufhörens der Herrschaft Mitglieder, welche regiert haben oder thronfolgefähig wären, vorhanden sind 452

§ 58. 2. Die Rechtsstellung der vormals regierenden Familie und ihrer Glieder in Reich und Staat. Was sie verlieren und erhalten bezw. gewinnen 457

Alphabetisches Sachregister 465

Berichtigung.

S. 110 Z. 14 v. o. lies statt „schwarzburgischen Gesamthauses“: Rudolstädter Spezialhauses.

Allgemeiner Teil.

Erstes Kapitel.

Die Stellung des landesherrlichen Hauses und landesherrlichen Hausrechtes zum Staate nach gegenwärtigem Recht.

1. Die herrschende Lehre.

§ 1.

I. Zuerst in tiefdringender Weise hat in der modernen deutschen Staatsrechtswissenschaft *W. E. Albrecht* in einer Rezension von Maurenbrechers „Grundsätzen des heutigen deutschen Staatsrechts", welche in den Göttinger gelehrten Anzeigen 1837 III S. 1489—1504, 1508—1515 erschien, die Auffassung begründet, daß der deutsche Monarch der Gegenwart in der Staatsgewalt nicht mehr eigenes, sondern fremdes Recht übe, nicht mehr Herrscher *über* dem Staate, sondern Organ *des* Staates sei[1]). Der moderne Staat sei nicht mehr Objekt fremder, sondern Subjekt eigener Herrschaft. Er besitze Persönlichkeit, und demgemäß seien die Rechte der Staatsgewalt nicht mehr dem Fürsten, sondern dem Staate eigen. Der Fürst sei nur Organ (Diener) der Staatspersönlichkeit. An Stelle und in Vertretung des Staates übe er die Staatsgewalt aus.

---

[1]) Vgl. *Bernatzick* im Archiv für öffentl. Recht Bd. V (1890) S. 246; *Jellinek*, System der subj. öffentl. Rechte 1892 S. 138; *Jellinek*, Recht des modernen Staates Bd. I (1900) S. 59, 149, 618; *Schücking*, Der Staat und die Agnaten 1902 S. 16.

Mohl[1]), *Gerber*[2]) und *Held*[3]) sind es, die zuerst aus dieser Auffassung mit aller Schärfe Schlußfolgerungen für die rechtliche Natur der Thronfolge zogen. Sie zuerst haben hieraus eine *rein* staatsrechtliche Natur der Thronfolge abgeleitet. *Albrecht* a. a. O. S. 1513 meinte noch, das Recht zur Ausübung der Herrscherstellung sei unstreitig „noch ein Privatrecht der landesherrlichen Familie, welches in Absicht der Sukzession den Lehens- und Fideikommißcharakter beibehalten hat", die Normen über Thronfolgerecht könnten daher nur mit Einwilligung der Berechtigten nach den Regeln des Lehen- und Fideikommißrechtes aufgehoben oder geändert werden (s. *Schücking* S. 22). *Zöpfl*, Grundsätze des gemeinen deutschen Staatsrechts 5. Aufl. 1863 Bd. I S. 590, 688, 706, 749f. und *Zachariä*, Deutsches Staats- und Bundesrecht 3. Aufl. 1863 legten ihr noch einen aus Privat- und öffentlichem Recht gemischten Charakter bei. Zachariä hat ihn a. a. O. Bd. I S. 341 kurz dahin formuliert: „Das Sukzessionsrecht in den deutschen Fürstenhäusern ist insofern doppelter Natur, als es zwar privatrechtlich ist hinsichtlich seiner Zuständigkeit, staatsrechtlich dagegen vermöge seines besonderen Gegenstandes," womit gesagt sein wollte: „Derjenige, dem Rechte an dieser staatsrechtlichen Thronfolge zustehen, hat hieran Privatrechte[4])." Heute stellt die Lehre *Mohls*, *Gerbers* und *Helds* von der ausschließlich staatsrechtlichen Art der Thronfolge die nahezu einstimmig herrschende dar. Um sie mit den Gedanken und Worten wiederzugeben, in welche sie nach *Bindings*[5]) wuchtigem Vortritt ein eben erst erschienenes Werk, die „Grundzüge des

---

[1]) Württ. Staatsrecht 2. Aufl. Bd. I (1840) S. 434f.; s. *Jellinek*, Syst. des öffentl. Rechts S. 141.

[2]) In Ägidis Zeitschrift für deutsches Staatsrecht Bd. I (1867) S. 14 und Grundzüge eines Systems des deutschen Staatsrechts 3. Aufl. (1880) S. 87 ff.

[3]) In Ägidis Zeitschrift für deutsches Staatsrecht Bd. I S. 41 ff. und System des Verfassungsrechtes 1856 ff. Bd. II S. 204.

[4]) Weitere Angaben bei *Arndt*, Können Rechte der Agnaten auf die Thronfolge nur durch Staatsgesetz geändert werden? 1900 S. 6, 11, 18.

[5]) Das Thronfolgerecht der Kognaten im Großherzogtum Luxemburg (Lpzer. Dekanatsprogramm) 1900 S. 37 ff. Siehe auch *Triepel*, Die Thronfolge im Fürstentum Lippe 1903 S. 107 ff.

deutschen Staatsrechts" von *Anschütz* in Holtzendorff-Kohlers Enzyklopädie der Rechtswissenschaft (6. Aufl., 1903 Bd. II S. 566, 571) kleiden: Der Staat ist jetzt Persönlichkeit; die Krone gehört daher dem Staat. Das Wesen der Monarchie ist Organschaft im Staat, d. h. Tätigkeit für den Staat, Verwaltung von Gütern und Rechten, die nicht dem Verwalter, sondern dem Staate gehören. Wie alle Rechtssätze über diese Organschaft auf dem Willen des Staates beruhen, so auch diejenigen über ihren Erwerb; das Thronfolgerecht ist Staatsrecht; das gesamte fürstliche Hausrecht, soweit es sich auf die Thronfolge bezieht, ist in Staatsrecht umgegossen. Die Thronfolge ist nicht mehr wahre Erbfolge im privatrechtlichen Sinne, Einrücken in ein Privatrecht eines Verstorbenen, sondern Übergang der höchsten Staatsorganschaft von einer Person auf eine andere, etwas rein Staatsrechtliches. „Wenn der alte König die Augen schließt, so ist dies hinsichtlich des Gegenstandes, um welchen es sich hier handelt, hinsichtlich der Staatsgewalt, kein Erbfall mehr, denn der, dem dies Gut jetzt gehört, ist gar nicht gestorben; es ist nicht der König, sondern der Staat." Aber nicht bloß angenommen, sondern auch fortgebildet hat die moderne Staatsrechtslehre die rein staatsrechtliche Thronfolgetheorie Gerbers und Helds. Gerber und Held haben noch nicht alle Konsequenzen gezogen, welche sich hieraus logisch ergeben, vor allem die Hauptfolgerung nicht, daß der Staat die Anwärterrechte der Agnaten am Thron, das Recht der Dynastie an der Krone einseitig zu entziehen vermag. Ausdrücklich erklärt Gerber in seinen Grundzügen des deutschen Staatsrechts 3. Aufl. § 29 S. 92 Note 7, das aus der Abstammung vom erwerbenden Ahnherrn abgeleitete Anrecht auf die Thronfolge sei nicht durch die Staatsgewalt einseitig entziehbar, weil es eine der ersten Forderungen des modernen Staates sei, daß die Ordnung der Thronfolge jeder Willkür (also auch der einseitigen Abänderung durch verfassungsänderndes Gesetz) entrückt sei. Seine Nachfolger sind anderer Anschauung. Sie erklären, daß die Rechte der Agnaten für die staatliche Gesetzgebung keine Schranken bilden. Man vergleiche statt Vieler[1]) Georg

[1]) *Arndt* S. 12ff. und *Schücking* S. 31 zählen die Vertreter auf.

Meyer, Lehrbuch des deutschen Staatsrechts 5. Aufl. (1899) § 86 S. 233, *Jellinek*, System der subjektiven öffentlichen Rechte S. 141 und 327 und vor allem *Binding* a. a. O. S. 34ff.: „Die wichtigsten Sätze des Hausrechtes sind in Bestandteile des Verfassungsrechtes umgegossen, in staatsrechtliche Satzung, Bestandteile der Verfassung verwandelt. Das bedeutet erstens, daß eine einseitige Abänderung dieser Satzungen auf dem Wege der Autonomie des fürstlichen Hauses von jetzt an ausgeschlossen ist, es müßte denn die Verfassung bestimmten *nach* ihr erlassenen autonomischen Satzungen in blanco zum voraus die Genehmigung erteilt haben, das bedeutet aber nicht minder, daß die *Abänderung* dieser zu Bestandteilen der Verfassung erhobenen Satzungen des Hausrechtes geschehen kann auf dem Wege der Verfassungsänderung, aber auch *nur* auf diesem Wege, also *ohne Kooperation der Mitglieder des regierenden Fürstenhauses*" ... „*Jedes Recht ohne Ausnahme kann ihnen durch Staatsgesetz genommen werden: auch ihre Sukzessionsrechte*"[1]).

II. *Wir bekämpfen diese Anschauung mit aller Entschiedenheit* hier ausführlich. Andeutungsweise bezw. kürzer haben wir dies schon in unserer akademischen Festrede über „Die staatsrechtliche Stellung des Hauses Wittelsbach zu Bayern in Vergangenheit und Gegenwart" 1901 S. 24 und in einem Aufsatze in der „Woche" vom 13. Juli 1901 über das „Thronfolgerecht in Europa" getan.

A. Zunächst bemerken wir gegen jene Meinung: der Gegensatz zwischen einst und jetzt ist mit der Formel: die Thronfolge früher rein privatrechtlich, jetzt rein staatsrechtlich nicht entsprechend gekennzeichnet. Nicht darf gesagt werden: vor dem Übergang zum Verfassungsstaat war das Thronfolgerecht *Privat*recht, jetzt ist es Staatsrecht (*Meyer* S. 232f.), sondern höchstens läßt sich sagen: früher war das Thronfolgerecht *Haus*-, jetzt ist es Staatsrecht.

Keinesfalls ist richtig, daß das fürstliche Hausrecht,

Dazu noch *Bornhak*, Thronfolgerecht u. Staatsgesetz in „Die neue Welt", 20. Jahrg. Nr. 1 S. 17ff. (1. Sept. 1900); derselbe in d. Annalen d. Deutschen Reichs 1904 S. 62.

[1]) Siehe auch *Schücking* S. 43.

trotzdem es den Namen Privatfürstenrecht behielt, in der zweiten Hälfte des 18. Jahrhunderts noch als etwas Privatrechtliches angesehen wurde. Dasselbe war, namentlich soweit es sich auf Thronfolge bezog, schon in der zweiten Hälfte des 18. Jahrhunderts von der Rechtslehre allenthalben als Bestandteil des öffentlichen Rechtes aufgefaßt.

So lesen wir bei *J. St. Pütter* in seinen Primae lineae juris privati principum speciatim Germaniae 3. Aufl. 1789 § 2: quidquid legibus cuiusque regni fundamentalibus seu observantia eius speciali circa jura et obligationes principis in rebus eius etiam privatis definitur; id partem juris publici eiusdem regni efficit und übereinstimmend in seinen Institutiones juris publici (5. Aufl. 1794) § 4 mit § 443: „In monarchia si qua principis jura et obligationes, quae ad eius familiam ceteramve conditionem privatam spectant, legi fundamentali definita sunt, etiam ea ad jus publicum eius monarchiae pertinent. *J. J. Moser* und andere nennen das Privatfürstenrecht schlechthin „Familienstaatsrecht“ [1]). In den Akten der Hausgesetzgebung tritt das Bewußtsein, daß die Herrschaft über Land und Leute nichts Privatrechtliches ist, unwillkürlich schon früher hervor. Man durchblättere die drei Bände des Werkes von *Schulze* „Die Hausgesetze der regierenden deutschen Fürstenhäuser“ (1862, 1878, 1883) und weit zurück wird in den Hausverträgen und Testamenten man finden, wie neben den „Gütern“ (= Stammgüter, Hausfideikommiß) der landesherrlichen Familie als besondere Rechtsobjekte „Land und Leute“ genannt werden, was überflüssig wäre, würde die Herrschaft über Land und Leute noch zu den Vermögens- und Privatrechten des fürst-

---

[1]) Vgl. *Moser*, Familien*staats*recht derer Teutschen Reichsstände 1775 und dazu *Triepel* S. 94. Die ganze Frage der rechtlichen Natur und systematischen Stellung des Privatfürstenrechts, ob Staats- oder Privatrecht, hat bereits eingehend erörtert *J. Chr. Majer*, Allgemeine Einleitung in Privat-Fürstenrecht überhaupt 1783. Das ganze Buch beschäftigt sich nur mit dieser Frage. Majer kommt allerdings zu dem Resultat, daß das ganze Privatfürstenrecht (im Gegensatz zum Staatsfürstenrecht) dem Privatrecht angehöre (S. 236, 260). Zu den „Unkörperlichen Sachen“ des Fürsten gehört nach ihm vor allem das Recht an Land und Leute oder Landeshoheit (S. 245).

lichen Hauses gerechnet worden sein. Die Unterscheidung von *Staats-* und *Privatverlassenschaft* des Fürsten, die auftritt, bedeutet allerdings noch nicht diesen Fortschritt. Denn der Staat erscheint hier immer noch als Bestandteil eines Nachlasses, also von Vermögen.

Auch heute übrigens sind nicht alle Schriftsteller, welche dem geltenden Thronfolgerecht ausschließlich staatsrechtliche Natur beilegen, der Meinung, daß das Thronfolgerecht der früheren Hausgesetzgebung bis zum Ausgang der vorkonstitutionellen Zeit rein privatrechtlich gewesen sei. So erkennt insbesondere *Gierke* in seinen „Grundzügen des deutschen Privatrechts" bei Holtzendorff, Rechtsenzyklopädie 6. Aufl. Bd. I (1903) S. 458f. ausdrücklich an, daß das Privatfürstenrecht schon früher öffentlichrechtliche Bestandteile enthielt, wenn er schreibt: „Das Privatfürstenrecht, in dem ehemals wegen der Auffassung der Landeshoheit als Familienbesitztum Privatrecht und öffentliches Recht zusammenfloß, hat auch bei den landesherrlichen Familien seine *öffentlich*rechtlichen Bestandteile an das Staatsrecht abgegeben, für dieses jedoch eine hohe mittelbare Bedeutung behalten". Vgl. auch *Schulze*, Das deutsche Fürstenrecht in seiner geschichtlichen Entwicklung und gegenwärtigen Bedeutung in Holtzendorffs Enzyklopädie der Rechtswissenschaft, System. Teil, 5. Aufl. 1890 S. 1351.

B. Gesagt könnte somit lediglich werden: das Thronfolgerecht war zwar bisher schon öffentliches Recht, aber es hat seit dem Fortschreiten zum Verfassungsstaat seine öffentlichrechtliche Natur gewechselt; bisher war es Hausrecht, jetzt ist es Staatsrecht. Allein auch dann ist noch eines einzuwenden: Es macht keinen wesentlichen Unterschied zwischen einst und jetzt aus, wenn man betont: jetzt liege kein *Erb*fall mehr vor, denn der, dessen Gut der neue Herr zur Verwaltung übernehme, sei gar nicht gestorben.

Auch nach der Auffassung des fürstlichen Hausrechtes folgt der Regierungsnachfolger nicht in die Güter des zuletzt Verstorbenen, sondern in die Güter des ersten Erwerbers der Landeshoheit. Das *jus* succedendi hat der Nachfolger semper a primo adquirente, nunquam ab ultimo defuncto, wie *Pütter*

a. a. O. § 13 sagt: Nur der ordo succedendi, die Thronfolgeordnung, richtet sich nach der Nähe der Verwandtschaft zum letzten Throninhaber. Auch hier rückt der Nachfolger also in die Güter einer anderen Persönlichkeit als der seines unmittelbaren Vorgängers ein. Der erste Erwerber ist es, welcher juristisch als derjenige gedacht wird, in dessen Nachlaß der zur Herrschaft gelangende Kroninhaber einrückt. Dieser hinterläßt seiner ganzen Nachkommenschaft die Krone (*Pütter* § 12f.). Ex pacto et providentia maiorum folgt der neue Herr seinem Vorgänger. Wohl stellt der Regierungsantritt Nachfolge in eine Verlassenschaft dar, aber nicht in eine des letztverstorbenen Vorgängers, sondern in die des ersten Erwerbers. Dieser steht an Stelle des Staates von heute. Wie der Staat bei Thronanfall nicht stirbt, so auch nicht jener. Der letztere stirbt nicht erst, er ist schon lange gestorben.

2. Das wirklich geltende Recht.

a) Das Recht am Throne, nicht vom Staate verliehen.

§ 2.

I. *Positiv* stellen wir der abgelehnten Auffassung die andere gegenüber: *Auch jetzt noch bildet die Thronfolge einen selbständigen Gegenstand des fürstlichen Hausrechtes. Die Thronfolge ist ein Gegenstand des Staatsrechtes geworden, aber daneben ein selbständiger, d. h. vom Staatsrecht unabhängiger des Hausrechtes geblieben. Nicht unter, sondern koordiniert neben dem Landesstaatsrecht regelt das Hausrecht die Thronfolge. Das Staatsrecht besitzt nicht für das Haus und das Hausrecht nicht für den Staat bindende Kraft hinsichtlich der Thronfolge. Das öffentliche Recht eines Landes zerfällt in zwei voneinander unabhängige Rechtsteile, in Landesstaatsrecht und in fürstliches Hausrecht. Die fürstliche Familie besitzt ein vom Staat unabhängiges Recht an der Krone.* ***Der Staat hat ihr's nicht gegeben und der Staat kann ihr's wider ihren Willen nicht einseitig nehmen.*** Hausrecht ist soweit unabhängig vom Staatsrecht, vom Staatsrecht des Landes.

II. Zunächst stellen wir fest, wie das regierende Haus sein eigenes Recht an der Krone nicht vom Staate derivativ, sondern dem Staate gegenüber originär erworben hat, somit sein eigenes Recht an der Krone gegenüber dem Staate als ein originär erworbenes besitzt.

A. Nicht läßt sich dies ableiten aus dem Titel „König, Herzog, Fürst von *Gottes Gnaden*".

1. Keineswegs, daß wir der Meinung wären, dieser Titel entbehre unter allen Umständen juristischer Bedeutung; es komme ihm nur religiös-politische zu. Finden wir ihn im Eingang von Verfassungen und zwar allein, d. h. ohne den Beisatz „und durch den Willen des Volkes", finden wir ihn allein insbesondere in Verfassungen, welche mit einer Untertanenvertretung politisch vereinbart oder im Wege des Gesetzes, also unter rechtlicher Mitwirkung eines Parlamentes erlassen worden sind, dann kommt dem Ausdruck auch rechtliche Bedeutung zu.

Die Volksvertretung hat auch über den Eingang der Verfassung abgestimmt, also enthält letzterer auch Rechtssätze, wenn sich mit seinem Inhalte rechtliche Vorstellungen verknüpfen lassen. Und die lassen sich nach dem Gang unserer politischen Geschichte wahrhaftig damit verbinden: Oder sollte es z. B. rechtlich völlig bedeutungslos sein, daß die die preußische Verfassung beratende Nationalversammlung am 12. Oktober 1848 mit 217 gegen 143 Stimmen die Worte „von Gottes Gnaden" in der Einleitung strich, die über die Revision der oktroierten Verfassung vom 5. Dezember 1848 kraft ihrer rechtlichen Mitwirkungsbefugnis beschließenden Kammern 1849 dagegen die in dieser oktroierten Verfassung stehenden Worte „von Gottes Gnaden König von Preußen" unbeanstandet ließen, so daß diese Worte sich auch in der in Übereinstimmung mit den beiden Häusern des Landtags erlassenen Verfassungsurkunde vom 31. Januar 1850 finden? Nein, dem Ausdruck von Gottes wohnt auch juristische Bedeutung bei. Von Gottes Gnaden bedeutet im Sinne unserer deutschen politischen Sprache rechtlich etwas *Negatives*: nicht durch den Willen des Volkes. Es ist Verneinung des Prinzips der Volkssouveränität. Der König ist nicht Vertreter des Volkes und nicht Delegatar desselben. Er hat sein Recht nicht vom Volke und das Volk kann ihm sein Recht daher auch nicht nehmen. Der Fürst ist staatsrechtlich unabsetzbar. Vgl. hierzu unten § 30.

2. Nicht kann soweit gegangen werden, zu sagen: die Worte „von Gottes Gnaden" bedeuten: er hat sein Recht auch nicht vom Staat, woraus dann folgen würde: er ist kein Staatsorgan. Nicht dem Gegensatz von Staats- und Fürstensouveränität leiht nach der Sprache unserer politischen Geschichte der Beisatz „von Gottes Gnaden" Ausdruck, sondern worauf er Bezug hat, das ist der Gegensatz von Volks- und Herrschersouveränität. Darüber, daß die Souveränität beim Staate wohnt, daß der Staat Subjekt der Staatsgewalt ist, war bei den streitenden Parteien im allgemeinen kein Zweifel; ob innerhalb der Staatspersönlichkeit oberstes Staatsorgan das Volk oder der Fürst sei, ob der Fürst der unmittelbare Träger der Staatssouveränität sei oder sie nur vom Volk übertragen erhalte, das war die die Gemüter erregende Frage.

Noch weniger läßt sich der Ausdruck „von Gottes Gnaden" rechtlich[1]) aber *positiv* verwenden.

Denn dann würde er bedeuten: jeder neue Fürst, jeder Regierungsnachfolger habe sein Recht von Gott. Dazu paßt aber nicht der Satz aller Verfassungsurkunden: die Krone ist erblich; denn er besagt: der Fürst hat seine Stellung kraft Erbrechts und zwar kraft gesetzlichen Erbrechts, kraft Zugehörigkeit zu einem bestimmten Geschlechte. Wie nach alter Auffassung als Rechtstitel der Nachfolge der Wille und die Vorsorge des ersten Erwerbers erscheint, so jetzt die Abstammung aus einer bestimmten Familie, die Blutsverwandtschaft mit dem ersten Erwerber. Kraft Geblütsrechtes folgt der Nachfolger. Durch die Tatsache der Abstammung vom ersten Erwerber, mit der Geburt aus diesem Geschlecht erwirbt er nach der Verfassung, also rechtlich, die Anwartschaft auf die Herrschaft; somit infolge einer irdischen Tatsache; demgemäß kann göttliche Verleihung nicht der *Rechts*titel

[1]) Darin liegt der Fehler von *Kekule von Stradonitz* im Archiv f. öffentl. Recht Bd. XIV (1899) S. 3 und *Arndt,* Können Rechte der Agnaten auf die Thronfolge nur durch Staatsgesetz geändert werden? 1900 S. 38. Dagegen *Jellinek,* Recht des modernen Staates S. 169 und 614; *Schücking* S. 19f.

seiner Stellung sein. Nicht Gott setzt ihn ein, er ist ja kein Stellvertreter Gottes in der Herrschaft juristisch, sondern der Zugehörigkeit zum Geschlechte des ersten Erwerbers entspringt seine Thronberechtigung.

B. Daß der Fürst und das fürstliche Haus ihre Rechte an der Krone im Verhältnis zum Staate nicht nur geschichtlich, sondern auch juristisch *originär* besitzen, folgt durch Schlußfolgerung aus dem Rechte unseres modernen Staates selbst.

1. Ein Blick in unsere modernen Staatsverfassungsurkunden zeigt, daß diese das Haus, in dessen Gliedern die Krone erblich sein soll, mit dem Titel bezeichnen, den das betreffende Haus gegenwärtig besitzt. Als das Haus, in dessen Agnatschaft der Thron sich forterben soll, wird das königliche, das großherzogliche, das herzogliche oder fürstliche Haus genannt. Rein wörtlich genommen, würde hieraus sich ableiten, daß die Krone nur auf Nachkommen des ersten Erwerbers der gegenwärtigen Herrscherwürde übergehen soll. Denn darüber kann kein Zweifel obwalten, daß seiner Wortbedeutung nach unter königlichem Hause lediglich ein Haus verstanden zu werden vermag, welches seinen gemeinsamen Stammvater in einem Könige besitzt. Königliches Haus wird ein Haus erst, seitdem ein König aus ihm hervorging. Mitglied eines königlichen Hauses können somit an sich nur Nachkommen eines Königs sein. Wäre dies nicht die natürliche Bedeutung des Wortes königliches Haus, so bliebe unerklärt, wie es möglich ist, daß in ein und demselben Geschlechte, z. B. im Hause Wittelsbach, eine königliche und eine herzogliche Linie unterschieden wird. Königliche Linie ist hier eben die Linie, deren Stammvater ein König, herzogliche Linie die Linie, deren Stammvater lediglich ein Herzog ist. Und das gleiche gilt für die übrigen Titel von Herrscherhäusern. Würde fürstliches Haus nicht grundsätzlich ein Haus bedeuten, das von einem Fürsten abstammt, so könnten in den Häusern Waldeck und Lippe nicht von der fürstlichen Linie eine oder mehrere gräfliche Linien unterschieden werden.

Allein trotzdem ist es nicht zweifelhaft, daß die Verfassungen mit dem Namen des königlichen, großherzoglichen

Hauses nicht bloß die Nachkommen des ersten Erwerbers dieser Würde, sondern alle Abkömmlinge des ersten Erwerbers der Landeshoheit bezeichnen wollen. Wie wir an anderer Stelle [1]) nachwiesen, folgt dies aus einem Doppelten. Einmal daraus, daß die einzelne Verfassung durch weitere Bestimmungen ersehen läßt, wie sie unter königlichem, großherzoglichem oder fürstlichem Haus nicht das jeweils, sondern das zur Zeit des Erlasses der Verfassungsurkunde regierende Haus, d. h. eine konkrete Familie, die Familie Hohenzollern u. s. w., verstanden wissen will; und dann daraus, daß die regierende Familie in anderen Landesgesetzen, wie in Reichsgesetzen, mit einem Namen bezeichnet zu werden pflegt, der für sie auch schon in den Zeiten paßte, da sie wohl schon die Regierungsgewalt im Staate, aber noch nicht den gegenwärtigen Titel besaß. Es ist der Name landesherrliches Haus. Das war die herrschende Dynastie schon zur Zeit der Landeshoheit im alten Reiche, somit schon vor der Annahme der Königs- oder Großherzogs- oder Fürstenwürde.

2. Hiermit ist allerdings keineswegs ausgeschlossen, daß die Rechte des Fürsten und des fürstlichen Geschlechtes an der Krone seit der Verfassungsgesetzgebung als solche anzusehen sind, welche ihre Träger durch Ableitung vom Staate erworben haben. Denkbar wäre, daß der Staat sagt: *ich* verleihe Anwartschaft auf den Thron nicht bloß den Abkömmlingen des ersten Königs oder Großherzogs, sondern allen Abkömmlingen des ersten Erwerbers. Allein zwei Umstände sind es, welche eine derartige Auslegung der Verfassungsurkunden verbieten.

a) Vor allem kommt dieses in Betracht. Die Formulierung aller heute noch geltenden deutschen Verfassungen ist eine solche, daß sie deutlich erkennen lassen, wie sie das Recht der konkret genannten Familie auf die Herrschaft im Staate nicht erst neu begründen wollen, sondern als auch rechtlich *bereits begründet* voraussetzen.

Sie erwähnen das Recht der konkreten Familie auf die

---

[1]) *Rehm*, Das landesherrliche Haus, sein Begriff und die Zugehörigkeit zu ihm 1901 S. 5ff.

Herrscherstellung im Lande lediglich berichtend, nicht begründend. Sie wollen dem Geschlechte, welches die Regierung bisher schon besaß, dieselbe nicht in Form einer Novation übertragen, der alten Herrschaft einen neuen Rechtstitel verleihen, sondern was sie wollen, ist nur, an ein schon bestehendes und in seiner Zuständigkeit durch die Verfassung in keiner Richtung berührtes Herrschaftsverhältnis gewisse verbindliche Rechtsbestimmungen anzuknüpfen.

Wäre nicht das letztere der Fall, so müßten wir doch in irgend einer Verfassung den Satz finden: „Regierendes Haus ist das Haus X. Die Krone ist im Mannesstamme dieses Hauses erblich“; oder: „Die Krone ist im Mannesstamme des fürstlichen Hauses erblich. Fürstliches Haus ist das Haus X.“ Statt dessen fehlt ein solch besonderer, die Tatsache, daß die Herrschaft einem bestimmten Geschlechte zusteht, aussprechender Satz. Ja, es wird das regierende Haus gewöhnlich gar nicht mit seinem Namen genannt, und, wo es damit bezeichnet wird, geschieht es lediglich beiläufig.

In den Verfassungen von Preußen, Bayern, Württemberg, Baden, Hessen, Waldeck, Reuß j. L., Lippe und Schaumburg-Lippe wird mit keinem Wort gesagt, daß das regierende Haus das Haus Hohenzollern, Wittelsbach u. s. w. ist. Und wo es ausgesprochen wird, daß es das „Haus Reuß“ oder „das Gesamthaus Braunschweig-Lüneburg“ oder das „sächsische Fürstenhaus“ oder das „sächsische Gesamthaus“ und seine Spezialhäuser sind, da geschieht es nicht in einem besonderen Satze, sondern inmitten einer anderen Bestimmung.

So sagt die Verfassung für Reuß ä. L. in § 3 lediglich: „Der Fürst ist erblicher Landesherr. Die Staatserbfolge richtet sich, den reußischen Haus- und Familienverträgen gemäß, nach den Grundsätzen der Erstgeburt.“

In gleicher Weise bemerkt die braunschweigische Landschaftsordnung nur: „Die Regierung wird vererbt in dem fürstlichen Gesamthause Braunschweig-Lüneburg“ und ebenso die königlich sächsische Verfassungsurkunde bloß: „Die Krone ist erblich in dem Mannesstamme des sächsischen Fürstenhauses.“ Es könnte gegen die Behauptung, die Verfassungen erwähnten das Recht der konkreten Familie auf die Herrscherstellung im Staate nur berichtend, nicht erst rechtlich begründend, eingewendet werden wollen: der Satz „Königliches Haus ist das Geschlecht X“, lasse sich ja mit Leichtigkeit aus dem anderen Satze ableiten: „Die Krone ist in dem Mannesstamme des königlichen Hauses erblich“; er sei als sogenannt begriffsentwickelnder Rechtssatz latent, aber doch autoritativ anordnend in diesem letzteren enthalten.

Was gegen diesen Einwand spricht, ist dieses.

Soll dem Worte „königliches (großherzogliches, fürstliches) Haus“ in der einen Richtung begriffsentwickelnde und damit konstitutive Bedeutung zukommen, so muß das gleiche auch in anderer Richtung der Fall sein. Dann bedeutet der Satz „das Haus X ist das königliche (großherzogliche, fürstliche) Haus“ aber auch: „Das Haus X ist regierendes Haus nur soweit, als es von einem Könige abstammt.“ Denn nur dieser Rechtssatz entspricht der natürlich-wörtlichen Bedeutung des Ausdruckes: königliches Haus. Damit wäre man aber gerade bei dem Gegenteil dessen angelangt, was als die wirkliche Bedeutung des Wortes „königliches Haus“ auch von der Seite angenommen wird, welche eben jenen Einwand erhebt.

Daß wir befugt sind, zu sagen, hätte die Berechtigung des landesherrlichen Hauses zur Herrschaft beim Übergang zum Verfassungsstaat auf rechtlich neue Entstehungsursachen gestellt werden wollen, so müßte in unseren Landeskonstitutionen vor dem Satze „Die Krone ist erblich in dem Mannesstamme des königlichen Hauses“ der andere sich finden: Die Krone wird oder bleibt dem Hause Hohenzollern übertragen, beweist ein Blick auf die zwei Reichsverfassungsurkunden, die uns das 19. Jahrhundert bescherte.

Hier wurde Thronrecht rechtlich neu geschaffen. Demgemäß steht auch in der deutschen Reichsverfassung vom 28. März 1849 § 68 voran der Satz: „Die Würde des Reichsoberhauptes *wird* einem der regierenden deutschen Fürsten *übertragen*“ und dann erst folgt die Bestimmung: „Diese Würde ist erblich im Hause des Fürsten, dem sie übertragen wird. Sie vererbt sich im Mannesstamme nach dem Rechte der Erstgeburt.“ Und dasselbe findet sich in der Reichsverfassungsurkunde vom 16. April 1871. Auch hier — Art. 11 — der besondere Satz: „Das Präsidium des Bundes steht dem Könige von Preußen zu." Warum? Nur weil es sich um abgeleiteten Erwerb, um neue Rechtsstellung und neuen Rechtstitel handelt.

b) Dazu gesellt sich aber noch folgender Beweisgrund. Die Verfassungen lassen fast alle teils unmittelbar teils mittelbar deutlich erkennen, daß sie den rechtlichen *Entstehungs*grund der Rechte der regierenden Familie an Herrschaft und Krone, die *rechtliche* Grundlage dieser Rechte nicht in ihren eigenen Bestimmungen, im Staatsrecht, sondern im Hausrecht und zwar in einem Hausrecht erblicken, das *früher* vorhanden war, als das Recht dieses Staates, in Hausrecht, das zu einer Zeit entstand, wo alles staatliche Recht nicht ein Recht des Staates, sondern kraft der rein patrimonialen Staatsauffassung ein Recht des Hauses über den Staat, ein Recht des Hauses mit dem Staat als Rechtsobjekt war.

α) Das gilt vor allem für diejenigen Verfassungen, welche wie die von *Preufsen*, *Baden*, *Meiningen*, *Altenburg* und den *beiden Reufs* davon reden, daß die Krone „gemäß" den (Preußen, beide Reuß) oder „nach" den Hausgesetzen (Baden), bezw. „vermöge" der Hausgesetze (Meiningen, Altenburg) im Mannesstamme des fürstlichen Hauses vererblich sei. Ein Teil dieser Verfassungen nennt die in Betracht kommenden Hausgesetze ausdrücklich. Es sind alle ältere, vor der Verfassung ergangene. So heißt es in der Konstitutionsurkunde für Sachsen-Altenburg § 13: „Die Nachfolge der Regierung ist, vermöge der Primogeniturordnung vom 24. Juni 1703 und der letztwilligen Verordnung vom 11. Januar 1705, erblich . . .," in dem sachsen-meiningenschen Grundgesetz § 3: „Die Staatserbfolge richtet sich, was das herzogliche Spezialhaus betrifft, vermöge der Primogeniturkonstitution vom 12. März 1802 nach den Grundsätzen der Erstgeburt u. s. w."; und in der badischen Verfassungsurkunde § 4 lesen wir: „Die Regierung ist erblich in der großherzoglichen Familie nach den Bestimmungen der Deklaration vom 4. Oktober 1817." Aber auch, wo die Hausgesetze nicht mit konkretem Namen und Datum bezeichnet werden, ergibt sich doch aus der Fassung der bezüglichen Bestimmungen der Staatsgrundgesetze, daß unter den Hausgesetzen nicht jeweils geltende, sondern bereits in

Geltung befindliche vorausgesetzt sind; denn nach jenen grundgesetzlichen Bestimmungen müssen diese Hausgesetze bereits einen fest bestimmten Inhalt haben und dies können nur schon in Kraft stehende, nicht zukünftige. Auch sagen die betreffenden Verfassungen nicht „gemäß der Hausgesetzgebung," sondern gemäß der Hausgesetze." „Die Krone ist, den königlichen Hausgesetzen gemäß, erblich in dem Mannesstamme des königlichen Hauses u. s. w." (Preußen Art. 53); „Die Regierung des Landes ist den Hausgesetzen gemäß erblich u. s. w." (Reuß j. L. § 9); „Die Staatserbfolge richtet sich, den Reußischen Haus- und Familienverträgen gemäß," nach den Grundsätzen der Erstgeburt . . ." (Reuß ä. L. § 3). Nicht bloß historisch — denn wozu wären sie dann in Staatsgrundgesetzen erwähnt? —, sondern rechtlich ist die Krone den Hausgesetzen gemäß erblich; also beruht das Erbrecht an der Krone auf den Hausgesetzen. Das Hausrecht gibt für die Erblichkeit Maß; das Hausrecht vermochte die Erblichkeit zu begründen. Die Verfassungsurkunde konstatiert nur, was aus anderer Rechtsquelle entsprang. Wäre das nicht die Absicht der Verfassungsautoren, wollten dieselben in den Hausgesetzen nur die historische, nicht die rechtliche Entstehungsursache des Erbrechts der Familie angegeben haben, warum dann zum Teil die Bestimmung, daß sie unbeschadet ihrer Eigenschaft als Hausrecht insoweit als integrierender Bestandteil der Verfassung gelten sollen, eine Vorschrift, die wir z. B. in der badischen Konstitution vom 22. August 1818 § 4 mit den Worten finden: „Die Regierung ist erblich in dem großherzoglichen Hause nach den Bestimmungen der Deklaration vom 4. Oktober 1817, die als Grundlage des Hausgesetzes einen wesentlichen Bestandteil der Verfassung bilden und als wörtlich in gegenwärtige Urkunde aufgenommen betrachtet werden *soll.*" Als „Grundlage" d. h. weil sie Grundlage des Hausgesetzes, Hausgrundgesetz ist. Nicht daß sie des hausgesetzlichen Charakters entkleidet würde. Sie ist und bleibt, wie sie sich selbst nennt, „Hausgesetz und Familienstatut". Gemäß, vermöge des Hausgesetzes heißt: nicht ohne, somit durch das Hausgesetz. Vom Standpunkte der herrschenden Theorie aus deutet man freilich dieses „gemäß oder vermöge der Hausgesetze" anders. Das „gemäß" bedeute Umwandlung des Hausrechtes, soweit es sich auf Thronfolge beziehe, aus (selbständigem) Hausrecht in einen integrierenden Bestandteil der Verfassung und zwar „restlos und vollständig" (vgl. *Anschütz* S. 571); oder: das Zitat bedeute nur das Motiv der staatlichen Satzung (*Binding* S. 34). Allein nehmen wir nur irgend ein anderes Beispiel: Die Gemeindeordnung für Elsaß-Lothringen vom 6. Juni 1895 § 16 bemerkt bezüglich der Zuständigkeit des Bürgermeisters u. a.: „Er ist befugt, ortspolizeiliche Verordnungen nach Maßgabe der bestehenden Gesetze zu erlassen." Niemand wird hier den Worten „nach Maßgabe u. s. w." lediglich die Bedeutung eines Motivs der Satzung oder gar die Bedeutung beimessen wollen, daß jene Gesetze dadurch zu integrierenden Bestandteilen der genannten Gemeindeordnung wurden, sondern die Bedeutung jener Wendung ist doch wohl: Der Bürgermeister ist nach bestehenden Gesetzen zum Erlaß von ortspolizeilichen Verordnungen befugt; diese Befugnis soll ihm auch weiter verbleiben. Jene Gesetze bilden nach wie vor den Rechtstitel seiner Zuständigkeit in Polizeiverordnungssachen. Der Sinn des Satzes der Gemeindeordnung ist: In seiner *anderweit* begründeten Zuständigkeit in Polizeiverordnungssachen wird nichts geändert. Und demgemäß auch in der Verfassung: an dem im Hausrecht begründeten Thronfolgerecht wird nichts geändert; eine Auffassung, die *Schücking* a. a. O. S. 42 teilt, obwohl er grundsätzlich anderer Meinung ist. Er bemerkt hinsichtlich der Verfassungen mit preußischer Formulierung: „Hier *beruht* das Thronfolgerecht nach der Verfassung noch immer auf den Normen der Hausgesetzgebung." *Bornhak* (in „Die neue Welt", 20. Jahrgang, Nr. 1 S. 17) sieht in solcher Bezugnahme allerdings auch eine Herübernahme ins Staatsrecht, aber wenigstens nicht als Bestandteil der Verfassungsurkunde. Er meint lediglich: „Wenn die Verfassungsurkunden auf die alten Hausgesetze sich beziehen, so übernehmen sie einfach deren Bestimmungen als *materielles* Verfassungsrecht."

β) Nichts anderes, als wir bisher behaupteten, gilt aber auch für die Verfassungen, welche bezüglich der Thronfolge des Hausrechtes gar nicht Erwähnung tun, sei es, weil sie die Frage der Thronfolge überhaupt nicht berühren (Schwarzburg-Rudolstadt u. a.), sei es, daß sie dies zwar tun, aber ohne auf Hausrecht ausdrücklich zu verweisen.

Für die erstgenannten Staaten — es gehören hierher *Sachsen-Weimar*, *Anhalt*, *Schwarzburg-Rudolstadt* — ist es selbstverständlich, daß das Hausrecht als rechtliche Ursache der Thronanwartschaften zu gelten hat. Nicht daß man aus dem völligen Schweigen jener Verfassungen ableiten dürfte: jedes Hausrecht, sondern lediglich das zur Zeit der Erlasses jener Konstitutionen vorhandene. Denn es widerspricht der Natur eines monarchischen Staatswesens mit konstitutioneller Verfassung, anzunehmen, daß eine für den gesamten Staat so überaus wichtige Angelegenheit, wie die Thronfolgefrage, auch nach Übergang zum konstitutionellen Staatsprinzip noch allein durch Hausgesetz sollte geregelt werden können, sofern diese Neuregelung eine andere Bestimmung des regierenden Hauses herbeiführen oder die Grundsäulen des Thronfolgerechtes, Vererbung im Mannesstamme, Primogenitur, Linealfolge, aufheben oder dauernd verändern würde[1]. Also nur ältere Hausgesetze können stillschweigend als Sitz des Thronfolgerechtes gedacht sein. Damit ist aber erwiesen, daß auch für diese Staaten die rechtliche Entstehungsursache der Thronanwartschaftsrechte in hausrechtlichen Quellen zu erblicken ist.

Deutlicher ergibt sich dies noch hinsichtlich der Verfassungsurkunden, welche der Thronfolgefrage und wenn auch nur beiläufig Erwähnung tun, aber die Hausgesetze in Beziehung hierzu nicht nennen.

Die landständische Verfassungsurkunde für *Lippe* vom 6. Juli 1836 (§ 5 Abs. 3) nennt wohl die Hausverträge, allein nicht in Beziehung zur Frage der Thronfolge, sondern in Beziehung zu der Frage, welche Rechte die Linien des fürstlichen Hauses in Richtung auf Beteiligung am Landtage hätten. Aber die Linien werden hier als „*erb*herrliche" bezeichnet, somit als Linien, welche Erbrecht am Throne haben, und solche be-

[1]) Aus diesem Grunde genügt für Neuregelung nicht *einfaches* Staatsgesetz, wie *Schücking* S. 42 meint.

sitzen sie eben nach älterem Hausrecht, dem Testament Simons VI von 1597 (Art. 4 u. 5) und ähnlichem.

Das Staatsgrundgesetz für *Koburg* und *Gotha* bestimmt wohl ausdrücklich: „Das Recht der Regierung ist erblich im Mannesstamme des herzoglichen Hauses." Aber trotzdem ist als sicher anzunehmen, daß die genannte Verfassung hiermit Erbrecht des Agnaten des herzoglichen Hauses rechtlich nicht neu begründen, sondern lediglich bestehende Erbrechte als vorhanden konstatieren wollte. Anzunehmen ist dies wegen der Unsicherheit, welcher dem Begriffe „Herzogliches Haus von Sachsen-Koburg und Gotha" angesichts der vielen vorhandenen Speziallinien des sächsischen Gesamthauses beiwohnt. Man sehe nur die lange Aufzählung von Personen, welche das koburg-gothaische Hausgesetz vom 1. März 1855 (*Schultze* Bd. III S. 266) vornehmen mußte, um den Begriff des genannten Fürstenhauses sicher zu umschreiben.

Nicht anders liegt es mit der Verfassungsurkunde für das *Königreich Sachsen*. Würde, wenn die Verfassung mit dem Satze: „Die Krone ist erblich in dem Mannesstamme des *sächsischen Fürstenhauses*" ein Erbrecht dieses Hauses rechtlich erst neu hätte begründen wollen[1]), angesichts des Umstandes, daß in Sachsen dermalen ein *königliches* Haus regiert, nicht eine Erklärung gegeben worden sein, was unter dem sächsischen Fürstenhause zu verstehen sei? Sofern dagegen die Verfassungsbestimmung lediglich die Bedeutung hat, daß sie ein Erbrecht als vorhanden konstatiert, das seinen rechtlichen Entstehungsgrund anderweit besitzt, dann bietet es nichts auffälliges, wenn der Begriff sächsisches Fürstenhaus im Gesetze keine Erläuterung findet.

Das Landesgrundgesetz für *Schwarzburg-Sondershausen* vom 8. Juli 1857 bemerkt in § 13 Abs. 1 zwar lediglich: „Die Regierungsfolge ist *erblich* in dem Mannesstamme des Fürstlichen *Hauses* nach dem Rechte der Erstgeburt und Linealordnung", aber indem es in § 13 Abs. 2 fortfährt: „Nach gänzlichem Erlöschen des Mannesstammes im Fürstl. *Schwarzburgischen Gesamt*hause geht die Regierung auf die weibliche

[1]) Dies meint *Schücking* S. 38.

Linie . . . über," gibt es zu erkennen, daß es die rechtliche Ursache der Erbrechte des fürstlichen Hauses im Hausrecht erblickt. Denn wie könnte sonst plötzlich aus dem fürstlichen Hause in § 13 Abs. 1, in § 13 Abs. 2 ein fürstliches Gesamthaus werden?

Bestätigt wird die Richtigkeit dieser Auffassung für Schwarzburg-Sondershausen und Schwarzburg-Rudolstadt durch zwei neuere, die Thronfolge in Rudolstadt betreffende Gesetze, ein schwarzburg-rudolstädtisches vom 1. Juni und ein Schwarzburg-sondershauser vom 14. August 1896.

In Schwarzburg-Rudolstadt stand bis 1896 die agnatische Linie des regierenden Rudolstädter Hauses nur auf zwei Augen. Der regierende Fürst Günther war der einzig noch vorhandene Agnat dieses Hauses. Mit seinem Tode würde das regierende Haus in Rudolstadt aussterben und die Regierung nach einem Hausvertrage am 7. September 1713 an den anderen Zweig des schwarzburgischen Gesamthauses, die Sondershauser Linie, übergehen. Durch „Anerkennungsurkunde vom 21. April 1896" (Gesetzsammlung für das Fürstentum Schwarzburg-Rudolstadt S. 59f.) haben nicht bloß sämtliche Agnaten des Gesamthauses Schwarzburg — es sind nur mehr drei, die beiden regierenden Fürsten und ein Bruder des Sondershauser Fürsten (Prinz Leopold) — den aus einer unebenbürtigen (zweiten) Ehe des verstorbenen Fürsten Friedrich Günther zu Schwarzburg-Rudolstadt hervorgegangenen Prinzen Sizzo von Leutenberg, einen Vetter des gegenwärtig regierenden Herrn von Rudolstadt, als ebenbürtigen Agnat des schwarzburgischen Gesamthauses anerkannt, sondern die beiden Agnaten des Sondershauser Zweiges sind diesem neuen Agnaten hinsichtlich der Regierungsnachfolge in Rudolstadt auch im Range ausgewichen und haben ihm Sukzessionsrecht auch in Sondershausen eingeräumt[1]). Dies neue Thronfolgerecht (Aufnahme eines Nichtagnaten in den allein mit dem Erbrecht ausgestatteten Mannesstamm des Gesamthauses, resolutiv bedingter Erbverzicht der Sondershauser u. s. w.) bedurfte zu seiner Rechtsverbindlichkeit auch für den Staat nach dem

---

[1]) Den letzteren Punkt näher unten § 20.

Prinzip des Verfassungsstaates auch eines formellen Staatsgesetzes und in diesem Staatsgesetz, je einem für Rudolstadt und Sondershausen, wird als die Grundlage des Erbrechtes jeder anderen Linie des Gesamthauses genannt der fürstliche Hausvertrag vom 7. September 1713. „Zur Nachfolge in die Regierung Unseres Fürstentums," lautet das rudolstädtische Verfassungsergänzungsgesetz vom 1. Juni 1896, „sind für den Fall Unseres ohne Hinterlassung männlicher Descendenz erfolgenden Ablebens berufen a) *kraft* der von sämtlichen Agnaten des Fürstlich Schwarzburgischen Gesamthauses unter dem 21. April 1896 vollzogenen Vereinbarung der Prinz Sizzo von Leutenberg, sowie (dessen) . . . Descendenz, in Ermanglung dieser b) die Agnaten des Fürstlichen Hauses Schwarzburg-Sondershausen *nach Mafsgabe und Kraft* des Fürstlichen Hausvertrages vom 7. September 1713." Und ähnlich das Sondershauser Gesetz vom 14. August 1896: „Nach Erlöschen des Mannesstammes im Fürstlichen Hause Schwarzburg-*Sondershausen* sind zur Nachfolge in die Regierung Unseres Fürstentums *kraft* des Fürstlichen Hausvertrages vom 7. September 1713 und der . . . unter dem 21. April 1896 vollzogenen Vereinbarung berufen: a) der regierende Fürst Günther zu Schwarzburg-Rudolstadt und die . . . Descendenz desselben, b) . . . der Prinz Sizzo . . ."

γ) Eine weitere Gruppe von Verfassungen stellen diejenigen Konstitutionen dar, welche die Thronfolge selbst regeln und auch des Hausrechtes Erwähnung tun, aber nicht in dessen unmittelbarer Beziehung zur Thronfolge. Hierher rechnen *Bayern*, *Württemberg*, *Braunschweig*, *Waldeck*, *Schaumburg-Lippe*.

Die bayerische Verfassung lautet in Tit. II § 8: „Die übrigen Verhältnisse der *Mitglieder* des königlichen Hauses, d. h. nach dem Inhalt des vorausgehenden § 8 die Verhältnisse der Mitglieder mit Ausnahme ihrer Volljährigkeit richten sich nach den Bestimmungen des pragmatischen Familiengesetzes." Dasselbe gilt für Schaumburg-Lippe Art. 13 Abs. 2. In der Waldeckschen Verfassungsurkunde § 27 wird gesagt: „Die übrigen d. h. nach dem Vorausgehenden die nicht die Thronfolge und das Domanialvermögen betreffenden Verhältnisse des Fürstlichen Hauses ordnen die Hausgesetze. Dieselben *sind* den Ständen zur Kenntnisnahme und, soweit nach dieser Verfassung erforderlich, zu ihrer Zustimmung vorzulegen.“ Württemberg Verf. § 18 bemerkt: „Die Verhältnisse der Mitglieder des Königlichen Hauses zum Könige, als Oberhaupt der Familie, und unter sich (Gegensatz: die Verhältnisse der Mitglieder zum Staat d. h. Thronfolge, Reichsverwesung) *werden* in einem eigenen Hausgesetze bestimmt“. Am deutlichsten sagt die braunschweigsche Landschaftsordnung § 23: „Die *inneren* Verhältnisse des herzoglichen Hauses *werden* von dem Landesfürsten, als dem Oberhaupte der Familie, durch Hausgesetze geordnet.“

So verschieden alle diese Bestimmungen, so haben dieselben doch das eine gemein: Sie denken an eine neue, etwa eben erlassene oder alsbald zu erlassende Hausgesetzgebung, an eine Kodifikation des Hausrechtes in der angegebenen Richtung. Daß die Thronfolge ihren Rechtsgrund noch in älterem Hausrecht zu haben vermag, wollen sie nicht ausschließen[1]). Was sie bestimmen, ist lediglich: die nicht auf Thronfolge bezüglichen Verhältnisse der regierenden Familien sollen hausgesetzlich kodifiziert werden. Auf die Thronfolge bezügliches älteres Hausrecht soll unberührt sein.

δ) Eine besondere Stellung nimmt die *hessische* Verfassungsurkunde ein. Gerade entgegengesetzt bringt sie das Hausgesetz mit der verfassungsrechtlichen Ordnung der Thronfolge in Beziehung und zwar so, daß das Hausgesetz lediglich als Ergänzung des Verfassungsgesetzes erscheint. „Die diesen Grundsätzen (d. h. den Vorschriften des Art. 5 Abs. 1—3 der Verfassung über die Thronfolge) *gemäfsen* näheren Bestimmungen, sowie die Bestimmungen über die Regentschaft . . . *werden* durch das Hausgesetz festgesetzt.“ Allein auch hier bezeugt das Wort „werden“ deutlich: Dadurch, daß die näheren Bestimmungen über Thronfolge künftig in *einem* Hausgesetze kodifiziert werden sollen, ist älteres Hausrecht, soweit es als rechtlicher Entstehungsgrund der Thronfolgerechte in Betracht kommt, vorläufig nicht aufgehoben.

---

[1]) A. M. *Schücking* S. 37 und 46.

ε) In voller Klarheit stellt das *oldenburgische* Staatsgrundgesetz den „*grund*gesetzlich zur Nachfolge Berechtigten" die hausgesetzlich dazu Berufenen gegenüber. Dasselbe regelt nämlich staatsgesetzlich die Thronfolge lediglich für die Nachkommen des Herzogs Peter Friedrich Ludwig (gest. 1829). Daher die Vorschrift in Art. 18: „Würden dereinst Besorgnisse wegen der Regierungserledigung bei der Ermanglung eines *grund*gesetzlich zur Nachfolge berechtigten Prinzen entstehen, so soll zeitig vom Großherzog und dem Landtage durch eine weitere grundgesetzliche Bestimmung für die Regierungsnachfolge Vorsorge getroffen werden." Die durch Abstammung von einem älteren Oldenburger Sukzessionsberechtigten sollen ihrer Sukzessionsansprüche nicht beraubt sein. Sind aber ihre Ansprüche erhalten, so sind sie erhalten als hausgesetzliche. Demgemäß gilt aber auch für die Nachkommen des Herzogs Peter Friedrich Ludwig: dadurch, daß sie als grundgesetzlich zur Nachfolge berechtigt bezeichnet werden, will nicht verneint sein, daß sie auch hausgesetzlich berufen sind. Sie haben ein Nachfolgerecht kraft Haus- und Grundgesetz. Die hausgesetzliche Berufung ist die ältere. Nicht aus Ableitung vom Staat, sondern aus einer anderen Quelle, dem Staat gegenüber originär, besitzen daher auch die gegenwärtigen Oldenburger ein Erbrecht an der Krone ihres Landes. Vgl. unten S. 44ff.

ζ) Wenn die Staatsgesetze so übereinstimmend auf das Hausrecht direkt und indirekt hinweisen, läßt sich dann behaupten, daß dieser Hinweis ein superfluum war? Ist dann nicht anzunehmen, daß dem Hinweis rechtliche Bedeutung beiwohnt?

b) Das Recht am Throne, nicht durch den Staat entziehbar.

§ 3.

I. Daraus, daß die regierenden Geschlechter ihr Recht am Throne rechtlich nicht als ein vom Staate, d. h. der modernen Staatspersönlichkeit abgeleitetes besitzen, folgt noch keineswegs[1]), daß dieser moderne Staat der Staatspersönlichkeit über jenes ihm gegenüber originär erworbene Recht nicht auch die Gewalt besitze, es zu ordnen oder zu vernichten.

Zweifellos hat die Stellung des Herrschers im Staat mit dem Übergange des öffentlichen Rechtes zu dem Gedanken der Staatspersönlichkeit seine Natur geändert. Der Fürst ist aus einem Herren über dem Staate, ein Werkzeug des Staates, ein Organ im Staate geworden. Nicht mehr steht er über und damit außer dem Staate. Das Recht am Throne, die Thronfolge ist eine staatliche Angelegenheit.

Dieser Übergang ist keineswegs ein unvermittelter. Das Hausrecht selbst hat ihn angebahnt, schon ehe der Gedanke der Staatspersönlichkeit entstand. Nicht bloß als Haus-, sondern auch als Untertanenangelegenheit wurde das Recht der Thronfolge angesehen. Hieraus erklärt sich, daß die Landesherren zu Hausgesetzen nicht selten die Zustimmung der Stände einholten oder einholen mußten, wo dieselben ein Mitwirkungsrecht in allen auch Land und Leute berührenden wichtigen Angelegenheiten besaßen[2]). Was ist aber Untertanen- oder ständische Angelegenheit anderes, als Landes- oder Staatsangelegenheit?

Als Staatsangelegenheit wurde die Thronfolge daher schon vor dem Übergange des öffentlichen Rechtes zum Begriff der Staatspersönlichkeit behandelt, aber erst mit dem Rechtsprinzipe der Staatspersönlichkeit konnte der Gedanke entstehen, daß der Staat für sich allein das Recht der Thronfolge zu ordnen und zu vernichten vermöge.

Zweifelsohne liegt dieser Gedanke in der *logischen* Konsequenz des Grundsatzes der Staatspersönlichkeit. Ist der Herrscher Organ des Staates, so steht er wie alle anderen Organe unter dem Staate. Wie dieser das Recht anderer Organe ordnen und vernichten kann, so vermag er auch dieses,

---

[1]) Dies meinten die Vertreter der reinen Patrimonialtheorie im 19. Jahrhundert: *Maurenbrecher*, Die regierenden Fürsten und die Souveränität 1839 S. 167 und *Stahl*, Rechtsphilosophie Bd. II 5. Aufl. S. 265ff. Siehe dazu *Schücking* S. 11 und 17.

[2]) Vgl. *Schröder*, Lehrbuch der deutschen Rechtsgeschichte 4. Aufl. 1902 § 78 Nr. 2 (S. 846).

die Thronfolgerechte, zu ordnen und zu vernichten. Ich verweise auf die Ausführungen des Vorkämpfers in dieser Frage: *Jellinek*, System der subj. öffentl. Rechte S. 137 und 141, Recht des modernen Staates Bd. I S. 514, 616.

II. Allein die logische Konsequenz ist nicht immer auch die sich tatsächlich durchsetzende, die sich verwirklichende, die *historische.*

A. Die deutsche Staatsentwicklung im 19. Jahrhundert ist keine schroff vom Alten zum Neuen übergehende, sondern eine Altes mit Neuem verbindende. Keineswegs trifft zu, daß im modernen Staate nur der Staat rechtssetzende Gewalt besitzt, um mit *Anschütz*[1]) a. a. O. S. 465 zu reden, „alles Recht, wenn man auf die Herkunft und die Entstehung sieht, nur Staatsrecht im weitesten Sinne des Wortes, d. h. Wille des Staates unmittelbar oder mittelbar, ausdrücklich oder stillschweigend ist"; die deutsche politische Geschichte hat neben neuem Rechte des Staates auch altes anderer Kräfte bewahrt; *was insbesondere die Rechtsverhältnisse der Krone angeht, so sind dieselben wohl Staatsangelegenheit geworden, aber daneben sind sie eine dem* ***Staate gegenüber unabhängige,*** *d. h.* ***gleichgeordnete*** *Angelegenheit des* ***fürstlichen Hauses*** *geblieben.* Das fürstliche Hausrecht, soweit es Hausrecht regierender Familien ist, wurde nicht, wie *Anschütz* S. 571 hinsichtlich der Thronfolge wenigstens für das Recht Preußens und der Mittelstaaten Bayern, Württemberg, Baden meint, völlig und restlos verstaatlicht, sondern es hat sich seine Natur als selbständige, vom deutschen Einzelstaatsrecht unabhängige Rechtsquelle bewahrt. *Das regierende fürstliche Haus besitzt noch ein vom Staate unabhängiges, d. h. durch ihn nicht entziehbares Recht an der Staatsgewalt, aber ausüben mufs es dies Recht als Organ des Staates, d. h. im Dienste des Staates, so wie es das Interesse der Staatsgesamtheit, nicht wie es das Interesse der Dynastie erfordert.*

Daß die gegenwärtige Rechtslage des landesherrlichen Hauses keine andere zu sein vermag, ist für den *Historiker* selbstverständlich.

---

[1]) Ebenso *Schücking*, Der Staat und die Agnaten 1902 S. 12.

Es sind die deutschen Fürsten, es sind die einander folgenden Mitglieder ein und desselben Geschlechtes mit ihren Staatsmännern gewesen, welche in den einzelnen deutschen Territorien den modernen deutschen Staat, den Staat der Staatspersönlichkeit zur Entstehung brachten. Sie haben den modernen Staat geschaffen, nicht dieser ihnen ihre Herrscherwürde verliehen. Sollten die deutschen Herrscher, trotzdem es *ihre* und ihrer Vorgänger Tat, diese Schaffung des modernen Staates, beim Übergang zur konstitutionellen Verfassung desselben ausschließlich nur das Interesse des Staates wahrgenommen und das der Familie, welcher sie ihre Krone verdankten, in dem wichtigsten Punkte, der diese Familie betraf, ganz aus dem Auge gelassen haben? Sollte sie so viel Staats-, so wenig dynastisches Gefühl erfüllt haben, daß sie es zuließen, daß das ihrem Hause bisher rechtlich unabhängig vom Lande zustehende Recht auf Herrschaft in ein vom Staate einseitig entziehbares verwandelt wurde? Und auch was das Volk anlangt, läßt sich angesichts des Fiaskos, das die deutsche Reichsverfassung von 1849 erfuhr, behaupten, daß die Macht des demokratischen Gedankens in den einzelnen deutschen Landen beim Volke so bedeutend war, daß ihr die Tatsache des angestammten Herrschaftsrechtes der deutschen Dynastien völlig unterlag. Nein, stärker als der demokratische Gedanke erwies sich die Anhänglichkeit des Volkes an das angestammte Herrscherhaus. Die Herrscherstellung des regierenden Hauses blieb eine in ihrer Existenz von Volk und Staat unabhängige. König Friedrich Wilhelm IV. von Preußen lehnte die ihm dargebotene Kaiserwürde ab. Diese *eine* Tat genügte, um das scheinbar so stolze Verfassungswerk von Frankfurt, um den Gedanken des Staatsbaues auf demokratischer Grundlage zum Scheitern zu bringen. Schlagen wir irgend ein Geschichtswerk des 19. Jahrhunderts auf, ein jedes von ihnen bestätigt, daß die historische Basis der Herrscherstellung der deutschen Dynastien durch die Ereignisse des Jahres 1848 in keiner Weise verändert wurde.

Und rechtlich sollte sich anderes ergeben? Läßt sich denken, daß in dieser so weittragenden Frage die tatsächliche Erscheinung rechtlich anders beurteilt werden muß, als geschichtlich?

B. Freilich, wenn von einem theoretisch-abstrakten Staatsbegriffe ausgegangen wird, muß man zu solchem Ergebnis gelangen. Wenn man behauptet, der moderne Staat habe das Rechtsetzungs*monopol*, habe *ausschliefslich* die Fähigkeit und Befugnis Recht zu setzen — vgl. statt vieler *Anschütz* a. a. O. S. 465 —, dann ist es nicht anders möglich, als zu dem Ergebnis zu gelangen: von dem Satze, daß dem Staate als Gesetzgeber gegenüber wohlerworbene, d. h. unentziehbare Rechte unmöglich sind, *kann* es keine Ausnahme geben; auch die Rechte der Thronanwärter unterliegen dieser Grundnorm [1]).

Allein es handelt sich nicht um den modernen Staat schlechthin, sondern was in Frage steht, ist der moderne *deutsche Einzel*staat. Hat dieser so völlig und schroff mit der Vergangenheit gebrochen, daß heute der Satz in Geltung stünde: der Staat ist die Quelle allen Rechtes? Hat alles Völkerrecht in ihm verpflichtende Kraft lediglich kraft „Selbstbindung“ [2]), und gilt katholisches Kirchenrecht in Preußen wirklich nur als preußisches, in Bayern als bayerisch-staatliches Recht und nicht vielmehr als Ausfluß einer vom Staate unabhängigen Rechtsetzungsgewalt? Hat katholisches Eherecht z. B. in Deutschland trotz Widerspruches mit dem staatlichen Rechte als die Katholiken bindendes Recht nicht auch schon gegolten, als die staatliche Gesetzgebung noch nicht erklärt hat, ihre Regeln beträfen nur die bürgerliche Ehe und berührten nicht die kirchlichen Verpflichtungen in Ansehung der Ehe? Der moderne deutsche Staat suchte auch sonst immer Übergänge vom Alten zum Neuen, verfiel nicht vom Extrem der Monarchie in das Extrem der Volkssouveränität, sondern erhielt das monarchische Prinzip

---

[1]) *Anschütz* S. 572, 574; *Triepel* S. 110; *Schücking* S. 30, *Bornhak* in Annalen 1904 S. 62. Dagegen *Störk*, Die agnatische Thronfolge im Fürstentum Lippe 1903 S. 5.

[2]) So *Anschütz* S. 470. Sollte z. B. ein durch Intervention der Großmächte geschaffener Staat den völkerrechtlichen Normen des Gesandtschafts-, Vertrags-, Kriegsrecht erst von dem Moment an unterstehen, wo er ihm unterstehen will? Nur auf Fiktionen, nicht auf greifbare Tatsachen läßt sich eine derartige Meinung gründen.

und fügte demselben nur eine demokratische Beschränkung bei. Sollte hier die Entwicklung eine andere gewesen sein? Aber selbst wenn dem so wäre — unsere Aufgabe erfordert nicht der Frage näher nachzugehen —, angenommen also, jene Anschauung, daß auch der deutsche Einzelstaat von heute ein Rechtsetzungsmonopol besäße, wäre zutreffend, sind trotzdem davon nicht Ausnahmen denkbar? Stehen wirklich alle wohlerworbenen Rechte einander gleich? Sind alle gleich wert? Erhebt sich nicht eines nach der Geschichte des deutschen Territorialstaates turmhoch über alle anderen, eben jenes Recht der deutschen Dynastien [1]) auf Herrschaft in den deutschen Landen? Diesem kommt doch nach der historischen Entwicklung unserer staatlichen Institutionen eine ganz andere geschichtliche Bedeutung zu, als den wohlerworbenen Untertanenrechten! Ist nicht anzunehmen, daß ihm demgemäß auch heute noch ein besonderer Rechtscharakter beiwohnt? Ist die Tatsache der Erhaltung des monarchischen Prinzips in Deutschland nicht eine Folge der besonderen Eigenart dieses Rechtes? Sollte sie ihm darum nicht erhalten geblieben sein? Ich meine bei *Gerber*, dem Vater der von uns bekämpften Grundanschauung, hat sich, so wenig zutreffend seine Begründung ist — Abänderung durch Verfassungsgesetz kann man nicht willkürliche Abänderung nennen —, ein richtiger historischer Sinn bewährt, wenn er, wie oben S. 3 bemerkt, davon abstand, aus seinem Prinzip die logische Konsequenz zu ziehen, daß die Warterechte der Agnaten vom Staate einseitig aufgehoben werden könnten.

So sehr ich es bedauere, im übrigen der juristischen [2]) Beweisführung nicht beitreten zu können, welche *Störk* in seiner Schrift „Die agnatische Thronfolge im Fürstentum

---

[1]) *Triepel* S. 110 bestreitet es ausdrücklich.

[2]) Daraus, daß die Hausgesetze in den Text der Verfassungsurkunden einbezogen (*Störk* S. 6), Rechte der Agnaten am Thron in der Verfassung geregelt sind, folgt doch lediglich, daß eine Aufhebung solcher Rechte des Weges der verfassungsändernden Gesetzgebung bedarf, nicht aber, daß solche Rechte überhaupt nicht einseitig entzogen zu werden vermögen. Dies auch gegen die juristischen Gründe *Arndts*, Können Rechte der Agnaten auf die Thronfolge nur durch Staatsgesetz geändert werden? 2. Aufl. 1900.

Lippe" 1903 S. 4 ff. für die rechtliche Unabhängigkeit der Agnatenrechte niedergelegt hat, in dem einen Punkte (*Störk* S. 6) teile ich mit Freuden seine Auffassung: ein subjektives öffentliches Recht, dem gegenüber allen übrigen subjektiven öffentlichen Rechten eine so ganz besondere historisch-politische Bedeutung beiwohnt, wird wohl auch eines anderen Rechtsschutzes gegen Entziehung teilhaftig sein, als es bei jenen übrigen subjektiven öffentlichen Rechten der Fall ist. Nach Zweck und Inhalt bestimmt sich doch die Form, das Recht, und nicht umgekehrt.

Um dies an einem anderen Beispiele zu erweisen. *Anschütz* ist der herrschenden Lehre, daß der Staatsdienst seiner Begründung nach auf Vertrag beruhe, neuerdings (a. a. O. S. 589) mit dem Einwand entgegengetreten, das Erfordernis der Einwilligung der Anzustellenden stemple die Anstellung so wenig zu einem Vertrage wie das Naturalisationsgesuch die Naturalisation. Allein es darf doch nicht vergessen werden, daß der Eintritt in den Staatsdienst für den Eintretenden viel intensivere Pflichten mit sich bringt als der Eintritt in den Staatsverband. Er begründet, wie *Anschütz* a. a. O. S. 588 selbst bekennt, im Vergleich mit dem gemeinen Recht der Untertanenpflichten eine *gesteigerte* Subjektion des einzelnen unter den Staat. Sollte das nicht zur Folge haben, daß der Einwilligung des Eintretenden hier auch hinsichtlich der Begründung des Rechtsverhältnisses eine höhere Einwirkung zukommt, als ihr bei Begründung des Untertanenverhältnisses zu teil wird?

Allein nunmehr zu den *juristischen Spezialbeweisen.*[1])

---

[1]) ***Arndt*** bringt zu einem nicht geringen Teil nur politische Gründe bei (1. Aufl. S. 1—18, S. 37 ff.) und seine juristischen sind in der Hauptsache (Unentziehbarkeit) nicht zureichend. M. E. ist Arndt genügend widerlegt. Siehe insbesondere ***Schücking*** S. 31 ff. — ***Kohler*** hat ebenfalls schon die einseitige Unentziehbarkeit vertreten (Einführung in die Rechtswissenschaft 1902 S. 111 f. und im Archiv f. öffentl. Recht Bd. XVIII [1903] S. 136 und 153). Er führt hierfür lediglich an: Der ***gegenwärtige*** Herrscher könne nicht über seine Herrschersphäre hinauswirken. Allein wirkt er eigentlich als Gesetzgeber nicht grundsätzlich über die Zeit seines Lebens hinaus? Sind nicht alle Gesetze im Zweifel auf unbestimmte Zeit erlassen? —

C. 1. Die einseitig logisch und damit einseitig staatlichrechtlich vorgehende Theorie würde die Disposition der Thronanwärter über ihre Warterechte am liebsten völlig ausschalten.

a) In Wirklichkeit geht sie nur vereinzelt so weit. *Triepel* a. a. O. S. 107 z. B. bemerkt, niemals könne der Thronanwärter, immer nur der Throninhaber auf die Krone *Verzicht* leisten, oder, wie *Binding* a. a. O. S. 21 die Behauptung noch schärfer formuliert: „Die staatliche Thronfolgeordnung ist aller Privatdisposition entrückt. Nur dem auf den Thron Berufenen (will sagen: Throninhaber) bleibt das Recht des Verzichtes gewahrt.“ Im allgemeinen läßt die herrschende Lehre angesichts der Tatsache, daß Verzicht auf die Krone nach Anfall statthaft ist, doch auch zu, daß schon vor Thronanfall verzichtet werden kann — denn wie sollte

Außerdem teilt *Kekule von Stradonitz* die hier versuchte Anschauung; allein seine Gründe (Archiv für öffentl. Recht Bd. XIV [1899] S. 3) sind samt und sonders unhaltbar. Wie *Arndt*, 1. Aufl. S. 20, 23, 28 meint Kekule, die Rechte der Agnaten auf die Thronfolge seien um deswillen nicht einseitig entziehbar, weil Rechte der Agnaten, insbesondere solche auf Regentschaft, in den Verfassungen eingehend geregelt seien. Allein hieraus folgt doch lediglich, daß die in den Verfassungen begründeten Rechte wider Willen der Berechtigten nur im Wege der Verfassungsgesetzgebung beseitigt zu werden vermögen. Gegen einseitigen Entzug durch Verfassungsgesetz sind solche Rechte erst geschützt, wenn sie nicht bloß auf Staatsgesetz, sondern auch auf davon unabhängiger Rechtsquelle beruhen. Dies aber ist erst noch zu beweisen. — Auch *Störk*, Die agnatische Thronfolge im Fürstentum Lippe S. 4 ff. und 97 ist als Vertreter der hier verteidigten Anschauung zu nennen. Leider muß ich auch von seiner Beweisführung sagen, daß sie vorwiegend politischer, nicht juristischer Natur ist und daß, soweit sie rechtliches Wesen an sich trägt, sie mir unhaltbar zu sein scheint. Um nur eines anzuführen: warum in aller Welt wurzelt das unentziehbare Anwärterrecht der Agnaten in der monarchischen Staatsform als solchen? (S. 8); warum soll eine Monarchie nicht bei Entziehbarkeit der Thronanwartschaftsrechten rechtlich fortbestehen können? Zudem begegnet ein bedeutsamer Widerspruch. Auf S. 84 schreibt Störk: Die Frage, wer als Agnat eines fürstlichen Hauses zu gelten habe, sei im Grunde eine dynastische und hausrechtliche Frage; das will doch sagen keine staatsrechtliche. Wie paßt dazu die S. 6 mit großem Nachdruck hervorgehobene Behauptung, das Sukzessionsrecht sei ein Organisationsprinzip des *staatlichen* Verbandes, ein Fundament der monarchischen Staatsordnung? — Gegen *Kohler* und Störk auch *Bornhak*, Annalen 1904 S. 62.

die erst in Aussicht stehende Krone nicht ausgeschlagen werden dürfen, wenn es angängig ist, das viel vollere Recht des Besitzes der Krone aufzugeben? —, aber es geschieht doch mit einem gewissen logischen Unbehagen. Man fühlt, daß es der logischen Konsequenz widerspricht. Deshalb ist man wenigstens bestrebt, die Dispositionsbefugnis möglichst einzuschränken und zwar in dreifacher Richtung.

Einmal wird bemerkt: Wohl ist Erklärung des Verzichts vor Anfall der Krone erlaubt, aber die rechtliche Wirksamkeit solcher Erklärung besteht lediglich darin, daß die Erklärung beim Anfall der Krone nicht wiederholt zu werden braucht, vielmehr die Krone bei Thronerledigung, den Verzichtenden überspringend, sofort auf den Nächstberechtigten derart übergeht, daß letzterer nicht als Regierungsnachfolger des Verzichtenden, sondern unmittelbar als solcher des bisherigen Throninhabers gilt; dagegen ist der vor Anfall Verzichtende durch seine Erklärung nicht gebunden; er kann sie jeden Augenblick bis zur Thronerledigung widerrufen. Und dann sagt man: der Verzichtende kann nur für seine Person, nicht auch für seine Abkömmlinge, seine Linie, verzichten; die Wirkungen der Erklärung sind auf seine Person beschränkt. Man vergleiche in beiden Richtungen z. B. *Meyer* § 91 S. 246, *Anschütz* S. 574. Und endlich wird bemerkt: Der Verzicht kann an keine Bedingung geknüpft, mit keinem Vorbehalt versehen werden; Verzicht zugunsten bestimmter Dritter ist unwirksam. So *Seydel*, Bayerisches Staatsrecht 2. Aufl. Bd. I § 60.

a) Allein wie kommt es dann, daß fortwährend Verzichte mit der Absicht der Bindung, also Verzichtsverträge statthaben, daß der Verzichtende den Verzicht für sich und seine Nachkommen erklärt, daß Verzichte zugunsten bestimmter Dritter, also nur bedingt und unter Vorbehalt, sogenannte *Rangausweichungen* erfolgen?

Statt gar mancher Beispiele führen wir nur eines an. In ihm sind alle drei angegebenen Fälle vereinigt. Durch eine zu London am 24. Juni 1899 ausgestellte Erklärung haben Herzog und Prinz von *Connaught* auf die Regierungsnachfolge in Sachsen-Koburg-Gotha verzichtet, der erstere unbedingt, der letztere nur zugunsten des nach ihnen zur Krone berufenen Herzogs Karl Eduard von *Albany*, des Sohnes des verstorbenen vierten und jüngsten Sohnes des Prinzen Albert und der Königin Viktoria, des Herzogs Leopold von Albany.

Was geschah, geht am besten aus der Gegenurkunde hervor, welche der Erbprinz Ernst zu Hohenlohe-Langenburg als Vormund des jungen Herzogs von Albany am 28. Juni 1899 zu Koburg ausfertigte.

Hier heißt es: „*Nachdem* es dem Herzog *Arthur* von Connaught gefallen hat, durch eine zu London am 24. Juni 1899 ausgestellte Urkunde auf alles und jedes Erbfolgerecht in den Herzogtümern Coburg und Gotha *gänzlich* zu verzichten und nachdem auch Hochdessen Sohn, Prinz Arthur, durch Seinen Spezialvormund, den Herzog von Cambridge, Sich diesem Verzicht für Sich *und* Seinen Mannesstamm *unter Vorbehalt* der Erbfolge *nach* dem Tode und dem Erlöschen des Mannesstammes des Herzogs von Albany angeschlossen hat, so spreche ich, Erbprinz Ernst von Hohenlohe Langenburg, als dem Herzog von Albany bestellter Vormund nach erklärtem Einverständnis der als Mitvormünderin bestellten Mutter Meines Mündels, der Herzogin Helene von Albany, die *Annahme* der *zu dessen Gunsten* erklärten Verzichte auf die Thron- und Erbfolge in den Herzogtümern Sachsen-Coburg und Gotha hiedurch aus und erkläre Mich mit dem Inhalt der Verzichtsurkurde de dato London, den 24. Juni 1899, hiemit ausdrücklich einverstanden.“

Und diese Verzichtserklärung sollte die beiden Connaughts gegenüber dem Herzog von Albany nicht gebunden haben, der Vertrag seitens derselben frei widerruflich sein! Die Berufung zur Krone sollte nicht „Gegenstand vertragsmäßiger Verfügungen sein können“, um die Worte *Seydels* a. a. O. zu gebrauchen? Die Verträge sollten rechtlich nichtig sein, warum werden sie dann unter Mitwirkung der ersten Rechtsverständigen des Landes geschlossen!

Nach bayerischem Recht (Verf.-Urk. Tit. II § 13) sind in letzter Linie, d. h. wenn kein zur Reichsverwesung geeigneter Agnat und keine Königinwitwe vorhanden sind, die Kronbeamten zur Regentschaft berufen und zwar, sofern der letzte

Monarch nicht einen von ihnen bestimmt, nach ihrer Rangordnung, zuerst der Kronobersthofmeister, dann der Kronoberstkämmerer, der Kronoberstmarschall, der Kronoberstpostmeister. Angenommen, der Kronobersthofmeister würde sich gegenüber dem Kronoberstkämmerer verpflichten, für den Fall, daß bei Eintritt der Regentschaft die Reichsverwesung an ihn gelangen würde, auf Übernahme derselben zugunsten jenes zweiten Kronbeamten zu verzichten, m. a. W. die beiden Kronbeamten würden eine Rangausweichung vereinbaren, wäre ein solcher Verzichtsvertrag gültig, bindend? Gewiß nicht. Aus welchem Grunde? Weil den Parteien die Dispositionsbefugnis über die Reihenfolge der zur Regentschaft Berufenen abgeht.

Oder zwei Richter ein und desselben Amtes vereinbaren, daß der Dienstjüngere immer den Dienstälteren zuerst abstimmen lasse. Ist dieses Abkommen zwischen den Parteien bindend? Gewiß nicht. Denn der Gegenstand steht nicht zu ihrer Verfügung.

Aber es kommen derartige Verträge zwischen Kronbeamten oder Richtern auch nicht vor. Warum dann aber zwischen Thronanwärtern? Nun eben deswegen, weil hier die Sachlage eine ganz andere. Hier sind solche Verzichts- und Rangausweichungsverträge unter den Parteien und ihren Nachkommen bindend. Dieselben haben eben eine gewisse Dispositionsbefugnis über die Thronfolge.

β) Diese Befugnis ist auch im staatlichen Rechte anerkannt. Die einseitig staatsrechtliche Thronfolgetheorie übersieht dies nur in ihrer unerbittlichen Strenge logischer Konsequenz.

Das Gerichtsverfassungsgesetz § 199 sagt: „Die Reihenfolge bei der Abstimmung richtet sich nach dem Dienstalter . . .; der Jüngste stimmt zuerst, der Vorsitzende zuletzt“; die bayerische Verfassung Tit. II § 13 lautet: „In Ermanglung derselben (Agnaten, Königinwitwe) übernimmt sie (die Reichsverwesung) jener Kronbeamte, welchen der letzte Monarch hiezu ernennt; wenn von demselben keine solche Bestimmung getroffen ist, so geht sie an den *ersten* Kronbeamten über, welchem kein gesetzliches Hindernis entgegensteht.“ Bezüglich der Thronfolge dagegen heißt es (preus. Verf.-Urk. Art. 53): „Die Krone ist ... *erblich* in dem Mannesstamme des Königlichen Hauses nach dem Rechte der Erstgeburt und der agnatischen Linealfolge.“

Die Verfassungsurkunde sagt also, der Mannesstamm des königlichen Hauses hat ein Erbrecht an der Krone. Um Theorien kümmert sich der Gesetzgeber nicht. Er meint daher: auch wenn die Thronfolge etwas Staatsrechtliches ist, ein Erbrecht haben daran die Agnaten doch. Es ist dann eben kein privatrechtliches Erbrecht, kein Erbrecht an Privatrechten, sondern ein solches an einer öffentlichrechtlichen Stellung, jedenfalls hat die Befugnis der Agnaten die Natur eines Erbrechtes, von *Staats*erbfolge, wie z. B.[1]) das *meining*sche Landesgrundgesetz § 5 und das oldenburgische Hausgesetz Art. 16 es im Gegensatz zur „Sukzession in das Hausfideikommiß“ bezeichnen. Also muß ein Wesen des Erbrechtes in Betracht kommen, das ihm unabhängig davon beiwohnt, ob das zu Erbende ein Privat- oder ein öffentliches Recht ist. Und solche Eigenschaften hat das Erbrecht viele. Alle Eigenschaften, die ihm unabhängig davon beiwohnen, ob Gegenstand des Erbes Vermögens- oder andere Rechte sind, kommen ihm demgemäß auch dann zu, wenn Gegenstand desselben die Krone ist, es müßte denn die besondere Natur der Krone dieselben ausschließen. Auch sonst ist möglich, daß, was für das Erbrecht an Vermögen gilt, in Bezug auf das Erbrecht an der Krone wegen deren besonderen Natur Änderung erleidet.

Losgelöst gerade von den Beziehungen zum Vermögensrechte heißt Erben Einrücken in die Rechte eines anderen mit dessen Tod. Wie demgemäß sonst der Erbe über diese seine Aussicht disponieren kann, so vermag er es auch hier. Wie sonst der Erbe vor Anfall auf sein Warterecht verzichten kann, unbedingt und mit Vorbehalt (zugunsten bestimmter Dritter), frei widerruflich oder vertragsmäßig (sich bindend), für sich und seine Nachkommen, so kann er es demgemäß auch hier.

Dies ist es, was die Verfassung mit jener Wendung von

---

[1]) Siehe auch bayer. Familienstatut von 1819 Tit. II § 3 und gar manch anderes Haus- und Staatsverfassungsgesetz.

der Erblichkeit der Krone bestätigen. ***Vertragsmässige*** *Verzichte auf Thronfolgeansprüche vor Thronanfall, vertragsmäfsige Rangausweichungen unter Thronanwärter sind also* ***unter den Parteien*** *rechtlich bindend.*

γ) Ja, sie sind sogar bindend und rechtswirksam ***für den Staat,*** wenn die Verfassungsbestimmung so allgemein lautet, wie die von preußischer Verfassung Art. 53: „Die Krone ist erblich in dem Mannesstamme des Königlichen Hauses nach dem Rechte der Erstgeburt und der agnatischen Linealfolge." An sich haben selbstverständlich solche Vereinbarungen nur Wirkung unter den Parteien, nicht für den Staat, denn dieser hat ein selbständiges Recht an der Krone; aber wenn der Staat bezüglich dieses seines Rechtes an der Krone so allgemein bestimmt, wie es in der angeführten Vorschrift der Fall, dann haben jene Dispositionen auch unmittelbar Wirkung für den Staat kraft eben dieses Rechtsatzes.

Ausgeschlossen ist durch ihn eine Verfügung des Throninhabers als solchen über die Krone: eine testamentarische oder vertragsmäßige Einsetzung von Thronerben, welche den Agnaten vorgehen würden. Aber statthaft ist hiernach eine Verfügung der Thronanwärter über die Anwartschaften. Auch im Wege des Vertrages insbesondere, seien dies nun Verträge mit dem Throninhaber oder mit anderen, können sie über die Krone verfügen. Weil die Verfassung selbst die Krone als vererblich bezeichnet, können die Thronanwärter, soweit nicht Rechte anderer Thronanwärter dadurch berührt werden, vertragsmäßig darüber verfügen; also gilt auch der *Grundsatz der Primogenitur und Linealfolge nur innerhalb der Dispositionsfreiheit der Erben.* Der erste in der Linie kann dem zweiten ausweichen; die erste Linie der zweiten. Jeder vermag für seine ganze Nachkommenschaft zu verzichten, soweit dieselbe noch nicht großjährig (davon näher in § 50). Jede solche Disposition hat auch Wirkung für den Staat im Falle obenerwähnter Formulierung. *Es bedarf nicht des Weges eines verfassungsändernden Gesetzes,* um solchen Verträgen und Dispositionen auch für den Staat Wirkung beizulegen. Die Verfassung selbst legt ihnen diese Wirkung bei.

Mit Recht wurde in *Bayern* in dieser Weise verfahren, als

König Otto von Griechenland 1836 bedingt auf den bayerischen Königsthron Verzicht leistete. In einer Urkunde vom 6./18. März 1836 trat derselbe unter gewissen Voraussetzungen mit seiner *und* seiner Linie Thronanwartschaftsrecht hinter nachgeborene Linien zurück. Die Frage, ob dieser bedingte Verzicht der Zustimmung des Königs und der Stände als der gesetzgebenden Faktoren des Staates bedürfe und zwar in Form eines verfassungsändernden Gesetzes, wurde anläßlich der Beratung über den Fortbezug der Apanage durch König Otto 1837 in der bayerischen Kammer der Abgeordneten gestreift. Die verschiedenen Redner zu der Frage bis auf einen Abgeordneten waren nicht dieser Ansicht, weil durch jenen Vertrag innerhalb des regierenden Hauses nur eine subjektive Änderung der Thronfolgeordnung, will sagen keine Änderung des objektiven Thronfolgerechts (der Verfassung) erfolgt sei. Also erkannten sie eine derartige Disposition mit Wirkung auch für den Staat als zu Recht bestehend an. Nur meinten sie, es sei empfehlenswert, wenn der Volksvertretung von solchen Vorgängen Kenntnis gegeben würde, denn es sei wünschenswert, daß das Volk von solchen Vorgängen etwas erfahre.

Das Hausgesetz für das großherzoglich *oldenburgische* Haus vom 1. September 1872 hat, obwohl es *nach* der Verfassung für Oldenburg erging, welche vom 22. November 1852 stammt, und obwohl letztere für Hausgesetze, soweit nötig, Zustimmung der Stände vorschreibt (Art. 59), die Möglichkeit des Verzichts auf die Krone vor Anfall für selbstverständlich angesehen und für die betreffende Bestimmung keine Zustimmung des Landtages erholt. Es bestimmt in dem von der Zusammensetzung des Familienrates handelnden Art. 16 (*Schulze* II 456): „Ein Verzicht auf die Staatserbfolge schließt den Verzichtenden von der Teilnahme am Familienrate aus."

Nach der von uns bekämpften Anschauung hätten alle solche Dispositionen für den Staat erst im Wege der Verfassungsänderung Wirkung. Ja, erst dadurch erhielten sie überhaupt rechtlichen Inhalt, auch im Verhältnis der Parteien untereinander. Nicht durch Vertrag, sondern durch Gesetz wären diese gegeneinander verbunden. Der Vertrag würde nur moralisch, politisch, aber nicht rechtlich gebunden haben.

b) Aber ich höre einwenden: wozu dies alles? folgt denn hieraus, daß das fürstliche Hausrecht eine vom staatlichen Rechte unabhängige Rechtsordnung darstellt? Liegt die Sache nicht vielmehr einfach so, daß jene Dispositionen der Hausangehörigen rechtliche Wirkung auch im Verhältnis dieser zueinander lediglich besitzen, weil eben die Verfassung durch den Satz, daß die Krone im Mannesstamme erblich sei, hausrechtliche Geschäfte und damit das Hausrecht mit solcher Kraft ausstattet? Bestätigen nicht gerade dieser Art. 53 der preußischen Verfassung und ähnliche, wie alles Recht, wenn man auf die Herkunft und Entstehung sieht, staatliches Recht ist, im Staate seine Quelle hat?

Allein die gleiche Wirkung unter den Parteien, zwischen den Hausmitgliedern, besitzen jene Dispositionen auch, wenn sie dem geltenden Verfassungsrechte ***widersprechen.*** In diesem Falle läßt sich doch nicht annehmen, daß die genannten Dispositionen kraft stillschweigender Zulassung des Staatsgesetzes gelten. Denn wie sollte ein Staatsgesetz etwas zu staatlichem Recht erheben, d. h. mit gesetzlicher Kraft ausstatten, was seinem Inhalt direkt widerspricht? Trotzdem aber haben jene Dispositionen verpflichtende Kraft. Also kann dieselbe nicht auf staatlicher Zulassung beruhen.

Wir erwähnten S. 19 die Rangausweichung des *Sondershauser* Zweiges der *schwarzburgischen* Gesamtfamilie zugunsten eines unebenbürtigen Vetters des letzten *Rudolstädter* Agnaten.

Eine Rangausweichung zugunsten eines anderen Agnaten wäre mit dem geltenden Staatsrecht in Einklang. In Rudolstadt galt stillschweigend das hausrechtliche Prinzip der Vererblichkeit nach agnatischer Linealfolge auch für den Staat, als Verfassungsrecht. Im Wesen des agnatischen Erbrechtes liegt, wie wir sahen, die Möglichkeit des Rangverzichts, aber nur die innerhalb des Kreises der Agnaten. Der verfassungsrechtliche Grundsatz der Vererblichkeit im Mannesstamme vermag durch rechtsgeschäftliche Disposition keine Durchbrechung zu erleiden. Trotzdem bindet jene Rangausweichung zugunsten eines Nichtagnaten die Ausweichenden schon vor dem Erlaß des diese Rangausweichung auch für den Staat rechtsgültig machenden Verfassungsgesetzes. Sie bindet sie gegenüber dem anderen Zweige des schwarzburgischen Gesamthauses. Als „eine von den sämtlichen Agnaten des Fürstlich Schwarzburgischen Gesamthauses vollzogene Vereinbarung" wird jene Rangausweichung und Ebenbürtigkeitserklärung im Rudolstädter Gesetz vom 1. Juni 1896 bezeichnet: „kraft" derselben wird in dem genannten Gesetze Prinz Sizzo von Leutenberg als ebenbürtig erklärt: „Wir Fürst Karl Günther und Wir Prinz Leopold, als die einzigen männlichen Repräsentanten der Fürstlichen Linie Schwarzburg-Sondershausen, wollen Uns . . . des Uns nach Maßgabe des Hausvertrags vom 7. September 1713 zustehenden agnatischen Successions*rechtes* in die Regierung des Fürstentums Schwarzburg-Rudolstadt . . . zu Gunsten des Prinzen Sizzo bezw. dessen ebenbürtiger männlicher Descendenz *hiemit* ausdrücklich dergestalt *begeben,* daß dieselben *vor* Uns in obgedachtes Recht eintreten." Wie könnte angesichts dessen allen bezweifelt werden, daß jene Vereinbarung schon vor Erlaß des ihr entsprechenden Staatsgesetzes rechtliche Existenz besaß, also schon zu einer Zeit, wo sie dem geltenden Verfassungsrechte noch widersprach! Also muß die Bindekraft dieser Vereinbarung auf anderer Rechtsmacht als der der rechtsetzenden Gewalt des Staates beruhen[1]).

Und ebenso für Sondershausen. Hier bestimmt das Landgrund-, also das Staatsgesetz (§ 13): nach gänzlichem Erlöschen des Mannesstammes im fürstlichen Gesamthause geht die Regierung auf die weibliche Linie über. Im Widerspruch hierzu erklären die drei noch übrigen Agnaten mit den Worten: „Wir, die Fürsten Karl Günther und Günther und der Prinz Leopold, als die alleinigen gegenwärtig lebenden Agnaten des Fürstlichen Hauses Schwarzburg wollen den Prinzen Sizzo von Leutenberg förmlich und ***rechtsbeständig*** als einen ebenbürtigen Angehörigen des *Mannes*stammes Unseres Fürstlichen Hauses hiemit . . . anerkennen," die Regierung solle nach völligem Aussterben der Agnaten des Gesamthauses nicht auf

---

[1]) Die herrschende Meinung dagegen betrachtet diesen Konsens der Agnaten als rechtlich überflüssige Zutat: „supervacuum non nocet". (*Schücking* S. 41).

die weibliche Linie, sondern auf einen nichtagnatischen Angehörigen des Mannesstammes, den unebenbürtigen Prinzen Sizzo von Leutenberg und dessen Abkömmlinge übergehen. Wie sollte diese Erklärung auf Grund stillschweigender staatlicher Zulassung gelten, wo sie dem Willen des staatlichen Gesetzgebers direkt zuwider ist? Und doch erwähnt dann das die Sondershauser Verfassung entsprechend ändernde Staatsgesetz vom 14. August 1896 diese hausrechtliche Vereinbarung als eine bereits vorher zu Recht bestehende: „kraft" derselben wird nach dem Erlöschen des Sondershauser und des Rudolstädter Mannesstammes Prinz Sizzo zur Nachfolge in die Regierung von Schwarzburg-Sondershausen berufen. Siehe hierzu näher unten § 20 und § 44 II B 1 a β.

Und ein drittes Beispiel: Wir kennen es ebenfalls bereits. Durch Urkunde vom 24. Juni 1899 hat Herzog Artur von *Connaught* gänzlich, sein Sohn Prinz Artur mit Vorbehalt auf die Thronfolge in Koburg-Gotha verzichtet. Dieser Verzicht steht außer Einklang mit der koburg-gothaischen Verfassung. Dieselbe bestimmt, daß die Regierung auf den nächstberechtigten Prinzen übergeht. Herzog von Albany ist nicht der nächstberechtigte. Sollte nun jener Verzichtsvertrag zugunsten Albanys rechtsgültig sein, wenn die Verfassung lediglich lautete: „Das Recht der Regierung ist erblich im Mannesstamme des herzoglichen Hauses"; sollte ihm dagegen vor entsprechender Umänderung der Verfassung Rechtsverbindlichkeit auch zwischen den Parteien fehlen, wenn die Verfassung, wie sie es in Wirklichkeit tut, näher bestimmt: „Von der Nachfolge in die Regierung der Herzogtümer sind der regierende König von England und der voraussichtliche Thronfolger ausgeschlossen, dergestalt, daß die Regierung sofort auf den nach ihnen *zunächst* berechtigten Prinzen übergeht"?

Auf so geringem Fassungsunterschied kann doch nicht der Gegensatz von rechtlicher Gültigkeit oder Ungültigkeit eines solchen Verzichtsvertrages basieren! Ist dies aber der Fall, dann muß jener Vertrag seine Bindekraft aus einer auch bei Widerspruch mit dem Willen des Staates wirkenden, also aus einer auf den Staatswillen nicht zurückführenden Quelle besitzen. Nach jener von uns befehdeten Anschauung wären jene verschiedenen Verträge (Rangausweichungen, Ebenbürtigkeitserklärungen) rechtlich bedeutungslos. Wurden, um mit *Binding* in dem zitierten Leipziger Dekanatsprogramm S. 35 ff. zu reden, die hausgesetzlichen Bestimmungen über Thronfolge „durch die Verfassungen in staatsrechtliche Satzung genauer in Bestandteile der Verfassung verwandelt," wurden die preußischen Hausgesetze, soweit sie sich auf die Thronfolge beziehen, durch das Allegat derselben in Art. 53 der preußischen Verfassung „vollständig und restlos *verstaatlicht* derart, daß sie heute *lediglich* integrierender Bestandteil der Verfassung, sonst nichts sind" (so *Anschütz* a. a. O. S. 571), dann sind solche der Verfassung widersprechende Rangausweichungen und ähnliches rechtlich nur im Wege der Verfassungsänderung möglich. Und doch begegnen solche, werden solche mit der Absicht der Bindung („rechtsbeständig"!) unter den Parteien schon *vor* entsprechender Verfassungsumgestaltung da und dort fortwährend geschlossen!

c) Aber nicht bloß in Rangausweichungen und sonstigen Verzichten und ähnlichem zeigt sich solch eine auf Staatswillen nicht zurückführende Dispositionsbefugnis der Parteien, sondern auch in *Schiedsverträgen* über Thronfolgestreite.

Wie wir schon wiederholt andeuteten, liegt der Fehler der herrschenden Thronfolgelehre darin, daß sie im Begriffe der Thronfolge das Wesen des einen Elementes, des Thrones einseitig betont und auf diese Weise die Bedeutung des Wesens des anderen darin enthaltenen Moments, der Folge oder des Erbrechtes übersieht. Daher der Satz „über Sukzessionsrechte gibt es keine Disposition", wie dies am schroffsten *Triepel* S. 107 ausspricht. Und doch finden wir auch Schiedsverträge über solche Rechte, Schiedsverträge, obwohl, um wieder mit Triepel a. a. O. zu reden, in jedem solchen Schiedsvertrage notwendig eine Disposition über Thronfolgerecht enthalten ist.

Gewiß hat ein derartiger Schiedsvertrag als solcher keine Wirkung für den Staat — für diesen hat er Wirkung nur, wenn dadurch das Prinzip der *agnatischen* Erbfolge nicht verletzt wird und *alle* Erbberechtigten daran teilnehmen —; aber hieraus folgt nicht, daß der Schiedsvertrag als solcher überhaupt keine Rechtswirkung besäße; er wirkt unter den Parteien. Vgl. § 34.

Vom Standpunkt der herrschenden Theorie aus kann eine Thronfolgestreitigkeit nur durch den Staat erledigt, also ein Schiedsgericht nur von Staats wegen eingesetzt werden. Warum dann aber bezüglich des lippeschen Erbstreits eine Einsetzung des Schiedsgerichts durch einen Teil der streitenden Agnaten, durch „Schieds*vertrag*“ (vom 25. und 29. Juni bezw. 3. Juli 1896)[1]), und erst in Anschluß hieran ein Schiedsgesetz, ein Staatsgesetz (das lippesche Gesetz vom 17. Oktober 1896) mit dem Inhalt: „Die nach dem anliegenden Schiedsvertrage herbeigeführte Erledigung des Thronstreites ist für die Thronfolge im Fürstentum Lippe maßgebend“? Dies beweist doch, daß der Vertrag als solcher rechtliche Wirkung besitzt. Denn sonst wäre dieser Umweg unverständlich. Also: der Vertrag hat Rechtswirkung, ehe er in das Gesetz aufgenommen wird.

Woher kommt ihm aber diese Wirkungskraft? Stillschweigend vom Staate? Aber setzen wir doch den Fall, die Parteien hätten den Schiedsvertrag geschlossen, trotzdem bereits durch lippesches Staatsgesetz der Thronstreit entschieden ist, weil sie glauben, es werde möglich sein, eine Änderung des Staatswillens herbeizuführen. Könnte hier auch noch von stillschweigender Schaffung der Wirkungskraft durch die staatliche Rechtsetzungsgewalt, durch Staatsrecht gesprochen werden? Gewiß nicht. Dann führt aber auch im ersten Falle die Bindekraft des Vertrages nicht auf staatliche Einräumung zurück. Sie beruht auf einer vom Staat unabhängigen Rechtsquelle, auf Hausrecht. Warum so regelmäßig Hinweis auf die Hausgesetze, warum auch Hinweis auf den Schiedsvertrag? Eben deswegen, weil unabhängig vom Staate das Erbrecht diesen hausrechtlichen Quellen seine Entstehung verdankt.

2. Aber wir gehen weiter: nicht nur seiner Entstehung, sondern auch seinem *Bestande* nach bildet das *Hausrecht* der regierenden Familien in bezug auf Thronfolge *eine vom Staate unabhängige Rechtsordnung*.

a) Wir sahen, daß Verträge über Ebenbürtigkeitserklärung,

---

[1]) Abgedruckt bei *Triepel* S. 116ff.

Rangausweichung, Thronstreiterledigung auch bei Widerspruch mit dem Staatswillen, wie er in den dieselbe Materie behandelnden Staatsgesetzen niedergelegt ist, unter den Parteien verpflichtende Kraft zu *gewinnen* vermögen. Ist von hier aus ein weiter Schritt dazu, daß ihnen diese Kraft unter den Parteien auch *verbleibt*, sofern ein ihrem Inhalt entsprechendes Staatsgesetz nicht zustande kommt?

Würde die Anerkennung des Prinzen Sizzo von *Leutenberg* und seiner Nachkommenschaft als ebenbürtige und demgemäß agnatische Angehörige des Schwarzburger Gesamthauses und die Berufung desselben und seiner Deszendenz zur Nachfolge in beiden Fürstentümern, wie sie in der von uns besprochenen Erklärung der schwarzburgischen Agnaten vom 21. April 1896 liegt, für die Erklärenden verbindlicher Kraft von Rechts wegen verlustig gegangen sein, wenn ihnen entsprechende *Staats*gesetze nicht zustande gekommen, und demgemäß für Rudolstadt der unmittelbare Übergang der Herrschaft an den Sondershauser Zweig, für Sondershausen nach Erlöschen des Mannesstammes des Gesamthauses der Übergang der Regierung an die Kognaten geltendes *Staats*recht geblieben wären? Würde in ähnlicher Weise der Verzichtsvertrag zwischen den Häusern *Connaught* und Albany von selbst hinfällig geworden sein, wenn man in Koburg und Gotha ein mit ihm inhaltlich übereinstimmendes Staatsgesetz vergeblich versucht hätte?

Auf keinen Fall. Herzog von Connaught bliebe dann wohl staatsrechtlich zur Nachfolge in Koburg und Gotha berufen, aber er hätte vertragsmäßig die Verpflichtung, auch gegenüber dem Staat eine Verzichtserklärung abzugeben oder nach Thronanfall sofort abzudanken.

Indirekt bestätigt die Richtigkeit dieser Anschauung das Verhalten, das man bei Abschluß jenes Vertrages beobachtete. Wie aus den Vorlagen erhellt, welche das koburg-gothaische Staatsministerium behufs staatsrechtlicher Durchführung jenes Vertrages der zuständigen Volksvertretung machte, hatten die Vertragsteile vereinbart, daß der „Austausch der förmlichen Urkunden“ erst nach erfolgter Zustimmung des Landtags zu dem Verzichtsvertrage geschehen solle. Aus welchem Grunde anders sollte dies geschehen sein, als deswegen, um zu vermeiden, daß der Fall eintrete, daß der Herzog von Connaught und sein Sohn staatsrechtlich unmittelbar zu etwas berufen blieben, worauf sie vertragsmäßig bindend bereits verzichtet hätten. Das Verfahren beruht also auf dem Gedanken, daß die vertragsmäßige Bindung trotz entgegenstehenden Staatsrechtes unverändert bestehen bliebe. M. a. W.: *Bestehendes Hausrecht bleibt von entgegenstehendem Staatsrecht unberührt; neues Staatsrecht hebt entgegenstehendes Hausrecht nicht auf und dem geltenden Staatsrecht widersprechendes neues Hausrecht vermag zu entstehen,* Sätze, die wir im einzelnen noch verfolgen wollen.

b) Zunächst folgende allgemeine Erwägung: Der staatlichen Ordnung des Thronfolgerechts ist nicht so sicher Schutz gegen Abänderung zu prophezeien, wie hausrechtlichen Dispositionen hierüber. Der Bestand der staatlichen Rechtsordnung unterliegt in hohem Maße dem Wandel des Einflusses der staatlichen Machtfaktoren. Die inneren Rechtsbeziehungen der fürstlichen Häuser werden dagegen hierdurch kaum berührt. So ist es leicht möglich, daß Änderungen im staatlichen Thronfolgerecht eintreten. Sollten dieselben immer auch die hausrechtlichen Thronfolgebestimmungen in Mitleidenschaft ziehen? Das anzunehmen, widerspricht der Verschiedenheit des politischen Milieus, in dem beide Rechtsordnungen stehen.

Nur ein Beispiel. Die Verfassung für *Koburg* und *Gotha* vom 3. Mai 1852 hat in § 9 bestimmt, daß von der Nachfolge in der Regierung beider Herzogtümer der regierende König von England und der englische Thronfolger insolange ausgeschlossen sein sollen, als sonstige sukzessionsfähige Nachkommen aus der Speziallinie des Prinzen Albert vorhanden sind. Prinzgemahl Albert hatte dieser Vorschrift zugestimmt und, um die Übereinstimmung des Hausrechts mit dem damaligen Staatsrecht völlig sicher zu stellen, ist der Prinz von Wales nach Eintritt in seine Volljährigkeit durch Verzichtsvertrag vom 19. April/25. Mai 1863 (bei Schulze III S. 291) zugunsten seiner vier jüngeren Brüder und ihrer Linien im Range ausgewichen. Wie leicht konnte sich aber im Laufe der nächsten 40 Jahre in den Herzogtümern die Stimmung ändern! Vielleicht bekam eine Strömung dort die Oberhand, welche das gerade Gegenteil wollte, nicht möglichste Trennung der Erbfolge in den Herzogtümern und in Großbritannien und Irland, sondern möglichste Vereinigung der Regierung beider Gebiete in einer Hand. Wir setzen unter gleichzeitiger Annahme, Herzog Ernst lebte noch, den Fall: die Verfassung würde in Koburg und Gotha dementsprechend geändert, § 9 des Staatsgrundgesetzes gestrichen. Würde damit ipso jure jener Verzichtsvertrag seine Wirkung verlieren? Keineswegs. Der König von England wäre gegenüber den jüngeren Linien solange vertragsmäßig verpflichtet, dem Staate Koburg-Gotha zu erklären, daß er für den Fall der nächsten Thronerledigung auf den Antritt der Regierung verzichte, als diese jüngeren Linien nicht in eine Aufhebung jenes Verzichtsvertrages willigten. Denn jene Streichung hätte, solange ihr die Agnaten nicht zustimmten, lediglich für den Staat, nicht aber für das Haus bindende Kraft. Würde allerdings zu jener Streichung die Einwilligung der Agnaten erholt sein, dann wäre auch ihre stillschweigende Einwilligung zur Beseitigung jenes Vertrages anzunehmen.

c) Dann aber folgende *Einzelheiten:*

α) Wir haben gesehen, daß neue Rangausweichungen rechtsverbindliche Kraft unter den Parteien schon vor entsprechender Abänderung des Verfassungsrechtes, also auch bei Widerspruch mit dem Verfassungsrechte besitzen und demgemäß auch rechtsverbindlich unter den Parteien bleiben, wenn das Verfassungsrecht nicht eine ihrem Inhalte entsprechende Abänderung erfährt. Wenn aber Rangausweichungen *trotz* zuwiderlaufenden Staatsrechtes unter den Hausangehörigen mit rechtsverbindlicher Wirkung *neu* vereinbart zu werden vermögen, so folgt hieraus, daß das staatliche Recht keine dem Hausrechte rechtlich übergeordnete Rechtsmacht darstellt. Hieraus aber resultiert, daß das *staatliche Recht auf das Hausrecht sich gründende Rechte nicht einseitig zu vernichten vermag.*

Dasselbe ergibt auch noch eine andere Erwägung. Können Rangausweichungen auch bei widerstrebendem Staatsrechte rechtlich neu begründet werden, so ist nicht abzusehen, warum bestehende Rangausweichungen durch neues Staatsrecht sollten einseitig beseitigt werden können. Kann das staatliche Recht die Entstehung ihm widersprechender Erbfolgeverzichte nicht verhindern, so hat es ebensowenig die Kraft, bestehende Erbfolgeverzichte (Rangausweichungen) einseitig zu beseitigen. ***Staatsrecht bricht nicht Hausrecht*** in den mit der Thronfolgefrage zusammenhängenden Materien.

Nicht läßt sich dabei für das betreffende Staatsgesetz Rechtsgültigkeit dadurch aufrechterhalten, daß man argumentiert: für das Verhältnis der Parteien untereinander mag das Gesetz keine Wirkung besitzen, wohl aber besitzt es solche für das Verhältnis von Parteien und Staat. Das Hausrecht bildet eine Rechtsordnung nicht bloß für die Verhältnisse des Hauses nach innen, sondern auch für die Verhältnisse nach aussen.

Dies ergeben die *Erbverbrüderungen.*

Können Rangausweichungen im Widerspruche mit dem Staatsrechte erfolgen, so ist nicht abzusehen, warum dies nicht auch hinsichtlich Erbverbrüderungen zu geschehen vermöchte. Rangausweichung ist Erbfolgeeinräumung auf Zeit, Erbverbrüderung solche für immer. Haben Erbverbrüderungen aber Kraft auch, sofern sie dem staatlichen Rechte zuwiderlaufen, so können sie diese ihre Kraft nicht aus Staatsrecht entnehmen. Woraus dann? Allein bleibt das Hausrecht. Besitzt dieses aber sogar Wirkung über den Staat hinaus gegenüber Fürstenhäusern anderer Staaten, so hat es gewiß auch Wirkung über das Haus hinaus *im* Staate. M. a. W.: *Auch das staatliche Leben untersteht seiner Rechtskraft. Zwei Rechtsordnungen regeln es, das staatliche und das Hausrecht.* Das öffentliche im Staate geltende Recht zerfällt in diese zwei Teile. Entziehung agnatischer Rechte durch den Staat wider Hausrecht verstößt gegen die eine der beiden öffentlichen Rechtsordnungen, die das Staatsleben beherrschen, und ist daher dieser gegenüber rechtswidrig.

β) Dies wird durch folgende Fälle aus der Praxis bewiesen.

aa) Der ursprüngliche Entwurf des *oldenburgischen* Staatsgrundgesetzes vom 5. August 1848 lautete in Art. 1: Das Großherzogtum „ist ein unter *einer* Verfassung unteilbarer

Staat“. Aber schon vor dem Zusammentritt des Landtages änderte die Regierung die Bestimmung dahin: „Diese Bestandteile des Großherzogtumes bilden einen nach den Bestimmungen des gegenwärtigen Staatsgrundgesetzes vereinigten und *unter der Regierung* der Nachkommen des Herzogs Peter Friedrich Ludwig († 1829) unteilbaren Staat.“ Der Grund lag darin, daß das Haus Holstein (-Augustenburg) auf die Grafschaften Oldenburg und Delmenhorst Rückfallansprüche als Erben des Herzogs Holstein-Plön besitzt. Der letztere hat 1676 diese Grafschaften unter Vorbehalt des Rückfalles bei Aussterben der königlich dänischen Linie an seine Agnaten und Lehenserben gegen Entgelt an den König von Dänemark zediert; dieser zedierte sie weiter 1767 gegen Entgelt (Gottorpschen Anteile von Holstein) an den nachmaligen Kaiser Paul von Rußland und dieser gab sie zessionsweise ohne Entgelt 1773 an den Fürstbischof von Lübeck. Der Zessionar hat nicht mehr Rechte zu vergeben als der Zedent; demgemäß besteht noch der Rückfallsanspruch von Plön und seinen Rechtsnachfolgern, dessen Bedingung inzwischen sogar eingetreten ist — 1863 ist die königlich dänische Linie erloschen — und der auch nicht dadurch erloschen ist, daß der Herzog Friedrich VIII. von Augustenburg 1863 seinen Anspruch nicht auf Oldenburg und Delmenhorst, sondern auf das vom dänischen Könige hierfür erhaltene Äquivalent in Holstein richtete, weil die Verwirklichung dieses Anspruches nicht gelang.

Nicht um jenen Rückfallsanspruch zu *erhalten*, sondern um das Thronfolgerecht staatlich nicht im Widerspruche mit dem vom Staate völlig unabhängigen Hausrechte zu normieren, hat das oldenburgische Staatsgrundgesetz Unteilbarkeit und Vererbung nur für die Nachkommen des Herzogs Peter Friedrich Ludwig, d. h. des einzig verbliebenen Seitenverwandten (Neffen) jenes Fürstbischofs von Lübeck geregelt, der 1773 die genannten Grafschaften von dem damaligen russischen Großfürstthronfolger Paul unentgeltlich abgetreten erhielt; freilich dabei insofern nicht vollkommen im Einklange mit dem geltenden fürstlichen Hausrecht verfahrend, als es die Möglichkeit eines Rückfalles an die Erben von Plön und damit die Möglichkeit einer Geltendmachung dieses Rückfallsanspruches erst von dem Zeitpunkte des Erlöschens des Mannesstammes dieses Herzogs Peters ab annahm. Jedenfalls hat die oldenburgische Verfassungsurkunde Rücksicht auf die Möglichkeit genommen, daß beim Aussterben des Mannesstammes jenes Fürstbischofs noch nach Hausrecht berufene Thronanwärter vorhanden sind. Aus diesem Grunde sagt die oldenburgische Konstitution nicht bloß (in Art. 1): „unter der Regierung des Herzogs Peter Friedrich Ludwig unteilbar,“ sondern auch (in Art. 18): „Würden dereinst Besorgnisse wegen der Regierungserledigung bei der Ermanglung eines *grundgesetzlich* zur Nachfolge berechtigten Prinzen entstehen, so soll zeitig vom Großherzoge und dem Landtage durch eine weitere grundgesetzliche Bestimmung für die Regierungsnachfolge Vorsorge getroffen werden.“ Das Grundgesetz gibt also zu, daß bei Ermanglung eines grundgesetzlich zur Nachfolge berechtigten Prinzen noch hausgesetzlich zur Nachfolge berufene Prinzen vorhanden zu sein vermögen, und gibt damit zu, daß Hausrecht unverändert fortgilt, wenn mit ihm nicht übereinstimmendes Staatsrecht entsteht. Durch den Satz der oldenburgischen Verfassung: Die Landesregierung ist erblich im Mannesstamme des Herzogs Peter Friedrich Ludwig, hat der Gesetzgeber nicht Erbrechte anderer grundgesetzlich erhalten, sondern *grund*gesetzlich ausschließen wollen; sonst könnte er im nächsten Art. nicht fortfahren: „bei Ermanglung eines *grundgesetzlich* zur Nachfolge berechtigten Prinzen.“ Der Fortbestand der Rechte des Herzogs von Holstein-Plön und seiner Erben beruht daher nicht auf einer stillschweigenden Erhebung derselben zu verfassungsrechtlichen, sondern weil der Gesetzgeber hausrechtlich begründete Sukzessionsansprüche durch die staatsrechtliche Regelung der Thronfolge nicht als *haus*rechtlich beseitigt ansieht, schreibt er einengend: in Ermanglung eines grundgesetzlich berufenen Prinzen. Die Unabhängigkeit des Hausrechtes vom Staatsrechte, die rechtliche Unmöglichkeit, auf Hausrecht gegründete Thronfolgeansprüche einseitig von Staats wegen zu entziehen, ist hiermit anerkannt. Siehe auch oben S. 22 u. unten § 44 II A 2 a β.

$\beta\beta$) Das Staatsgrundgesetz für *Koburg* und *Gotha* bestimmt in § 6: „Das Recht der Regierung ist erblich im Mannesstamme des Herzoglichen Hauses.“ Es erkennt also Erbrecht an der Regierung nur den Nachkommen des Begründers des Zweiges Koburg-Gotha, d. h. des Herzogs Johann Ernst zu Sachsen-Saalfeld (1658—1729) zu. Daß es Sukzessionsrechte anderer Speziallinien des sächsischen Gesamthauses aufrecht erhalten wollte, folgt auch nicht aus § 1: „Die Herzogtümer Coburg und Gotha bilden ein unter Regierung des Herzoglichen Hauses von Sachsen-Coburg und Gotha vereinigtes, untrennbares Ganzes.“ Hieraus resultiert lediglich: daß die beiden Herzogtümer bei Wegfall dieses Hauses nicht vereinigt und ungetrennt bleiben müssen. Trotzdem geht es nicht an, zu schließen: die Sukzessionsrechte der übrigen Speziallinien sind beseitigt. Sie sind ebensogut aufrecht erhalten, wie in den anderen sächsischen Staaten. Ist es denkbar, daß der Staat Koburg-Gotha z. B. die Sukzessionsansprüche, die *ihm* aus dem Römhilder Rezeß des gothaischen Gesamthauses vom 28. Juli 1791 gegenüber der Meininger und Altenburger Linie zustanden, für sich hätte bewahren, die aber hieraus sich ebenfalls ableitenden Erbrechte der beiden anderen Zweige des gothaischen Gesamthauses ihm gegenüber hätte beseitigen wollen? Was er getan hat, ist lediglich: er hat die letzteren nicht zu verfassungsrechtlichen erhoben. Vernichtet hat er dieselben nicht, denn sonst müßte angenommen werden, daß er auch auf *seine* Thronfolgerechte Verzicht geleistet habe. Er hat sie nur staatsrechtlich nicht anerkannt, wohl wissend, daß sie hierdurch nicht aufhören, hausrechtlich zu existieren; somit ein Beweis für die Tatsache, daß Hausrecht nicht einseitig durch Staatsrecht vernichtet zu werden vermag.

Lediglich in dieser Nichtanerkennung als *auch* staatsrechtlicher Erbansprüche liegt der Unterschied gegenüber den Verfassungen der übrigen Zweige des gothaischen Hauses. Nicht hat das koburg-gothaische Landesgrundgesetz jene Sukzessionsrechte der anderen Linie vernichten wollen. Wie hätte sonst unmittelbar nach Erlaß dieser Verfassungsurkunde vom 3. Mai 1852 gerade von dem Hause Koburg-Gotha — Prinz Albert, der Gemahl der Königin von England tat es (siehe *Schulze* Bd. III S. 54) — der Gedanke Anregung finden können, für die drei Speziallinien des gothaischen Hauses, Meiningen, Altenburg, Koburg-Gotha, ein gemeinsames Hausgesetz zu erlassen, eine Anregung, die allerdings an unüberwindlichen Schwierigkeiten scheiterte.

$\gamma\gamma$) Noch klarer erhellt das Verhältnis von Haus- und Landesrecht aus den Bestimmungen der Konstitutionen für Sachsen-*Meiningen* und Sachsen-*Altenburg*.

In ihnen wird, wie schon angedeutet, das hausrechtlich entstandene Nachfolgerecht der übrigen Zweige auch verfassungsrechtlich anerkannt; aber nicht bloß dieses, sondern zugleich bestätigt, daß Hausrecht auch zukünftig noch Sukzessionsrechte zu begründen vermag, freilich nur so, daß dieselben zu ihrer Durchsetzung gegenüber dem Staate auch Anerkennung durch staatliches Recht erfordern.

Da sagt zunächst die Verfassung *Altenburgs* (§ 1): „Das Herzogtum Sachsen-Altenburg bildet in seinen, durch die Teilungsverträge im Gesamthause Sachsen bis jetzt bestimmten und durch *künftige* Verträge ***im Hause*** oder mit fremden Staaten noch zu bestimmenden einzelnen Bestandteilen ein staatsrechtliches . . . Ganzes.“ Das ist keineswegs dahin auszulegen, daß die künftigen Hausverträge verbindliche Rechtswirkung überhaupt erst infolge stillschweigender Übertragung von Rechtskraft an sie durch die Verfassung hätten, sondern die Meinung des Gesetzgebers ist die: die Hausverträge haben schon von sich aus Rechtswirkung; ich will ihnen nur auch noch gleich die Kraft verleihen, daß sie ohne Dazwischenkunft eines konkreten Staatsgesetzes unmittelbar auch gegenüber dem Staate Wirkung besitzen; ebenso bedürfen diesbezügliche Staatsverträge zu ihrer Rechtswirkung nach innen nicht mehr einer Zustimmung der Stände.

Mit dieser Auslegung stimmt überein § 1 des Grundgesetzes für *Sachsen-Meiningen*. Hier heißt es: „Das Herzogtum Sachsen-Meiningen bildet in seinen durch die Teilungsverträge in dem Gesamthause Sachsen bis jetzt bestimmten und durch *künftige* Haus- und Staatsverträge noch zu bestimmenden einzelnen Bestandteilen ein staatsrechtliches Ganze.“ Die Verträge *im* Hause haben diese Wirkung. So wenig die Staatsverträge mit der Absicht angeführt sind, sie von Staats wegen mit Rechtskraft auszustatten — ein durch Intervention der Großmächte geschaffener Staat ist ohne seinen Willen an das Völkerrecht gebunden —, so wenig sind es die Hausverträge. Sie wirken *im* Hause ohne das Mittel staatlicher Kraftübertragung, ebenso wie Staatsverträge ohne dies Mittel zwischen Staaten. Diese Doppeltatsache setzt der Gesetzgeber voraus, um daran den Rechtssatz anzuknüpfen, daß künftige Haus- und Staatsverträge des in § 1 angegebenen Inhalts zu ihrer staatsrechtlichen Wirksamkeit nicht einer Zustimmung der Stände, eines hinzutretenden verfassungsändernden Staatsgesetzes bedürfen. Wenn das zur „Ergänzung“ der Konstitution vom 23. August 1829 unter dem 9. März 1896 erlassenen meiningensche Verfassungsgesetz in Art. 4 bestimmt: „Bei keinem Erbfall, welcher Art er auch sei, darf das Herzogtum . . . *geteilt* werden,“ so ist übrigens, da es nur „*in Anschluſs* an Art. 3 und 4“ der Konstitution ergeht, eine Unteilbarkeit lediglich für die Zeit gemeint, da Mitglieder des herzoglichen Spezialhauses im Besitze der Regierung sind.

γγ) Und weiter folgendes: Bekannt ist die *Erbverbrüderung* zwischen den Häusern Sachsen, Hessen und Brandenburg, zuletzt 1614 erneuert. In ihr ist wechselseitige Sukzession folgendermaßen vereinbart: Stirbt Hessen aus, so erhält Sachsen zwei, Brandenburg ein Drittel der hessischen Lande; beim Aussterben Sachsens Hessen zwei Drittel einschließlich der Kur, Brandenburg ein Drittel; für den Fall, daß der brandenburgische Mannesstamm erlischt, folgen ihm Hessen und Sachsen zur Hälfte; Hessen erhält noch die Kur. Die königlich sächsische Verfassung § 7 und die hessische § 5 nennen Erbverbrüderung unter den Berufungsgründen zur Erbschaft — der durch Erbverbrüderung zur Nachfolge Berechtigte soll sogar den Kognaten vorgehen —: für Sachsen und Hessen ist also der Fortbestand des Erbverbrüderungsvertrages von 1614 zweifellos; nur die Änderung ist eingetreten: mit dem Übergang vom Patrimonialstaat zum Staate der Staatspersönlichkeit ist nach Recht und Pflicht der Staat neben das Fürstenhaus getreten (vgl. dazu § 44). Die preußische Verfassung schweigt über Nachfolgerechte von Erbverbrüderten. Folgt hieraus, daß alte Erbverbrüderungen ungültig, neue unmöglich geworden sind? Ist es richtig, daß, wie vielfältig behauptet wird (z. B. *Anschütz* S. 574), die preußische Verfassung bestehende Erbverträge sogar aufheben wollte?

Geschlossen wird dies aus dem verfassungsrechtlichen Grundsatz der Unteilbarkeit des Staatsgebietes. Allein zunächst wird derselbe nur von einem Teil der Verfassungen ausgesprochen, was unseren Fall angeht, lediglich von Sachsen (§ 1); im allgemeinen läßt er sich allein als Folgerung aus dem Prinzip der Primogenitur entnehmen. Aber selbst wenn ihn die Verfassung ausdrücklich formuliert, ist derselbe eng zu interpretieren.

Wo der Satz aus dem Prinzip der Primogenitur abgeleitet wird, kann er nur enge interpretiert werden. Denn dies ist ein Grundsatz, den die Verfassung lediglich für die Erbfolge innerhalb *eines* Geschlechtes, innerhalb des Geschlechtes der vom ersten Erwerber der Landeshoheit Abstammenden, nicht aber für den Übergang des Thrones von einem Hause, diesem Hause auf ein neues aufstellt. Für die Vererbung *im* Mannes-, im Weiberstamme schreiben die Verfassungen den Grundsatz der Erstgeburtfolge vor, nicht weiter.

Aber auch wenn wir die Vorschrift der Unteilbarkeit in der Verfassung unmittelbar ausgesprochen finden, dürfen wir nicht anders entscheiden. Der Grundsatz der Unteilbarkeit hat sich historisch lediglich im Zusammenhang mit dem Primogeniturprinzip entwickelt. Wie wir auch sonst vielfach Verfassungsbestimmungen aus historischen Gründen, wegen des gegenteiligen Grundsatzes, den sie aufheben wollten, enger interpretieren müssen, als es ihrem Wortlaute entspricht — man denke an den Satz: „Die öffentlichen Ämter sind für alle dazu Befähigten *gleich* zugänglich“ (preuß. Verf. Art. 4) oder gar an die bayerische Verfassungsbestimmung (Tit. IV): „*Jeder* Bayer ohne Unterschied kann zu allen Zivil-, Militär- und Kirchenämtern oder Pfründen gelangen“ —, so ist dies ebenfalls hier notwendig. Der Satz „Das Königreich Sachsen ist ein unteilbarer Staat“ leidet keine andere Auslegung als die: Solange die Krone sich in demselben Geschlechte vererbt, ist eine Teilung des Staatsgebietes ausgeschlossen. 1603 erklärt Brandenburg in einem Hausvertrage, dem Geraer Hausvertrage, feierlich die Unteilbarkeit des Landes und ebenso feierlich 1613 in einem Erbverein die eventuelle Verteilung desselben an Sachsen und Hessen. Wie wäre dies möglich, wenn nicht der Sinn des Unteilbarkeitsprinzipes wäre: teilbar nicht unter Sprossen *desselben* Geschlechtes? Und dazu kommt bezüglich derjenigen Staaten, für welche zur Zeit ihres Übergangs zum konstitutionellen Staatsprinzip Erbverbrüderungen in Geltung standen, noch dieses. Würde man annehmen, die Verfassungsurkunden hatten die Absicht, jenen zur Zeit ihrer Erlassung bestehenden Erbvereinen jede Rechtskraft zu nehmen, so würde daraus zugleich folgen ein Verzicht der betreffenden Staaten auf die ihnen nach jenen Verbrüderungen eröffneten Anwartschaften. Warum sollten Preußen und Hessen z. B. ihre Aussicht, beim Aussterben des sächsischen Hauses zwei, bezw. ein Drittel von dessen Landen erbfolgeweise zu erhalten, selbst vernichtet haben, dieselben Staaten, welche namentlich im 18. Jahrhundert (siehe *Löning*, Die Erbverbrüderungen zwischen den Häusern Sachsen u. s. w. 1867 S. 62) auf den Rechtsbestand derselben so außerordentlich viel Gewicht legten und aus diesem Grunde fast alljährlich beim kursächsischen Hofe mit der Anregung einer Erneuerung der alten Verträge erschienen? Derselbe Staat Preußen, welcher um die Zeit des Erlasses der Verfassungsurkunde als Motiv, um dessentwillen er auf den Wunsch der Fürsten von Sigmaringen und Hechingen, deren Länder zu erwerben, einging, außer der Stammesverwandtschaft vor allem das Vorhandensein der gegenseitigen Erbeinigungsverträge von 1695 und 1707, also das Vorhandensein von Erbverbrüderungen betonte (*Schulze* Bd. III S. 770)? Das wäre aber die notwendige Konsequenz jener Auffassung: wollen die betreffenden Staaten den Sukzessionsrechten des anderen Kontrahenten forthin rechtliche Wirksamkeit versagen, dann kann nicht angenommen werden, daß sie trotzdem ihre Erbfolgeansprüche gegen den anderen Kontrahenten aufrecht erhalten wollten.

Somit hat die preußische Verfassung jene Erbverbrüderungsverträge nicht aufheben wollen. Aber warum hat sie dann dieselben nicht ausdrücklich aufrechterhalten? Eben wegen des Bewußtseins, daß Staatsrecht einseitig solche Verträge nicht aufzuheben vermag; denn dann bedarf es keiner besonderen Aufrechterhaltung. Also liegt in dem Schweigen eine Anerkennung der Tatsache, daß Staatsrecht fürstliches Hausrecht nicht einseitig aufzuheben vermag. Vgl. § 44.

Dieselbe Auffassung hat aber auch gegenüber den Verfassungen einzutreten, welche der Erbverbrüderung ausdrücklich Erwähnung tun. Denn letzteres geschieht seitens derselben so beiläufig, daß es nicht zulässig ist, anzunehmen, die Meinung der Verfassungen ginge dahin, daß erst durch die Erwähnung derselben in ihnen die Erbverbrüderungen, die alten wie die neuen, im voraus mit der Gabe, rechtlich zu sein und rechtlich zu wirken, ausgestattet würden. Nicht mit einem besonderen Satze wird angeführt: „Nach gänzlicher Erlöschung des Mannesstammes geht die Thronfolge auf etwa vorhandene Erbverbrüderte über," sondern, während es bezüglich der Agnaten und Kognaten heißt: „Die Krone ist erblich in dem Mannesstamme"; „nach gänzlicher Erlöschung des Mannesstammes geht die Thronfolge auf die weibliche Nachkommenschaft über," wird hinsichtlich der Erbverbrüderung lediglich gesagt: „In Ermanglung einer mit einem anderen fürstlichen Hause geschlossenen Erbverbrüderung geht bei Erlöschen des Mannesstammes die Thronfolge auf die weibliche Nachkommenschaft über (bayer. Verf. II § 5); „In Ermanglung eines durch (Verwandtschaft oder) Erbverbrüderung zur Nachfolge berechtigten Prinzen geht die Krone u. s. w."

Aus all dem Vorgetragenen aber folgt: selbst wenn die Verfassung Erbverbrüderung oder *Kognatenerbfolge* ausschließt, das bisherige Hausrecht aber beides kennt, sind weder die Anwartschaftsrechte der Erbverbrüderten noch diejenigen der Kognaten rechtlich vernichtet. Ihr Ausschluß durch die Verfassung ist solange gegenüber jenen Berechtigten wirkungslos, als das Hausrecht nicht entsprechend geändert wird. Die preußische Verfassungsurkunde vom 31. Januar 1850 schließt die subsidiäre Kognatennachfolge deutlich genug aus (a. M. *Störk*, Der Austritt aus dem landesherrlichen Hause S. 8; dagegen *Anschütz* S. 572), aber trotzdem verzichten auch heute noch preußische Prinzessinnen bei ihrer Vermählung auf Regierungsnachfolge nur „*solange* Könige und Fürsten aus diesem Königl. Preußischen Brandenburgischen Stamme entsprossen und geboren und deren männliche Nachkommen am Leben sein werden" (vgl. *Störk* a. a. O. S. 38). Vgl. weiter unten § 29 IV A 2 b.

Und ebenso gilt: auch, sofern die Verfassung Erbverbrüderung oder Kognatennachfolge ausschließt, entbehren doch *nach* ihr abgeschlossene Erbverbrüderungen und nach ihr hausrechtlich eingeführte Kognatenthronfolge nicht rechtlicher Bedeutung; sie binden die Häuser bezw. Hausangehörigen unter sich. Nur dem Staat gegenüber fehlt noch die Wirkung. Staatsrecht, das Kognatenerbfolge beseitigt, ist solange gegenüber dem Hause wirkungslos, als dessen Recht nicht entsprechend sich ändert. Für Staatsrecht, das Kognatenerbfolge einführt, wo Hausrecht solche Nachfolge nicht kennt, gilt entsprechend dasselbe. Ebenso ist Hausrecht, welches Kognatensukzession beseitigt bezw. einführt, wo staatsrechtlich gerade das Gegenteil gilt, dem Staate gegenüber solange ohne Wirkung, als nicht das staatliche Recht gleichinhaltliche Umgestaltung erfährt. — Setzen wir z. B. den Fall — über seine Unwahrscheinlichkeit siehe *Binding* a.a.O. S. 40 — die Familien *Nassau* und *Hohenzollern* hätten bezüglich *Luxemburgs* vor oder nach 1850 einen Erbvertrag geschlossen; an seiner Rechtsverbindlichkeit unter den Parteien wäre in oben angegebener Weise nicht zu zweifeln. Siehe auch § 44.

δδ) Und endlich noch dieses.

Besitzt fürstliches Hausrecht gegenüber Staatsrecht in der geschilderten Weise die Natur einer unabhängigen Rechtsquelle, dann besteht zwischen Haus und Staat das Verhältnis der Koordination und müssen daher *Fälle* begegnen, wo, wenn *Staat* und *Haus* einen *Gegenstand übereinstimmend ordnen wollen*, dies im Wege eines *gemeinsamen Rechtsaktes* geschieht.

In der Tat begegnen solche Fälle, freilich nicht in der äußeren Form des Vertragsschlusses, wie man auf den ersten Blick denken möchte. Allein dies kommt daher, daß dasjenige Organ, welches für jeden der beiden Teile in erster Linie zur Mitwirkung berufen ist, durch ein und dieselbe Persönlichkeit, den Fürsten, dargestellt wird. Der Fürst ist an solch einem gemeinsamen Rechtsakt sowohl als Familien- wie als Staatshaupt beteiligt. Und so erscheint der gemeinsame Rechtsakt äußerlich nicht in Form des Vertrages, sondern in der Form eines Willensaktes des Fürsten, an dem einerseits die übrigen Vertreter des Hauses, andererseits die des Staates teilnehmen. Bezeichnen kann sich dabei dieser Rechtsakt des Fürsten entweder als unter Mitwirkung der Volksvertretung erlassenes Hausgesetz oder als unter Mitwirkung des Hauses (der Agnaten) erlassenes Staatsgesetz. Auch im ersteren Falle ist das Gesetz zugleich Staatsgesetz, bedarf daher als Akt der Regierung, d. h. der Staatsgewalt der Gegenzeichnung eines Staatsministers und als formelles Gesetz der Verkündigung in der Gesetzessammlung. Das Hausgesetz als solches bedarf derartiger Weiterung nicht; zur Gültigkeit des Hausgesetzes ist auch nicht Kontrasignatur des Hausministers und noch weniger Publikation, d. h. Mitteilung an das Publikum erforderlich (über Verträge zwischen Haus und Staat § 36 IV C).

Für diese das Doppelwesen des Vorganges verdeckende Einseitigkeit der äußeren Form fehlt es nicht an analogen Erscheinungen. Kein verfassungsmäßiges Sonderrecht eines deutschen Gliedstaates vermag ohne dessen Einwilligung beseitigt oder sonst verändert zu werden. Diese Einwilligung kann in der äußeren Form eines Vertragsschlusses des Reiches mit dem Gliedstaate geschehen. In der Regel erfolgt sie dagegen in Form der Zustimmung des Einzelstaates zu dem das Sonderrecht umgestaltenden Reichsgesetz. Dies kommt daher, daß ein und dasselbe Organ, der Bundesrat, für beide Teile als Medium zu dienen vermag. Einerseits stellt der Bundesrat das Gesetzgebungsorgan des Reiches dar und dann bildet derselbe das Kollegium, welches den Mitgliedsstaaten als Medium zur Geltendmachung ihres Stimmrechtes dient. In der Zustimmung zu dem Reichsgesetz gibt der sonderberechtigte Staat demgemäß zugleich seine Einwilligungserklärung ab. In ihr liegt demzufolge gleichzeitig eine Erklärung des Einzelstaates als Teilhaber an der Ausübung der Reichsgewalt und als Gegenkontrahent des Reiches.

Oder ein anderes Beispiel. Ein Staatsvertrag verlangt seinem Inhalt zufolge zwecks Durchführung gegenüber den Untertanen einen Gesetzesbefehl. Hier kann getrennt Vertragsschluß nach außen und Gesetzeserlaß nach innen erfolgen, aber möglich ist auch — und es stellt dies die Regel dar —, daß nicht ein Vertrags- *und* eine Gesetzesurkunde hergestellt und vollzogen wird, sondern nur eine Vertragsurkunde, die aber ihrerseits der Volksvertretung zur Zustimmung unterbreitet wird. Ein und dasselbe Organ, das Staatshaupt, vertritt hier den Staat sowohl nach außen wie gegenüber dem Parlament. Also können die doppelten Rechtsakte der äußeren Erscheinung nach als ein einziger Rechtsakt sich darstellen, nämlich als ein lediglich der Zustimmung des anderen Kontrahenten, der Volksvertretung, bedürfender Rechtsakt des Fürsten.

Um Beispiele dafür anzuführen, daß Haus- und Staatsgesetz in *einer* Urkunde erlassen werden, so sei an die Hausgesetze von Württemberg, Hannover, dem königlich sächsischen Hause und Koburg-Gotha erinnert. Sie alle ergingen „soweit nötig“ unter Mitwirkung der Landstände. Sie sind alle zum Teil zugleich Staatsgesetze, Gesetze des Hauses und Gesetze des Staates für das Haus. Wenn sie trotzdem nur den Titel „Hausgesetz“ tragen, so erklärt sich dies daraus, daß die Gesetze weit überwiegend nur Bestimmungen enthalten, welche nicht auch das Verhältnis des Hauses zum Staate betreffen; daher a potiori nur: „Hausgesetz“. Klarer würde die wahre Sachlage hervortreten, wenn in solchen Fällen neben dem Hausgesetz für die das Verhältnis zum Staat berührenden Punkte ein besonderes kleines Staatsgesetz erginge. Wenn die Volksvertretung unmittelbar dem „Haus-“Gesetze zustimmt, so ist dies eine Abkürzung des Verfahrens aus praktischen Gründen: weil es Umständlichkeit und unter Umständen Schwierigkeit verursacht, festzustellen, wieweit das Hausgesetz auch Angelegenheiten berührt, deren Regelung in den Bereich der Staatsgesetzgebung fällt. Daher nur die allgemeine Bemerkung im „Haus“-Gesetz, „soweit nötig“ sei die Mitwirkung der Volksvertretung eingeholt. Das wahre Sachverhältnis tritt deutlich in Erscheinung, wenn es ein Gesamthaus ist, das eine Angelegenheit hausgesetzlich regelt, die zugleich eine Staatsangelegenheit darstellt. Hier ergeht *ein* Hausgesetz, aber mehrere Staatsgesetze, eines im Staate eines jeden regierenden Agnaten. So stellt die schon vielfältig zitierte Vereinbarung vom 21. April 1896, wodurch die drei gegenwärtig noch vorhandenen Agnaten des Hauses Schwarzburg den Prinzen Sizzo von Leutenberg die Eigenschaft eines ebenbürtigen Hausmitgliedes verleihen, *ein* Hausgesetz des fürstlich schwarzburgischen Gesamthauses dar. Zu ihrer Vollziehung in jedem der beiden Staaten ergingen *zwei* Staatsgesetze, eines in Rudolstadt und eines in Sondershausen vom 1. Juni bezw. 14. August 1896.

Aber warum begegnen dann nicht auch Staatsgesetze mit dem Zusatz: soweit nötig unter Mitwirkung des fürstlichen Hauses, der Agnaten ergangen? Nun deswegen, weil die Staatsgrundgesetze die zugleich das Haus berührende Angelegenheit, die Thronfolge, im allgemeinen so geordnet haben, wie sich dies Rechtsverhältnis bisher nach Hausrecht entwickelte. Beweis hierfür die uns bekannte Wendung der verschiedensten Verfassungsurkunden: „gemäß“ den Hausgesetzen, „vermöge“ oder kraft derselben erblich im Mannesstamme u. s. w. Das Staatsgesetz hat nur bestätigt und konstatiert, was nach Hausrecht schon bisher Rechtens war. Zur Bekräftigung dessen sei noch auf die Verfassung *Oldenburgs* verwiesen. Wie die von *Waldeck* (§ 23), spricht sie in Art. 29 aus, die Hausgesetze seien „den Landständen zur Kenntnisnahme und, soweit nötig, zu ihrer Zustimmung“ vorzulegen. Das waldecksche Hausgesetz vom 22. April 1857 erwähnt daher eingangsweise „unter Zustimmung der Stände, soweit solche erforderlich“. Im oldenburgischen (vom 1. September 1872) fehlt ein derartiger Passus. Warum? Nun eben, weil dieses Gesetz an den zugleich den Staat berührenden Punkten der Verfassung (Thronfolge) nichts änderte. Weiteres § 41 A.

δ) Noch bleibt ein Einwand zu erledigen.

Man sagt: wie kann das Hausrecht vom Staat unabhängiges Recht sein, wenn es vorkommt, daß der Fürst Hausgesetze kraft seiner Souveränität erläßt. „Kraft der ihm zustehenden Souveraineté“ hat Großherzog Karl von Baden durch Akte vom 4. Oktober 1817 die Grafen von Hochberg, seine Halboheime, zu großherzoglichen Prinzen und Markgrafen zu Baden erhoben und ihnen hierdurch alle Ebenbürtigkeit verliehen. Das *württembergische* Hausgesetz vom 1. Januar

1808 wurde vom König in erster Linie nicht als „Haupt des Hauses“, sondern als Stifter der Monarchie erlassen.

Allein diese Beispiele sind kein Beweis gegen die Unabhängigkeit des Hausrechtes vom Staatsrecht. Sie bilden, wie wir in § 8 darlegen werden, lediglich eine Episode in der Geschichte des Verhältnisses von Fürsten- zu Staatsrecht, welche binnen verhältnismäßig kurzer Zeit — sie endigte mit Aufnahme des konstitutionellen Staatsprinzips — vorübergegangen war.

e) Formulieren wir unser Ergebnis zum Schlusse noch ähnlich, wie *Binding* das seinige, so lautet es den Bindingschen Thesen gerade entgegengesetzt.

Bindings Sätze lauten: Die vorhandenen hausrechtlichen Satzungen über die Thronfolge können seit dem Übergange zum Verfassungsstaate ohne Zulassung seitens der Staatsverfassung nicht mehr durch Hausrecht verrückt werden. Lediglich auf dem Wege der Verfassungsänderung ist solche Umgestaltung bisherigen Hausrechtes möglich. Wir dagegen sagen: weder das Haus- noch das Verfassungsrecht kann die Thronfolge einseitig bestimmen. Haussatzung hierüber hat nur Wirkung für das Haus und vermag so das Verfassungsrecht nicht zu ändern, Verfassungsnorm hat nur Wirkung für den Staat und vermag darum Hausrecht nicht zu ändern. *Solange nicht der Staat zustimmt, ist hausrechtliche Satzung gegenüber dem Staate ungültig und rechtswidrig; solange das Haus verfassungsmäfsiger Umgestaltung nicht beitritt, ist die verfassungsrechtliche Neuordnung gegenüber dem Hause ungültig und rechtswidrig. Nur durch übereinstimmende Gesetze beider Teile, Erlafs übereinstimmender Staats-* **und** *Hausgesetze vermag die Thronfolgeordnung für* **alle** *Teile bindend und gültig fixiert zu werden.*

Und so wiederholen[1]) wir es, sollte uns *Schücking*[2]) auch nochmals „rückfällig“ und vielleicht sogar rückständig nennen: was das Thronfolgerecht anlangt, ist der moderne Staat noch zur Hälfte Patrimonialstaat. Wohl ist diese Hälfte keine reine Patrimonialstaatshälfte mehr; der Patrimonialstaatsgedanke ist

[1]) *Rehm,* Staatsrechtliche Stellung des Hauses Wittelsbach S. 24.

[2]) S. 12 und 46.

auch in dieser Hälfte noch modifiziert. Das Haus besitzt nur mehr ein eigenes Recht an einer Staats*organ*stellung. Aber insofern liegt noch zu einem Teile Patrimonialstaat, Herrscherstaat vor, als das Haus an der Krone noch ein vom Territorialstaate nicht einseitig entziehbares Recht besitzt. In diesem Sinne sagen wir mit *Bernatzik* (Archiv für öffentliches Recht, Bd. V 1890 S. 281, 286, 287, 297, vor allem 300 ff.), die Eigenberechtigung an der Herrschaft ist zwischen Herrscher und Staat geteilt. *Auch die heutige deutsche Verfassungsmonarchie ist teilweise noch Patrimonialstaat, Persönlichkeitsstaat mit einem starken Reste von Herrscherstaat, halb Persönlichkeits-, halb Patrimonialstaat.*

Vollkommen zutreffend bezeichnet der König von Preußen in der Urkunde vom 29. Juli 1851 (*Schulze* III 779), durch welche er die den fürstlichen Familien Hohenzollern als vor allen anderen nicht zum königlich preußischen Hause gehörigen Untertanen zukommenden persönlichen Vorrechte feststellt, die Abtretung der beiden Fürstentümer durch Staatsvertrag vom 7. Dezember 1849 als eine Abtretung nicht nur an die Krone Preußen, d. h. an den Staat Preußen, sondern auch als eine solche an das (kraft Erbvereinigungsverträgen) erbberechtigte Haupt des Hohenzollernschen *Hauses*. Sehr richtig lautet die Verordnung des Erbprinzen von Hohenlohe-Langenburg vom 2. August 1900, wodurch dieser für Sachsen-, Koburg und Gotha den Regierungsantritt seines Mündels kundgibt: „Nach der in dem herzoglichen *Hause* bestehenden Erbfolgeordnung, den abgeschlossenen *Verträgen* und den *Landes*gesetzen ist die Regierung auf den Herzog Karl Eduard von Sachsen-Coburg und Gotha, Herzog von Albany, übergegangen.“ Gemeint ist damit das alte Hausrecht und die Hausverträge zwischen Connaught und Albany vom Jahre 1899 einer- und die Verfassung und das Thronfolgegesetz vom 15. Juli 1899 andererseits. Die zur Abänderung der Thronfolgeordnung erforderlichen beiden Akte, der Haus- und der Staatsakt, sind hier auch äußerlich in getrennten Urkunden ergangen, einerseits Hausvertrag vom 24./28. Juni 1899, andererseits Thronfolgeänderungsgesetz vom 15. Juli 1899.

f *α*) Nur von dieser Theorie aus erklären sich all die tatsächlich vorkommenden Erscheinungen ohne Zwang. Die andere Lehre muß, soweit sie überhaupt denselben gerecht zu werden vermag, fortgesetzt zu dem Aushilfsmittel der Annahme stillschweigender Staatsgesetzgebung greifen. Sie ist veranlaßt, die Rechtsverbindlichkeit aller tatsächlich vorkommenden Dispositionen von Mitgliedern fürstlicher Häuser über die Thronfolge auf stillschweigende staatliche Ermächtigung zurückzuführen. Ganz abgesehen davon, daß es zumeist nicht zwingend ist, die staatlichen Äußerungen, aus welchen auf eine solche staatliche Delegation geschlossen werden soll, gerade in dieser Weise auszulegen, ja, daß es nicht selten unmöglich ist, die Staatsakte anzugeben, aus welchen ein solcher Schluß gezogen zu werden vermag, wie wenig Wahrscheinlichkeit spricht dafür, daß der Staat, wenn er sich als den ausschließlichen Regulator der hier in Betracht kommenden Materie erachtet wissen wollte, dies bei einer so wichtigen Frage, wie es die Thronfolgefrage ist, in der Weise tat, daß er die Disposition hierüber dem fürstlichen Hause *stillschweigend* überließ!

Ja, die Angelegenheit ist für den Staat der Erbmonarchie sogar dermaßen von Bedeutung, daß man glauben darf, keinen Fehlschluß zu tun, wenn man vermutet, der Staat habe in dieser Beziehung der fürstlichen Familie gar keine Disposition eingeräumt.

Insofern ist also die streng konsequente Anschauung, welche keine andere Disposition über die Thronfolge als eine solche unmittelbar durch den Staat — mittelst Verfassungsgesetzes — kennt, als die weitaus folgerichtigere zu bezeichnen.

Aber zu welchen Ergebnissen führt sie!

Nur eines noch. Nach ihr gibt es notwendigerweise auch keine Möglichkeit, daß ein Thronanwärter dem Staate gegenüber einen Thronverzichtsvertrag eingeht. Selbstverständlich entbehrt eine derartige mit anderen Familiengliedern geschlossene Vereinbarung jeder rechtlichen Bedeutung. Aber auch dem Staate gegenüber vermag sich der Sukzessionsberechtigte nicht zu binden.

Das Großherzogtum *Oldenburg* eignet sich von allen deutschen Monarchien darum zu einigermaßen der Wahrscheinlichkeit entsprechenden Beispielen über Umgestaltung der Thronfolgeordnung, weil es dasjenige Staatswesen ist, welches das jüngste landesherrliche Haus besitzt, indem der primus acquirens der Landeshoheit daselbst Herzog Friedrich August erst 1785 verstarb (vgl. *Schulze* Bd. II 379). Ihm, dem damaligen Bischof zu Lübeck, zedierte und übertrug 1773 der Großfürst und nachmalige Kaiser Paul von Rußland die Grafschaften Oldenburg und Delmenhorst mit der ausdrücklichen Verfügung, daß er als primus acquirens gelten sollte. Infolgedessen gibt es in diesem Hause nur wenige Seitenverwandte der regierenden Linie, zumal 1823 bereits die direkte Linie des Herzogs Friedrich August ausstarb. Hinzu tritt, daß diese Seitenverwandten infolge Vermählungen in der Hauptsache dem russischen Kaiserhause attachiert wurden. Der Gründer einer solchen Nebenlinie, die darum auch die russische Linie des großherzoglichen Hauses[1]) genannt wird, der zweite Sohn des 1823 zur Regierung gekommenen Herzogs Peter Friedrich Ludwig, mit Namen Georg (1784—1812), vermählte sich mit einer russischen Großfürstin; sein Urenkel Herzog Peter Friedrich Georg (geb. zu Petersburg 1868) ist mit einer Schwester des gegenwärtigen Zaren verehelicht. Es sind die verschiedensten Gründe, die deshalb dafür sprechen, daß die Vermutung der öffentlichen Meinung zutrifft, wonach die genannte russische Linie des großherzoglichen Hauses auf eine Regierungsnachfolge daselbst verzichtet hat. Nehmen wir nun an, dieselbe habe nicht bloß dem großherzoglichen Hause, sondern auch dem Staate Oldenburg gegenüber vertragsmäßig verzichtet, so könnte dieselbe, ohne rechtswidrig zu handeln, auch in dem Momente noch die Verzichtserklärung zurücknehmen, in welchem bereits, weil infolge dieses Verzichtes Besorgnisse wegen Vorhandenseins von grundgesetzlich berufenen Regierungsnachfolgern entstanden, der Großherzog und Landtag in Oldenburg mit einer Umbildung der verfassungsmäßigen Thronfolgeordnung befaßt wären. Würde

[1]) Nicht zu verwechseln mit der russischen Linie des Hauses Gottorp. Dies ist das russische Kaiserhaus. Dieser Zweig ist der ältere des Hauses Gottorp, während die jüngere Linie des Hauses Gottorp eben durch das großherzoglich oldenburgische Haus dargestellt wird.

diese Umbildung dann in der Weise geschehen, daß die genannte russische Linie von der Regierungsnachfolge ausgeschlossen würde, so wäre dieser Ausschluß ohne Zustimmung der Beteiligten erfolgt. Ein Staat könnte also niemals davor sicher sein, daß infolge Rücknahme von Verzichtserklärungen sich den staatlichen Frieden störende politische Streitigkeiten um die Krone ergeben, ein den praktischen Bedürfnissen wohl kaum entsprechendes Resultat.

β) Aber wenn solch praktisch bedenkliche Ergebnisse die herrschende Lehre nicht an der Richtigkeit ihrer Meinung zweifeln ließ, wie kam sie dann über den Widerspruch mit der historischen Tatsache hinweg, daß die Dynastien den modernen Staat geschaffen haben und nicht die Staaten die Dynastien? Ist Staatsrecht denn nicht ein Niederschlag der politischen Geschichte? ihr unterworfen, nicht deren Meister?

Schücking kommt über dies Bedenken freilich leicht hinweg. Trotzdem er nicht leugnen kann, daß es die Fürsten sind, welche den Staat von heute schufen (S. 15, 50), bemerkt er: „Was die deutschen Fürsten heute sind, das verdanken sie dem Erwachen des Staatsgedankens“ (S. 50). Allein in wem ist er denn erwacht, wem verdanken wir denn die durchschlagende Kraft des Staatspersönlichkeitsgedanken? Doch eben jenen Fürsten, den Hohenzollern, von jenem ersten Hohenzollern angefangen, der sich als „Gottes schlichten Amtmann an dem Fürstentume“ bezeichnet, bis zu dem unmittelbaren Vorgänger Friedrichs des Großen, Friedrich Wilhelm I., der sich selbst nur „wie einen Amtmann von Wusterhausen oder einen Obersten“ betrachtete, und dann Friedrich dem Großen selbst mit seinem Worte vom Fürsten als dem premier serviteur de l'État[1])? Also wenn *in* den Fürsten dieser Gedanke wach wurde, wer hat dann den modernen Staat geschaffen? und wessen Gedanken in erster Linie werden daher seiner Rechtsordnung innewohnen?

Niemand so eindringlich als *Jellinek* in seiner Allgemeinen Staatslehre, S. 111, hat in allerjüngster Zeit unter den Ver-

---

[1]) *Rehm*, Allgemeine Staatslehre S. 231 und 176; *Anschütz* S. 456 und 565; *Schücking* S. 15.

tretern des Staatsrechts betont, wie der Staat den sozialen Mächten *unter*worfen ist, historische Kräfte sein Werden, Sein und Enden leiten. Und hier sollten die historischen Kräfte des dynastischen Gefühls bei Fürst und Volk ausgeschaltet sein, in der Ausgestaltung unseres positiven Staatsrechtes keine Stelle gefunden haben? Wie findet sich Jellineks tiefwurzelnder Sinn für historisch stetige Entwicklung mit diesen Tatsachen ab? Vgl. übrigens auch *Anschütz* a. a. O. § 25.

Jellinek (a. a. O. S. 619) — und nach ihm *Schücking* S. 3 — verkennt nicht, daß die einzelnen Typen der Monarchenstellung (als Gott, Eigentümer, Staatsorgan) nicht immer rein, sondern vielfach in Vermischung auftreten. „Noch zeigt die Gegenwart deutlich Überreste der alten dualistischen (d. h. Staat und Herrscher als Objekt und Subjekt trennenden) Staatslehre, die Nähte, welche die ehemals getrennten Teile des Staates miteinander verbinden, sind dem kundigen Auge noch immer sichtbar.“ Allein dieses Stück über- und außerstaatlicher Herrschergewalt soll nur in den populären Vorstellungen noch wirken, nur politisch sollen derartige Überreste noch von großer Bedeutung sein; aber in der Staatsordnung d. h. im Staatsrecht sollen sie nicht mehr begründet sein! Somit nur beim Volk, in der öffentlichen Meinung, bei Laien, in der Politik würden die Überreste noch Bedeutung haben, oft sogar „große“, im Rechte aber nicht und das alles nur um der theoretischen Anschauung willen, daß — um es mit *Schückings* [1]) Worten zu sagen — der Staat ein Gemeinwesen ist und ein solches sich nun und nimmermehr als Herrschaftsobjekt eines außerhalb desselben stehenden Eigentümers *denken* läßt. Also aus logischen Gründen. Sollte wie so oft nicht auch hier die Wirklichkeit in der Mitte liegen, die Geschichte nicht eine Mischform aus Persönlichkeits- und Patrimonialstaat auch rechtlich geschaffen haben: der Fürst wohl *im* Staate Staatsorgan, aber aus vom Staat unentziebbarem Recht? Warum soll das logisch unmöglich sein? Begegnet nicht auch die Erscheinung: der Bürgermeister Gemeinde*organ* und doch vom Staat, also von außen her, ernannt [2])?

---

1) S. 12.

2) Vgl. auch die admonitio ad omnes regni ordines Ludwigs I. von

Die modernste Staatspraxis steht auf solchem Standpunkt. Die *lippische* Staatsregierung wollte Ende 1897 die Thronfolgefähigkeit der Söhne des Grafregenten daselbst einseitig durch Staatsgesetz ordnen und brachte zu diesem Behufe am 28. Oktober 1897 einen diesbezüglichen Entwurf bei den lippischen Ständen ein. Schaumburg-Lippe erhob hiergegen Protest und, als dieser ohne Erfolg blieb, rief es die Hilfe des *Bundesrates* an. Dieser beschloß am 3. Februar 1898 mit *allen*[1]) Stimmen gegen die Lippes: „An die Fürstlich Lippische Regierung das Ersuchen zu richten, zu veranlassen, daß vor der Beschlußfassung des Bundesrats über den Antrag Schaumburg-Lippe der Beratung des Gesetzentwurfes kein Fortgang gegeben werde"[2]). Der Beschluß beruhte auf dem Gedanken, daß der Gliedstaat agnatische Rechte einseitig weder schmälern noch vernichten kann.

In *einem* Punkte hat auch die unerbittlich strengste Durchführung der rein staatsrechtlichen Auffassung der Throninhaberschaft und Thronfolge der Wirklichkeit der Dinge sich angepaßt, wo es unbeugsamer Konsequenz nicht entspricht. Verfügt über die Krone nur der Wille des Staates, das Verfassungsgesetz, so ist es folgewidrig, daß die angefallene Krone ausgeschlagen und daß die übernommene niedergelegt zu werden vermag. *Seydel*, Bayer. Staatsrecht Bd. I (2. Aufl.) S. 200 u. 202 gibt für die Tatsache, daß niemand gezwungen ist, die angefallene Krone wider Willen zu behalten, keine und für die Tatsache, daß Abdankung zulässig ist, lediglich die Erklärung, daß ein Mittel fehle, jemanden zu zwingen, König zu bleiben, der es nicht mehr sein wolle. Die erstgenannte Tatsache weiß Seydel also und ebenso die ganze herrschende Lehre überhaupt nicht rechtlich d. h. logisch zu erklären und für die zweite führt Seydel — der einzige, der es überhaupt tut — einen juristischen Beweis, von dessen konsequenter Durchführung aus eine verfassungs- und rechts-

823—825, Kap. I 303, c 3 über die Teilung der öffentlichen Gewalt zwischen Königtum und Beamtentum nach göttlichem und weltlichem Recht (Brunner, Deutsche Rechtsgeschichte Bd. II [1892] S. 82).

[1]) Auch die Meiningens also.

[2]) Näheres bei *Triepel* S. 6, *Schücking* 42, 2, 49 f.

widrige Handlungsweise des Monarchen überhaupt für rechtlich unmöglich erklärt werden müßte. In Wahrheit gibt man also keine *rechtliche* Erklärung. Man beugt sich vor der Macht der tatsächlichen Erscheinungen. Andere versuchen überhaupt keine rechtliche Erklärung, sondern lassen Billigkeit und politisches Interesse walten. So *Jellinek*, System der subjektiven öffentlichen Rechte S. 325: Die das individuelle Interesse berücksichtigende aequitas und auch die Rücksicht auf den volle Hingebung an seine Aufgaben verlangenden Staat *gebiete*, daß es in das Ermessen des *Individuums* gestellt werde, ob es Organ des Staates sein und bleiben wolle. Möchte die herrschende Anschauung auch in der Frage des Schutzes agnatischer Rechte vor einseitiger Entziehung gegen die Tatsachen der empirischen Erscheinung und den Billigkeitsgedanken der historischen Entwicklung sich fernerhin nicht verschließen!

c) Die reichsrechtliche Anerkennung der Unentziehbarkeit.

§ 4.

I. Unser bisheriges Ergebnis ist: Es widerspricht dem *Landes*verfassungsrechte, wenn die Rechte der Mitglieder des landesherrlichen Hauses auf Thronfolge ohne einen zustimmenden Akt der Hausgesetzgebung von Landes wegen beseitigt werden wollen. Durch die Anerkennung des Satzes, daß das Recht des landesherrlichen Hauses auf die Herrscherstellung im Staate nicht erst durch die Verfassung rechtlich begründet wurde, haben die Landesgrundgesetze ausdrücken wollen, daß dem landesherrlichen Hause jenes Recht auch nicht allein von Landes wegen, auch nicht durch Verfassungsgesetz, entzogen werden kann. Aber wir dürfen noch weiter gehen und sagen: Eine *Aufhebung der Thronfolgeansprüche der Mitglieder der regierenden Familie ohne hausgesetzliche Mitwirkung widerspricht nicht nur* dem augenblicklich geltenden *Landes-*, sondern *auch* dem geltenden *Reichs*recht. Auch das Reichsrecht erkennt das Hausrecht und die darauf gegründeten Ansprüche als in ihrem Bestande gegenüber dem Landesrecht selbständische Rechtserscheinungen an.

Es sind der Art. 57 im Zusammenhalt mit den Art. 55 und 58 des *Einführungsgesetzes zum Bürgerlichen Gesetzbuche* und die auf diese Artikel verweisenden Bestimmungen der Reichsjustizgesetze, aus welchen sich dies im Wege der Schlußfolgerung ergibt. Bereits die Einführungsgesetze zum Reichsgerichtsverfassungsgesetz vom 27. Januar 1877 (§ 5), zur Zivilprozeßordnung (§ 5), zur Konkursordnung (§ 7), zur Reichsstrafprozeßordnung (§ 4) nennen in auffälliger Weise die Bestimmungen der Hausgesetze besonders neben den Landesgesetzen. § 5 des E.G. zur Z.Pr.O. sagt: „In Ansehung der Landesherren und der Mitglieder der *landesherrlichen* Familien ... finden die Bestimmungen der Zivilprozeßordnung nur insoweit Anwendung, als nicht besondere Vorschriften der Hausverfassungen *oder* der Landesgesetze abweichende Bestimmungen enthalten". Und entsprechend lauten die zitierten Paragraphen der anderen angezogenen Gesetze. Diese besondere Hervorhebung der Hausverfassungen neben den Landesgesetzen und noch dazu mit „oder" und nicht mit „und" muß um deswillen auffallen, weil diese Gezetze zum Teil wenigstens (E.G. z. Z.Pr.O. § 14, z. Str.Pr.O. § 6, z. K.O. § 4) die Bestimmung enthalten, daß mit Inkrafttreten der bezüglichen Hauptgesetze die entsprechenden Vorschriften des Landesrechts außer Geltung treten.

§ 14 des E.G. z. Z.Pr.O. sagt im Anschluss an § 3 desselben Gesetzes, welcher lautet: Die Zivilprozeßordnung findet auf alle bürgerlichen Rechtsstreitigkeiten Anwendung, welche vor die ordentlichen Gerichte gehören: „Die prozeßrechtlichen Vorschriften der *Landesgesetze* treten für alle bürgerlichen Rechtsstreitigkeiten, deren Entscheidung in Gemäßheit des § 3 nach den Vorschriften der Zivilprozeßordnung zu erfolgen hat, außer Kraft, soweit nicht in der Zivilprozeßordnung auf sie verwiesen oder soweit nicht bestimmt ist, daß sie nicht berührt werden." Sollten die Hausverfassungen des hohen Adels an sich nicht auch unter diesen Begriff „Landesgesetze" fallen? Denn das steht fest, daß Landesgesetz in diesem Zusammenhange nicht bloß das vom Lande d. h. Gliedstaate ausgehende, sondern alles innerhalb des Landes kraft einer anderen Quelle als kraft des Reichsrechtes geltendes Recht bedeutet, also auch Statutarrecht und insbesondere auch adeliges Hausrecht.

Warum sind dann aber in § 5 desselben Gesetzes — wir zitierten ihn oben — die Hausverfassungen neben den Landesgesetzen besonders hervorgehoben? Wollte damit nicht gesagt sein, daß sie zu den Landesgesetzen im Sinne dieser Gesetzgebungen nicht gehören, daß sie einer davon verschiedenen Rechtsquelle entspringen?

Daß dies die Absicht der Gesetzgeber war, ergeben nun eben die Vorschriften des Bürgerlichen Gesetzbuches und seiner Nebengesetze.

II. Die grundlegenden Bestimmungen sind die des Einführungsgesetzes zum *Bürgerlichen Gesetzbuch*. In ihm begegnen uns folgende beiden Vorschriften:

Art. 57 bemerkt hinsichtlich der regierenden Häuser: „In Ansehung der Landesherren und der Mitglieder der *landesherrlichen* Familien . . . finden die Vorschriften des Bürgerlichen Gesetzbuches nur insoweit Anwendung, als nicht besondere Vorschriften der *Hausverfassungen oder der Landesgesetze* abweichende Bestimmungen enthalten“ und Art. 58 sagt bezüglich des *standesherrlichen* Adels: „In Ansehung der Familienverhältnisse und der Güter derjenigen Häuser, welche vormals reichsständisch gewesen und seit 1806 mittelbar geworden sind oder welche diesen Häusern . . . durch Beschluß der vormaligen deutschen Bundesversammlung oder vor dem Inkrafttreten des Bürgerlichen Gesetzbuches durch *Landesgesetz* gleichgestellt worden sind, bleiben die Vorschriften der Landesgesetze *und* nach *Maſsgabe* der *Landes*gesetze die Vorschriften der *Haus*verfassungen unberührt.“

Hier fällt sofort die verschiedene Stellung in die Augen, welche den Hausverfassungen in beiden Paragraphen den Landesgesetzen gegenüber eingeräumt wird.

Der Unterschied ist ein dreifacher:

1. werden in Art. 57 die Hausverfassungen zuerst und dann erst die Landesgesetze genannt, in Art. 58 dagegen die Landesgesetze in der Wortfolge den Hausverfassungen vorangestellt;

2. werden die abweichenden Bestimmungen der Haus-

verfassungen der regierenden Familien schlechthin aufrecht erhalten, die Vorschriften der Hausgesetze des standesherrherrlichen Adels dagegen lediglich nach Maßgabe der Landesgesetze;

3. endlich werden von den besonderen Vorschriften der regierenden Häuser, wie sie in deren Hausgesetzen enthalten sind, lediglich die vom Bürgerlichen Gesetzbuch abweichenden Bestimmungen aufrechterhalten, von den besonderen Vorschriften der Hausverfassungen der standesherrlichen Familien dagegen alle; nicht lediglich die abweichenden.

Dieser dritte Unterschied ist für unsere Untersuchungen ohne Belang, wohl aber sind es die beiden anderen.

Aus dem ersten Unterschied könnte man geneigt sein zu schließen, es solle darin zum Ausdruck gebracht werden, daß im Gegensatz zu dem Verhältnis, welches zwischen Hausverfassung des standesherrlichen Adels und Landesgesetzen obwaltet, die hausgesetzlichen Bestimmungen der regierenden Häuser den Landesgesetzen vorgingen. Allein dies kann nicht die Meinung des Gesetzgebers sein. Es wäre nicht abzusehen, worauf sich das Recht der Hausverfassungen gründen sollte, Landesgesetze außer Geltung zu setzen. Der verschiedene Platz, wie er dem Worte Hausverfassung in beiden Artikeln eingeräumt ist, beruht vielmehr auf dem tatsächlichen Unterschiede, welcher zwischen beiden Arten der Hausverfassungen in Bezug auf ihren privatrechtlichen Inhalt ausweislich der vorhandenen Hausverfassungen obwaltet. Die Verfasser des Bürgerlichen Gesetzbuches hatten bei der Redigierung der beiden Artikel die Tatsache vor Augen, daß die wichtigsten privatrechtlichen Vorschriften hinsichtlich der regierenden Familien in den meisten Staaten in den Hausgesetzen enthalten sind, indem die Verfassungen bezüglich derselben meist auf die Hausgesetze verweisen oder diesen die Ergänzung ihrer Normen überlassen, während auf der anderen Seite für die standesherrlichen Häuser die wichtigsten privatrechtlichen Bestimmungen in den Landesgesetzen und nicht in den Hausverfassungen sich finden und nur in den Landesgesetzen sich finden können. Namentlich die auf Grund von Bundesakte Art. 14 von den einzelnen Bundesstaaten erlassenen Bestimmungen rechnen hierher, daß die standesherrlichen Familien auch ferner zum hohen Adel in Deutschland gehören und ihnen das Recht der Ebenbürtigkeit in dem bisher damit verbundenen Begriffe verbleiben solle.

Wichtig ist dagegen der oben an zweiter Stelle genannte Unterschied, wonach die Hausverfassungen der regierenden Familien schlechthin, die der standesherrlichen nur nach Maßgabe der Landesgesetze aufrechterhalten werden.

Dieser Unterschied darf nicht dahin gedeutet werden, daß damit darauf hingewiesen sein will, wie die Hausgesetze der standesherrlichen Familien zufolge Art. 14 der Bundesakte, d. h. genauer zufolge der in Ausführung dieses Artikels erlassenen landesrechtlichen Vorschriften dem Souverän des zuständigen Landes vorzulegen sind, so daß „nach Maßgabe“ bedeuten würde: die landesherrlich genehmigten Haussatzungen. Dieser Auffassung widerspricht einmal, daß nicht nach allen zur Ausführung des Art. 14 ergangenen Landesgesetzen die hausgesetzlich zu erlassenden Bestimmungen dem Souverän zur Bestätigung vorzulegen sind, sondern, wenn einfach die Vorschrift des Art. 14: „dem Souverän vorgelegt werden müssen“ ohne weiteren Zusatz übernommen wurde, genügt Vorlage zur Kenntnisnahme. Vgl. *Gierke*, Deutsches Privatrecht Bd. I (1895) S. 157 N. 62; *Scholly*, Das Autonomierecht des hohen Adels (Erlanger Dissertation), 1894 S. 18f.

Und dann heißt es ja in Art. 14: dem Souverän *vorzulegen*; hier dagegen „nach Maßgabe der Landesgesetze“. Würden die Verfasser des Einführungsgesetzes zum Bürgerlichen Gesetzbuche mit dem „nach Maßgabe der Landesgesetze“ den Gedanken haben ausdrücken wollen, welchen die Bundesakte mit den Worten „dem Souverän vorlegen“ bezeichnete, so würden sie gewiß eine andere Wendung, etwa die gebraucht haben: „und insofern durch den Landesherrn bestätigt“, nachdem die landesrechtlichen Bestimmungen, welche eine Vorlage zur Genehmigung verlangen, diesen Ausdruck oder auch: „Genehmigung“ verwenden. Vgl. *Scholly* S. 31ff.

Eine weitere Erklärung wäre: der Satz „In Ansehung der Familienverhältnisse und Güter der standesherrlichen Familien bleiben nach Maßgabe der Landesgesetze die Vorschriften der Hausverfassungen unberührt", bedeute, daß diese Vorschriften nur unberührt bleiben, wenn sie landesgesetzlich ausdrücklich bestätigt, also aufrechterhalten werden. Hätten die Verfasser dies sagen wollen, so hätten sie wohl nicht die Fassung: „*bleiben* unberührt" gewählt, sondern dafür gesagt: Die Vorschriften der Hausverfassungen *können* durch die Landesgesetzgebung aufrechterhalten *werden*.

Damit sind wir aber auch bereits bei der zutreffenden Auslegung angelangt. Die Worte: „bleiben nach Maßgabe der Landesgesetze die Hausverfassungen unberührt" bedeuten: die Hausverfassungen bleiben von selbst aufrecht, insofern und insoweit sie durch die Landesgesetzgebung nicht aufgehoben oder abgeändert werden. Sie bleiben unverändert aufrechterhalten, soweit dies nicht der Fall ist. Das Landesrecht *kann* sie *beseitigen*.

Fragen wir nun aber nach dem Grunde, um dessentwillen der Gesetzgeber bei den einen Hausverfassungen einen Vorbehalt zugunsten der Landesgesetzgebung macht, bei den anderen dagegen nicht, so erklärt sich dies aus dem Rechtstitel, auf welchen die Befugnis der standesherrlichen Familien, Hausgesetze zu erlassen, zurückführt. Bei den Hausverfassungen dieser Familien wurde jener Vorbehalt gemacht, weil das Autonomierecht dieser Familien nach dem dermalen geltenden Landesrecht auf landesgesetzlicher Verleihung beruht. Sie beruht auf den landesgesetzlichen Erlassen, welche in den einzelnen deutschen Staaten zur Ausführung des Satzes von Bundesakte Art. 14 ergingen, daß „ihnen d. h. den mediatisierten Fürstlichen und gräflichen Häusern die Befugnis zugesichert werde, über ihre Güter und Familienverhältnisse verbindliche Verfügungen zu treffen". Denn sagen die betreffenden landesgesetzlichen Bestimmungen — sie sind aufgezählt bei Georg Meyer § 229 S. 752 N. 6 und bei Scholly S. 31ff. — auch im Einklang mit der deutschen Bundesakte, daß „nach den Grundsätzen der früheren deutschen Verfassungen die noch *bestehenden* Familienverträge der mediatisierten Häuser aufrechterhalten werden und ihnen die Befugnis, über ihre Güter u. s. w. Verfügungen zu treffen, zugesichert wird," so ist trotz des „bestehend" doch nur gemeint, wie die übereinstimmende Anschauung der Schriftsteller (vgl. *Zachariä* Bd. I S. 523 N. 4; *Mejer*, Einleitung in das deutsche Staatsrecht 2. Aufl. 1884 S. 204; *Georg Meyer* S. 752 Nr. 5) ist, daß die zur Zeit des alten Reiches entstandenen, aber in der Rheinbundszeit von den Souveränen *aufser Kraft gesetzten* Familienverträge der Mediatisierten wieder in Geltung treten sollen. Das „bestehende" wurde im Gegensatz zum Entwurf der Bundesakte, wo es „bestandene" hieß, lediglich gebraucht, um in der Bundesakte die Erwähnung des Rheinbundes zu vermeiden. Dazu kommt, daß es bezüglich des Rechtes der Mediatisierten, für die Zukunft Hausgesetze zu erlassen, nicht heißt: Diese Befugnis *bleibe* ihnen erhalten, sondern die Fassung ist: „Die Befugnis wird ihnen *zugesichert*" oder, wie es § 9 des bayerischen Ediktes über die staatsrechtlichen Verhältnisse der vormals reichsständischen Fürsten (Beilage IV der Verfassung) ausdrückt: „Sie haben die Befugnis, über ihre Güter u. s. w. verbindliche Verfügungen zu treffen."

Hiermit haben wir aber auch den Rechtsgedanken gefunden, welchen der Gesetzgeber dadurch aussprechen will, daß er die Vorschriften der Hausverfassungen der regierenden Familien schlechthin, nicht bloß nach Maßgabe der Landesgesetze aufrechterhält.

Er will hierdurch ausdrücken: Die Fortdauer der besonderen Vorschriften dieser Hausverfassungen bleibt nicht nur insoweit unberührt, als sie die Landesgesetzgebung nicht abändern oder aufheben, sondern dieselben *können durch Landesgesetz überhaupt nicht abgeändert werden.* Die Hausverfassungen der regierenden Familien sind, was ihren vom Bürgerlichen Gesetzbuche abweichenden Inhalt anlangt, in ihrer Existenz von der Landesgesetzgebung unabhängig. Änderungen solcher Vorschriften der Hausgesetze können von den Landesgesetzen nicht einseitig vorgenommen werden. Jede Änderung solcher Vorschriften bedarf auch der Mitwirkung eines Aktes der Hausgesetzgebung. Die Hausgesetzgebungen solchen Inhalts sind in ihrer Fortexistenz von der Landesgesetzgebung unabhängig.

Aber nicht bloß in ihrer Fortexistenz sind sie es, sondern

auch in ihrer *Neuentstehung*: werden neue Hausgesetze erlassen, so beruht ihre verpflichtende Kraft nicht auf landesgesetzlicher Bewilligung.

Art. 57 sagt nicht, wie Art. 58, „*bleiben* unberührt,“ sondern: Das Bürgerliche Gesetzbuch findet nur insoweit Anwendung, als nicht „besondere Vorschriften der Hausverfassungen oder der Landesgesetze abweichende Bestimmungen enthalten“. Mangels eines Unterschieds vermögen diese Vorschriften bestehende oder zukünftige zu sein. Unter den besonderen Vorschriften sind also die jeweilig bestehenden gemeint.

Daß auch bezüglich der Hausverfassungen der standesherrlichen Familien nicht bloß die zur Zeit des Inkrafttretens des Bürgerlichen Gesetzbuches vorhandenen das B.G.B. ausschließen können, folgt erst klar aus der besonderen Bestimmung des Einführungsgesetzes Art. 3, wonach, soweit in dem Bürgerlichen Gesetzbuche oder in dem Einführungsgesetze hierzu bestimmt ist, daß landesgesetzliche Vorschriften unberührt bleiben, „nicht bloß die bestehenden landesgesetzlichen Vorschriften in Kraft bleiben,“ sondern auch „neue erlassen werden können.“ Wie nachher noch auszuführen, fallen im Sinne dieser Bestimmung unter den Begriff landesgesetzlicher Vorschrift auch die Hausverfassungen. Wenn wir nun aber weiterfragen, warum das Bürgerliche Gesetzbuch die Hausverfassungen der regierende Häuser anders behandelt, als die der standesherrlichen Familien, bezüglich Fortdauer und Möglichkeit der Neuentstehung nur ersteren Unabhängigkeit von der Landesgesetzgebung einräumt, so muß der Grund hierfür darin liegen, daß der Rechtstitel der Autonomie der regierenden Häuser nach geltendem deutschen Staatsrecht ein anderer ist, als der rechtliche Entstehungsgrund des Selbstgesetzgebungsrechtes der Mediatisierten. Denn, wie wir sahen, erklärt sich die Art, wie der Gesetzgeber die Hausverfassungen der letzteren behandelt, aus dem Umstand, daß die Befugnis dieser Familien zum Erlaß von Hausgesetzen rechtlich auf staatlicher Verleihung, auf Verleihung durch den heutigen Staat beruht.

Wenn der Gesetzgeber die Hausverfassungen der regierenden Häuser anderer Ordnung unterstellt, so liegt demgemäß nahe, daß der Grund für ihn hier im Gegenteil, d. h. darin liegt, daß *die Autonomie dieser Familien nicht auf staatliche Verleihung zurückführt.* Daß dies in der Tat der Fall, daß die Autonomie der regierenden Familien nicht auf einer Verleihung unseres modernen deutschen Verfassungsstaates, nicht auf Landesgesetz beruht, haben wir früher nachgewiesen. Weder von der reichszeitlichen Landeshoheit, noch von dem souveränen Rheinbundstaate, aber auch nicht von den Gliedstaaten des deutschen Bundes und des deutschen Reiches haben die regierenden Familien ihre Autonomie übertragen erhalten. Sie ist allen diesen staatlichen Gewalten gegenüber originär erworben. Insbesondere haben die landesherrlichen Häuser ihre gegenwärtige Autonomie nicht erst durch die Verfassungen rechtlich erhalten; die Autonomie derselben wird vielmehr in den Verfassungen als rechtlich bereits begründet vorausgesetzt. Das gegenwärtige Selbstgesetzgebungsrecht der mediatisierten Häuser ist dagegen erst durch die Gesetzgebung der modernen Staatsgewalt rechtlich neu geschaffen. Die Reichsgesetzgebung erkennt somit als zutreffend an, was wir bereits aus dem Landesstaatsrechte abgeleitet haben, und so gelangen wir vom Reichsrechte aus zu demselben Satze, zu dem wir vom Landesstaatsrechte aus gelangten: Die Autonomie der herrschenden Familien ist eine von der Einwirkung der Landesgesetzgebung unabhängige Rechtsquelle. Änderung von Vorschriften, die auch die Hausgesetzgebung berühren, bedürfen der Mitwirkung der letzteren.

III. Daß wir mit dieser Auffassung die Meinung des Gesetzgebers zutreffend erklären, bestätigen auch die *Motive*, welche die erste Kommission für Ausarbeitung des Bürgerlichen Gesetzbuches ihrem Entwurfe beigegeben hat. Vgl. *Mugdan*, Die gesamten Materialien zum Bürgerlichen Gesetzbuche Bd. I (1899) S. 22 ff. Dort heißt es S. 155: „Die autonomischen Satzungen der ehemals reichsständischen, seit 1806 mittelbar gewordenen Familien sind, hingesehen auf ihren *unmittelbaren* Ursprung, keine landesgesetzlichen Normen; sie beruhen auf einer besonderen Quelle, aber auf einer nach den heutigen Verhältnissen der *Landes*gesetzgebung *untergeordneten* Quelle. Die Landesgesetzgebung kann die autonomische Verfügungsgewalt beseitigen, die auf ihr beruhenden Normen aufheben oder durch anderweite Bestimmungen ersetzen . . . Bei der Zuständigkeit und Ausübung der Autonomie seitens der mediatisierten Häuser *nach Mafsgabe* der Landesgesetze hat es auch fernerhin sein Bewenden. Das Sonderrecht dieser Häuser von der *Landes*gesetzgebung loszulösen und im Wege des Reichsrechtes *selbständig* zu stellen, verbietet der Gang der geschichtlichen Entwicklung, welchem Rechnung getragen werden muß. Der Entwurf vermeidet deshalb auch, in landesgesetzliche Bestimmungen einzugreifen, welche die Wirksamkeit der autonomischen Verfügungen von Regierungsakten abhängig machen.“

Diese Sätze lassen für die Autonomie der regierenden Häuser als die Meinung der Motive erkennen: Die Autonomie dieser Häuser ist keine der Landesgesetzgebung unterworfene Quelle. Das Sonderrecht dieser Häuser ist vom Reichsrechte, d. h. dem Bürgerlichen Gesetzbuche in seiner Selbständigkeit gegenüber dem Landesrechte erhalten und anerkannt. Es entspricht dies dem Gange der geschichtlichen Entwicklung.

IV. Daß dies die Auffassung auch des wirklich zum Gesetze gewordenen Rechtes sei, könnte nur aus einem Gesichtspunkte noch bestritten werden.

Die Vorschriften des Art. 57 und 58 gehören zu dem Abschnitte III des Einführungsgesetzes und dieser trägt die Überschrift: „Verhältnis des Bürgerlichen Gesetzbuches zu den Landesgesetzen.“ Ist daraus nicht zu schließen, daß die Hausverfassungen auch zu den Landesgesetzen rechnen, somit doch nur einen Teil der Landesgesetzgebung darstellen?

In der Tat scheint dies der Fall zu sein. Verschiedene Gründe hierfür stehen zu Gebote.

Einmal dieser: Was Landesgesetz im Sinne des Bürgerlichen Gesetzbuches und seiner Nebengesetze bedeutet, ist etwas Negatives, alles Recht, was nicht aus einer im Namen des Reiches tätigen Rechtsquelle stammt, nicht positiv: nur das, was vom Lande, d. h. Gliedstaate ausgeht. Landesgesetz ist alles auf partikulärer Rechtsquelle beruhende Recht, alles Partikularrecht, nicht allein das von den Gliedstaaten ausgehende, sondern auch das aus einer weiteren oder engeren

Quelle erfließende, wie es einerseits das gemeine, andererseits das Provinzial- oder Stadtrecht ist. Vgl. Rosenberg, Reichs- und Landesgesetze in Elsaß-Lothringen in den Annalen des Deutschen Reiches 1899 S. 395, 397; *Zitelmann*, Das Recht des Bürgerlichen Gesetzbuches I. (Allgemeiner Teil) 1899 S. 10 ff.

Dazu kommt noch ein anderer: Die gegenteilige Annahme würde zu innerlich nicht begründeten, einem vernünftigen Gesetzgeber nicht zuzutrauenden Unterschieden führen. Wären die Hausgesetze nicht im allgemeinen Sinne auch Landesgesetze, so würde für sie nicht die oben S. 71 bereits angezogene Bestimmung des Art. 3 des Einführungsgesetzes zum Bürgerlichen Gesetzbuche gelten, daß, soweit in dem Einführungsgesetze bestimmt ist, daß landesgesetzliche Vorschriften unberührt bleiben, die bestehenden landesgesetzlichen Vorschriften in Kraft *bleiben und neue* landesgesetzliche Vorschriften erlassen werden können. Hieraus würde aber für Art. 58 folgen: Neue Landesgesetze in Ansehung der Familienverhältnisse und Güter der standesherrlichen Familien könnten seit dem Inkrafttreten des Bürgerlichen Gesetzbuches noch erlassen werden, neue hausgesetzliche darüber nicht. Denn es heißt in Art. 58: In Ansehung der Familienverhältnisse u. s. w. *bleiben* die Vorschriften der Landesgesetze und nach Maßgabe der Landesgesetze die Vorschriften der Hausverfassung unberührt; ohne die Geltung des Art. 3 auch für die Hausverfassungen würden demgemäß nur die bestehenden Hausverfassungen aufrechterhalten. Ein vernünftiger Grund, einen solchen Unterschied in der Behandlung der Landes- und der Hausgesetze bezüglich ihrer Beziehung zu den Familienverhältnissen und Gütern der standesherrlichen Familien zu machen, läßt sich aber schlechterdings nicht nachweisen. Nach der Regelung, welche die Rechtsverhältnisse der Standesherrn in der deutschen Bundesakte erfahren haben, greifen hier land- und hausrechtliche Bestimmungen notwendig ineinander. Durch diese Folgerung aber würde, was historisch aufeinander angewiesen ist und sich gegenseitig ergänzt, auseinandergerissen.

Und doch heben die Motive (*Mugdan* S. 22) ausdrücklich hervor, daß zu der Vorschrift, das Sonderrecht der Familien-

und Güterverhältnisse der mediatisierten Häuser nicht nur aufrecht zu erhalten, sondern auch dessen Weiterbildung zu ermöglichen, die Absicht geführt hat, „die Möglichkeit zu eröffnen, dieses Recht nach Maßgabe der jeweiligen Verhältnisse und Bedürfnisse zu ändern, es zeitgemäß fortzubilden, es zu ergänzen und zu erläutern.“ Sollte diese Möglichkeit den Häusern selbst, die doch dabei in erster Linie interessiert sind, weil es sich um rein privatrechtliche Verhältnisse handelt, nicht eröffnet sein, wohl aber den diesen Verhältnissen dem Interesse nach fernerstehenden Staaten? Also, werden wir schließen, sind die Hausverfassungen auch unter den Begriff Landesgesetz im Sinne des Bürgerlichen Gesetzbuches aufzunehmen.

Allein daraus folgt nun nicht, daß die Hausverfassungen auch der regierenden Häuser einseitig durch Landesgesetz abgeändert zu werden vermögen. Man kann nicht sagen: Landesgesetz ist jede Rechtsvorschrift aus partikulärer Rechtsquelle, innerhalb der partikulären Rechtsquellen geht die höhere der niedrigeren vor, die des Staates demgemäß der des Hauses, und auf diese Weise behaupten: es können auch bei den regierenden Häusern die Rechte der Hausmitglieder einseitig durch Landesrecht aufgehoben werden, ebenso wie vorhandenes Statutarrecht von Landes wegen beseitigt zu werden vermag. Neben diesem weiteren Landesgesetzbegriff ist eben ein engerer zu unterscheiden: Landesgesetz mit Ausnahme der Hausverfassungen.

Daß man dies tun muß, folgt deutlich noch aus den Nebengesetzen des Bürgerlichen Gesetzbuches.

Das Einführungsgesetz zum Reichsgesetze über die Zwangsversteigerung und die Zwangsverwaltung vom 24. März 1897 § 2, die Grundbuchordnung vom 24. März 1897 § 83, das Reichsgesetz über die freiwillige Gerichtsbarkeit vom 17. Mai 1898 § 189 enthalten übereinstimmend in Anschluß an die Bestimmung: „Soweit in dem Einführungsgesetz zum Bürgerlichen Gesetzbuch zugunsten der Landesgesetze Vorbehalte gemacht sind, gelten sie auch für die Vorschriften der Landesgesetze über Zwangsversteigerung und Zwangsverwaltung (Grundbuchwesen, Angelegenheiten der freiwilligen Gerichtsbarkeit)“ den Satz: „Den Landesgesetzen stehen nach Maßgabe der Art. 57 und 58 des Einführungsgesetzes zum Bürgerlichen Gesetzbuch die Hausverfassungen gleich.“ Die Hausverfassungen sind hier also deutlich von den Landesgesetzen unterschieden. Diese Annahme verschiedener Bedeutungen des Wortes Landesgesetz im Bürgerlichen Gesetzbuch hat nichts besonderes auf sich. Auch in anderer Richtung ist der Begriff Landesgesetz im Bürgerlichen Gesetzbuch und seinen Nebengesetzen kein einheitlicher. Gewiß bedeutet das Wort Landesgesetz im Bürgerlichen Gesetzbuch und seinen Nebengesetzen im allgemeinen jede nicht auf reichsrechtlicher Quelle beruhende Rechtsnorm, auch die nur im Verordnungswege ergehende und auch das partikuläre Gewohnheitsrecht. Es ist dies z. B. sogar richtig für die Paragraphen der Schlußbestimmungen der Grundbuchordnung (a. M. Rosenberg a. a. O. S. 393), wo nahe nebeneinander steht: durch „landesherrliche Verordnung“, durch „Anordnung der Justizverwaltung“, durch „Landesgesetz“ kann folgende Bestimmung erlassen werden. Hier bedeutet Landesgesetz nicht, wie Rosenberg meint, lediglich das formelle Landesgesetz, nicht auch Verordnung und Gewohnheit, sondern wir müssen daran festhalten, daß das Gesetz (Grundbuchordnung § 82 und E.G. zum B.G.B. Art. 2) sagt: „Gesetz im Sinne dieses Gesetzbuches ist jede Rechtsnorm;“ also muß, solange es einen vernünftigen Sinn gibt, davon ausgegangen werden, daß unter Landesgesetz auch landesherrliche Verordnung, Anordnung der Justizverwaltung und Landesgewohnheitsrecht gemeint sind. Aber es gibt doch auch Ausnahmen.

So ist kein Zweifel, daß, wenn E.G. z. B.G.B. Art. 84 bestimmt: „Unberührt bleiben die landesgesetzlichen Vorschriften, nach welchen eine Religionsgesellschaft Rechtsfähigkeit nur im Wege der Gesetzgebung erlangen kann,“ gemeint ist: im Wege der formellen Gesetzgebung. Und ebenso wird für E.G. Art. 126: „Durch Landesgesetz kann das dem Staate an einem Grundstücke zustehende Eigentum auf einen Kommunalverband . . . übertragen werden“ zu sagen sein: Landesgesetz bedeutet hier für konstitutionelle Monarchien: formelles Landesgesetz.

So bleibt der Satz bestehen: *Auch nach dem Bürgerlichen Gesetzbuch und seinen Nebengesetzen ist die Hausgesetzgebung der regierenden Familien gegenüber der gliedstaatlichen Gesetzgebung eine selbständige Rechtsquelle.*

V. A) Die Bedeutung dieses Satzes liegt besonders darin: selbst wenn sich aus dem Landesverfassungsrechte nicht ergeben würde, daß das Recht des Hauses auf Herrschaft nicht ohne einen Akt der Hausgesetzgebung entzogen zu werden vermag, so würde dies aus dem *neuen Reichsrecht,* dem Bürgerlichen Gesetzbuch und den in seinem Sinne aufzufassenden oben S. 65 und S. 75 angeführten Bestimmungen der Einführungsgesetze zum Gerichtsverfassungsgesetze, zur Zivil-, zur Konkurs- und zur Strafprozeßordnung und zum Gesetze über die Zwangsversteigerung und Zwangsverwaltung, sowie der Grundbuchordnung und des Gesetzes über die Angelegenheiten der freiwilligen Gerichtsbarkeit, folgen. Dasselbe *bestätigt,* wie sein Wortlaut ist, *nicht blofs* die im Verfassungsrecht der Gliedstaaten anerkannte *Unabhängigkeit* der *Autonomie* der *regierenden* Häuser von der Landesgesetzgebung, sondern *begründet* sie unabhängig davon *selbst* in rechtsbefehlender Weise.

Art. 57 des E.G. z. B.G.B. sagt nicht: „In Ansehung der Landesherren und der Mitglieder der landesherrlichen Familien gehen besondere Vorschriften der Hausverfassungen den Vorschriften des Bürgerlichen Gesetzbuches vor, sofern und soweit diesen Hausverfassungen eine Selbständigkeit gegenüber der Landesgesetzgebung eingeräumt ist, sondern unabhängig von der Stellung, welche die Hausgesetze im bisherigen Rechte zur Landesgesetzgebung einnehmen, wird ein Vorbehalt zugunsten der Hausverfassungen gemacht. Die Bestimmung des Art. 57 erklärt sich tatsächlich-historisch aus dem bisherigen Rechtszustande, ihrem juristischen Inhalte nach wirkt sie nicht bloß rechtsanerkennend, sondern rechtsbegründend.

B. Allein man wird einwenden und hat zum Teil[1]) eingewendet: Das Reichsrecht räumt den Hausverfassungen solche Unabhängigkeit lediglich für das Gebiet des Bürger-

---

[1]) *Schücking* S. 12 und 46f.

lichen Gesetzbuches und der Reichsjustizgesetze, nicht für das Handelsrecht oder Strafrecht, die Militärstrafgerichtsordnung und das Staats- und Verwaltungsrecht ein; daß in den *Motiven* des Bürgerlichen Gesetzbuches das fürstliche Hausrecht schlechthin für eine unabhängige Rechtsquelle erklärt wird, kommt nicht in Betracht. Wir erkennen das alles an. Allein trotzdem ergibt sich hieraus für das Thronfolgerecht anderes, weil dies enge mit dem Privatrecht zusammenhängt. Aus dem Umstande, daß im Bürgerlichen Gesetzbuche keine Vorschriften über die Thronfolge enthalten sind, folgt noch keineswegs, daß die Normen über Thronfolge durch Landesgesetz allein abgeändert zu werden vermögen. Nicht nur, daß Ebenbürtigkeit, Mißheirat, morganatische Ehe nach der historischen Bedeutung unserer Rechtsbegriffe für das hochadelige Haus auch im geltenden deutschen Rechte Rechtsinstitute des Privatrechts darstellen, begründet jede Thronfolgefähigkeit im allgemeinen (vgl. § 44) auch Hauszugehörigkeit. Wenn daher ein Landesgesetz ergeht, welches einen Unebenbürtigen zwar nicht für ebenbürtig, wohl aber für thronfolgefähig erklärt, so hat es zu gleicher Zeit bestimmt, daß ein Mitglied des landesherrlichen Hauses ein Unebenbürtiger zu sein vermag. Hiermit hat es aber einen Satz des Hausrechtes umgestaltet, welcher im Sinne des geltenden Reichsrechtes ein Satz des Privatrechtes ist. Denn so richtig ist, daß wir rein wissenschaftlich theoretisch die Zugehörigkeit zur regierenden Familie als etwas öffentlichrechtliches anzusehen haben, im Sinne unseres positiven Rechtes rechnet diese Zugehörigkeit, weil es sich um eine Frage des *Familien-* und des *Privat*fürstenrechtes handelt, zu den Rechtserscheinungen des Privatrechtes. Es kommt hinzu: keine unserer Verfassungsurkunden regelt den Begriff der Ebenbürtigkeit, obwohl er für das öffentlichrechtliche Institut der Thronfolge so bedeutsam ist. Er ist geordnet im Hausrechte, und zwar als ein Bestandteil des Ehe- und Familienrechts im Fürstenprivatrecht. Das wußte der Gesetzgeber des Bürgerlichen Gesetzbuches. Also wollte er ausgeschlossen haben, daß staatliches Thronfolgegesetz hausverfassungsmäßiges Familienrecht einseitig abzuändern vermag; denn es ist anzunehmen, daß er, der zur

Hälfte aus fürstlichen Familienhäuptern bestand, vermeiden wollte, daß hinsichtlich Staats- und Hausrecht Differenz bezüglich des Ebenbürtigkeitsrechtes entstehe. Aber selbst wenn er es nicht gewollt hätte: Aus dem in Art. 57 niedergelegten objektivierten Gesetzeswillen folgt, daß, soweit Thronfolgerecht bürgerlichrechtliche Materien berührt, Hausrecht dem insofern zivilrechtliche Natur besitzenden Gesetz des Einzelstaates über Thronfolge gleichgeordnet ist.

d) Die Folgen rechtswidriger Entziehung oder Schmälerung agnatischer Rechte.

§ 5.

I. A. 1. Die agnatischen Rechte am Thron — hierüber dürfte keine Meinungsverschiedenheit bestehen — fallen einmal unter den Begriff der (wohl) *erworbenen Rechte.* Sie sind nicht *bloſs* Möglichkeit künftigen Rechtserwerbs. Die Aussicht auf künftiges Recht ist in ihnen „zu einem selbständigen Anwartschaftsrecht verdichtet" [1]); die Gesetzgebung bezeichnet die Agnaten als sukzessionsberechtigt. Und die Rechte stehen ihrem Subjekte kraft besonderen Erwerbsgrundes, infolge Abstammung vom ersten Erwerber der Landeshoheit, zu. Alle Merkmale der erworbenen Rechte sind damit gegeben. Zum anderen stellen die genannten Rechte Privilegien im subjektiven Sinne, d. h. nicht bloß Rechte, sondern Vorrechte dar.

2. Aus beiden Gesichtspunkten entspricht es der Gerechtigkeit, daß der Staat für ihre Beseitigung oder Schmälerung Entschädigung gewährt. Bei einfachen erworbenen Rechten entspricht solche Entschädigung der Gerechtigkeit, sofern dieselben nur nicht zu jener Kategorie von Rechten zählen, deren Fortbestand dem Rechtsbewußtsein der Gegenwart widerstreitet. Wo immer ein Recht, das für seinen Träger wirtschaftlichen Wert besitzt, dem höheren Interesse der Gesamtheit zum Opfer gebracht wird, ist es ein Gebot der Gerechtigkeit, daß die Gesamtheit einen Ausgleich herbeiführt [2]).

---

[1]) *Gierke*, Deutsches Privatrecht I S. 194. A. M. zum Teil *Jellinek*, System der subj. öffentl. Rechte S. 327; *Schücking* S. 24ff. u. a.

[2]) Ebenda S. 195.

Zum anderen aber gilt der Satz, wo dem Einzelnen im öffentlichen Interesse besondere Opfer zugemutet werden, da besitzt er einen Anspruch auf Ersatz [1]). Wenn daher *Vor*rechte von der Obrigkeit vernichtet werden, resultiert für den Verlierenden ein Anspruch auf Entschädigung. „Es ist, wie es *Löning* a. a. O. S. 58 treffend formuliert, eine Forderung der Gerechtigkeit, daß Rechtsverhältnisse, welche sich nach Maßgabe des geltenden Rechts gebildet *haben* und aus denen subjektive Rechte erwachsen *sind*, nicht willkürlich durch neue Rechtssätze vernichtet oder abgeändert werden. Es würden den Personen, welche subjektive Rechte erworben haben, durch Aufhebung dieser subjektiven Rechte *Opfer* auferlegt, die *anderen* Staatsangehörigen nicht auferlegt werden. Das neue Recht wäre für sie ein ungerechtes. Die Gerechtigkeit fordert deshalb, daß, sofern das Interesse des Staates es notwendig macht, einem neuen Gesetze rückwirkende Kraft auf schon bestehende Rechtsverhältnisse beizulegen, denjenigen, deren subjektive Rechte dadurch verletzt werden, eine Entschädigung gewährt wird, wenn eine solche möglich ist."

3. Obliegt solche Entschädigungspflicht dem Entziehenden schon, wenn er dabei objektives Recht nicht verletzt, so ist er zum Ersatze noch in viel höherem Maße verbunden, wenn er dabei, wie in unserem Falle, dem Hausrecht, objektivem Rechte zuwiderhandelt.

B. Aber auf diese allgemeinen Erwägungen brauchen wir uns nicht zu beschränken. Die Entschädigungspflicht ergibt sich auch noch aus Besonderem.

1. Es entspricht der speziellen historischen Entwicklung gerade des Thronfolgerechtes, daß, wenn eine Schmälerung oder Vernichtung von Sukzessionsanwartschaften erfolgte, hierfür eine Entschädigung gewährt wurde. In diesem Gedanken liegt die historische Wurzel des Versorgungsanspruches, welcher nach modernem Rechte den Angehörigen fürstlicher Familien gegen Haus oder Staat zusteht. Bei Einführung des Prinzips der Erstgeburt erhielten die Nachgeborenen als Entschädigung für die ihnen entgehende Nachfolge in der Herr-

---

[1]) *Otto Mayer*, Deutsches Verwaltungsrecht Bd. II (1896) S. 346.

schaft zu ihrem standesgemäßen Unterhalte entweder eine Ausstattung mit liegenden Gütern: *Paragium*, oder eine fixierte, im Mannesstamme vererbliche Geldrente: *Apanagium*. Aus dem *Hausrechte neben dem allgemeinen Staatsrechte* ergibt sich ein Anspruch der in ihren Erbrechten Geschädigten durch den Schadenstifter. Der Einwand *Schückings* S. 30 und 47, daß kein Entschädigungsanspruch bestehe, weil sich das verlorene Recht nicht in Geld schätzen lasse, ist hiermit widerlegt.

2. Dazu kommen drei spezielle Gründe aus dem neuesten besonderen Staatsrechte:

a) Durch Vertrag vom 26. März 1873 (siehe *Schulze*, Hausgesetze II 121 ff.) hat *Landgraf Friedrich von Hessen* (sogen. Rumpenheimer Linie), der nach dem Aussterben der kurfürstlichen Linie im ehemaligen Kurhessen der nächste zum Throne gewesen wäre, für sich und seine Deszendenz zugunsten der Krone Preußen allen *Ansprüchen* auf die Regierung des früheren Kurstaates, sowie allen damit zusammenhängenden Rechten und Bezügen entsagt und Preußen hat ihm für diese Entsagung eine Reihe von Vermögensobjekten und eine jährliche Rente zu fideikommissarischem Eigentume überwiesen. Preußen hat hier also eine Entschädigung u. a. auch gewährt für Vernichtung von Thronfolgeansprüchen und zwar für Vernichtung von Thronfolgeansprüchen in einem untergegangenen Staate. Obwohl es an und für sich selbstverständlich ist, daß, wenn der Staat vernichtet wird, auch die an seinen Gewalten bestehenden Rechte ihr Ende erreichen, wurde von Preußen doch für diese mittelbar von selbst untergegangenen Rechte Schadenersatz geleistet. Um wie viel mehr muß daher Schadenersatz geleistet werden für Entziehung von Sukzessionsrechten an einem fortbestehenden Staate, für unmittelbare Entziehung von Erbrechten!

b) Preußen hat ferner dem herzoglich *schleswig-holsteinschen Hause* durch Gesetz vom 1. April 1885 eine „Schadloshaltung“ gewährt. Diese Schadloshaltung ist nicht im Wege des Vertrages, sondern des Gesetzes erfolgt, weil die preußische Regierung nach wie vor den Standpunkt vertrat, dieses Haus habe seine Sukzessionsansprüche an Schleswig und Holstein schon vor der Einverleibung der beiden Herzogtümer rechtlich verloren, also bei Einverleibung derselben keine mehr besessen, somit durch die Einverleibung auch keine eingebüßt. Trotzdem hat, wie es in der Begründung des Gesetzentwurfes (Drucks. des Hauses der Abgeordneten 1885 Bd. IV Nr. 159 S. 11) heißt, die Staatsregierung sich der Überzeugung nicht verschließen können, daß das herzogliche Haus Schleswig-Holstein durch den Gang der politischen Verhältnisse in seinem Familien*vermögen* erheblich geschädigt worden ist: „Rücksichten der ausgleichenden Gerechtigkeit und Billigkeit sprechen dafür, dem herzoglichen Hause für die erwachsenen Verluste eine angemessene Schadloshaltung zu gewähren."

Hier räumt der Staat also eine Entschädigung ein für ein von seinem Standpunkte aus durch ihn gar nicht vernichtetes Erbrecht aus reinen Billigkeitserwägungen. In welch ungleich stärkerem Maße muß dann eine Entschädigung erfolgen, wenn ein unstrittig noch vorhanden gewesenes und wegen Fortbestandes des Staates mit bester Hoffnung auf Realisierung ausgestattetes Anwartschaftsrecht durch staatliches Eingreifen sein vorzeitiges Ende findet!

c) Endlich aber hat der Staat in Preußen und Bayern erst in jüngster Zeit den Standesherrn für Aufhebung ihrer Steuerfreiheiten Entschädigung gewährt, in Preußen durch Gesetz vom 18. Juli 1892, in Bayern durch Gesetz vom 9. Juni 1899. Gewährt der Staat aber Entschädigung an Standesherren und für ein wirtschaftlich nicht so bedeutsames Recht, wie es die Thronfolge ist, so muß er um so mehr Ersatz an Mitglieder des regierenden Hauses und für Rechte an der Krone einräumen.

B. Keiner Darlegung bedarf, daß das, was für Entziehung von Sukzessionsrechten gilt, auch hinsichtlich *Schmälerung* solcher Rechte statthat, z. B. durch Einschiebung eines unebenbürtigen oder in seiner Ebenbürtigkeit angefochtenen Abkömmlings.

II. Die zweite Frage, welche entsteht, ist die, ob diese Entschädigungsansprüche öffentlichrechtlicher Natur sind. Haben sie auch ihren Grund im öffentlichen Rechte, in einer Vernichtung öffentlichrechtlicher Erbaussichten, so bestehen sie doch nicht mehr an öffentlichrechtlichem Gute. Sie sind nicht mehr Ansprüche an der Krone, sondern am Staatsvermögen und unterscheiden sich demgemäß nicht von anderem aus privatrechtlichem Grunde entstandenen Ersatzanspruch. Der Staat steht hier dem Berechtigten nicht anders gegenüber, wie es ein Privatmann tun würde. Demzufolge ist der Anspruch privatrechtlich. Somit sind die Zivilgerichte zuständig. Auch das Gerichtsverfassungsgesetz vom 27. Januar 1877 geht von der Auffassung aus, daß diese Ansprüche privatrechtlich sind. Es verweist alle „Ansprüche wegen Aufhebung von Privilegien" vor die bürgerlichen Gerichte (vgl. § 70), also auch die Ansprüche wegen Aufhebung von öffentlichen Privilegien.

Allerdings würden wir die Zivilgerichte auch für zuständig erklären, wenn der Entschädigungsanspruch publizistischen Charakters wäre. Denn darüber, was im Sinne von G.V.G. § 13 bürgerliche Rechtsstreitigkeit ist, entscheidet nicht unsere heutige Auffassung über die Natur des betreffenden Rechtsinstitutes, sondern die in der ersten Hälfte des vorigen Jahrhunderts herrschende Anschauung. Was „gemäß den in der ersten Hälfte des 19. Jahrhunderts herrschenden Auffassungen als zivilrechtlich anzusehen" [1]) ist, das ist bürgerliche Rechtsstreitigkeit im Sinne jenes Gesetzes. Nach der Anschauung jener Periode bildete jeder Entschädigungsanspruch und vor allem gemäß seinem Namen Privatfürstenrecht das ganze Fürstenrecht mit Ausnahme der Frage des Thronfolgeanspruches etwas Zivilrechtliches.

III. Endlich erübrigt: wie ist der Schade festzustellen? was gibt Maß für die *Höhe der Entschädigung?*

Immer handelt es sich um Vernichtung oder Schmälerung von *Anwartschafts*rechten, also von Rechten auf zukünftigen Rechtserwerb. Nach dem wirtschaftlichen Werte der in Frage stehenden Herrschaftsstellung, nach der Größe der damit verbundenen Einkünfte und nach dem Maße der Wahrscheinlichkeit des Eintritts des Rechtserwerbs durch den Anwärter ist die Höhe der Entschädigung zu bemessen.

---

[1]) *Otto Mayer* a. a. O. Bd. I 215 mit II 357.

Besteht die Schädigung lediglich in Zurücksetzung hinter andere Anwärter, in Einschiebung neuer Prätendenten, dann tritt überhaupt kein Schade ein, wenn die Vorgezogenen oder Eingeschobenen durch Verzicht oder aus anderen Gründen ausfallen. Somit ist bei dieser Sachlage, solange über die Realisierung der Sukzessionsansprüche jener Vorgesetzten durch Erbfall oder anderes nicht entschieden ist, eine Geltendmachung des genannten Ersatzanspruches lediglich in Form einer Feststellungsklage dahin möglich, daß für den Fall, daß der Berechtigte durch jene Vorsetzung anderer in seinem Erbrecht benachteiligt werde, der Staat verpflichtet sei, ihm entsprechenden Ersatz zu prästieren.

IV. Was für Verletzung agnatischer Rechte maßgebend ist, gilt selbstverständlich für Sukzessionsansprüche *erbverbrüderter Familien* und aller *vertragsmäſsig* (s. § 44) Thronfolgeberechtigten, nicht aber für solche der *Kognaten*. Vgl. § 20 IV A.

Zweites Kapitel.

Das Wesen der landesfürstlichen Familiengewalt und der Begriff des landesherrlichen Hauses.

1. Das Wesen der landesfürstlichen Familiengewalt.

§ 6.

Die zweite allgemeine Frage, welche wir zu behandeln haben, ist die: steht die sogen. *Familien-* oder Haus*gewalt* des *Familienhauptes nur regierenden oder auch nichtregierenden Herren* zu? Wir entscheiden uns für die erstere Alternative.

I. A. Haupt der landesherrlichen Familie war der Landesfürst schon zu Zeiten des alten Reiches. Aber wie das Erlöschen des letzteren für den Landesherrn Schmälerungen seiner Rechtsstellung mit sich brachte, so hatte dies Ereignis andererseits auch eine Mehrung seiner Rechte zur Folge.

Keinem Zweifel unterliegt, daß mit dem Untergang des alten Reiches in den deutschen Territorien der Gedanke der Staatspersönlichkeit mächtig durchdrang. Bisher hatte die

Territorien mit dem deutschen Reiche noch das lehenrechtliche Band verknüpft und Lehen ist grundsätzlich doch ein Verhältnis von Mensch zu Mensch; das Lehensverhältnis war eine Verbindung von Fürst und Kaiser. Jetzt ist dieses persönliche Band gelöst und so vermag auch im Territorium der Gedanke der Staatspersönlichkeit stärker sich durchzusetzen; zweifellos jetzt wird der Fürst zu einem Staatsorgan. Das Recht an der Krone wird zu einem Recht auf Ausübung einer Staatsorganschaft.

Aber damit wächst andererseits dem Landesherrn auch weiteres Recht zu. Bisher waren die Seitenverwandten desselben reichsunmittelbar, also grundsätzlich nicht seiner, sondern des Reiches Staatsgewalt unterworfen[1]). Nunmehr wurden sie seine Untertanen, soweit sie eben die allgemeinen Voraussetzungen hierfür erfüllten, und die waren in damaliger Zeit noch dauernder Aufenthalt im Lande; nicht genügte Abstammung von Landesangehörigen[2]); mit dauernder Abwesenheit vom Lande, Aufgabe des Wohnsitzes daselbst, war die Landeszugehörigkeit verloren.

Teils weil die Mitglieder des landesherrlichen Hauses nicht notwendig Staatsuntertanen geworden sein mußten, teils und vor allem, weil das Interesse des Staates ein besonderes Ansehen des Hauses, aus welchem der Landesfürst hervorgeht, und demgemäß ein besonderes, über die in dieser Beziehung an den gewöhnlichen Untertanen zu stellenden Anforderungen hinausgehendes Wohlverhalten der Mitglieder der regierenden Familie angezeigt erscheinen läßt, begnügte sich der souverän gewordene Staat nicht damit, die Mitglieder des landesfürstlichen Hauses, soweit diese Möglichkeit überhaupt vorhanden, dem allgemeinen Untertanenverhältnis zu unterwerfen, sondern er unterstellte dieselben noch und jedenfalls einer besonderen Gewalt, der landesfürstlichen Familiengewalt. Der vom ersten Erwerber der Landeshoheit nach Geblütsrecht Abstammende

---

[1]) Vgl. dazu *Rehm,* Das landesherrliche Haus u. s. w. S. 28f.

[2]) *Rehm,* Der Erwerb von Staats- und Gemeindeangehörigkeit in geschichtlicher Entwicklung in den Annalen des Deutschen Reiches 1892, § 7 und 11; *Meyer* a. a. O. § 75.

unterstand der Regel nach dem allgemeinen Gewaltverhältnis der Staatsuntertänigkeit, auf alle Fälle aber grundsätzlich dem besonderen Gewaltverhältnis der Hausuntertänigkeit. Er unterstand dem Landesherren einmal als Staatshaupt, zweitens als *Familienhaupt.*

B. Das war neu.

1. Zunächst ergibt dies die Begründung für die Regelung dieses Verhältnisses. Dieselbe geschieht in neuen Hausgesetzen, deren Erlaß mit den „veränderten Staats- und Familienverhältnissen" gerechtfertigt wird. So lesen wir z. B. in einem der ersten nach Auflösung des alten Reiches erlassenen Hausgesetze, in dem Württembergs vom 1. Januar 1808 (*Schulze* III 500), im Eingang: „Die durch die Vermehrung Unserer Staaten, durch die Annahme der Königswürde und durch die gänzliche Auflösung der teutschen Reichsverfassung so wesentlich veränderten Verhältnisse machen es Uns (als Stifter der Monarchie, als Haupt des Königlichen Hauses und als Vater der nächsten Thronerben) zur Pflicht, den durch jene Ereignisse auch in den Verhältnissen Unseres Königlichen *Hauses* bewirkten *Veränderungen* durch gegenwärtiges . . . Hausgesetz und Verordnung eine feste Bestimmung zu geben:" Ähnlich das fürstlich hohenzollernsche Haus- und Familiengesetz vom 24. Januar 1821 (*Schulze* III 754), das königliche Hausgesetz für Hannover vom 19. November 1836 (ebenda I 490) und besonders dessen Vorläufer, das nur den Heiratskonsens betreffende Hausgesetz vom 19. Oktober 1833 (ebenda S. 488).

2. Dann beweist dies aber auch der Inhalt jener „Familiengewalt" (Oldenb. Hausgesetz Art. 6) oder, wie sie die einschlägigen Gesetze gewöhnlich nennen, jener „*Familienaufficht*". Als den Inhalt [1]) dieser Aufsicht bezeichnen die für die Ausgestaltung der modernen Hausgesetzgebung überhaupt vorbildlich gewordenen bayerischen Familienstatuten von 1808, 1816, 1819 (siehe *Schulze* I 312 ff.), um es mit den Worten des Familienstatuts vom 5. August 1819 anzugeben: 1. Befugnis, von der Erziehung aller Prinzen und Prinzessinnen Einsicht zu nehmen, 2. kein Prinz und keine Prinzessin darf ohne

---

[1]) Vgl. dazu näher *Rehm*, Begriff des landesherrlichen Hauses S. 13 ff.

ausdrückliche Erlaubnis der Fürsten in einen fremden Staat sich begeben, 3. überhaupt steht dem Fürsten zu, alle zur Erhaltung der Ruhe, Ehre, Ordnung und Wohlfahrt des Hauses dienliche Maßregeln zu ergreifen (Tit. IV § 1—3). Ähnlich — dabei zum Teil weitergehend — lauten die Bestimmungen des hannoverschen (2. Kap. § 1 u. 2, Kap. 7 § 1 ff., Kap. 8 § 2 ff.), des oldenburgischen (Art. 6, 12, 13, 14), des königlich sächsischen (§ 4 ff.), des koburg-gothaischen (Art. 82 ff.) und des württembergischen (Art. 9 ff.) Hausgesetzes. Allgemein — demgemäß auch für Bayern, obwohl äußerlich im Hausgesetz davon getrennt — hat als Bestandteil der Familiengewalt auch noch die Befugnis zu gelten, den Familienangehörigen die Heiratsbewilligung zu gewähren. Das braunschw.-füneb. Hausgesetz vom 19. Oktober 1833 bezeichnet sie direkt als „Aufsicht über die Vermählungen“.

Alle diese Befugnisse fehlen grundsätzlich nach dem Rechte vor Reichsauflösung. Es ist nicht richtig, wie *Meyer* § 228 schrieb, daß die Agnaten da schon einer Familiengewalt unterlägen wären. Der Landesherr besaß grundsätzlich nur eine väterliche Gewalt über seine Abkömmlinge, keine Gewalt gegenüber seiner Gemahlin und den Seitenverwandten in den „das Lustre seines Hauses betreffenden Sachen“; er ist kein Obervormund der Agnaten, hat kein Konsensrecht über sie; das Prädikat „Familienhaupt“ ist lediglich ein „Titul“ [1]). Nur ausnahmsweise finden sich solche Rechte (Konsensrechte), ebenso wie ausnahmsweise, aber ohne dauernden Erfolg, bei Einführung der Primogenitur der Versuch gemacht wurde, die nachgeborenen Söhne dem regierenden Herrn als Untertanen zu unterwerfen. Albrecht IV. von Oberbayern z. B. war es, welcher bei Einführung der Primogenitur 1506 verfügte, die nachgeborenen Söhne sollten, wie die anderen Landsassen (Adeligen), dem regierenden Fürsten unterworfen sein [2]), aber ohne daß er dies als dauernde Institution zu schaffen vermocht hätte. Sonst wäre nicht möglich, daß im „Pfalz-

---

[1]) Vgl. *Moser*, Familienstaatsrecht Teil II S. 910, 908, 906.

[2]) *Rehm*, Staatsrechtliche Stellung des Hauses Wittelsbach S. 31 Anm. 13.

baierischen Gesamthause" erst durch den Ansbacher Hausvertrag vom 17. Oktober 1796 Anfänge auch einer Hausgewalt des Familienchefs zur „Einführung" gelangten (vgl. *Schulze* I 301). Wohl entwickelte sich überall die Stellung als Familienhaupt schon früher als Wirkung des Primogeniturprinzips, aber lediglich als eine besondere Rang-, nicht als eine besondere Gewaltstellung innerhalb des Hauses. Diese besondere Familiengewalt des Landesherrn ist ebenso neu aus Rücksichten auf das Staatsinteresse entstanden, wie die Einführung des Grundsatzes, daß Voraussetzung der Sukzessionsfähigkeit Abstammung aus einer vom Staatshaupte genehmigten Ehe sein müsse. Dies Erfordernis ist ja auch jetzt noch nicht zu vermuten, aber während es heute die tatsächliche Regel bildet, gehörte jenes Bedingnis zur Zeit des alten Reiches zu den seltenen Ausnahmen. Man vergleiche *Moser*, Familienstaatsrecht Bd. II S. 13, 15, 908.

Es ist Napoleons I. Hausstatut (Statut de famille [impériale]) für die neugegründete kaiserliche Dynastie vom 30. März 1806 — enthalten im Tit. III des Sénatus-Consulte organique du 28 Floréal an XII. d. i. der Verfassung für das neue Kaiserreich [1]) —, welches zuerst diese Familiengewalt formuliert mit den Worten: Napoléon Bonaparte établit par des statuts auxquels ses successeurs sont ténus de se conformer les *devoirs* des individus, de tout sexe, membres de la famille impériale, envers l'Empereur, und von ihm, also von einem Staatsgesetz aus, ging dieses Rechtsinstitut dann in die Hausgesetzgebung zunächst der Rheinbundsstaaten über [2]).

C. 1. Gut wird das neue Verhältnis der Hausangehörigen in seiner Doppelnatur als allgemeines Untertanen- und besonderes Gewaltverhältnis charakterisiert eben von diesen Hausgesetzen. Sie unterscheiden die Stellung des Familienmitgliedes zum Fürsten als „Regent" und als „Oberhaupt der Familie". „Alle Glieder des Königlichen Hauses, heißt es im bayerischen Familienstatute von 1819 Tit. 1 § 2, sind der Hoheit und Gerichtsbarkeit (das ist die allgemeine Staats-

[1]) Bulletin des lois de l'Empire Français. An XII. 2. Semest. Bd. I S. 3.
[2]) Vgl. *Störk*, Austritt aus dem landesherrlichen Hause S. 18f.

gewalt) des Monarchen untergeben, und Er übt *als Haupt* des Hauses eine *besondere* Aufsicht, mit bestimmten Rechten, über sie aus.“ Und ähnlich die anderen Hausgesetze, so z. B. das oldenburgische Art. 6: „Die Mitglieder des Großherzoglichen Hauses sind der Hoheit und Familiengewalt des Großherzogs untergeben und es übt derselbe als Oberhaupt des Hauses eine *besondere* Aufsicht nach Maßgabe des gegenwärtigen Hausgesetzes über sie aus.“

2. Nicht darf aus dem Gegensatze von Hoheit und Familiengewalt geschlossen werden, daß letztere nicht ein Ausfluß der Staatsgewalt sei. Wohl bildet sie keinen Bestandteil derselben, insofern als sie nicht unter den Begriff des Regierungs- und Staatshoheitsrechtes im positivrechtlichen Sinne fällt; ihre Ausübung ist kein Regierungsakt und bedarf daher zu ihrer Gültigkeit nicht der Gegenzeichnung eines Staatsministers. Aber abgespaltet ist sie von der Staatsgewalt; die Familienhauptstellung ist im staatlichen Interesse begründet und bildet darum eine *Pertinenz* der Staatshauptstellung. Treffend charakterisiert dies das *braunschweig-lüneburgische* Hausgesetz über Vermählungen vom 19. Oktober 1833 (*Schulze* I 488): Das Aufsichtsrecht über Vermählungen nichtregierender Mitglieder sei *an sich* schon *wesentlich* in der Souveränität begründet.

a) Außerdem beweist dies deutlich die Rechtsstellung der Chefs von regierenden *Gesamthäusern* und der Chefs von Häusern, die *nach 1815 die Eigenschaft von regierenden Häusern verloren* haben, also der Chef von sogen. vormals regierenden Häusern.

Die Familienhaupteigenschaft bei diesen Familien hat (öffentlichrechtlich: siehe unten Nr. IV) lediglich die Bedeutung eines Rangvorzuges.

α) Für die *Chefs von Gesamthäusern*, welche regierende Herren sind, haben wir dies in der Abhandlung „Das landesherrliche Haus, sein Begriff u. s. w.“ S. 22 f. an der Rechtsstellung des Kaisers von Rußland als höchsten Chef des gottorpschen Gesamthauses nachgewiesen. Dasselbe gilt für andere regierende Gesamthäuser, für das reussische, das lippische, das sächsische, das fürstlich hohenzollernsche im Verhältnis zu Preußen bis 1850 u. s. w. Und die Sache ist auch leicht erklärlich. Die Familiengewalt ist Ausfluß von Staatsgewalt; über die anderen selbstregierenden Linien besitzt der Familienchef aber keine Staatsgewalt. Stehen ihm materielle Rechte zu, so führen sie auf freiwillige Einräumung von unten oder besondere Hausobservanz zurück.

β) Dasselbe gilt aber für die ehemals regierenden Häuser, also für die Häuser *Hannover*, *Kurhessen*, *Nassau*, *Hohenzollern* und *Schleswig-Holstein*. Letzteres war bis 1863 regierendes Haus in seiner Eigenschaft als Zweig des dänischen Königshauses in dessen Eigenschaft als herzogliches Haus von Schleswig-Holstein. Es bildete die jüngere königliche (oder Sonderburger) Linie. Aber die Ältesten dieser Geschlechter besitzen keine Familiengewalt. Sie haben noch den Rang von Familienchefs; denn das Prinzip der Primogenitur ist erhalten geblieben; aber Familiengewalt fehlt ihnen.

Deutlich zeigt dies die Umgestaltung der Hausgesetzgebung der fürstlichen Familie Hohenzollern.

Nach dem Hausgesetze vom 24. Januar 1821 (*Schulze* III 760 ff.) besitzt der regierende Fürst von Sigmaringen eine „väterliche Gewalt“ über sämtliche Glieder des Hauses als Familienoberhaupt, als deren Inhalt vornehmlich das Recht des Konsenses zum Eintritte in fremde Dienste, zum Aufenthalte im Auslande und — ausnahmsweise — auch zur Eingehung von Heiraten angegeben wird. In dem Nachtrage zu diesem Gesetze vom 26. März 1851 (*Schulze* III 776), also nach Abtretung der Staatsgewalt an Preußen, bemerkt der Fürst in Art. 1: „Mit der erfolgten Abtretung der Souveränitätsrechte über Unser Fürstentum an die Krone Preußen und Unserer erklärten Unterordnung unter die unmittelbare Regierung Seiner Majestät des Königs von Preußen ist für Uns die Ausübung der vorstehend bezeichneten Vorrechte — es sind die drei obengenannten Konsensrechte — unvereinbar geworden. Wir übertragen deshalb die Uns in Unserer Eigenschaft als regierendem Fürsten nach dem eingangs bezeichneten Haus- und Familienstatute zuständigen Rechte auf Seine Majestät den König von Preußen als Haupt des Gesamthauses Hohenzollern dergestalt, daß Allerhöchst denenselben fortan die ausschließliche Bestimmung über den Eintritt des jedesmaligen Chefs und der übrigen Mitglieder Unseres Fürstlichen Hauses in auswärtige Dienste und über den Aufenthalt . . . außer Landes zustehen soll, auch daß sowohl die Vermählung des Chefs als auch nach vorheriger Zustimmung *des* jeweiligen *Chefs* des fürstlichen Hauses die Vermählung eines Prinzen oder einer Prinzessin Unseres Hauses nur unter der ausdrücklich erfolgten Bewilligung Seiner Majestät des Königs von Preußen giltig abgeschlossen werden kann."

Das Recht, den Heiratskonsens zu erteilen, kann dem Chef eines nicht mehr regierenden Hauses verbleiben; denn die Abhängigkeit fürstlicher Heiraten von solcher Erlaubnis, kommt, wie an anderer Stelle[1]) näher ausgeführt, nicht nur als eine Wirkung der Unterordnung unter die landesherrliche Familiengewalt, sondern ganz unabhängig davon auch als Bedingung der Begründung einer zur Fortpflanzung der Thronfolgefähigkeit geeigneten Ehe in Betracht. Demgemäß vermag das Institut des Heiratskonsenses auch bei Fortfall der Familiengewalt weiter zu bestehen; allerdings bei Verlust der Eigenschaft eines regierenden Hauses nicht mehr als Bedingung einer Thronfolgefähigkeit, wohl aber als Bedingung der Nachfolge in das Hausfideikommiß. Freilich ist solche Bedingung nicht zu vermuten, sondern setzt besondere Anordnung voraus.

Die Ehrenchefstellung eines Gesamthauses wird durch Verlust der Eigenschaft eines regierenden Hauses nicht verloren. Denn die Ehrenchefstellung begründet ja keine Gewalt. Den ältesten Zweig des *Altoldenburger* Gesamthauses bildet die Linie Holstein, den jüngeren das Gottorpsche Haus. Also besitzt das Familienhaupt des Hauses Holstein (in specie Zweig Augustenburg) trotz mangelnder Regierungsgewalt den Rang eines Hauptes des altfürstlichen, d. h. auf Friedrich I. von Dänemark (1533) aus dem Hause Altoldenburg als gemeinsamen Stammvater zurückgehenden Oldenburger Gesamthauses.

b) Anderes als hier vorgetragen resultiert auch nicht aus dem *oldenburgischen* Hausgesetze Art. 3 § 2. Hier ist bestimmt: „Sollte nach dem Willen der Vorsehung die jüngere Linie

---

[1]) Das landesherrliche Haus u. s. w. S. 33 und 34.

des Herzoglich Gottorpischen Hauses vor ihrem Erlöschen aufhören, die Regierung im Großherzogtum Oldenburg auszuüben — gedacht ist hier wohl kaum an den rein akademischen Fall, daß das Haus Holstein jetzt schon sein 1863 unbedingt gewordenes Heimfallsrecht an Oldenburg und Delmenhorst geltend macht, als vielmehr daran, daß die jüngere (sogen. russische) Linie des Großherzoglich oldenburgischen Hauses auf die Nachfolge im Großherzogtume verzichtet —, so steht die Eigenschaft eines Oberhauptes des Großherzoglichen Hauses dem *bisherigen* regierenden Großherzog und nach dem Abgange desselben demjenigen Prinzen zu, welcher durch die Erbfolgeordnung zur Regierung im Großherzogtume berufen sein würde." Keineswegs will damit bestimmt sein, daß das Familienhaupt dann auch die ihm nach dem Hausgesetze zukommenden „Machtbefugnisse" (Art. 6) als Oberhaupt des Hauses behalte. Art. 7 desselben sagt: „Die dem Großherzog im Verhältnis zu den Mitgliedern des Großherzoglichen Hauses zustehenden Berechtigungen werden während der Dauer einer Regentschaft von dem Regenten ausgewählt." Unter allen Umständen kann sie also lediglich jemand ausüben, der Träger oder oberster Ausüber von Staatsgewalt ist.

II. Bildet die skizzierte Familienaufsicht auch eine *Zubehörung*[1]) der Staatshauptstellung, so folgt hieraus noch keineswegs, daß sie nur durch Staatsrecht geregelt zu sein vermag. Der Staat kann sie ordnen, aber er muß es nicht. Es ist statthaft, daß er die Ordnung ihres Rechtes auch anderer rechtsetzender Macht überläßt, und welche läge hier näher als das Haus, die fürstliche Familie, da doch eine Rechtsstellung in Frage steht, welche das Staatshaupt in seiner Eigenschaft als Familienhaupt einnimmt?

A. Beides begegnet in unseren Verfassungsurkunden.

1. Der eine Teil derselben — d. h. *Bayern*, *Oldenburg*, *Waldeck*, *Schaumburg-Lippe* — drückt sich folgendermaßen aus: „Die *übrigen* Verhältnisse der Mitglieder des königlichen Hauses richten sich nach den Bestimmungen des pragmatischen Familiengesetzes" (bayer. Verf. Tit. II 58), bezw. „Im Übrigen

---

[1]) Siehe Begriff des landesherrlichen Hauses u. s. w. S. 30.

werden die Verhältnisse des großherzoglichen Hauses vom Großherzog hausgesetzlich bestimmt" (Oldenburg Art. 29) oder „Die *übrigen* Verhältnisse des Fürstlichen Hauses ordnen die Hausgesetze" (Waldeck § 27); „im *Übrigen* werden die Verhältnisse des Fürstenhauses durch Hausgesetze geregelt" (Schaumburg-Lippe Art. 13). Wäre es nicht aus dem Zusammenhange dieser Sätze mit den anderen Vorschriften der betreffenden Verfassungsurkunde schon zu entnehmen — darüber oben S. 20f. —, so würde es die Vergleichung mit den sich bestimmter ausdrückenden Staatsgrundgesetzen ergeben, daß unter diese übrigen Verhältnisse jedenfalls nicht das Verhältnis der Mitglieder zum Staate, insbesondere nicht die Thronfolge, fällt. Denn sie sagen positiv: a) *Braunschweig* § 23: „Die *inneren* Verhältnisse des Herzoglichen Hauses werden von dem Landesfürsten, als dem Oberhaupte der Familie, durch Hausgesetze geordnet"; b) *Hannover* (Verf. vom 6. August 1840 § 26 [bei Zachariä, Die deutschen Verfassungsgesetze 1855]): „Der König als Oberhaupt der Familie hat das Recht, durch Hausgesetze die *inneren* Verhältnisse des königlichen Hauses zu bestimmen"; c) am deutlichsten *Württemberg* (Verf. § 18): „Die Verhältnisse der Mitglieder des königlichen Hauses *zum Könige*, als Oberhaupt der *Familie*, und *unter sich*, werden in einem eigenen Hausgesetze bestimmt."

2. Überblicken wir die angezogenen Verfassungsbestimmungen, so zerfallen sie in einer anderen Einteilung auch in zwei Gruppen. In der einen Gruppe wird die Ordnung der Rechte der Familiengewalt auf „hausgesetzlichem" Wege objektiv formuliert: Die inneren Verhältnisse werden durch Hausgesetze geregelt — so Bayern, Waldeck, Schaumburg-Lippe, Württemberg —; in der anderen Gruppe wird dagegen subjektiv bestimmt: Der Landesfürst ist es, welcher „als Oberhaupt der Familie durch Hausgesetze" die inneren Verhältnisse des Hauses ordnet — so Braunschweig, Hannover.

Scheinbar sind es immer Hausgesetze, durch welche die Ordnung erfolgen soll. Aber in Wahrheit ist zum Teil nur eine unechte Hausgesetzgebung gemeint. Keinem Zweifel kann unterliegen, daß die Meinung der letztgenannten Verfassungen die ist, daß das Familienhaupt für sich allein Hausgesetze zu erlassen vermöge, aber wir werden sehen, daß dies dem deutschen Fürstenrecht völlig widerspricht. Nach ihm bedarf es der Zustimmung der Agnaten. Darum sind die gemäß dieser zwei Verfassungen vom Landesherrn allein erlassenen Hausgesetze aber keineswegs ungültig. Sie stellen eben unechte Hausgesetze, Staatsgesetze in nur äußerer hausgesetzlicher Form dar. Und so haben wir zwei Arten von Hausgesetzen: Die einen, welche Staatsgesetze für das Haus sind, und die anderen, welche wirklich als Gesetze *des* Hauses bezeichnet werden dürfen. Zu letzterer Gruppe rechnet auch Oldenburg trotz seiner subjektiven Fassung: „vom Großherzog hausgesetzlich bestimmt." Das „vom Großherzog" heißt hier nur: von ihm als primus inter pares. Es ist nicht beigefügt: von ihm als Familien*ober*haupt. Er soll lediglich das Vorstimmrecht haben. Das Oldenburger Hausgesetz vom 1. September 1872 ist auch nicht ohne Zustimmung der Agnaten erlassen.

B. 1. Der Staat hat auch in der Frage der Regelung der landesfürstlichen Familienaufsicht die rechtliche Macht, das Familienoberhaupt mit einer für sich allein ausreichenden hausgesetzgebenden Gewalt auszustatten. Denn es handelt sich hier, wie wir sahen, um ein erst durch den modernen Staat geschaffenes, also der alten Hausautonomie fremdes Rechtsinstitut. Daher vermag der Staat hierfür eine, wenn ich so sagen darf, bureaukratisch organisierte hausgesetzgebende Gewalt zu schaffen. Echte Hausautonomie ist es nicht, sondern nur vom Staate für das oberste Familienorgan geschaffene neue *Hausverordnungsgewalt.* Nicht Hausgesetze, sondern Hausverordnungen sind es, welche das Familienoberhaupt für sich allein zu erlassen vermag.

2. Aus demselben Grunde folgt aber noch ein Zweites. Mit allen uns zu Gebote stehenden Mitteln versuchten wir, darzulegen, wie in Bezug auf Thronfolge Hausrecht durch Landesrecht nicht gebrochen zu werden vermag. Hier müssen wir anderes sagen. Für diese Materie, die Ordnung der landesfürstlichen Hausgewalt, besitzt das Haus korporative Gesetzgebungsgewalt lediglich infolge Schaffung durch den

Staat. Dieser ist es, welcher jenes moderne Institut ins Leben rief. Demgemäß ist insofern die Staatsgesetzgebung der Hausautonomie rechtlich über. *Hier* gilt umgekehrt, wie bei der Thronfolge: *Staatsrecht bricht Hausrecht.* Das Hausrecht ist hier gegenüber Staatsrecht nicht originär, und nicht selbständig.

III. Wie daraus, daß die Familiengewalt nicht Stück, sondern nur Akzessorium der Staatsgewalt ist, folgt, daß sie auch durch anderes Recht als Staatsrecht geregelt zu werden vermag, so resultiert aus dieser Tatsache auch, daß die Familiengewalt nicht auf Staatsangehörige beschränkt zu sein braucht. Es können ihr auch Staatsfremde unterliegen. Wenn begegnet, daß der Staatsgewalt des Familienhaupts Nichtunterworfene auch seiner fürstlichen Hausmacht nicht unterliegen, so hat dies demgemäß seinen Grund nicht in dem Wesen dieser landesherrlichen Hausmacht, sondern in anderem. Wir werden dies in dem Abschnitte, welcher von dem zwischen Familien- und Staatsangehörigkeit obwaltenden Verhältnis handelt, bestätigt erhalten. Vgl. § 15.

IV. Den nichtregierenden fürstlichen Häusern sprachen wir oben (I C 2a) die bisher skizzierte Familiengewalt ab. Weil diese im Verhältnis der Familie zum Träger der Staatsgewalt wurzelt, fehlt sie jenen Geschlechtern. Dies schließt nicht aus, daß bei ihnen und allen Familien des hohen Adels etwas ähnliches besteht. Sie besitzen für ihre Familienverhältnisse (E.G. z. B.G.B. Art. 57, 58) Autonomie. Also können sie eine ähnliche Gewalt schaffen. Insofern (s. S. 99) kann *Gierke*, Grundzüge des deutschen Privatrechts § 23 (a. a. O. Bd. I S. 459) vom hochadeligen Hause schlechthin behaupten, daß ihm eine besonders bei den regierenden Häusern ausgebildete Familiengewalt gebühre. Aber bei andern als regierenden Häusern setzt eine solche besondere Begründung voraus. Denn hier entspricht eine solche Gewalt dem Wesen der Familien nicht. Die etwa begründete Hausgewalt ist hier auch nicht öffentlich-, sondern privatrechtlichen Charakters.

V. Zum Schlusse sei noch folgendes hervorgehoben: Von der „besonderen Familienaufsicht“ des Familien*oberhauptes* ist die *Gewalt* zu unterscheiden, welche der *Familie als solcher* als Gesamtheit über ihre Mitglieder zusteht. Die letztere ist durch erstere keineswegs beseitigt. Das Familienmitglied unterliegt daneben noch einer Gewalt der Gesamtheit aller Agnaten, wie sie vor allem in der Satzungsgewalt des Hauses, aber nicht in ihr allein hervortritt. Ohne sie wäre es z. B. nicht denkbar, daß einer Prinzessin, die durch standesgemäße Verheiratung mit einem Nichthausangehörigen aus der Unterordnung unter die besondere Familienaufsicht ausgeschieden ist, wegen unwürdigen Verhaltens das Recht auf Titel und Rang eines Hausmitgliedes, das ihr nach allgemeinen Grundsätzen erhalten blieb, entzogen zu werden vermöchte. *Der „besonderen Familienaufsicht" des Familienhauptes steht eine allgemeine Familiengewalt der Agnatengesamtheit gegenüber.* Wir kommen hierauf noch zurück. Vgl. §§ 30 und 41.

2. Der Begriff des landesherrlichen Hauses.

§ 7.

Weil dieser Familie der Herrscher des Landes angehört, also im Landesinteresse, ist der Begriff der landesfürstlichen Hausgewalt entstanden. Demzufolge müßte man denken, daß alle, welche dem landesherrlichen Hause angehören, auch der Familiengewalt des Staatsoberhauptes unterstehen. Allein dies ist nicht der Fall. Um nur eines zu sagen: die sich nach außen verheiratende Prinzessin bleibt Kognatin des Hauses und doch hört sie auf, der Hausgewalt des Familienhauptes zu unterstehen.

I. A. 1. Die Tatsache, daß Kreis der Familienangehörigen und Kreis der der landesfürstlichen Hausgewalt Unterworfenen sich nicht decken, war für mich die Veranlassung, einen *weiteren* und *engeren Begriff des landesherrlichen Hauses* zu unterscheiden. *Landesherrliches Haus* im *weiteren* Sinne ist die *Gesamtheit der von ein und demselben Stammvater Abstammenden* (Agnaten und Kognaten) *nebst Gemahlinnen und Witwen* und der diesen Abstammenden durch besondere Rechtsakte *Gleichgestellten*; landesherrliches Haus im *engeren Sinne* ist die Gesamtheit der einer und derselben *fürstlichen Haus-*

gewalt Unterworfenen. Im weiteren Sinne ist die fürstliche Familie ein korporativer Verband, im engeren Sinne ein hausherrlicher. Dort ist das Familienhaupt Erster unter Gleichen, hier Herr über Untergebene. Die Zugehörigkeit zu der einen Familie begründet für die ihr Zugehörigen (auch das Haupt) Unterordnung unter die Ordnungs-, insbesondere die gesetzgebende Gewalt des Hauses; die Mitgliedschaft in der landesherrlichen Familie engeren Sinnes hat für alle ihre Angehörigen Unterordnung unter die Familiengewalt des Landesfürsten zur notwendigen Folge.

2. Ich verweise wegen des Nachweises der aus der Rechtsordnung sich ergebenden Notwendigkeit und Richtigkeit dieser Unterscheidung auf meine schon wiederholt zitierte Abhandlung in der Festschrift der Universität Erlangen zur Feier des achtzigsten Geburtstages des Prinzregenten Luitpold von Bayern „Das landesherrliche Haus, sein Begriff und die Zugehörigkeit zu ihm" S. 12—20 und konstatiere hier nur, daß ich für diese Unterscheidung die grundsätzliche Zustimmung von *Störk*, Die agnatische Thronfolge im Fürstentum Lippe 1903 S. 49f. und von *Triepel*, Der Streit um die Thronfolge im Fürstentum Lippe S. 68 fand. Das Reichsgericht hat bereits in einem Urteile vom 28. September 1881 (Entsch. in Strafs. Bd. XXII S. 141ff.) vom landesherrlichen Hause „in einem *engeren*, auf die hausherrliche Gewalt des Souveräns als caput familiae beschränkten Sinne" gesprochen[1]). Ablehnend hat sich dagegen zwar nicht in allen Einzelheiten, wohl aber im Prinzip *Zorn* in seiner Besprechung meiner Arbeit in der Deutschen Literaturzeitung 1902 Sp. 1022—26 verhalten und so erübrigt mir an dieser Stelle nur den Einwendungen Zorns zu begegnen.

B. *Zorn* kennt nur einen Rechtsbegriff des landesfürstlichen Hauses, das, was wir regierendes Haus im engeren

---

[1]) Auch *Brie*, Art. Landesherrliches Haus in v. Stengels Wörterbuch des deutschen Verwaltungsrechtes Bd. II (1890) S. 10 unterscheidet eine landesherrliche Familie weiteren und engeren Sinnes, aber nur nach dem äußerlichen Moment, daß im weiteren Sinne der Landesherr dazu rechne, im engeren nicht.

Sinne bezeichneten: dem landesherrlichen Hause gehörten rechtlich als Mitglieder nur diejenigen an, welche vom Erwerber der Landeshoheit abstammen *und* der Familiengewalt des Landesherrn unterstehen (Sp. 1025); die Mitglieder, welche eine fremde Krone annehmen, und die sich mit dem Angehörigen eines anderen regierenden Hauses verheiratenden Töchter schieden „grundsätzlich“, „rechtlich“ aus der bisherigen Hausgemeinschaft aus.

Dem widerspricht direkt und positiv der Wortlaut unserer Verfassungsgesetze. Dieselben unterscheiden einen Mannesstamm des fürstlichen Hauses und eine weibliche Linie. Sie bestimmen, soweit sie Kognatenthronfolge zulassen, um es mit den Worten der braunschweigischen Verfassung wiederzugeben: „Erlischt der Mannesstamm des Fürstlichen Gesamt*hauses,* so geht die Regierung auf die weibliche Linie nach gleichen Grundsätzen über.“ Auf die weibliche Linie wessen? Doch des fürstlichen Hauses. Also gehören die Kognaten, auch wenn sie aus dem fürstlichen Hause ausgeschieden sind, doch noch dem fürstlichen Hause an. Wie anders ist dies möglich, als eben dadurch, daß es auch einen Hausbegriff gibt, der Unterordnung unter die fürstliche Familiengewalt nicht voraussetzt, neben dem engeren also einen weiteren Hausbegriff? Und wie steht es mit dem Familienchef? Er ist keiner Familiengewalt unterworfen, aber doch gewiß Hausangehöriger.

Zorn verneint natürlich nicht, daß durch Übernahme eines fremden Thrones oder durch Verheiratung Ausgeschiedene trotzdem noch Thronfolgefähigkeit zu besitzen vermögen. Um dies jedoch von seinem Standpunkt aus erklären zu können, muß er behaupten: es bedürfe hierfür eines besonderen Vorbehalts (Sp. 1024). Aber wo sind diese besonderen Vorschriften bezüglich der Inhaber fremder Throne in den Verfassungen oder Hausgesetzen zu finden? Lediglich *ein* Staatsgrund- und nur *ein* Hausgesetz, beide für Koburg und Gotha, beschäftigen sich mit der Frage der Übernahme fremder Throne durch Agnaten, aber keineswegs in der nach Zorn zu erwartenden Form, daß sie erklären, den Betreffenden verbleibe trotzdem ihre Sukzessionsfähigkeit, sondern im Gegenteil: das Staatsgrundgesetz (§ 9) erklärt: Der regierende König von England und sein voraussichtlicher Nachfolger seien von der Sukzession in Koburg und Gotha „*ausgeschlossen*“, und das Hausgesetz (Art. 85) bestimmt, die Mitglieder des herzoglichen Hauses, welche einen auswärtigen Thron einnehmen, seien von der Unterordnung unter die herzogliche Familiengewalt „ausgenommen“. Bezüglich der Kognatenerbfolge finden sich allerdings besondere Vorbehalte, aber doch nicht nur für die Erbfolge aus der Familiengewalt ausgeschiedener Kognaten, sondern für alle Kognaten. Gegen Kognatensukzession spricht staats- und nach dem Wesen des Mannlehens, das im Zweifel das Fürstenlehen war, auch hausrechtlich die Vermutung; dagegen lautet, wenn Kognatensukzession rechtlich besteht, die Präsumtion zugunsten der Sukzessionsfähigkeit auch durch Verheiratung ausgeschiedener Prinzessinnen. Nirgends in den Hausrechten und in den Verfassungen begegnet nach dieser Seite hin ein Vorbehalt. Unwillkürlich erkennt dies Zorn selbst an, wenn er a. a. O. Sp. 1023 schreibt: „Vorbehalte bezüglich der Thronfolge bedürfen auch hier (bei verheirateten Prinzessinnen) besonderer Bestimmung, die hausgesetzlich *auch generell* erfolgen kann.“ Was heißt dies anders als: in der Form erfolgen kann, daß Frauen schlechthin für sukzessionsfähig erklärt werden? Wird aber Kognaten schlechthin Sukzessionsberechtigung zugesprochen, so fehlt eben der „besondere“ Vorbehalt. Die verheirateten Prinzessinnen sind daher, wie andere Kognaten, sukzessionsfähig. Demgemäß kann es keinen Unterschied für die Hausmitgliedschaft machen, ob unter der Familiengewalt oder aus ihr ausgeschieden. Daher: notwendig ein zweiter, weiterer Begriff des regierenden Hauses.

C. *Gierke*, Grundzüge des deutschen Privatrechts § 23 (a. a. O. Bd. I S. 459) bezeichnet die Familiengewalt als eine „dem Hause als solchem“ gebührende Befugnis. Nach ihm würde somit die Familiengewalt vom Haupte des Hauses im Namen des letzteren ausgeübt und bedürfte es demgemäß keines Doppelbegriffs der regierenden Familie. Dieselbe wäre nur Korporation und nicht davon verschieden noch herrschaftlicher Verband. Allein unschwer ist es nachzuweisen, daß bei regierenden Häusern der Familienchef jene Gewalt nicht im Namen der Familie betätigt. Würde die Familiengewalt ihm in Vertretung des Hauses zukommen, so wäre nicht möglich, daß ein Teil der Hausgesetze, so das Bayerns (Art. 2 § 1) und Oldenburgs (Art. 2) den Landesherrn überhaupt nicht zum landesherrlichen Hause rechnet. Art. 2 § 1 des bayerischen Familienstatuts von 1819 bestimmt lediglich: „Das königliche Haus begreift a) alle Prinzen und Prinzessinnen, b) die Gemahlinnen der königlichen Prinzen und ihre Witwen“ [1]).

Recht hat Gierke für die Hausgewalt im nichtregierenden Hause. Sie übt das Haupt nicht im Namen des Staates, sondern im Namen des Hauses. — Vgl. zu Gierke auch oben S. 95.

D. *Ein* Punkt bedarf noch der Hervorhebung: weder der engere noch der weitere Begriff des regierenden Hauses darf auf das Moment der Thronfolgefähigkeit aufgebaut werden [2]). Wer auf seine Thronanwartschaft und sonst auf nichts verzichtet, scheidet damit weder aus der engeren noch aus der weiteren Familie aus. Er bleibt der Familiengewalt untertan und verliert seine übrigen agnatischen Rechte nicht, es müßte denn Sonderfürstenrecht dies ausdrücklich bestimmen. Wir kennen einen Fall: Das Hausgesetz für die großherzogliche *oldenburgische* Familie, Art. 16 § 1, schließt den auf die Staatserbfolge (bezw. die Sukzession in das Hausfideikommiß) Verzichtenden von der Teilnahme am Familienrate aus. Vgl. oben S. 35.

II. Wie wir bereits wissen (vgl. § 6), ist die landesfürstliche Hausgewalt in der Hauptsache allein durch Hausgesetz geregelt. Hausgesetze sind es, die sagen: durch Vermählung nach außen scheide die Prinzessin, durch Übernahme eines fremden Thrones scheide der Prinz aus dem regierenden Hause aus, und Hausgesetze sind es, welche den Landesherrn selbst überhaupt nicht zur landesherrlichen Familie rechnen. Auf der anderen Seite sind es die Verfassungsgesetze, welche *dem* Mannesstamme und eventuell *der* weiblichen Linie

---

[1]) Siehe näher *Rehm*, Begriff des landesherrlichen Hauses u. s. w. S. 19 f.

[2]) Dies tut *Brie*, Art. Landesherrliches Haus in *v. Stengels* Wörterbuch des deutschen Verwaltungsrechtes Bd. II (1890) S. 10.

des landesfürstlichen Hauses, also allen Agnaten und allen Kognaten, auch den nach Hausrecht aus dem Hause Ausgeschiedenen Erbrecht am Throne zusprechen und den regierenden Herrn als Oberhaupt und demgemäß als Angehörigen der landesfürstlichen Familie bezeichnen. Der Gegensatz von landesherrlichem Hause weiterer und engerer Bedeutung läßt sich daher auch als der Gegensatz von *regierender Familie* im *verfassungs- oder staatsrechtlichen* und von regierender Familie im nur *hausrechtlichen Sinne* formulieren.

III. A. Durch die Bezeichnung des Unterschiedes mit enger und weiter ist auch bereits angedeutet, daß der eine Hausbegriff, der verfassungsrechtliche, unerläßliches Mittel für Vorhandensein des anderen ist: *ohne Zugehörigkeit zum regierenden Hause weiteren Sinnes vermag die Mitgliedschaft im landesherrlichen Hause engeren Verstandes nicht erworben zu werden.* Mit dem Wegfall der ersteren fällt auch die letztere weg. Die Mitgliedschaft im weiteren Hause bildet die „unvermeidliche Durchgangsstelle" für die Zugehörigkeit zur engeren Familie. Konstruktiv genommen besteht zwischen beiden Arten von Mitgliedschaft etwa das nämliche Verhältnis wie zwischen Staatsangehörigkeit und Staatsbürgerrecht.

B. *Störk,* Die agnatische Thronfolge u. s. w. S. 49, meint es umgekehrt. Mit Recht hat dies *Triepel* a. a. O. S. 70f. beanstandet. Gemahlin und Kinder der Fürsten Ferdinand von Bulgarien wurden Mitglieder des koburg-gothaischen Fürstenhauses im weiteren Sinne, trotzdem jener Fürst zur Zeit seiner Verheiratung als Träger einer fremden Krone nicht mehr dem Hause Koburg-Gotha engeren Sinnes zugehörte. Wenn Störks Meinung richtig wäre, müßten die beiden Begriffe auch umgekehrt ausgezeichnet, der auf der Unterordnung unter die Familiengewalt basierende Hausbegriff als der weitere bezeichnet werden. Auch der Grund Störks ist nicht zutreffend. Er meint (S. 50): „nur da, wo die mit der Stellung verbundenen *Pflichten* wirksam werden, kann auch der Anspruch auf die mit der rechtlich qualifizierten Stellung verbundenen *Prärogativen* erhoben werden". Allein wie bei der Staats- so liegt auch bei der Hausangehörigkeit der

Schwerpunkt der wesentlichen Mitgliedschaftswirkungen nicht in Rechten, sondern in Pflichten (vgl. unten § 9). Die wesentlichste Wirkung der Zugehörigkeit zur landesfürstlichen Familie weiteren Sinnes bildet lediglich Unterordnung unter die hausgesetzgebende Gewalt. In § 25 werden wir sehen, wie jemand in der Weise dem regierenden Hause anzugehören vermag, daß er zwar der Hausgewalt des Landesherrn untersteht, aber weder Thronfolgerechte, noch Mitwirkungsrechte an der Hausgesetzgebung noch sonst die gleichen Privilegien, wie andere Hausmitglieder, außer Ehrenrechten und Ebenbürtigkeit genießt.

IV. *Noch* in einem *anderen Sinne* als dem hier gemeinten läßt sich von regierender Familie weiterer und engerer Bedeutung reden.

Die Nebenlinien der regierenden Häuser haben oftmals nicht denselben Titel wie die Hauptlinie. Neben der königlichen Hauptlinie in Bayern besteht daselbst eine herzogliche, neben der fürstlichen Linie in Lippe eine Reihe gräflicher u. s. w. Es ist möglich, daß der Staat aus diesem oder jenem Grunde — z. B. weil die Nebenlinien außer Landes wohnen — Vorrechte, welche er der fürstlichen Familie einräumt, nur dem Zweige derselben eingeräumt wissen will, welcher mit dem Fürstentitel ausgezeichnet ist. Wenn im Fürstentum Lippe z. B. eine Verordnung vom 30. Oktober 1879 einen ausschließlichen Gerichtsstand vor dem fürstlichen Landgericht für den Fürsten und „die Mitglieder Unserer Fürstlichen Familie“ begründet, so kann es keinem Zweifel unterliegen, daß mit der hervorgehobenen Wendung lediglich die Detmolder Hauptlinie (der damals regierende Fürst und seine beiden Brüder), nicht die gräflichen Nebenlinien Biesterfeld und Weißenfeld und noch weniger die Linie Alverdissen, d. h. der heute in Schaumburg regierende jüngste lippische Zweig bezeichnet sein wollten[1]). Insofern kann von einer fürstlich

[1]) So auch *Triepel* a. a. O. S. 83. Freilich seit der unter der Regierung des Grafregenten erlassenen lippischen Verordnung vom 15. Mai 1902 bedeutet das Wort die fürstliche Familie im weiteren Sinne, d. h. auch die gräflichen Nebenlinien, indem bestimmt ist, die Verordnung von 1879 finde

lippischen Familie weiteren und engeren Sinnes, von einem regierenden Hause Lippe weiterer und engerer Bedeutung gesprochen werden. Es liegt auf der Hand, daß hier ein ganz anderer Einteilungsgrund maßgebend ist.

Drittes Kapitel.

Die Faktoren der fürstlichen Hausgesetzgebung.

§ 8.

Das hochadelige und darum auch das regierende Haus ist juristische Persönlichkeit[1]) (siehe *Gierke*, Die juristische Persönlichkeit des hochadeligen Hauses in Grünhuts Zeitschrift für Privat- und öffentliches Recht Bd. V [1878] S. 557 ff.) und zwar genossenschaftliche, korporativer Verband. Vgl. *Gierke*, Deutsches Privatrecht Bd. I S. 148 f. und 400 und *Schulze* bei Holtzendorff S. 1356, 1363.

I. Beides, korporative Natur und Satzungsgewalt, sprechen dafür, daß die Ausübung der letzteren nicht bloß dem Haupte, sondern der Gesamtheit der Vollgenossen zusteht.

Wohl ist es möglich, daß für eine Gemeinschaft Einer, das Haupt, das Recht bildet, aber wenn der Verband genossenschaftliche Natur besitzt, ist zu vermuten, daß die Bildung des Gemeinschaftsrechtes durch die Gesamtheit der Mitglieder geschieht, und diese Vermutung wird zur Gewißheit, wenn andere Momente zu dem gleichen Resultate führen. Ein solches Moment bildet das Wesen des Rechts. Autonomie ist Recht schaffende Potenz. Sie erzeugt Recht. Recht ist seinem Wesen nach aber Ordnung zwischen Individuen. Dieser Eigenschaft entspricht am meisten, daß diese Individuen als Gemeinschaft es sind, welche die für ihr Verhältnis geltende Ordnung setzen. Vgl. *Gierke*, Deutsches Privatrecht

---

lediglich auf die im Fürstentume wohnhaften Mitglieder der fürstlichen Familie Anwendung.

[1]) Über Gegner dieser Anschauung *Georg Meyer* a. a. O. § 94 Anm. 14 und *Gierke*, Deutsches Privatrecht Bd. I § 47 Anm. 8.

Bd. I (1895) S. 142 mit 154 und meine Abhandlung „Der Begriff des landesherrlichen Hauses u. s. w." S. 18.

II. Dazu kommen aber noch weitere Momente.

A. Gewiß hat es in Deutschland eine Zeit gegeben — es war die Periode der absoluten Monarchie nach Untergang des alten Reiches —, wo „Hausgesetze" in weiterem oder engerem Umfange ohne Mitwirkung der (volljährigen) Agnaten erlassen wurden, aber die Rechtsanschauungen, welche diesen Vorgängen zugrunde lagen, entsprechen nicht mehr dem heute geltenden Rechte.

1. a) Diese Hausgesetze beruhten einmal auf der Anschauung, daß, *wenn* eine Hausangelegenheit durch den *Staat* als solchen Regelung finde, es hierfür *nicht noch einmal* einer Regelung im Wege der *Haus*gesetzgebung bedürfe.

Die geschilderte Meinung bestreitet keineswegs, daß echte Hausgesetze ohne agnatische Zustimmung nicht möglich sind, aber sie sagt: wenn über eine Materie ein Staatsgesetz ergeht, ist ein Hausgesetz hierüber überflüssig. Kraft seiner *absoluten* Gewalt ist der Staat bei Ordnung von auch das Haus berührenden Angelegenheiten an die Zustimmung des Hauses nicht gebunden; denn gebunden wäre er dann an Mitwirkung von Untertanen und das macht eben das Wesen des Absolutismus aus, daß er frei ist von beschränkenden Befugnissen der Regierten. Weil das *Haus* dem *Staate untertan* ist, fehlt die Notwendigkeit agnatischer Zustimmung zu Gesetzen für das Haus. *Das Hausgesetz ist Staatsverordnung.* Von diesem Gesichtspunkte aus ist die Urkunde des Großherzogs Karl von *Baden* vom 4. Oktober 1817 zu verstehen, mittelst deren dieser Fürst das „Familienstatut" seines Vorgängers vom 10. September 1806, durch welches letzterer seinen Söhnen zweiter Ehe, den Grafen von Hochberg, für den Fall des Aussterbens des agnatischen Mannesstammes Sukzessionsrechte verlieh, zur öffentlichen Kenntnis brachte und gleichzeitig die genannten Grafen, seine „Halboheime", zu großherzoglichen Prinzen und Markgrafen zu Baden mit dem Prädikate Hoheit erhob, um ihnen hierdurch volle Ebenbürtigkeit zu verleihen. Diese Deklaration ist erlassen „kraft der Uns zustehenden Souveraineté". Sie stellt demgemäß trotz ihres Charakters als Hausgesetz kein echtes Hausgesetz, sondern eine Staatsverordnung, ein Gesetz für das Haus, aber nicht ein solches des Hauses dar. Von dem nämlichen Gesichtspunkte aus sind die Hausgesetze für *Hannover* vom 19. Oktober 1833 und 19. November 1836 (*Schulze* Bd. I 488 ff.) ergangen. Der König als „Souverän" hat sie „verordnet".

b) Die *zweite* Auffassung, welche zu einem Ausschluß agnatischer Mitwirkung führte, ist diese. Der regierende Herr ist absolut oder souverän im Staate, demgemäß auch in der Familie; denn wer im Höheren absolut ist, genießt dieselbe Rechtsstellung auch im Niedrigerem, das dem ersteren untertan. Wer als Staatshaupt absolut, ist es auch in allen anderen damit zusammenhängenden Beziehungen, somit auch als Familienhaupt. Die Hausgesetze sind Gesetze des Hauses, echte Haus-, nicht Staatsgesetze, aber das Familienoberhaupt ist in ihrer Erlassung unbeschränkt. Der Familienchef allein erläßt sie, als Familien-, nicht als Staatshaupt. Im letzteren liegt der Unterschied gegenüber der anderen Auffassung. Das Hausgesetz ist *Haus*-, nicht Staats*verordnung*, es müßte denn ausdrücklich noch nebenbei hierfür erklärt sein.

Auf diesem Grunde ruht das *fürstlich hohenzollernsche* Hausgesetz vom 24. Januar 1821. Wohl erwähnt dasselbe, daß es erlassen sei „mit Wissen und vollkommenem Einverständnis Unseres einzigen Sohnes und Erbprinzen", aber die Einholung dieser Einwilligung bedeutet lediglich einen politischen, keinen rechtlichen Akt. Denn unmittelbar darauf bemerkt der Fürst, daß das Statut errichtet sei „kraft der Uns als Oberhaupt Unserer Fürstlichen Familie zustehenden Gewalt". Vor allem aber basierten auf der erwähnten Theorie die *bayerischen* Hausgesetze vom 28. Juli 1808 und 18. Jan. 1816. „Wir halten Uns als erstes *souveränes* Königliches *Haupt* Unserer *Familie* für befugt, die älteren Familien-Gesetze und Verträge aufzuheben," lautet die deutliche Schlußbemerkung des erstgenannten Gesetzes. Wohl nennen sich die beiden erwähnten Gesetze in ihrem Schlusse auch „pragmatische Staatsgesetze". Daraus ist aber keineswegs, wie ich, *Seydels* bayer. Staatsrecht Bd. I (2. Aufl.) § 62 folgend, in meiner Studie über „Der Begriff des landesherrlichen Hauses u. s. w."

S. 18 annahm, abzuleiten, daß die bezeichneten Gesetze lediglich als Staatsgesetze für das Haus anzusehen seien. Sie sind nur auch für Staatsgesetze erklärt. Am Ende des ersten gibt der König den Grund hierfür an. Dort heißt es: „Wir haben dadurch (d. h. durch die in diesem Familienstatute erfolgende Aufhebung der älteren Familiengesetze) Unser Königliches *Haus* mit dem Wohle Unseres *Volkes* enger verbunden, in welcher Hinsicht dieses *Familien*statut insbesondere in den Dispositionen, welche die Erbfolge und Regentschaft betreffen, als ein Anhang der Konstitution Unseres Reiches angesehen werden soll . . . Alle Glieder Unseres Königlichen Hauses, die Nationalpräsentation und alle Landesstellen werden hierauf als auf ein pragmatisches Staatsgesetz verpflichtet und zur genauen Befolgung desselben hiedurch angewiesen.“ Also ist ihnen nur *auch* staatsgesetzliche Natur beigelegt, weil sie *auch* Staatsangelegenheiten ordnen. Letzteres ist in dem Familienstatute von 1819 nicht mehr der Fall. Dasselbe wiederholt bloß und, lediglich auszugsweise, über Thronfolge und Regentschaft, was die Verfassung in dieser Hinsicht schon erschöpfend geordnet, und deshalb lautet hier der Schluß nur: „Wir erklären dieses Familienstatut als ein pragmatisches *Haus*gesetz, welches nicht nur sämtliche Mitglieder unseres Hauses verbindet, sondern auf dessen Beobachtung auch sämtliche Staatsministerien und übrige Landesstellen angewiesen werden.“ Somit in erster Linie nur Hausgesetz, daneben aber durch die Anweisung der Landesstellen auch Staatsverordnung.

c) Eine Verbindung der beiden angeführten Auffassungen spricht aus dem badischen Familienstatute vom 10. September 1806, durch welches Großherzog Karl Friedrich seine Söhne zweiter Ehe für thronfolgefähig erklärte. Es ist erlassen „kraft der Uns zustehenden Souveränität und Stammherrlichkeit“, „weil Wir dazu in den Stand gesetzt sind durch die erlangte völlige Souveränität . . ., verbunden mit der auf Uns allein dermalen beruhenden *stamm*häuptlichen Eigenschaft“ (*Schulze* I 200).

2. Die beiden skizzierten Auffassungen haben gemein, daß die Befugnis des Landesfürsten, allein Hausgesetze zu erlassen, auf dessen Staatshauptstellung zurückgeführt wird, dort

unmittelbar, hier mittelbar. Nur aus diesem Zusammenhange wird ein Mitwirkungsrecht der Agnaten geleugnet. Ist dies zutreffend, so muß demgemäß auch diese Anschauung eine Zustimmungsbefugnis der Agnaten noch anerkennen, soweit die Wirkung der hausgesetzgebenden Gewalt auf Staatsgewalt, absolute Herrschaft über andere, nicht zurückgeführt zu werden vermag. Dies ist der Fall im Verhältnis zu Agnaten, welche nicht der Staatsgewalt des Familienhauptes unterliegen, eine Sachlage, die gegeben ist, wenn das Familienhaupt Chef eines Gesamthauses ist, im Verhältnis zu denjenigen jüngeren Linien des Gesamtgeschlechtes, welche selbst im Besitze eines Thrones sich befinden. Daher finden wir auch, der König von *Hannover* hat für seine Hausgesetze von 1833 und 1836, der Fürst von Hohenzollern-Sigmaringen für sein Hausgesetz vom Jahre 1821 die agnatische Einwilligung des Herzogs von Braunschweig, bezw. des Fürsten von Hechingen eingeholt. Auf diese Weise konnten das erste Hausgesetz, soweit es das braunschweig-lüneburgische Gesamthaus berührt, auch für dieses bindend, das sigmaringsche Gesetz als ein solches des fürstlichen Gesamthauses Hohenzollern erlassen werden.

3. Daß jene beiden Auffassungen mit dem Übergange zum Absolutismus zusammenhängen, beweist durch ihr Gegenteil die Hausgesetzgebung *Mecklenburgs.* Hier blieb die ständische Monarchie. Das Hausgesetz vom 23. Juni 1821 ist daher nicht nur unter Zustimmung des Großherzogs zu Strelitz, sondern auch unter Zustimmung der vom regierenden Herrn in Schwerin abstammenden Agnaten erlassen (*Schulze* II 242).

B. Die beiden geschilderten Auffassungen verschwinden in den Staaten, wo sie sich fanden, mit Übergang zur konstitutionellen Staatsorganisation. Die Einführung der Mitwirkung eines beschränkenden Organs im Staate führte, hier früher, dort später, auch wieder zur Anerkennung einer Beschränkung des Monarchen in der Familie.

1. Die Betonung des Korporationscharakters am Staate, wie sie der Aufnahme der konstitutionellen Einrichtung des Staates zugrunde liegt, führte naheliegenderweise auch wieder zu einer stärkeren Berücksichtigung des Korporationscharakters des landesherrlichen Hauses, damit aber zu der Erkenntnis,

daß mit der Selbständigkeit des Hauses, wie sie im Wesen desselben als Korporation liegt, eine Auffassung unverträglich ist, bei welcher die Hausgesetze grundsätzlich als Gesetze des Staates für das Haus, nicht als Gesetze des Hauses erscheinen, bezw. zu der Erkenntnis, daß infolge dieser durch den Korporationscharakter gegebenen Selbständigkeit aus der Art der Rechtsstellung, welche eine Person in der einen, wenn auch der höheren, Genossenschaft einnimmt, nicht als zwingend gefolgert werden darf, daß dieselbe auch in der anderen Korporation dieselbe Rechtsstellung genieße. Aus der Steuerfreiheit des Königs im Staate folgt keineswegs mit Notwendigkeit dessen Steuerfreiheit in der Gemeinde.

2. Für beide Anschauungen resultierte an sich hieraus, daß trotz Einführung des beschränkenden Prinzips im Staate in der landesherrlichen Familie das absolute Prinzip hätte fortbestehen können. Allein hier wirkte die Erinnerung an die Vergangenheit. Da galt Konsensprinzip. Um so näher lag, daß man zu ihm zurückkehrte, als selbst im Staate dieses Prinzip zur Einführung gelangte. Daß man sich auf Irrwegen befunden, schildert, rückwärts blickend, trefflich der historische Sinn *Zöpfls* in dessen Grundsätzen des gemeinen deutschen Staatsrechtes 5. Aufl. Bd. I S. 591: „Soweit nach der bisherigen *Haus*verfassung jura quaesita der Agnaten auf die Thronfolge begründet sind, können dieselben auch durch kein von dem Souverän mit Zustimmung der Landstände errichtetes Gesetz ohne Zustimmung der Beteiligten mit rechtlicher Wirkung gegen diese aufgehoben werden, weil die Zustimmung der Landstände dem Souverän kein Recht beilegen kann, welches der Souverän *selbst als absoluter Monarch* nach den Grundsätzen des Privatfürstenrechtes nicht haben würde.“

Was man von der absolutistischen Zeit her behielt, war die Form, um so mehr, als dieselbe mit den Formen der konstitutionell beschränkten Monarchie zusammentraf. Früher waren die Hausgesetze in Testamentsform, wenn daran nur Abkömmlinge beteiligt, sonst in Vertragsform ergangen. Die Oberhauptstellung, welche dem regierenden Herrn durch die neue Familiengewalt, bezw. die absolute Staatshauptstellung zu teil wurde, führte dazu, daß der Familienchef die Hausgesetze als solcher unter Zustimmung der *Neben*linien des Gesamthauses erließ und sie nur mehr als „Gesetze“ bezeichnete. Dies wurde beibehalten. Nicht mehr als Hausvertrag, sondern als unter agnatischer Zustimmung ergehendes Hausgesetz kommt heute der äußeren Form nach Hausrecht zustande, es handle sich denn um von einem aus mehreren regierenden Linien bestehenden Gesamthause geschaffenes Recht „Vereinbarung“ des schwarzburgischen Gesamthauses vom 21. April 1896).

In welch kurzer Zeit die Rückkehr erfolgte, wie sehr die absolutistische Zeit des Hausrechtes nur eine Episode darstellt, zeigen folgende drei Daten. Das bayerische Hausgesetz von 1816 war noch ohne agnatischen Konsens ergangen. 1818 wird die Verfassung geschaffen. Ein Jahr darauf ergeht ein neues Familienstatut. Es erwähnt bereits im Eingang: „unter Zustimmung der Agnaten erlassen.“ Für die drei *Reuſs* (Schleiz, Greiz, Lobenstein-Ebersdorf) ergeht 10. November 1844 in Ergänzung der vorhandenen *Haus*gesetze ein „Beschluß“ der drei Fürsten über Abhängigmachung der hausverfassungsmäßigen und staatsrechtlichen Gültigkeit der Ehen der männlichen Mitglieder vom landesherrlichen Konsens noch „kraft Souveränitätsrechtes“, also ohne agnatische Zustimmung. Für Reuß j. L. dagegen erließ der Fürst unter den 10. Dezember 1855 mit Nachtrag vom 6. August 1861 ein Hausstatut, welches ausdrücklich „das Einvernehmen des Erbprinzen und die Zustimmung sämtlicher volljähriger Vettern der Köstritzer Linie“ bekundet. Warum der Unterschied? Es hatte eben auch unterdessen — 30. November 1849, bezw. 14. April 1852 — das konstitutionelle Prinzip in das Verfassungsrecht von Reuß j. L. Eingang gefunden.

3. Dazu kommen dann die ebenfalls nach Übergang zum Verfassungsstaat geschaffenen Hausgesetze für das Königreich *Sachsen*, für *Koburg-Gotha, Oldenburg*, die beiden *Schwarzburg* und *Waldeck*. Das erstgenannte — vom 9. Februar 1838 — erwähnt ausdrücklich die „agnatische Zustimmung“ des Bruders des Königs, das zweite — vom 1. März 1855 — ist vom Herzoge, wie es im Eingange selbst bemerkt, „auf Grund einer mit den Mitgliedern des Herzoglichen Hauses getroffenen *Vereinbarung* beschlossen.“ Das *oldenburgische*

Hausstatut vom 1. September 1872 wurde dem Kaiser von Rußland als dem Chef der Hauptlinie *und* sämtlichen sukzessionsberechtigten volljahrigen Prinzen des großherzoglichen Hauses zur Genehmigung bezw. Erklärung des Einverständnisses vorgelegt und erst, „nachdem alle diese Zustimmungen erfolgt sind“, verkündet. Für das *schwarzburgische* Gesamthaus erinnere ich an die früher (S. 19f.) besprochene Anerkennungsurkunde vom 21. April 1896 als an eine, wie die auf ihren Grund hin erlassenen Staatsgesetze für beide Fürstentümer vom 1. Juni bezw. 14. August 1896 sich ausdrücken, „von den *sämtlichen* Agnaten des Fürstlich Schwarzburgischen Gesamthauses vollzogene Vereinbarung“, welcher — auf denselben Gegenstand bezüglich — vorausgehen ebenfalls als ein Hausgesetz des schwarzburger Gesamthauses die „unter Konsens der Agnaten“ abgeschlossenen Ehepakten des Fürsten Friedrich Günther von Schwarzburg mit der unebenbürtigen Gräfin von Raina vom 24. November 1855. Was *Waldeck* angeht, so ist dort das Hausgesetz vom 1. Mai 1857 wohl wörtlich genommen nur „nach Anhörung der Agnaten“, aber „unter Zustimmung der Stände“ ergangen, allein trotzdem läßt sich hier die Absicht als vorhanden nachweisen, daß Hausrecht grundsätzlich agnatischer Mitwirkung bedarf. Jene Formulierung findet ihre Erklärung darin, daß die waldecksche Verfassung in § 27 nach dem Satze „Die übrigen Verhältnisse des Fürstlichen Hauses ordnen die Hausgesetze“ nur fortfährt: „Dieselben sind den Ständen zur Kenntnisnahme und, soweit nach dieser Verfassung erforderlich, zu ihrer Zustimmung vorzulegen“, also die agnatische Zustimmung als erforderlich nicht erwähnt. Allein dieselbe folgt eben daraus, daß es nicht heißt: „Die übrigen Verhältnisse ordnet der Fürst durch Hausgesetze,“ sondern objektiv „ordnen die Hausgesetze“. Trotz dieser irrtümlichen Auffassung aber zog man die Agnaten heran, eben in dem Bewußtsein, daß ein echtes Hausgesetz agnatischer Mitwirkung bedarf.

C. Zwei Hausgesetze schreiben es endlich mit Worten für die Zukunft ausdrücklich vor, daß jeder Akt der Hausautonomie zu seiner Rechtsgültigkeit agnatische Einwilligung voraussetzt, das *Oldenburger* Hausgesetz, indem es in Art. 71

bestimmt: „Änderungen dieses Hausgesetzes können von dem Großherzoge *nur* mit Zustimmung sämtlicher dem Familienrat angehörigen Mitglieder des großherzoglichen Hauses vorgenommen werden“ und dann — und dies ist der stärkste Beweis für den Wechsel der Anschauung — das *hannoversche* Hausgesetz vom 19. November 1836. Obwohl es selbst, wie wir oben S. 105 hervorhoben, vom König als solchem „verordnet“, von ihm für die Mitglieder seines Hauses für „verbindlich“ erklärt, somit als Staatsgesetz für das Haus erlassen ist, enthält es doch in Kapitel II § 3 die Vorschrift: „Es darf aber keine der hausgesetzlichen Bestimmungen, welche das Recht und die Ordnung der Thronfolge angehen, eine Änderung erleiden, es wäre denn, daß, außer der den Ständen des Königreichs laut Kap. II § 26 des Staatsgrundgesetzes vorbehaltenen Zustimmung, auch sämtliche stimm- und sukzessionsfähige Agnaten, unter Vertretung der noch unmündigen, darin willigten.“ Soweit also soll das Hausgesetz die Natur und Wirkung eines echten Hausgesetzes beigelegt erhalten. Im übrigen, soweit es die Familienaufsicht betrifft, ist es Staatsgesetz für das Haus. Daß solche Hausgesetze als unechte agnatischer Zustimmung nicht bedürfen, folgt eben aus ihrem Wesen als reine Staatsgesetze. Daß derartige Gesetze *des* Staates *für* das Haus auch heute noch möglich, darauf wiesen wir in § 6 II A 1 hin und erwähnten dort besonders die hannoversche Verfassung.

III. Ein Fall aus neuester Zeit ist allerdings bekannt, wo Hausrecht bewußt ohne Zustimmung der Agnaten abgeändert wurde. Er liegt vor in dem *Sachsen-Meining*schen Gesetz vom 9. März 1896 zur Ergänzung der Verfassung. Trotzdem erbringt auch die Entstehungsgeschichte dieses Gesetzes den Beweis, daß wie in den übrigen Staaten so auch in Meiningen grundsätzlich die Rechtsanschauung herrscht, daß Hausgesetze agnatischer Zustimmung bedürfen.

In Sachsen-Meiningen war die Anfechtung, welche die Ebenbürtigkeit der gräflichen Linie Lippe-Biesterfeld für deren Regierungsnachfolge in Lippe seitens der nachfolgenden Linie Schaumburg-Lippe erfahren hatte, die Veranlassung dazu, daß in jener Novelle vom 9. März 1896 neuredigierte Bestimmungen über die Zugehörigkeit zum herzoglichen Spezialhause, die Thronfolge in ihm, die Rechtsverhältnisse seiner Mitglieder und die Vermögensverhältnisse derselben unter dem Gesichtspunkte erlassen wurden, hierdurch die Ebenbürtigkeit der Gemahlin des dritten Sohnes des Herzogs, der Prinzessin Adelheid, einer geborenen Gräfin Lippe-Biesterfeld, und der Nachkommen aus dieser Ehe für den Bereich der meiningschen Staatserbfolge u. s. w. gegen Bestreitung sicher zu stellen.

Dieses Gesetz erging nun lediglich „mit Beirat und Zustimmung des Landtages", nicht auch der Agnaten des Hauses und nennt sich ausschließlich Gesetz „zur Ergänzung des Grundgesetzes vom 23. August 1829", ist also ein reines Staatsgesetz.

Und doch sollte es nach dem ursprünglichen Vorhaben auch ein Hausgesetz sein. Das beweist seine Entstehungsgeschichte. Das genannte Gesetz so, wie es vorliegt, erwähnt in seinem Eingange nichts davon, daß es eine Neuregelung der Verhältnisse des herzoglichen Hauses trifft und führt daher auch lediglich die Mitwirkung der Stände an: „Wir, Georg . . ., verordnen zur Ergänzung des Grundgesetzes vom 23. August 1829 mit . . . Zustimmung des Landtages, was folgt". Ganz anders der Entwurf (Beilagen zu den Verhandlungen des Landtages vom 2. Juli 1895 bis 11. März 1897 Nr. 71 S. 213), welcher das Datum des 26. Februar trägt. Er lautet: „Wir Georg . . ., erachten eine Ergänzung des Grundgesetzes . . ., insbesondere auch in *Übereinstimmung mit Unseren vielgeliebten Söhnen,* zur näheren Feststellung der Verhältnisse Unseres Hauses für dienlich und lassen zu dem Behufe u. s. w.". Leider sind dem Entwurfe nicht weitere Notizen beigegeben. Auch noch im Laufe der Verhandlungen betonte der Staatsminister *v. Heim* ausdrücklich, daß „die Prinzen des herzoglichen Hauses sich mit der Vorlegung dieses Gesetzentwurfes an den Landtag einverstanden erklärt haben" (S. 103). Warum trotzdem keine Erwähnung dieses Einverständnisses im promulgierten Gesetz? Unmittelbar wurde es, so viel ich sehe, in den offiziellen Verhandlungen nicht gesagt. Aber vermuten läßt sich der Grund. Man hatte unterdessen wohl erkannt, daß zur Rechtsgültigkeit dieses Gesetzes es auch der Zustimmung der jüngeren Linien des sächsischen Gesamthauses bedurft hätte. Denn wird eine in Zweifel gezogene Ebenbürtigkeit für unbestreitbar erklärt, so können hierdurch agnatische Rechte Verletzung finden. Vgl. § 20.

Aus dieser Ursache sollte das Gesetz nicht als Staats- und Hausgesetz, sondern lediglich als ersteres ergehen, indem man die Meinung vertrat, kraft seiner Souveränität, will sagen Unabhängigkeit von anderen Gewalten, vermöge der Staat agnatische Rechte auch ohne Zustimmung der Beteiligten zu schmälern. Diese Auffassung klingt aus den Worten des genannten Staatsministers, mit welchen er sich gegen die Frage wendete, ob der damals noch bevorstehende lippische Schiedsspruch auch die meiningschen Thronfolgeverhältnisse zu beeinflussen vermöchte. Der Minister erwiderte: „Jedenfalls ist die Gesetzgebung des Herzogtums Sachsen-Meiningen, eines *souveränen* Staates — abweichend von den Zeiten des heiligen römischen Reiches deutscher Nation — voll befugt, darüber feste Normen zu schaffen, daß die aus dieser Ehe (mit Gräfin Adelheid) entstammenden Prinzen erbfolgeberechtigt im Herzogtum Sachsen-Meiningen sind. Solche Normen, die auf *verfassungs*mäßigem Wege ausgesprochen sind, anzufechten, dafür gibt es kein Rechtsmittel in Deutschland" (Verhandlungen S. 102). Aber § 34.

Also nicht, weil man agnatische Zustimmung zum rechtsgültigen Erlaß eines Hausgesetzes nicht für nötig erachtet hätte, sondern weil man der Meinung war, Staatsgesetz könne hausrechtliche Thronfolgeansprüche einseitig schmälern, wurde die Zustimmung der anderen Speziallinien nicht eingeholt.

Somit widerspricht dieser Fall nicht unserer These. Daß die letzterwähnte Meinung positivrechtlich nicht zutreffend ist, wiesen wir früher nach. Trügen Zeitungsnachrichten nicht, so haben die Nachlinien gegen jene einseitige Regelung der Frage durch Staatsgesetz auch Protest erhoben[1]). Der äußeren Form nach hätte ja nicht auch ein Hausgesetz erlassen zu werden brauchen. Wie Hausgesetze, die zugleich

[1]) A. M. *Störk*, Die agnatische Thronfolge u. s. w. S. 10 und 97.

Staatsangelegenheiten berühren, „insoweit" unter Zustimmung der Stände ergehen — man vergleiche[1]) die Hausgesetze Württembergs, Hannovers, Sachsens und Koburg-Gothas und die Verfassungen von Oldenburg Art. 29 und Waldeck § 23 —, so steht auch nichts im Wege, ein Gesetz, das materiell Staats- und Hausgesetz zugleich ist, in die äußere Form lediglich eines Staatsgesetzes, aber eines auch unter Zustimmung der Agnaten ergehenden zu kleiden. Wie sehr inhaltlich das genannte Gesetz „zur Ergänzung des Grundgesetzes vom 23. August 1829" tatsächlich in erster Linie Hausgesetz ist, möge daraus entnommen werden, daß es Fragen, die sonst überall ausschließlich oder vorwiegend auf hausgesetzlichem Wege ihre Regelung finden, hier in einem Verfassungsgesetze geordnet sind; so gleich Art. 1, der feststellt, wer zu den Mitgliedern des herzoglichen Hauses rechnet, und Abschnitt IV (Art. 8—12), welcher von den „Rechtsverhältnissen der Mitglieder des regierenden Hauses", d. h. von dem aus Hausfonds zu bestreitenden Unterhalt derselben (Apanagen, Aussteuer, Ausstattung, Wittum), von ihren Vermählungen, Vormundschaften und Adoptionen handelt. Das alles würde wohl auch in Sachsen-Meiningen durch Hausgesetz geordnet worden sein, hätte man nicht bezüglich der Frage der Ebenbürtigkeit der Gemahlin und Kinder des Prinzen Friedrich die wohl nicht mit Sicherheit erwartete Zustimmung der Agnaten der jüngeren Hauslinien, insbesondere Altenburgs und Koburg-Gothas umgehen wollen. Nicht die Zustimmung der anderen lippischen Linien (insbesondere Schaumburgs) bedurfte der Entwurf, wohl aber der Genehmigung der jüngeren Zweige des sächsischen Gesamthauses.

---

[1]) Siehe auch „Begriff des landesherrlichen Hauses u. s. w." S. 16f.

Viertes Kapitel.

Die Rechtswirkungen der Mitgliedschaft im landesfürstlichen Hause.

1. Notwendige, natürliche und zufällige Wirkungen.

§ 9.

An den Erwerb der Mitgliedschaft eines regierenden Hauses knüpfen sich eine Reihe bedeutsamer Wirkungen. Sie machen den Inhalt dieser Mitgliedschaft aus und lassen sich in Mitgliedschaftspflichten und Mitgliedschaftsrechte gruppieren. In diesem Gegensatz von Recht und Pflicht vermögen jene Wirkungen sogar restlos aufgeteilt zu werden. Man hat in dieser Richtung Bedenken gehegt. *Anschütz* a. a. O. S. 567, *Jellinek*, System der subjektiven öffentlichen Rechte S. 144 folgend, meint, die Landestrauer beim Tode des Monarchen sei lediglich ein Institut des *objektiven* öffentlichen Rechts, denn wem sollte der subjektive Anspruch zustehen? Allein läßt er sich nicht als Anspruch des lebenden Monarchen konstruieren, nach seinem Hingang vom ganzen Lande in sichtbar feierlichen Formen betrauert zu werden?

I. A. *Notwendige* Wirkungen sind folgende:

1. Aus der Eigenschaft des Hauses als Korporation folgt notwendig Unterordnung unter und damit *Gehorsamspflicht* gegen die korporative Hausgewalt (Ordnungsgewalt des Hauses), d. i. vor allem die *Hausgesetzgebung*.

2. Aus der Eigenschaft des regierenden Hauses als eines hochadeligen folgen Vorteil und Nachteil der *Ebenbürtigkeit*: a) ein Recht insofern, als das Mitglied den Anspruch erwirbt, in bezug auf Ehefähigkeit als standesgleich behandelt zu werden *α*) mit den übrigen Angehörigen des Hauses, *β*) mit den Gliedern aller Familien, die nach 1815 in Deutschland regiert haben oder in der Gegenwart daselbst regieren, *γ*) mit den standesherrlichen Häusern, *δ*) mit außerdeutschen, europäischen, christlichen Häusern, welche einen völkerrechtlich anerkannten Staat regieren oder regiert haben; b) eine Pflicht inso-

fern, als der Hausangehörige verpflichtet ist, die Behandlung seiner nichtebenbürtigen Ehen als hausrechtlich nicht vollwirksame Ehen (Mißheirat) zu dulden.

3. Aus dem Wesen der Hausmitgliedschaft als Zugehörigkeit zur Familie eines Staatshauptes ergeben sich notwendig a) gewisse äußere Ehren am Hofe und im Staate, *Titel und Zeremonialrechte* und ähnliches (insbesondere Anspruch auf militärische Ehrenerweisungen), b) gewisse Privilegien im *internationalen* Verkehr. Vgl. *Jellinek*, System der subjektiven öffentlichen Rechte S. 143 f., 178.

Um es gleich hier zu sagen: trotz dieser Wesentlichkeit sind die aus der Mitgliedschaft fließenden Rechte grundsätzlich verzichtbar; ohne diese Rechte kann die Mitgliedschaft nicht entstehen, aber auf die erworbenen Rechte vermag verzichtet zu werden. Vgl. näher § 29.

B. Keine notwendige Folge ist Erwerb der Thronfolgefähigkeit. Wir werden in § 25 sehen, daß Aufnahme in das Haus im Wege der Verleihung oder des Vertrags möglich ist, ohne daß dadurch gleichzeitig Thronfolgerechte eingeräumt werden. Vgl. auch § 43.

II. *Natürliche*, d. h. im Zweifel anzunehmende Wirkungen sind diese:

A. Innerhalb der Familie: 1. bei Volljährigkeit *Teilnahme* an der Ausübung der Ordnungsgewalt, insbesondere *Hausgesetzgebung*, 2. Anspruch auf *Versorgung* aus dem Hausvermögen, Anwartschaft auf Besitz, Verwaltung und Nutzung desselben und Rechte der Mitbestimmung über die Substanz desselben.

B. Im Staate und im Hause: *Thronfolgefähigkeit.*

III. *Zufällige* d. h. nicht zu vermutende Wirkungen sind:

A. Innerhalb der Familie: 1. Teilnahme am *Familienrat* und der laufenden *Verwaltung* des Hausvermögens, 2. Anstellung oder Bestätigung des *Hofstaates* durch den regierenden Herrn zu dulden.

B. Im Staate: 1. Regentschaftsfähigkeit, 2. Mitgliedschaft im Staatsrat und Parlament, 3. erhöhter strafrechtlicher Schutz ihrer Ehre, 4. Behandlung nach besonderem bürgerlichen Recht (Vermögensdisposition, Vormundschaft), 5. privilegierter Gerichtsstand und sonstige Gerichtsprivilegien, 6. Freiheit von Steuern, Wehrpflicht, Heereslasten.

IV. A. Aus dem Vorgetragenen folgt, daß die *Familienmitgliedschaft* in den verschiedenen Häusern und für die einzelnen Mitglieder in ein und demselben Hause *keineswegs denselben Inhalt* zu haben braucht. Beispielsweise kann das eine natürliche Recht der Thronfolge fehlen, das andere auf Erbfolge am Hausgut gegeben oder das gleiche Recht bei verschiedenen Mitgliedern an verschiedene Voraussetzungen gebunden sein. Vollkommen zutreffend bemerkt der Dresdener *Schiedspruch* der lippischen Frage S. 24, die Sukzessionsfähigkeit müsse nicht für alle Arten von Mitgliedschaftsrechten die nämliche sein; sie könne für verschiedene Vermögensmassen verschiedene Voraussetzungen haben, andere für die Thronfolge, andere für Lehengut, für Fideikommisse, für Allodialvermögen. Der Satz von *Störk*, Die agnatische Thronfolge u. s. w. S. 38, „Familiengenossenschaft ist entweder ganz oder gar nicht vorhanden“, steht im Widerspruch mit der Vielgestaltigkeit der Mitgliedschaftsformen, welche die Bedürfnisse des praktischen Lebens zur Entstehung bringen (siehe darüber in § 25). Aber ganz abgesehen davon, widerspricht dem Wesen der Familie oder der Korporation eine Abstufung von Recht und Pflicht der Mitglieder keineswegs. Der Familienangehörige, welcher einen fremden Thron besteigt, bleibt Familienmitglied, aber doch eines mit geringeren Pflichten und zumeist auch geringeren Rechten. Die Ebenbürtigkeit betrifft wesentlich nur das Eherecht. Ebenbürtigkeit ist Voraussetzung einer vollwirksamen hochadeligen Ehe. Daß im übrigen Ebenbürtige gleiche rechtliche Stellung haben müssen, davon weiß das geltende Privatfürstenrecht nichts. Eingehend gegen *Störk* bezüglich des von ihm behandelten Spezialfalles *Triepel* a. a. O. S. 29--34.

B. Um ein Beispiel für verschiedene Behandlung anzuführen, so sind in *Sachsen-Meiningen* nach Gesetz vom 9. März 1896 Art. 2 die Prinzessinnen des herzoglichen Spezialhauses und ihre Abkömmlinge eventuell nachfolgeberechtigt in das „Sondershausvermögen“, sobald der Mannesstamm des herzoglichen Hauses erlischt, in die Regierung und das Domänen-, und Hausfideikommißvermögen erst hinter den Prinzen des ganzen sächsischen bezw. des gothaischen Gesamthauses.

2. Inhalt der Mitgliedschaft im weiteren und im engeren Hause.

§ 10.

Die Frage, ob die aus der Familienmitgliedschaft sich ergebenden Rechte und Pflichten nur für die Zugehörigkeit zur Familie im engeren Sinne oder für die Mitgliedschaft in der regierenden Familie weiteren Sinnes gelten, haben wir schon in unserer Abhandlung über den „Begriff des landesherrlichen Hauses u. s. w.“ S. 32—36 erörtert. Es erübrigt nur, die dort gefundenen Ergebnisse hier in Kürze zu formulieren.

I. Im allgemeinen läßt sich sagen: erst durch den Eintritt in das landesherrliche Haus engeren Sinnes werden begründet: 1. die nur aus der Familiengewalt entspringenden Pflichten, 2. der Anteil am Familienrat und der privilegierte Gerichtsstand. Alle anderen Pflichten und Rechte entstehen ohne Unterordnung unter diese Gewalt und bleiben daher auch mit Ausscheiden aus derselben bestehen.

II. A. Daß Thronfolgefähigkeit nicht durch Zugehörigkeit zur regierenden Familie engeren Sinnes bedingt ist, wiesen wir in § 7 S. 100 nach. Aus einem anderen bereits in § 6 S. 91 erörterten Grunde folgt, daß die Verpflichtung, den Heiratskonsens einzuholen, schon vor Eintritt in und nach Austritt aus der Hausgewalt besteht.

B. Wieder ein anderer Grund ist es, um dessentwillen die Freiheit von Wehrpflicht, Heereslasten und Steuern, die Vorrechte im Prozeß und in der freiwilligen Gerichtsbarkeit mit Ausnahme des privilegierten Gerichtsstandes, der erhöhte strafrechtliche Schutz der Ehre und die politischen Vorrechte im Zweifel nicht durch Unterordnung unter die landesfürstliche Hausgewalt bedingt sind. Alle diese Vorrechte sind nicht verliehen wegen der nahen Beziehung zum Landesherrn, welche durch Unterordnung unter seine hausherrliche Gewalt begründet wird, sondern die unmittelbare Ursache derselben liegt in der Tatsache der Zugehörigkeit zu dem Hause, aus welchem der Landesherr hervorgeht, also in der Beziehung zu dem Stammesverband des Hauses. Ausschlaggebend hierfür ist positivrechtlich, daß unsere Reichsgesetze zumeist die gleichen Vorrechte den „Mitgliedern der fürstlichen Familie Hohenzollern, des vormaligen Königshauses Hannover, des vormaligen kurhessischen und des vormaligen nassauischen Fürstenhauses" einräumen[1]). Hier bildet doch gewiß die Abstammung von einem früheren Throninhaber die unmittelbare Ursache. Wir vermögen uns darum auch nicht[2]) der Meinung eines reichsgerichtlichen Straferkenntnisses vom 28. September 1891 in Entsch. in Strafs. Bd. XXII S. 141 ff. anzuschließen, wonach der privilegierte strafrechtliche Ehrenschutz des § 97 des Reichsstrafgesetzbuches lediglich den Familienangehörigen zukommen soll, welche unter der hausherrlichen Gewalt des Familienhauptes stehen[3]). Die Begründung erscheint mir mehr politisch als rechtlich. Freilich vermag ich auch die *Bindings* (in seinem Lehrbuch des gemeinen deutschen Strafrechts, besonderer Teil, Bd. I 2. Aufl., 1902 S. 173) nicht zu teilen. Er stimmt dem Reichsgericht im Ergebnis bei; der Hausangehörige, welcher einen fremden Thron besteige, verliere den Schutz des § 97, weil er *tatsächlich* Haupt einer fremden Staates sei. Allein warum wird dann nicht auch grundsätzlich die Sukzessionsfähigkeit verloren? Wie Binding, *Störk*, Der Austritt aus dem landesherrlichen Hause 1903, S. 22. Weiteres unten § 27 a. E.

C. In einem Punkte müssen wir unsere Meinung korrigieren. Wir sagten in jener Abhandlung S. 34 f. schlechthin, der

---

[1]) Vgl. E.G. zum B.G.B. Art. 57 Abs. 2 und die Einführungsgesetze der Reichsjustizgesetze überhaupt, bezw. zum Teil letztere selbst. Vgl. S. 75.

[2]) A. M. *Störk*, Austritt aus dem landesherrlichen Hause 1903 S. 5, 7, 22 und derselbe, Agnatische Thronfolge u. s. w. S. 51.

[3]) Gar nicht beizutreten ist dem weiteren Satze, daß wer nur ein unter Suzeränität stehendes Fürstentum erwerbe, aus der Familiengewalt nicht ausscheide. Hiegegen auch *Binding* und *Störk* a. a. O.

Austritt aus der fürstlichen Hausgewalt, z. B. durch Besteigung eines fremden Thrones, beendige nicht auch das Recht auf *Apanage* (Unterhalt) gegen das bisherige Haus oder den an dessen Stelle getretenen Staat. Denn jener Anspruch bilde kein Korrelat der Unterordnung unter die Hausgewalt, sondern eine Folge des erhöhten Aufwandes, den die Zugehörigkeit zu dem Hause notwendig mache, aus welchem der Throninhaber hervorgehe; dieser werde durch Austritt aus der Familiengewalt nicht beseitigt. Wir bleiben bei dieser Auffassung, fügen aber einschränkend hinzu: der Anspruch entfällt, wenn das Mitglied infolge Zugehörigkeit zu einem anderen Hause, z. B. als Träger einer Auslandskrone, einen Unterhalt empfängt, wie er auch dem Stande des Hauses entspricht, aus dessen Familiengewalt es ausscheidet. Diese Einschränkung erfordert das u. a. im nächsten Paragraphen zu erörternde Wesen der Apanage als Anspruch auf standesgemäßen Unterhalt. Nicht ein Eintritt in bezahlten fremden Staatsdienst (als General oder Admiral) hebt den Anspruch auf die Apanage auf, wohl aber unter Umständen[1]) der Eintritt in ein fremdes Haus. Denn es entsteht dann dort ein dem Anspruche hier wesensgleicher Anspruch. Nicht abzusehen ist, warum, wer anderwärts im hausrechtlichen Sinne Versorgung findet, auch noch im Hause, aus dessen Familiengewalt er ausschied und welchem er demgemäß nur mehr lose zugehört, Unterhaltsansprüche besitzen soll. Als Prinz Otto von Bayern 1832 König von Griechenland wurde, behielt er seine Apanage und ebenso wurden den englischen Prinzen, welche den Thron von Sachsen-Koburg-Gotha bestiegen (Edinburg, Connaught), ihr Apanageanspruch nicht streitig gemacht. Es fand nur teilweise ein freiwilliger Verzicht hierauf statt (siehe *Störk*, Austritt S. 26). Näher § 38 II B 2.

D. Endlich schulden wir noch den Beweis, warum die Vorschriften über privilegierten *Gerichtsstand* im Gegensatze zu den übrigen vom Staate eingeräumten Vorrechten *im Zweifel* lediglich für die Mitglieder des fürstlichen Hauses im engeren Sinne gelten sollen.

---

[1]) Nach *Zorn*, Deutsche Literaturzeitung 1902 Sp. 1025 schlechthin.

1. Ein innerer Grund besteht hierfür nicht[1]). Allein der Wortlaut der Hausgesetze ist, wie schon in jener Abhandlung S. 36 bemerkt, welcher juristisch die Statuierung dieser Ausnahme fordert.

Die Gerichtsbarkeit über die Hausangehörigen, die dem Landesfürsten zusteht, bezw. in dessen Namen geübt wird, bildet keinen Bestandteil seiner Familien-, sondern seiner Staatshauptstellung. Sehr deutlich sprach das schon das *bayerische* Familienstatut von 1816 aus. „Alle Glieder des königlichen Hauses stehen unter der Hoheit und Gerichtsbarkeit des Monarchen. Er ist das Haupt der Familie, in welcher Eigenschaft er eine besondere Aufsicht mit bestimmten Rechten über dieselbe ausübt.“ In der Eigenschaft als Familienhaupt übt er somit lediglich diese Aufsicht; alles übrige als Staatshaupt, demgemäß auch die Gerichtsbarkeit, trotzdem dieselbe grundsätzlich in Hausgesetzen ihre Regelung findet. Dagegen folgt aus letzterer Tatsache eben das, was wir beweisen wollen: nämlich, daß dieser Gerichtsbarkeit nur die der Hausgewalt Unterworfenen unterliegen.

Unterordnung unter Familienaufsicht und Gerichtsbarkeit sind wesensähnlich. Beides stellt Unterordnung unter Gewalt dar. Die Hausgesetze bestimmen den Kreis der der Gerichtsbarkeit des Fürsten unterliegenden Personen nicht anders, als den Kreis der seiner Familienaufsicht Unterstellten. Das koburg-gothaische Hausgesetz z. B. überschreibt den einen Abschnitt (Abschn. V): „Von der Aufsicht des Herzogs über die Mitglieder des Herzoglichen Hauses“ und den anderen (Abschn. IX): „Von der Gerichtsbarkeit über die Mitglieder des herzoglichen Hauses“ und in den Einzelbestimmungen beider Abschnitte (Art. 84ff., 114ff.) heißt es jederzeit schlechthin „Mitglieder des herzoglichen Hauses“. Daher sind in allen Fällen die Mitglieder im Sinne desjenigen Artikels gemeint, welcher den Kreis der Familienmitglieder fixiert, und dieser Artikel (Art. 1) tut dies eben in der Art, daß er den Kreis der der Familiengewalt unterstellten Personen umschreibt.

[1]) A. M. *Störk*, Die agnatische Thronfolge S. 70 wegen angeblicher Residenzpflicht *aller* Familienglieder, aber eine solche besteht nur für solche engeren Sinnes. Nur sie bedürfen der Auslandserlaubnis (S. 86).

2. a) Keiner Betonung bedarf, daß Haus- oder Staatsgesetz die Frage des Gerichtsstandes auch anders zu ordnen vermag. So haben wir z. B. oben S. 102 Anm. 1 eine lippische Verordnung vom 15. Mai 1902 erwähnt, welche nicht einmal allen der Familiengewalt unterstehenden Hausangehörigen privilegierten Gerichtsstand einräumt, sondern lediglich denjenigen hiervon, welche im Fürstentum Lippe wohnhaft sind.

b) Hinsichtlich der aufgeworfenen Frage geht Hausrecht staatlichen Anordnungen nach, vermag also Hausgesetz einseitig durch Staatsgesetz Änderungen zu erfahren. Denn es handelt sich hier um ein Rechtsinstitut, das erst mit Auflösung des alten Reiches als Rechtsfolge der Unterordnung unter die Staatsgewalt des Familienhauptes entsteht. Demgemäß läßt sich hier eine Unabhängigkeit des Hausrechtes vom staatlichen Recht historisch nicht rechtfertigen. Eine solche besteht lediglich für Thronfolge und was hiermit sachlich zusammenhängt (Ebenbürtigkeits- und Kammergutsrecht).

3. Die öffentlichrechtlichen und die privatrechtlichen Wirkungen der Mitgliedschaft.

§ 11.

I. Im allgemeinen kann über die rechtliche Natur der Zugehörigkeit zum landesfürstlichen Hause ein Zweifel kaum bestehen.

A. Das öffentlichrechtliche Wesen der landesfürstlichen Familien*aufsicht* liegt gewiß klar und demgemäß auch der gleiche Rechtscharakter der Unterordnung unter sie. Zwar stellt jene Aufsicht kein Stück, sondern lediglich eine Pertinenz der Staatsgewalt dar, allein die Beziehung des Hauses zum Staat bildet, wie wir in § 6 sahen, die historische Veranlassung jener Gewalt. Ihre publizistische Natur folgt hieraus von selbst. Vgl. *Seydel,* Bayer. Staatsrecht Bd. I S. 209 Anm. 5 (1896). Soweit wie *Triepel* a. a. O. S. 94 gehen wir allerdings nicht, daß wir aus jenem Grunde die Übung der genannten Gewalt als eine Pflicht des Landesherrn gegenüber dem Staate ansehen. Nicht als Rechts*pflicht,* sondern als Recht desselben wird sie charakterisiert. Sie bildet einen Ausfluß der Stellung als Familien*haupt* und wird in den Hausgesetzen neben „Hoheit und Gerichtsbarkeit“ genannt, Gewalten die im Sinne unserer Verfassungen, wie alle anderen Gewalten, „Regierungs*rechte*“ (vgl. bayer. Verf. Tit. II § 17; preuß. Verf. Art. 58: „*zustehende* Gewalt“), Befugnisse und nicht Pflichten darstellen.

B. Nicht anders haben wir bezüglich der *Zugehörigkeit* zur landesherrlichen Familie im *weiteren Sinne* zu entscheiden. Der letztere Begriff greift über das Wesen der Familie im privatrechtlichen Sinne, dem Verhältnis zwischen Ehegatten, Eltern und Kindern, hinaus. Alle gehören dazu, welche von dem ersten Erwerber der Landes*hoheit* abstammen. Die Beziehung zu einen *staatlichen* Moment bildet also das einigende Band. Wir stehen nicht an, die Mitgliedschaft auch im fürstlichen Hause weiteren Sinnes als *öffentlichrechtlichen Status* zu bezeichnen. Wir wissen uns in dieser Hinsicht völlig eins mit der herrschenden Lehre, wie sie insbesondere *Jellinek*, System der subjektiven öffentlichen Rechte S. 177 formuliert hat. Man vergleiche auch *Triepel* a. a. O. S. 93.

II. Indes aus dieser grundsätzlich publizistischen Natur der Mitgliedschaft im regierenden Hause folgt keineswegs, daß alle Wirkungen, welche das positive Recht an diese Mitgliedschaft knüpft, öffentlichrechtlichen Charakter besitzen. Auch aus der Enteignung und, was freilich bestritten[1]), aus der Anstellung leiten sich neben publizistischen auch privatrechtliche Ansprüche ab. Dasselbe gilt für unsere Hausmitgliedschaft. Soweit die in Betracht kommenden Rechtserscheinungen von den bei nichtregierenden fürstlichen Familien oder gar von den bei gewöhnlichen Familien uns begegnenden Rechtsverhältnissen sich nur unwesentlich unterscheiden, ist, weil hier und dort Familienrecht vorliegt und das ganze gewöhnliche Familienrecht trotz Durchsetzung mit ihrem sachlichen Wesen nach öffentlichrechtlichen Bestandteilen positivrechtlich doch zum bürgerlichen Rechte gerechnet wird, auch beim Rechte der landesfürstlichen Familien Vorhandensein privatrechtlicher

[1]) Siehe neuerdings *Anschütz* a. a. O. S. 592.

Institute anzunehmen (siehe auch unten § 34 II A). Wir gehen nicht soweit, wie *Schulze*, der bei Holtzendorff 5. Aufl. S. 1361ff. auch die Bestimmungen über juristische Natur, Umfang und Organisation des fürstlichen Hauses und das Recht der Befugnisse des Familienoberhauptes für solche „wesentlich privatrechtlichen Inhalts" erklärt, aber auch wir z. B. rechnen die Lehre von Geburt und Vermählung[1]) im landesfürstlichen Hause zum Privatrecht. In unserem Zusammenhange sind es zwei Materien, welchen wir im Widerspruch mit der herrschenden Lehre *teilweise* privatrechtliche Art beimessen, die Versorgung der Familienangehörigen durch Haus oder Staat und die Familienaufsicht.

A. Dem öffentlichen Rechte weisen wir im Einklang mit der üblichen Lehre (siehe *Jellinek*, System der subj. öffentl. Rechte S. 145) die vermögensrechtliche Ausstattung des Monarchen mit einer *Zivilliste* seitens des *Staates* zu. Dieselbe geht in ihrer Höhe über den Gedanken des standesgemäßen Unterhalts hinaus. Sie dient primär Repräsentationszwecken, wie sie Würde und Ansehen der Krone im Staatsinteresse erfordern. Die Rechte der übrigen Hausangehörigen auf *Apanage*, *Aussteuer*, *Ausstattung*, *Wittum* u. s. w. haben keine so unverhältnismäßige Höhe, daß es unmöglich wäre, sie noch voll und ganz unter den Begriff des standesgemäßen Unterhalts zu bringen, wie er dem gewöhnlichen Familienrechte (B.G.B. §§ 1579, 1603, 1610, 1620) eigentümlich ist — man vgl. z. B. sachsen-meiningensches Gesetz vom 9. März 1896 zur Ergänzung des Grundgesetzes Art. 8: „Die Prinzen und Prinzessinnen des Herzoglichen Spezialhauses erhalten . . . angemessenen Unterhalt." — Wo das Domanialvermögen (Kammergut) noch dem Hause als Stammgut (Familienfideikommiß) gehört und der Landesherr aus diesem unmittelbar — d. h. nicht auf dem rechtlichen Umweg über die Staatskasse (wie in Baden; über Sondershausen s. § 38 I A 2 $\delta\,\beta$) — eine Dotation empfängt, entspricht es dieser Beziehung zum Hausvermögen allein, auch in der genannten Dotation lediglich

---

[1]) Anders *Jellinek*, System der subj. öffentl. Rechte S. 178; wohl auch *Triepel* S. 94 Anm. 2.

den Gegenstand eines Privatrechtsanspruches zu erblicken. Wie sollte der Anspruch auf Leistung aus einem Vermögen öffentlichrechtlich sein, dessen derzeitiger Inhaber der Anspruchsberechtigte selbst ist? Hieran vermag auch die eventuell vorliegende Verwaltung des Hausgutes durch Staats- und nicht durch Domänen- d. h. Hausdiener keineswegs etwas zu ändern. Denn hierdurch wird lediglich die Organisation der Verwaltung öffentlichrechtlich, nicht die Verwaltungstätigkeit selbst und die Beziehung des Hausvermögens zu seinen Nutznießern. — Anders *Jellinek*, System der subj. öffentl. Rechte S. 178, wenigstens für die ökonomischen Ansprüche der Hausmitglieder an den Staat. Es überwiege das Öffentlichrechtliche bei ihrer Statuierung. Vgl. noch § 38 I.

B. Die Machtbefugnisse, welche der Landesfürst in seiner Eigenschaft als Familienchef gegenüber den Hausangehörigen besitzt, werden im positiven Rechte unter dem Namen „*Familien*gewalt", „*Familien*aufsicht" zusammengefaßt und als Rechte des Familienhaupts bezeichnet. Hieraus folgt, daß sie, soweit ihre Natur derjenigen des gewöhnlichen Familienrechts ähnlich ist, privatrechtlich aufzufassen sind. Demgemäß sind privatrechtlich: Obervormundschaft, Aufsicht über die Erziehung und, weil — wie Ebenbürtigkeit — mit dem Eherecht zusammenhängend, Bestätigung der Eheverträge und Heiratskonsens. Dagegen eignet öffentlichrechtliche Natur der Anstellung oder Bestätigung des Hofstaates durch das Familienhaupt, der Notwendigkeit einer Erlaubnis für Reisen ins Ausland und für den Eintritt in fremde Dienste, der Unterordnung unter die Disziplinargewalt und der Verpflichtung der Anzeige von Familienereignissen, welche für das Haus von Interesse sind (Oldenburg. Hausgesetz Art. 10).

III. Müssen wir uns vom Standpunkte heutiger Wissenschaft aus auch dahin erklären, daß die Zugehörigkeit zum landesherrlichen Hause als solche öffentlichrechtliche Natur besitzt, so sind wir doch weit davon entfernt, mit *Triepel* S. 95 zu behaupten, die Frage solcher Zugehörigkeit könne, wenn strittig, nicht Gegenstand eines selbständigen Zivilgerichtsstreites bilden, sie könne nicht selbständige Zivilrechtssache sein. Wir halten die Frage im Sinne des geltenden

Rechtes, im Sinne des § 13 des Reichsgerichtsverfassungsgesetzes für eine bürgerliche Rechtsstreitigkeit. Denn wie schon in § 5 III S. 83 bemerkt, ruht jene Zuständigkeitsgesetzgebung vom 27. Januar 1877 auf den Rechtsanschauungen damaliger Zeit. Damals sprach man aber noch von *Privat*fürstenrecht und rechnete demzufofge, wie Familienzugehörigkeit sonst, auch Familienzugehörigkeit zu regierenden Häusern zu den Privatrechtssachen. Siehe auch § 34.

IV. Die *Hausautonomie* ist öffentlichrechtlich, weil ihr wichtigster Gegenstand die Thronfolge ist[1]). Ebenso eignet dieser Charakter dem Rechte des landesfürstlichen Familienhauptes, alle für die Erhaltung der Ehre, Ordnung und Wohlfahrt des landesherrlichen Hauses angemessenen Maßregeln zu treffen. Der Umfang dieses Rechtes ist soweit, daß hierunter vor allem auch eine *Disziplinargewalt*, also ihrem Wesen nach etwas öffentlichrechtliches, fällt.

4. Die Mitgliedschafts-Rechte und Pflichten im System.

§ 12.

Auf Grund des bisher in diesem Kapitel Erörterten vermögen wir nun folgendes System des Inhalts der Familienzugehörigkeit zu geben.

I. Mitgliedschafts*pflichten:*

A. Im Hause *weiterer* Bedeutung:

1. öffentlichrechtlich: Gehorsam gegen die allgemeine, der Gesamtheit der Agnaten zustehende Familiengewalt;
2. privatrechtlich:
   a) Last der Ebenbürtigkeit;
   b) Heiratskonsens (vgl. S. 91).

B. Im Hause *engeren* Sinnes:

1. öffentlichrechtlich:
   a) Anstellung oder Bestätigung des Hofstaates durch den Chef;

[1]) A. M. *Schücking* S. 44.

b) Erlaubnis zu Reisen ins Ausland;
c) Erlaubnis zum Eintritt in fremde Dienste;
d) Disziplinargewalt des Familienhauptes;
e) Anzeige von wichtigen Vorfällen in der Familie;

2. privatrechtlich:
a) Obervormundschaft;
b) Aufsicht über Erziehung;
c) Bestätigung der Eheverträge;
d) Heiratskonsens.

II. Mitgliedschafts*rechte*:

A. *Privatrechtliche*:

1. im Hause *weiterer* Bedeutung:
a) Ehrenrechte: Rang im Haus (Hausrang), insbesondere Ehrenvorzug des Familienhauptes, namentlich des Chefs eines Gesamthauses als Ehrenchef;
b) sachliche Rechte;
α) nichtvermögensrechtliche: Ebenbürtigkeit;
β) vermögensrechtliche:
αα) Anwartschaften am Stammgut, Mitverfügung über Substanz desselben;
ββ) Dotation und Versorgung aus Hausvermögen: Kronrente, Apanage, Aussteuer, Ausstattung, Wittum u. s. w.;
γγ) dieselben Ansprüche wie unter *ββ*) gegen den Staat außer der Kronrente;

2. Im Hause *engeren* Sinnes:

B. *öffentlichrechtliche* im Hause weiterer Bedeutung:

1. Ehrenrechte:
a) im Hause: Hofrang und Hofzeremoniellrechte;
b) im Staate:
α) Titel, Wappen;
β) Staats-, insbesondere Kanzleizeremoniell, militärische Ehren, Kirchengebet, Landestrauer;
γ) Hofstaat (persönlicher Ehrendienst);
δ) erhöhter strafrechtlicher Schutz der Ehre (R.Str.G. §§ 96, 97, 100);

2. sachliche Rechte:

a) nichtvermögensrechtliche:

α) Teilnahme an der Betätigung der allgemeinen Hausgewalt, insbesondere an der Ausübung der Hausautonomie;

β) im Staate:

αα) Thronfolge-[1]) und Regentschaftsfähigkeit, Mitglied in der ersten Kammer und im Staatsrat (politische Rechte);

ββ) besondere Rechtsstellung im bürgerlichen Rechte (Einf.G. z. B.G.B. Art. 57, preuß. Ausf.G. z. B.G.B. Art. 88), Privilegien in bezug auf Erscheinen vor Gericht, Eidesleistung (Z.Pr.O. §§ 219, 375, 479, 482; Str.Pr.O. § 71; Reichsmilitärstrafgerichtsordnung §§ 206, 208) und Vertretung daselbst im Prozeß durch ihre Behörden (preuß. Ausf.G. z. Z.Pr.O. in der Fassung vom 6. Oktober 1899 § 2) *[Prozeſsprivilegien]*, in bezug auf Beurkundung des Personenstandes (Reichsgesetz vom 6. Februar 1875 § 6), Befreiung von Wehrpflicht (Gesetz vom 9. November 1867 § 1); vgl. S. 138f.;

γγ) Beteiligung an den Kreistagswahlen durch Stellvertreter (Kreisordnung vom 19. März 1881 § 97);

γ) im internationalen Verkehre: Exterritorialität für das Staatshaupt und begleitende Familie.

b) vermögensrechtliche:

α) Zivilliste und sonstige Dotation des Staatshauptes oder seines Vertreters;

β) Steuer-, Gebühren- und Portofreiheit (preuß. Einkommensteuergesetz vom 24. Juni 1891 § 3; preuß. Kommunalabgabengesetz vom

---

[1]) Über die öffentlichrechtliche Natur ist heute kein Zweifel. Siehe die Belege bei *Schücking* S. 23.

14. Juli 1893 § 25 [Grundsteuer], § 40 [Gemeindeeinkommensteuer], § 68 [Naturaldienste]; König frei auch von Kreiseinkommensteuer, aber die königlichen Familiengüter mit Ausnahme der königlichen Schlösser unterliegen der Kreis-, Grund- und Gebäudesteuer [Kreisordnung 1881 § 17]; wegen Stempelsteuer-, Porto- und Telegraphengebührenfreiheit preuß. Stempelsteuergesetz vom 31. Juli 1885 § 4, Bundesgesetz vom 5. Juni 1869 § 1 und Verordnung vom 2. Juni 1877);

γ) Befreiung von der Einquartierungslast im Frieden bezüglich der Wohngebäude, Befreiung von Vorspannleistung bezüglich der für ihren Hofhalt bestimmten Pferde und Befreiung von Fourage, soweit die vorhandenen Bestände für die eben genannten Pferde gebraucht werden (Reichsgesetz, betreffend Quartierleistung für die bewaffnete Macht während des Friedenszustandes vom 25. Juni 1868 § 4, bezw. über die Naturalleistungen für die bewaffnete Macht im Frieden vom 24. Mai 1898 §§ 3 und 5);

C. öffentlichrechtliche im Hause *engeren* Sinnes:
1. Ehrenrechte;
2. sachliche Rechte:
a) nichtvermögensrechtliche:
α) für das Familienhaupt allein: *besondere* Hausgewalt;
β) Anteil am Familienrate;
γ) privilegierter Gerichtsstand (Einf.G. z. Ger.-Verf.G. § 5, z. Z.Pr.O. § 5, z. Konk.O. § 7, z. R.Str.Pr.O. § 4, z. Zwangsversteigerungsgesetz § 2, Reichsgesetz über freiwillige Gerichtsbarkeit § 189; Grundbuchordnung §§ 83 und 90);

b) vermögensrechtliche: —.

5. Das Verhältnis der Haus- zur Staatsangehörigkeit.

§ 13.

I. In Hinblick auf diese Sonderstellung der Mitglieder der landesherrlichen Häuser, bei welcher das Maß der besonderen Rechte den Umfang ihrer besonderen Pflichten übersteigt, ist es im System des Staatsrechtes üblich, die Angehörigen regierender Familien als eine Gruppe bevorrechteter Staatsuntertanen, als die rechtlich ausgezeichnetste Klasse der Staatsangehörigen gegenüber den übrigen Staatszugehörigen herauszuheben. Man vergleiche z. B. *Georg Meyer* § 228, *Anschütz* § 17. Mit dieser Anweisung im Systeme will die Staatsrechtslehre aber keineswegs zugleich die Frage entschieden haben, ob Hausmitglieder überhaupt Untertanen des Staates sein müssen, zu dessen landesfürstlicher Familie sie zählen. Nur die Regel will hiermit angegeben sein, obwohl man auch in dieser Richtung noch zweifeln könnte. Denn im gewöhnlichen Sprachgebrauche werden Volk, d. h. Untertanen und Dynastie einander gegenübergestellt — so z. B. im hannoverschen Hausgesetze vom 19. November 1837 Schluß: „Wir erklären dieses Hausgesetz für allgemein verbindlich sowohl für die Mitglieder Unseres Hauses, als für alle Einwohner Unseres Königreiches." Allein solche Gegenüberstellung ist nicht so zu verstehen, als gehöre die Dynastie nicht auch zum Volk. Vielmehr will damit lediglich angezeigt sein: sie gehört nicht zum gewöhnlichen Volk, den gewöhnlichen Untertanen, ähnlich wie es bei der Gegenüberstellung von Regierung und Volk der Fall ist. Auch hier will nicht gesagt sein, das Ministerium gehöre nicht zum Volk. Der einzelne Minister ist Untertan, aber kein gewöhnlicher Untertan, sondern einer, welcher die Staatsherrschaft handhabt. Ebenso Beamter und Volk u. s. w. Auch der Fürst ist Untertan in seinem eigenen Staate [1]), nicht sein Untertan, sondern *Staats*untertan, Untertan der Staatspersönlichkeit, könnte er doch ohne dies gar

---

[1]) A. M. *Neubecker*, Thronfolgerecht und fremde Staatsangehörigkeit (Berl. Diss.) 1897 S. 50 u. 57; *Hübler*, Magistraturen des völkerrechtlichen Verkehrs 1900 S. 105.

nicht Reichsangehöriger werden, weil nur *durch* Landesangehörigkeit Reichsbürgerrecht erworben wird.

Auf jeden Fall aber entbindet jene Stellung des Rechtes des landesherrlichen Hauses im System nicht von der Notwendigkeit einer Erörterung des Verhältnisses von Haus- und Staatsangehörigkeit.

II. Vom Standpunkte des geltenden Rechtes aus ist erstens *Staatsangehörigkeit keine Bedingung der Hausmitgliedschaft.* Wir wiesen das in unserer Abhandlung über „Den Begriff des landesherrlichen Hauses u. s. w." S. 30 f. nach und beziehen uns, um Wiederholungen zu vermeiden, hierauf. Zugestimmt hat uns *Triepel* S. 85 f. Anderer Meinung ist *Störk*, Die agnatische Thronfolge im Fürstentum Lippe S. 70, jedoch ohne nähere Begründung, und — aber wohl nur de lege ferenda — *Zorn*, Deutsche Literaturzeitung 1902 Sp. 1025.

III. *Ebensowenig bewirkt* aber die Zugehörigkeit zum landesherrlichen Hause im engeren oder weiteren Sinne *Staatsangehörigkeit.*

A. Auch dies führten wir schon in jener Abhandlung S. 29 unten und 30 oben aus. Nur eine scheinbare Ausnahme stellt der Erwerb der Familienzugehörigkeit durch *Übernahme des Thrones* dar (siehe ebenda S. 31 f. und *Gg. Meyer* § 76 a. E.). Denn was hier die Staatsangehörigkeit bewirkt, ist nicht der Erwerb der Familienmitgliedschaft (in specie Familienhauptstellung), sondern der Erwerb der Staatshauptstellung. Durch Erwerb der letzteren wird der englische Prinz, welcher den Thron von Sachsen-Koburg und Gotha besteigt, koburg-gothaischer Staats- und damit auch deutscher Reichsangehöriger; desgleichen nach dem allgemeinen Grundsatz, daß Ehefrau und Kinder die Staatsangehörigkeit der Eltern im Zweifel teilen, seine Gemahlin und seine Kinder, soweit die Voraussetzungen des § 11 des Reichsgesetzes über Erwerbung und Verlust des Bundes- und Staatsangehörigkeit vom 1. Juni 1870 gegeben sind. Der Erwerb erstreckt sich demgemäß nur auf minderjährige Kinder, deren gesetzliche Vertretung dem Staatshaupt kraft elterlicher Gewalt zukommt, und jedenfalls nicht auf Töchter, die verheiratet sind oder gewesen sind. Abgesehen davon kann der Landesfürst für seine ganze Familie und sogar in Analogie von Staatsangehörigkeitsgesetz § 9 für sich bestimmen, daß die Übernahme des Thrones durch ihn für seine Familie bezw. sogar für ihn nicht Staatsangehörigkeit begründe, eine Bestimmung, die aber allerdings zu ihrer Gültigkeit ministerieller Gegenzeichnung bedarf. — Daß lediglich die Übernahme der Staatshauptstellung solche Wirkung besitzt, beweist noch folgendes: Ein *Prinz*, welcher die *regierende Fürstin eines anderen Staates ehelicht,* tritt damit von selbst (siehe unten § 21) in die Familie seiner Gemahlin ein. Es folgt dies durch Analogie aus dem allen Hausgesetzen gemeinschaftlichen Satz, daß die Gemahlin des Landesfürsten zur landesfürstlichen Familie rechnet. Der Grund ist für sie, wie für die Gemahlinnen der Prinzen, die nahe Beziehung zum Staatshaupte. Eine gleich nahe ist beim Gemahl der Fürstin gegeben. Nur der Unterschied besteht: der Gemahl tritt, weil er das Haupt der Ehe, nur in die Familie weiteren Sinnes ein; Unterordnung unter die Familiengewalt seiner Frau würde Vertrag voraussetzen. Würde die Familienmitgliedschaft (im weiteren Sinne) Staatsangehörigkeit begründen, so wäre es nicht erforderlich, dieselbe den betreffenden auswärtigen Prinzen besonders zu verleihen. Dies ist aber in den beiden bekannten Fällen geschehen, die unserer nächsten Geschichte angehören. Der Prinz Albert von Koburg-Gotha wurde durch besondere Staatsakte vom 24. Januar und 7. Februar 1840 als englischer Staatsangehöriger naturalisiert[1]) und ebenso erhielt Herzog Heinrich von Mecklenburg durch besonderes Gesetz vom 26. Januar 1901 die niederländische Naturalisation. Diese Naturalisationsgesetze ergingen sogar vor der Eheschließung, die am 10. Februar 1840, bezw. 6. Februar 1901 stattfand. Andererseits darf aus letzterem Grunde aber keineswegs geschlossen werden, daß die Staatsangehörigkeit Bedingung des Eintritts in das landesfürstliche Haus sei. Wäre das anzunehmen, so würde hier und dort in den königlichen Verordnungen, welche die Rangstellung des

---

[1]) Siehe *Störk*, Austritt S. 23; *Lehweſs*, Rechtsfragen bei Verheiratung einer regierenden, insbesondere einer deutschen Fürstin mit einem auswärtigen Prinzen, im Archiv f. öffentl. Recht Bd. XII S. 514.

fürstlichen Gemahls ordnen, auf diese Verleihungsgesetze Bezug genommen sein. Allein das ist weder in den englischen royal letters patents vom 5. März 1840, bezw. 2. Juli 1857 der Fall, wodurch Prinz Albert von Koburg-Gotha preemince and precedence next to Her Majesty angewiesen bezw. den Titel „Prince Consort" verliehen erhielt, noch in den Beschlüssen der niederländischen Königin vom 6. Februar und 30. September 1901, mittelst deren dem Königingemahl der Titel eines Prinzen der Niederlande mit dem Prädikate „Königliche Hoheit", bezw. ein besonderes Familienwappen verliehen wurden. Vgl. Weiteres unten § 21.

B. *Störk* ist anderer Meinung als wir. Nach ihm begründet die Familienmitgliedschaft als solche, somit auch jede Art derselben, unmittelbar die Staatszugehörigkeit. Die landesfürstliche Stellung ist Staatsdienst im weiteren Sinne, die des Mitglieds der landesherrlichen Familie „landesfürstlicher Dienst". Die landesherrliche Familie ist „ein dem Landesherrn zur Verfügung stehender amtlicher Apparat zur Wahrnehmung staatlicher Aufgaben" (Austritt S. 33, Thronfolge 61, 62, 70, 79; siehe auch unten § 29 IV B 2). Auch wir führten den Erwerb der Staatsangehörigkeit durch die Staatshauptstellung auf Analogie mit der Anstellung zurück[1]). Aber diese Analogie fehlt eben für die Zugehörigkeit zum landesherrlichen Hause als solche. Die Analogie fordert berufsmäßige, fortgesetzte Tätigkeit für den Staat. Von einer solch ständigen Erledigung von Staatsgeschäften kann aber beim gewöhnlichen Familienglied nicht die Rede sein. Mit Recht hat sich schon *Triepel* S. 78f. gegen diese Auffassung gewendet. Die Hauszugehörigkeit als solche bewirkt daher keine Staatsangehörigkeit.

IV. Bildet die Staatsangehörigkeit keine Voraussetzung der Familienmitgliedschaft, so ist es auch *nicht* möglich, daß *Verlust* der *Staatsangehörigkeit Hausmitgliedschaft beendigt.* Vgl. Begriff des landesherrlichen Hauses u. s. w. S. 32. Nimmt z. B. ein Familienmitglied seinen ununterbrochenen gewöhnlichen Aufenthalt im Ausland, so verliert es Staatsan-

---

[1]) Begriff des landesherrlichen Hauses S. 31.

gehörigkeit, keineswegs aber Familienmitgliedschaft. Das Fortbestehen der Familienmitgliedschaft verhindert keineswegs die allgemeinen Prinzipien zufolge (Entlassung aus dem Staatsverband u. s. w.) eintretende Beendigung der Staatsmitgliedschaft.

V. Nicht minder aber gilt: *Verlust der Hausmitgliedschaft beendigt nicht auch die Staatsangehörigkeit.* Durch Vermählung mit dem Angehörigen eines anderen Hauses tritt die Prinzessin aus ihrer bisherigen Familie im engeren Sinne aus, keineswegs auch aber aus dem Staatsverbande. Soll auch diese enden, so bedarf es hierfür eines besonderen Verlustgrundes (z. B. zehnjähriger Aufenthalt außerhalb des Bundesgebietes).

Anders liegt die Sache auch nicht, wenn die Familienmitgliedschaft (engeren Sinnes) infolge *Übernahme eines fremden Thrones* erlischt (siehe unten § 27). Hier hört zugleich die Staatsangehörigkeit auf, aber nicht, weil durch jene Thronübernahme ein Ausscheiden aus dem Hause geschieht, sondern unmittelbar, weil die Throninhaberschaft mit Unterordnung unter fremde Staatsgewalt unverträglich ist. Denn aus dem völkerrechtlichen Prinzip der Unabhängigkeit, d. h. internationalen Gleichheit der Staaten hat das Völkerrecht auch abgeleitet die Unabhängigkeit ihrer obersten Vertreter, der Staatshäupter, von fremder Staatsgewalt [1]). Wer deutscher Reichsfürst wird, erwirbt deutsche Staatsangehörigkeit und verliert jede andere. „Jeder deutsche Reichsfürst ist Deutscher und zwar — im Zweifel (fügen wir ein) — ausschließlich „Deutscher" [2]). *Wer einen fremden Thron besteigt, erwirbt die dortige Staatsangehörigkeit und verliert die deutsche.* Der englische Prinz, welcher Herzog von Koburg und Gotha *wird,* bleibt englischer Prinz (Mitglied des dortigen Herrscherhauses), hört aber von selbst auf, englischer Untertan zu sein. Dasselbe galt für die beiden letzten Könige von Hannover Ernst August und Georg V. Der

[1]) Vgl. Begriff des landesherrlichen Hauses S. 22; ferner *Neubecker* S. 57 ff., ohne aber dessen Gründe mir aneignen zu wollen.

[2]) *Zorn,* Deutsche Literaturzeitung 1902 Sp. 1025; s. auch *Hübler,* Die Magistraturen des völkerrechtlichen Verkehrs und die Exterritorialität 1900 S. 105 f.

Satz des damaligen englischen Staatsrechtes once subject, ever subject geht dem Völkerrecht nach. Nicht ausgeschlossen ist allerdings *rechtlich*, daß, wer Herrscher im anderen Lande geworden ist, unter Fortdauer dieser seiner Stellung *freiwillig* wieder die Staatsangehörigkeit, die er verlor, zurückerwirbt, ebenso wie es rechtlich nicht unzulässig ist, daß er freiwillig zugleich in Dienste eines anderen Staates tritt. Wegen der darin liegenden Beschränkung des Rechtes der Unabhängigkeit von anderen Staaten, welches ihm auch als Privatperson kraft seiner Staatshauptsstellung zukommt, liegt in solcher freiwilligen Unterwerfung unter fremde Gewalt als Privatperson ein Regierungsakt, der somit der ministeriellen Mitwirkung bedarf. Der Verzicht auf die Unabhängigkeit als solcher ist möglich, ist dem Souverän doch auch Verzicht auf Exterritorialität, wenn er im Auslande reist, ohne weiteres gestattet. Vgl. auch *Edg. Löning*, Die Gerichtsbarkeit über fremde Staaten und Souveräne S. 121 und 145 und 151.

Daß Verlust der Haus- und Verlust der Staatsangehörigkeit in diesem Falle nicht in Wechselwirkung stehen, nicht die Beendigung der Hausangehörigkeit die Ursache für das Aufhören der Staatsuntertänigkeit bildet und ebenso das Umgekehrte nicht gilt, sondern vielmehr beide aus einem gemeinsamen dritten Grunde folgen, zeigt noch der *verschiedene Umfang* der *Wirkung* in bezug auf *Ehefrau* und *Kinder* des Ausscheidenden, je nachdem Verlust der Staatsangehörigkeit oder der Familienangehörigkeit in Frage steht. In ersterer Hinsicht ist von Bedeutung der Aufenthalt von Ehefrau und Kindern. Nur soweit sich Ehefrau und Kinder beim Ausgetretenen befinden, verlieren auch sie die Staatsangehörigkeit (Reichsgesetz über Erwerbung und Verlust der Bundes- und Staatsangehörigkeit § 21). In der anderen Richtung dagegen kommt dieses räumliche Moment nicht in Betracht. Sie treten schlechthin unter die Hausgewalt des neuen Herrschers, denn das Akzessorium der Staatsgewalt, die Hausgewalt, beruht nicht so, wie die Staatsgewalt ihrem Wesen nach, auf räumlicher Grundlage. Damit will aber andererseits nicht gesagt sein, daß der Fürst, unter dessen Gewalt der Prinz und seine Familie bisher standen, unter allen Umständen seine

Hausgewalt über letztere verliert. Er verliert sie über den Prinzen und seine Gemahlin; nicht aber über die Nachkommen des Prinzen, so lange und so oft sie sich in seinem Staate aufhalten. Dies ist eine Folge der organischen Verknüpfung der Hausgewalt mit der Staatsgewalt. Die Familie des Staatshauptes genießt Exterritorialität im Auslande nur in Begleitung des Fürsten. Liegt letzteres Moment nicht vor, so widerspricht Unterordnung unter Gewalt eines fremden Fürsten auch nicht dem Prinzip der internationalen Unabhängigkeit ihres Familienhauptes. Insoweit schränken wir das in der Abhandlung über den Begriff des landesherrlichen Hauses S. 22 Bemerkte ein. Übrigens kommen wir auf die Frage in § 24 a. E. und § 27 II B 2 b und C nochmals zurück.

Fünftes Kapitel.

Begriff und Einteilung des Fürstenrechtes.

§ 14.

I. A. Die heute herrschende Auffassung, daß das fürstliche Hausrecht in jeder Richtung unter dem Staatsrecht stehe, ist wesentlich durch die frühere Bezeichnung des Fürstenrechtes als Privatfürstenrecht gefördert. Jus privatum principum schien lediglich Privatrecht zu sein. Indes schon in § 1 II A wiesen wir nach, wie bereits die Vergangenheit sich bewußt war, daß das Privatfürstenrecht öffentlichrechtliche Bestandteile enthalte. Nur ging man wieder zu weit und bezeichnete es schlechthin, d. h. in allen seinen Teilen, als eine Partie des Staatsrechts, als Familienstaatsrecht. Erst die neuere Staatsrechtslehre hat festgestellt, daß nicht das ganze Privatfürstenrecht dem Staatsrecht zugewiesen werden dürfe, daß zwischen staats- und privatrechtlichen Stücken desselben zu unterscheiden, demgemäß aber auch der Name Privatfürstenrecht zu verlassen sei. Vor allem *Schulze* war es, welcher jenes unklare Gemisch von staats- und privatrechtlichen Sätzen, welche das Privatfürstenrecht darstellte, fein säuberlich in seine privat- und staatsrechtlichen Elemente auseinanderlegte und demgemäß mit dem Namen Privatfürstenrecht brach. Er spricht — bei Holtzendorff S. 1352, 1362, 1368 — von Fürstenrecht und teilt es in privatrechtliches und staatsrechtliches Fürstenrecht.

B. Der Name Privatfürstenrecht, d. h. besonderes Privatrecht des Standes des hohen regierenden Adels, Privatrecht der fürstlichen Reichsstände war angebracht zur Zeit des reinen Patrimonialstaates. Schon im Aufklärungszeitalter des 18. Jahrhunderts hätte er fallen müssen. Dann wäre leichter erkannt worden, daß schon damals das Thronfolgerecht kein rein privatrechtliches Erbrecht war und daß demgemäß es nicht nötig ist, die Thronfolge von heute als etwas gegen damals völlig wesenverschiedenes zu betrachten. Schon damals stellte die Thronfolge staatsrechtliches Erbrecht dar. Der Unterschied von heute gegenüber jener Zeit besteht lediglich darin, daß die Thronfolge nicht mehr eine staatsrechtliche Erbberechtigung an der Staatsgewalt, sondern nur an einer Organstellung im Staate darstellt. Das staatsrechtliche Gut, welches der Nachfolger erbt, ist nicht mehr die Staatsgewalt, sondern nur Inhaberschaft der Staatsgewalt, Inhaberschaft so genommen, wie der jeweilige Fideikommißbesitzer Inhaber genannt wird[1]).

II. In dem, was deutsches Fürstenrecht ist und was hiervon dem Privat-, was dem öffentlichen Rechte angehört, kommen wir heute zu anderen Resultaten als *Schulze* noch im Jahre 1890.

A. Modernes, heutiges deutsches Fürstenrecht ist nicht mehr das besondere Recht des ganzen hohen Adels, der jetzt regierenden Familien, der Häuser, welche nach 1815 die Eigenschaft einer regierenden Familie verloren haben, *und* der standesherrlichen Geschlechter, sondern lediglich der gegenwärtig regierenden und der nach 1815 dieser Eigenschaft entkleideten Familien.

---

[1]) Vgl. z. B. sachsen-meiningensches Gesetz vom 9. März 1896 zur Ergänzung des Grundgesetzes Art. 15: „Das Sonderhausvermögen hat die Eigenschaft eines Familienfideikommisses *des* Herzoglichen Spezialhauses; Inhaber desselben ist der Herzog."

1. Schulze rechnete zum deutschen Fürstenrecht auch noch das Recht der mediatisierten Häuser, also derjenigen, welche zur Zeit des alten Reiches Reichsstandschaft besaßen, ihre Staatsgewalt (Landeshoheit) aber entweder vor oder mit Untergang des Reiches oder in der Zeit von 1806—1815 verloren haben (Bundesakte vom 8. Mai 1815 Art. 14: „im Jahre 1806 und seitdem mittelbar gewordene Reichsstände"). Riß schon jene Zeit eine tiefe Kluft in die Standesgemeinschaft des hohen Adels, indem die einen Staatsgewalt verloren, die andern sie behielten, so hat die neueste Reichs- und Landesgesetzgebung diese rechtliche Kluft noch stark vergrößert, begreiflich, wenn man bedenkt, daß mit Gründung des Reiches insofern sich der politische Zwischenraum zwischen landesfürstlichen und standesherrlichen Häusern erweiterte, als die Häupter der ersteren zu der Trägerschaft der obersten Gewalt im Staate auch noch die Mitträgerschaft an den Hoheitsrechten des großen, mächtigen Gesamtstaatswesens des Reiches erwarben. Bestand vorher der Grundsatz, daß die standesherrlichen Familien in allen Rechten, welche nicht einen Bestandteil der Staatsgewalt ausmachen, den noch regierenden Geschlechtern möglichst gleichstehen sollen, so hat das neueste Recht denselben mehr und mehr Rechte genommen, welche die Herrscherfamilien behielten, oder ihnen Befugnisse vorenthalten, welche es den regierenden Familien verlieh. In Bayern, Württemberg, Baden und Hessen sind alle, in Preußen die wichtigsten Steuerbefreiungen aufgehoben; während die regierenden Familien sie noch besitzen. Ihrem privilegierten Gerichtsstande sind bedeutend engere Grenzen gezogen; er betrifft lediglich die Strafjustiz und auch hier besteht er nur soweit, als ihnen das Recht der Austräge (d. h. auf Aburteilung durch ein aus Standesgenossen zusammengesetztes Sondergericht) erhalten blieb, wenn sie solches nach Landesrecht noch zur Zeit des Inkrafttretens des Reichsgerichtsverfassungsgesetzes besaßen. Sie erhielten keine Privilegien in bezug auf Vertretung im Prozeß, Vernehmung als Zeugen in ihm und hinsichtlich der Eidesleistung im Prozeß. Die Grundbuchordnung läßt in § 90 zu, daß durch landesherrliche Verordnung Grundstücke, die zum Hausgut oder Familiengut

einer landesherrlichen Familie gehören, nicht aber daß derartige Grundstücke der standesherrlichen Familien für buchungsfrei erklärt werden. Nur in geringerem Umfange sind sie von den Militärlasten befreit; sie genießen Befreiung nur von der Quartierlast (im Frieden). Sie beziehen keine Apanage vom Staate und jede besondere Stellung im Völkerrechte geht ihnen ab. Auch fehlt ihrer Ehre besonderer strafrechtlicher Schutz und ihnen selbst jedes Vorrecht im Gebiete der Beurkundung des Personenstandes (Ernennung des Standesbeamten, Art der Führung und Aufbewahrung der Register) und des Personenstandgesetzes (Hausrecht in bezug auf Gerichtsbarkeit in Ehesachen). Vor allem aber hat das neue Reichsrecht ihrer Autonomie engere Grenzen gezogen. Die Bestimmungen des Bürgerlichen Gesetzbuches und seiner Nebengesetze finden hinsichtlich aller Materien, welche sie enthalten, in Ansehung der Landesherrn und landesherrlichen Familien nur insoweit Anwendung, als nicht Haus- oder Landesrecht abweichende Bestimmungen enthält. Den mediatisierten Geschlechtern ist in den Materien jener Gesetze Autonomie lediglich in bezug auf ihre Güter und Familienverhältnisse zugestanden und auch soweit nicht unbedingt, sondern lediglich nach Maßgabe der Landesgesetze, so daß letztere jene Autonomie beseitigen oder einschränken können, während dies hinsichtlich der regierenden Häuser nicht ohne Zustimmung der letzteren zu geschehen vermag (siehe oben § 4).

Das alles erklärt sich aus der bei den standesherrlichen Geschlechtern fehlenden Beziehung zum Staatshaupt. Mit Recht hat die neueste Staatsrechtslehre daher schon bis jetzt das Recht der mediatisierten Familien von dem der Mitglieder regierender Fürstenhäuser getrennt (siehe *Meyer* § 228; *Anschütz* § 17). Bei diesen weitgehenden Unterschieden kann ihr Recht um deswillen, weil sie früher Reichsfürsten waren, nicht mehr Fürstenrecht heißen. Fürstenrecht kann nicht mehr mit Recht des hohen Adels gleichbedeutend sein. Modernes deutsches Fürstenrecht ist nur ein Teil davon. *Das geltende Recht des hohen Adels zerfällt in Fürsten- und in Standesherrenrecht.*

2. Aber Fürstenrecht ist andererseits doch nicht bloß

Recht der regierenden Familien. Es umfaßt auch das Recht der Familien, welche nach 1815 aufgehört haben, regierende Häuser zu sein *(fürstliche Familie Hohenzollern, hannoversches, kurhessisches, nassauisches und schleswig-holsteinsches Fürstenhaus)*. In weitgehender Weise sind diese Häuser, namentlich das fürstlich hohenzollernsche, von preußischem Landes- und deutschem Reichsrecht den regierenden Häusern gleichgestellt (siehe B.G.B. [E.G. Art. 57] und seine Nebengesetze und die Reichsjustizgesetze in neuer Fassung). Nur bei einem ist dies nicht der Fall, beim Hause Schleswig-Holstein. Vgl. § 58.

3. *Demgemäfs zerfällt das moderne deutsche Fürstenrecht in zwei Teile, in das Recht der regierenden deutschen Fürstenhäuser und in das Recht der deutschen Fürstenhäuser, welche nach 1815 aufgehört haben, im Gebiete des Deutschen Reiches zu regieren.*

B. 1. Das Recht dieser zwei Gruppen teilen wir nicht in Fürstenprivatrecht und Fürstenstaatsrecht oder, wie Schulze sagt, in privatrechtliches und staatsrechtliches Fürstenrecht ein, sondern in *privates* und *öffentliches Fürstenrecht*, einmal, weil nicht alles vom Staate geordnete nichtprivatrechtliche Fürstenrecht gerade dem Staatsrechte zuzuweisen ist (z. B. erhöhter strafrechtlicher Schutz von R.Str.G.B. §§ 96, 97), und dann, weil nicht alles öffentliche (wie auch nicht alles private) Fürstenrecht auf einer vom einzelstaatlichen Rechte abhängigen Rechtsquelle beruht. *In bezug auf bürgerliches Recht, Prozefsrecht, Recht der freiwilligen Gerichtsbarkeit, dann in bezug auf Thronfolge und was damit zusammenhängt (Erblichkeit, Primogenitur, agnatisches Prinzip, Linealfolge), stellt das fürstliche Hausrecht heute noch eine vom gliedstaatlichen Recht unabhängige Rechtsordnung dar.* Vgl. § 41 I A 1.

2. Die Ausscheidung des Standesherrenrechtes aus dem Fürstenrecht bringt weiter mit sich, daß wir viel mehr Materien, als Schulze tut, dem öffentlichen Fürstenrechte zuweisen. Nach *Schulze* (bei Holtzendorff S. 1361 ff.) wären *wesentlich* privatrechtlichen Inhalts juristische Natur, Umfang und Organisation des hochadeligen Hauses, die Befugnisse des Familienoberhauptes, die Vermählungen, die Anordnungen über die Privatvormundschaften, das Hausvermögen, die Versorgung

der Hausmitglieder, staatsrechtlich die Thronfolge, Regentschaft und Gerichtsstand.

Wir teilen anders ein. Vor allem haben dieselben Materien bei regierenden und nichtregierenden (depossedierten) Häusern keineswegs auch die gleiche Natur. Bei den regierenden Häusern kommt die Beziehung zum Staatshaupt in Betracht. Bei ihnen erklärt sich ihre besondere Rechtsstellung in der Hauptsache schon aus diesem ihrem Wesen. Bei den anderen Familien dagegen findet sie ihre Erklärung lediglich aus besonderer Anordnung des Staates. Soweit solche also nicht vorliegt, haben wir es hier, nachdem die Beziehung zu einem Staatshaupte weggefallen, mit privatrechtlichen Erscheinungen zu tun. Die Fragen der juristischen Natur, des Umfangs und der Organisation des Hauses und die Fragen der Befugnisse des Familienhauptes und der hausgesetzgebenden Gewalt gehören hier wesentlich dem Privatrechte an (siehe schon oben § 6).

III. Was wir bezüglich der regierenden Häuser zum privaten, bezw. öffentlichen Rechte rechnen, ergibt sich im allgemeinen schon aus unserer Charakterisierung der Mitgliedschaftspflichten und Mitgliedschaftsrechte in §§ 11 und 12. Hiernach müßten wir aber gewisse, aus privat- und öffentlichrechtlichen Bestandteilen bestehende, sogenannte gemischte Rechtsinstitute bei streng systematischer Darstellung in verschiedenen Teilen des Systems behandeln, so z. B. die Lehre von Erwerb und Verlust der Familienzugehörigkeit und von der Familiengewalt. Wir tun es nicht, um sachlich Zusammenhängendes nicht räumlich trennen zu müssen. Wir stellen solche gemischte Materien vielmehr in den Rechtsteil, welchem sie nach ihrer Natur vorwiegend zugehören.

Besonderer Teil.

Erstes Kapitel.

Das Recht der regierenden Fürstenhäuser.

I. Privates Fürstenrecht.

A. Erwerb der Familienangehörigkeit.

1. Die einzelnen Erwerbsgründe.

a) Abstammung.

α) Allgemeines.

§ 15.

Nicht ausschließlich, aber vorwiegend privatrechtlich ist die Lehre vom Erwerbe der Hausmitgliedschaft. Wir unterscheiden unmittelbare und mittelbare Erwerbsgründe:

I. Den regelmäßigen Erwerbsgrund und den ersten unmittelbaren Erwerbsgrund stellt die Abstammung vom ersten Erwerber der Landeshoheit, also vom *Stamm*vater des Hauses aus *bürgerlich gültiger, ebenbürtiger und vom Familienhaupte genehmigter Ehe eines Mitgliedes des Mannesstammes, bezw., wenn in der Familie auch Kognaten thronfolgefähig sind, auch eines Mitgliedes der weiblichen Linie* (vgl. „Begriff des landesherrlichen Hauses u. s. w.“ S. 21) dar.

Der genannte Erwerbsgrund heißt auch Angehörigkeit kraft *Geblütes.* Die Zugehörigkeit gründet sich darauf, daß Blut des primus acquirens in den Adern des Mitgliedes fließt. Diese zweite Bezeichnung gibt deutlich zu erkennen, daß leibliche, *natürliche Abstammung* gemeint ist.

Annahme an Kindesstatt hat wohl, sie müßte denn, was vorkommt[1]), ausdrücklich verboten *und* für nichtig erklärt sein, die gewöhnlichen bürgerlichen Wirkungen, aber Hauszugehörigkeit begründet sie nicht. Ausdrücklich sagt dies das meiningsche Staatsgesetz zur Ergänzung des Grundgesetzes vom 9. März 1896 Art. 12: „Der an Kindesstatt Angenommene wird nicht Mitglied des Herzoglichen Spezialhauses.“ Neuerdings wird die Adoption durch Mitglieder des Hauses im engeren Sinne von landesfürstlicher Zustimmung abhängig gemacht — so das ebengenannte Gesetz Sachsen-Meiningens Art. 12 —; ältere Hausrechte sind, um die Möglichkeit einer Störung der Thronfolgeordnung tunlichst von vorneherein abzuschneiden, so hart, daß sie den Mitgliedern engeren Sinnes sogar jede Adoption untersagen. Man vergleiche die Hausgesetze von Bayern Tit. II § 5, Sachsen § 13, Koburg-Gotha Art. 97, Waldeck § 12. — Das napoleonische Statut für die kaiserlich französische Familie vom 30. März 1806 dagegen erklärte für Hausmitglieder auch die Adoptivkinder *Napoleons* und deren legitime Deszendenz.

II. A. Regelmäßig ist Hausmitglied nur, wer in der *männlichen* Linie von dem gemeinsamen Stammvater abstammt, also der Prinz und die Prinzessin, für welche die Abstammung vom ersten Erwerber in jeder Generation, die zwischen ihnen und dem letzteren liegt, durch Männer vermittelt wird *(Agnaten und agnatische Kognatin)*. Sonst ist ja Thronfolgefähigkeit keine Bedingung der Hausmitgliedschaft. Auch wenn Kognatenerbfolge ausgeschlossen ist, gehört die von Agnaten abstammende Prinzessin bis zu ihrer Vermählung zum Hause im engeren wie im weiteren Sinne. Aber weil Thronfolgerecht der Kognaten die Ausnahme bildet — es gilt in Bayern, Sachsen, Württemberg, Baden, Hessen, Meiningen, Waldeck, Schaumburg-Lippe, beiden Schwarzburg, Lippe — stellt bei ihnen Thronfolgefähigkeit eine Bedingung der Hauszugehörigkeit dar, jeder Hauszugehörigkeit, auch der weiteren Sinnes. Nur wenn diese Voraussetzung gegeben, unterstehen Kognaten noch der allgemeinen Hausgewalt und haben noch Anspruch auf andere mitgliedschaftliche Ehrenrechte als den Titel.

[1]) Z. B. Hausgesetz für Koburg-Gotha Art. 97.

B. Dem, was wir eben über die Hauszugehörigkeit der von Kognaten Abstammenden bemerkten, scheint zu widersprechen, daß, von den Hausgesetzen für Waldeck und Württemberg abgesehen, alle neueren Hausgesetze — das bayerische, hannoversche, sächsische, oldenburgische, koburg-gothaische — als Bedingung der Familienmitgliedschaft Abstammung „in *männlicher* Linie“ verlangen, demgemäß auch Hausgesetze für regierende Familien, in deren Staaten, wie in Bayern, Sachsen, das Prinzip *subsidiärer Kognatenthronfolge* geltenden Rechtes ist. Das sächsische Hausgesetz vom 30. Dezember 1837 § 1 fügt dazu sogar den Satz, daß Prinzessinnen Mitglieder des königlichen Hauses Sachsen (Albertinischer Linie) „nur sind, insofern sie sich nicht in andere (scil. ebenbürtige) Häuser vermählt haben.“ Ist damit nicht die altreichsrechtliche Regel anerkannt: „foemina (Heirat) est finis familiae?“ Doch nicht. Die Vermählung nach außen beendigt in Staaten und Häusern mit Eventualsukzessionsrecht der Kognaten nur die Unterordnung unter die besondere Familiengewalt des Familienhauptes, also die Zugehörigkeit zum Hause engeren Sinnes, keineswegs aber die Mitgliedschaft im fürstlichen Hause weiterer Bedeutung. Jenes Rechtssprichwort gibt nur der Regelerscheinung, der Rechtslage bei Häusern ohne Kognatennachfolge, Ausdruck. Wo solche subsidiär gilt, scheidet die Prinzessin aus dem Hause weiteren Sinnes nicht aus. Wohl gibt es auch Fälle von Thronanwärterrecht ohne Hausmitgliedschaft weiteren Sinnes — die Anwartschaften kraft Erbverbrüderung mit fremden Häusern — und ebenso kommt es vor, daß aus dem Hausverbande völlig, d. h. auch aus dem weiteren Hausverbande Ausgeschiedene noch das Recht auf Rang, Wappen, Insignien und ähnliches eines Hausmitgliedes besitzen; aber hier besteht eben Sukzessionsfähigkeit und Ehrenrechtebesitz, weil die Krone auch in der „weiblichen Linie *des* Hauses“ erblich ist, also gehören die *vorhandenen*, vom ersten Erwerber abstammenden Weiber und die durch Weiber vom ersten Erwerber abstammenden Männer noch zum Hause, sind noch Hausmitglieder, Mitglieder im weiteren Sinne. Wenn die *luxemburgische* Verfassung vom 17. Oktober 1868 Art. 3 die Krone des Großherzogtums für erblich erklärt

„dans la famille de Nassau“, so gehören dazu, wie der nassauische Erbverein vom 30. Juni 1783 Art. 42 bestätigt, auch die Kognaten dieses Hauses (so auch *Binding* a. a. O. S. 38 mit S. 14).

C. Ist das Prinzip subsidiärer Thronfolge nur im Staats-, nicht auch ausdrücklich oder stillschweigend im Hausrecht vorgesehen — gewöhnlich geschieht die Übertragung des vom Staatsrecht eingeführten Prinzips auf das Hausrecht dadurch, daß dem Hausgesetz (z. B. bayer. Fam.-Statut von 1819 Tit. V § 1) ein Satz eingefügt wird, welcher besagt, in bezug auf die Thronfolge gelte das in der Verfassungsurkunde Bemerkte —, dann hat die eventuelle Thronanwärterschaft nicht Hausmitgliedschaft begründende Wirkung, denn die Regelung des Erwerbs der Hausmitgliedschaft bildet den Gegenstand freier Betätigung der Hausautonomie, die hier vom Landesrechte völlig unabhängig ist, weil eine vorwiegend privatrechtliche Materie in Frage steht. Vgl. S. 123.

D. Die Abkömmlinge von Prinzessinnen (agnatischen Kognatinnen) werden Hausangehörige nur, wenn bei ihnen — abgesehen natürlich vom Momente der Abstammung in männlicher Linie — alle die Voraussetzungen vorhanden sind, weche auch als Bedingungen des Erwerbs agnatischer Mitgliedschaft gefordert werden. Denn Voraussetzung ihrer Mitgliedschaft ist ja Sukzessionsfähigkeit und diese ist für Agnaten und Kognaten haus- und staatsrechtlich im Zweifel an dieselben Voraussetzungen gebunden; jedenfalls sind letztere für Kognaten keinesfalls erleichtert, sondern höchstens erschwert; siehe darüber §§ 27 und 46 II D.

E. Die heiratende Prinzessin aus männlicher Linie (agnatische Kognatin) behält den ihr bisher zukommenden Titel einer Prinzessin (Erzherzogin u. s. w.) ihres Stammhauses. Ihre Abkömmlinge aus der Ehe erhalten nicht den Titel von Prinzen und Prinzessinnen des Stammhauses ihrer Mutter; diesen erhalten nach der Sprache unserer Hausgesetze nur die in der männlichen Linie vom ersten Erwerber der Hoheit über das Land Abstammenden und die Gemahlinnen solcher Prinzen (angeheiratete Prinzessinnen), weil nur sie der landesfürstlichen Familiengewalt unterstellt werden und die Hausgesetze grundsätzlich nur das landesherrliche Haus engeren Sinnes definieren und im Auge haben. Jedoch entspricht es der höfischen Übung (höfischen Kourtoisie), solch kognatischen Verwandten in Hinblick auf die verwandtschaftlichen Bande am Hofe bevorzugte fürstliche Ehren zu erweisen.

F. Sollen die Abkömmlinge der Prinzessin Mitglieder des Stammhauses der letzteren werden, so muß die Familie, in welche die Prinzessin heiratet, eine ebenbürtige sein. Ist sie eine hochadelige, so erwerben jene Abkömmlinge demgemäß hier Agnatschaft. Sie *gehören* also *zwei hochadeligen Häusern an*, dem einen als *Kognaten*, dem anderen als *Agnaten*. Im letzteren besitzen sie dann den Prinzen- bezw. Prinzessinnentitel. Hier stehen sie unter landesfürstlicher Familiengewalt, wenn das Haus ein regierendes ist.

G. Ausnahmsweise gehören die Abkömmlinge *beiden Häusern als Agnaten* an. Dieser Fall ist dann gegeben, wenn ihre Mutter in ihrem Stammhause regierende Fürstin wird, die Krone auf sie übergeht. Dadurch verwandeln sich ihre Abkömmlinge in Agnaten des Hauses. Sie bilden von da ab die Agnaten desselben und sind so Agnaten zweier Häuser. Näheres über diesen Fall unten § 21 IV.

III. Juristisch interessant ist ein Vergleich mit der *Abstammung als Erwerbsgrund der Staatsangehörigkeit.* Hier erwerben eheliche Kinder die Staatsangehörigkeit des Vaters, uneheliche die der Mutter, während die Mitgliedschaft zu einem fürstlichen Hause einerseits überhaupt nur durch eheliche Geburt erworben wird, andererseits eheliche Kinder aus standesgleicher Ehe nicht bloß die Mitgliedschaft im Hause des Vaters, sondern unter der angegebenen Voraussetzung auch die im Hause der Mutter erwerben.

IV. Die Tatsache, daß nur eheliche Abstammung und lediglich Abstammung aus ebenbürtiger Ehe Mitgliedschaft begründen und als ebenbürtig vor allem Mitglieder anderer regierender Häuser in Betracht kommen, ist es leicht möglich, daß jemand *zugleich mehreren regierenden Häusern als Mitglied* im Rechtssinne angehört, gewöhnlich dem einen als Agnat und Mitglied im engeren Sinne, dem anderen als Kognat und Mitglied im weiteren Sinne; nicht ausgeschlossen ist auch, daß er in beiden Häusern Agnatschaft und vielleicht sogar engere Mitgliedschaft besitzt (vgl. darüber unten § 21 a. E.). Auch durch Abstammung nur von *einem* Elternteil kann *mehrfache Hauszugehörigkeit* erworben werden, dies z. B. dann, wenn die jüngere Linie eines landesfürstlichen Hauses zugleich selbst in einem anderen Staate die Herrschaft besitzt, z. B. die Linie Lippe-Alverdissen des Hauses Lippe die Herrschaft in der Grafschaft (seit 1807 Fürstentum) Schaumburg (seit 1647).

β) Eheliche Abstammung.

§ 16.

I. Die natürliche Abstammung muß eine *eheliche* sein. Uneheliche Kinder sind ausgeschlossen auch bei nachfolgender Legitimation.

II. A. 1. Eheliche Abstammung bedeutet Abstammung aus einer Ehe und letzteres ist nur gegeben, wenn die ganze Herkunft, also auch die Zeugung auf die Ehe sich gründet. Der vor der Ehe Empfangene, wenn auch in der Ehe Geborene, wird nicht Hausmitglied. Wohl sagen das oldenburgische (Art. 2) und das koburg-gothaische (Art. 1) Hausgesetz näher: „aus ebenbürtiger Ehe durch rechtmäßige *Geburt* abstammen“. Allein hiermit will nichts vom gemeinen Privatfürstenrechte Abweichendes statuiert sein, wie ein Vergleich der übrigen Familiengesetze mit den einschlägigen Verfassungsbestimmungen derselben Staaten ergibt. Im bayerischen (Tit. I § 1), königlich sächsischen (§ 1), württembergischen (Art. 1) und waldeckschen (§ 2) Hausgesetz heißt es lediglich: Mitglieder des Hauses sind die Prinzen und Prinzessinnen, welche von dem gemeinsamen Stammvater „durch (rechtmäßige, ebenbürtige) Ehen“ (Bayern, Sachsen), bezw. „aus (rechtmäßigen, ebenbürtigen) Ehen“ herrühren (Württ., Waldeck); dagegen in den diesbezüglichen Verfassungsurkunden zum Teil, so z. B. in der bayerischen Tit. II § 3: „Zur Successionsfähigkeit wird eine rechtmäßige *Geburt* aus einer ebenbürtigen . . . Ehe gefordert“. Es fehlt jeder Grund anzunehmen, daß in den Verfassungsurkunden anderes gesagt werden will, als in den Hausgesetzen und es ist dies um so weniger anzunehmen, als in dem bayerischen Familiengesetz von 1816, welches dem geltenden von 1819 voraufgeht, auch diese Bestimmung der späteren bayer. Verf. II § 3 als Art. 25 stand und damit in demselben Familienstatut, in welchem, wie in dem Familiengesetz von 1819, Art. 1 lautete: „durch rechtmäßige Ehen abstammen". Durch Ehen, aus Ehen stammt aber nur ab, wer seine ganze Herkunft, also auch seine Zeugung auf einen Vorgang in der Ehe zurückzuführen vermag. Nachdem diese Meinung mit dem gemeinen Privatfürstenrecht übereinstimmt, ist anzunehmen, daß auch mit der Wendung „abstammen aus ebenbürtigen Ehen durch *Geburt*" nichts anderes gesagt werden will. In diesem Sinne legt auch Seydel die bayerische Verfassung in seinem bayer. Staatsrecht 2. Aufl. Bd. I § 57 aus.

2. Selbstverständlich genügt nicht jede Empfängnis während der Ehe, sondern nur die Empfängnis vom Ehemanne. Liegt diese vor, dann ist nicht mehr einmal Geburt während der Ehe notwendig, wenn nur die Geburt innerhalb des gesetzlichen Schwangerschaftszeitraums (302 Tage) nach Auflösung der Ehe erfolgt.

B. Die *Anfechtung der Ehelichkeit* steht *jedem* an der Unehelichkeit rechtlich Interessierten zu. Jeder rechtlich hieran Interessierte kann also nachweisen, 1. daß das Kind zwar vom Ehemanne empfangen ist, aber vor Eingehung der Ehe, 2. daß es zwar in der Ehe empfangen ist, aber nicht vom Ehemanne, sondern in Eheirrung, 3. daß es nach Auflösung der Ehe empfangen ist, gleichgültig ob vom bisherigen Ehemanne oder einem Dritten. Daß jedem rechtlich an der Ehelichkeit Interessierten das Anfechtungsrecht zusteht, sprechen zwar die Hausgesetze nicht aus, aber es ist gemeines Privatfürstenrecht.

III. In den beiden aufgestellten Sätzen: „vor der Ehe erzeugt — unehelich" und „Ehelichkeitsanfechtung jedem rechtlich Beteiligten gestattet" liegt eine Abweichung[1]) vom

---

[1]) Siehe zum Nachfolgenden *Opet* in der Deutschen Juristenzeitung 1903 S. 189 ff.

B.G.B. § 1591 Abs. 1 und § 1593. Der erstere Paragraph erklärt auch die vor der Ehe vom Ehemann empfangenen Kinder für ehelich. Nach § 1593 steht das Recht der Anfechtung der Ehelichkeit lediglich dem Ehemanne der Mutter zu.

A. 1. Für diese Abweichungen sprechen gewichtige innere Gründe. Die Würde des hochadeligen, vor allem aber des regierenden Hauses erheischt, daß dasselbe sich nicht aus Mitgliedern zusammensetzt, deren Existenz auf einen Fehltritt der Eltern oder wenigstens der Mutter zurückführt. Dem Ansehen solcher Familien widerspricht, daß Kinder für ehelich gelten, welche von dem Ehegatten nachweislich vorehelich erzeugt sind. Noch weniger aber ist es mit dem Ansehen eines solchen Hauses im Einklang, wenn das in der Ehe geborene Kind von einem anderen als dem Ehegatten empfangen ist. Würde man nur dem Ehemanne das Recht der Anfechtung der Ehelichkeit zuerkennen, so könnten Kinder, welche vor oder nach der Ehe oder von einem Dritten während der Ehe empfangen wurden, trotzdem der Familie angehören, nämlich dann, wenn der Ehemann sein Anfechtungsrecht nicht ausübt. Aus diesem Grunde muß die Befugnis zur Anfechtung der Ehelichkeit angeblicher Mitglieder hochadeliger Häuser jedem rechtlich Interessierten zustehen.

2. Man könnte sagen, die gleiche Moral gilt auch für nichthochadelige Häuser. Allein hier wirken stärkere Rücksichten auf die Kinder. Diesen entspricht es, daß auch das vorehelich erzeugte, aber in der Ehe geborene Kind für ehelich gilt und daß, um schwierige, das Glück dieser Kinder und ganzer Familien gefährdende Prozesse zu vermeiden, das Anfechtungsrecht auf den Mann der Mutter beschränkt wird. Dazu kommt, daß das feste rechtliche Band, welches die hochadelige Familie durch ihren korporativen Charakter, ihren Fideikommißbesitz und bei regierenden Häuser durch Thronanwartschaft und Familiengewalt umschließt, bei jenen anderen Familien fehlt und demgemäß Fehltritte einzelner Mitglieder nicht in dem gleichen Maße das Ansehen der Familiengesamtheit schädigen.

B. Allein es fragt sich: gelten denn jene Abweichungen noch, wenn sie nur auf gemeinem Privatfürstenrechte beruhen? E.G. z. B.G.B. Art. 57 und 58 läßt nur „Vorschriften der Hausverfassungen" dem Bürgerlichen Gesetzbuche vorgehen. Allein der Gesetzgeber weiß doch, daß viele Häuser kein kodifiziertes Hausrecht besitzen. Wie „Landesgesetz" = Landesrecht ist, bedeutet demgemäß auch Hausverfassung Hausrecht und daher auch Hausobservanz und gemeines Hausrecht, d. h. Gesetzes- oder Gewohnheitsrecht für den ganzen Geburtsstand des hohen Adels, also das, was man früher gemeines Privatfürstenrecht nannte, bezw. wir heute gemeines Fürsten- und Standesherrenrecht nennen würden.

IV. Im übrigen weist das fürstliche Hausrecht bezüglich der Frage der Abstammung aus bürgerlich gültiger Ehe keine Abweichungen auf, gilt daher *gewöhnliches bürgerliches* Recht, somit insbesondere:

A. Was — von jenen zwei Ausnahmen abgesehen — B.G.B. §§ 1591—1600 über *„eheliche Abstammung"* vorschreibt, vor allem also die Bestimmung der Schwangerschaftszeit auf 302 Tage, der Empfängniszeit auf regulär den 181.—302. Tag vor dem Tag der Geburt.

B. Die Vorschriften des Bürgerlichen Gesetzbuches über die *materiellen Eheerfordernisse* (Ehehindernisse): B.G.B. §§ 1303 ff., namentlich also auch die Vorschriften über Einwilligung der Eltern (§§ 1305, 1307, 1308).

C. Die Vorschriften des Bürgerlichen Gesetzbuches und Personenstandsgesetzes über die *Form* der Eheschließung (Abschluß vor einem Standesbeamten §§ 1317, 1318). Nur hält Personenstandsgesetz § 72 für im Deutschen Reiche regierende Häuser und die fürstliche Familie Hohenzollern Observanz in betreff Stellvertretung der Verlobten und Aufgebot aufrecht. Die Verlobten dürfen sich unter der Voraussetzung diesbezüglichen besonderen Hausrechtes — gemeines ist es nicht — bei der Willenserklärung vor dem Standesbeamten vertreten lassen. Aufgebot ist lediglich erforderlich, wenn es dem Hausherkommen entspricht. Letzteres entscheidet auch vor dem gewöhnlichen bürgerlichen Rechte über die Form des Aufgebotes.

γ) Ebenbürtigkeit.

§ 17.

Notwendig ist nicht bloß Abstammung aus einer bürgerlich gültigen, sondern aus einer standesmäßigen, d. h. *ebenbürtigen* Ehe. Dies Erfordernis des Fürsten- und Standesherrenrecht ist aufrechterhalten durch E.G. z. B.G.B. Art. 57 und 58. Ist die Ehe nicht standesgemäß, so folgt das Kind „der ärgeren Hand", d. h. wird nicht Mitglied des regierenden Hauses. Ist die Frau unebenbürtig, so folgen die Kinder ihrem Stande[1]), werden nicht Mitglieder der landesherrlichen Familie, sondern nur der engeren ihres Vaters, gegen den sie Ansprüche nach bürgerlichem Rechte haben; ist der Mann unebenbürtig, so folgen auch hier die Kinder dem Hause des Mannes, gehören selbst nicht als Kognaten dem Hause der Mutter an. Zum Teil heben die neueren Hausgesetze diese Folgen ausdrücklich hervor, so Sachsen § 10, Württemberg Art. 19, Oldenburg Art. 11, Koburg-Gotha Art. 94 mit 96.

I. A. Welche Ehe standesgleich ist, bestimmt in *erster* Linie das *besondere Hausrecht*, also jedes Haus für seine Mitglieder und zwar mit Wirkung auch nach außen. D. h. eine nach speziellem Hausrechte standesgemäße Ehe haben *alle anderen hochadeligen Häuser als standesgemäſs gelten zu lassen, auch die bei sich strengere Grundsätze befolgenden.* Ist eine Ehe durch das für sie maßgebende Hausrecht als vollwirksam anerkannt, so verschafft sie den aus ihr entspringenden Kindern Zugehörigkeit zum ganzen hochadeligen Stande, also Ebenbürtigkeit mit allen anderen Familien des hohen Adels[2]).

B. Nur ausnahmsweise ist durch neueres besonderes Hausgesetz bestimmt, welche Ehen als standesgleich gelten sollen. Das Hausgesetz für *Koburg-Gotha* Art. 94 bestimmt: Ebenbürtig sind Mitglieder regierender Häuser und deutsch-

---

[1]) Also wenn diese bürgerlich, bürgerlich; andere (z. B. *Heffter* S. 128; *Bollmann* S. 72) meinen, nach Herkommen mindestens niederer Adel. Die neueren Hausgesetze würden doch dies Herkommen aufgenommen haben.

[2]) *Gierke*, Deutsches Privatrecht I S. 404; derselbe, Grundzüge Bd. I S. 459; *Schulze* bei Holtzendorff S. 1366.

standesherrlicher Familien; außerdem nur Angehörige „fürstlicher oder gut gräflicher Häuser“, in welch letzteren Fällen jedoch „die Frage, ob die Vermählung eine ebenbürtige sei, von dem Familienrate zu entscheiden ist.“ Das *Oldenburger* Hausgesetz vom 1. September 1872 fixiert: „Als ebenbürtig sind diejenigen Ehen zu betrachten, welche Mitglieder des großherzoglichen Hauses unter sich eingehen, oder mit Mitgliedern eines anderen christlichen souveränen (will sagen: regierenden) Hauses, oder mit Mitgliedern solcher Häuser, welchen nach Art. XIV des deutschen Bundesakte das Recht der Ebenbürtigkeit zusteht“ [1]), wobei hinsichtlich der mediatisierten Häuser noch die Voraussetzung

---

[1]) Außerdem enthielt das *hannoversche* Hausgesetz vom 19. November 1836 eine ausdrückliche Bestimmung. Dieselbe (Kap. III § 2) stimmte mit derjenigen des Oldenburger Hausgesetzes bis auf den Punkt überein, daß für Angehörige „anderer souveräner Häuser“ nicht christliche Religion als Bedingung gesetzt war. — Das fürstlich *hohenzollernsche* Hausgesetz vom 24. Januar 1821 Tit. IV § 10 (*Schulze* III S. 764) verfügt, daß „jene Vermählungen allein für standesmäßig gehalten werden sollen, welche mit einer Person aus dem alten hohen Adel [d. h. altfürstlichen oder altgräflichen reichsständischen Häusern], oder aus einer dem Grafen*stande* gleich geachteten Familie [also neufürstlichen oder neugräflichen reichsständischen oder mit dem Titel eines Reichsfürsten oder Reichsgrafen ausgezeichneten nichtreichsständischen, also niedrigadeligen Familie] eingegangen werden“. — Das *Waldeck*sche Hausgesetz § 7 erklärt für ebenbürtig Ehen von Mitgliedern des fürstlichen Hauses unter sich oder mit Mitgliedern eines anderen souveränen Hauses oder aber mit ebenbürtigen Mitgliedern solcher Häuser, welche nach Bundesakte Art. 14 den Souveränen ebenbürtig sind. Durch Analogie darf hier geschlossen werden, daß auch Angehörige nach 1815 entthronter Häuser standesgleich gelten. — Wenn der Beschluß der drei regierenden Herren zu *Reufs* vom 10. November 1844, die Genehmigung der Ehen betreffend (siehe *Schulze* II S. 356), u. a. dahin lautet, daß die Einwilligung des regierenden Herren niemals versagt werden soll, wenn die Verlobte einem fürstlichen Hause, welches Mitglied des Deutschen Bundes war, oder einem nach Art. 14 der Bundesakte in Deutschland ebenbürtigen Hause angehört, so will hiermit keineswegs gesagt sein, daß nur Mitglieder genannter Häuser im Sinne des reussischen Hausrechtes ebenbürtig seien. — Über die übrigen Fürstenhäuser *Bollmann*, Die Lehre von der Ebenbürtigkeit in deutschen Fürstenhäusern bei Joh. Stephan Pütter und Joh. Jak. Moser und ihre Bedeutung für das heutige Recht 1897 S. 68; *Schulze*, Lehrbuch des deutschen Staatsrechts Bd. I (1881) S. 222.

angefügt ist, daß „auch von seiten des betreffenden standesherrlichen Hauses Ebenbürtigkeit (d. h. hier: Heirat nicht mit einem Standesniedrigeren) fortdauernd als ein Erfordernis für eine standesmäßige Ehe angesehen wird. Somit ist hier ausgeschlossen die nicht mehr regierende Familie und die Familie des niederen Adels, andererseits dagegen nicht erforderlich, daß das regierende Haus von der europäischen Völkerrechtsgemeinschaft (ausdrücklich oder stillschweigend) anerkannt ist. Im übrigen entscheiden ältere Hausgesetze (Testamente, Erbeinigungen [pacta gentilitia]) und besonderes Haus*herkommen*.

C. Soweit besonderes Hausrecht, d. i. Hausrecht des einzelnen Fürstenhauses, nichts bestimmt, gilt *gemeines Privatfürstenrecht*.

II. Um festzustellen, in welcher Richtung sich dies besondere oder allgemeine Fürstenrecht entwickelte, muß weiter ausgeholt, in die Vergangenheit zurückgegangen werden.

A. 1. In allerjüngster Zeit ist im Archiv für öffentliches Recht Bd. XVII (1902) S. 529—569 in einem Aufsatz über „Das Ebenbürtigkeitsprinzip in den Familien des deutschen Hochadels" von *F. Hauptmann* die Behauptung aufgestellt worden, für die Frage der Gültigkeit des Gleichburtsprinzips im Eherecht sei der Gegensatz von reichsfürstlichen und reichsgräflichen Geschlechtern ohne Bedeutung; wenn die einen Familien des hohen Adels Standesgleichheit (Gleichburt) fordern, die anderen nicht, so scheide sich dies danach, ob die hochadelige Familie im Mittelalter frei oder unfrei (ministerial) gewesen sei. Diejenigen hochadeligen Häuser, welche aus dem Stande der Ministerialen hervorgegangen seien, hätten auch den niederen Adel für eheebenbürtig gehalten.

2. Diese Auffassung widerspricht schlechterdings unserer geschichtlichen Kenntnis.

a) Keinem Zweifel kann unterliegen, daß die Fürsten und Edlen (freien Herren) der mittelalterlichen Zeit auch im 14. Jahrhundert noch nicht vergessen hatten, daß die Ritterschaft vorwiegend aus Geschlechtern sich zusammensetzte, die vordem unfrei (Ministerialen) gewesen waren. Es war dies ein Hauptgrund dafür, daß, als die Ministerialen ihre

Unfreiheit im 13. Jahrhundert abgestreift hatten, die Fürsten und freien Herren im 14. Jahrhundert trotzdem begannen, gegen die Ritter und, weil letztere wegen ihres Besitzes (Dienstlehen) und ihrer Lebensweise schon, solange sie noch unfrei waren, über dem freien Bürger der Stadt und dem Bauer standen, auch gegen die Gemeinfreien den Einwand der Unebenbürtigkeit für das Eherecht zu erheben[1]), Freie also für nicht eheebenbürtig zu erklären, während bisher nur Unfreie nicht solche Ebenbürtigkeit besaßen. Um deswillen nannte sich der Hochadel hoch*frei,* semper*frei.* Aber worauf es für die Behauptung Hauptmanns ankommt, ist nicht, ob dieser hohe Adel sich noch der unfreien Herkunft des Ritterstandes oder niederen Adels erinnerte, sondern wenn dessen Anschauung zutreffen soll, dann muß in den Rittergeschlechtern, die darauf im 16., 17. und 18. Jahrhundert zum Hochadel aufstiegen, noch über das 14. Jahrhundert hinaus jene Erinnerung sich wacherhalten haben, denn wie könnte sonst hierauf, auf die unfreie Herkunft, ihr anderes Ebenburtsrecht, als es die althochadeligen Häuser der Neuzeit besitzen, zurückgeführt zu werden vermögen? *Hauptmann*, S. 544, kann aber selbst nicht bestreiten, daß *Schröder*, Lehrbuch der deutschen Rechtsgeschichte 4. Aufl. 1902 § 42 S. 445, im Rechte ist, wenn er meint, innerhalb des Ritterstandes sei die letzte Erinnerung an die Unfreiheit des Standes im Laufe des 14. Jahrhunderts überall verschwunden; nur ausnahmsweise fänden sich Spuren hiervon noch im 15. Jahrhundert bei den aus der Unfreiheit hervorgegangenen Geschlechtern.

b) Dazu kommt aber noch ein anderes. *Das Ebenbürtigkeitsprinzip des Hochadels in der Neuzeit, d. h. im 17. und 18. Jahrhundert, hängt rechtshistorisch mit jenem hochadeligen Ebenburtsgrundsatz des 14. Jahrhunderts gar nicht zusammen.* Es hat eine ganz andere Wurzel. Jenes ältere hatte inzwischen als Rechtsgrundsatz sein Ende erreicht. Somit ist zu erwarten, daß auch bei den in diesen Jahrhunderten zum

---

[1]) Vgl. *Edg. Löning,* Über Heilung notorischer Mißheiraten (Denkschrift im Auftrage des Vereins der deutschen Standesherren abgefaßt) 1899 S. 3. Die vortreffliche Studie ist leider im Buchhandel nicht erhältlich.

hohen Adel aufsteigenden Rittern die Umgestaltung jenes hochadeligen Gleichburtsprinzipes in Ursachen seine Begründung hatte, welche ebenfalls erst in dieser jüngeren Geschichtsperiode entstanden.

Das mittelalterlich-hochadelige Ebenburtsrecht ist durch Aufnahme des römischen Rechts in der Zeit von 1450—1550 in Deutschland als Rechtsinstitut beseitigt worden. Das spätere römische Recht kennt keine Beschränkungen der Ehen zwischen Freien mehr; auch wenn die Mutter vor der Ehe höherem oder niedrigerem Stande angehörte, teilt sie den Stand des Mannes und die ehelichen Kinder folgen dem Stande des Vaters. Indem „diese Sätze in der gesamten juristischen Literatur im 16. Jahrhundert und bis in die zweite Hälfte des 17. Jahrhunderts fast ausnahmslos als in Deutschland allein geltend angeführt und verteidigt werden", wird auch die Ehe eines Hochadeligen mit jeder Freien, also sogar einer Bürgerlichen, für ebenbürtig erklärt. Entgegenstehende Gewohnheit in fürstlichen Häusern sei nicht begründet und nicht erweisbar[1]).

Von der zweiten Hälfte des 16. Jahrhunderts an, mit besonderer Stärke in der ersten Hälfte des 17. Jahrhunderts, begegnen Hausgesetze (Testamente u. s. w.) des Hochadels, welche das Ebenburtsprinzip wieder einführen. Die Gerichtspraxis und seit 1650 auch die Literatur beginnen darauf hinzuweisen, daß in reichsständigen Häusern nur standesgemäße Ehen Folgerecht geben[2]). Vollkommen in Geltung gelangt es jedenfalls gegen Mitte des 18. Jahrhunderts[3]).

Was ist der Grund dieses neuen Standesrechtes? *Göhrum* a. a. O. Bd. II S. 261 ff. meint, in Gesinnung und Stellung des hohen Adels sei das althergebrachte Recht so tief ge-

---

[1]) *Löning* a. a. O. S. 8 nach *Göhrum*, Geschichtliche Darstellung der Ebenbürtigkeit nach gem. deutschen Recht 1846 Bd. II S. 246—261. Auch *Zöpfl*, Über Mißheiraten in den regierenden deutschen Fürstenhäusern 1853 S. 52 ff.; *Bollmann* S. 2 f. Dagegen unstichhaltig *Hauptmann* S. 545 und *Georg Meyer* § 89 S. 241.

[2]) *Löning* S. 10—14.

[3]) Siehe „Schiedsspruch in dem Rechtsstreite über die Thronfolge im Fürstentum Lippe" (Leipzig 1897) S. 11; *Bollmann* S. 3.

wurzelt geblieben, daß es wieder auflebte. Also wäre es das alte Recht. Aber man lebt doch in römischrechtlichen Vorstellungen. Ausgegangen mußte demgemäß werden von dem Satze, daß wie im römischen Rechte so im mittelalterlich deutschen zwischen Freien und Unfreien connubium ausgeschlossen war. Erinnerte man sich der früheren Unfreiheit der Ritter, warum mußten dann Freie (Bürger) für unebenbürtig erklärt werden, wie es doch die Hausgesetze tun[1])? Man wendet ein: hier wirken eben lehensrechtliche Vorstellungen mit; Bürger und Bauer sind nicht lehensfähig und stehen daher unter dem Ritter (niederen Adel). Allein warum brach sich dann nicht auch wieder Bahn der Satz, daß die Lehnfolgefähigkeit an den Nachweis ritterbürtiger Ahnen gebunden sei? Auch dieser Satz war unter dem Einfluß des römischen Rechts im gemeinen Lehnrecht beseitigt worden[2]). Und wie sollte bei dem noch auf sehr niedriger Stufe stehenden historischen Sinn damaliger Zeit ein Vorgang des 13. und 14. Jahrhunderts bewußt noch im 17. Jahrhundert so stark nachgewirkt haben, daß er imstande war, bereits festgewurzeltes römisches Recht zu brechen? Gab es nicht näher liegende, der Neuzeit angehörige Gründe für die Wiederaufnahme des Gleichburtsprinzips?

B. 1. Was hat seit dem Ende des 15. Jahrhunderts beginnend dem Grundsatze der Primogenitur und Unteilbarkeit des Landes in das Hausrecht der Territorien Eingang verschafft? Es ist der Gedanke der dauernden Erhaltung des Glanzes und der Stellung des Hauses. Er gehört der Neuzeit an. Ihm ist auch die Vorstellung erwachsen, daß diesem Glanze abträglich sei, wenn die Hausmitglieder unter dem Stande, dem sie zugehören, heiraten. Aus dem Gedanken der Erhaltung des splendor familiae sind alle die besonderen familien- und vermögensrechtlichen Einrichtungen des Hochadels der Neuzeit entstanden, so auch diese. Um nur zwei Belege beizubringen, so lautet der bekannte Meinheimer Erbvertrag zwischen Brandenburg und Hohenzollern vom 30. Januar

---

1) Ebenda S. 12 Beispiele.

2) *Löning* S. 9.

1707 (siehe *Schulze*, Hausgesetze III S. 729ff.) in § 8: „Nicht eines der geringsten ist, so zum perpetuierlichen flor und lustre Durchlauchtigster Häuser was großes beytragen kann. Daß ein hohes Geblüth sich auch mit gleichen seines Standes und Herkommens verbinde, und nicht durch ungleiche geringe Heyrathen verkleinert und verächtlich gemacht werde, . . . so wird . . . umb hierin so viel möglich allen Unanständigkeiten weiter vorzukommen, solcher paragraphus hiedurch ausdrücklich deklariret, daß die Heyrathen so unter dem Grafen Stand geschehen, vor ungleich geachtet . . . . werden sollen, Voraus wann solches inaequale matrimonium ohne Vorbewußt und Einwilligung des Capitis Familiae et Lineae geschloßen und vollzogen worden". Und dann der, wie wir sehen werden, in der Geschichte des reichsständischen Ebenburtsrecht wichtige Art. 22 § 4 der kaiserlichen Wahlkapitulation von 1742, also eines Reichsgesetzes. Hier verspricht der Kaiser, *zu Verkleinerung des Hauses*, d. h. wenn die Folge eintreten würde, daß dadurch das Ansehen des Hauses verkleinert würde, fernerhin jede Verleihung der reichsständischen Titel und ohne Zustimmung der Agnaten auch jede Verleihung der Ebenbürtigkeit und Sukzessionsfähigkeit an aus unebenbürtiger Ehe stammende Kinder eines Reichsstandes zu unterlassen[1]).

2. Daß jüngere Ursachen die Wurzel des neuzeitlichen Ebenburtsprinzipes sind, beweist aber noch ein zweites. In der Neuzeit begegnet uns folgender Unterschied gegenüber dem Mittelalter: Während in der zweiten Hälfte des Mittelalters Fürst einen Gegensatz zu Graf und Freiherr bildet, gehören jetzt diese Stände zu den Fürsten. Der Fürstenbegriff hat sich also verändert:

a) Wir wissen: in der zweiten Hälfte des Mittelalters setzte sich der Stand der Hochfreien oder Herrenstand aus *Reichsfürsten*, *Reichsgrafen* und *Reichsfreiherren* zusammen.

---

[1]) Auch in neueren Hausgesetzen begegnet der Gedanke noch, z. B. im fürstlich *hohenzollernschen* Hausgesetz vom 24. Januar 1821 Tit. IV § 9: „Sämmtliche Abkömmlinge Unseres Fürstlichen Hauses sind . . . verpflichtet, nur eine standesmäßige, der *Würde* und dem *Glanze* Unseres Fürstlichen Hauses keinen Eintrag bringende Ehe einzugehen."

Seit Ende des 12. Jahrhunderts ist weltlicher *Fürst* nur mehr, wer unmittelbar vom König ein höheres bisheriges Amtsterritorium (Fahnlehen) zu Lehen hat und nicht Mann eines anderen Fürsten ist. Den Fürsten stehen gegenüber die *freien Herren*. Sie setzen sich zusammen aus zwei Elementen, Reichsuntertanen, welche ein reichsunmittelbares Gebiet als Allod besitzen und Herrschaftsrechte über dasselbe ausüben, aber ohne Reichsvasallen zu sein, und aus Reichsvasallen, welche zwar Reichslehengut, aber nicht solches mit höheren Amtsrechten, also nicht höhere Amtsterritorien besitzen. Zwischen Fürsten und Freien Herren entstanden im Laufe der zweiten Hälfte des Mittelalters als eine besondere Gruppe des Hochadels die Reichsgrafen. Dies kam daher, daß der König seit 1180 Grafenlehen als solche nicht mehr verlieh, die Grafengewalt als solche somit nicht mehr zu den höheren Reichsämtern (Reichsamtsterritorien) rechnete. Nicht als ob Grafenterritorien nicht mehr vom König unmittelbar verliehen worden wären, aber wenn er es tat, wenn er sie als Fahnlehen hingab (z. B. den Besitzer in den Reichsfürstenstand erhob), so tat er es nur unter gleichzeitiger Verleihung des Titels Fürst. Lediglich gefürstete Grafen, Grafen mit dem neuen Titel Fürst waren noch Reichsfürsten, während vor 1180 jeder Graf zu den Reichsfürsten zählte. Andererseits erfüllten die Reichsgrafen aber mehr, als den Begriff der Freien Herren bisher ausmachte. Sie wurden daher nicht unter letztere eingereiht, sondern bildeten eine neue Gruppe des Hochadels. Fürsten, Grafen und Freie Herren lautet die Formel, mit welcher die Quellen den ersten Stand umschreiben[1]).

Grafen und Freie Herren bilden also einen Gegensatz zu den Fürsten innerhalb des Standes. Vom 16. Jahrhundert an finden wir dagegen Grafen und Freie Herren als Mitglieder des Reichs*fürsten*rates, senatus principum, d. h. der zweiten Abteilung des Reichstages. Was hat diesen neuen Fürstenbegriff gebildet? Die Tatsache, daß er zur Bezeichnung eines Bestandteils des Reichstages dient, zeigt es: die Reichsstandschaft.

---

[1]) Siehe *Schröder* § 42 S. 437.

b) Ursprünglich besaßen lediglich die Fürsten im mittelalterlichen Sinne ein Recht der Reichsstandschaft, seit dem 14. Jahrhundert erhalten es auch die Grafen und Freien Herren, aber das Recht hat noch keine besondere Bedeutung, da es wiederholt auch vorkam, daß andere Stände eingeladen wurden, so die Ritterschaft und im 15. Jahrhundert einmal sogar die reichsunmittelbaren Landgemeinden und die Judenschaft[1]). Anders wird es im Verlaufe des an die Reichsgesetzgebung mit so wichtigen Fragen herantretenden Reformationsjahrhunderts. Während des 16. Jahrhunderts bildet sich eine feste Organisation des Reichstags, eine bestimmte Sonderung in drei Kollegien, eine feste Stimmordnung in den einzelnen Kollegien. Der Kreis der Teilnehmer am Reichstag war damit genau umschrieben. Was die Fürsten, Grafen und Freien Herren verbindet, ist jetzt die Zugehörigkeit zu *einem* Reichstagkollegium. Nicht mehr ihre Hochfreiheit, sondern Reichsstandschaft ist es, was sie eint. Den hohen Adel bildet jetzt die Gesamtheit der persönlichen, d. h. nicht reichsstädtischen Reichsstände. *Hoher Adel ist die Gesamtheit der reichsständischen Häuser*[2]). Dieses Merkmal der Reichsstandschaft ist es, was den hohen Adel vor anderen Ständen auszeichnet, und so entwickelt sich seit der zweiten Hälfte des 16. Jahrhunderts eine eherechtliche Abschließung der also ausgezeichneten Geschlechter von anderen, allerdings nicht sofort in der Weise, daß der allgemeine Grundsatz ungesäumt entsteht: standesgleich sind lediglich Ehen mit Angehörigen reichsständischer Häuser; vielmehr ist dieser Grundsatz der reichsständischen Ebenburt zunächst nur in differenzierten Formen, nicht einheitlich aufgetreten, wieder eine Folge des Rechtes der Reichsstandschaft, ihrer näheren Organisation und weiteren Entwicklung.

C. 1. a) Waren Fürsten, Grafen und Herren auch Mitglieder desselben Reichtagskollegiums, des Reichsfürstenrates,

---

[1]) Ebenda § 46 S. 510.

[2]) Vgl. auch *Laband*, Die Thronfolge im Fürstentum Lippe 1891 S. 6. Dagegen *Hauptmann* S. 557: „Das, was das Kriterium des hohen Adels war, die Reichsstandschaft, rechtfertigte das Ebenbürtigkeitsprinzip in keiner Weise“!

so bestand zwischen ihnen doch von Anfang an infolge der Verschiedenheit ihres Länderbesitzes ein erheblicher Unterschied in bezug auf das ihnen zukommende Stimmrecht. In der mittelalterlichen Periode waren nur die Stimmen der angesehensten Reichstagsmitglieder berücksichtigt; auf die Meinung der geringeren Mitglieder kam, auch wenn sie an Zahl überwogen, nichts mehr an, sofern jene einig waren[1]). Hieraus ergab sich, als im Laufe des 16. Jahrhunderts eine feste Stimmordnung entstand, daß die politisch weniger einflußreichen Mitglieder des Reichsfürstenrates ein geringeres Stimmrecht erhielten, als die einflußreichen. Eine feste Grenze bot hier der Gegensatz zwischen Fürsten einer-, und Grafen und Freien Herren andererseits. Die ersteren hatten nach ihrer historischen Entwicklung eine höhere Rechtsstellung, als die beiden anderen Stände. Sie besaßen ein Fahnlehen. Daß nicht auch zwischen Grafen und Freiherren ein Unterschied im Gewichte ihrer Stimme gemacht wurde, erklärt sich daraus, daß die Herren größtenteils den Grafentitel annahmen, weshalb auch die Plätze, wo die Grafen und Freien Herren im Reichstage saßen, lediglich *Grafen*bänke hießen.

b) Die Fürsten erhielten nun bei der sich ausbildenden näheren Regelung der Abstimmungsverhältnisse im Fürstenrate grundsätzlich Virilstimmen, die Grafen nur Kuriatstimmen. Von den 65 weltlichen Stimmen, welche der Reichsfürstenrat vor Beginn des französischen Revolutionskrieges zählte, waren 56 Viril-, 5 Kuriatstimmen der Fürsten und diesen 61 fürstlichen Stimmen standen nur 4 gräfliche Kuriatstimmen gegenüber, die der schwäbischen, wetterauischen, fränkischen und westfälischen Grafenbank. Und nicht nur dies: während sich in die 5 fürstlichen Kollektivstimmen lediglich 12 Fürsten teilten, waren an dem fränkischen Grafenkollegium 16, am schwäbischen 26, am wetterauischen 27, am westfälischen gar 34 Einzelpersonen beteiligt und ist die fränkische Grafenbank erst 1641, die westfälische erst 1653 entstanden; vorher war das Stimmgewicht der Grafen also auf zwei Kuriatstimmen beschränkt[2]).

---

[1]) Siehe *Schröder* § 46 S. 511.

[2]) Nur wenn man diese wichtigen Unterschiede unbeachtet läßt, kann man,

c) Hieraus erhellt zur Genüge, daß wir Recht haben, wenn wir behaupten: die *kurfürstlichen* und *reichsfürstlichen* Häuser engeren Sinnes erkannten als standesgleich nur Ehen mit Angehörigen anderer fürstlichen Häuser engeren Sinnes an. *Sie liefsen das Prinzip der Ebenburt für ihre Familien nur in Beschränkung auf einen Teil der reichsständischen Häuser entstehen: Reichsgräfliche und reichsfreiherrliche Häuser sind nicht ebenbürtig.* Eines der ältesten Hausgesetze der Neuzeit über Ebenburtsfragen, welches wir haben, ist das Testament des Herzogs Johann Wilhelm von Sachsen, des Stifters der noch heute blühenden ernestinischen Linien des sächsischen Hauses. Hier ist in § 23 bestimmt, daß, „wenn einer seiner Söhne sich verheiraten wolle, er sich mit einem christlichen *Fürstlichen* Fräulein in Teutschland vermählen“, mit nichten aber mit fremden Nationen befreunden solle (siehe Lünig, Reichsarchiv Pars Spec. Teil II S. 98 und *Löning* a. a. O. S. 11), und die gleiche Vorschrift findet sich im Testamente des Enkels jenes Fürsten, des Herzogs Ernst des Frommen von Sachsen-Gotha vom 31. August 1864 (*Schulze*, Hausgesetze III 109).

2. Auf der anderen Seite erklärt sich aber aus der näheren Ausgestaltung und Fortentwicklung des Reichsstandschaftsrechtes auch eine Entwicklung des Ebenburtsprinzipes, durch welche das Vorrecht der Ebenbürtigkeit auf *Angehörige* des *niederen Adels erstreckt* oder wenigstens jener obengenannte enge Grundsatz auf reichsgräfliche Familien ausgedehnt wurde.

a) Die *reichsgräflichen* und *reichsfreiherrlichen* Geschlechter waren wegen ihres geringeren Länderbesitzes nicht in der wirtschaftlichen Lage, daß sie in der gleich schroffen Weise allen Ehen mit nichthochadeligen Freien Standesmäßigkeit absprachen. Sie waren wirtschaftlich gezwungen, Ehen mit Mitgliedern des niederen Adels nach wie vor Vollwirksamkeit beizulegen, kam doch sogar erst seit Mitte des 17. Jahr-

---

wie ***Hauptmann*** S. 568 schreiben, es sei nicht zu verstehen, daß der Umstand, ob der Chef der Familie im Fürstenrate oder im Grafenkollegium saß, einen Einfluß auf die Eheschließungspraxis der betreffenden Häuser hätte ausüben können.

hunderts bei ihnen in festere Geltung, daß Ehen mit einer bürgerlichen Frau Mißheiraten seien. Unbestritten war der Satz erst seit der kaiserlichen Wahlkapitulation von 1742. Vgl. *Löning* S. 20 und 25.

b) Dazu kommt aber noch ein anderes: Die Bedeutung, welche die Reichsstandschaft durch genaue Feststellung des Stimmgewichtes erhielt, hatte notwendig zur Folge, daß der Erwerb derselben erschwert wurde. Sie hatte zur Folge, daß seit dem 17. Jahrhundert Neuverleihung derselben an den Besitz eines (reichsunmittelbaren) Territoriums und an die Zustimmung des Reichstages gebunden wurde[1]). Dadurch erhielt der Besitz dieses Vorrechtes aus älterer Zeit, aus mindestens dem 16. Jahrhundert, erhöhte tatsächliche Bedeutung. Die reichsständischen Häuser schieden sich in alte und neue, in *alt- und neufürstliche* und *alt- und neugräfliche*. Aber rechtliche Konsequenzen aus dem Unterschiede für das Ebenburtsrecht zu ziehen vermochten nur die altfürstlichen Häuser. Die neufürstlichen, aus altgräflichen oder altfreiherrlichen oder aber aus dem niederen Adel durch Erhebung zu höherer Reichsstandschaft bezw. Reichsstandschaft überhaupt hervorgegangen[2]), waren nicht in der Lage, sich gegen ihre bisherigen Genossen eherechtlich streng abzuschließen. Kurfürstliche und andere altfürstliche Häuser vermochten das strenge *Gleich*burtsrecht durchzusetzen; bei reichsgräflichen und neufürstlichen Familien waren auch Angehörige des niederen Adels im Zweifel ebenbürtig.

D. Zum Abschluß des Ganzen sei noch erwähnt, daß um die Mitte des 18. Jahrhunderts unter dem Hochadel der Freiherrnstand verschwand; das letzte Glied desselben waren die Freiherren von Freyberg, welche bis 1751 unter den Reichsgrafen saßen. Auf der anderen Seite kamen aber Verleihungen höherer Titel namentlich seit Mitte des 17. Jahrhunderts in Aufnahme. Der Kaiser vermochte ohne Mitwirkung des Reichstages keine Reichsstandschaft, aber die Titel von Reichs-

---

[1]) Siehe *Schröder* § 68 S. 805 Anm. 4 und § 72 S. 821.

[2]) Einzelne Fälle der Erhebung in die Reichsstandschaft (von 1616—1804) siehe bei *Hauptmann* S. 534f., 546f.

ständen zu verleihen. Er verleiht solche a) an Reichsstände in Form der Ausstattung von *reichsständisch*-gräflichen Häusern mit dem Fürstentitel: reichsständische Titularfürstenhäuser, b) an *nicht*reichsständische Häuser (Ritter) in Form der Erhebung zu reichsfürstlichen, reichsgräflichen oder reichsfreiherrlichen Geschlechtern (ohne Reichsstandschaft): Titularfürsten, Titulargrafen und Titularfreiherren[1]). Seit der Mitte des 18. Jahrhunderts führten die Mitglieder der Reichsritterschaft sämtlich, auch ohne besondere Verleihung, den Titel von Reichsfreiherren[2]).

III. Nach dieser Entwicklung des Reichsstaatsrechtes, namentlich der Reichsstandschaft und ihrer Abstufungen im Stimmgewicht, wäre folgende Ausgestaltung des neuzeitlichen Ebenbürtigkeitsgrundsatzes zu erwarten.

A. Das Ebenbürtigkeitsprinzip besteht nur für *reichsständische*[3]) Häuser.

B. Innerhalb derselben gibt es nur *einen* gemeinsamen Rechtssatz: Ehen mit Personen des Bürger- und Bauernstandes sind nicht standesgemäß; im übrigen gilt für reichsständische Fürsten grundsätzlich anderes Recht als für reichsständische Grafen.

1. Alte reichsständische Fürstenhäuser (alte gefürstete Reichsstände), d. h. solche, welche schon vor 1600 Reichsstandschaft und Fürstenstimmrecht besitzen, sogen. *altfürstliche Reichsstände*, erkennen als ebenbürtig nur Mitglieder anderer Fürstenhäuser mit Reichsstandschaft an, seien dies nun altfürstliche oder neufürstliche, d. h. solche, welche Reichsstandschaft überhaupt oder Sitz auf der Fürstenbank erst nach 1600 erwarben.

2. a) Reichsständische Häuser mit Sitz auf der Grafenbank, also *reichsgräfliche* Reichsstände, alte oder neue, und b) *neufürstliche* Reichsstände erklären für ebenbürtig auch

[1]) Über die Taxen siehe *Störk*, Die agnatische Thronfolge S. 89 Anm. 1.

[2]) Siehe *Schröder* § 68 S. 806.

[3]) Siehe noch IV. Beilage zur bayer. Verf. von 1818: „Edikt, die staatsrechtlichen Verhältnisse der vormals *reichsständischen* Fürsten, Grafen und Herren betreffend."

Mitglieder des niederen Adels (Ritter), nach Ausbildung der Titularerhöhungen vielleicht mit dem Unterschiede, daß neufürstliche Reichsstände vom niederen Adel höchstens Ritter mit Grafentitel, altgräfliche Reichsstände höchstens Ritter mit Freiherrentitel als ebenbürtig zuließen.

IV. A. In Wirklichkeit war die Entwicklung teilweise eine andere. Nur das gilt gewiß: *für Reichsstände mit Fürsten- und mit Grafenstimmrecht,* für fürstliche und gräfliche Reichsstände *besteht kein einheitliches gemeines Privatfürstenrecht.* Aber darin weicht das wirklich in Geltung gekommene *gemeine* Privatfürstenrecht von unserer Annahme ab: *auch bei altfürstlichen Reichsständen sind alle reichsständischen Familien, also auch die blofs reichsgräflichen, ebenbürtig.*

Das Letztere ergibt sich aus folgenden drei Tatsachen: *Erstens* ist zu beachten, daß vor Durchsetzung des Ebenbürtigkeitsprinzips im 17. Jahrhundert, also im 16. Jahrhundert, auch für die höchsten Reichsstände römisches Recht, d. h. der Satz galt, daß selbst Ehen mit Personen des Bürger- und Bauernstandes standesgemäß seien. Demgegenüber war es schon viel, wenn für die fürstlichen Reichsstände im 17. Jahrhundert sich durchsetzte, daß Ehen mit Angehörigen des niederen, des ritterschaftlichen Adels, nicht Vollehen seien. Die Überwindung des römischrechtlichen Satzes, daß alle Ehen mit Freien standesgleich seien, nahm auch in fürstlichen Häusern geraume Zeit ein. Vgl. *Löning* S. 18ff. *Ferner* mußten jedenfalls Ehen mit Angehörigen reichsgräflicher Reichsstände ebenbürtig sein, wenn es vorkam, daß in altfürstlichen Familien Ehen mit Angehörigen des niederen Adels von den Agnaten nicht als unebenbürtig angegriffen wurden. *Moser* in seinem Deutschen Staatsrecht Bd. XIX S. 333 macht uns mit solchen Fällen bekannt[1]). *Drittens* kommt die Entstehungsgeschichte des Art. 22 § 4 der Wahlkapitulation Kaiser Karls VII. von 1742, „ohnstrittig notorische Mißheirat“ betreffend, in Betracht. Derselbe ist veranlaßt durch die Ehe, welche Herzog Anton Ulrich von Sachsen-

---

[1]) Siehe auch Schiedsspruch in dem Rechtsstreite über die Thronfolge im Fürstentume Lippe (Leipzig 1897) S. 14.

Meiningen im Jahre 1713 mit Philippine Elisabeth Cäsar abschloß. Diese Ehe sowie die Verheiratung des Fürsten Karl Friedrich von Anhalt-Bernburg mit einer Bürgerlichen im Jahre 1715 wurden die Ursache einer Konvention zwischen dem Kurfürsten von Sachsen, dem Herzog von Sachsen-Meiningen (dem Bruder des genannten Herzogs Anton Ulrich), den Herzögen von Sachsen-Weimar und Sachsen-Gotha und Hildburghausen sowie den Fürsten von Anhalt-Bernburg und Anhalt-Zerbst, inhaltlich welcher sie sich verpflichteten, in ihren Testamenten und pactis domus aufs nachdrücklichste zu verbieten, daß ihre Prinzen mit *geringeren* als reichsgräflichen Personen sich vermählen. Es zeigt dies, daß es als selbstverständlich galt, daß Ehen mit Angehörigen reichsständischer Grafengeschlechter ebenbürtig seien[1]). *Endlich* ist nicht unwesentlich, daß es für die weltlichen Fürsten nicht bloß Viril-, sondern, wenn auch nur als Ausnahme — 5 von 61 Stimmen —, Kuriatstimmen gab. An diesen fünf fürstlichen Kollektivstimmen waren 12 Fürsten beteiligt.

B. Die gleiche Wahlkapitulation im Zusammenhange mit ihrer Entstehungsgeschichte beweist dann auch, daß zwar das Ebenbürtigkeitsprinzip aus dem Gedanken der Reichsstandschaft erwuchs, trotzdem aber nicht für reichsfürstliche und reichsgräfliche Häuser Einheitlichkeit besaß.

1. Würde das Ebenburtsprinzip nicht als ein Ausfluß der Reichsstandschaft angesehen worden sein, dann wäre unerklärlich, warum das genannte Reichsgesetz, die Wahlkapitulation von 1742, statt von „denen aus ohnstrittig notorischer Mißheirat erzeugten Kindern eines Reichsfürsten oder Reichsgrafen“ von „denen aus ohnstrittig notorischer Mißheirat erzeugten Kinder eines *Reichsstandes*“ spricht.

2. Andererseits aber erscheint auffällig, warum die Kapitulation den Begriff der Mißheirat nicht näher definierte. Allein dies erklärt sich daraus, daß man sich darüber, wer außer Personen bürgerlichen Standes unebenbürtig sei, nicht zu einigen vermochte. Kursachsen hatte beantragt, statt „ohnstrittig notorische Mißheirat“ ungleiche Ehen zu sagen. Indes

[1]) Vgl. *Löning* S. 21; auch *Bollmann* S. 4 ff. und 58.

der Antrag wurde abgelehnt[1]). Warum? Eben weil in bezug auf die Frage der Unebenbürtigkeit von Personen des niederen Adels für alle Reichsstände kein einheitliches gemeines Privatfürstenrecht bestand. Anderes ergab sich hier für reichsfürstliche, anderes für reichsgräfliche Häuser. Wären Personen niederen Adels nicht ebenbürtig gewesen, dann wäre kaum erklärlich, warum die Verleihung desselben und die Erhöhung des Grades in ihm so angestrebt worden ist. Auch der Kaiser hatte erhebliches Interesse, zu verhindern, daß Ehen mit Personen niederen Adels für Reichsstände schlechthin als Mißheirat erklärt wurden, denn damit hätte eines seiner wenigen exklusiven Reservatrechte, die er besaß, das Recht der Standeserhöhung, nicht unbedeutend an Wert verloren. Siehe über letzteren Punkt auch *Bollmann* S. 6 und 60.

C. Nach alledem ergibt sich folgendes als *gemeines Privatfürstenrecht:*

1. a) Bei *allen* ehemals reichsständischen Häuser ist im Zweifel Mißheirat die Ehe mit Personen nichtadeligen Standes[2]), also auch mit Personen höheren Bürgerstandes. b) Nur bei kur- und altfürstlichen reichsständischen Häusern, d. h. solchen, welche Reichsstandschaft und Stimmrecht als Fürst schon vor dem Jahre 1600 erwarben, ist im Zweifel außerdem Mißheirat die Ehe auch mit Angehörigen anderer ***nichtreichsständischer*** Familien, d. h. auch mit Personen niederen (reichsunmittelbaren oder reichsmittelbaren) Adels selbst dann, wenn dieser Adel den *Titel* und Rang von Reichsfürsten, Reichsgrafen und Reichsfreiherren erworben hatte[3]).

2. Wir können diese Sätze auch dahin formulieren:

---

[1]) Vgl. Schiedsspruch S. 13; *Löning* S. 24.

[2]) Lediglich mit dieser Frage beschäftigt sich *Lönings* vielfach zitierte Schrift.

[3]) Es ist durchaus unzutreffend, wenn man behauptet, die bloß mit reichsständischen *Titeln* versehenen Adeligen seien in bezug auf Ebenbürtigkeit den Reichsstandschaft besitzenden Reichsfürsten, Reichsgrafen, Reichsfreiherren grundsätzlich gleichgestanden. Dies meinen *Schön,* Der Lippische Schiedsspruch u. s. w. S. 62 und *Störk,* Die agnatische Thronfolge u. s. w. S. 92. Die Wahlkapitulation von 1742 unterscheidet sehr scharf zwischen beiden Dingen. Siehe näheres unten § 20 III C.

a) Die neuzeitliche Ebenbürtigkeit steht außer Zusammenhang mit der Ebenburt des Mittelalters, demgemäß außer Zusammenhang mit Schwabenspiegel Kap. 57, wo im Gegensatz zum Sachsenspiegel ausgesprochen ist, daß im Zweifel nur hoher Adel (Semperfreiheit) ebenbürtig macht[1]. Zwischen dem älteren und neueren Ebenbürtigkeitsrecht liegt eine Periode der Geltung des römischen Rechtes. Dieses hat das Recht des Schwabenspiegels verdrängt, um dann selbst von neuem Ebenburtsprinzip verdrängt zu werden. b) Bei allen reichsständischen Familien ist Verheiratung mit Nichtadeligen im Zweifel Mißheirat; Heiraten mit Angehörigen des niederen Adels, selbst des untitulierten (einfachen), begründen bei den neufürstlichen und bei allen reichsgräflichen reichsständischen Familien, d. h. bei den Reichsständen, welche erst nach 1600 Sitz auf der Fürstenbank erwarben oder nur einen Sitz auf der Grafenbank einnehmen, im Zweifel Ebenbürtigkeit[2]. Als vollwirksam geltende Ehen von Reichsgrafen mit Damen des niederen Adels waren im 18. Jahrhundert nichts seltenes[3].

D. *Besonderes* Privatfürstenrecht, Hausgesetz oder Hausobservanz, entstand teilweise infolge der seit dem 17. Jahrh. zahlreicheren Erhebungen in die Reichsstandschaft, vorwiegend aber infolge der ebenfalls seit dieser Zeit übermäßig zunehmenden Verleihungen von reichsständischen Titeln (Fürst, Graf, Freiherr) an Angehörige des niederen Adels. Die alten reichsständischen Geschlechter waren dadurch zum Teil veranlaßt, sich gegenüber den neuen reichsständischen Geschlechtern abzugrenzen; besonders aber entstand für alle reichsgräflichen Geschlechter unter den Reichsständen die Notwendigkeit, ihre eherechtliche Beziehung zu den verschiedenen Titelgraden des niederen Adels zu fixieren.

1. Eine *Erweiterung* der Grundsätze des gemeinen Privat-

---

[1] *Löning* S. 4; *Gierke*, Grundzüge S. 459.

[2] A. M. *Pauli* in seiner Einleitung in die Kenntnis des deutschen hohen und niederen Adels (Halle 1753) S. 127 und *Störk*, Die agnatische Thronfolge u. s. w. S. 86 f.

[3] *Schiedsspruch* S. 15.

fürstenrechts trat ein, wenn altfürstliche[1]) Familien des reichsständischen Adels gesetzlich oder observanzmäßig Angehörige des niederen Adels als ebenbürtig zuließen. Soweit es vorkam, geschah es nur für titulargräfliche Familien, d. h. für Geschlechter des niederen Adels, welche den Grafentitel besaßen (nichtreichsständische Grafengeschlechter).

2. Eine *Einschränkung* der Grundsätze des gemeinen Privatfürstenrechts hatte statt, wenn neufürstliche[2]) Reichsstände oder alte oder neue reichsgräfliche Reichsstände den einfachen niederen Adel (reichs- und landsässige *Ritter*) von der Ebenburt ausschlossen, dieselbe also auf Rittergeschlechter mit dem gräflichen oder freiherrlichen Titel beschränkten (so z. B. in Lippe, Brüdervergleich vom 14. August 1749 § 18). Selbstverständlich war es auch möglich, daß neufürstliche Häuser selbst Ritter mit dem Freiherrntitel ausschieden.

3. Häufiger als jene Erweiterung, begegnet diese Einengung.

4. Alter Adel bedeutet vom Geschlechte vor 1600 erworbener hoher oder niederer Adel. Vgl. auch Schiedsspruch S. 18. Mit dem 17. Jahrhundert beginnt das starke Ansteigen der Verleihung höherer und niederer Reichsstandschaft und höherer Titel an den niederen Adel. Gegenüber den zahlreichen Neuverleihungen gewann der Besitz des gleichen Rechtes oder des gleichen Titels aus älterer Zeit höheres Ansehen. Über das Jahr 1582 siehe *Schröder* § 72 S. 821.

V. A. Das, was wir vorstehend über das Ebenburtsrecht des deutschen hohen Adels vortrugen, stimmt im Ergebnis mit den Anschauungen überein, welche das Schiedsgericht in dem *lippischen Thronfolgestreite* seinem *Schiedsspruche* vom 22. Juni 1897 zugrunde legte[3]). Auch dort findet sich die Meinung vertreten, nach gemeinem Rechte sei die Ehe eines Mitgliedes eines altreichsgräflichen oder neufürstlichen Hauses mit einer Dame von niederem Adel im 18. und im Anfange

[1]) Hierüber näher *Klüber*, Abhandlungen und Beobachtungen für Geschichtskunde, Staats- und Rechtswissenschaften Bd. I (1830) S. 155ff.

[2]) Siehe vorige Anm.

[3]) Siehe auch *Kahl*, Ebenbürtigkeit und Thronfolgerecht der Grafen zu Lippe-Biesterfeld 1896 S. 24f.

des 19. Jahrhunderts keine Mißheirat gewesen (Schiedsspruch S. 17). In der Begründung dagegen unterscheiden wir uns. Der Schiedsspruch läßt nicht außer dem Bereiche der Möglichkeit, daß dies Ebenburtsrecht der Neuzeit im Mittelalter wurzelt. Von *jeher*, meint er, waren die reichsständischen Familien bemüht, ihre Macht und ihr Ansehen dadurch zu erhöhen, daß sie sich als ein besonderer höherer Stand von dem niederen Adel so streng absonderten, daß eine eheliche Verbindung mit diesem als Mißheirat angesehen wurde (S. 13); trotzdem vertritt er aber die Ansicht, daß erst die übermäßige Zunahme der kaiserlichen Standeserhöhungen, namentlich der mit der Reichsstandschaft nicht verbundenen Erhebungen in den Reichsgrafenstand, im 17. und 18. Jahrhundert die eigentliche Ausbildungsursache des modernen Ebenburtsrechtes gewesen sei, denn erst dadurch sei ein dringender Anlaß gegeben gewesen, von den *alten* Herrengeschlechtern in deren Interesse diese neuen, an staatsrechtlicher Bedeutung ihnen gegenüber zurückstehenden Grafen zu sondern (§ 11). Allein damit ist nicht erklärt, warum zwischen den alten Herrengeschlechtern schon vorher ein wesentlicher Unterschied in bezug auf Ebenbürtigkeitsrecht bestand, ohne daß derselbe doch schon dem Mittelalter angehörte. Wohl nennt der Schiedsspruch die hochadeligen Häuser reichsständische Familien (S. 13) und ebenso spricht er davon, daß die Fürsten durch ihren großen Länderbesitz und ihre Virilstimmen in der Lage gewesen seien, sich vom niederen Adel abzusondern, dagegen die Reichsgrafen und die in der staatsrechtlichen Stellung ihnen regelmäßig gleichstehenden sogen. neufürstlichen Häuser durch ihren geringeren Länderbesitz, ihre andere Stellung auf den Reichstagen und durch verschiedene andere Umstände an strenger Durchführung des aufgestellten Ebenbürtigkeitsprinzips gehindert worden seien, aber das alles ist nicht zur Konstruktion verwendet, das Ebenburtsrecht nicht auf die Reichsstandschaft als Ausgangspunkt zurückgeführt und demgemäß auch nicht hervorgehoben, daß das Ebenburtsrecht von Anfang an ein zweigeteiltes, ein verschiedenes für Fürsten- und Grafenhäuser, war. Der Schiedsspruch erweckt die Meinung, als hätte man anfangs auch für die reichsständischen Grafen eine strenge eherechtliche Sonderung vom niederen Adel versucht, während für die reichsständischen Grafen infolge ihres geringer wertenden Stimmrechtes von Anbeginn an ein anderes (milderes) Ebenburtsrecht galt. Es wollte gar kein höheres behauptet werden.

B. Durch unsere Übereinstimmung mit jenem Schiedsspruche im Ergebnis stehen wir dem Resultate nach im allgemeinen auch in Einklang mit der Anschauung des Reichsgerichtes Entsch. in Zivils. Bd. XXXII S. 150 und mit der Ansicht der übrigen höchsten Gerichte und der Juristenfakultäten, welche im Laufe des 19. Jahrhunderts über die Frage rechtsprechend entschieden, ob die Ehe eines Herren aus altreichsgräflichem oder neufürstlichem Hause mit einer Dame von niederem Adel als standesgemäße zu erachten sei (siehe die Aufzählung in jenem Schiedsspruche S. 19). Dagegen liegt darin eine starke Abweichung von der in der Theorie heute herrschenden Anschauung. Nur *Schröder* (vgl. seine Rechtsgeschichte § 68) und *Edg. Löning* dürften von den Heutigen [1]) hierher zu rechnen sein. Bei letzterem vermag dies freilich nur nach dem vermutet zu werden, was er über die Entwicklung des für Ehen von Angehörigen des Hochadels mit Personen bürgerlichen Standes geltenden Rechtes in jener vielfach zitierten Schrift: „Über Heilung notorischer Mißheiraten" bemerkt. Sonst aber ist communis opinio: nach gemeinem Privatfürstenrechte sind für alle Hochadeligen nur wieder Personen hochadeligen Standes ebenbürtig. So von Neuesten *Bollmann* S. 58 ff., *Schön*, Der Lippische Schiedsspruch und die Pinskersche Kritik 1899 S. 27 ff., *Störk*, Die agnatische Thronfolge in Lippe S. 104, *Kohler*, Rechtliche Erörterungen zur Lippeschen Thronfolgefrage im Archiv für öffentliches Recht Bd. XVIII (1903) S. 140 und vor allem als Führer im Streite *Gierke*, Grundzüge des Deutschen Privatrechtes bei Holtzendorff 6. Aufl. Bd. I S. 459 und Deutsches Privatrecht Bd. I S. 403 f., wo ebenso, wie bei *Gg. Meyer*, Lehrbuch des Deutschen Staatsrechtes 5. Aufl. 1899 § 89 Anm. 12 und *Bollmann* S. 63 ff., die übrigen früheren (insbe-

---

[1]) Von Früheren *Stobbe*, Deutsches Privatrecht IV 44.

sondere *Schulze* bei Holtzendorff S. 1365) und heutigen Vertreter der herrschenden Meinung und ebenso ihre Gegner sich verzeichnet finden. Der Grundfehler der herrschenden Theorie liegt darin, daß sie annimmt, der Ebenburtsgrundsatz der neuzeitlichen Reichsstände sei rechtshistorisch nichts anderes als eine Fortsetzung des Ebenbürtigkeitsprinzipes der mittelalterlichen Hochfreien, während zwischen diesen beiden Ebenburtsrechten eine rechtshistorische Verbindung fehlt. Der Unterschied ist dem Resultate nach bedeutsam: *Von der hier vertretenen Anschauung über die Ebenbürtigkeitsgrundsätze des gemeinen Privatfürstenrechts aus erscheint besonderes Hausrecht, wonach für neufürstliche Reichsstände und reichsgräfliche Reichsstände einfacher niederer Adel zur Ebenburt nicht genügt, als eine Verschärfung des gemeinen Privatfürstenrechts, vom Standpunkte der herrschenden Lehre aus als eine Milderung desselben.*

VI. A. Außer den Mitgliedern ehemals reichsständischer Häuser sind nach *gemeinem* geltenden Fürstenrechte, wie schon in § 9 S. 115 bemerkt[1]), ebenbürtig Abkömmlinge a) aus Familien, welche auch noch nach 1815 in Deutschland, bezw. seit 1871 innerhalb des Deutschen Reiches regiert haben oder in der Gegenwart daselbst regieren, b) aus außerdeutschen, europäischen, christlichen Häusern, welche einen völkerrechtlich anerkannten Staat als dafür völkerrechtlich anerkannte Dynastien regieren oder regiert haben.

B. Hieraus folgt im einzelnen:

1. Außerdeutsche selbst hochtitulierte Adelsfamilien sind, wenn sie nicht unter den oben angegebenen Voraussetzungen regieren oder regiert haben, im Zweifel nicht ebenbürtig.

2. Dagegen sind alle außerdeutschen regierenden oder regiert habenden Geschlechter unter den angegebenen näheren Voraussetzungen im Zweifel ebenbürtig, gleichgültig wie groß das Land, wie alt die Dynastie. Auch erst neuerdings zur Herrschaft gelangte Familien sind ebenbürtig selbst dann, wenn sie nichtadeliger Abkunft (Bonaparte, Bernadotte).

---

[1]) Siehe auch *Seydel*, Vorträge aus dem allgemeinen Staatsrecht 1903 S. 45 (auch Annalen des Deutschen Reiches 1899 S. 251).

3. Die Anerkennung des Staates und der Dynastie durch die übrigen Mächte bildet zwar nicht, wie die herrschende, aber mit der Staatspraxis sich nicht vertragende[1]) Lehre meint, eine Voraussetzung der völkerrechtlichen Existenz als Staat oder Staatshaupt, aber völkerrechtliche Anerkennung ist trotzdem Voraussetzung jener Ebenbürtigkeit und zwar deswegen, weil auch hier eben zutrifft, was das völkerrechtliche Wesen dieser Anerkennung ausmacht. Völkerrechtlich bedeutet die Anerkennung die rechtliche Erklärung der Bereitwilligkeit mit dem neuen Staate, dem neuen Herrscher in freundschaftlichen internationalen Verkehr zu treten, auf Verlangen Gesandte oder Konsuln mit ihm zu tauschen, in Vertragsverhandlungen einzugehen. Es ist nicht denkbar, daß eine regierende Familie als Familie eherechtlichen Verkehr mit einer fremden Dynastie will, wenn ihr Haupt in seiner Eigenschaft als Staatshaupt derselben und ihrem Staate nicht völkerrechtlichen Verkehr bewilligt. Das Ansehen des landesherrlichen Hauses würde darunter leiden. Aus diesem Grunde ist jene völkerrechtliche Anerkennung der Ebenbürtigkeit als Voraussetzung gestellt.

C. Zum Schlusse noch die Bemerkung, daß außer Deutschland nur Österreich-Ungarn und Rußland Ebenbürtigkeit als eine Voraussetzung der Hauszugehörigkeit und Thronfolgefähigkeit kennen. In *Österreich-Ungarn* gilt im Zweifel deutsches gemeines Privatfürstenrecht, in *Rußland* steht das Ebenbürtigkeitsprinzip erst seit 1820 in Geltung. Durch Hausgesetz vom 2./14. Juli 1886 wurde es daselbst andererseits verschärft. Es ist dort jetzt sogar strenger als in Deutschland und Österreich-Ungarn: das russische Hausgesetz von 1886 verlangt für eine ebenbürtige Ehe im russischen Kaiserhaus Zugehörigkeit zu einer herrschenden Dynastie. Vormalige europäische Herrscherhäuser und die deutschen standesherrlichen Familien sind also ausgeschlossen.

In allen übrigen europäischen Staaten, England, Schweden, Norwegen, Spanien u. s. w., gelten rechtlich als standesgleich auch Ehen mit Angehörigen des niederen Adels oder

[1]) *Rehm*, Allgemeine Staatslehre 1899 S. 29.

sogar mit Personen bürgerlicher Abkunft. Es besteht nur eine Rechtsschranke der freien Ehewahl; das Erfordernis der Zustimmung des Staatshauptes. Vgl. z. B. englische [1]) Royal Marriage Act von 1772. Damit ist nicht gesagt, daß der Gedanke der Ebenbürtigkeit daselbst nicht regelmäßig als soziale oder politische Schranke der Ehewahl wirke [2]). Weil nur sie selbst von den deutschen Fürstenhäusern, von Österreich und Rußland für ebenbürtig gehalten werden, fordert auch von ihnen Standesbewußtsein und politische Rücksicht, lediglich Mitglieder hochadeliger Häuser ebenbürtig zu nehmen. Es kommt dies deutlich darin zum Ausdruck, daß Angehörige außerdeutscher Fürstenhäuser, die Ehen mit nach deutschem Recht nichtebenbürtigen Persönlichkeiten eingehen, diese Ehen der Regel nach als morganatische, d. h. als Ehen abschließen, bei denen die Wirkungen der standesgleichen Ehe vertragsmäßig, kraft Ehevertrages, ausgeschlossen sind.

Unter diesen Gesichtspunkt fällt die bekannte Ehe des zweiten Sohnes des Königs von Schweden, Prinz Oskar, mit der geistreichen Hofdame Ebba Munck, um derentwillen jener Fürst sogar auf die eventuelle Thronfolge in seinem Vaterlande verzichtete.

Von Rechts wegen, nach geltendem schwedischen Verfassungsrechte, wäre diese Ehe vollkommen geeignet gewesen, für die Abkömmlinge daraus Thronfolgefähigkeit zu begründen und auch der Gemahlin selbst Standesgleichheit zu verleihen. Bloß durch ihr Eingehen zur linken Hand, als morganatische Ehe — somit nur, weil es die Eheschließenden so wollten — hat diese Verbindung den Charakter einer standesgleichen Ehe nicht erworben. Nicht, weil es irgend ein Rechtssatz von ihnen forderte, sondern weil es sozial und politisch dem Standes- und Staatsbewußtsein der beteiligten fürstlichen Familie nicht entsprach, also rechtlich freiwillig wurde die genannte Ehe als standesungleiche eingegangen.

Dadurch unterscheidet sie sich von den morganatischen

---

[1]) Abgedruckt in *Schulze*, Hausgesetze Bd. I S. 486f.

[2]) Siehe meinen Aufsatz „Das Thronfolgerecht in Europa" in der Woche 1901 Nr. 28 (vom 13. Juli) S. 1225ff.

Ehen deutscher und österreichischer Prinzen und Prinzessinnen. Auch wenn sie nicht als morganatische Ehe abgeschlossen wäre, würde die Ehe des Erzherzogs Franz Ferdinand mit Reichsgräfin Sophie Chotek rechtlich eine standesungleiche sein. Hier hat der Abschluß zur linken Hand die kraft Gesetzes gegebene Standesungleichheit nur anerkannt, dort dagegen eine kraft des Gesetzes nicht vorhandene Standesungleichheit erst geschaffen.

Der Umstand, daß lediglich das deutsch-österreichisch-russische Recht für die regierenden Häuser rechtlich unebenbürtige Ehen, die übrigen europäischen Monarchien für ihre Fürstenhäuser dagegen nur sozial unebenbürtige Ehen kennen, hat aber noch eine weitere bedeutsame Folge. In den übrigen europäischen Fürstenhäusern kann die soziale Schranke der Unebenbürtigkeit, eben, weil sie lediglich sozialer Natur ist, jederzeit durchbrochen werden, und diese Durchbrechung hat Wirkung sogar für die Monarchien mit rechtlichem Ebenbürtigkeitsprinzip. In Deutschland, Österreich und Ungarn dagegen bedarf die Erhebung von Unebenbürtigkeit zu Ebenbürtigkeit besonderer Maßnahmen, gesetzgeberischer Akte.

Die Angehörigen der übrigen europäischen regierenden Familien können Ehen mit anderen als hochadeligen Persönlichkeiten ohne weiteres auch als nichtmorganatische, d. h. als standesgleiche abschließen. Es folgt hieraus — die Zustimmung des regierenden Herrn vorausgesetzt — von selbst die Thronfolgefähigkeit der eventuellen Nachkommen. Nur das ist möglich, daß der regierende Fürst seine Heiratsgenehmigung allein unter die Bedingung erteilt, daß die Ehe freiwillig als morganatische abgeschlossen wird. Dann ist Thronfolgefähigkeit der Eheabkömmlinge nicht gegeben. Erfolgt die Heiratserlaubnis aber unbedingt, dann ist die Ehe vollgültig und verleiht den Kindern hieraus Thronfolgerecht. Noch einfacher liegt die Sache, wenn es der regierende Fürst selbst ist, der heiratet. Er braucht keine Eheerlaubnis. Schließt er seine Ehe nicht ausdrücklich zur linken Hand ab, so sind Frau und Kinder aus der Ehe ebenbürtig.

König Alexander von Serbien, selbst regierender Herr, hatte die soziale Schranke der Ebenbürtigkeit durchbrochen und Draga nicht bloß morganatisch geheiratet. Sie hat Standesgleichheit mit ihm erworben, und Abkömmlinge aus der Ehe würden thronfolgeberechtigt in Serbien und damit als Mitglieder eines europäischen christlichen Fürstenhauses anerkannter Souveränität auch rechtlich ebenbürtig im Sinne des deutschen, österreichischen und russischen Thronfolgerechts gewesen sein. Lediglich als sozial unebenbürtig hätten sie deutsche Fürstenhäuser betrachten und dereinstige eheliche Verbindungen mit ihnen durch Verweigerung des in allen Fällen nötigen landesherrlichen Heiratskonsenses hintanhalten können.

Ganz anders die Rechtslage in Deutschland, Österreich und Rußland. Hier vermögen Kinder aus unebenbürtigen Ehen Thronfolgeberechtigung allein durch Änderung der Thronfolgeordnung, also lediglich durch besondere Maßnahmen zu erlangen. Beruht die Thronfolgeordnung nur auf Hausgesetz, wie in Rußland, so ist demgemäß ein besonderes Hausgesetz notwendig; beruht sie, wie in Deutschland, auf Haus- und Staatsrecht, so ist ein besonderes Haus- und Staatsgesetz erforderlich.

VII. A. 1. Wer lediglich vom rechtsgeschichtlichen Standpunkte aus die Ebenbürtigkeitsfrage behandelt, wird zweifelsohne zu dem Ergebnis gelangen, heute bestehe kaum mehr ein sachlicher Anlaß, das Ebenbürtigkeitsprinzip als Rechtsprinzip aufrecht zu erhalten. Entstanden ist dasselbe in einer Zeit, wo die Agnaten noch nicht unter der Staatsgewalt des Familienhauptes standen. Dem Familienhaupt als solchem damals ein Recht des Heiratskonsenses einzuräumen, widersprach der Unabhängigkeit der Agnaten von ihm in staatsrechtlicher Beziehung. Vor kam es ja, aber es war unnatürlich. Die Landeshoheit umfaßte viele Rechte. Dieser umfassenden Gewalt unterstanden die Agnaten nicht. Und einer Gewalt des Landesherrn als Familienhaupt sollten sie unterworfen sein? Unterliegen sie nicht der Gewalt des Landesherrn in seiner höheren Stellung, so widerspricht es diesem Verhältnis, würden sie ihm in seinem weniger bedeutsamen Bereiche des Familienchefs unterstehen. Daher war das Ebenbürtigkeitsprinzip in jener Periode ein Ausweg.

Das änderte sich, wenn die Agnaten Staatsuntertanen des Landesherrn wurden. Dann konnte als ein Akzessorium der *Staats*gewalt eine Familiengewalt hinzutreten, kraft deren das Familienhaupt die Befugnis besitzt, unpassende oder politisch bedenkliche Eheschließungen der Hausangehörigen zu verhindern. Damit aber entfällt die Notwendigkeit eines Ebenbürtigkeitsprinzipes als *Rechts*grundsatzes, da derselbe geeignet ist, vielen Mitgliedern regierender Häuser eine Eheschließung überhaupt unmöglich zu machen. Von diesem Gesichtspunkte aus ist die Meinung *Seydels*, Vorträge aus dem allgemeinen Staatsrecht S. 45, und vor allem diejenige *Schulzes* bei Holtzendorff 5. Aufl. S. 1366 zu verstehen, welche beide de lege ferenda sich gegen Aufrechterhaltung des genannten Grundsatzes als eines Rechtsprinzips wenden.

2. Allein das Institut des Heiratskonsenses versagt bei einer Heirat des Landesfürsten. Bei standesherrlichen Familien ist da wohl ein Ersatzmittel leicht zur Hand. In standesherrlichen Hausgesetzen — s. z. B. das des Fürstlichen Hauses Leiningen vom 23. Oktober 1897 bei *Löning* S. 50 — ist für den Fall der Heirat des Fürsten, weil bei ihm keine Heiratserlaubnis Dritter möglich, vorgeschrieben, daß, wenn bei einem Agnaten Bedenken bestehen, ob eine vom Fürsten beabsichtigte Ehe der Würde und dem Ansehen des Hauses entspreche, die Entscheidung der Frage einem Schiedsgerichte zu unterbreiten sei, und falle der Spruch im verneinenden Sinne aus, so gelte die trotzdem eingegangene Ehe nicht als hausgesetzmäßig. Gegenüber regierenden Herren ist eine solche Vorkehr gegen derartige Ausnahmsfälle politisch unmöglich.

B. 1. Nun ließe sich allerdings noch ein anderer Ausweg denken: Für das Familienglied, welches erst als Landesfürst sich vermählt oder als solcher sich wieder vermählt, bleibt das Ebenbürtigkeitsprinzip erhalten. Warum sollen, weil bei einem Mitglied die Aufrechterhaltung desselben als Aushilfsmittel angezeigt erscheint, alle anderen Familienmitglieder jener schweren Freiheitsbeschränkung unterworfen werden?

2. Allein dann wäre die Folge die Möglichkeit einer starken sozialen Unstimmigkeit zwischen den Frauen dieses *einen* korporativen Verbandes. Aber ganz abgesehen davon,

lehrt die geschichtliche Erfahrung, daß es nicht in allen Fällen zweckmäßig wäre, wenn die Beurteilung der sozialen Ebenbürtigkeit der Gemahlinnen lediglich dem Ermessen des Landesfürsten anheim gegeben würde. Aus Zweckmäßigkeitsgründen dürfte somit trotz des Wegfalls der historischen Entstehungsveranlassung das Ebenbürtigkeitsprinzip als Rechtsprinzip aufrecht zu erhalten sein. Im Resultate ebenso *Störk*, Agnatische Thronfolge u. s. w. S. 98ff., *Triepel*, Der Streit um die Thronfolge u. s. w. S. 11f. und *Kohler*, Rechtliche Erörterungen zur Lippeschen Thronfolgefrage Bd. XVIII (1903) S. 138.

VIII. A. Eine *Aufhebung* des *Ebenbürtigkeitsgrundsatzes* als Voraussetzung der Hausmitgliedschaft fordert lediglich ein Haus-, kein Staatsgesetz, soweit nicht, wie singulärerweise in *Sachsen-Meiningen* seit dem schon vielfältig angezogenen Gesetz vom 9. März 1896, die Voraussetzungen der Hauszugehörigkeit durch Staatsgesetz festgestellt sind. Auch andere, die meisten, Verfassungsurkunden tun wohl der Ebenbürtigkeit Erwähnung, aber nicht als Bedingung der Familienmitgliedschaft, sondern als solche der Sukzessionsfähigkeit, die aber keine notwendige, sondern lediglich eine natürliche Wirkung der Hauszugehörigkeit ist. Wollte man die Ebenbürtigkeit auch als Voraussetzung der Thronfolgefähigkeit beseitigen, so bedürfte es hierzu in allen Staaten, auch denjenigen, welche bislang die Ordnung des Thronfolgerechtes völlig bisherigem Hausrecht überließen, eines Verfassungsgesetzes, denn es handelte sich um Beseitigung eines bisher für die Staatssukzession als grundlegend angesehenen Prinzips (siehe oben § 2 S. 17). Aber die Notwendigkeit der Mitwirkung des Staates und damit des Parlamentes zur Beseitigung jenes Prinzips kann dadurch umgangen werden, daß man das Erfordernis der Ebenbürtigkeit formell fortbestehen läßt und nur durch Hausgesetz statuiert, daß auch nichtadelige Personen als ebenbürtig erachtet würden. Das letztere vermag zu geschehen, weil keine Verfassungsurkunde den Begriff der Ebenbürtigkeit definiert, die nähere Umschreibung desselben vielmehr dem Hausrecht allein überläßt. A. M. wie mir scheint *Bollmann* S. 56.

B. Zur Zeit des *alten Reiches* war seit Wahlkapitulation von 1742 zu einem Hausgesetze, welches Ehen mit Bürgerlichen (Nichtadeligen) für ebenbürtig erklären wollte, nicht sowohl, wie *Edgar Löning* a. a. O. S. 62 meint, kaiserliche Bestätigung, sondern Erlaß eines Reichsgesetzes notwendig. Denn jene Wahlkapitulation, welche die Ehen von Mitgliedern hochadeliger Häuser mit Bürgerlichen für eine unstreitig notorische Mißheirat erklärte, besaß die Natur eines Reichsgesetzes und bedurfte demgemäß auch eine Abweichung durch allgemeine Norm hiervon der Zustimmung des Reichstages. Dies Erfordernis galt für alle reichsständischen Häuser. Sie alle unterstanden mit ihrem Hausrecht der Reichsgewalt. Heute sind nur diesbezügliche Hausgesetze standesherrlicher Häuser dem Landesherrn als Staatshaupt „vorzulegen", solche regierender (und mangels besonderer Bestimmung auch solche nach 1815 depossedierter) nicht. Jene Vorlage an den „Souverän" wurde durch die deutsche Bundesakte von 1815 Art. 14 eingeführt. Gemeint war sie nur als Vorlage zur Kenntnisnahme, nicht zur Bestätigung — vgl. Reichsgericht in Zivils. Bd. XXVI S. 142 u. 159; *Gierke*, Deutsches Privatrecht Bd. I S. 157. Wenn trotzdem Landesgesetze — Preußen, Instruktion vom 30. Mai 1820 § 1; Königreich Sachsen, Rezeß vom 23. November 1835 Abschn. VII § 6; Baden, Edikt vom 16. April 1819 § 4 — landesherrliche Bestätigung vorschreiben, so stellt sich dies doch nicht als mehr denn eine formelle Verschiedenheit dar. Denn was die Deutsche Bundesakte nur nicht fordert, aber auch nicht verbietet, ist eine formelle Bestätigung. Keineswegs will die Bundesakte verhindern, daß die Staatsregierung die ihr vorgelegten Hausgesetze auf ihre Gesetzmäßigkeit prüfe und, wenn darin die Grenzen der Autonomie überschritten sind, sie von der Mitteilung an das Publikum zurückweise. Denn wozu steht sonst in Art. 14 als Nachsatz: „Dem Souverän vorgelegt und bei den, d. h. durch die höchsten Landesstellen zur allgemeinen Kenntnis und Nachachtung gebracht werden"? Mit Recht legen dies das bayerische Edikt vom 26. Mai 1818 § 9, die württembergischen Edikte für die einzelnen standesherrlichen Häuser (bei *Kohler*, Staatsrechtliche Verhältnisse des mittelbargewordenen vormals reichsständischen Adels 1844 S. 244ff.), das hessische Edikt vom 17. Februar 1820 § 10 nebst Gesetz vom 18. Juli 1858 Art. 10 dahin aus, daß die obersten Landesstellen lediglich soweit zur Veröffentlichung zu schreiten hätten, als die vorgelegten Hausgesetze nicht gegen die Verfassung verstießen. Vgl. auch *Löning* a. a. O. S. 55. A. M., wenn ich recht sehe, *Gierke*, Deutsches Privatrecht I S. 157 und Grundzüge des deutschen Privatrechts bei Holtzendorff Bd. I S. 443.

C. Neuere standesherrliche Hausgesetze, welche das Prinzip der Ebenbürtigkeit beseitigten, gibt es, so das Hausgesetz des *fürstlichen Hauses Leiningen* vom 23. Oktober 1897. Nach demselben sind sukzessionsfähig in Standesherrschaft und Hausvermögen alle aus hausgesetzmäßiger Ehe stammenden Personen. Hausgesetzmäßig ist aber *jede* Ehe, welche ein Prinz oder eine Prinzessin des Hauses mit vorgegangener schriftlicher Einwilligung des Fürsten abschließt, also auch die Ehe mit einer Person bürgerlichen Standes. Vgl. *Löning* S. 50 u. 67.

IX. Von der Frage des Einflusses *morganatischer Eheschließsung* auf die Ebenbürtigkeit und andererseits von der Heilung der Wirkungen standesungleicher Ehen (Mißheiraten) werden wir in anderem Zusammenhange reden, von dem letzteren in der Lehre von der Heilung der dem Erwerb der Mitgliedschaft entgegenstehenden Mängel überhaupt (§ 20), von dem ersteren in dem von der Vermählung als Erwerbsgrund der Hausmitgliedschaft handelnden Abschnitt (§ 21).

X. Endlich sei noch folgendes erwähnt: Das *Oldenburger* Hausgesetz ist schon insofern streng, als es, wie schon oben unter I A bemerkt, bei Ehen mit Mitgliedern standesherrlicher Häuser nur solche Häuser zuläßt, welche in ihren Anforderungen an Ebenburt nicht unter den hohen Adel heruntergehen. Außerdem fordert es aber bei allen Ehen, daß die Personen, mit welchen Mitglieder des großherzoglichen Hauses sich vermählen, aus Ehen stammen, welche von den betreffenden hohen *Familien* als *standesmäßsig anerkannt* sind. Ausgeschlossen sind also Personen aus Ehen, welche nicht von allen Zweigen (Agnaten) des betreffenden Hauses als standesmäßig anerkannt sind.

δ) Landesfürstliche Heiratserlaubnis.

§ 18.

I. Nicht verwechselt darf werden die landesfürstliche Heiratserlaubnis als Bedingung der Sukzessionsfähigkeit und der landesherrliche Heiratskonsens als Voraussetzung des Erwerbs der Hausmitgliedschaft. Beide Bedingungen haben nur gemein, daß sie nicht zu vermuten sind[1]). Die erstere steht heute, sofern sie ausdrücklich gestellt wird, der Regel nach in den *Verfassungs*urkunden: Bayern Tit. II § 3, Württemberg § 8, Koburg-Gotha § 6; die letztere findet sich, sofern sie ausdrücklich gestellt wird, für gewöhnlich in *Haus*gesetzen: Bayern (1819) Tit. II § 1, Sachsen § 8, Württemberg Art. 18, Koburg-Gotha Art. 93, Oldenburg Art. 8, Waldeck § 8, Braunschweig-Lüneburger Hausgesetz, betreffend Vermählungen vom 19. Oktober 1833 Art. 1. Ausnahmsweise begegnet findet sich auch die umgekehrte Erscheinung: die Heiratsbewilligung als Voraussetzung der Thronfolgefähigkeit wird nur in Hausgesetzen bestimmt (so mecklenburgisches Hausgesetz § 5) oder nur in Staatsgesetzen (so Hessen Verf. § 5, Sachsen-Altenburg § 28 und meiningensches Gesetz vom 9. März 1896). Auch das kommt vor, daß Staats- oder Hausgesetze die Heiratserlaubnis nach beiden Richtungen als Bedingung stellen, so das hannoversche Hausgesetz Kap. I § 3 mit Kap. III § 1 und andererseits der Beschluß der drei regierenden Herren zu *Reuſs* vom 10. November 1844, welcher „für die hausverfassungsmäßige *und* staatsrechtliche Gültigkeit der Ehen der männlichen Mitglieder“ des Gesamthauses Heiratsgenehmigung vorschreibt.

II. Der Unterschied ist um deswillen bedeutsam, weil, wenn die Einholung des Heiratskonsenses, wie in Meiningen, Altenburg, Oldenburg, Waldeck, Reuß, Braunschweig und Mecklenburg nur für die Mitglieder des landesherrlichen Hauses im Sinne jener Bestimmungen, d. h. nur für die der landesherrlichen Familiengewalt Unterstehenden vorgeschrieben wird, die aus dem landesherrlichen Hause engeren Sinnes

---

[1]) A. M. für das moderne *Recht Störk,* Agnatische Thronfolge S. 65.

ausgeschiedenen Familienmitglieder zur Eingehung einer trotzdem zur Fortpflanzung der Thronfolgefähigkeit geeigneten und die Hausmitgliedschaft bewahrenden Ehe keiner Erlaubnis ihres früheren Familiengewalthabers bedürfen. Wenn das Sachsen-Altenburgische Staatsgrundgesetz z. B. wohl in § 28 vorschreibt: Kein Prinz des Hauses kann ohne Genehmigung der regierenden Herren zu einer Vermählung schreiten, aber in § 13 bei Feststellung der Voraussetzungen der Sukzessionsfähigkeit die Notwendigkeit des Heiratskonsenses unerwähnt läßt und lediglich bestimmt: „Die Nachfolge in der Regierung ist . . . erblich in der geraden leiblichen und *gesetzmäfsigen* Nachkommenschaft des jetzt regierenden Herzogs“, so heißt dies lediglich: *wenn* die Nachkommen des Herzogs der landesfürstlichen Hausgewalt unterliegen, ist ihre Sukzessionsfähigkeit durch Abstammung aus einer landesfürstlich genehmigten Ehe bedingt.

III. Ist der Heiratskonsens lediglich den unter Hausgewalt Stehenden, d. h. nicht als Bedingung der Sukzessionsfähigkeit, vorgeschrieben, so ist die Folge des Unterlassens der Einholung lediglich Unterbleiben des Eintritts der Hausmitgliedschaft (und zwar auch der weiteren Sinnes) für Frauen und Kinder dieser Hausangehörigen, aber Sukzessionsfähigkeit entsteht. Regelmäßig jedoch wird ihnen nicht nur Mitgliedschaft, sondern auch Thronfolgefähigkeit abgesprochen, so in Bayern, Braunschweig, Hannover, Oldenburg, Sachsen, Württemberg, Waldeck, Reuß, Meiningen: um es mit den Worten des Gesetzes des letztgenannten Staates (meiningensches Gesetz vom 9. März 1896 Art. 9 Abs. IV) zu sagen: „Wenn ein *Prinz* sich ohne Einwilligung des Herzogs vermählen sollte, so wird weder seine Gemahlin, noch werden die *Abkömmlinge* aus solcher Ehe Mitglieder des Herzoglichen Spezialhauses; sie haben keinen Anspruch weder auf Unterhalt, Apanage, Aussteuer und Ausstattung oder Wittum aus den dem Herzog zur Verfügung stehenden Mitteln, noch auf Erbfolge in das ... Haus- ... Vermögen, noch in bezug auf Stand und Titel oder Wappen, auch rücksichtlich des Nachlasses der Mitglieder des Herzoglichen Spezialhauses — mit Ausnahme jedoch des eigenen Vaters — kein Erbrecht, noch Anspruch auf *Erbfolge.*“

Demgemäß knüpfen sich an eine nicht konsentierte Ehe die gleichen Wirkungen, wie an eine unebenbürtige. Aber es kommen auch Ausnahmen vor: in *Mecklenburg* (Hausgesetz § 5) ist Folge nur Verlust des Thronfolgeanspruches für den sich Vermählenden und nicht Erwerb desselben für Kinder aus der Ehe; in anderen Häusern dagegen sogar Nichtigkeit, so in Sachsen (Hausgesetz § 9) und in Hohenzollern (Hausgesetz Tit. IV § 2 und 11).

IV. Im übrigen verweisen wir wegen der Frage der Fortdauer der Einholung des Heiratskonsenses nach Ausscheiden aus der Familiengewalt auf das S. 91 und 118 Bemerkte. *Zorn* (Deutsche Literaturzeitung 1902 S. 1025) bestreitet solche Fortdauer, auch wenn landesfürstliche Genehmigung ausdrücklich oder observanzmäßig als Bedingung *jeder* Sukzessionsfähigkeit gilt. Siehe dagegen meine Studie „Begriff des landesherrlichen Hauses“ S. 33 und 34 und unten § 21, 25.

V. Das bayerische Familienstatut von 1819 Tit. I § 1 macht zur Voraussetzung der Hauszugehörigkeit lediglich Abstammung in männlicher Linie durch *anerkannte*, ebenbürtige, rechtmäßige Ehen, d. h. sagt nicht durch vom Staatshaupte anerkannte Ehen. Daß es aber nichts anderes meint, dürfte das sächsische Hausgesetz vom 30. Dezember 1837 ergeben. Hier heißt es in § 1: „durch von dem Könige anerkannte ebenbürtige rechtmäßige Ehe“.

ε) Christliche Religion, Regierungsfähigkeit und Regierungswürdigkeit.

§ 19.

Daß Thronfolgefähigkeit keine notwendige Wirkung und keine notwendige Voraussetzung der Hausmitgliedschaft ist, zeigen die Erfordernisse bestimmter Religion, vorhandener Regierungsfähigkeit und Regierungswürdigkeit.

Zur Zeit des alten Reiches waren bekanntlich Fehlen erheblicher körperlicher, geistiger und moralischer Mängel der Regel nach Voraussetzung der Throninhaberschaft. Nach altem Reichsstaatsrecht konnte zum deutschen Könige nur ein homo utilis et justus, d. h. nach Sachsenspiegel Buch III 54

§ 3 nur ein ehelich geborener freier Mann gewählt werden, der nicht mit schweren körperlichen Gebrechen und nicht mit Schmälerungen seiner bürgerlichen und kirchlichen Rechte (Bann) behaftet war[1]. Es wäre aber falsch zu glauben, daß der nicht im Vollbesitze seiner bürgerlichen und kirchlichen Rechte und normaler körperlicher Eigenschaften Befindliche, bei welchem alle übrigen Voraussetzungen der Hauszugehörigkeit vorlagen, nicht Hausangehöriger gewesen wäre. Es fehlte ihm nur die Sukzessionsfähigkeit, solange diese Mängel nicht beseitigt waren.

Heute ist zwar nicht mehr Regierungsfähigkeit und Regierungswürdigkeit Bedingung des Thronfolgeanspruchs, dafür aber ist in verschiedenen Staaten Zugehörigkeit zu einer bestimmten Konfession Voraussetzung der Throninhaberschaft. In Großbritannien, Schweden, Norwegen, Dänemark muß sich der Herrscher zum protestantischen Glauben, in Rußland, Serbien und für künftige Generationen in Rumänien und Griechenland muß sich der Herrscher zur orthodoxen, in Portugal und Spanien zur katholischen Kirche bekennen. In Deutschland enthält nur *eine* Verfassung eine derartige Vorschrift, die *Württembergs* § 5: „Der *König* bekennt sich zu einer der christlichen Kirche“. Die herrschende Lehre will hierin nur eine Sollvorschrift sehen (so z. B. *Anschütz* S. 573, Gg. Meyer § 89 a. E.). Nur aus dem Umstande, daß hier eine in Deutschland heute einzig dastehende Abweichung vom gewöhnlichen Thronrecht rein nach Geblüt vorliegt, könnte dies abgeleitet werden. Aber der klare Wortlaut steht entgegen: „Der König bekennt sich“, heißt doch in der Gesetzessprache „er muß sich bekennen“. Aber das ist richtig: nur der König, nicht das Hausmitglied muß sich dazu bekennen. Zugehörigkeit zur christlichen Religion ist keine Voraussetzung der Hausmit-

---

[1]) *Schröder* § 43 S. 481. — *Anschütz* S. 573 ist nicht abgeneigt, die im Territorialstaatsrecht gewohnheitsrechtlich rezipierten Sukzessionsausschlußgründe der Goldenen Bulle im Zweifel auch heute noch gelten zu lassen. Ich meine, sie sind in jedem Staate in dem Augenblick gefallen, wo der Gedanke in der staatlichen Rechtsordnung zum Durchbruch gelangte, die Thronfolge soviel als möglich von der Beurteilung persönlicher Eigenschaften unabhängig zu gestalten, also spätestens mit dem Übergang zum Verfassungsstaate.

gliedschaft, ja es läßt sich sogar sagen: nicht einmal der Sukzessionsanwartschaft. Die Verfassungsbestimmung besagt lediglich: wer König geworden ist, kann die Krone nur behalten, wenn er zum christlichen Glauben übertritt.

Etwas anders liegt die Sache in *Österreich-Ungarn*. Hier schließt der zweite ungarische Gesetzesartikel von 1722/23 alle nicht römisch-katholischen Nachkommen aus dem Hause Habsburg von der Thronfolge aus, d. h. sind sie nicht vor Thronanfall übergetreten, so werden sie übergangen. Siehe über die Frage des „Einflusses des Religionsbekenntnisses auf das Thronfolgerecht in der österreichisch-ungarischen Monarchie" den Beitrag *Jellineks* zu der Festschrift der Heidelberger Juristenfakultät für E. J. Bekker.

ζ) Heilung von Erwerbsmängeln.

§ 20.

I. A. Als reguläres fürstliches *Haus*recht kann angesehen werden, daß *Mitglied* des Hauses nur wird, wer vom ersten Erwerber der Landeshoheit natürlich, ehelich, ebenbürtig in männlicher Linie abstammt, und ebenso ist heute wohl reguläres *staatliches* Thronfolgerecht, daß *sukzessions*fähig lediglich ist, wer vom ersten Erwerber der Landeshoheit natürlich, ehelich, ebenbürtig in männlicher Linie abstammt. Staatliches Thronfolgerecht eben skizzierten Inhalts darf selbst dann als vorhanden angenommen werden, wenn die Verfassungsgesetzgebung hierüber völlig schweigt[1]). Durch die Veränderung der rechtlichen Natur der Throninhaberschaft im Persönlichkeitsstaate ist desinhaltliches Hausrecht ipso jure zugleich zu stillschweigend vorhandenem Verfassungsrecht geworden. Seine Abänderung kann nicht, wie *Schücking* S. 42 l. c. meint, im Wege einfachen Staatsgesetzes, sondern überall lediglich im Wege der Verfassungsgesetzgebung erfolgen.

B. 1. Zugehörigkeit zum Hause begründet im Zweifel Thronfolgefähigkeit und deshalb ist jede Änderung des Haus-

---

[1]) Die herrschende Lehre (*Löning* S. 47, Bollmann 56, 71, 73) hält hier hausgesetzlichen Weg für ausreichend.

rechtes, welche die Voraussetzungen der Hausmitgliedschaft derart umgestaltet, daß hierdurch sachlich auch die staatsrechtlichen Voraussetzungen der Thronfolgefähigkeit berührt werden, für den Staat nur bindend, wenn auch das staatliche Thronfolgerecht dementsprechende Änderung erfährt.

2. Ob eine solche Rückwirkung statthat, ist Frage des einzelnen Falls. Finden wir z. B. im Staatsrecht eine ausdrückliche Bestimmung, welche lediglich besagt, zur Sukzessionsfähigkeit sei Abstammung aus „ebenbürtiger Ehe" notwendig, und die Hausgesetzgebung verändert, verengert oder erweitert das bisher hausrechtlich geltende Ebenbürtigkeitsprinzip, so bedarf es zu der Wirkung dieses neuen Hausrechtes auch für den Staat keiner entsprechenden Staatsgesetzgebung, keiner Zustimmung des Parlamentes; denn zu bestimmen, was ebenbürtig ist, überläßt jene Verfassungsvorschrift auch zur Wirkung im Staatsleben dem Hausrecht (so auch *Löning* a. a. O. S. 48). Anders dagegen, wenn die staatliche Gesetzgebung über Thronfolgerecht völlig schweigt (Sachsen-Weimar, Anhalt, früher Schwarzburg-Rudolstadt; siehe oben S. 17). Dann ist das Hausrecht in dem Umfange, in welchem es die Thronfolge ordnet, mit Übergang zum Persönlichkeitsstaat auch Staatsrecht geworden. Schreibt das Hausrecht bisher vor, ebenbürtig seien auch Ehen mit einfachem niederen Adel, und nun wird es dahin geändert, ebenbürtig seien lediglich Ehen mit Personen des Grafenstandes, so bedarf[1]) diese Änderung des materiellen Thronordnungsrechtes zu ihrer Rechtsgültigkeit auch gegenüber dem Staate noch eines hinzutretenden Staatsgesetzes, der Zustimmung der Landstände.

II. Etwas anderes als generelle Abänderung des Thronfolgerechtes ist Abänderung desselben für einen *individuellen* Einzelfall.

A. Bestimmt kann werden: von jetzt werden Hausmitglieder und demgemäß thronfolgefähig auch adoptierte oder legitimierte oder unebenbürtige oder auch aus landesherrlich

---

[1]) *Löning* a. a. O. S. 48 hält ein Staatsgesetz neben dem Hausgesetz nur für zweckmäßig und ratsam, um spätere Streitigkeiten vorzubeugen.

nicht genehmigter Ehe oder ganz oder teilweise bloß durch Weiber vom gemeinsamen Stammvater Abstammende. Aber es ist auch möglich, daß lediglich eine *konkrete* Person, die nur adoptiert oder nur ein unehelicher oder unebenbürtiger Abkömmling u. s. w. ist, in die Hausmitgliedschaft aufgenommen, für sukzessionsfähig erklärt werden soll. Dann bleibt das generelle Haus- und Staatsrecht unberührt; ausschließlich für den Einzelfall wird hiervon eine Ausnahme gemacht.

1. Trotzdem bedarf es selbstverständlich auch hier eines Aktes der Haus- und der Staatsgesetzgebung (so auch *Kohler* im Archiv für öffentliches Recht Bd. XVIII S. 152). Denn wenn auch nur für einen Einzelfall, das geltende Recht wird immerhin abgeändert. Es findet eine Dispensation davon statt. Und dispensieren kann, hat er nicht im voraus andere hierzu ermächtigt (z. B. das Familienhaupt) oder für bestimmte Fälle (z. B. Aussterben der ebenbürtigen Nachkommenschaft) im voraus selbst Ausnahmen statuiert, von seinem Gesetze lediglich der Gesetzgeber selbst. Und zwar bedarf es hier zur Ebenbürtigkeitserklärung einer Zustimmung des Staates als solchen auch dann, wenn das staatliche Gesetz es unterlassen hat, zu bestimmen, was ebenbürtig sei. Denn der Rechtsvorgang ist hier nicht der, daß das Hausspezialgesetz sagt: „als ebenbürtig gelten von jetzt ab auch Personen bürgerlichen Standes; dieses Gesetz soll aber zunächst nur auf Fräulein Schurmann Anwendung finden“, sondern das betreffende Spezialgesetz des fürstlichen Hauses statuiert: „Fräulein Schurmann wird *ausnahmsweise* einer Ebenbürtigen gleichgeachtet; an dem bisherigen Rechtssatze, daß Bürgerliche nicht ebenbürtig sind, wird nichts geändert“. Im ersteren Falle würde Fräulein Schurmann Ebenbürtigkeit erwerben; hier wird sie nur einer Ebenbürtigen gleichgestellt. Demgemäß liegt hier auch eine Abweichung vom Staatsgesetz vor, also bedarf diese Gleichstellung zur Wirkung auch gegenüber dem Staat ständischer Zustimmung. Erklärt die Staatsverfassung, zur Thronfolgefähigkeit sei Geburt aus ebenbürtiger Ehe erforderlich, so überläßt sie der Hausautonomie allein zu bestimmen, wer ebenbürtig sei, aber nicht, allein eine unebenbürtige Person in Abweichung von jener Bestim-

mung oder dem gemeinen Recht für unebenbürtig zu erklären. So auch *Gg. Meyer* § 89 a. E. und *Cosack*, Staatsrecht des Großherzogtums Hessen 1894 S. 9. A.. M. *Löning* a. a. O. S. 48.

2. Weil Gesetz für einen Einzelfall, für individuell bestimmte Personen und konkret bestimmte Verhältnisse vorliegt, gilt für jede Erweiterung des Tatbestandes, mag auch die konkrete Persönlichkeit noch daran beteiligt sein, wieder generelles Recht. Wird z. B. ein aus unebenbürtiger Ehe stammender Abkömmling als ebenbürtig anerkannt, so ist es nur er, nicht auch seine Frau und seine Kinder, es müßte denn er im Sinne des regulären Rechtes ebenbürtig geheiratet haben. Anders liegt die Sache auch nicht, wenn nicht eine Person, sondern eine Ehe für standesgleich erklärt wird. Hier wirkt die Anerkennung wohl auch zugunsten von Frau und allen direkten und indirekten Abkömmlingen aus der Ehe; keinem daraus entsprossenen Deszendenten kann von irgend wem, z. B. einem anderen Fürstenhause, die Ebenbürtigkeit bestritten, entgegengehalten werden, daß jene Ahnfrau eine niedrigadelige oder bürgerliche Dame war; „eine stiftungsmäßige *Ahnen*probe ist niemals ein Institut des deutschen Fürstenrechts gewesen“ [1]). Aber dies stellt keine Ausnahme von dem aufgestellten Prinzip dar: es liegt im Wesen der Ehe, daß sie auch für den anderen Eheteil und die Nachkommenschaft Wirkung hat.

3. Alles dies zeigt anschaulich das Verfahren, welches Haus und Staat in Schwarzburg bei der Erhebung des Prinzen Sizzo von *Leutenberg* zur Ebenbürtigkeit einschlugen. Siehe darüber schon oben S. 19f. und 36ff.

a) Die betreffende Hausurkunde vom 21. April 1896 lautet: „Wir, die Fürsten Karl Günther und Günther und der Prinz Leopold, als die alleinigen gegenwärtig lebenden Agnaten des Fürstlichen Hauses Schwarzburg wollen den Prinzen Sizzo von Leutenberg förmlich und rechtsbeständig als einen ebenbürtigen Angehörigen des Mannesstammes Unseres *Hauses* hiemit dergestalt anerkennen, daß derselbe bezw. dessen männliche, aus ebenbürtiger, mit Konsens des Fürsten ge-

---

[1]) Vgl. *Schulze* bei Holtzendorff S. 1366.

schlossener Ehe abstammende Deszendenz zur Nachfolge in die Regierung des Fürstentums Schwarzburg-Rudolstadt . . . berufen sein soll." Hieraus geht hervor: nur er wird als Agnat anerkannt, seine Frau und seine Deszendenz werden Hausmitglieder nur, wenn die Ehe ebenbürtig und konsentiert ist. Damit ist lediglich zum Ausdruck gebracht, was ohnedies gelten würde. Es hätte genügt: „Wir wollen den Prinzen als Agnaten anerkennen". Daß er dann sukzessionsberechtigt wird, ist natürliche Wirkung der Hauszugehörigkeit; daß seine Deszendenz nur bei Ebenbürtigkeit und Heiratskonsens Anwartschaftsrechte erwirbt, folgt aus der Natur des Anerkennungsgesetzes als Gesetz nur für die Agnatschaft der konkreten Persönlichkeit des Prinzen Sizzo.

Ebenso heben die bezüglichen Staatsgesetze für Rudolstadt vom 1. Juni, für Sondershausen vom 14. August 1896 bezüglich der Nachfolge der Deszendenz des Prinzen hervor: zur Nachfolge berufen ist „dessen durch rechtmäßige *Geburt* aus *ebenbürtiger*, mit *Genehmigung* des regierenden Fürsten zu Schwarzburg-Rudolstadt abgeschlossener Ehe hervorgegangene *männliche* Deszendenz".

b) *a*) Gleichfalls regelt gut jeder Teil, Haus und Staat, das ihn angehende Rechtsverhältnis. Den Staat berührt unmittelbar nur die Sukzessionsfrage. Deswegen sagen auch beide genannte Gesetze bloß: „Zur *Nachfolge* in die *Regierung* Unseres Fürstentums" sind berufen . . . der Prinz Sizzo sowie dessen Descendenz", in Rudolstadt im Falle des ohne Hinterlassung männlicher Deszendenz aus ebenbürtiger Ehe erfolgenden Ablebens der Fürsten Günther, in Sondershausen nach Erlöschen des Mannesstammes im fürstlichen Hause Schwarzburg-Sondershausen. In dem Hausgesetze dagegen wird der Prinz Sizzo nicht bloß als sukzessionsfähig, sondern „als ebenbürtiger Angehöriger des Mannesstammes Unseres fürstlichen Hauses", d. h. des schwarzburgischen Gesamthauses anerkannt. Damit war er von selbst sukzessionsberechtigt in Rudolstadt und Sondershausen hinter den vorhandenen Agnaten, also auch in Rudolstadt erst hinter den Sondershauser Agnaten. Einer besonderen Erwähnung der Wirkung, welche der verliehenen Agnatschaft in bezug auf

Thronfolgefähigkeit zukommen soll, bedurfte es nur, wenn der Prinz, was infolge seiner (unebenbürtigen) Abstammung von einem Rudolstädter Fürsten nahelag, in Rudolstadt *vor* den vorhandenen Sondershauser Agnaten Thronfolgerecht erhalten oder seine an sich aus der Agnatschaft im Gesamthause resultierende Sukzessionsfähigkeit in Sondershausen ausgeschlossen sein sollte.

β) In der Tat wird in dieser Form sein Thronfolgerecht hausgesetzlich fixiert: Wohl bemerkt die Urkunde schlechthin: „Wir, . . . die alleinigen lebenden Agnaten des Fürstlichen Hauses Schwarzburg, wollen den Prinzen als . . . ebenbürtigen Angehörigen des Mannesstammes Unseres Fürstlichen Hauses . . . anerkennen“, der Prinz wird somit als Agnat auch der Sondershauser Linie, als Mitglied des Gesamthauses anerkannt, aber das Hausgesetz fährt lediglich fort: „Wir . . . wollen den Prinzen . . . (als Agnaten) *dergestalt* anerkennen, daß derselbe (bezw. dessen männliche . . . Deszendenz) zur Nachfolge in die Regierung des Fürstentums Schwarzburg-*Rudolstadt* . . . mit der Maßgabe berufen sein soll, daß dieses agnatische Rechtsverhältnis mit dem gänzlichen Ausgange des Mannesstammes in der gegenwärtig regierenden Linie des Fürtlichen Hauses Schwarzburg-*Rudolstadt* wirksam wird.“ Sukzessionsrecht in Schwarzburg-*Sondershausen* wird ihm als Wirkung der Agnatschaft im Gesamthause also hausrechtlich nicht ausdrücklich verliehen. Diese Wirkung der Zugehörigkeit zum Gesamthause — dies ist der Gedanke — soll dann aber ipso jure eintreten, wenn der Prinz in Sondershausen *staats*gesetzlich zur Regierung berufen werden sollte. Auf der anderen Seite wird dem Prinzen Sizzo für Rudolstadt ausdrücklich der Vorrang vor den echten Schwarzburger Agnaten des Sondershauser Zweiges eingeräumt, allerdings nicht in haus*gesetzlicher* Form, d. h. durch Gesamtakt aller Schwarzburger Agnaten, also auch des Fürsten von Rudolstadt, sondern in rechtsgeschäftlicher Form, d. h. in Form eines Verzichtes der beiden Sondershauser Agnaten auf ihr Vorrecht. Während der erste Satz mit den Worten beginnt: „Wir, die Fürsten Karl Günther (von Sondershausen) und Günther (von Rudolstadt) und der Prinz Leopold (von Sondershausen), als die alleinigen gegenwärtig lebenden Agnaten des Fürstlichen Hauses *Schwarzburg* (schlechthin) wollen den Prinzen Sizzo . . . anerkennen," treten in dem zweiten Satze als Erklärende nur die beiden Sondershauser Agnaten auf: „Wir Fürst Karl Günther und Wir Prinz Leopold, als die einzigen männlichen Repräsentanten der Fürstlichen *Linie* Schwarzburg-Sondershausen wollen Uns zu dem Behufe (d. h. damit das agnatische Rechtsverhältnis des Prinzen Sizzo in Schwarzburg-Rudolstadt mit dem Erlöschen des echten Mannesstammes daselbst wirksam zu werden vermag) bei Eintritt des Ausgangs der Fürstlichen *Linie* Schwarzburg-*Rudolstadt* des Uns nach Maßgabe des Hausvertrags vom 7. September 1713 zustehenden *agnatischen Successionsrechtes*[1]) in die Regierung des Fürstentums Schwarzburg-*Rudolstadt* . . . zu Gunsten des Prinzen Sizzo von Leutenberg bezw. dessen ebenbürtiger männlicher Descendenz hiemit *ausdrücklich* dergestalt begeben, daß dieselben *vor* Uns in obgedachtes Recht eintreten."

γ) Weil das Hausgesetz durch Erhebung des Prinzen zum Mitglied des *ganzen* schwarzburgischen Hauses bereits stillschweigend erklärte, daß es dem Prinzen Sizzo für den Fall des Ergehens eines diesbezüglichen Sondershauser Staatsgesetzes auch hausrechtlich in Sondershausen Sukzessionsfähigkeit eingeräumt haben wolle, war es vollkommen zutreffend, wenn das betreffende Sondershauser Staatsgesetz vom 14. August 1896 die staatsrechtliche Anerkennung eines Thronfolgerechts von Sizzo und seiner Deszendenz in Sondershausen hinter dem Fürsten Günther von Rudolstadt und dessen etwa noch ins Leben tretender Deszendenz „als Berufung kraft . . . der von sämtlichen *Agnaten* des Fürstlich Schwarzburgischen Gesamthauses unter dem 21. April 1896 vollzogenen Vereinbarung" bezeichnet. Auf der anderen Seite bringt auch das Rudolstädter Staatsgesetz vom 1. Juni 1896 die Rangausweichung in bezug auf Sukzessionsberechtigung gut zum Ausdruck, wenn es dort heißt: „Zur Nachfolge in die Regierung Unseres Fürstentums sind für den Fall Unseres ohne Hinter-

---

[1]) Nur im Sukzessionsrecht weichen sie aus, nicht in bezug auf andere Rechte (z. B. *Rang* in Rudolstadt).

lassung männlicher Descendenz erfolgenden Ablebens *berufen* a) kraft der von den sämtlichen Agnaten des Fürstlich Schwarzburgischen Gesamthauses unter dem 21. April vollzogenen Vereinbarung der Prinz Sizzo . . . sowie die . . . Descendenz desselben; in Ermanglung dieser b) die Agnaten des Fürstlichen Hauses Schwarzburg-Sondershausen nach Maßgabe und Kraft des Fürstlichen Hausvertrages vom 7. September 1713."

4. Den Staat berührt unmittelbar nur die Frage der Thronfolgefähigkeit, nicht die Frage der Hausmitgliedschaft. Daher beschränkt sich das Staatsgesetz naturgemäß darauf, den nach generellem Rechte Sukzessionsunfähigen für sukzessionsfähig zu erklären, zur Nachfolge zu berufen; nur das Hausgesetz geht weiter und erhebt zum Hausmitglied, verleiht die Rechte des Agnaten u. s. w. So die schwarzburgischen Staatsgesetze vom 1. Juni und 14. August 1896 gegenüber dem schwarzburgischen Hausgesetze vom 21. April 1896. Anders, weil es den Weg der Hausgesetzgebung umgeht, das *meiningensche* Staatsgesetz vom 9. März 1896. Es erklärt gewisse Persönlichkeiten, deren Ebenbürtigkeit bestritten werden könnte (die Gemahlin des Prinzen Friedrich und deren Kinder), nicht für unstreitig ebenbürtig, sondern für Hausmitglieder, um erst hieran in Art. 2 den Satz zu knüpfen, daß diese Kinder erbfolgeberechtigt seien.

B. 1. Das fürstlich *hohenzollernsche* Haus- und Familiengesetz vom 24. Januar 1821 hatte bereits bei Bestimmung der Voraussetzungen der Thronfolgefähigkeit in Berücksichtigung gezogen, daß es möglich ist, unebenbürtige Ehen für ebenbürtig zu erklären. Es schreibt in Tit. III § 4: „Zur Sukzessionsfähigkeit wird die Abstammung aus einer ebenbürtigen *oder für standesmäfsig zu achtenden* . . . Ehe erfordert" (*Schulze*, Hausgesetze III S. 764). Nach Tit. IV § 10 soll eine auch ungleiche Ehe einer standesmäßigen Vermählung in allen ihren Folgen gleich gehalten werden, wenn von Seite des Königs von Preußen als Chef des Hauses *und* der nächsten fürstlichen Agnaten, insbesondere auch eines jeweilig regierenden Fürsten zu Hechingen zu einer auch ungleichen Ehe die Einwilligung gegeben und durch Abschließung solcher Ehe dem

Hause und Lande wesentlicher Vorteil errungen werden wird.

2. Möglich ist auch, daß das Hausgesetz vorschreibt, es genüge statt der Einwilligung sämtlicher Agnaten zur hausrechtlichen Beseitigung der Mängel die *Zustimmung* des *Familienhauptes* (so ein bei *Laband*, Thronfolge im Fürstentum Lippe [1891] S. 63 abgedrucktes letztinstanzielles Urteil des Oberappellationsgerichts zu Celle vom 7. Juni 1867); ja es kann in demselben sogar vorgeschrieben sein, daß bei *Aussterben* des ebenbürtigen Mannesstammes (der Agnaten) die vorhandenen, aus einer nicht ebenbürtigen Ehe stammenden Nachkommen Mitglieder des Hauses und demgemäß sukzessionsfähig werden, also von nun an ebenbürtigen Mitgliedern gleich geachtet werden sollen. Die Bestimmung kann entweder allgemein oder nur in bezug auf die aus einer *bestimmten* unebenbürtigen Ehe stammenden Nachkommen getroffen werden. Heute bedarf es selbstverständlich zur Wirksamkeit solcher Hausgesetze auch gegenüber dem Staate einer Zustimmung der Stände, wenn sie erst neu geschaffen werden. Solange reiner Patrimonialstaat vorhanden war, reichte hierzu hausgesetzliche Bestimmung hin. Eines der frühesten Beispiele hierfür ist die Urkunde des Kurfürsten Friedrich I. von der Pfalz vom 24. Januar 1472 über die eventuelle Nachfolge der beiden Söhne, die ihm aus der Verbindung mit der Augsburger Bürgerstochter Klara Dettin geboren waren. In ähnlicher Weise hat Kaiser Ferdinand I. in einem Hausgesetze vom 13. September 1561 verfügt, daß für den Fall des Aussterbens der Agnaten des Hauses Österreich die Nachkommen seines Sohnes, des Erzherzogs Ferdinand, aus dessen Ehe mit der Augsburger Bürgerstochter Philippine Weser sukzessionsberechtigt sein sollten. Andere Beispiele siehe bei *Löning* S. 37—45. Im 17. und 18. Jahrhundert fand sogar, wenn auch nur vereinzelt, die Meinung Vertretung, daß Kinder aus Mißheiraten für den Fall des Abganges des gesamten sukzessionsberechtigten Hauses ipso jure, also auch, wenn es ein Hausgesetz nicht ausdrücklich bestimme, eventuelles Nachfolgerecht besäßen. Die Meinung war selbstverständlich irrig, denn zum Erwerb der Ebenbürtigkeit bedarf es einer haus-

gesetzlichen Verfügung. So auch *Löning* S. 41 ff. und S. 71. Hieraus folgt zugleich, daß eine *Ehe*, welche der *letzte*, allein noch vorhandene *Agnat* mit einer *unebenbürtigen* Person abschließt, *nicht* durch diese Tatsache des Eheschlusses allein die Wirkungen einer *ebenbürtigen* Ehe empfängt. Aus der bloßen Tatsache des Eheschlusses des letzten Agnaten mit einer Bürgerlichen kann nicht auf einen Willen dieses letzten Agnaten geschlossen werden, als alleiniger Träger der Hausautonomie diese Ehe hausgesetzlich für eine ebenbürtige erklären zu wollen. Der letzte Agnat kann vor Eingehung seiner Ehe derselben die rechtliche Natur einer standesgemäßen beilegen und kann nach ihrem Abschlusse die Abkömmlinge aus ihr für Hausmitglieder erklären; denn das Recht der Autonomie bleibt bestehen, solange das Haus besteht, und dieses besteht, solange auch nur *ein* Agnat vorhanden ist. Aber es bedarf hierzu eines Aktes der Hausgesetzgebung. Jeder solcher bedarf indes nach seinem Wesen als rechtsverbindlicher Befehl einer Kundmachung. In der bloßen Tatsache des Eheabschlusses ist nichts enthalten, was auf gleichzeitige Erteilung eines Befehls des Inhalts deuten könnte, daß diese Ehe als ebenbürtige angesehen werden soll. Eheabschluß ist Vertragsschluß, aber nicht Befehlserlaß, nicht zugleich Ausübung der Satzungsgewalt. Bei standesherrlichen Familien kommt obendrein dazu, daß alle Akte der Hausautonomie dem Landesherrn vorzulegen sind. Erst wenn dieselben daraufhin bei den höchsten Landesstellen zur allgemeinen Kenntnis und Nachachtung gebracht oder, wo formelle Bestätigung vorgeschrieben, vom Landesherrn bestätigt sind, beginnt die rechtsverbindliche Kraft des hausgesetzgebenden Aktes. Somit kann hier schon aus diesem Grunde der Eheschließungsakt nicht als solcher Ebenbürtigkeit erzeugend wirken. *Löning*, welcher die ganze Frage a. a. O. S. 70—77 behandelt, begründet das Nichtvorhandensein eines stillschweigenden Hausgesetzgebungsaktes allgemeiner. Er weist nicht auf die Unmöglichkeit hin, daß ein Eheversprechen zugleich eine Befehlsäußerung sein könne, sondern er betont (S. 76): zum Wesen einer konkludenten Handlung gehöre, daß aus der Handlung *mit Sicherheit* nach den aus der Erfahrung entnommenen Regeln auch der Willensentschluß festgestellt zu werden vermag. Die Schließung einer unebenbürtigen Ehe lasse den Willen, einen autonomen Akt zu erlassen, durch welchen die Frau und die aus der Ehe entspringenden Kinder zu Hausmitgliedern gemacht werden, nicht erkennen. Es ist dies gegenüber unserer Beweisführung ein Zurückgehen auf den weiteren Begriff der konkludenten Handlung, dem wir selbstverständlich zuzustimmen vermögen.

III. Die *Form* der *Beseitigung* der *Mängel* ist die nämliche, ob sie in genereller Weise oder für einen Einzelfall geschieht. Nicht nur, wenn bestimmt wird, daß alle aus einer Mißheirat stammenden, an sich unebenbürtigen Abkömmlinge Mitgliedern des Hauses gleichgeachtet werden sollen, sondern auch, wenn nur vorgeschrieben wird, daß die mit einer bestimmten unebenbürtigen Dame abgeschlossene oder abzuschließende Ehe standesgemäß und die aus dieser entsprungenen oder entspringenden Kinder als Familienangehörige gelten sollen, liegt ein Akt der Hausgesetzgebung vor. Mag die Bestimmung so gefaßt sein, daß unmittelbar Hauszugehörigkeit verliehen wird, oder so, daß nur Ebenbürtigkeit verliehen wird, wodurch von selbst dann Hausmitgliedschaft entsteht, immer findet nicht bloß die Schaffung subjektiver Rechtsverhältnisse, sondern Schaffung objektiven Rechtes statt. Dort wird ein allgemeiner, hier ein Individualrechtssatz aufgestellt, dort eine lex generalis, hier eine lex singularis erlassen.

A. 1. Mit aller Gesetzgebung hat auch die Hausgesetzgebung den Grundsatz der Nichtrückwirkung gemein. Das ältere Recht wird erst vom Zeitpunkte des Inkrafttretens des jüngeren Rechts an durch letzteres verdrängt: Die generelle autonome Bestimmung z. B. gilt demgemäß nur für noch nicht abgeschlossene Ehen, nur künftige Abkömmlinge. Rechte bereits vorhandener Hausmitglieder bleiben also unberührt.

2. Nicht immer sind solche erworbene Rechte bereits vorhanden, aber möglich ist es. Ein Fürst, welcher der letzte Sprosse seines Stammes ist, hat z. B. zwei Ehen geschlossen, zuerst eine ebenbürtige, dann eine unebenbürtige. Werden hier die Söhne der zweiten Ehe für ebenbürtig erklärt, so tritt die neue Ordnung mit Rechten anderer nicht in Be-

rührung. Anders, wenn der Fürst noch jüngere ebenbürtige Brüder besitzt. Dann treten sich jüngere und ältere Rechte gegenüber. Nach dem Prinzip der Nichtrückwirkung gehen die älteren vor.

3. Beide Erscheinungen vereinigt der Fall Leutenberg in sich. Prinz Sizzo von Leutenberg war zweifellos ein unebenbürtiger Sprosse des Hauses Schwarzburg-Rudolstadt. Er ist der Sohn des 1867 gestorbenen Fürsten Friedrich Günther von Schwarzburg-Rudolstadt aus der Ehe mit Helene Gräfin von Raina, welch letztere um deswillen standesungleich war, weil sie einer morganatischen Ehe des Prinzen Georg von Anhalt-Dessau mit einem Fräulein von Erdmannsdorff entstammte. Die Erhebung des Prinzen Sizzo zum Agnaten des Hauses Schwarzburg-Rudolstädter Linie verletzt bezüglich der Regierungsnachfolge in Sondershausen keine agnatischen Rechte. Denn hier bleibt das Thronfolgerecht des Bruders des Fürsten, des Prinzen Leopold, unberührt. Wohl aber verletzt sie die Rechte vorhandener Agnaten in Rudolstadt, wenn der neue Rudolstädter Agnat den daselbst nach Aussterben des Mannesstammes sukzessionsberechtigten beiden Sondershauser Agnaten vorgehen soll.

B. 1. Solche Rechte vorhandener Mitglieder stellen mit der Hausmitgliedschaft verknüpfte Sonderrechtsverhältnisse dar. Sonderrechtsverhältnisse der Mitglieder unterliegen an sich der hausgesetzgebenden Gewalt, aber doch nur, soweit erst zu begründende Verhältnisse in Frage stehen. Schon begründete Sonderrechtsverhältnisse sind als erworbene Rechte unantastbar (siehe *Gierke*, Deutsches Privatrecht I S. 152). Sollen sie verändert werden, so bedarf es demgemäß der Zustimmung der Betroffenen. M. a. W.: *zum Akt der Hausgesetzgebung mufs die Zustimmung der dadurch betroffenen Agnaten hinzutreten, soll das Gesetz rückwirkende Wirkung erhalten.*

Von diesem Gesichtspunkte aus waren die Ehepakten des Fürsten Friedrich Günther von *Schwarzburg-Rudolstadt* mit der Gräfin von Raina vom 24. November 1855 rechtsunwirksam. In ihnen wurde festgesetzt[1]), daß der Deszendenz aus

[1]) Siehe auch *Löning* S. 44 und Eingang der Anerkennungsurkunde vom 21. April 1896 (Gesetzesslg. f. Rudolst. 1896 S. 59).

dieser Ehe nach dem gänzlichen Aussterben des Hauses Schwarzburg-Rudolstadt ein Nachfolgerecht in der Regierung des Fürstentums zustehen solle. Der Ehevertrag erhielt wohl die Zustimmung sämtlicher Agnaten des Rudolstädter Zweiges, aber der Konsens der in jenem Falle nachfolgeberechtigten Sondershauser Agnaten war nicht eingeholt. Das geschah erst in jener Urkunde vom 21. April 1896. In ihr weichen die letzteren dem Prinzen Sizzo und seiner Deszendenz im Range aus. Indem in jener Urkunde zugleich die Agnaten des schwarzburgischen Gesamthauses den Prinzen Sizzo in ein agnatisches Rechtsverhältnis zum Gesamthause erheben, wurde insoweit jenes Hausgesetz des Spezialhauses Rudolstadt von 1855 durch ein Hausgesetz der Gesamtfamilie ersetzt.

2. An der Hausgesetzgebung sind grundsätzlich alle Agnaten beteiligt und so tritt die Notwendigkeit der persönlichen Zustimmung der einzelnen Agnaten als Inhaber von Individualrechten regelmäßig nicht deutlich hervor, weil ein und dieselben Persönlichkeiten als Träger von Gemeinschafts- und Sonderrechten, der Satzungsgewalt und der Sondermitgliedschaftsrechte, in Betracht kommen. Es hat *äußerlich* den Anschein, als bedürfte es *nur* eines *Aktes* der *Hausgesetzgebung* und nicht auch eines Verzichtes auf subjektive Rechte, als liege nur Teilnahme der Agnaten an Herstellung objektiver Rechtssätze und nicht auch Verzichtleistung wenigstens einzelner von ihnen auf subjektive Rechte, Rangausweichung u. s. w. solcher, vor. Der Vorgang erscheint nur in der äußeren Form des Hausgesetzgebungsaktes; der Konsens der Agnaten als Individualberechtigter findet keine Erwähnung. Daraus darf nicht geschlossen werden, daß er nicht notwendig sei. Auch die Zustimmung der Gliedstaaten im Bundesrat zur Aufhebung von verfassungsmäßigen Sonderrechten derselben erfährt in den entsprechenden Gesetzesurkunden keine Anführung und doch ist sie erforderlich.

Auf der anderen Seite begegnet aber auch, daß der *äußeren Form* nach nicht der Akt der Hausgesetzgebung, sondern *nur* die *Konsenserteilung* der Agnaten als Einzelner hervortritt. Dies findet sich insbesondere bei Regelungen nur von Einzelfällen. Oft sind hier alle Agnaten in ihren Einzelrechten betroffen. Sie alle sind auch Träger der Hausautonomie. Praktisch erscheint ihr Verzicht auf Individualrechte als das Wichtigere und so verschwindet äußerlich, daß zugleich ein Hausindividualgesetz ergeht. Namentlich in früheren Zeiten, wo die Agnaten noch nicht einer Familiengewalt des Hauptes unterstanden und demgemäß die Organisation des Hauses eine losere war, wurde so verfahren.

Deutlich tritt das materielle Vorhandensein doppelartiger Rechtsvorgänge, eines gesetzgeberischen und eines oder mehrerer rechtsgeschäftlicher, in Erscheinung, wenn an beiden Akten nicht gleichviel Agnaten beteiligt sind. So jene Urkunde des *Gesamthauses Schwarzburg* vom 21. April 1896. Im ersten Satze treten als Erklärende drei Personen auf, die drei letzten Agnaten des fürstlichen Gesamthauses; im zweiten nur zwei, die Repräsentanten der Linie Schwarzburg-Sondershausen. Im ersten Satze wird Prinz Sizzo als Agnat des Gesamthauses und zwar speziell der Linie Rudolstadt anerkannt; dies ist seinem Inhalt nach ein Akt der Hausgesetzgebung; da mußten alle Agnaten mitwirken. Im zweiten Satze begeben sich die beiden einzig noch vorhandenen Sondershauser Agnaten ihres Nachfolgeanspruches in Rudolstadt zugunsten des neuen Agnaten; dies ist ein rechtsgeschäftlicher Akt, Verzicht auf einen Nachfolgevorrang, Rangausweichung; hierzu bedurfte es demgemäß keiner Mitwirkung des (einzig noch vorhandenen) Rudolstädter Agnaten. Die Urkunde selbst nennt sich „Anerkennungsurkunde“ und in den Gesetzen der beiden Staaten vom 1. Juni bezw. 14. August 1896 wird sie von sämtlichen Agnaten des Gesamthauses vollzogene Vereinbarung genannt. Dies tut ihrer Hauptnatur als Hausgesetz keinen Eintrag. Nicht rechtsgeschäftliche, sondern objektivrechtliche Anerkennung liegt vor, nicht Vertrag, sondern Gesamtakt der Träger der Hausgesetzgebung ist gegeben; in diesem Sinne steht „Vereinbarung“. Kein Teil kann zurücktreten. Nur alle zusammen können den Gesamtakt wieder beseitigen. *Was das Wesen des Hausgesetzes ausmacht, ist nicht die Form, sondern der Inhalt. Hausgesetz ist Gesetz im materiellen Sinne. Gleichgültig ist seine äufsere Form.* So stellen z. B. die „unter Konsens der Agnaten“

abgeschlossenen *Ehepakten* des Fürsten Friedrich Günther von Schwarzburg-Rudolstadt mit der Gräfin Helene von Raima vom 24. November 1855 ein schwarzburg-rudolstädtisches Hausgesetz dar, soweit in ihnen festgesetzt wird, daß der Deszendenz aus dieser Ehe erst nach dem gänzlichen Aussterben des Hauses Rudolstadt ein Nachfolgerecht in die Regierung dieses Fürstentums und das Stamm- und Fideikommißvermögen dieser Linie zustehen und der Titel und Rang von Prinzen und Prinzessinnen oder Grafen und Gräfinnen von Schwarzburg dieser Deszendenz nicht beigelegt werden soll. Wenn nur noch *ein* Agnat vorhanden, vermag das Gesetz in Form der *letztwilligen Verfügung* zu ergehen. Eine nicht seltene Erscheinungsform der Hausgesetze ist auch der Erbverbrüderungsvertrag.

3. a) Dieses Vorhandensein von Doppelakten bei Rückwirkung auf vorhandene agnatische Rechte, trotzdem der äußeren Form nach nur ein Rechtsakt vorzuliegen scheint, wurde und wird in der wissenschaftlichen Betrachtung nicht immer klar erkannt oder formuliert. Man läßt sich durch das äußere Vorliegen meist nur eines Rechtsaktes verleiten, in dem Vorgang nur einen einfachen Rechtsakt zu sehen. Früher war es üblich, den Gesamtvorgang *lediglich* als Verzicht der Agnaten auf das Recht, vor den aus unebenbürtiger Ehe stammenden Abkömmlingen zur Sukzession zu gelangen, als rechtsgeschäftliche Aufgabe der näheren Anwartschaft zu konstruieren. Auch die kaiserliche Wahlkapitulation von 1742 Art. 22 § 4 steht auf diesem Standpunkte, wenn es dort heißt, der Kaiser könne „*mit besonderer Einwilligung der wahren Erbfolger* die aus unstreitig notorischer Mißheirat erzeugten Kinder für ebenbürtig und sukzessionsfähig erklären“. Daß in dem Vorgang auch ein Akt der Hausgesetzgebung liege, war nicht erkannt oder wenigstens nicht gesagt. Heute steht die Sache umgekehrt. Man hat klargelegt, daß hier ein Rechtssatz der Autonomie geschaffen werde, durch welchen allgemein oder für den einzelnen Fall die Rechtsregel über die Ebenbürtigkeit außer Wirksamkeit gesetzt wird, — so z. B. *Gierke*, Deutsches Privatrecht Bd. I S. 404: „Jede unebenbürtige Ehe kann unter Zustimmung aller Agnaten für voll-

wirksam erklärt werden, da das durch den Mannesstamm dargestellte Haus sein Hausrecht für den einzelnen Fall durch eine Ausnahmesatzung abzuändern vermag" —, aber weil der Vorgang bisher einseitig als Verzicht aufgefaßt war, ließ man sich wohl auch verleiten, zu folgern: Akt der Autonomie, aber kein Verzicht. So bemerkt z. B. *Löning* a. a. O. S. 72, bezw. 59: „Der Inhalt der Erklärung besteht nicht in einem Verzicht, sondern in der Aufnahme einer Person in die Hausmitgliedschaft mit der Wirkung, als wenn sie aus einer ebenbürtigen Ehe stammte. Daß die Anwartschaft der zustimmenden Agnaten auf die Sukzession hinter der Anwartschaft der zu Mitgliedern des Hauses Erklärten zurücktritt, ist lediglich eine *Folge* des autonomen Aktes, der verbindlichen Verfügung über die Familienverhältnisse". „Die Agnaten leisten nicht auf ein subjektives Recht Verzicht, sondern sie wirken selbst bei der Erzeugung eines Rechtssatzes mit, dem rückwirkende Kraft zukommt und *der dadurch* ihr subjektives Recht abändert". Ähnlich *Georg Meyer*, Lehrhuch § 86 a. E: „Die Tätigkeit der Agnaten hat nicht den Charakter eines Verzichtes auf subjektive Ansprüche, sondern einer Teilnahme bei der Herstellung objektiver Rechtssätze" (auch § 89 daselbst a. E.). Allein hat denn ein Akt der Hausgesetzgebung, auch wenn ihm, wie nach dem Wesen der Hausgesetzgebung notwendig, alle Agnaten zustimmen, als solcher rückwirkende Kraft? Diese erhält er doch nur dann, wenn die Agnaten als Träger von Individualrechten zustimmen. Und hierzu bedarf es nicht der Zustimmung aller, sondern nur der in ihren Individualrechten berührten Agnaten. Und dann kommt in Betracht: Hausgesetzgebender Akt und Verzicht beziehen sich doch auf Verschiedenes. Der erstere verleiht die volle, d. h. agnatische Mitgliedschaft, letzterer bezieht sich nur auf einen Teil derselben, auf die Sukzessionsfähigkeit. Durch ersteren wird ein volles Mitgliedschaftsrecht gewonnen, durch letzteren nur ein Teil eines vollen aufgegeben. Dort gründen die Agnaten Agnatschaft eines Dritten, hier verzichten sie auf eigenes agnatisches Teilrecht.

b) Indes die eine oder andere Einseitigkeit bleibt praktisch unerheblich, solange hieraus nicht falsche Schlußfolgerungen praktischer Natur gezogen werden. Dies geschah zum Teil.

α) *Göhrum*, Lehre von der Ebenbürtigkeit Bd. II S. 398 ff., noch nicht zu der neueren Auffassung vorgedrungen, erblickt in dem Konsens der Agnaten nur einen Verzicht auf nähere Anwartschaft und schließt hieraus, durch Konsenserklärung der Agnaten könnten unebenbürtige Abkömmlinge nicht *alle* Rechte ebenbürtiger Nachkommen erhalten. Durchaus konsequent. Besitzt der Konsens lediglich die Natur eines Verzichts auf das nähere Anwartschaftsrecht, so vermögen jene Sprößlinge dadurch nur Anwartschafts-, aber nicht sonstige Rechte von Hausmitgliedern, nicht Hausmitgliedschaft zu erwerben.

β) Auf der anderen Seite *Georg Meyer*, Lehrbuch § 89 a. E., *Seydel*, Bayer. Staatsrecht Bd. I S. 192, *Anschütz* S. 573 u. a. Sie stehen auf dem Standpunkte: nur ein Akt der Gesetzgebung liegt vor, ein Akt der Staatsgesetzgebung oder, wenn die Feststellung der Ebenbürtigkeit durch Hausgesetz erfolgt ist, ein unter Mitwirkung der Volksvertretung ergehender Akt der Hausgesetzgebung. Was durch ihn beseitigt wird, sind nicht Privatrechte. Also bedarf es keiner Zustimmung der Agnaten, wenn die Beseitigung ihrer Rechte durch Staatsgesetz oder, falls die hausgesetzgebende Gewalt vom Familienhaupte allein ausgeübt werden darf, durch Hausgesetz geschieht. Aber seit wann gilt der Satz, daß Gesetze, die subjektive öffentliche Rechte berühren, ohne weiters rückwirkende Kraft besitzen? Auch sie unterstehen grundsätzlich dem Gebote der Gerechtigkeit, wonach Einzelnen nicht besondere Opfer auferlegt werden sollen. Es müssen besondere Gründe vorliegen, wenn um des öffentlichen Interesses willen Rückwirkung statthaben soll. Allein steht hier nicht Individual- gegen Individualinteresse? Wie sollte dem Gesamtinteresse mehr gedient sein, wenn ein Unebenbürtiger thronfolgeberechtigt wird und ein Ebenbürtiger Thronfolgerecht verliert? Ist das Staatsinteresse als solches z. B. irgendwie beteiligt, wenn ein einer bestimmten agnatischen Linie abholder oder nur auf das Wohl seiner unebenbürtigen Nachkommen bedachter Herrscher standesungleiche Abkömmlinge standesgleichen im Thronfolgerecht vorsetzt? Und weiter: Der Satz, daß subjektive öffentliche Rechte vom Gesetzgeber schlechthin vernichtet werden dürfen, mag zutreffen für Rechte, welche dem Berechtigten nicht auch wirtschaftliche Vorteile bieten; aber das Thronfolgerecht, mit dem sich so bedeutende vermögensrechtliche Vorteile verbinden, dieses sollte so schlechthin ohne Zustimmung des Berechtigten beseitigt oder geschmälert werden dürfen? Entspricht dies der geschichtlichen Entwicklung? Haben die deutschen Fürsten der neuen Ordnung der Dinge, dem Übergange zum Verfassungsstaate nicht lediglich in dem Bewußtsein und in dem Vertrauen zugestimmt, daß die angestammten Rechte ihres Hauses auf Herrschaft im Staate gegen bisher an rechtlicher Standsicherheit nichts einbüßen?

c) Eine andere Frage ist, ob, wenn die Agnaten zustimmen, ihnen nicht ein Entschädigungsanspruch entsteht. Allein ein solcher gelangt lediglich dann zur Existenz, wenn das Opfer, das der Betroffene erleidet, ihm wider Willen auferlegt wird, nicht wenn er es rechtlich freiwillig bringt. Will er es nicht bringen, so braucht er nicht zuzustimmen; bringt er es aber freiwillig, so entfällt ein Ersatzanspruch.

C. 1. Wir sagten oben schon: was das Wesen des Hausgesetzes ausmacht, ist sein Inhalt, nicht seine Form. Eine bestimmte Form ist für dasselbe nicht vorgeschrieben. Somit kann die *autonomische Satzung* auch *stillschweigend* kundgemacht werden, in konkludenten Handlungen liegen. Wohl sahen wir, daß die bloße Tatsache der Eheschließung des letzten Agnaten mit einer Unebenbürtigen als solch ein stillschweigender Hausgesetzgebungsakt nicht in Betracht zu kommen vermag, aber andere Handlungen, bezw. Unterlassungen lassen sich als derartige benennen, daß aus ihnen mit Sicherheit auf einen bestimmten Satzungswillen geschlossen zu werden vermag. Z. B.: es werden vom Familien- oder Staatshaupt einem unebenbürtigen Abkömmlinge pekuniäre Vorteile, wie sie staats- oder hausgesetzlich nur Hausangehörigen zukommen, also Apanagen eingeräumt[1]) oder über

---

[1]) Siehe auch *Schulze* bei Holtzendorff S. 1366.

ihn landesfürstliche Disziplinarbefugnisse geübt, ohne daß irgend welcher Agnat gegen das eine oder das andere Einspruch erhebt. Dann liegt stillschweigende Verleihung der Ebenbürtigkeit, ein stillschweigender, Familienmitgliedschaft begründender Akt der Hausautonomie vor uns.

2. Keine solch stillschweigende Ebenbürtigkeitsanerkennung ist für sich allein in der von den *Hausagnaten* durch Unterlassen von Widerspruch stillschweigend *gebilligten* Verleihung des *Haus***titels** durch das ***Familien***haupt enthalten[1][2]). Verleihung von Titel und Rang eines Staatsministers macht noch nicht zum Staatsminister; ebensowenig Verleihung von Titel und Rang eines Hausmitgliedes zum Hausmitglied. Es fehlen die sonstigen Rechte und alle Pflichten des Hausmitgliedes.

a) Nicht folgt dies aus dem Satze: Eine Verleihung des hohen Adels ist heute *unmöglich.* Dies will sagen: es kann heute keine *Familie* zur regierenden und keine Familie zur standesherrlichen erklärt werden. Regierend kann eine Familie nur durch Erwerb einer Staatsherrschaft werden und der Kreis der standesherrlichen Familien ist historisch abgeschlossen (siehe u. a. *Löning* S. 56 und unten § 24 II); möglich ist im Wege der Verleihung lediglich eine Gleichstellung mit regierenden oder standesherrlichen Häusern. Hier handelt es sich nicht um Erhebung eines ganzen Geschlechtes, aller, die *schon Mitglieder* eines Hauses sind, zum hohen Adel. Diese ist in der Tat unmöglich. Hoher Adel ist historisch gegeben oder wird nur durch Erwerb von Staatsgewalt neu

---

[1]) Anderer Ansicht *Schulze* a. a. O. S. 1366; *Schön* S. 62 ff.; *Störk,* Die agnatische Thronfolge S. 92. Wie hier, *Bollmann* S. 73.

[2]) Festlicher Empfang, Huldigung und ähnliches sind als rechtlichen Inhalts entbehrende Vorgänge nicht konkludent für stillschweigende Verleihung; selbstverständlich auch nicht rechtlich relevante Handlungen, wie Eintrag der Geburten in das Standesregister des fürstlichen Hauses, wenn dies in der irrtümlichen Meinung geschieht, die Ehe sei *schon* eine ebenbürtige. Dies gegenüber den Erklärungen des Staatsministers v. Heim in der 77. Sitzung des Sachsen-Meiningenschen Landtags vom 4. März 1896 bezüglich der Ehe des Prinzen Friedrich von Sachsen-Meiningen. Hierzu auch *Störk,* Die agnatische Thronfolge S. 96.

begründet. Sondern was in Frage steht, das ist die Verleihung der Zugehörigkeit zu einem als solchem bereits bestehenden hochadeligen Hause an ein einzelnes Individuum oder mehrere solche Individuen, welche *noch nicht* Mitglieder dieses Hauses sind. Diese ist an sich nicht unmöglich, aber sie liegt nicht schon in der bloßen Verleihung des Haustitels. Diese gibt nur den Namen, aber nicht die Stellung eines Hausmitgliedes. Daher ist selbst, wenn die *Agnaten* der Titelverleihung *zustimmen*, hieraus allein nicht schon auf Verleihung der Familienzugehörigkeit (Ebenbürtigkeit) zu schließen. A. M. *Bollmann* S. 74.

b) Richtig ist nur, daß nicht selten einer solchen Verleihung bald die Aufnahme in den Hausverband folgt.

α) Stammutter des jetzt noch blühenden anhaltinischen Fürstenhauses und manch anderer regierender Dynastien ist u. a. Anna Föse, die Gemahlin des Fürsten Leopold von Anhalt-*Dessau*. Die Verheiratung mit ihr (1698) war eine unstreitig notorische Mißheirat. Hieran wurde auch dadurch nichts geändert, daß sie Kaiser Leopold I. am 29. Dezember 1701 in den Reichsfürstenstand erhob. Erst dadurch, daß durch Erklärung vom 21. März 1702 die Agnaten des Hauses die Ehe und die daraus entsprossenen Kinder als ebenbürtig anerkannten[1]), trat dieselbe in das fürstlich anhaltinische Haus als Mitglied ein.

β) Helene *Gräfin* von *Raina*, die Mutter des Prinzen Sizzo von Leutenberg, entstammte, wie weiter oben gesagt, einer morganatischen Ehe des Prinzen *Georg* von Anhalt-Dessau. Dieselbe wurde vor ihrer Verheiratung mit dem Fürsten Friedrich Günther von Schwarzburg-Rudolstadt nicht bloß von dem Prinzen *Wilhelm* von Anhalt-Dessau adoptiert, sondern der Herzog von Anhalt-Dessau verlieh ihr vorher auch den Titel einer Prinzessin von Anhalt; durch keinen dieser beiden Vorgänge wurde sie ebenbürtig und demgemäß nicht Glied des herzoglichen Hauses Anhalt. Ebenso ist ihr Sohn Sizzo von *Leutenberg*[2]) jetzt noch nicht Agnat des

---

[1]) Siehe *Löning* S. 60.

[2]) In den Ehepakten seiner Eltern (s. oben S. 198) war bestimmt, daß

schwarzburgischen Hauses. Wohl ist derselbe durch Art. 1 des Staatsgesetzes vom 1. Juni 1896 bereits zur Nachfolge in die Regierung und in das Haus- und Fideikommißvermögen in Rudolstadt berufen, aber hierdurch ist er nur staatsrechtlich für nachfolgefähig erklärt, noch nicht Mitglied des Hauses. Dazu bedarf es eines hausrechtlichen Aktes. Nun hat ihm allerdings weiter der Fürst von Schwarzburg-Rudolstadt alsbald nach Zustandekommen jenes Haus- und jener Staatsgesetze von 1896 auf erfolgte Zustimmung der Agnaten der Sondershauser Linie durch Erlaß vom 8. November 1896 „den Titel und Rang eines Prinzen von Schwarzburg verliehen", allein ganz abgesehen davon, daß Titel und Rang eines Hausmitgliedes an sich schon nicht gleichbedeutend mit wirklicher Hausmitgliedschaft ist, folgt aus dem Inhalte jenes Hausgesetzes vom 21. April 1896, wie wir ihn oben S. 189 mitteilten, daß hierdurch auch Mitgliedschaft im Hause nicht eingeräumt werden *wollte*. Denn es heißt dort: „Dieses agnatische Rechtsverhältnis zum Fürstlichen Hause Schwarzburg wird *wirksam* (erst) mit dem gänzlichen Ausgange des Mannesstammes in der gegenwärtigen Linie des Fürstlichen Hauses Schwarzburg-*Rudolstadt*." Also *wird* Prinz Sizzo von Leutenberg erst schwarzburgischer Agnat.

3. Noch weniger selbstverständlich wird die Familienmitgliedschaft durch Verleihung des *Staats*titels und *Staats*ranges eines Mitgliedes des landesherrlichen Hauses seitens des Staatshauptes als solchen (Gegensatz: als Familienchef) erzeugt.

a) Haus- (Hof-) und Staats-Titel und -Rang ist ja nicht dasselbe. Es kann jemand Hof-, aber keinen Staats-Titel oder -Rang und es kann jemand einen Staatstitel oder Staatsrang, aber keinen Hoftitel oder Hofrang besitzen. Demzufolge ist es auch möglich, daß jemand im Hofrang einer anderen Persönlichkeit vorgeht, der gegenüber er niedrigeren Staats-

---

die Deszendenz aus ihrer Ehe, weil sie eine unebenbürtige war, nicht Titel und Rang von Prinzen und Prinzessinnen oder Grafen und Gräfinnen von Schwarzburg erhalten solle. Daher wurde ihr der Titel von Prinzen und Prinzessinnen von *Leutenberg* beigelegt.

rang besitzt. Der Hofrang einer Persönlichkeit vermag ein höherer als ihr Staatsrang zu sein u. s. w. Um ein Beispiel anzuführen, so wird der Chef eines vormals in Deutschland regiert habenden *herzoglichen* Hauses, das in Preußen ansässig ist, am preußischen Hofe wohl den Vortritt vor dem regierenden Herrn eines deutschen Bundesstaates haben, welcher nur den Titel eines Fürsten führt, aber bei einer Versammlung in einer Staatsangelegenheit, wie es z. B. die Eröffnung des Reichstages im königlichen Schlosse durch den König in seiner Eigenschaft als Bundespräsident ist, wird sicher dem regierenden Fürsten des deutschen Kleinstaates der Vortritt vor jenem Herzog zukommen, weil der erstere sich hier als Mitträger, Mitrepräsentant der Reichsgewalt, also in einer Staatsangelegenheit betätigt.

b) Hieraus folgt ohne Beweisführung, daß die Verleihung eines *Staats*titel für die Frage der Hauszugehörigkeit völlig einflußlos ist, nicht bloß weil nur ein Titel verliehen wird, sondern vor allem, weil ein das Verhältnis des Hauses gar nicht berührender Vorgang im Staatsleben vorliegt.

c) Sehr deutlich unterscheidet bloße Titelverleihung und Erhebung zur Ebenbürtigkeit die kaiserliche Wahlkapitulation von 1742 und völlig zutreffend erwähnt sie, daß im zweiten Falle Mitwirkung der Agnaten erforderlich ist, im ersten nicht. Der schon wiederholte Art. 22 § 4 lautet: (Ich unterlasse), den aus notorischer Mißheirat erzeugten Kindern eines Reichsstandes „die väterliche *Titul, Ehren und Würden* beizulegen, viel weniger dieselbe zum Nachteil derer wahren Erbfolger und *ohne deren besondere Einwilligung* für *ebenbürtig und successionsfähig* zu erklären“.

d) Sowenig wie der Staatstitel eines Mitgliedes des regierenden Hauses (Prinz des königlichen Hauses) ist natürlich irgend ein anderer Staatstitel in der Lage, Hausmitgliedschaft zu verschaffen. Dadurch, daß einer unebenbürtigen Frau oder den Abkömmlingen aus dieser unebenbürtigen Ehe Adelstitel und Adelsrang verliehen wird, ergibt sich keine Heilung der Unebenbürtigkeit und kein Erwerb der Hausmitgliedschaft. *Auch nicht dadurch geschieht es, dafs der Landesherr der Standeserhöhung rückwirkende Kraft auf den Zeitpunkt der*

Geburt der Frau oder des Eheabschlusses beilegt[1]. Der Erfolg könnte nur mittelst Verleihung der Ebenbürtigkeit ex tunc durch Hausgesetz, also unter Mitwirkung der Agnaten[2], geschehen. Dann erwerben auch die schon vor dieser Verleihung aus der unebenbürtigen Ehe geborenen Nachkommen Hausmitgliedschaft. Vgl. auch *Löning* S. 57 und 61.

e) Etwas anderes gilt bei Verleihung irgend eines *Adels vor Abschlufs* der Ehe. Dies hat, sofern nach dem Rechte des betreffenden Hauses zur Ebenbürtigkeit nicht hoher oder alter Adel erforderlich, sondern neuer Briefadel genügend ist, zur Folge, daß die Frau zur Zeit der Eheschließung ebenbürtig ist und demgemäß durch die Eheschließung Hausmitglied wird. Vgl. hierüber *Löning* a. a. O. S. 57.

D. Für die Beurteilung der alten Reichszeit angehörender Mängelheilungen bedarf noch ein Punkt der Erörterung: ob solche Mängelheilung *kaiserlicher Bestätigung* bedurfte.

1. Wir haben gesehen, daß jene Beseitigungen von den Mitgliedschaftserwerb hindernden Tatsachen die Natur von Hausgesetzgebungsakten besitzen. Hieraus folgt an sich nicht die Notwendigkeit kaiserlicher Bestätigung. Es war üblich, aber, wie schon früher (seit *Pütter*) die Theorie und jetzt auch das Reichsgericht (Entsch. in Zivils. Bd. XVIII Nr. 42 S. 202; siehe *Gierke*, Deutsches Privatrecht I S. 157 und *Schröder* a. a. O. § 78 Nr. 2 S. 846) festgestellt hat, nicht notwendig, für Akte der Hausautonomie die kaiserliche Genehmigung einzuholen. Nichtsdestoweniger steht das Erfordernis kaiserlicher Bestätigung außer Frage, soweit die Reichsstandschaft auf Fürstentum oder Grafschaft[3], nicht auf reinen Freiherrenstand sich gründete. Fürstentum und Grafschaft sind Reichslehen; wer sie inne hat, steht im Reichslehenverband. Wer daher in das fürstliche oder gräfliche Haus eintritt, erhält im Zweifel auch Nachfolge in das Reichslehen. Nach der Belehnung sind nachfolgeberechtigt allein die rechtlich fehlerlosen Nachkommen des Erstbelehnten. Sollen also

---

[1] A. M. *Störk* S. 92, *Schön* S. 63.

[2] Demgemäß früher: nicht allein durch kaiserl. Verleihung.

[3] Siehe auch *Löning* S. 51.

Personen auch Lehenssukzessionsrecht erwerben, welche z. B. aus fehlerhafter, weil unebenbürtiger, Ehe stammen, so bedarf es demgemäß der Zustimmung des Kaisers in seiner Eigenschaft als Lehensherr. Mit der Auflösung des Reiches ist auch der Reichslehenverband beseitigt, infolgedessen nicht minder jene Bestätigungspflichtigkeit. Schon vorher war solche Bestätigung nicht erforderlich, wenn der in das Haus Aufzunehmende nicht auch Sukzessionsrecht erwerben sollte. Denn — wir wiederholen es — Ursache jener Bestätigungsnotwendigkeit war nicht der Akt der Mitgliedschaftserteilung, sondern nur dessen natürliche, aber ausschließbare Wirkung des Erwerbs der Sukzessionsfähigkeit.

2. An dem Charakter jener Bestätigung als einer wegen des Einflusses des Mitgliedschaftserwerbes auf die Lehensnachfolge zu dem Hausgesetzgebungsakt *hinzu*tretenden Willenskundgebung eines Dritten wird dadurch nichts geändert, daß der Gesamtvorgang äußerlich vielleicht als eine *unter Zustimmung* der Hausagnaten geschehende *Verleihung* der Hausmitgliedschaft *durch* den *Lehensherrn* in Erscheinung tritt. Diese Auffassung und Konstruktion ist die der kaiserlichen Wahlkapitulation von 1742 Art. 22 § 4. Der Wahlkandidat, also der Kaiser, verspricht „noch auch denen aus ohnstrittig notorischer Mißheirath oder einer gleich anfangs eingegangenen morganatischen Heirat erzeugten Kindern eines Standes des Reiches . . . zur Verkleinerung des Hauses die väterliche Titul, Ehren und Würden *beyzulegen*, viel weniger dieselbe zum Nachtheil derer wahren Erbfolger und *ohne deren besondere Einwilligung* für ebenbürtig und successionsfähig zu erklären“. Nur „mit besonderer Einwilligung der wahren Erbfolger“ werde *er* Kinder aus solcher Ehe für ebenbürtig und sukzessionsfähig erklären. Diese Konstruktion liegt nahe bei der Auffassung der Tätigkeit der Agnaten nur als *Verzicht* (auf subjektive Rechte). Die positive Wirkung mußte dann von jemand anderem ausgehen. Wer blieb übrig? der Kaiser als Lehensherr. An dem inneren Wesen des Vorganges wurde dadurch nichts geändert. Innerlich geht die Hauptwirkung vom Hause aus; die Willensäußerung des Kaisers tritt nur wegen einer an die Mitgliedschaftsverleihung sich

knüpfenden Folge, allerdings der wichtigsten Folge, unterstützend hinzu. Gerade entgegengesetzt ist die Auffassung Schöns S. 62.

IV. Noch bleibt eine materielle Frage: Wenn durch Heilung solcher Mängel, z. B. Erhebung unehelicher oder unebenbürtiger Abkömmlinge zu Agnaten, auch *Rechte* von *Kognaten* oder *Erbverbrüderten* berührt werden, bedarf es dann zur Gültigkeit jener Heilung auch der Zustimmung dieser?

A. 1. Durch Einschiebung bezw. Anfügung unechter Schwertmagen wird jedenfalls das etwa bestehende eventuelle Sukzessionsrecht der Kognaten beschränkt. In Schwarzburg-Sondershausen, wo das Staatsgrundgesetz § 13 z. B. ausdrücklich die Regierung auf die weibliche Linie des Gesamthauses übergehen läßt, wenn der Mannesstamm desselben gänzlich erlischt, ist durch das Einschieben des Prinzen Sizzo von Leutenberg die Verwirklichung der Anwartschaft der Kognaten des Hauses zeitlich hinausgerückt und somit geschmälert. Bedurfte es darum der Zustimmung der weiblichen Linie?

Ein solches Einspruchsrecht hätte sich ausbilden können — denn auch die Anwartschaften der Kognaten stellen Sonderrechte dar —, aber hat sich nicht ausgebildet. Nicht nur neue Agnaten, sondern auch Erbverbrüderte konnten ihnen, ohne daß darin eine Rechtsverletzung erblickt worden wäre, vorgesetzt werden. Ihr Anwärterrecht gilt also als ein durch Hausgesetzgebungsakt einseitig entziehbares. Der Grund für diesen Satz des gemeinen Fürstenrechts liegt in der Tatsache, daß die Lehen grundsätzlich nur Männer-, nicht Weiberlehen waren. Nur die Schwertmagen sind im Zweifel lehensfolgeberechtigt, Kunkelmagen ausgeschlossen. Kraft besonderen kaiserlichen Privilegs waren Österreich seit 1156, Braunschweig-Lüneburg 1235 als subsidiäre Weiberlehen errichtet. Die Vermutung spricht *gegen* Weibernachfolge.

2. Hieraus entwickelte sich der Rechtssatz, daß *Rechte* der *Kognaten auch ohne deren Zustimmung* durch *Hausgesetz beseitigt* und geschmälert zu werden *vermögen*. Kognaten gegenüber haben also Hausgesetze ipso jure rückwirkende Kraft. Doch ist dies nur ein Satz des gemeinen Rechtes.

Wenn sich in einem Hause anderes Hausrecht, gesetzlich oder als Hausherkommen, bildete, was allerdings kaum vorkommen dürfte, dann geht dieses vor.

3. Eine ausdrückliche Anerkennung hat der Satz, daß kognatische Thronfolgerechte ohne Zustimmung der Kognaten geschmälert und vernichtet zu werden vermögen, in dem Erbverein des *nassauischen* Gesamthauses vom 30. Juni 1783 Art. 42 (siehe *Binding* a. a. O. S. 13 f.) und demgemäß auch in der luxemburgischen Verfassung vom 17. Oktober 1868 gefunden.

a) In diesem Artikel ist bestimmt, daß für den Fall des Aussterbens des ganzen nassauischen Mannesstammes „die nächste Erbin des letzten Mannesstammes" (d. h. des letzten *regierenden* Agnaten) „zur *Succession* berufen sein solle, es wäre dann, daß Wir (d. h. die den Erbverein abschließenden sämtlichen Agnaten des Gesamthauses) oder Unsere Nachkommen auf solchen Fall anders übereingekommen wären, oder sonstige Vorsehung gethan hätten, als welches zu thun wir Ihnen und Uns hiemit ausdrücklich vorbehalten, fort Unsere und Unserer Nachkommen respektive *Töchter* und Erben zur Festhaltung einer solchen Vorsehung Kraft dieses verbunden haben wollen". Hiernach ist es also möglich, daß die Agnaten des Hauses ohne Zustimmung der Kognaten α) die Reihenfolge der Berufung der Kognaten ändern β) vor ihnen unebenbürtige Abkömmlinge des nassauischen Hauses in männlicher Linie oder im Wege der Erbverbrüderung den Mannesstamm eines anderen Hauses einschieben, γ) die Kognatennachfolge überhaupt aufheben. Zu denken wäre vor allem an den Fall α: Änderung der Reihenfolge der Kognaten. Die walramische Linie des Hauses Nassau erhielt die Herrschaft in Luxemburg durch Erlöschen des Mannesstammes der jüngeren (ottonischen) Linie mit dem Tode des Königs Wilhelm III. der Niederlande 1890. Nicht außer dem Bereich der Möglichkeit würde daher liegen, daß die (drei) noch vorhandenen Agnaten der walramischen Linie bestimmten, die Kognaten der walramischen Linie sollten denjenigen der ottonischen Linie (Königin Wilhelmine) nachgehen.

b) *Binding* a. a. O. S. 40 glaubt, die Dispositionsbefugnis der Agnaten im Verhältnis ihrer Wirkung auch für den Staat sei durch die Luxemburger Verfassung vom 17. Oktober 1868 Art. 3 in bezug auf die Nachfolge im Großherzogtum Luxemburg eingeengt. Dieser Art. 3 spricht aus: „La Couronne du Grand-Duché est héréditaire dans la famille de Nassau, conformément au pacte du 30. juin 1783.“ Hieraus folge: die Verfassung kenne nur eine Thronfolge in der Familie Nassau; also vermöchten die Agnaten ohne Verfassungsänderung mit Rechtsgültigkeit auch für den Staat nur zu bestimmen a) eine Abänderung in der Reihenfolge der Berufung der Kognaten, b) einen Ausschluß der Kognatenerbfolge schlechthin, aber nicht die Übertragung der Krone auf den Mannesstamm eines anderen Geschlechtes unter Ausschluß der Kognaten. Allein die luxemburgische Verfassung erklärt doch die Krone im Hause Nassau nicht für schlechthin vererblich, sondern für vererblich in ihm „übereinstimmend“ mit dem Hausvertrag von 1783. Soweit also dieser Hausvertrag auch einen Übergang der Krone auf ein anderes Haus zuläßt, gilt dieser Übergang auch verfassungsrechtlich für Luxemburg.

B. Konträr ist bezüglich *Erbverbrüderter* zu entscheiden. Anders als Kognatennachfolge waren Erbverbrüderungen eine sehr häufige Erscheinung. Daher bildete sich gewohnheitsrechtlich als Satz des gemeinen Fürstenrechtes, daß Rechte aus Erbvereinigungen denjenigen der Agnaten gleichgeachtet werden. Eine Beschränkung der Aussichten der Erbverbrüderten bedarf daher auch heute noch deren Zustimmung. So auch *Bollmann* S. 73 Anm. 1. Freilich kann sich auch hier aus dem Spezialrecht der in Betracht kommenden Häuser, aus dem Erbverbrüderungsverträgen, anderes ergeben.

C. Unter Umständen war so zu einer Heilung dreifache Zustimmung erforderlich: der Agnaten, der Erbverbrüderten, bei Lehen des Lehensherrn.

b) Vermählung.

§ 21.

I. A. 1. Ein zweiter regelmäßiger Erwerbsgrund der Hauszugehörigkeit ist für *weibliche Personen*, welche noch nicht

Mitglieder der fürstlichen Familie sind, Vermählung mit einem Hausangehörigen. Wird die landesherrliche Familie als die durch gemeinsame Abstammung vom ersten Erwerber der Landeshoheit verbundene Personenmehrheit bezeichnet, so ist dies eine Bezeichnung a potiori. Wir nahmen auf diesen Umstand bereits Rücksicht und haben daher schon in § 7 S. 96 dem Begriffe landesfürstliches Haus eine über das Abstammungsmoment hinausgehende Umschreibung gegeben. Schon nach gewöhnlichem Familienrechte gehören Gemahlinnen und Witwen grundsätzlich der gleichen Familie, wie die betreffenden Ehemänner, an. Dies gilt demgemäß auch hier. Außer Fürst, Prinzen und Prinzessinnen rechnen daher zum landesherrlichen Hause auch Gemahlin und Witwe des Fürsten und der Prinzen, nicht allerdings die der von Prinzessinnen abstammenden Prinzen. Nur die Frauen von Agnaten, nicht die von Kognaten erwerben Hausmitgliedschaft. Prinz im Sinne des Fürstenrechts ist auch der *zurückgetretene Fürst*, er ist nur ein Prinz vielleicht mit besonderen Ehren- und Vermögensrechten.

2. Übertragen wird auf die Gemahlin durch die Eheschließung nur die Mitgliedschaft in dem Hause, in welchem der Ehemann als Agnat steht, nicht auch in dem, welchem er als Kognat angehört. Kognatische Mitgliedschaft überträgt sich nur durch Geburt.

B. Aber nicht jede Gemahlin wird Hausmitglied, sondern *grundsätzlich* nur diejenige, deren Ehe mit dem Hausmitgliede eine *dem regulären Hausrechte* (besonderem Hausgesetze, Hausobservanz, eventuell gemeinem fürstlichen Hausrechte) *gemäſse* ist. Wie für Kinder die Zugehörigkeit zur regierenden Familie in der Regel lediglich durch Abstammung aus hausrechtsgemäßer Ehe entsteht, so wird diese Zugehörigkeit auch für die Frau regelmäßig nur durch Schließung einer hausrechtsgemäßen Ehe begründet.

C. Hausrechtsgemäß ist nach gemeinem Fürstenrechte die Ehe, wenn die Verlobte dem Verlobten standesgleich, *ebenbürtig* ist. Dies ist die einzige weitere Bedingung gegenüber dem allgemeinen bürgerlichen Rechte. Nach besonderem Fürstenrechte (Hausgesetz oder Hausobservanz) kommt heute noch gewöhnlich als Voraussetzung hinzu: *Einwilligung des regierenden Herrn vor Eheschlufs*, aber nur als Voraussetzung der Zugehörigkeit zum Hause engeren Sinnes. Letzteres folgt daraus, daß die Hausgesetze die Pflicht der Einholung nur „den Prinzen und Prinzessinnen“ des Hauses auferlegen und im Sinne der Hausgesetze dazu nur die der besonderen Hausgewalt des Landesfürsten unterliegenden Familienglieder weiteren Sinnes rechnen. Zu verwechseln mit der Eheerlaubnis als Voraussetzung der Hausmitgliedschaft ist demgemäß nicht der Heiratskonsens als Bedingung der Thronfolgefähigkeit. Der letztere kann unter Umständen nicht auch haus-, sondern lediglich staatsrechtlich gefordert sein, so z. B. nach dem oben S. 21 Bemerkten, da daselbst bisher kein Hausgesetz solchen Inhalts erging, im Großherzogtum *Hessen*.

D. 1. Nicht alle Hausgesetze sagen es ausdrücklich oder indirekt, daß nur die ebenbürtigen Gemahlinnen des Fürsten und der Prinzen Hausmitglieder werden — wir finden solche Bestimmungen in den Hausgesetzen für Hannover, Oldenburg, Sachsen, Koburg und Gotha, Waldeck, Württemberg, aber nicht in dem bayerischen Familienstatut von 1819 —, nur als Voraussetzung einer für Begründung von Sukzessionsfähigkeit geeigneten Ehe wird im bayerischen Statut Ebenbürtigkeit erwähnt (Tit. V § 1) —; allein das besondere Hausrecht wird hier eben durch das gemeine ergänzt; hiernach gilt unbestrittenermaßen: ohne Ebenbürtigkeit keine Hausmitgliedschaft für Kinder *und* Frau.

2. Ist die Gattin von Fürst oder Prinz nicht ebenbürtig, so liegt Disparagium, Mißehe, ungleiche Ehe, *Mifsheirat*, d. h. hier keine Hausmitgliedschaft engeren *und* weiteren Sinnes begründende Heirat vor[1]). Die Ehe ist kirchlich und weltlich gültig, aber weltlich hat sie nur die Ehewirkungen des gewöhnlichen bürgerlichen, nicht des Hausrechtes. Wie die Kinder aus der Ehe nicht Mitglieder des Hauses werden,

---

[1]) Wie *Störk*, Die agnatische Thronfolge u. s. w. S. 85 bestreiten kann, daß unebenbürtige Ehe und Mißheirat *juristisch* sich deckende Begriffe sind, ist mir unerfindlich. Aus der von ihm in Anm. 1 angeführten Stelle folgt nicht das Gegenteil.

dem der Vater angehört, und daher von allem Anteil an den Rechten (insbesondere Thronanwartschaft) und am Vermögen des Hauses ausgeschlossen sind, gegen ihren Vater nur Anspruch auf eine dem Stande der Mutter entsprechende Versorgung haben, so tritt auch die unebenbürtige Frau nicht in das hochadelige Haus ein, teilt nicht seinen Titel, Rang, Namen oder sein Wappen, besitzt keinen Anspruch auf die Vermögensvorteile, welche der ebenbürtigen Gemahlin nach Haus- oder Staatsrecht gegen *Haus* oder Staat während und nach der Ehe zustehen. Nur die vermögensrechtlichen Ansprüche des gemeinen bürgerlichen Familien- und Erbrechtes stehen ihr zu.

3. Die Ehe mit einer unebenbürtigen Dame begründet auch dann nicht Hausmitgliedschaft (und für die Kinder Sukzessionsfähigkeit u. s. w.), wenn die Ehe den Konsens des Familienhauptes empfing. Das königlich sächsische Hausgesetz § 10 sagt dies ausdrücklich, aber es gilt auch ohne dies; denn das Familienhaupt vermag allein für sich ohne besondere hausrechtliche Ermächtigung von objektivem Hausrechte nicht zu dispensieren.

E. 1. Wo das Institut des landesfürstlichen *Heiratskonsenses* als Voraussetzung für Eintritt in die engere *Haus*mitgliedschaft bewirkende Ehen gilt, unterliegen der Bedingung doch nicht alle männlichen Hausmitglieder:

a) selbstverständlich *nicht* der *regierende* Herr selbst, wenn er als solcher Ehen eingeht; ausdrücklich bemerkt dies der Beschluß der drei Reußen-Fürsten vom 14. November 1844, die Genehmigung der Ehen betreffend (*Schulze*, Hausgesetze II 356): „Jedes nicht als Landesfürst souveräne Mitglied des Gesamthauses“ muß dem regierenden Herrn seiner Hauptlinie von seiner Eheabsicht vor der Vermählung Mitteilung machen;

b) ferner nicht die männlichen Mitglieder des Hauses im weiteren Sinne, welche nicht der besonderen Familienaufsicht des regierenden Herrn unterliegen, also dem Hause engeren Sinnes nicht angehören. Hierher gehören: *α*) die nur durch Prinzessinnen dem Hause Angehörigen, also *Kognaten*, *β*) Agnaten, welche *selbst Landesfürsten* sind.

2. Für beide Kategorien kann das Erfordernis nur in Betracht kommen, wenn die landesherrliche Heiratserlaubnis zwar nicht oder nicht allein als Bedingung der Hauszugehörigkeit (engeren Sinnes), sondern unabhängig davon im *staatlichen* Thronfolgegesetz (siehe oben § 18) als Bedingung der Thronfolgefähigkeit gesetzt ist (Bayern, Württemberg, Koburg-Gotha, Hessen, Altenburg, Meiningen); denn Sukzessionsfähigkeit ist ja nicht notwendige Wirkung der Hausmitgliedschaft. Alle diese Mitglieder des Hauses im weiteren Sinne wollen regelmäßig und, was die Kognaten angeht, können auch nicht dem engeren Hausverbande angehören. Vom Standpunkte seiner Wirkung in bezug auf Hauszugehörigkeit sind dieselben daher der Notwendigkeit, den Heiratskonsens einzuholen, überhoben; aber wenn sie und ihre Abkömmlinge ihren Ehen den Charakter von zur Fortpflanzung der Thronfolgefähigkeit in ihrem Heimatsstaate (Gegensatz: fremdes Thronland) geeigneten Ehen verschaffen wollen, sind sie gezwungen, dort um landesfürstliche Heiratsbewilligung nachzusuchen. Über das koburgische und gothaische Hausrecht siehe § 25.

3. a) Folge der Nichteinholung ist nach allen in Betracht kommenden Haus- und Staatsgesetzen (Bayern, Hannover, Reuß, Oldenburg, Koburg-Gotha, Waldeck, Meiningen) für die Frau Nichterwerb der Hausmitgliedschaft, wie wir dies in § 18 III schon mit den Worten des meiningenschen Gesetzes vom 9. März 1896 hinsichtlich der Wirkung für Kinder aus solcher Ehe betonten. Doch gibt es auch Abweichungen: a) Verschärfungen: Nach königlich *sächsischem* Hausgesetz § 9 und nach *hohenzollernschem* Hausgesetz Tit. IV § 11 ist die Ehe schlechthin nichtig, also nicht bloß haus- und staatsrechtlich, sondern auch bürgerlichrechtlich, während die Erlaubnis in dem Vertrage der drei Fürsten Reuß vom 10. November 1844 gut als Bedingung der hausverfassungsmäßigen und staatsrechtlichen (also nicht der bürgerlichrechtlichen) Gültigkeit der Ehe bezeichnet wird. b) Milderungen: Das *mecklenburgische* Hausgesetz bemerkt lediglich (§ 5): „Wer von den *Prinzen* Unseres Hauses *für sich* und seine *Nachkommen* im vorkommenden Fall Anspruch auf die Nachfolge in der Re-

gierung behalten will, *soll* sich nicht ohne die Genehmigung des regierenden Großherzogs vermählen". Also wird die Gemahlin hier Hausmitglied; nur für den Ehemann und die Nachkommen ergeben sich Nachteile; wohl werden letztere Hausangehörige, aber sie und ihr Vater gehen ihres kraft Geblüts bestehenden Thronanwärterrechts verlustig.

b) Wo *staats*gesetzlich oder *staats*gewohnheitsrechtlich Einwilligung des Landesherrn in die Ehe nicht Voraussetzung der Thronfolgefähigkeit ist — als Voraussetzung der Thronfolgefähigkeit wird sie nur in den Verfassungsgesetzen Bayerns, Hessens, Meiningens (1896), Altenburgs, Koburg-Gothas, zum Teil (für das Haus Leutenberg) auch der beiden Schwarzburgs (1896) erwähnt —, brauchen Abkömmlinge von Prinzessinnen des Mannesstammes bei Geltung subsidiärer Kognatenthronfolge zur Gewinnung von Erbfolgerecht für ihre Nachkommen keiner Heiratserlaubnis seitens des Fürsten, zu dessen Familie sie kognatisch rechnen; denn Hausgesetz und Hausobservanz machen die Einholung nur den unter Familienhauptsgewalt Stehenden zur Pflicht. Ist in letztgenannter Familie Heiratskonsens auch für *Prinzessinnen* des Mannesstammes vorgeschrieben, so kann demgemäß das Unterlassen der Einholung desselben durch die Prinzessin der Thronfolgefähigkeit ihrer Nachkommen nicht abträglich sein; es müßte denn in dem betreffenden Hause Gesetz oder Observanz ausdrücklich Gegenteiliges bestimmen. In Wirklichkeit ist letzteres allerdings zumeist der Fall. Die Mehrzahl der Hausgesetze trifft die gesamten Bestimmungen über Einholung der Heiratseinwilligung durch Hausmitglieder engeren Sinnes gemeinsam für Prinzen und Prinzessinnen: bayer. Familienstatut von 1819 Tit. II § 1ff.; Hannover Kap. III § 7; Oldenburg Art. 11; Koburg-Gotha Art. 96; Waldeck § 8ff.; Württemberg Art. 19. Aber es gibt auch andere gesetzliche Bestimmungen. Die königlich-sächsische und die meiningensche Gesetzgebung unterscheiden in bezug auf Wirkung unterlassener Einholung zwischen Prinz und Prinzessin. Nach sächsischem Hausgesetz § 9 ist die von einem Prinzen des königlichen Hauses ohne Einwilligung des Königs eingegangene Ehe ungültig und die Nachkommenschaft nicht sukzessionsfähig. Vermählt sich dagegen eine Prinzessin ohne königliche Genehmigung, so ist die Ehe aus diesem Grunde allein nicht ungültig und die weitere Wirkung besteht lediglich darin, daß die Prinzessin ihren Anspruch auf Aussteuer verliert. Das *meiningensche* Staatsgesetz vom 9. März 1896 behandelt die Frage für die Prinzessinnen zwar formal getrennt, aber sachlich mit den auf die Prinzen bezüglichen Bestimmungen (siehe oben S. 181) im Einklang. Art. 9 Abs. 5 lautet: „Dasselbe gilt, wenn sich eine Prinzessin ohne Einwilligung des Herzogs vermählen sollte, rücksichtlich der *Abkömmlinge* aus einer solchen Ehe, und die Prinzessin selbst verliert den Anspruch auf Unterhalt, Aussteuer und Ausstattung". Der Prinz, welcher ohne Einwilligung heiratet, erleidet für seine Person keinen Nachteil, wohl aber die Prinzessin. Wohl verliert sie nicht Thronfolgefähigkeit, aber jene vermögensrechtlichen Ansprüche. In beiden Fällen, bei Prinz und Prinzessin, werden die Abkömmlinge aus der Ehe nicht Hausmitglieder und nicht thronfolgefähig.

4. Die Einwilligung ist gültig nur, wenn sie *vor* Eheabschluß eingeholt und erteilt wird und die Erteilung *ausdrücklich* in hausgesetzlich oder hausobservanzmäßig vorgeschriebener *Form* geschieht. Alle Hausgesetze verlangen vorgängige Einholung und Erteilung in bestimmter Form. So sagt das meiningensche Gesetz von 1896 Art. 9: „Die Mitglieder des Herzoglichen Spezialhauses können sich nur mit *vorgängiger ausdrücklicher* (also nicht stillschweigender) Einwilligung des Herzogs vermählen ... Über die Einwilligung ist eine Urkunde unter Gegenzeichnung des Staatsministers auszustellen." *Meyer* § 89 S. 240 und die von ihm Zitierten meinen, nachträgliche (Einholung und) Erteilung heile die Mängel nicht, habe keinerlei rechtliche Wirkung, denn die Nichtbeobachtung der betreffenden Vorschrift sei eine Verletzung objektiver Rechtssätze, keine Verletzung subjektiver Rechte des Monarchen, deren Folgen durch die Ratihabition oder den Verzicht desselben gehoben werden könnten. Mir scheint diese Meinung im Resultate verfehlt, weil jene Wirkung, welche das Gesetz nicht ausdrücklich bemerkt, unter Umständen außer Verhältnis zu dem der Rechtsordnung durch

Nichteinholung der Erlaubnis zugefügten Schaden steht. Gewiß handelt es sich um Verletzung *objektiven* Rechts, aber der Zweck des letzteren ist doch nur, der Würde und der wirtschaftlichen Lage (siehe waldecksches Hausgesetz § 9; fürstlich hohenzollernsches Hausgesetz Tit. IV § 11) des Hauses nachteilige Ehen zu verhindern. Ist eine ohne Erlaubnis des Familienhauptes eingegangene Ehe weder das eine noch das andere, warum sollte die Verletzung der Vorschrift, die in diesem Falle nur als Formvorschrift Bedeutung hat, nicht nachträglich heilbar sein? Daß es der Gesetzgeber selbst will, dürfte daraus zu entnehmen sein, daß er in einer Reihe von Hausgesetzen — nicht in dem Bayerns und Waldecks (§ 9) — dem Ermessen des Familienchefs in Ablehnung der Erlaubnis Schranken zieht. So lautet das hannoversche Hausgesetz vom 19. November 1836 Kap. III § 7: „Die Einwilligung *wird* bei ebenbürtigen Ehen ohne etwa eintretende besondere Gründe nicht versagt werden" und das *oldenburgische* vom 1. September 1872 Art. 8: „Diese Einwilligung *soll* bei ebenbürtiger Ehe nicht ohne besondere Gründe und nicht ohne vorgängige Anhörung des Familienrats versagt werden. Die Gründe der Versagung sind dem Beteiligten zu eröffnen." Ähnlich die Hausgesetze für *Koburg und Gotha* Art. 93 und für Württemberg Art. 18. Das fürstlich *hohenzollernsche* Hausgesetz Tit. IV § 11 bestimmt in positiver Formulierung: „Die Einwilligung *soll* nur gegeben werden, wenn entweder ein appanagierter Prinz durch die Heirat solche Besitzungen erwerben wird, welche den standesmäßigen Unterhalt seiner Nachkommen hinreichend sicher stellen, oder wenn die bevorstehende Erlöschung des Mannesstammes in Unserer Linie die Begründung einer Nebenlinie notwendig macht."

5. a) Wir betrachteten hier den *Heiratskonsens* unter dem Gesichtspunkt seiner Bedeutung für den Mitgliedschaftserwerb. Außerdem kommt er in Betracht als *Bedingung der Sukzessionsfähigkeit* und als *Ausfluſs* der besonderen *landesfürstlichen Hausgewalt.* Alles dies deckt sich nicht. Als Voraussetzung ersterer ist er auch von Bedeutung für Personen, welche nicht oder nicht mehr Hausmitglieder im engeren Sinne sind (Kognaten, Inhaber fremder Throne und deren

Nachkommen), und nur für diese engere Mitgliedschaft kommt er ja als Erwerbsgrund in Betracht. Unter dem Gesichtspunkte seiner Eigenschaft als Bestandteil der besonderen landesherrlichen Hausgewalt unterliegen ihm aber alle dieser Hausgewalt Unterstehenden, also auch Prinzessinnen in den Staaten, deren Recht, wie z. B. das Preußens, ein eventuelles Sukzessionsrecht der Kognaten am Throne nicht kennt. Das *hannoversche* Hausgesetz von 1836 hat den Unterschied gut gekennzeichnet. Zuerst setzt es fest, daß zur Thronfolgefähigkeit u. a. Abstammung aus hausgesetzlicher Ehe gehöre: Hausgesetzlich geschlossen sei die Ehe, welche von einem Mitgliede mit des Königs förmlich erteilter Bewilligung eingegangen werde (Kap. III § 1, 3), und nun fährt es (Kap. III § 6) fort: „*Ohnedies* (d. h. abgesehen von der Einwilligung als Voraussetzung der Thronfolgefähigkeit für die Nachkommen) sind die Prinzen und Prinzessinnen verbunden, zu ihren Ehen die Einwilligung des Königs nachzusuchen“; also auch Prinzen, die nicht eine die Thronfolgefähigkeit vererbende Ehe eingehen wollen. Ferner müssen die der besonderen Aufsicht des Familienhauptes Unterworfenen als solche nicht bloß für beabsichtigte ebenbürtige, sondern auch für beabsichtigte unebenbürtige Ehen die Erlaubnis des Familienchefs einholen. Gerade in letzteren Fällen wird dies Ermessen des Familienhauptes bei Würdigung der sozialen und wirtschaftlichen, vielleicht auch politischen Natur der in Aussicht genommenen Ehe von Bedeutung.

b) Die Einholung der Heiratserlaubnis wegen ihrer Beziehung zur Thronfolgefähigkeit ist lediglich für diejenigen Familienangehörigen notwendig, welche bei sonstiger Voraussetzung thronfolgeberechtigt und fähig sind, Thronfolge zu vererben. Daher ergibt sich die Möglichkeit, daß das positive Recht den Heiratskonsens nicht für alle der Familiengewalt des Oberhauptes unterworfene Hausmitglieder vorschreibt oder, wenn es für alle geschieht, nicht für alle mit gleicher Wirkung.

α) In *Mecklenburg* sind Frauen von der Thronfolge ausgeschlossen (Hausgesetz § 6). Dem Gesichtspunkt, daß auch durch Heiraten der Prinzessinnen die Würde des Hauses

Schaden leiden kann, trug das Hausgesetz nicht durch besondere Maßnahmen Rechnung. Nur „Prinzen“ sollen sich nicht ohne Genehmigung des Großherzogs vermählen, widrigenfalls sie und ihre Nachkommen des Thronfolgeanspruchs verlustig gehen.

β) In *Sachsen* ist wohl der Heiratskonsens für alle Glieder des Hauses im engeren Sinne, Prinzen und Prinzessinnen, Vorschrift (sächs. Hausgesetz § 8), aber nur bei Prinzen die ohne Konsens vollzogene Verheiratung ungültig (§ 9); bei Prinzessinnen hat sie nach dem Wortlaut des Gesetzes lediglich Verlust des Anspruches auf Aussteuer zur Folge (§ 9); wir dürfen aber hinzufügen: auch mangelnde Sukzessionsfähigkeit zwar nicht für sich, aber für die Nachkommen aus der Ehe; denn warum sollten diese Nachkommen besser gestellt sein, als die agnatischen? Im fürstlich hohenzollernschen Hausgesetz vom 24. Januar 1821 Tit. IV § 2 und 11 ist Heirat ohne Konsens bei Prinzen *und* Prinzessinnen nichtig. Auch das Nachtragsgesetz vom 26. März 1851 (Art. I) hat hieran nichts geändert.

F. Nicht nur die Eheeingehung als solche, sondern auch der Abschluß besonderer „*Eheverträge*“ über die Familien- und erbrechtlichen, aber auch sonstigen (z. B. bei Verheiratung mit einer Monarchin) Beziehungen der Ehegatten und ihrer Kinder (über religiöse Kindererziehung, eheliche Güterrechtsverhältnisse, morganatische Ehen) bedarf der Bestätigung des Familienhauptes. Ohne dieselbe sind sie *nichtig*. Der Mangel ist geheilt, sobald die Bestätigung erfolgt. Siehe bayer. Familienstatut Tit. II § 4; oldenb. Hausgesetz Art. 10; koburg-gothaisches Hausgesetz Art. 95; württ. Hausgesetz Art. 20; meiningensches Staatsgesetz vom 9. März 1896 Art. 10. Das sächsische Hausgesetz § 12 erklärt sie nur für nichtig, soweit sie nicht das Privatvermögen betreffen. Das *waldecksche* Hausgesetz knüpft an die Nichtbestätigung überhaupt nicht den Nachteil der Nichtigkeit (Hausgesetz § 8 mit 11).

G. 1. Eine Ehe, bei welcher *vertragsmäſsig* auf die vollen Wirkungen der Ehe mit dem Mitglied eines hochadeligen Hauses verzichtet wird, heißt *Ehe zur linken Hand*, *morganatische Ehe* (matrimonium ad legem Salicam, disparagium ex pacto tale). Die Ehe, bei der vertragsmäßig die Wirkungen einer ebenbürtigen (standesgleichen) Ehe ausgeschlossen werden, heißt „Ehe zur linken Hand“ wegen der Trauungsform, „morganatisch“, weil die Frau nur Morgengabe, nicht Wittum erhielt; „ad legem Salicam“ wahrscheinlich, weil man sie in Italien aus fränkischem Adelsrecht herleitete (so *Gierke*, Deutsches Privatrecht Bd. I S. 405).

2. *Gierke* a. a. O. Bd. I S. 405 und andere, die er und *Bollmann* S. 34 und 71 anführen, meinen: Die Ehe zur linken Hand sei heute nur zwischen einer Person von hohem Adel und einer ihr unebenbürtigen Person, also nur da möglich[1], wo der Abschluß einer vollwirksamen Ehe objektivrechtlich ausgeschlossen ist, denn sonst seien die personenrechtlichen Wirkungen der Ehe der vertragsmäßigen Festsetzung entzogen. Allein E.G. z. B.G.B. Art. 57 und 58 bestimmen doch, daß bezüglich des hohen Adels in Ansehung der Familienverhältnisse *vorhandenes* abweichendes, besonderes oder gemeines Hausrecht dem gewöhnlichen bürgerlichen Eherechte vorgeht. Also nur dann wäre eine Ehe zur linken Hand zwischen rechtlich Ebenbürtigen ausgeschlossen, wenn dermalen das deutsche Fürstenrecht solche Ehen nicht zuließe. Wir finden augenblicklich solche Ehen bei außerdeutschen Fürstenhäusern ohne Ebenbürtigkeitsprinzip, wenn dieselben Ehen mit Persönlichkeiten eingehen, die ihnen wohl rechtlich, aber nicht sozial oder politisch ebenbürtig sind[2]. Siehe darüber oben S. 172ff. Bei der immer größer werdenden Differenz in der Rechtsstellung regierender und standesherrlicher Häuser kann es nicht als dem positiv geltenden deutschen Fürstenrecht widersprechend angesehen werden, daß Ehen, die zwischen nach deutschem Recht juristisch Ebenbürtigen abgeschlossen werden, um deswillen als Ehen zur linken Hand verabredet werden, weil die Familie des einen Eheteils politisch derjenigen des anderen nicht standesgleich erscheint. Dies um so weniger,

---

[1]) So auch *Gierke*, Grundzüge des deutschen Privatrechts bei Holtzendorff Bd. I S. 459.

[2]) Vgl. auch *Kekule von Stradonitz* in „Die Grenzboten“, 57. Jahrg. 3. Vierteljahr (1898) S. 545, 547.

als ja selbst das rechtliche Ebenburtsprinzip keineswegs für alle hochadeligen Familien jemals ein völlig gleiches war. Immer galt der Satz: besonderes Hausrecht, also besondere Differenzierung nach Ansehen und Macht der Familie, geht gemeinem Hausrecht vor und selbst nach gemeinem Hausrecht bestehen Unterschiede zwischen altfürstlichen und reichsgräflichen Häusern. So bietet es nichts auffälliges, wenn heute Ehen zwischen den regierenden Häusern größerer Staaten und mediatisierten Familien verhältnismäßig seltenere Erscheinungen darstellen.

3. Morganatische Ehen sind somit möglich a) zwischen Mitgliedern des Hochadels und ihnen nicht ebenbürtigen Personen (Frauen oder Männern), b) zwischen Mitgliedern des Hochadels. Im ersteren Falle wird eine Mißheirat als solche vertragsmäßig außer Zweifel gestellt, im anderen Falle wird eine standesgleiche Ehe durch Vertrag in eine standesungleiche verwandelt. Der Ehevertrag bestimmt die Ehewirkungen im einzelnen. Insofern ist sein Inhalt ein vertragsmäßig unabänderbarer, als die objektivrechtlichen Folgen der Mißheirat in bezug auf Ausschluß von Frau und Kindern lediglich festgestellt, nicht vertragsmäßig gemindert oder gemehrt werden können. Dagegen vermag der Vertrag die der Frau und den Kindern zum Ersatz eingeräumten persönlichen und wirtschaftlichen Rechte (Namen, Vermögensansprüche) beliebig festzustellen. Das bürgerliche Recht bildet keine Schranke. A. M. in letzterer Beziehung *Gierke*, Deutsches Privatrecht Bd. I S. 405.

4. Für jede Ehe bedarf da, wo hausrechtlich das Prinzip des Heiratskonsenses gilt, der Angehörige der Familie engeren Sinnes der *landesfürstlichen Genehmigung*, also auch für die unebenbürtige und die *morganatische*. Ohne Einschränkung sagen die Hausgesetze (z. B. das *oldenburgische* Art. 8): „Die Prinzen und Prinzessinnen des landesherrlichen Hauses können sich nicht anders als mit . . . Einwilligung des Landesherrn in seiner Eigenschaft als Familienhaupt vermählen. Diese Einwilligung darf bei ebenbürtigen Ehen nicht ohne besondere Gründe (religiöse politische, wirtschaftliche, soziale) versagt werden". Bei nichtebenbürtigen darf sie also auch ohne *besondere* Gründe

versagt werden. Nichtebenbürtige unterliegen somit auch dem Heiratskonsens. Demgemäß gelten bei Nichteinholung die weiter oben angegebenen Folgen. Ausdrücklich sagt dies das bayer. Familienstatut von 1819 Tit. II § 8: „Unterbleibt diese förmliche Einwilligung (deren alle eheliche Verbindungen von Prinzen und Prinzessinnen bedürfen), so hat die geschlossene Ehe . . . in Bezug auf den Stand . . . keine rechtliche Wirkung. Ebensowenig können daraus auf Staatserbfolge, Apanage, Aussteuer, Wittum, selbst auf die nach älterem Herkommen und Familienverträgen zugestandenen *Vorteile einer Ehe zur linken Hand* Ansprüche gemacht werden.“ Der Landesfürst selbst unterliegt keinem Heiratskonsens. Das hannoversche Hausgesetz von 1836 hat aber in § 9 den König verpflichtet, wenn er eine ungleiche Ehe einzugehen beschließen sollte, sie für morganatisch zu erklären.

H. Über den Heiratskonsens der *Chefs von Gesamthäusern* siehe oben S. 89 f.

I. Eine *unebenbürtige Ehe* kann durch besonderen Haus- eventuell auch Staatsakt *ebenbürtigen* Ehen *gleichgestellt* werden. Dann begründet sie auch für die Frau Familienmitgliedschaft. Es gilt hier alles in § 20 über Heilung von Unebenbürtigkeit Bemerkte. In Wahrheit ist dann nicht die Vermählung als solche, sondern die Verleihung der Ebenbürtigkeit Ursache des Mitgliedschaftserwerbs, die Vermählung nur Bedingung für Wirksamkeit der Verleihung.

II. A. 1. Im Fürstenrecht kommt ausnahmsweise auch vor, daß *Männer* die *Familienmitgliedschaft im Hause ihrer Frau erwerben*. Es ist dies der Fall bei *Vermählung* mit der *Herrscherin des Landes*, also wenn die monarchische Gewalt in Frauenhänden ruht (Prinzgemahl, Königingemahl). Wir sprachen davon schon S. 132f. Hier bedarf es keines besonderen Aufnahmeaktes, was den Eintritt in die Familie weiteren Sinnes angeht. Auch ohne Titelverleihungen, Apanagegewährung von Haus oder Staat wird der Gemahl Mitglied der landesherrlichen Familie (ebenso, aber ohne Begründung, *Lewefs* im Archiv für öffentl. Recht Bd. XII S. 531). Aus der Tatsache, daß er der Gatte des Staatshauptes ist, folgt im staatlichen Interesse Unterordnung unter die

Ordnungsgewalt des Hauses als solchen, d. h. der Gesamtheit der Agnaten. Nicht allerdings untersteht er ohne Einwilligung oder Staats- oder Hausgesetz der besonderen Hausgewalt der Landesherrin in ihrer Eigenschaft als Familienhaupt der Gesamtfamilie. Wohl ist diese Gewalt in der Hauptsache öffentlichrechtlichen Charakters und die hausherrliche Gewalt des Gemahls als Ehemann privatrechtlich, aber beide besitzen eben in der ehelichen Gemeinschaft ein gemeinsames Betätigungsgebiet. Wie wird der hiernach tatsächlich mögliche Konflikt beider Gewalten vermieden? Die Hausgewalt der Fürstin umfaßt nur „bestimmte Rechte", einzelne Befugnisse — vgl. bayer. Familienstatut Tit. I § 2 „ übt als Haupt des Hauses eine besondere Aufsicht mit bestimmten Rechten" —, die Stellung des Ehemanns dagegen als Haupt der Ehe ist nicht auf Einzelbefugnisse beschränkt, in ihrer Betätigung unmittelbarer und intensiver, an wenige Rechtsschranken gebunden, mit einem Wort eine Gewalt von sachlich ausgedehnterem Wirkungskreis und größerer Wirkungskraft, als jene landesfürstliche Hausgewalt über alle Mitglieder des landesherrlichen Hauses. Aus diesem Grunde ist der Fürstingemahl der besonderen Familiengewalt seiner Frau nicht ohne weiteres unterworfen. Die Fürstin ist nicht auch das Haupt der ehelichen Verbindung, die Fürstin als Ehefrau wird nicht der Mann der Ehe, sondern dies bleibt auch in der fürstlichen Familie der Gemahl. Daraus, daß er von Rechtswegen dem weiteren Hausverbande angehört, folgt nicht, daß er alle die Rechte von selbst besitzt, welche Prinzen und Prinzessinnen von Geblüt und den Gemahlinnen der ersteren zukommen. Denn wohl ist es ein allgemeiner Satz, daß die Frau Titel u. s. w. des Mannes[1]), nicht aber, daß der Mann Titel u. s. w. der Frau teilt. Sein Titel und Rang, sein Versorgungsanspruch u. s. w. muß also besonders festgesetzt sein, sonst ist er Mitglied ohne Titel, Apanage u. s. w. So wurde auch in England und Holland verfahren. Vgl. *Lewefs*

---

[1]) Dafür, daß die Fürstin die Standesrechte des Mannes teilt, tritt lebhaft schon ein *Ertel*, Neueröffnete Schaubühne von dem Fürstenrecht, Nürnberg 1702 S. 125.

im Archiv für öffentliches Recht Bd. XII S. 514 und *Störk*, Austritt aus dem landesherrlichen Hause S. 23—31. Nur ein Recht besitzt er als Hausmitglied notwendigerweise: Anteil an der Ordnungsgewalt des Hauses als Ganzen. Er ist ihr unterworfen, demgemäß hat er, da das Haus Korporation, auch an ihrer Betätigung Anteil.

2. a) *Störk* a. a. O. S. 24 ist der Meinung, daß wenigstens in England und Holland der Fürstingemahl auch unter die Familiengewalt der Herrscherin trat oder, wie er sich auch ausdrückt (S. 31), in Holland sei die Stellung des Königingemahls so geordnet, daß auch in den Fragen der *inneren* Familienrechtsordnung das Verhältnis zugunsten der übergeordneten Machtstellung der Frau entschieden sei. Indes dies dürfte nicht zutreffen. In der Lehre vom Verlust der Familienangehörigkeit wird, da sie diesem Gebiete angehören, auf die Hauptgründe Störks zurückzukommen sein. Ich vermag nicht einzusehen, wie daraus, daß der Königingemahl als niederländischer *Staats*angehöriger naturalisiert wurde und aus dem deutschen *Staats*verbande und — angenommen es sei richtig — aus seiner *deutschen* Dynastie ausschied, eine Unterordnung desselben unter seine Gemahlin innerhalb der *niederländischen* Königsfamilie folgen soll. Staat einer- und eheliche und häusliche Gemeinschaft andererseits sind doch getrennte Rechtskreise. Wer im Staat Untertan ist, braucht es darum noch nicht in der ehelichen Gemeinschaft zu sein. Staat und Ehe sind getrennte Rechtsbeziehungen. Sonst müßte man auch folgern: der Ehemann der Fürstin erwirbt durch die Heirat ipso jure die Staatsangehörigkeit der Fürstin; es bedarf hierzu keiner Naturalisation [1]). Wenn nicht ein *besonderer* Rechtsatz anders verfügt, gilt doch auch für die Fürstin: wer die Fürstin ehelicht, tritt nur zu ihr als Privatperson, nicht zum Staate, dem sie vorsteht, in Rechtsbeziehung. Es ist doch bloß die Folge eines besonderen Rechtssatzes, daß die Frau auch die Staatsangehörigkeit des Mannes teilt. Zur Zeit

---

[1]) In der Tat die Meinung von *Zöpfl* § 230 S. 643. Hierzu *Lewefs* im Archiv für öffentl. Recht Bd. XII S. 527.

des alten Reiches bestand darüber Streit, ob die Gemahlin des Fürsten, der selbst doch reichsunmittelbar war, nicht dessen Untertanin sei. Würde der Satz bestanden haben, daß die Frau die Staatsangehörigkeitsstellung des Mannes teilt, so hätte die Streitfrage gar nicht entstehen können. Allerdings war die Gemahlin zutreffender Ansicht nach nicht Untertanin ihres Mannes, aber nicht aus jenem Grunde, weil die Frau die Staatsuntertanenstellung des Mannes teilt, sondern weil alle Mitglieder des landesfürstlichen Hauses, so auch sie Reichsunmittelbarkeit besaßen. *Moser*, Familienstaatsrecht 2. Teil S. 387 weiß hiergegen nur die Bibel anzuführen (Epheser 5, 22, 23); indem er aber zugibt, sie sei keine „eigentliche" Untertanin, hat er zugleich bekannt, daß Begründung aus der Bibel nicht juristische Begründung ist.

b) *Zöpfl*, Grundsätze des gemeinen deutschen Staatsrechts Bd. I § 230 S. 643 ist grundsätzlich der Anschauung Störks — jedoch ohne nähere Begründung —, d. h. er meint, ebenso, wie die Gemahlin des Landesherrn dessen besonderer Hausgewalt, so sei der Gemahl der Landesherrin der letzteren landesfürstlichen Familienaufsicht unterworfen. Wäre dies richtig, so müßte auch nach der Seite der Berechtigung die gleiche Folgerung gezogen werden: der Gemahl teilt die Unverletzlichkeit und die Ehrenrechte der Fürstin: Titel, Insignien, militärische Ehren, Erwähnung im Kirchengebet, Landestrauer. Hier aber bemerkt Zöpfl: „Der Titel des Gemahls einer selbstregierenden Fürstin müsse, soweit er auf diese Verbindung sich bezieht, durch ein Staatsgesetz *besonders* bestimmt werden. — *Lewefs* a. a. O. S. 531 f. erkennt im modernen Staate dem Gemahl und nicht der Gemahlin elterliche Gewalt über die aus der gemeinsamen Ehe entsprossenen Familienmitglieder zu, weil anders als in dem (Staats- und Privatrecht noch nicht scheidenden) Patrimonialstaat die elterliche Gewalt keinen Bestandteil der Staatsgewalt des Herrschers mehr bilde. Allein durch diese Beweisführung ist nicht über die Frage entschieden, ob der Gemahl als solcher der Familienaufsicht der Fürstin untersteht. Allerdings meint *Lewefs* dadurch diese Möglichkeit verneint zu haben. Aber es war diese Meinung nur möglich, weil Leweß die Begriffe elterliche Gewalt und landesfürstliche Familienaufsicht als ein und dieselbe Art von Familiengewalt erachtet.

c) Ist der Gemahl selbstregierender Herr, so untersteht er schon aus dem völkerrechtlichen Grunde der internationalen Unabhängigkeit von fremder Staatsgewalt und ihren Pertinenzen nicht unter der Familienaufsicht seiner Gemahlin.

B. 1. Daraus, daß der Gemahl als Ehemann der besonderen Hausgewalt der Fürstin nicht ipso jure untersteht, folgt keineswegs auch, daß die Kinder der Ehe nur der elterlichen Gewalt des Vaters unterworfen sind. Denn hier kommt nicht bloß das Verhältnis der Ehegatten gegeneinander, das eheliche Verhältnis in Betracht. Als Ehemann für seine Person ist der Gemahl von jener Aufsicht frei, nicht aber als Vater. Dadurch, daß der Gemahl Unabhängigkeit von jener Hausgewalt genießt, genießen eine solche noch nicht auch die Kinder aus der Ehe. Der Gemahl übt die väterliche Gewalt über die Kinder, denn elterliche Gewalt und landesfürstliche Familienaufsicht decken sich ihrem Inhalte nach nicht; aber gleichzeitig vermag die Fürstin in bezug auf ihre Kinder die ihr hinsichtlich aller Prinzen und Prinzessinnen zustehenden Rechte der besonderen Familienaufsicht zu betätigen, d. h. von der Erziehung Kenntnis zu nehmen und darüber Auskunft zu verlangen, Vermählungen zu genehmigen, Eheverträge zu bestätigen, Eintritt in außerstaatliche Dienstverhältnisse zu erlauben, überhaupt alle für die Erhaltung der Ehre, Ordnung und Wohlfahrt des Hauses angemessenen Maßnahmen zu treffen. Für seine Person ist der Gemahl von der Hausgewalt der Fürstin frei, nicht aber in Betätigung seiner Rechte gegenüber Dritten. Wohl hat z. B. der Vater kraft seiner elterlichen Gewalt das Recht, die Religion seiner Kinder zu bestimmen, aber die Frau als Fürstin kann hier eingreifen, wenn es für Erhaltung der Ehre, Ordnung und *Wohlfahrt* des landesfürstlichen Hauses ihr angemessen erscheint, sie müßte sich denn durch Ehevertrag gebunden haben.

2. Als Ehemann ist der Gemahl zwar nicht der besonderen Hausgewalt der Fürstin *unterworfen;* aber immerhin durch die Tatsache, daß eine Fürstin seine Frau ist, der Natur der Sache nach, von selbst in seinen Rechten *beschränkt.*

a) Nach bürgerlichem Recht (B.G.B. § 1354) bestimmt Wohnort und Wohnung der Ehemann. Soweit Staatsrecht oder Staatspolitik besonderen Wohnort und besondere Wohnung der Landesherrin fordern oder zweckmäßig erscheinen lassen, geht beides dem Willen des Mannes vor.

b) Laut B.G.B. § 1356 ist die Frau berechtigt, das *gemeinschaftliche* Hauswesen zu leiten, aber nur unbeschadet des Rechtes des Mannes, in allen das gemeinschaftliche eheliche Leben betreffenden Angelegenheiten die Entscheidung zu treffen. Zum gemeinschaftlichen Hauswesen gehört nicht der *Hof*staat, der Hofhaushalt, der Haushalt, den das Vorhandensein von Hofbediensteten und Hofbeamten (im Gegensatze zu den Kammerdienern und Kammerfrauen) erforderlich macht. Aber das im Interesse der Repräsentation notwendige Vorhandensein eines Hofhaushaltes wirkt auch zurück auf den ehelichen Haushalt. Es wäre Mißbrauch seines Entscheidungsrechtes, wenn der Gemahl diesen Umstand nicht berücksichtigen wollte.

c) Gemäß B.G.B. § 1363 erwirbt der Mann durch die Eheschließung das Recht der Verwaltung und Nutznießung des eingebrachten Frauenvermögens. Frauengut ist lediglich das Privatvermögen der Frau, nicht das Hausvermögen, das dem Hause als Ganzem gehörende Vermögen, die Hausfideikommisse. Da der Fürstingemahl gegenüber seiner Frau nur diejenigen Vermögensrechte besitzt, die ihm ihr gegenüber auch zukommen würden, wenn sie nur Privatperson wäre, steht Verwaltung und Nutzung des Hausvermögens ihm nicht zu, denn zu dieser ist die Gemahlin nur, weil sie Fürstin ist, berechtigt. Vorbehaltsgut der Frau bildet dann in Analogie des B.G.B. § 1367 (Erwerb durch selbständigen Betrieb eines Erwerbsgeschäftes) der Erwerb aus der Zivilliste. Auch an den sonstigen Vermögensrechten gegenüber dem Staate (Nutzung von Staatsgebäuden) genießt er keinen Anteil. Bloß am *Vermögen* der Frau erhält er Verwaltung und Nutznießung, also nicht an Ehren- und Regierungsrechten. Es kommt hinzu: nur in allen das *gemeinschaftliche Ehe*leben betreffenden Angelegenheiten besitzt er ein Entscheidungsrecht, daher nicht in Angelegenheiten des einseitigen Berufslebens der Frau.

Die spanische und portugiesische Verfassung sagen es noch ausdrücklich, daß der Gemahl, mag er auch den Titel König erhalten, keinen Anteil an der Regierung bekömmt. Vgl. *Lehwefs* a. a. O. S. 536.

3. Der Satz, daß, wenn der Mann außerstande ist, sich selbst zu unterhalten, die Frau verpflichtet ist, ihm den seiner Lebens*stellung* entsprechenden Unterhalt nach Maßgabe *ihres* Vermögens und ihrer Erwerbsfähigkeit zu gewähren (B.G.B. § 1360 Abs. 2), kann bei Fürstingemahlen praktisch bedeutsam werden. Durch die Verheiratung mit einer regierenden Herrin steigen für sie die Bedürfnisse *standes*gemäßen Unterhalts. In England und den Niederlanden wurde dem Gemahl vom Staate durch Staatsgesetz eine Apanage ausgesetzt. Vgl. *Lehwefs* S. 514; *Störk*, Austritt S. 30.

4. Um Meinungsverschiedenheiten zwischen den Eheteilen, bezw. zwischen Ehemann und Hoforganen oder Fürstin und Volksvertretung zu vermeiden, ist es zweckmäßig, die Stellung (Titel, Rang, Vermögensansprüche u. s. w.) des Fürstingemahls als Ehegatte und Vater in Ehe, Hof und Staat vor Eheabschluß durch Ehevertrag und, soweit erforderlich, Staatsgesetz festzustellen. *Störk*, Art. Staatsverträge in v. Stengels Wörterbuch des deutschen Verwaltungsrechts Bd. II S. 516 nennt Verträge über private Angelegenheiten zwischen Mitgliedern verschiedener Dynastien formelle Staatsverträge, will sagen: völkerrechtliche Verträge nicht dem Inhalt, aber der äußeren Form nach; allein es sind nur je nach dem Inhalt privat- und öffentlichrechtliche Verträge. Wird in dem Vertrag bestimmt, daß der Fürstingemahl naturalisiert werden soll, so heißt dies nicht, der Staat ist verpflichtet, ihn zu naturalisieren, sondern lediglich: die Fürstin verpflichtet sich, die Naturalisation durch den Staat, soweit in ihren Kräften liegt, zu veranlassen. In England und den Niederlanden wurde dem Fürstingemahl die Staatsangehörigkeit unter Dispensation von den allgemeingesetzlichen Bedingungen, daher nicht durch Verordnung, sondern durch Staatsspezial*gesetz* verliehen. Einen *Staats*titel (z. B. Königstitel des Prinzen Ferdinand von Koburg [1816—85] als Gemahl der Königin Maria II. [1819—53] da Gloria von Portugal) kann ihm die Fürstin

ohne Mitwirkung des Parlamentes verleihen, soweit an dem Rechte, öffentliche Auszeichnungen zu leihen, nicht durch besondere Vorschrift die Volksvertretung beteiligt ist. Für Hoftitelverleihungen bedarf die Fürstin nicht einmal der Zustimmung eines Staatsministers.

III. Noch erübrigt, zu erörtern, welchen Einfluß ihre Verheiratung auf die Frage der *Hausmitgliedschaft der Fürstin* übt.

A. Sonst gilt der Satz: Prinzessinnen scheiden durch Vermählung mit dem Mitgliede einer anderen Familie aus ihrer bisherigen Hausmitgliedschaft aus. Dies gilt für alle Prinzessinnen im Sinne der Hausgesetze. Hierzu rechnen auch die angeheirateten Prinzessinnen (Gemahlinnen der Prinzen) als Witwen, die Gemahlin des Königs als Königinwitwe. Aber selbstverständlich *scheidet die regierende Fürstin durch Verheiratung mit dem Angehörigen eines anderen Hauses nicht aus ihrem eigenen aus.* Sie bildet ja das Haupt desselben und bleibt es. Prinzessin, Königin, Gemahlin im Sinne der Hausgesetze, weibliches Mitglied des Hauses im Sinne jener Gesetze sind nur die der landesfürstlichen Hausgewalt unterworfenen weiblichen Mitglieder des Hauses weiteren Umfanges. Also gilt der Satz (z. B. koburg-gothaisches Hausgesetz Art. 92) „Die Prinzessinnen hören mit ihrer Vermählung auf, Mitglieder des fürstlichen Hauses zu sein“ nicht für das Familienhaupt, die Inhaberin der fürstlichen Hausgewalt.

B. Aber *erwirbt* sie die *Zugehörigkeit* zum *Hause* ihres *Gemahls?*

1. Denkbar ist lediglich Erwerb der Mitgliedschaft im weiteren Sinne. Denn nach völkerrechtlichem Grundsatz vermag die Fürstin fremder landesfürstlicher Hausgewalt nicht zu unterstehen. Par in parem non habet imperium. Der Inhaber einer Staatsgewalt ist unabhängig vom Inhaber einer ihr nicht übergeordneten Staatsgewalt (vgl. Begriff des landesherrlichen Hauses S. 21 f. und *Edg. Löning*, Die Gerichtsbarkeit über fremde Staaten und Souveräne in der Festgabe der juristischen Fakultät zu Halle für Fitting 1903 S. 311 [Separatausgabe S. 143]). Wohl ist die besondere Familienaufsicht des Monarchen des fremden Staates selbst nicht Staats-, d. h. staatsherrschaftliche, sondern hausherrschaftliche Gewalt, aber

ihr Inhaber ist zugleich Inhaber der Staatsgewalt. Mit Befreiung von Unterordnung unter fremde „Staatsgewalt“ meint das Prinzip der internationalen Gleichheit der Staaten und ihrer Häupter nicht bloß Befreiung von Staatsgewalt im objektiven, sondern auch Befreiung von Staatsgewalt im subjektiven Sinne, Freiheit von Unterordnung unter den Träger fremder Staatsgewalt. Weil die fürstliche Hausgewalt eine Pertinenz der fürstlichen Staatsgewalt darstellt, kann daher eine fremde Monarchin, welche als neues Mitglied in eine landesherrliche Familie eintritt, jedenfalls nicht der Familiengewalt dieses anderen Hauses untertan werden. Daß die Fürstin aus gleicher Ursache nicht die Staatsangehörigkeit ihres Gatten erwirbt, folgt aus dem schon in § 13 Erörterten.

2. a) Anders ist für die Zugehörigkeit zum Hause weiteren Sinnes zu entscheiden. Die hier sich ergebende Ordnungsgewalt besteht nicht im staatlichen Interesse, bildet kein Akzessorium der Staatsgewalt. Sie ist keine Gewalt des Fürsten über das Haus, sondern des Hauses selbst; sie besteht auch in nichtregierenden Häusern. Nur für das Verhältnis von Staatshaupt zu Staatshaupt, nicht für das Verhältnis von Staatshaupt zu hochadeligem Haus besteht der völkerrechtliche Grundsatz rechtlicher Unabhängigkeit. *Die Fürstin tritt demgemäſs durch ihre Vermählung als solche in das hochadelige Haus ihres Gemahls als Mitglied weiteren Sinnes ein*, sie wird angeheiratete Prinzessin dieses Hauses, eventuell Herrschergemahlin. Das Hausgesetz für *Koburg* und *Gotha* von 1855 nennt vollkommen zutreffend als Mitglied des herzoglichen Hauses auch die Gemahlin von Albert („Prinz von Koburg und Gotha, Herzog zu Sachsen“) als „Viktoria, Königin von Großbritannien und Irland, Herzogin zu Sachsen“.

b) Den *Familien*namen ihres Mannes erhielt sie schon nach bürgerlichem Recht (B.G.B. § 1355), kraft ihrer Hausmitgliedschaft erwirbt sie aber auch den Anspruch auf Stand, Titel, Wappen, Aussteuer, Wittum u. s. w., wie er Gemahlinnen von Mitgliedern des betreffenden Hauses zukommt. Aus der „Wilhelmine Mecklenburg“ des bürgerlichen Rechts wird eine „Herzogin von Mecklenburg“ u. s. w., wie denn auch in der Tat die Königin der Niederlande den Titel „Königin der Niederlande, Prinzessin von Oranje-Nassau, Herzogin von Mecklenburg" führt. Dies träte selbst dann ein, wenn, was *Störk*, Austritt S. 31 behauptet, aber, wie wir in § 26 sehen werden, nicht haltbar ist, der Gemahl durch Austritt aus dem mecklenburgischen Staatsverbande ipso jure auch die Zugehörigkeit zum fürstlichen Hause Mecklenburg verloren hätte. Denn auch dem also (nicht wegen Unwürdigkeit) Ausscheidenden bleibt sein Haustitel und ihn teilt auch seine Gemahlin.

IV. 1. Was für die regierende Fürstin gilt, gilt auch für die *Kinder aus der Ehe*. Nach bürgerlichem Rechte (B.G.B. § 1616) erhalten sie den Familiennamen des Vaters und nicht den der Mutter, aber nach Fürstenprivatrecht werden sie nicht bloß Mitglieder des hochadeligen Hauses, dem ihr Vater angehört, sondern auch Mitglieder des Hauses ihrer Mutter und erwerben demgemäß nicht bloß auch den Familiennamen desselben, sondern auch die Titel und sonstigen Rechte, welche männlichen und weiblichen Mitgliedern desselben zukommen. Sie erhalten also, wie ihre Mutter, doppelten Familiennamen und werden Prinzen, bezw. Prinzessinnen zweier Häuser (siehe auch oben § 15 II G). Ihre Mitgliedschaft zum Hause der Mutter ist sogar die intensivere und daher in erster Linie stehende[1]). Hier werden sie Mitglieder im engeren Sinne, weil ihre Mutter und nicht ihr Vater landesfürstliche Hausgewalt besitzt und mit der völkerrechtlichen Unabhängigkeit des Staatshauptes nicht bloß dessen eigene Unterordnung unter die fürstliche Familiengewalt eines anderen Staates, sondern auch die Unterordnung der der Hausgewalt des Staatshauptes Untergebenen unter eine fremde fürstliche Hausgewalt sich nicht verträgt. Vgl. mein „Begriff des landesherrlichen Hauses u. s. w." S. 22. Aus diesem Grunde werden die Kinder der Königin Viktoria von England, des Königregents Ferdinand von Portugal in dem koburg- und

[1]) *Lehweß* S. 428 bemerkt ebenfalls, in erster Linie sei der Name des Stammhauses der Souveränin maßgebend. Er führt dies auf die Thronfolgefähigkeit in diesem Hause zurück. Aber diese ist juristisch keine notwendige Wirkung, wie wir wissen.

gothaischen Hausgesetz wohl auch Herzoge und Herzoginnen zu Sachsen, in erster Linie aber königliche Prinzen und Prinzessinnen von Großbritannien und Irland, bezw. von Portugal genannt. Es war in Belgien mit Recht gerügt, daß die königlichen Prinzen und Prinzessinnen daselbst nur den Titel von Herzogen und Herzoginnen von Sachsen führten. Ein königlicher Erlaß vom 14. März 1891 hat daher den Titel „Prinz und Prinzessin von Belgien" vorgeschrieben, ohne aber den anderen aufzuheben. Es ist nur bestimmt, daß der erstgenannte vor dem letzteren zu nennen ist. Die Prinzen bezw. Prinzessinnen heißen demgemäß jetzt „prince (princesse) de Belgique, duc (duchesse) de Saxe". Vgl. auch *Störk*, Austritt S. 20f.

2. Anders wäre nur zu entscheiden, wenn auch der Gemahl Staatshaupt wäre. Dann unterständen die Kinder nicht als Kinder ihrer Mutter, sondern als solche ihres Vaters noch einer anderen Hausgewalt, aber nur die Kinder, nicht die Mutter aus dem uns schon bekannten Satz: par in parem non habet imperium.

c) Erwerb durch Verleihung und Aufnahme.

§ 22.

I. Zu den zwei regelmäßigen unmittelbaren Gründen des Mitgliedschaftserwerbes tritt als außergewöhnlicher der Erwerb durch einen Akt des hochadeligen Hauses, sei es durch einen *einseitigen* — wir nennen ihn *Verleihung* —, sei es durch einen *zweiseitigen* — wir nennen ihn *Aufnahme.*

A. Allein ein Willensakt des Hauses, nicht auch des Individuums ist die Ursache des Mitgliedschaftserwerbes, wenn die in die Mitgliedschaft zuzulassende Persönlichkeit rechtlich nicht gleichsteht. Dies ist der Fall, a) wenn sie zwar von dem ersten Erwerber der Landeshoheit stammt, aber nicht natürlich, sondern durch Adoption oder wohl natürlich, aber unehelich, oder wohl ehelich, aber nicht aus ebenbürtiger oder fürstlich konsentierter Ehe oder wohl als Kognat, aber nicht als Agnat, b) wenn die zuzulassende Person von jemand anderem als dem ersten Erwerber der Landeshoheit abstammt, aber die Familie, der sie angehört, nach dem Rechte des Hauses, in das sie eintreten soll, eine dem letzteren rechtlich nicht ebenbürtige ist. Hier ist die Zustimmung der betreffenden Persönlichkeit rechtlich unerheblich; sie erwirbt auch wider Willen Mitgliedschaft, kann sie aber sofort durch Verzicht aufgeben.

B. Anders, wenn die aufzunehmenden Individuen rechtlich dem Hause koordiniert sind, wie dies der Fall ist, wenn sie einem ebenbürtigen Hause als Mitglieder angehören. Dann erfolgt der Eintritt durch Vertrag. Der Vertrag kann mit einzelnen oder mit allen Mitgliedern einer anderen Familie geschlossen werden.

II. A. Den Fall der Verleihung der Hausmitgliedschaft haben wir tatsächlich schon eingehend besprochen. Es ist dies nichts anderes als die Lehre von der Heilung von der Erwerbung durch Geburt oder Vermählung entgegenstehenden Mängeln. Insbesondere haben wir an jener Stelle (§ 20) auch dargelegt, wie diese *Verleihung ausdrücklich* und *stillschweigend* zu erfolgen vermag, wie sie ihrem Wesen nach Erlaß eines Individualrechtssatzes ist und wie zu ihrer staatsrechtlichen Gültigkeit unter Umständen Erlaß eines gleichinhaltlichen Staatsgesetzes erforderlich werden kann.

B. Die stillschweigende Verleihung kann *nicht* als *Ersitzung* charakterisiert werden, denn erwerbende Verjährung erfordert lediglich längerwährende tatsächliche Ausübung der Familienmitgliedschaft durch das betreffende *Individuum*, während zum Begriff der stillschweigenden Verleihung Handlungen oder Unterlassungen des *Hauses* gehören, aus welchen mit Sicherheit auf einen Willen, Hausmitgliedschaft des Individuums *begründen* zu wollen, geschlossen zu werden vermag.

III. A. Die Aufnahme begegnet besonders im Verhältnis mehrerer *Spezialhäuser* eines Gesamthauses zueinander. Hier ist es z. B. möglich, daß ein Spezialzweig infolge der politischen Ereignisse, auf völkerrechtlichem Wege, die Eigenschaft eines regierenden Hauses eingebüßt, der andere diese Eigenschaft bewahrt hat. Um den Mitgliedern des ersteren Zweiges wieder zu der privilegierten Stellung einer regierenden Familie zu verhelfen, nimmt sie die andere Speziallinie als

Nebenlinie in ihr Haus auf. Gleichgültig ist dabei, ob das aufnehmende Spezialhaus einen älteren oder einen jüngeren Zweig des Gesamthauses darstellt. Wohl geht die ältere Linie der jüngeren dem Geblütsrecht zufolge vor, aber dies bedeutet nur, daß der gemeinsame Stammvater nicht durch letztwillige Verfügung zum Nachteil der älteren verfügen kann; die ältere selbst kann auf ihren Altersvorzug zugunsten der jüngeren verzichten und demgemäß in diese als jüngere Nebenlinie eintreten. Namentlich dann liegt eine solche Aufnahme nahe, wenn die ältere Linie für den Fall des Erlöschens des jüngeren Hauses in dessen Gebiet eventuelles Sukzessionsrecht besitzt.

B. Um einen Fall zu konstruieren, so bildet Philipp der Großmütige von *Hessen* den gemeinsamen Vater der beiden heute noch existierenden hessischen Hauptlinien Kassel und Darmstadt. Diese beiden Linien miteinander stellen also das fürstliche Gesamthaus Hessen dar. Das Kasseler Spezialhaus, nur noch in der sogen. landgräflichen Linie von Hessen-Kassel existierend, hat 1866 die Eigenschaft eines regierenden Hauses eingebüßt, besitzt aber, obwohl die ältere Linie, infolge Gesamtbelehnung und Erbverbrüderung Sukzessionsrecht in Hessen-Darmstadt. Setzen wir nun den Fall, der Großherzog Ernst Ludwig von Hessen (geb. 1868), gegenwärtig der einzige Agnat des Darmstädter Spezialhauses, und der älteste Zweig des landgräflichen Hauses Hessen-Kassel, die sogen. Rumpenheimer Linie, würden dahin übereinkommen, daß die Rumpenheimer Linie in das großherzoglich hessische Haus eintrete, so würden die Agnaten des Rumpenheimer Zweiges des landgräflichen Spezialhauses Kassel im Vertragswege Agnaten des Darmstädter Spezialhauses. Einer Zustimmung der zwei anderen Linien des landgräflichen Hauses, der Linie Philippstal und Philippstal-Barchfeld, bedürfte es nicht; denn erstens kann der Vertrag dahin gehen, daß die Rumpenheimer Linie ihre Mitgliedschaft in der älteren Linie gar nicht aufgibt und im Darmstädter Hause als neue darmstädtische Linie kein Sukzessionsrecht erhält; aber auch, wenn der Vertrag so formuliert wird, daß die Rumpenheimer Mitglieder des landgräflichen Hauses aus diesem völlig ausscheiden, also auf ihr Sukzessionsrecht in Darmstadt in ihrer Eigenschaft als Rumpenheimer Agnaten verzichten und dafür im Darmstädter Hause als neue Darmstädter Agnaten sukzessionsberechtigt werden, wäre eine Zustimmung der beiden Philippstaler Linien nicht erforderlich, denn Austritt eines Mitgliedes bedarf nicht der Zustimmung des Hauses und Sukzessionsrechte der Philippstaler im Großherzogtum Hessen werden durch Verwandlung des Erbfolgerechts der Rumpenheimer Linie aus einem Anspruch der älteren landgräflichen Linie in einen solchen einer jüngeren großherzoglichen Linie nicht geschmälert. Anders natürlich bei *Schmälerung agnatischer Rechte.* Gesetzt, im Wege der Erbverbrüderung habe ein Haus einem anderen für den Fall seines Erlöschens Nachfolgerecht zu einer Zeit eingeräumt, als in ihm noch nicht das Prinzip subsidiärer Kognatenerbfolge galt. Nun will es dies Prinzip einführen. Die Wahrscheinlichkeit des Erlöschens des Hauses wird dadurch weiter hinausgerückt; das erbverbrüderte Haus ist dadurch also geschmälert, denn der Zeitpunkt des Übergangs von Thronanwartschaft zu Throninhaberschaft liegt nun entfernter. Nicht verschieden hiervon ist aber der Fall der Aufnahme eines fremden Hauses als neue Linie des Spezialhauses, wenn andere Spezialhäuser nachfolgeberechtigt sind. Auch deren eventuelles Sukzessionsrecht wird dadurch der Verwirklichung ferner gerückt, demgemäß geschmälert, also bedarf ein solches Einschieben neuer Agnaten des Spezialhauses zum Nachteile der nachfolgenden Spezialhäuser der Gutheißung der letzteren.

C. Möglich ist Verzicht auf ein Folgerecht, gänzlicher oder zeitlich begrenzter, lediglich zugunsten des anderen Vertragsteiles, aber nicht ist möglich eine Vereinbarung, daß man nur gegenüber dem anderen Kontrahenten seine Mitgliedschaft aufgebe. Nehmen wir z. B. an, ein regierendes Haus habe 4 Nebenlinien, wovon die letzte ein selbständig regierendes Haus bilde, und nun vereinbarten die zweite und vierte Linie Aufgabe der Mitgliedschaft als selbständiger Zweig seitens der zweiten Linie und Eintritt derselben in die vierte Linie mit dem Zusatz, diese Aufgabe des Vorhandenseins als eigene Linie solle lediglich im Verhältnis der beiden Vertragslinien untereinander, nicht auch — um es mit ihr nicht zu verderben — gegenüber der regierenden Hauptlinie gelten. Der Zusatz ist unzulässig: die Mitgliedschaft im Gesamthause bildet ein Rechtsverhältnis zum Gesamthaus und vermag daher gegenüber den einen Angehörigen desselben kein anderes zu sein, als gegen die anderen; es ist aus diesem Grunde unmöglich, daß sie gegenüber einem Teile der Hausangehörigen besteht, gegenüber anderen nicht; Mitgliedschaft ist nur eine Rechtsbeziehung zur Hauspersönlichkeit, nicht zu den Angehörigen des Hauses; sie kann deshalb nicht im Verhältnis zu einem Teil der Mitglieder vorhanden sein, im Verhältnis zu einem anderen Teile derselben fehlen.

D. 1. Was dann die Frage des Erfordernisses staatlicher und insbesondere *parlamentarischer Zustimmung* angeht, so wissen wir — vgl. §§ 2 und 3 —, daß dem *Verfassungs*grundsatze agnatischer Linealfolge nach dem Rechte der *Erstgeburt* Rangausweichungen unter sukzessionsberechtigten Individuen nicht entgegenstehen. Die Aufstellung des Primogeniturprinzips im Staatsgesetz drückt aus, daß für den Staat letztwillige Verfügungen unverbindlich sind, durch welche Nachgeborene den Vorgeborenen vorgesetzt werden. Vertragsmäßigen Rangveränderungen zwischen Thronanwärtern steht der Verfassungssatz, daß die Krone nach der Primogeniturordnung sich vererbe, nicht entgegen. Vertragsmäßige Rangausweichungen sind demzufolge auch gegenüber dem Staate gültig ohne verfassungsänderndes Gesetz. Was aber für Rangausweichungen unter Individuen gilt, gilt auch für solche zwischen Gruppen von Individuen, zwischen verschiedenen Spezialhäusern. Wenn also beispielsweise in einem Staate das regierende Haus vier Nebenlinien hat und die zweite derselben weicht zugunsten der vierten aus, so bedarf solche Umstellung keiner Genehmigung des Landtags. Nicht anders liegt die Sache, wenn die zweite Linie gegen Einräumung ihres bisherigen Ranges an die vierte Linie in letztere als Nebenlinie eintritt. Auch hier wird der Verfassungssatz von der Reihenfolge der Linien nach dem Alter nicht verletzt, denn dieser Rechtssatz bedeutet nur: Ausschluß von gekorenen Erben (testamentarischer Thronfolgebestimmung), nicht: Ausschluß von Verträgen, welche in bezug auf Thronfolgereihe lediglich als Rangausweichung wirken. Vgl. S. 247.

2. Aber auch wenn die Durchführung des Verleihungs- oder Aufnahmeaktes *im Staate* eine Änderung des staatlichen Thronfolgerechts notwendig macht, ist die verbindliche Kraft desselben im Hause, zwischen den Parteien, hierdurch nicht bedingt, sowenig wie die völkerrechtliche Gültigkeit von Staatsverträgen durch das Zustandekommen des zu ihrer Durchführung im Staate notwendigen Gesetzes (siehe oben § 3).

E. Möglich ist, daß der Aufnahmevertrag eine *Veränderung* des *Verhältnisses* zur *landesfürstlichen Familienaufsicht* mit sich bringt. Bleiben wir bei unserem Beispiel und setzen wir, die vierte Nebenlinie sei in einem anderen Staate regierendes Haus. Dann hört mit dem Eintritt der zweiten Linie als Nebenzweig in die vierte Linie die landesherrliche Hausgewalt der ältesten, der regierenden Linie, über die zweite Linie auf. Einer Zustimmung der genannten ältesten Linie bedarf es darum keineswegs. Denn der Austritt aus der Gewalt ist nicht an die Zustimmung des Gewalthabers gebunden und mit dem Grundsatz internationaler Gleichheit der Staaten verträgt sich nicht, daß die der landesherrlichen Familiengewalt der vierten Linie neu Unterworfenen auch noch einer anderen landesfürstlichen Hausgewalt unterstehen (vgl. S. 231). Der Einholung des Heiratskonsenses beim Haupt der ältesten, der regierenden, Linie sind sie dadurch nicht überhoben, wenn nach Gesetz oder Gewohnheitsrecht des *Staates* (Gegensatz: des Hauses) vom Staatshaupte konsentierte Ehe Voraussetzung der Thronfolgefähigkeit ist. Jener Konsens hat dann nicht mehr die Natur eines Ausflusses von landesherrlicher Familiengewalt, sondern nur von Bedingung der Entstehung einer zur Übertragung der Sukzessionsfähigkeit im Stammhause geeigneten Ehe.

F. Wird in dem Aufnahmsvertrage — was im Zweifel anzunehmen, denn es ist natürliche Wirkung der Hausmitgliedschaft (siehe oben § 9) — den eintretenden Mitgliedern auch Thronanwartschaftsrecht eingeräumt, so liegt trotzdem nicht ein (einseitiger) Erbverbrüderungsvertrag vor. Bei Erbverbrüderung erwerben die Angehörigen des Thronfolgerecht in der anderen Familie erlangenden Hauses in der anderen Familie nicht auch Mitgliedschaftsrechte.

G. Einen praktischen Fall von Aufnahme in ein anderes Spezialhaus eines Gesamthauses aus jüngerer Vergangenheit bildet der Eintritt des zweiten Sohnes des gegenwärtigen Fürsten Leopold von Hohenzollern, des Prinzen Ferdinand von Hohenzollern, in das *rumänische* Königshaus, d. h. in das Spezialhaus seines Onkels König Karl von Rumänien. Nach der rumänischen Verfassung von 1866 waren für den Fall, daß König Karl ohne sukzessionsfähige Nachkommenschaft bliebe, sein ältester Bruder und dessen Abkömmlinge zur Thronfolge berufen. Fürst Leopold und sein ältester Sohn Erbprinz Wilhelm (letzterer 22. November 1888) verzichteten im voraus auf die Nachfolgerschaft. Infolgedessen war der voraussichtliche Thronerbe des Fürsten Leopold zweiter Sohn, Ferdinand. Derselbe wurde durch Dekret des rumänischen Königs vom 18. März 1889 als „Prinz von Rumänien" mit dem Prädikate Königl. Hoheit in das rumänische Herrscherhaus aufgenommen. Da er am 1. Mai 1889 auch nach Bukarest feierlich übersiedelte und seinen 15. Oktober 1893 geborenen Sohn Karl (Carol) griechisch-katholisch taufen ließ, ist anzunehmen, daß derselbe zugleich aus dem älteren Spezialhaus, dem fürstlich Sigmaringenschen, völlig, nicht bloß aus diesem Hause engeren Sinnes, ausschied.

III. Eine singuläre Erscheinung weist das *hannoversche* Hausgesetz von 1836 auf. Es ist angesichts des Rechtes der Autonomie, das jedem hochadeligen Hause zukommt, selbstverständlich, daß das einzelne Haus die Frage des Mitgliedschaftserwerbes völlig abweichend vom gemeinen Fürstenrecht zu ordnen vermag. Beispielsweise ist möglich, daß es Geburt und Vermählung der Eigenschaft als Erwerbsgründe entkleidet und lediglich Verleihung und Aufnahme als solche zuläßt, d. h. jeden Erwerb von Zustimmung des Hauses als solchen oder des Hausoberhauptes abhängig macht. Das hannoversche Hausgesetz tut dies hinsichtlich der Zugehörigkeit zum Hause engeren Sinnes für andere Mitglieder als die Gemahlin des Königs und die königlichen Witwen, indem es in Kap. I § 3 bemerkt: „Mitglieder des königlichen Hauses sind alle im

Königreiche successionsfähige, nicht regierende Prinzen und Prinzessinnen der Königlich-Hannoverschen Linie, für den Fall aber, daß eine Trennung der Kronen von Großbritannien und England einträte, nur insofern, als sie ihren *Wohnsitz* im Königreiche Hannover nehmen und in den Hausverband dieses Königreichs vom *Könige aufgenommen* sind." Die übrigen Prinzen und Prinzessinnen der königlich-hannoverschen Linie rechnen somit lediglich zum hannoverschen Spezialhause weiteren Sinnes. Vgl. S. 266.

d) Ersitzung und unvordenkliche Verjährung.

§ 23.

Gemäß E.G. zum B.G.B. Art. 57 wäre es nicht unzulässig, daß im Privatfürstenrechte der Satz Rechtens wäre, daß Hausmitgliedschaft durch längere Zeit fortgesetzte tatsächliche Ausübung derselben erworben werden könne, bezw. für eine Betätigung derselben kein Beweis ihres rechtlichen Erwerbes zu erbringen sei, wenn der Anfang dieser Betätigung über Menschengedenken hinausliege. Allein das wirklich geltende Privatfürstenrecht kennt beide Rechtsinstitute hinsichtlich des Mitgliedschaftserwerbes nicht. Sie widersprechen durchaus dem das ganze Fürstenrecht beherrschenden Grundsatz: die Gründe des Mitgliedschaftserwerbes sind im Interesse der Verhütung von dem Ansehen und der Macht des Hauses nachteiligen Streitigkeiten eng begrenzt und soviel als möglich nur natürliche, nicht willkürliche: natürliche Abstammung; wie das hannoversche Hausgesetz von 1836 (*Schulze*, Hausgesetze I 492) in Kap. III § 1 und Kap. I § 3 sagt: „Die Fähigkeit zur Thronfolge setzt *Gemeinschaft* des *Blutes* und die *Geburt* aus rechtmäßiger, ebenbürtiger und hausgesetzlicher Ehe voraus"; „Mitglieder des Königlichen Hauses sind alle *successionsfähigen* . . . Prinzen und Prinzessinnen der Königlich-Hannoverschen Linie." Somit müssen bestimmte *Erwerbs*tatsachen nachgewiesen werden.

e) Mittelbare Erwerbsgründe.

§ 24.

I. Mittelbar, d. h. durch nicht unmittelbar das Individuum berührende Gründe wird die Mitgliedschaft in einem hochadeligen Hause erworben, wenn eine bisher nichthochadelige Familie die Eigenschaft einer solchen erlangt. Keineswegs ist in diesem Falle nur eine Veränderung der rechtlichen Natur bereits vorhandener Mitgliedschaft gegeben. Denn eine Mitgliedschaft im Sinne von Zugehörigkeit zu einem *korporativen* Hausverband und von Unterordnung unter eine über ehehäuptliche und elterliche Gewalt hinausgehende Familienaufsicht fehlt dem Familienrechte nichthochadeliger Häuser.

II. Die Zugehörigkeit zu einem standesherrlichen Hause läßt sich auf diese mittelbare Weise nicht erwerben. Denn eine Vermehrung der mediatisierten Häuser ist aus historischen Gründen nicht möglich; die Zahl derselben ist geschichtlich abgeschlossen; sie können weniger, aber niemals mehr werden. Denkbar ist lediglich Gleichstellung mit standesherrlichen Familien, aber nicht Erhebung zur standesherrlichen Familie. Vgl. oben S. 202.

III. A. Dagegen kann die Stellung eines regierenden Hauses neu erworben werden von einer standesherrlichen oder einer beliebig anderen Familie, und zwar:

1. auf *haus- und staatsrechtlichem* Wege durch Eintritt des Falls der Erbverbrüderung für ein bisher nichtregierendes Haus (wie wir in der Lehre vor der Erbverbrüderung sehen werden, nur für ein bereits hochadeliges Haus möglich);

2. auf *staatsrechtlichem* Wege: a) durch *Hausgesetz*, wenn für den Fall des Erlöschens der gegenwärtig regierenden Familie in einem Staatsgesetz (vielleicht zugleich Staatsvertrag) eine neue Dynastie zur Herrschaft berufen wird, b) durch *Wahl* bei Übergang zur monarchischen Staatsform oder Erlöschen der bisherigen Erbdynastie ohne Vorsorge für ein neues Herrscherhaus, c) durch Usurpation, indem nach Staatsrecht der rein tatsächliche, wenn auch unrechtmäßige erworbene Besitz der Herrschaft ein Recht zur Herrschaft gibt (vgl.

Gg. Meyer §§ 7 und 11), d) Schaffung von Teilstaaten mit monarchischer Verfassungsform durch einen Großstaat oder Umbildung seiner Teilstaaten in Monarchien mit bestimmten Dynastien durch ihn;

3. auf *völkerrechtlichem* Wege: a) durch Bildung eines neuen Staates mit monarchischer Verfassungsform auf gewaltsamem oder friedlichem Wege, b) durch Schaffung einer monarchischen Verfassung oder Ersetzung der bisherigen Dynastie in einem schon vorhandenen Staate im Wege völkerrechtlicher Intervention oder Anwendung völkerrechtlicher Protektoratsgewalt.

B. 1. In allen diesen Fällen erwirbt das neue Staatshaupt durch die *Thronbesteigung* Mitgliedschaft im neuen regierenden Hause als Familienhaupt, Frau und Nachkommen als Mitglieder engeren Sinnes.

2. Zu verwechseln ist der Fall nicht mit den Folgen der *Besteigung* eines fremdstaatlichen Thrones *auf Grund bestehenden agnatischen oder kognatischen Anwärterrechts.* Hier tritt nur eine Steigerung schon bestehender, Erwerb auch noch engerer Hausmitgliedschaft und zwar *unmittelbarer* Erwerb derselben ein. Der den fremden Thron übernehmende Prinz, bisher einfaches Hausmitglied im weiteren Sinne, erwirbt die Familienhauptstellung und damit die Familiengewalt, seine Gemahlin und seine Kinder, bisher Hausmitglieder weiteren Sinnes, werden dadurch (also auch unmittelbar) solche in des Wortes engerer Bedeutung. Die Söhne und Enkel der Königin Viktoria von England sind Mitglieder des koburg-gothaischen Hauses (Herzoge zu Sachsen). Als ihr Sohn Alfred (Herzog von Edinburg), bezw. ihr Enkel Karl Eduard (Herzog von Albany) die Herrscherwürde in Koburg und Gotha erwarben, erwarben sie daselbst Familienhauptstellung und die Gemahlin des Herzogs Alfred und seine Nachkommen traten in Koburg und Gotha unter landesfürstliche Familiengewalt. Das koburg-gothaische Hausgesetz von 1855 sagt in Art. 85: Nicht unterliegen der Familiengewalt des Herzogs von Sachsen-Koburg und Gotha Mitglieder des herzoglichen Hauses, welche einen auswärtigen Thron einnehmen (Königin Viktoria). „Sobald jedoch ein Descendent eines solchen (von der Aufsicht

des Herzogs ausgenommenen Mitgliedes des Herzoglichen Hauses) zur Regierung der Herzogtümer gelangt ist, stehen nicht nur ihm, sondern auch den von ihm abstammenden Herzögen bezüglich der Mitglieder der von jenem Descendenten begründeten Herzoglichen Speziallinie (Linie des Herzogs Alfred von Edinburg z. B.) die in Art. 82 und 83 dem Herzog eingeräumten Rechte (der Hoheit, Gerichtsbarkeit und Familienaufsicht)... in dem vollen Umfange zu". Dies heißt: er rückt in die Familienhauptsstellung, die Nachkommen in die Stellung von der Hausgewalt des Familienhaupts unterworfenen Mitgliedern, also von Mitgliedern engeren Sinnes ein. Das Gesetz lautet am Schlusse genau „*wieder* in vollem Umfange zu." Das bezieht sich darauf, daß vorausgeht die Bestimmung, daß der Herzog von Sachsen über die Nachkommen von fremde Throne innehabenden Mitgliedern für die Dauer ihres Aufenthalts in den herzoglichen Landen zwar nicht Familienaufsicht, aber Hoheit und Gerichtsbarkeit besitzt, ausgenommen natürlich den vom Hausgesetz nicht erwähnten, aber aus dem, dem Hausrecht in dieser Richtung vorgehenden Völkerrecht sich ergebenden Fall, daß diese Mitglieder den Souverän, als dessen Nachkommen sie dem Hause Koburg-Gotha angehören, auf der Reise begleiten, denn die den im Auslande reisenden Souverän begleitenden Familienmitglieder nehmen an dessen Exterritorialität teil. Siehe auch § 13 a. E. und § 27 II B 2 b und C.

3. a) Die Gültigkeit der Übernahme eines fremden Thrones im Verhältnis zu dem Hause, welchem die den Thron besteigende Persönlichkeit angehört, ist *nicht* durch *Erlaubnis* des *Familienhauptes* bedingt. Wohl fordern die neueren Hausgesetze übereinstimmend für Eintritt in fremde Staats- oder Hofdienste vorgängige Genehmigung des Familienchefs oder wenigstens vorgängige Anzeige an ihn (z. B. Oldenburg 12, Koburg-Gotha Art. 90) und eine Reihe von ihnen (z. B. Bayern Tit. IV § 2, Waldeck § 5) knüpft den Aufenthalt in einem anderen Staate an vorgängige Erlaubnis des Familienhauptes. Allein Übernahme einer Krone ist nicht Eintritt in ein Dienstverhältnis; wohl wird der neue Throninhaber Organ des Staates und insofern Diener weiteren Sinnes, aber nicht

solcher engerer Bedeutung, er wird Herr und nicht Untergebener, einer Dienstgewalt Unterstellter. Und unter den Begriff der Aufenthaltsnahme außerhalb des Staates vermag die Besteigung eines auswärtigen Thrones schon um deswillen nicht gebracht zu werden, weil dieselbe Aufenthalt in einem anderen Staate wohl regelmäßig, aber nicht notwendig zur Folge hat. Dagegen ist das eine richtig: bedarf die Übernahme fremder Herrscherstellung zu ihrer hausrechtlichen Gültigkeit nicht der ausdrücklichen, förmlichen Erlaubnis des bisherigen Familienhauptes, gibt also die Übernahme derselben ohne Einholung der Erlaubnis dem Familienchef nicht das Recht zur Geltendmachung der Familiendisziplinargewalt, so vermag doch das Familienhaupt, wenn es den Thronanfall an das Hausmitglied in Erfahrung bringt oder das Vorhaben des Mitgliedes von diesem oder sonst wem mitgeteilt erhält, von sich aus die Übernahme der Regierung als eine der Ehre, Ruhe oder Wohlfahrt des Hauses nachteilige Maßregel kraft seiner landesfürstlichen Hausgewalt zu *untersagen*. Hat das Familienglied die Regierung bereits angetreten, so ist eine solche Untersagung rechtlich nicht mehr angängig, denn mit der Thronübernahme erreichte die Unterordnung des Familienmitgliedes unter die Hausgewalt des Landesherrn ihr Ende. Siehe das Nähere in § 27 und § 42.

b) *Störk*, Die agnatische Thronfolge u. s. w. S. 50 setzt es als selbstverständlich voraus — sonst würde er wohl für seine Behauptung eine Begründung geben —, daß die Übernahme eines auswärtigen Thrones zu ihrer hausordnungsgemäßen Gültigkeit des „Konsenses“ des Familienhauptes bedarf.

IV. Die *Abdankung* macht den regierenden Fürsten zu einem Prinzen, d. h. die weitere Hauszugehörigkeit verdichtet sich in die engere, wenn nicht durch besonderes Hausgesetz der zurücktretende Monarch von Unterordnung unter die Hausgewalt seines Nachfolgers ausgenommen wird. Weiteres § 29 IV.

2. Die Beziehung der Erwerbsgründe zu der Mitgliedschaft weiteren und engeren Sinnes.

§ 25.

I. A. Die Kinder durch Abstammung, die Frau durch Vermählung erwerben *grundsätzlich* keine selbständige, sondern eine in Art und Bestand von der Mitgliedschaft eines anderen abhängige Mitgliedschaft. Sie *teilen* grundsätzlich die Mitgliedschaft von Vater, Mutter, Ehemann. Ist die Mitgliedschaft dieser eine volle, d. h. weitere *und* engere, so ist es demgemäß auch die ihrige. Wir wissen z. B.: wer einen fremden Thron besteigt, gehört seinem Stammhause nur mehr als Mitglied weiterer Bedeutung an. Vermählt sich dieser Prinz nach seiner Thronbesteigung, so erwerben demgemäß seine Gemahlin und die Kinder aus der Ehe lediglich Mitgliedschaft weiteren Sinnes im Stammhause ihres Gatten, bezw. Vaters.

B. Nicht immer aber teilen Frau und Kinder die Mitgliedschaft des Ehemanns bezw. Vaters.

1. Besteigt derselbe einen fremden Thron, so erwirbt er daselbst nur Hausmitgliedschaft weiteren Sinnes, Frau und Kinder Mitgliedschaft engeren Sinnes, denn sie treten unter seine besondere Familiengewalt.

2. Die regierende Fürstin erwirbt in der Familie des Fürstingemahls lediglich Zugehörigkeit weiteren Sinnes, ebenso ihre Kinder (s. oben S. 229ff.).

II. Der *Fürstingemahl* teilt die Familienmitgliedschaft seiner Frau. Er wird in deren Familie nur Mitglied weiteren Sinnes, tritt nicht von selbst unter deren Hausgewalt. Vgl. S. 223.

III. *Verleihung* der Mitgliedschaft und *Aufnahme* in sie begründen im Zweifel volle Mitgliedschaft, aber im Einzelfalle ist andere Verfügung, bezw. Vereinbarung möglich. Es kommt auf den Zweck der Verleihung bezw. der Aufnahme an.

A. 1. Erfolgt die Verleihung zu dem Zwecke, einen neuen Thronerben zu schaffen, so ist zu vermuten, daß der Eintretende alle denkbaren Mitgliedschaftsrechte, die natürlichen und die zufälligen (oben S. 116), aber auch alle Mitgliedschaftspflichten erwirbt. Geschieht die Verleihung dagegen *nur*, um eine angezweifelte Ebenbürtigkeit zu einer anerkannten zu erheben, so ist es wohl möglich, daß dem neuen Mitglied kein Thronfolgerecht, kein Anspruch auf Versorgung aus dem Hausgut, kein Erbfolgerecht in bezug auf Hausvermögen und kein Anteil an der Ausübung der Ordnungsgewalt, keine Steuerfreiheit u. s. w. eingeräumt, dagegen die Gesamtlast aller Pflichten auferlegt wird.

2. Anders wieder, wenn die eintretende Linie als Gegenleistung für die Anerkennung ihrer Ebenbürtigkeit durch das Spezialhaus, in welches sie eintritt, auf den Vorrang im Thron- und Hausfideikommißfolgerecht verzichtet, welcher ihr im Gesamthause gegenüber jener sie anerkennenden Linie zukommt, sobald ihre Ebenbürtigkeit darin nicht bloß von diesem Spezialhause, sondern auch von den übrigen Agnaten des Gesamthauses Anerkennung gefunden hat oder für das Gesamthaus durch Urteilsspruch außer Zweifel gestellt ist.

In diesem Falle wird die Nachlinie, welche die Vorlinie aufnimmt, diesen ihren neuen Mitgliedern für ihren Spezialthron und ihr Sonderhausvermögen vielleicht Sukzesssionsansprüche oder wenigstens Versorgungsrechte, auch privilegierten Gerichtsstand und ähnliches einräumen.

B. 1. Die *Aufnahme* anlangend, so ist es wichtig zu betonen, daß, wenn in dem Vertrage nichts gegenteiliges vereinbart ist, der Aufgenommene alle Rechte erwirbt, die nach der Haus- und staatlichen Rechtsordnung Mitgliedern des landesherrlichen Hauses zukommen, denn die Begründung von Mitgliedschaften im Hause ist Hausangelegenheit und hat demgemäß, soweit sie nicht bestehendem staatlichen Rechte widerspricht, kraft der dem Hause zukommenden Autonomie auch Rechtsgültigkeit gegenüber Dritten.

2. Insbesondere darf hervorgehoben werden, daß Hausmitgliedschaft im Zweifel (§ 9) außer Anteil an der Ausübung der Hausgesetzgebung Nachfolgerechte an Regierung und Hausvermögen begründet. Zu vermuten ist somit, daß der Aufgenommene im Verhältnis zu der ihn aufnehmenden Familie Thronanwartschaft erwirbt.

3. a) Natürlich kann derartiges und weiteres vertragsmäßig ausgeschlossen werden. Setzen wir z. B. den Fall, Zweck der Aufnahme ist lediglich, einem depossedierten Zweige

des Gesamthauses durch Eintritt in ein anderes Spezialhaus des Gesamthauses die Standesregister-, Gerichts- und Ehrenprivilegien eines regierenden Hauses zu verschaffen. Hier wird dem aufzunehmenden Hause kein Sukzessionsrecht an Thron- und Hausgut und an letzterem auch kein sonstiger Versorgungsanspruch (Apanage, Aussteuer, Wittum u. s. w.) eingeräumt. Andererseits will das aufzunehmende Haus, bisher selbständig, von seiner Selbständigkeit natürlich nur wenigst möglich einbüßen, vor allem seinen bisherigen Titel und Rang und seine alten Wappen behalten. Das aufnehmende Haus fordert aber für Verschaffung jener haus-, staats- und völkerrechtlichen Ehren- und jener Gerichtsbarkeitsprivilegien ein Äquivalent: es liegt, wenn nicht in Rangausweichungen in irgendwelcher Thronfolge und ähnlichem, in Unterordnung unter die landesfürstliche Hausgewalt seines Staats- und Familienhauptes. Die aufzunehmende Linie tritt nur ungerne unter solch fremde fürstliche Gewalt. Man vergleicht sich zu einem Mittelweg: nicht unter die ganze fürstliche Familienaufsicht tritt die neue Nebenlinie, sondern nur unter einen Teil — ihre Mitglieder (Männer und Frauen) werden nur zur Einholung des familienhäuptlichen Heiratskonsenses verpflichtet — und verzichtet dafür in ihrem neuen Hause auf vollen Anteil an der Ordnungsgewalt des Hauses als Ganzen; nur in den Angelegenheiten, welche auch sie betreffen, sollen die neuen Mitglieder Anteil an der Übung der Hausautonomie erhalten. Da die neuen Mitglieder durch dies beides noch in erhöhtem Maße nur in lose Verbindung mit dem anderen Hause treten, müssen sie vielleicht weiter darein willigen, daß ihr Rang abweichend von dem der alten Familienmitglieder bestimmt wird.

b) Das Ergebnis ist dann, daß die neu aufgenommenen Mitglieder eine Art selbständige Nebenlinie des sie aufnehmenden Hauses bilden. Sie *schliefsen* sich dem anderen Hause *als Nebenlinie an*, treten nicht in dasselbe als Vollmitglieder ein. Juristisch ist es aber immer Aufnahme, denn neue Mitgliedschaften, wenn auch nach Recht- und Pflichtseite hin stark beschnittene, werden begründet. Der Aufgenommene wird Mitglied eines regierenden Hauses.

4. Soweit der Aufnahmevertrag den neu aufzunehmenden Mitgliedern Privilegien in Aussicht stellt, welche die Stellung der Hausangehörigen im *Staatsleben* angehen, z. B. Vorrecht in bezug auf Vernehmung als Zeuge vor staatlichen Gerichten, so erwerben die neuen Mitglieder diese Privilegien natürlich erst durch entsprechende Abänderung der staatlichen Gesetzgebung; denn diese versteht unter Hausmitgliedern, wenn nichts anderes bestimmt, nur die Deszendenten des ersten Erwerbers der Landeshoheit. Stammen die neuen Mitglieder z. B. von einem Vorfahren oder Seitenverwandten dieses primus acquirens ab, so sind sie demgemäß keine Hausmitglieder im Sinne der Staatsgesetzgebung; das Versprechen im Aufnahmevertrage bedeutet also lediglich, sein Bestreben darauf zu richten, eine diesbezügliche Änderung des staatlichen Rechtes womöglich herbeizuführen.

C. Das über Verleihung und Aufnahme Bemerkte zeigt, daß der kraft dieser Hausakte in die Familie Eintretende bald diese bald jene Rechtsstellung erhält, bald der besonderen Hausgewalt des Fürsten unterworfen wird, bald nicht. Hieraus folgt: *durch Verleihung oder Aufnahme kann auch enge oder nur weite Mitgliedschaft begründet werden* und die Mitgliedschaft engeren Sinnes kann in gänzlicher oder teilweiser Unterordnung unter die landesfürstliche Hausgewalt bestehen.

D. Eine Verleihung der Mitgliedschaft und Aufnahme in sie ohne Einräumung von Thronanwartschaften ist selbst dann möglich, wenn nach Hausrecht, wie nach hannoverschem Hausgesetz von 1836 Kap. I § 3, die Sukzessionsfähigkeit für die Familienangehörigkeit der vom ersten Erwerber der Landeshoheit Abstammenden nicht Folge, sondern Voraussetzung bildet. Da jede Aufnahme oder Verleihung, wenn sie nicht hausgesetzlich vorgesehen ist, die Natur eines Spezialhausgesetzes hat, liegt in einer Verleihung bezw. Aufnahme ohne Einräumung von Sukzessionsansprüchen eben zugleich eine Abänderung des generellen Hausgesetzes, wonach Mitgliedschaft durch Sukzessionsfähigkeit bedingt ist, für den Einzelfall. Vgl. § 22 III.

IV. Welche Mitgliedschaftsrechte und Pflichten grundsätzlich dem Bereiche der weiteren, welche dem Bereiche der engeren Mitgliedschaft angehören, hiervon handelten wir schon in §§ 10 und 12.

B. Verlust der Familienangehörigkeit.

1. Die einzelnen Verlustgründe.

a) Vermählung.

§ 26.

Auch hinsichtlich des Verlustes haben wir *unmittelbare* und *mittelbare* Gründe zu unterscheiden. Letztere sind allerdings nur in verschwindender Einzelheit vorhanden (siehe unten § 27 II A 2 a).

I. Der *reguläre unmittelbare* Verlustgrund ist, von *Tod* abgesehen, *Vermählung*, jedoch nur für ein *weibliches Familienmitglied:* durch bürgerlich gültige und standesmäßige Ehe mit dem Angehörigen eines anderen Hauses scheidet die durch Männer vom ersten Erwerber der Landeshoheit abstammende Hausangehörige (agnatische Kognatin; unzulässig: Agnatin) und die Witwe eines Agnaten aus dem landesherrlichen Hause aus, die erstere, wenn eventuelle Kognatenthronfolge gilt, nur aus dem Hause engeren Sinnes, die letztere (die angeheiratete Prinzessin) auch aus dem weiteren Sinnes.

A. 1. Nicht alle Hausgesetze sagen es ausdrücklich, daß die Prinzessinnen mit ihrer standesgleichen Vermählung aus dem Hausverband ausscheiden — das bayer. Familienstatut von 1819 Tit. I § 1 bemerkt es durch den Satz, die Witwen von Prinzen seien Hausmitglieder „während ihres Witwenstandes", lediglich für angeheiratete Prinzessinnen. Andere Hausordnungen wieder sprechen es wohl aus, aber ohne hervorzuheben, daß das Ausscheiden nur bei standesgemäßer Verehelichung stattfindet — so Sachsen, Koburg und Gotha und Waldeck. Nur die Hausgesetze von Hannover, Oldenburg, Württemberg nennen ausdrücklich Standesmäßigkeit als Bedingung. Hieraus folgt aber keineswegs, daß nicht bei allen Häusern der Satz, daß nur bei ebenbürtiger Verheiratung ein Austritt aus dem Hausverbande geschehe, in Geltung stehe. Daß bei unebenbürtiger Ehe im Stande der Übergenossen keine Änderung eintritt, ist eine im deutschen Fürstenhausrecht so tiefwurzelnde Anschauung, daß die Sonderhausgesetze es gar nicht für nötig halten, dies ausdrücklich hervorzuheben. Sehr deutlich bestätigt dies das sächsische Hausgesetz vom 30. Dezember 1837. Hier heißt es in § 1 lediglich: Die von Agnaten abstammenden Prinzessinnen zählen zum Hause, „insofern sie nicht in *andere Häuser* sich vermählt haben". In § 11 werden aber nur für die „aus *un*ebenbürtiger Ehe einer Prinzessin erzeugten Kinder" Nachteile verfügt.

2. Auch wenn die Hausgesetze nicht ausdrücklich bemerken, daß die Witwen nur während ihres Witwenstandes noch dem Hause angehören, so unterliegt es doch keinem Zweifel, daß auch sie unter den ausdrücklichen Satz fallen: „Die Prinzessinnen hören mit ihrer standesgemäßen Vermählung auf, Mitglieder des herzoglichen Hauses zu sein." Denn im weiteren Sinne des Wortes sind auch die Gemahlinnen der Fürsten und Prinzen und die Witwen derselben Prinzessinnen. Sehr deutlich dokumentiert dies Art. 5 des *Oldenburger* Hausgesetzes: „Die *angeheirateten* Prinzessinnen nehmen den Rang ihres Gemahls. Die Gemahlin des regierenden Großherzogs geht im Rang *allen* Prinzessinnen des Großherzoglichen Hauses, auch der verwitweten Großherzogin, vor." Also ist auch letztere Prinzessin.

3. Nur hinsichtlich der Frage der Mitgliedschaftsbeendigung darf „Vermählung" zu „ebenbürtiger Vermählung" ergänzt werden. Wenn das *badische* Apanagengesetz vom 21. Juli 1839 (*Schulze*, Hausgesetze I 210 ff.) § 15 bestimmt: „Die Apanagen, die Nadelgelder und Sustentationen ... der bezugsberechtigten ... Prinzessinnen hören auf ... auch mit dem Tage ihrer Vermählung", so liegt kein Grund vor, dies nicht auch für unebenbürtige Vermählungen gelten zu lassen, um so weniger, als § 16 jeder Prinzessinnur, wenn sie sich mit Einwilligung des Großherzogs standesgemäß vermählt, eine Mitgabe und § 17 jeder Prinzessin nur behufs standesmäßiger Ausstattung, d. h. ebenbürtiger Ausstattung eine bestimmte Summe aussetzt.

4. a) Nach dem Wortlaute der Hausgesetze scheinen auch die geborenen Prinzessinnen, d. h. die in männlicher Linie vom Stammvater sich ableitenden, aus dem Hausverbande völlig zu scheiden. So lautet Art. 2 des Oldenburger Gesetzes — ähnlich Art. 92 des Hausgesetzes für Koburg und Gotha —: „Die Prinzessinnen treten durch standesmäßige Vermählung mit Nichtmitgliedern des Großherzoglichen Hauses, die Wittwen verstorbener Prinzen unter derselben Voraussetzung mit Aufgeben des Wittwenstandes aus dem Verbande des Großherzoglichen Hauses aus.“ Folgt hieraus nicht, daß für geborene Prinzessinnen das Ausscheiden dieselbe Wirkung hat, wie für angeheiratete: Beendigung auch der weiteren Mitgliedschaft? Aber in § 7 und 15 ist dargelegt, daß, wenn subsidiäre Weiberthronfolge gilt, das Haus in eine „männliche Linie“ und eine „weibliche Linie“ zerfällt. Bildet die eine einen Bestandteil des Hauses als Korporation, warum dann nicht auch die andere? Gehören die Agnaten wegen ihrer Sukzessionsfähigkeit, auch wenn sie aus der landesfürstlichen Hausgewalt ausschieden, noch dem Hausverbande an, warum bei gleicher Fähigkeit nicht auch die Kognaten? So bemerkt das sachsen-*meiningensche* Gesetz vom 9. März 1896 in Art. 1 wohl: „Das Herzogliche Sachsen-Meiningen'sche Spezialhaus begreift außer Uns in sich: „die von Uns . . . in männlicher Linie abstammenden fürstlichen Personen — und zwar die Prinzessinnen bis zu ihrer Vermählung“; dazu aber in Art. 2: „Die Prinzessinnen und deren Abkömmlinge sind, solange . . . erbfolgeberechtigte Prinzen vorhanden sind, von der Nach- und Erbfolge in die Regierung, in das Domänen- und Hausfideikommißvermögen — unbeschadet der Nach- und Erbfolgeberechtigung des *Weibesstammes* für den Fall, daß *Agnaten* nicht mehr vorhanden sind, . . . ausgeschlossen“. Der Weibesstamm wird also den Agnaten gleichgestellt. Wie diese jene Nachfolgerechte als Hausmitglieder besitzen, so demgemäß auch die Angehörigen des Weibesstammes. Bedeutet Mannesstamm eine Summe von Familienmitglieder, warum soll dasselbe nicht auch beim Weibesstamm gelten? Weil das Gesetz sagt: „sie scheiden aus dem Hausverband aus“, muß noch nicht angenommen werden, daß sie nicht in

einem anderen Sinne im Hausverband bleiben. Sie scheiden aus der Familie im Sinne der Hausgesetze, welche grundsätzlich nur die Stellung der unter landesfürstlicher Hausgewalt Stehenden einer Regelung unterziehen, aus; in einer Familie weiteren Sinnes verbleiben sie. Mit Fug und Recht nennt die Novelle zum Schwarzburg-Sondershauser Staatsgrundgesetz vom 14. August 1896 (§ 13 neuer Fassung) die eventuell thronfolgeberechtigten Kognatinnen noch: „weibliche *Mitglieder* des Fürstenhauses."

b) Man könnte einwenden wollen — und *Opet*, „Zugehörigkeit in andere Häuser verheirateter Erzherzoginnen zum Hause Habsburg-Lothringen" in der Zeitschr. für „Notariat und freiwillige Gerichtsbarkeit in Österreich" 1903 Nr. 13 scheint hierzu geneigt —, dann müßten auch die Personen, welche wegen bestehender Erbverbrüderungen Sukzessionsrechte besitzen, zugleich Hausmitglieder sein. Allein bei ihnen fehlt ein wichtiges Moment. Nicht wegen der Sukzessionsfähigkeit allein nehmen wir Fortdauer der Hausmitgliedschaft weiteren Sinnes an, sondern, weil Sukzessionsfähigkeit für von dem Hause *Abstammende* fortdauert, glauben wir einer Fortdauer der Hausmitgliedschaft das Wort reden zu sollen, und zwar nehmen wir dies heute — anders als in unserer Abhandlung „Das landesherrliche Haus u. s. w." S. 24 — sowohl als gemeines Privatfürstenrecht, wie als spezielles Hausrecht *aller* Familien an, welche in ihren Hausgesetzen ausdrücklich bestimmen: Die geborenen Prinzessinnen scheiden durch Vermählung aus dem Hausverbande aus. Mit Recht trugen *Zorn*, Deutsche Literaturzeitung 1902 Spalte 1024, und *Störk*, Austritt u. s. w. S. 6, Bedenken, aus der besonderen örtlichen Stellung, welche der die Vermählung der Prinzessinnen regelnden Vorschrift im koburg-gothaischen Hausgesetze angewiesen ist, für das herzoglich koburg-gothaische Haus ein singuläres Hausrecht abzuleiten, wie wir es in unserer Abhandlung über „Der Begriff des landesherrlichen Hauses u. s. w." S. 24 getan. Weil in Koburg und Gotha weibliche Thronfolge ausgeschlossen ist (Hausgesetz Art. 5), so gilt auch für diese Dynastie, daß mit ihrer standesgemäßen Vermählung alle Hausmitgliedschaft der Prinzessin sich löst.

c) *α*) Außerhalb Deutschlands ist in Europa Weibersukzession ausgeschlossen in Belgien, Italien, Liechtenstein, Montenegro, Rumänien, Schweden-Norwegen, Serbien und der Türkei, in Deutschland ist sie verpönt in Oldenburg, Koburg-Gotha, Preußen, Anhalt, Weimar, beiden Reuß und beiden Mecklenburg.

β) *Subsidiäre* Kognatenthronfolge findet sich dagegen in Dänemark, Griechenland, Großbritannien und Irland, Luxemburg (grundsätzlich; vgl. *Binding* a. a. O. S. 39 und § 47), den Niederlanden, Österreich-Ungarn, Portugal, Rußland, Spanien; ferner was das Deutsche Reich angeht, in Baden, Bayern, Braunschweig, Hessen, Sachsen, Meiningen, Schaumburg-Lippe, Lippe, Rudolstadt, Sondershausen, Waldeck, Württemberg. Vgl. *Lehwefs* a. a. O. S. 519f.; *Gg. Meyer* § 88; *Anschütz* S. 572.

B. 1. *Nur Ebenbürtigkeit, nicht auch familienhäuptlicher Heiratskonsens* bildet die Voraussetzung der Mitgliedschaft beendigenden Heirat. Prinzessinnen, welche ohne landesfürstliche Zustimmung eine ebenbürtige Ehe eingehen, mögen (siehe näher §§ 18 und 21) den Anspruch auf Unterhalt, Aussteuer, Ausstattung verlieren und *ihre Abkömmlinge weder Hausmitglieder* (weiteren Sinnes) werden noch Anspruch auf Unterhalt, Apanage, Ausstattung, Aussteuer oder auf Regierungs- und Hausvermögensnachfolge oder *Stand, Titel, Wappen* des Hauses erwerben (vgl. meiningensches Gesetz vom 9. März 1896 Art. 9), nicht aber hat das Eingehen der Ehe ohne Bewilligung des Familienchefs im angegebenen Falle die Folge, daß die Prinzessin selbst nicht aus dem landesherrlichen Hause engeren Sinnes ausscheidet. Kein Hausgesetz knüpft an die landesherrlich nicht konsentierte Ehe eine solche Folge.

2. *Die Rechtslage ist also gerade umgekehrt wie bei mangelnder Ebenbürtigkeit, aber vorliegender Heiratsbewilligung.* Fehlt jene, so liegt, trotzdem diese gegeben ist, Mißheirat vor. Mangelt dagegen diese, aber ist jene gegeben, so erfolgt der Austritt aus dem engeren, bezw. auch weiteren Hausverbande.

C. 1. Die Heirat mit einem Unebenbürtigen hatte nach allgemeinem mittelalterlichen Standesrechte zur Folge, daß die

Frau für die Dauer der Ehe aus ihrem Stande aus- und in den ihres Mannes eintrat (vgl. *Schröder* § 42 Nr. 7 S. 463; *Brunner*, Quellen und Geschichte des deutschen Rechts bei Holtzendorff-Kohler Bd. I S. 243). Für die Frauen aus hochadeligem Hause entwickelte sich anderes Recht. Sie werden nicht in den Stand des Untergenossen hinabgezogen. Sie *be*halten, wenn der Mann unebenbürtig ist, *ihren Familiennamen* und ihren Stand, d. h. *ihre bisherige Hausmitgliedschaft* (z. B. Prinzessin Henriette von Schleswig-Holstein, nicht Henriette von Esmarch); eine Abweichung somit von B.G.B. § 1355, wonach die Frau den Familiennamen des Mannes mit der Eheschließung *er*hält.

2. Somit resultiert für die mit Erlaubnis des Familienhauptes unebenbürtig sich verehelichende Prinzessin als solche aus der Eingehung der unebenbürtigen Ehe gemeinrechtlich kein Nachteil. Selbstverständlich kann Sonderhausrecht solchen schaffen, z. B. Verlust des Sukzessionsrechtes (siehe *Gierke*, Deutsches Privatrecht I S. 403; Entsch. des Reichsger. in Zivils. Bd. XVIII S. 214ff. [Anhalt-Bernburg-Schaumburgisches Hausrecht]), aber keines der neueren Hausgesetze (Bayern, Hannover, Oldenburg, Sachsen, Koburg-Gotha, Waldeck, Württemberg) kennt derartiges. Nur das fürstlich hohenzollernsche von 1821 (*Schulze* Hausgesetze III) Tit. IV § 9 macht eine Ausnahme, indem es auch für die eine unstandesmäßige Ehe eingehenden Hausmitglieder selbst „alle Ansprüche an das Haus" untergehen läßt, eine Bestimmung, die allerdings nicht, wie das Hausgesetz meint, schon im Erbvertrage von 1695 Art. 7 enthalten war. Außerdem ist es § 13 des Schwarzburg-Sondershauser Staatsgrundgesetzes in der Fassung der Novelle vom 14. August 1896, welcher bestimmt, daß zwar nach Erlöschen des Mannesstammes im fürstlichschwarzburgischen Gesamthause die Regierung auf die weibliche Linie übergehen, dabei aber jedes „nicht ebenbürtig vermählte oder vermählt gewesene weibliche Mitglied des Fürstenhauses" von der Regierungsnachfolge ausgeschlossen sein soll.

3. Die Verheiratung mit einem Unebenbürtigen oder die Eingehung einer morganatischen Ehe kann für die Prinzessin die Veranlassung zu *freiwilligem Austritt* oder wenigstens zum

Verzicht auf die Mitgliedschafts*rechte* werden, wie dieselbe und ebenso die Heirat wider Willen des Familienhauptes die Geltendmachung der landesfürstlichen Familiendisziplin wie der Ordnungsgewalt des Hauses als solchen zu verursachen vermag.

D. Nur bei Verheiratung mit dem Mitgliede eines *anderen* ebenbürtigen Hauses treten die Prinzessinnen (im weiteren Sinne, also auch die angeheirateten Prinzessinnen nebst Königinwitwen) aus dem bisherigen Hausverbande aus. Anderes Haus ist 1. ein Haus, welches nicht von dem ersten Erwerber *derselben* Landeshoheit sich ableitet, wie das bisherige Haus (z. B. das landgräfliche Haus Hessen-Kassel im Verhältnis zum großherzoglichen Hause Hessen); 2. ein Haus, welches sich zwar von ersten Erwerber derselben Landeshoheit ableitet, aber durch Erwerb eigener Landeshoheit eine selbständige landesfürstliche Hausgewalt besitzt (Schaumburg-Lippe im Verhältnis zu Lippe). Nicht reicht also hin Übergang von einer Linie zur anderen, wenn beide Linien von dem Erwerber derselben Landeshoheit sich ableiten, ohne daß der Stammvater der letzteren eine eigene landesherrliche Stellung erwarb (also nicht bei Übergang von der fürstlichen Linie Waldeck in die gräfliche). Vgl. § 39.

E. Auch wenn das weibliche Mitglied durch die ebenbürtige Heirat völlig aus dem Hause ausscheidet, behält es nach gemeinem Haus- und Staatsfürstenrecht und internationaler Kourtoisie seinen bisherigen *Titel*, keineswegs aber, es müßte denn im Hause, in das es eintritt, und in dem Staate, dem dieses vorsteht, gegenteiliges bestimmt werden, seinen bisherigen Rang oder sonst mit bisheriger Mitgliedschaft verbundene Rechte. Das erstere muß in dem der Öffentlichkeit ja nicht zugänglich gemachten habsburgischen Familienstatut vom 3. Februar 1839 irgendwie direkt ausgesprochen sein. Nach dem, was wir nämlich hierüber durch ein Erkenntnis des österr. Obersten Gerichtshofes vom 8. April 1863 wissen — siehe hierüber *Opet-Ehrenzweig* in der Zeitschrift für Notariat und freiw. Gerichtsbarkeit in Österreich 1903 Nr. 13 —, enthält § 3 desselben den Satz, daß alle kaiserlichen Familienmitglieder das Recht haben, als Prinzen und Prinzessinnen des kaiserlichen Hauses öffentlich angesehen und behandelt zu werden, somit an allen ihnen als solchen gebührenden Rechten, Ehren und Vorzügen Anteil zu nehmen. Nun ist wohl in § 1 des Statuts bestimmt, daß „die Frauen Erzherzoginnen zum Allerhöchsten Erzhause nur insolange gehören, als sie nicht außer dem Erzhause standesmäßig vermählt sind.“ Aber jenem Erkenntnis zufolge, muß zugleich in § 1 oder 3 sich die Vorschrift finden, daß die Erzherzoginnen trotzdem aber fortfahren, das Recht zu besitzen, als Prinzessinnen des kaiserlichen Hauses öffentlich angesehen und behandelt zu werden u. s. w. — Dasselbe will das *Oldenburger* Hausgesetz in Art. 5 §§ 1 besagen, wenn es dort heißt: „Der Großherzog und der älteste Sohn desselben (Erbgroßherzog) führen das *Prädikat* Königliche Hoheit, die übrigen Prinzen und Prinzessinnen des Hauses die *Bezeichnung* als Herzog und Herzoginnen von Oldenburg und, soweit ihnen nicht etwa aus *besonderem Titel* ein höheres Prädikat zukommt (z. B. der Gemahlin des Herzogs Peter, der russischen Großfürstin Olga Alexandrowna: kaiserliche Hoheit), das *Prädikat* Hoheit.“ Dagegen bestimmt das genannte Gesetz — ebenso das Hausgesetz für Koburg und Gotha Art. 4 — bezüglich des *Ranges* in Art. 5 § 3: „Zwischen den Mitgliedern des Großherzoglichen Hauses bestimmt sich der *Rang* nach dem Grade der Nähe zur Staatserbfolge.“ — Die Prinzessin *Stephanie von Belgien* behielt auch nach ihrer Verheiratung mit Kronprinz Rudolf von Österreich den Titel einer Prinzessin von Belgien. Sie ist unterdessen freiwillig aus dem österreichischen Kaiserhause ausgeschieden, aber weil sie nur den Titel einer Prinzessin von Belgien noch besitzt, kann sie daraus kein Inkognito*recht* ableiten (siehe auch unten § 29 IV A 1 c). Ob der König der Belgier für sich allein berechtigt war, der Gräfin Lonyay den Titel einer belgischen Prinzessin abzuerkennen, weil sie die Ehe mit Graf Lonyay gegen seinen Willen einging, davon in § 30.

F. Durch Verheiratung mit einem *Nichtdeutschen*, sei es auch ein nichtebenbürtiger, verliert die deutsche Prinzessin unter allen Umständen ihre deutsche *Gliedstaats*- und *Reichsangehörigkeit*. Hieraus folgt: besteht in den Hause, aus dem sie scheidet, subsidiäre Weibernachfolge, so erwerben ihre Abkömmlinge wohl kognatische Zugehörigkeit zu einem deutschen Herrscherhause, nicht aber deutsche Staatsangehörigkeit. *Störk*, Austritt S. 24 ist anderer Anschauung. Nach ihm behält *jedes* Mitglied eines deutschen Fürstenhauses, das mit Zustimmung des Familienchefs durch konsentierte Ehe (d. h. wohl: durch Zustimmung in Form Erteilung des Heiratskonsenses) seinen Aufenthalt im Auslande nimmt, seine deutsche Staats- und Reichsangehörigkeit. Dann würde sich die eigentümliche Folge ergeben: eine Prinzessin, welche einen Nichtdeutschen heiratet, aber ihren Wohnsitz im Inland behält, verliert rechtlich ihr Deutschtum. Eine Prinzessin, welche in gleicher Weise nach dem Ausland heiratet, bleibt rechtlich Deutsche!

G. Ist die Mitgliedschaft der Prinzessin (Witwe) durch eine ebenbürtige Ehe ganz oder der engerer Mitgliedschaft nach gelöst, so wird sie durch eine der ebenbürtigen Heirat folgende unebenbürtige Ehe nicht in den alten Stand zurückversetzt [1]). Die Kronprinzessin Stephanie von Österreich ist durch die Verheiratung mit Graf Lonyay nicht wieder Mitglied des belgischen Herrscherhauses geworden.

H. Kein Ausscheiden aus dem bisherigen Verbande trotz standesgemäßer Vermählung mit dem Angehörigen eines anderen Hauses tritt ein, wenn das sich vermählende Familienmitglied *Herrscherin* des Landes, also Familienhaupt ist. Hiervon schon oben § 21 III A.

I. Zum Schlusse sei erwähnt, daß das *napoleonische Familienstatut* für die kaiserliche Familie vom 30. März 1806 auf einem dem heutigen europäischen Fürstenrecht gerade entgegengesetzten Prinzipe beruhte. Es erklärt nicht, wie *Störk,* Austritt S. 18 interpretiert, für alle agnatischen Prinzessinnen, wohl aber für die Schwestern *Napoleons* (princesses nos soeurs), daß 1. sie selbst auch nach ihrer Verheiratung Familienmitglieder engeren Sinnes bleiben, 2. sogar ihre Ehegatten und

---

[1]) *Störk,* Austritt S. 9 hat mich mißverstanden. Die „Wiederverheiratung“ in meinem „Das landesherrliche Haus u. s. w.“ S. 24 bezieht sich doch offensichtlich auf Witwen.

ihre eheliche gesetzliche Deszendenz einschließlich des fünften Grades unter die kaiserliche Hausgewalt treten.

II. A. 1. *Prinzen* (wozu auch der zurückgetretene Landesfürst rechnet) verlieren durch *standesgemäfse* Verheiratung mit der Dame eines anderen Hauses nicht ihre bisherige Hausmitgliedschaft, dies selbst dann nicht, wenn sie die *Monarchin eines fremden Staates ehelichen.* Es drückt dies nicht einmal deren Mitgliedschaft zu einer solchen weiteren Sinnes herab, selbst dann nicht, wenn sie unter die fürstliche Hausgewalt ihrer Gemahlin treten (siehe hierzu § 21 II). Sie befinden sich dann eben unter zwei landesfürstlichen Hausgewalten. *Störk* dagegen (Agnatische Thronfolge u. s. w. S. 50) ist der Anschauung, daß bei Verheiratung mit einer fremden Fürstin die Unterordnung des Gemahls unter sein bisheriges Familienhaupt aufgehoben oder zeitweilig suspendiert werde. Er fügt hierzu: beides geschehe „mit Konsens" des letzteren. Gemeint ist damit nicht die Erteilung des *Heirats*konsenses. Wie sollte darin auch ohne weiteres eine Zustimmung zur Beseitigung oder Unterbrechung des *Haus*mitgliedschaftsverhältnisses engeren Sinnes zu erblicken sein? Was Störk meint, ist (vgl. Austritt S. 27): wer eine fremde regierende Fürstin ehelicht, bedarf nach Analogie des Eintritts in fremden Staatsdienst der landesfürstlichen Erlaubnis. Es scheint mir denn doch über die zulässigen Grenzen ausdehnender Auslegung hinausgegangen, wenn die Verehelichung mit einer regierenden Fürstin juristisch als Eintritt in eine Art Staatsdienstverhältnis angesehen wird.

2. a) Möglich ist nur, daß der Fürstingemahl aus der Tatsache seiner Verheiratung mit der Monarchin eines Staates die *Veranlassung* nimmt, aus seinem bisherigen *Hause* ganz oder wenigstens hinsichtlich der Unterordnung unter die landesfürstliche Familienaufsicht *auszutreten.* Was die Staaten, deren Herrscherin das Mitglied eines anderen Hauses heiratet, fordern, ist auch nicht sowohl das Ausscheiden des Bräutigams aus seinem bisherigen Hause, als vielmehr das Ausscheiden aus seiner bisherigen Staatsangehörigkeit. Nicht daß die Herrscherin einen hausfremden, sondern daß dieselbe einen staatsfremden Prinzen heiratet, erregt vielleicht die öffentliche

Meinung. *Aufgabe der bisherigen Staats-*, nicht Aufgabe der bisherigen Haus*angehörigkeit* wird daher wohl als Bedingung des Ehevertrags vereinbart.

b) Wohl würde der Verlust des bisherigen Untertanenverhältnisses durch zehnjährigen gewöhnlichen Aufenthalt im Staate der Frau verloren gehen, wenn dieser ein außerdeutscher wäre. Es fehlt jeder Anlaß, mit *Störk*, Der Austritt u. s. w. S. 25f. anzunehmen, daß — so meint er es im Effekt (näheres unten § 29 IV) — weil der eine fremde Prinzessin oder Monarchin Heiratende trotz Aufenthaltes im Auslande Angehöriger seiner Familie (z. B. Angehöriger des koburg-gothaischen Spezialhauses) bleibt, er und seine Frau und Kinder auch ihre Staatsangehörigkeit in seinem Heimatlande trotz ununterbrochenen gewöhnlichen Aufenthaltes im Auslande nicht verlieren. Das Gesetz macht diese Ausnahme nicht, Haus- und Staatsmitgliedschaft betreffen ganz getrennte Rechtsbeziehungen und würden hier in der Verlustfrage solche Wechselwirkungen angenommen, so müßte dies auch in der Erwerbsfrage geschehen. Aber was die öffentliche Meinung im Lande der Fürstin will, das ist, daß der Fürstingemahl *sofort* aufhört, einem fremden *Staate* anzugehören, sofort beginnt, dem Staate seiner Gemahlin *aus*schließlich zu eigen zu sein. Unter Wahrung des politischen Taktes drückt dies das niederländische Gesetz vom 26. Januar 1901, durch welches Herzog Heinrich von Mecklenburg als damaliger Verlobter der Königin — die Hochzeit war am 6. Februar 1901 — als Niederländer naturalisiert wurde, in der Art aus, daß es sich in Art. 4 *rückwirkende* Kraft auf den Tag beilegt, an welchem der Herzog der Staatszugehörigkeit zu Mecklenburg-Schwerin entsagt, d. h. seine Entlassung aus dem mecklenburgischen Staatsverband rechtlich wirksam bewilligt erhalten hat.

c) *Störk* stellt die völlig unhaltbare Behauptung auf, bei dem eine fremde Herrscherin heiratenden Prinzen werde durch den Austritt aus seinem bisherigen *Staats*verbande die *Haus*genossenschaft suspendiert, ja sogar sein Ausscheiden aus der Haus*gewalt* und damit aus dem landesherrlichen Hause selbst bewirkt (*Störk*, Austritt S. 31). Das heißt doch: der Austritt aus dem Staatsverbande bewirkt in diesem Fall zugleich Verlust der bisherigen engeren und weiteren Hausgenossenschaft. Wie soll dies schlüssig sein! Dann müßte ebenso gelten: daß die Aufnahme in den Staatsverband des Staates seiner Verlobten nach der Verheiratung die Zugehörigkeit zu deren landesherrlichem Haus, ja sogar die Unterordnung unter deren Familiengewalt von selbst begründe. Das nimmt auch *Störk* nicht an. Andererseits geht derselbe aber sogar bis dahin, daß er, trotzdem der „Königingemahl" den Titel Herzog von Mecklenburg fortführte und die Königin den Titel „Herzogin von Mecklenburg" annahm (siehe oben § 21 III), behauptet, weil die Königin ihrem Gemahl ein neues Wappen, in welchem die Embleme unter *königlicher* Krone stehen, verliehen habe, sei anzunehmen, daß mit dem Austritt aus dem angestammten Hause auch das *Recht* auf Führung des alten Familienwappens untergegangen sei. Als ob bei Austritt selbst aus dem weiteren Hause nicht das Recht auf Titel und Wappen bestehen bliebe und nicht die Annahme näher läge, daß der Königingemahl auf dieses Recht freiwillig verzichtete oder das Recht behielt, neben dem neuen Wappen auch noch das herzogliche Familienwappen zu führen. Siehe auch § 29 IV B 2 b *α*.

B. 1. Auch Verheiratung mit einer Unebenbürtigen bringt dem Agnaten nach gemeinem Fürstenrecht für seine Person keinen rechtlichen Nachteil. Insbesondere verliert er nicht die Sukzessionsfähigkeit. Das Hausrecht eines einzelnen Hauses kann anders bestimmen, tut es aber generell für Prinzen (anders: Prinzessinnen) in Wirklichkeit nicht. Ausgeschlossen ist nicht, daß für den einzelnen Fall durch Individualgesetz oder im Wege der Ausübung landesfürstlicher Hausgewalt Nachteile verhängt werden. Sie treten aber nicht von selbst ein.

2. Etwas anderes ist der *freiwillige Austritt*, zu welchem der Prinz durch Mißheirat ebenso, wie durch morganatische Ehe, tatsächlich sich veranlaßt zu sehen vermag (z. B. Austritt des Erzherzogs Leopold Ferdinand von Toskana [Leopold Wölfling] aus dem österreich-ungarischen Herrscherhaus im Dezember 1902).

b) Thronbesteigung.

§ 27.

I. Erwerb der Krone in dem Staate, welchem das landesherrliche Haus angehört, beendigt für das Mitglied, welches den Thron besteigt, die engere Familienmitgliedschaft. Es wird Familienhaupt und scheidet damit aus der *Hausgewalt* dieses Hauses aus; denn niemand kann einer von ihm allein geübten (in diesem Sinne: seiner eigenen) Gewalt unterstehen.

II. A. 1. Dieselbe Wirkung hat die Besteigung eines *fremden Thrones*, d. h. Erwerb der Krone in einem anderen Staate, als dem, welchen das landesherrliche Haus angehört, dessen Mitglied diesen Thron besteigt. Der Grund ist ein vom ersten Falle abweichender. Nicht weil es seiner *eigenen* Gewalt, sondern weil es als Staatshaupt nicht *fremdstaatlicher* Gewalt zu unterstehen vermag, scheidet das Mitglied aus der *engeren* Mitgliedschaft jenes Hauses aus. Wir mußten von diesem Grunde schon oben S. 134 und S. 229 handeln. Übereinstimmend *Störk*, Agnatische Thronfolge S. 50. Vgl. auch schon *mein* „Landesherrliches Haus u. s. w.“ S. 21 f.

2. a) Gleichgültig ist dabei der Rechtstitel, auf Grund dessen die fremde Krone erworben wird, ob durch Wahl, Usurpation, völkerrechtliche Einsetzung u. s. w. oder ob durch Abstammung, d. h. deswegen, weil man zugleich auch Mitglied des regierenden Hauses des anderen Staates ist, wie dies z. B. bei den Mitgliedern des Hauses Schaumburg-Lippe der Fall ist, welche zugleich im weiteren Sinne dem fürstlichen Hause Lippe angehören, also z. B. dort und hier Agnaten sind. Zwischen beiden Fällen besteht nur der Unterschied; im letzteren Falle bildet die Thronübernahme *unmittelbaren* Verlustgrund, dort *mittelbaren*, weil durch den Thronerwerb hier auch erst das landesherrliche Haus entsteht, dessen Mitgliedschaft der neue Herrscher und seine Familie erwerben. Vgl. S. 241.

b) *α*) Haus- oder Staatsrecht *kann* selbstverständlich verbieten, daß das Mitglied des regierenden Hauses in einem anderen Staate einen Thron besteigen *wird*. Dann könnte das Mitglied denselben ohne Verletzung von Mitgliedschaftspflichten nur in der Weise erwerben, daß es aus der Mitgliedschaft austritt. Allein Haus- und Staatsrecht kennen in Wirklichkeit einen derartigen Rechtssatz nicht. Er widerspräche dem Vorteil des Staates und besonders dem des Hauses. Namentlich dann ist es undenkbar, daß ein Haus solches verböte, wenn durch die Abstammung vom Stifter (ersten Erwerber der Landeshoheit) desselben, weil letzterer zugleich Mitglied eines anderen regierenden Hauses war, Zugehörigkeit zu einer zweiten Herrscherfamilie erworben wird.

β) Wohl begegnet dagegen, um Personalunionen zu verhüten, der Satz, daß, wenn ein Mitglied des landesfürstlichen Hauses (grundsätzlich gleichgültig: ob *weibliches oder männliches*) einen fremden Thron bestiegen *hat*, es dann unfähig zur Regierungsinnehabung im anderen Staate wird.

aa) Das *meiningensche* Verfassungsgesetz vom 9. März 1896 Art. 3 und die koburg-gothaische Haus- und Staatsgesetzgebung (Hausgesetz Art. 18; Staatsgrundgesetz § 19) schreiben dies für jedes Hausmitglied vor, auch das agnatische — in Koburg-Gotha sind nur Agnaten sukzessionsfähig —, allerdings nur für den Fall des Erwerbes eines *aufser*deutschen Thrones („Die Staatsregierung . . . kann nicht auf den Inhaber eines außerdeutschen Thrones . . . übergehen").

Im einzelnen bestehen zwischen dem Rechte beider Staaten noch folgende Unterschiede. Das koburg-gothaische Recht kennt zunächst eine Ausnahme, die auch schon Verwirklichung fand. § 9 des Verfassungs-, Art. 7 des Hausgesetzes läßt einen sukzessionsfähigen Nachkommen des Prinzgemahl Albert auch dann zu, wenn derselbe englischer König geworden ist; allerdings nur unter der Voraussetzung, daß außer dem regierenden König von England oder aus diesem und dem englischen Thronfolger ein in Koburg und Gotha sukzessionsfähiger Nachkomme aus der Speziallinie des Prinzen Albert zur Zeit des Erbfalles nicht mehr vorhanden ist. Jedoch hat der König von England dann die Regierung in Koburg und Gotha durch einen Statthalter solange führen zu lassen, bis sie von einem volljährigen sukzessionsfähigen Prinzen aus der Speziallinie des Prinzen Albert übernommen zu werden vermag. Die andere Abweichung ist diese: Das meiningensche Gesetz bemerkt lediglich: „Die Staatsregierung kann nicht auf den Inhaber eines außerdeutschen Thrones *übergehen.*“ Hieraus folgt nicht allein: wenn der Inhaber des letzteren nach Anfall der Regierung in Meiningen *sofort* auf seine außerdeutsche Herrscherstellung verzichtet, vermag er die Regierung im Herzogtum Meinungen anzutreten, sondern auch: dem schon regierenden Herzog von Meiningen ist die gleichzeitige Übernahme eines fremden Thrones nicht versagt. Das koburg-gothaische Recht (Staatsgesetz § 19, Hausgesetz Art. 18) dagegen verfügt nicht bloß: „Die Staatsregierung kann, ausgenommen in dem § 9 (bezw. Art. 7) vorgesehenen Falle (des Überganges an den König von England), auf den Inhaber eines außerdeutschen Thrones nicht gelangen,“ sondern auch: „Wenn ein Herzog einen außerdeutschen Thron besteigt, so wird dafür angenommen, daß er darauf Verzicht geleistet habe, über die Herzogtümer zu regieren.“ Wohl ist „Herzog zu Sachsen“ der Titel jedes Prinzen des Hauses im Gegensatz zum Familienhaupte, dessen Titel „Herzog von Sachsen-Koburg und Gotha“ lautet (Hausges. Art. 2), und wohl heißt es in der angezogenen Bestimmung „*ein* Herzog“, aber in dem ganzen Haus- und Staatsgrundgesetz werden die Prinzen nicht mit ihrem Titel, sondern mit ihrem Mitgliedschaftsnamen („Prinz Albert“, „zunächst berechtigter Prinz“) bezeichnet. Demgemäß bedeutet „ein Herzog“ ein regierender Herzog; klarer wäre also „der Herzog“ oder „ein regierender Herzog“. Mit dem *Antritt* der Regierung in dem anderen Staate wird somit von selbst die Herrscherstellung in Koburg-Gotha verloren[1]). Es liegt demgemäß eine Absetzung durch Gesetz, eine gesetzliche Beendigung der Throninhaberschaft daselbst vor. Der Gesetzgeber ist nur so höflich, daß er sagt: es soll der von selbst eintretende Verlust so angesehen werden, als sei er die Folge einer Abdankung. Nicht will gesagt sein: wenn der Herzog erkläre, er behalte trotz Annahme des frem-

[1]) Dasselbe gilt nach *Oldenburger* Verfassung Art. 15. Personalunion mit einem anderen deutschen Staat ist nur mit Zustimmung des Landtags in Form eines verfassungsändernden Gesetzes zulässig.

den Thrones auch die Regierung bei, so sei eine Personalunion nicht ausgeschlossen. Eine solche Auslegung verbietet der Zusammenhang mit Abs. 1, wonach „die Staatsregierung an den Inhaber eines außerdeutschen Thrones nicht gelangen kann."

ββ) Das *bayerische* Verfassungs- und das badische Hausrecht bestimmen das gleiche nur für das kognatische Hausmitglied, also nur für den Fall des Überganges der Herrschaft auf die Kognaten. „Sollte, bestimmt bayer. Verfassung Tit. II § 6, die bayerische Krone nach *Erlöschung* des *Mannesstammes* an den Regenten (zu ergänzen: oder die Regentin) einer größeren *deutschen oder aufserdeutschen* Monarchie gelangen, welcher seine Residenz im Königreiche Bayern nicht nehmen könnte (Haus- oder Staatsrecht hindert ihn) oder würde, so soll dieselbe an den zweitgeborenen Prinzen dieses Hauses übergehen und in dessen Linie dieselbe Erbfolge eintreten, wie sie oben verzeichnet ist" (agnatisch-lineale Primogeniturordnung). Und das *badische* Haus- und Familienstatut vom 4. Oktober 1817 verordnet: „Wenn der *Mannesstamm* Unseres Großherzoglichen Hauses . . . *erlöscht*, so geht die Erbfolge auf die *männlichen* . . . Nachkommen der Prinzessinnen aus diesem Hause also über, daß . . . niemals diese Landesnachfolge auf einen Herrn fallen könne, der schon einen anderen Staat besitzt (noch reine Patrimonialstaatsausdrucksweise!), indem entweder ein solcher weiblicher Deszendent, wenn ihn die Erbfolge trifft (d. h. er Großherzog wird), der Regierung seines eigenen Stammlandes feierlich *entsagen* muß oder aber die Nachfolge in dem Großherzogtum Baden an den nächsten nichtregierenden Herrn übergeht."

γ) Ferner begegnen noch folgende Fälle von *Verlust* der *Sukzessionsfähigkeit infolge Vorliegens mehrfacher Hausmitgliedschaft.*

aa) Es kommt vor, daß von der Übernahme der Herrschaft ausgeschlossen wird nicht bloß, wer einen fremden Thron bestiegen *hat*, sondern auch, wer einen fremden Thron *voraussichtlich bald* besteigen *wird*, d. h. kraft Abstammung der nächste Anwärter am Throne ist. Das koburg-gothaische

Staats- und Hausrecht (Verfassung § 9; Hausgesetz Art. 7) schließt von der Nachfolge grundsätzlich nicht bloß den regierenden König von England, sondern auch den „voraussichtlichen Thronfolger“ daselbst aus. Erst wenn zur Zeit der Thronerledigung im Herzogtum außer dem englischen Thronfolger kein sukzessionsfähiger Nachkomme aus der Speziallinie des Prinzgemahls vorhanden ist, darf der englische Thronfolger die Regierung der Herzogtümer antreten, um sie aber durch einen Statthalter solange führen zu lassen, bis sie von einem volljährigen sukzessionsfähigen Prinzen aus der Speziallinie des Prinzgemahls übernommen zu werden vermag. Gemäß Verfassungsgesetz vom 15. Juli 1899 ist, wie wir wissen (siehe oben § 3), zur Zeit die Rechtslage die, daß, falls der gegenwärtige Herzog (aus der Linie Albany) ohne sukzessionsfähige Nachkommen versterben oder sein Mannesstamm einmal erlöschen sollte, Prinz Artur, Sohn des Herzogs von Connaught, und dessen Mannesstamm zur Regierung berufen ist. Erst wenn auch Prinz Artur ohne sukzessionsfähige Nachkommen versterben oder dessen Mannesstamm erlöschen würde, geht die Nachfolge auf den König Eduard von England bezw. dessen Mannesstamm über. — Ähnlicherweise bestimmt das *badische* Haus- und Familienstatut von 1817 für die *kognatische* Regierungsnachfolge: die Landesregierung kann nicht an einen solchen Kognaten fallen, der zur Regierung eines anderen Staates „unmittelbar berufen ist“, er müßte denn bei Anfall des badischen Thrones auf das Anwartschaftsrecht im anderen Staate *feierlich* verzichten.

ββ) Das *meiningensche* Recht, welches auch Thronfolge von Weibern kennt, schließt ein *weibliches* Familienmitglied, die agnatische Kognatin, welche bei Übergang des Thrones auf den Weibesstamm Herrscherin würde, resolutiv bedingt dann schon vom Antritt der Regierung aus, wenn sie nur die Gemahlin des Inhabers eines fremden Thrones ist. „Die Staatsregierung, schreibt Art. 3 des meiningenschen Verfassungsgesetzes vom 9. März 1896 vor, kann nicht auf die Gemahlin des Inhabers eines außerdeutschen Thrones übergehen.“ Möglich ist es also nur, wenn ihr Gemahl in seinem Lande abdankt. Das *badische* Haus- und Staatsrecht würde wohl die gleiche Bestimmung aufweisen, wenn es nicht Kognatinnen von der Thronfolge überhaupt ausschlösse. Lediglich männliche Nachkommen von Prinzessinnen sind thronfolgeberechtigt, nicht Prinzessinnen. Die agnate Kognatin, d. h. die in der männlichen Linie vom ersten Erwerber der Landeshoheit Abstammende vermittelt durch ihre Person den Übergang der Krone auf die weibliche Linie, ist aber selbst von der Krone ausgeschlossen. Die bayerische Verfassungsurkunde (Tit. II § 6 Abs. 2) begnügt sich im Falle des Übergangs der Regierung auf eine Kognatin mit der Vorschrift: „Kömmt die Krone an die Gemahlin eines auswärtigen (d. h. *aufserdeutschen*) größeren Monarchen, so wird sie zwar Königin, sie muß jedoch einen Vizekönig, der seine Residenz in der Hauptstadt des Königreichs zu nehmen hat, ernennen und die Krone geht nach ihrem Ableben an ihren zweitgeborenen Prinzen über."

c) In den besprochenen Fällen tritt Verlust des Thrones, bezw. der Thronanwartschaft kraft Gesetzes, also auch wider Willen ein. Möglich ist selbstverständlich und in der Praxis nicht selten, daß da, wo solche gesetzliche Verlustgründe nicht existieren, die Besteigung eines fremden Thrones oder die Aussicht, einen solchen voraussichtlich einzunehmen, das Familienglied veranlaßt, *freiwillig* auf diese Mitgliedschaft oder auf das ihm zustehende Sukzessionsrecht oder wenigstens Sukzessionsanrecht zu *verzichten*. So ist z. B. Prinz Ferdinand von *Hohenzollern*, geb. 1868, aus der älteren Linie dieses Hauses ausgetreten, wegen seiner Aussicht, König von Rumänien zu werden. Nach der Verfassung für *Koburg* und *Gotha* vom 3. Mai 1852 ist kraft Gesetzes von der Thronfolge nur ausgeschlossen der jeweilige regierende König und der jeweilige voraussichtliche englische Thronfolger (auch sie jedoch nur der Regel nach; siehe oben); in Wirklichkeit hat der Prinz von Wales, der damalige voraussichtliche Thronfolger, unter dem 19. April 1863 (*Schulze*, Hausgesetze Bd. III S. 291) nicht bloß für sich, sondern auch für all seine Nachkommen den seiner Linie zukommenden Vorrang zugunsten aller seiner Brüder und deren Linien (Alfred von Edinburg, Artur von Connaught, Leopold von Albany) aufgegeben, so daß in der revidierten Thronfolgeordnung vom 15. Juli 1899 auch staatsrechtlich bestimmt wurde, daß erst nach Aussterben des Mannesstammes der übrigen Linien der auf König Eduard zurückgehende älteste Zweig des Prinz Albertschen Stammes in den Herzogtümern zur Regierung gelange.

B. 1. Daß mit der Besteigung eines fremden Thrones eine Familienmitgliedschaft ihr *Ende erreicht*, dies aber lediglich die *Familienzugehörigkeit engeren Sinnes* ist, geben einige Hausgesetze ausdrücklich kund, zum Teil so, daß sie es unmittelbar andeuten, zum Teil in der Weise, daß sie diesbezügliche Wirkungen konstatieren.

a) Das *hannoversche* Hausgesetz vom 19. November 1836 bestimmt: Mitglieder des Königlichen Hauses sind „alle im Königreiche successionsfähigen, *nicht regierenden* Prinzen und Prinzessinnen der Königlich-Hannover'schen Linie"; das heißt: Prinzen der genannten Linie, welche anderwärts regieren, sind nicht Mitglieder des königlichen Hauses; doch sind sie Mitglieder der königlichen Linie, also noch Mitglieder des Hauses im weiteren Sinne und „Mitglieder des Gesamthauses" [Braunschweig-Lüneburg] (Kap. I § 3 c). Vgl. S. 239.

b) *α*) Der Beschluß der drei regierenden Herren zu *Reufs* vom 10. November 1844 unterwirft der Verpflichtung, landesherrlichen Heiratskonsens einzuholen, nicht die „als Landesfürsten souveränen Mitglieder des Gesamthauses". Dazu zählen nicht bloß die in Reuß regierenden Fürsten, sondern auch regierende Herren anderer Staaten aus dem genannten Gesamthause. Gedacht ist nach dem Zusammenhange jenes Beschlusses — er ist „kraft" Souveränitätsrechtes erlassen (siehe oben § 8) — die Heiratskonsenserteilung als Ansatz zu einer landesfürstlichen Familienaufsicht. Die Befreiung regierender Fürsten hiervon stellt also Fehlen des engeren Mitgliedschaftsverhältnisses dar.

β) *aa*) Das *koburg-gothaische* Hausgesetz bemerkt unmittelbar in Art. 85: „Von den Bestimmungen in Art. 82 und 83 (Unterordnung unter Hoheit, Gerichtsbarkeit und Befugnis des regierenden Herzogs, alle für Erhaltung der Ehre, Ordnung und Wohlfahrt des Hauses angemessenen Maßregeln zu treffen) sind ausgenommen diejenigen Mitglieder, welche einen auswärtigen (Gegensatz [Art. 18]: außerdeutschen; also sowohl deutschen wie außerdeutschen auswärtigen) Thron eingenommen haben". Das Hausgesetz nennt sie noch Mitglieder, nimmt sie aber von dem aus, was von ihm selbst in der Abschnittüberschrift „*Aufsicht* des *Herzogs* über die *Mitglieder* des herzoglichen *Hauses* im Allgemeinen" genannt wird; damit erkennt es an, daß sie nicht mehr Hausmitglieder engeren Sinnes sind.

ββ) Freilich befreit sie das angezogene Hausgesetz nur von der landesherrlichen Familienaufsicht im allgemeinen, nicht von allen diesen Aufsichtsmaßregeln. Wohl geschieht es von ihm noch bezüglich der Vorschriften über Erziehungsaufsicht und Auslandsreisenerlaubnis (Art 89—90), indem Art. 91 bestimmt: „Die Bestimmungen in Art. 89 und 90 sind nicht anwendbar auf die in Art. 85 von den Bestimmungen in Art. 82 und 83 ausgenommenen Mitglieder"; aber den Vorschriften über Heiratserlaubniseinholung, Volljährigkeitserteilung, Vormunds-Bestätigung oder Ernennung durch das Familienhaupt bleiben auch die einen fremden Thron besteigenden Familienmitglieder unterworfen. Insoweit sind die Bestimmungen des Hausgesetzes für jene Hausmitglieder aber *nicht rechtsverbindlich;* denn die landesfürstliche Familiengewalt bildet ein Annex der Staatsgewalt, von Unterordnung unter fremde Staatsgewalt ist der Souverän eines Landes aber kraft Völkerrechts befreit und Völkerrecht geht Staats- und auf staatliche Gewalt bezüglichem Hausrechte vor. Ein *Hausgesetz* vermag künftige Hausmitglieder als solche, aber nicht als Staatshäupter zu binden. Nur wenn das konkrete Staatshaupt freiwillig auf seine völkerrechtliche Unabhängigkeit verzichtet, vermag im Einzelfalle die Unterordnung fortzubestehen. Damit ist keineswegs behauptet, der den fremden Thron Innehabende sei von der Einholung der Heiratserlaubnis des regierenden Herzogs befreit. Als eine verfassungs- und hausrechtliche (Verfassung § 6, Hausgesetz Art. 5) Bedingung der Sukzessionsfähigkeit in den Herzogtümern (siehe oben S. 91, 217, 237) bleibt dies Rechtsinstitut auch für jene Hausmitglieder bestehen. Der Unterschied ist praktisch erheblich: *ist die Einholung Mitgliedschaftspflicht, so kann Unter-*

lassen der Einholung oder Heirat trotz Konsensverweigerung zur Geltendmachung der besonderen landesfürstlichen Familienaufsicht (und der Ordnungsgewalt des Hauses als Ganzen) führen; kommt sie dagegen lediglich als Voraussetzung der Thronfolgefähigkeit in Betracht, so vermag solche Folge nicht einzutreten. — *Zorn,* Deutsche Literaturzeitung 1902 Sp. 1025 verneint die Fortdauer jeder Notwendigkeit, fernerhin vom Stammhause die Heiratsgenehmigung zu erbitten.

2. Aber auch aus den übrigen Hausgesetzen und mit ihnen übereinstimmenden Rechtsregeln der bereits angeführten Hausordnungen folgt mittelst Schlußfolgerung, daß es ihrem Sinne entspricht, wenn man annimmt, daß die Übernahme fremder Herrscherwürden die Hauszugehörigkeit engeren Sinnes zu einer solchen weiterer Bedeutung abmindert.

a) Als ein Bestandteil der landesfürstlichen Familienaufsicht ist allen Hausgesetzen die Vorschrift eigen, daß die Prinzen des Hauses nur mit ausdrücklicher Genehmigung des Familienhauptes oder wenigstens nur nach vorgängiger Anzeige an dieses in auswärtige Dienstverhältnisse treten dürfen (vgl. z. B. Oldenb. Hausgesetz Art. 12, Koburg-Gothaisches Art. 90). Man kann über die Rechtsstellung des Herrschers im modernen Staate denken wie man will, in ein Dienstverhältnis im Sinne des positiven Rechtes tritt er nicht ein. Gemeint ist damit lediglich Dienst als Staats- oder Hofdiener, *Anstellung* im öffentlichen Dienst. Die Übernahme fremder Kronen bedarf somit keiner ausdrücklichen Genehmigung. Der Schluß geht nicht an: wenn schon zum Eintritt in fremden öffentlichen Dienst Erlaubnis erforderlich ist, um wieviel mehr dann zur Übernahme fremder Kronen. Ein solcher Schluß würde übersehen, daß zum Eintritt in auswärtige Dienststellungen Genehmigung gefordert wird, weil mit ihrer Übernahme die Unterordnung unter die Hausgewalt nicht endigt. Wenn nicht auch die Besteigung auswärtiger Throne dem Erlaubniszwange unterworfen wurde, so geschah dies eben, weil der Gesetzgeber von der Anschauung ausgeht: mit dem Erwerb fremder Herrscherstellung hört die Verantwortlichkeit des Hauses für dieses Mitglied im allgemeinen auf: von dem Momente an wird durch dessen Handlungsweise in erster Linie nur Ehre,

Ruhe, Ordnung, Wohlfahrt des anderen Hauses berührt, dessen Haupt der neue Herrscher ist. Demgemäß genügt ihm gegenüber die allgemeine Ordnungsgewalt, welche dem Hause als Ganzem auch über die Mitglieder weiteren Sinnes noch zusteht. Siehe auch § 24 III B 3.

b) Zum anderen kennt eine Reihe von Hausgesetzen als Ausfluß der landesherrlichen Hausgewalt auch die Bestimmung: „Die Glieder des regierenden Hauses dürfen ohne Genehmigung des Fürsten sich nicht in einen fremden Staat begeben" (Sachsen § 6, Württemberg Art. 16, Bayern Tit. IV § 2, Waldeck § 5). Allein wollte man hieraus ableiten, daß auch die Übernahme eines auswärtigen Thrones der haushäuptlichen Genehmigung bedürfe, so wäre eine solche nicht erforderlich, wenn der neue Herrscher seine Herrscherbefugnisse ausübte, ohne seinen Aufenthalt in den anderen Staat zu verlegen. Also kann die Übernahme einer fremden Krone nicht dieser Bestimmung unterstehen. M. a. W.: Die Hausgesetzgebung geht davon aus, daß, wer einen fremden Thron besteigt, aus der Hausgewalt ausscheidet. Nur solange das Mitglied derselben untersteht, bedarf es zu vorübergehendem oder dauerndem Aufenthalte im fremden Staate der Genehmigung des Familienchefs. Siehe auch § 24 III B 3.

C. 1. Bei Besteigung des Thrones im Staate des landesherrlichen Hauses tritt nur der neue Herrscher selbst aus bisheriger Hausgewalt aus, bei Übernahme einer fremden Krone erreicht nicht nur für den die Herrschaft Übernehmenden, sondern auch für dessen *Gemahlin* und *Kinder* die engere Familienmitgliedschaft, also die Unterordnung unter die landesfürstliche Hausgewalt des anderen Staates ihr Ende. Hierüber handelten wir schon oben § 13 V.

2. Auch hier weicht das *koburg-gothaische* Hausrecht ab: a) Es nimmt die Gemahlin des Inhabers des fremden Thrones soweit von der Familienaufsicht des regierenden Herzogs aus, als ihren Gemahl; b) die Nachkommen beider, welche Deszendenten des jeweils regierenden Herzogs sind, bleiben dessen Familienaufsicht und sogar Staatsgewalt, insbesondere Gerichtsbarkeit, völlig unterworfen; c) sind die Nachkommen des Inhabers des fremden Thrones, bezw. seiner Gemahlin

nicht Deszendenten des regierenden Herzogs, aber Glieder des herzoglichen Hauses im engeren Sinne, dann unterstehen sie wenigstens dem Heiratskonsens (und für die Dauer ihres Aufenthalts in den herzoglichen Landen der Staatsgewalt, insbesondere Gerichtsbarkeit) des Herzogs (Hausgesetz Art. 85, 91). Auch diese Bestimmungen sind unverbindlich, soweit und solange diese Familienglieder sich außerhalb der Herzogtümer befinden. Vgl. dazu auch § 24 a. E. und vor allem § 13 a. E. und § 21 IV 1. Demgemäß gilt analog das oben unter B 1 b Bemerkte.

D. Über die Bedeutung der Thronbesteigung als Mitgliedschaftserwerbsgrund § 24 und über ihren Einfluß auf die Staatsangehörigkeit § 13.

E. Die Wirkung der Unabhängigkeit von fremder Staats- und demgemäß auch fremder fürstlicher Hausgewalt knüpft sich an jeden Thronerwerb, auch den Erwerb des Thrones eines *nichtsouveränen* Staates. Die Unterordnung unter die Suzeränität und sonstige Obergewalt eines anderen Staates hebt die Gleichberechtigung des Unterstaates gegenüber dritten Staaten und daher auch die Unabhängigkeit ihres Herrschers gegenüber dritten Staaten nicht auf. Also scheidet auch ein nur einen Vasallenthron übernehmendes Hausmitglied aus der Familie engeren Sinnes aus. A. M. das *Reichsgericht* (Entsch. in Strafs. Bd. XXII S. 146). Dazu mein „Das landesherrliche Haus u. s. w.“ S. 22 und oben § 10 II B.

c) Ehescheidung.

§ 28.

I. A. Die fürstlichen Hausgesetze sprechen sich über die Frage des Einflusses der Ehescheidung auf den Bestand der Hausmitgliedschaft unmittelbar nicht aus, aber indem sie alle bestimmen, daß einerseits die ebenbürtigen Gemahlinnen, andererseits während ihres Witwenstandes die ebenbürtigen Witwen Mitglieder des regierenden Hauses sind (vgl. § 26), die geschiedenen Frauen dagegen insgesamt mit Stillschweigen übergehen, ist die aufgeworfene Frage dahin zu entscheiden, daß die Scheidung der Ehe nicht bloß die eheliche Gemeinschaft der Gatten, sondern, wenn dies noch nicht vorher schon aus anderem Titel geschehen, auch die *Zugehörigkeit* der ebenbürtigen Frau zu dem *hochadeligen Hause ihres Gemahls löst*, dieselbe müßte denn bereits vor ihrer Verehelichung dem gleichen Hause angehört haben. Vorher kann diese Mitgliedschaft ihr Ende bereits erreicht haben, wenn die Frau schon vor Beendigung der Ehe durch Scheidung freiwillig ihren Austritt aus dem Hause erklärt[1]). Die Ehe der Kronprinzessin Luise Antoinette Maria von Sachsen wurde erst am 11. Februar 1903 rechtskräftig geschieden, aber schon am 9. Januar 1903 war die Kronprinzessin aus dem sächsischen Königshause freiwillig ausgetreten.

B. Recht des einzelnen Fürstenhauses, Hausgesetz oder Hausherkommen, vermag natürlich anderes zu bestimmen, nicht aber Ehevertrag ohne hausrechtliche Zulassung (a. M. *Störk*, siehe Anm.). Wenn die Hausgesetze als Mitglieder nur die Gemahlinnen und Witwen nennen, vermag ohne Abänderung der Hausgesetzgebung für den Einzelfall, also ohne Zustimmung der Agnaten, durch Ehevertrag nichts anderes verfügt zu werden.

II. A. Nach dem Bemerkten endet die Zugehörigkeit der geschiedenen Frau zum Hausverband ihres Mannes durch die Scheidung *auch* dann, wenn die Ehe *nicht wegen Verschuldens der Frau* ihre Lösung fand. Da *alle* neueren Hausgesetze die Frage der Fortdauer der Zugehörigkeit der geschiedenen Gemahlin zum Hause ihres Gemahls mit Stillschweigen übergehen, muß Absicht derselben vermutet werden. Dann besteht aber kein Unterschied für schuldig und unschuldig geschiedene Frauen. Beide verlieren mit Rechtskraft des Scheidungsurteils die Hausmitgliedschaft.

B. 1. Damit ist aber keineswegs gesagt, daß die Rechtsstellung der von dem Hause ihres Gemahls rechtlich gelösten Frau in beiden Fällen unter allen Umständen die vollständig gleiche ist. Nach B.G.B. § 1577 *behält* die geschiedene Frau den Familien*namen* des Mannes und *kann* nur ihren Familiennamen wieder annehmen; ist die Frau

---

[1]) So wohl auch *Störk*, Der Austritt u. s. w. im Vorwort.

jedoch allein für schuldig erklärt, so erhält die Frau kraft Gesetzes ihren Familiennamen wieder, wenn der Mann ihr die Führung seines Familiennamens untersagt. Falsch wäre, aus dieser Sachlage zu folgern: die geschiedene Frau behält den Familiennamen, aber nicht den auszeichnenden Titel ihres Ehemannes. Wir haben in § 26 I E darauf hingewiesen, daß die durch Vermählung aus dem Hause austretende Prinzessin (Witwe) nach gemeinem Fürstenrecht ihren bisherigen Haustitel behält. Kein Grund ist vorhanden, das gleiche Recht der geschiedenen Frau ipso jure abzusprechen, wenn sie nicht der für schuldig oder wenigstens nicht der allein für schuldig erklärte Ehegatte ist. Ja, da auch der Mann, wenn er für den schuldigen und sogar wenn er für den allein schuldigen Ehegatten erklärt ist, nicht von selbst einen rechtlichen Nachteil erleidet, ist sogar zu behaupten: auch die für schuldig oder für allein schuldig befundene Frau verliert das Recht auf den Titel ihres Mannes durch die Scheidung nicht von selbst, aber 1. wenn sie allein schuldig ist, kann ihr nach Analogie des B.G.B. § 1577 Abs. 3 der Mann die Führung seines Titels untersagen, denn kann er ihr schon die Führung seines Namens untersagen, so vermag er um so mehr ihr die Führung seines Titels zu verbieten und jedenfalls hat die Untersagung der Weiterführung seines Namens von selbst auch die Unzulässigkeit des Fortgebrauchs des ja nur einen Zusatz zum Namen rechtlich darstellenden Titels zur Folge[1]); 2. ist die Frau allein oder auch für schuldig erklärt, so vermag das *Familienhaupt* gleichzeitig mit der dem Urteil Rechtskraft verleihenden Bestätigung des Urteils auf Grund seiner Familiendisziplinargewalt das Recht auf den bisherigen Haustitel zu entziehen und nach Eintritt der Rechtskraft vermag dasselbe durch einen *Hausbeschlufs*, d. h. durch Haupt und Agnaten insgesamt zu geschehen. Es wird hiervon in § 30 III zu handeln sein.

2. Von den hier vorgetragenen Anschauungen ging offen-

---

[1]) Nur eine Umgehung des Verbotes wäre es, würde die geschiedene Frau sich weiterhin „vormalige Prinzessin von X“, „geschiedene Fürstin von A“ nennen. A. M. *Opet* in der Deutschen Juristenzeitung 1903 S. 141.

sichtlich auch das österreichische Kaiserhaus im Falle der Kronprinzessin Luise von Sachsen aus. Die amtliche Wiener Zeitung meldete am 27. Januar 1903 (siehe *Opet*, Deutsche Juristenzeitung 1903 S. 140), daß der Kaiser die Rechte, Ehren und Vorzüge, welche der Gemahlin des Kronprinzen von Sachsen in ihrer Eigenschaft als einer *geborenen* Erzherzogin von Österreich bisher gebührt hätten, suspendiert und verfügt hätte, diese Suspension habe auch für den Fall fortzubestehen, als der (bevorstehende) Scheidungsprozeß zu der in § 1577 des B.G.B. für das Deutsche Reich normierten Konsequenz führe, daß die Prinzessin (infolge Untersagung ihres bisherigen Gemahls) ihren ursprünglichen Familiennamen wiedererhalte. Es sei ihr auch für diesen Fall also untersagt, den Titel einer kaiserlichen Prinzessin, Erzherzogin und königlichen Prinzessin von Ungarn, die angestammten erzherzoglichen Wappen, das Prädikat kaiserliche und königliche Hoheit u. s. w. von neuem zu führen, d. h. genauer: allein „weiterzuführen".

III. Aus dem Bemerkten erhellt, daß, weil die Hausmitgliedschaft aufhört, auch die Ansprüche der Frau gegen das Haus oder den Staat auf Versorgung (Unterhalt, Wittum) ihr Ende erreichen. Es besteht nur der Unterhaltsanspruch gegen den allein schuldig erklärten Mann aus B.G.B. § 1578.

IV. Keiner besonderen Betonung bedarf es, daß, wo haus- oder landesrechtlich *landesherrliches Ehescheidungsrecht* bestand oder eingeführt werden will, dem das B.G.B. bei Beschränkung auf Ehescheidungen der Ehen von Mitgliedern des landesherrlichen Hauses weiteren Sinnes, also auch des Fürsten selbst, nicht entgegensteht gemäß E.G. z. B.G.B. Art 57. Vgl. *Friedberg*, Lehrbuch des Kirchenrechts 5. Aufl. 1903 § 159 und *Hübler* in der Juristenzeitung 1902 S. 35; dagegen *Stölzel* ebenda S. 84. Über das landesherrliche Scheidungsrecht weiter Entsch. des Reichsg. in Zivils. Bd. XII S. 125.

V. Die *Staatsangehörigkeit*, welche die Prinzessin durch die nunmehr geschiedene Ehe erworben hatte, behält sie auch nach der Scheidung. Scheidung ändert an dem Staatsangehörigkeitserwerb durch Heirat nichts. Die geschiedene Kronprinzessin von Sachsen behielt, sofern sie nicht auch

Entlassung aus dem sächsischen Staatsverband nahm, demgemäß trotz Scheidung sächsische Staats- und deutsche Reichsangehörigkeit.

d) Freiwilliger Austritt.

§ 29.

I. Auf die *volle* Hausmitgliedschaft kann freiwillig und einseitig vom Mitgliede *verzichtet* werden. Zwei Bedenken sind in dieser Hinsicht zu überwinden.

A. Die Vorrechte der Mitglieder landesherrlicher Häuser bestehen, wie schon in § 11 erörtert, zum allergrößten Teile im *Interesse des Staates* zugunsten des Individuums. Weil es dem Ansehen der fürstlichen Autorität z. B. widerspricht, daß der Richter das Mitglied des landesherrlichen Hauses zur Vernehmung als Zeugen oder Sachverständigen vor sich zu rufen vermag, entbindet das Gesetz die Angehörigen des regierenden Fürstenhauses von der Verpflichtung jedes sonst der Staatsgewalt Unterworfenen, persönlich an der Gerichtsstelle zu erscheinen; sie sind in ihrer Wohnung zu vernehmen. Ebenso verhält es sich mit den meisten anderen in § 12 genannten Rechten. Sie sind öffentlichrechtlicher Natur. Allein nachdem dem Staatsrecht für das Staatsinnere und dem Völkerrecht für das Verhältnis zu und in anderen Staaten das Institut des Inkognitos bekannt ist und unbestrittenermaßen auf die bereits erworbene oder sogar angetretene Regierung, richtiger Anschauung entsprechend sogar auf die nur zu erwartende Krone (siehe oben § 3) und damit auf die wichtigsten Mitgliedschaftsrechte, Thronbesitz und Thronanwartschaft, verzichtet zu werden vermag, ist es unzweifelhaft, daß auch die *ganze* Mitgliedschaft freiwilliger Aufgabe unterstellt werden darf. Vgl. auch § 9 I A 3.

B. 1. Zum anderen bildet die Mitgliedschaft und zwar zuvörderst (vgl. S. 101) ein *Gewaltverhältnis*, das Mitglied ist der allgemeinen Gewalt des Hauses, eventuell auch der besonderen des Familienhauptes untertan. Wie soll, wer rechtlich *unter*geordnet ist, die rechtliche Macht haben, sich von der Gewalt des Übergeordneten zu befreien? Allein was

Gewaltverhältnis dem Bestande nach, während bestehenden Rechtsverhältnisses ist, muß nicht den gleichen Charakter hinsichtlich Entstehung und hinsichtlich Beendigung besitzen. Der Staatsdienst stellt ebenfalls eine Rechtsbeziehung zwischen Übergeordnetem und Untergeordnetem dar und doch ist die Anschauung im Leben die ausschließliche, in der Lehre die herrschende, daß sowohl seine Begründung wie seine Fortsetzung auf dem freien Willen des Staatsdieners beruht. Es besteht keine Pflicht, in ihn einzutreten, und ein Recht auf Austritt auch da, wo es nicht durch ausdrückliches Gesetz Anerkennung fand (a. M. *Anschütz* a. a. O. S. 590). Wohl ist letzteres Recht nach Gesetz und Gewohnheit in die Form der Bitte um Entlassung gekleidet, so daß es äußerlich den Anschein hat, als sei der Staat und damit der Dienst*herr* es, welcher durch seine Erklärung und lediglich durch sie das Verhältnis zu Ende bringe, allein die Pflicht, vor Austritt um Entlassung zu bitten, hat rechtlich lediglich die Bedeutung einer Pflicht, nicht ohne vorgehende Kündigung auszutreten. Sie ist eingeführt oder eingebürgert im Interesse des Dienstes, damit der Staat in der Lage ist, rechtzeitig für Ersatz zu sorgen. Der Beamte hat lediglich Anspruch auf Austritt zu einem vom Staate unter dem Gesichtspunkte zu bemessenden Zeitpunkt, daß durch den Austritt der geordnete Gang der Geschäftsführung keine außerordentliche Störung erfahre. Innerhalb einer billigen Frist muß dem Nachsuchenden die Entlassung gewährt werden. Gewaltverhältnisse unter Freien, die freiwillig eingegangen sind, sind im Zeitalter der Grund- und Freiheitsrechte der Vermutung nach auch jederzeit widerruflich. Dem Untergebenen bleibt der freie Wille des Austritts. Ohne dies wäre die Zugehörigkeit rechtlich Familiensklaverei.

2. Dazu gesellen sich aber noch zwei aus dem Wesen speziell der *Mitgliedschaft* in hochadeligem Hause resultierende Gründe:

a) Die Zugehörigkeit zum Hause weiteren Sinnes ist Zugehörigkeit zu einer Korporation. Der Korporation gehört im modernen Recht das Individuum nur mit einem Stück seiner Persönlichkeit an (so auch *Gierke*, Deutsches Privatrecht Bd. I S. 495); der Korporation gegenüber ist das Individuum zu einem Teil auch Nichtmitglied, die Vermutung spricht für Freiheit, also auch für Freiheit des Austritts.

b) Des weiteren aber ist der Zweck dieser Korporation und insbesondere der der landesfürstlichen Hausaufsicht ein beschränkter. Nur dem einen Zwecke dient die Korporation, das Ansehen des landesherrlichen Hauses zu bewahren, und die Hausgewalt des Familienhauptes ist auf einzelne „*bestimmte*" Äußerungs- und Machtbefugnisse beschränkt. Auch dies beides läßt Freiheit präsumieren.

3. Dagegen kann nicht eingewendet werden: es handelt sich um *Familien*mitgliedschaft und diese ist, weil auf natürlichem Bande begründet, nicht einseitig lösbar; läßt das bürgerliche Recht doch sogar da, wo sie künstlich erzeugt wird, keine einseitige Auflösung zu. Die Aufhebung des Adoptionsverhältnisses kann ebenfalls nur wieder durch Vertrag geschehen (B.G.B. § 1768). Allein hier ist übersehen, daß es sich hier ja nicht um diese engsten Familienbeziehungen handelt, wie sie zwischen Ehegatten und Eltern und Kindern bestehen, sondern um weite, nicht auf Ehe und häusliche Gemeinschaft gegründete.

II. A. Aus dem Vorgetragenen ergibt sich schon, daß der *Verzicht keiner Annahme bedarf.* Was das Verhältnis zu Ende führt, ist allein die Willenserklärung des Mitgliedes. Ist jenes wichtigste Recht, um dessentwillen diese ganze Erscheinung des regierenden Hauses besteht, das Thronrecht, einseitig verzichtbar, bedarf der Thronverzicht, die Abdikation, und der Thronfolgeverzicht keiner Annahme, dann gilt das gleiche auch für die dieses Recht umgebende Mitgliedschaft.

B. 1. Der äußeren Form nach mag der Verzicht in eine Bitte um Genehmigung des Austrittes gekleidet oder auch ohne diese Bitte von seiten des Hauses genehmigt werden; rechtlich wird dadurch der Austritt nicht zu einer Entlassung auf Einwilligung. Hier *muſs* diese äußere Form *nicht* gewählt werden, weil ein ähnliches Interesse, wie das bei Auflösung des Staatsdienstes durch den Staatsdiener vorhandene der Nichtstörung der Geschäftserledigungen durch den Austritt, in diesem Falle fehlt.

2. a) Der Austritt des Erzherzogs *Leopold Ferdinand* von *Toskana* aus dem österreichisch-ungarischen Herrscherhause vollzog sich in folgendem Schriftwechsel (siehe *Störk*, Austritt u. s. w. S. 16 f. u. S. 40—42): Am 14. Dezember 1902 richtete der genannte Erzherzog in Briefform an den Kaiser von Österreich die „schriftliche Bitte", seine Verzichtleistung auf alle ihm als Mitglied des österreichischen Kaiserhauses zustehenden Ansprüche und Rechte zu genehmigen. Durch Handschreiben vom 17. Dezember 1902 „genehmigte" der Kaiser diese „Verzichtleistung". Die Genehmigung war juristisch nichts als eine Empfangsbestätigung. Wenn sie am Schlusse noch die Aufforderung enthielt, eine durch den Überbringer des Handschreibens vorgelegte Erklärung, welche lautete: „(Erstens) verzichte ich auf alle mir durch Geburt als Mitglied des Allerhöchsten Hauses zustehenden Ansprüche und Rechte" zu unterzeichnen und nach vollzogener Unterschrift durch den Überbringer an den Kaiser zurückzuleiten, so darf hieraus nicht etwa gar auf ein umgekehrtes rechtliches Verhältnis geschlossen werden, daß der Kaiser entließ und der Entlassene die Entlassung bestätigte. Dieser weitere Vorgang ist lediglich tatsächlicher Natur. Der Erzherzog hatte den Verzicht am 14. Dezember in Briefform und nicht in der für solche Fälle im Kaiserhause nach Maßgabe des Hausgesetzes traditionellen Kanzleisprache geäußert. Lediglich dieser Formmangel sollte durch jene nachfolgende „Erklärung" Beseitigung finden.

b) Die Kronprinzessin von Sachsen hat dem Wortlaut[1]) der hierauf bezüglichen königlichen Verordnung vom 14. Januar 1903 zufolge nicht die Bitte um Genehmigung gestellt; trotzdem wurde die Empfangsbestätigung in die Form der Genehmigung gefaßt: „Nachdem Ihre Kaiserliche und Königliche Hoheit . . . am 9. Januar d. J. auf alle Rechte, die Ihr auf Grund Ihrer Stellung als Kronprinzessin bisher zugestanden haben, in feierlicher Weise verzichtet hat, so erteilen Wir hierzu Unsere Genehmigung."

---

[1]) Siehe denselben bei *Opet*, Standes- und Rangverlust in der Deutschen Juristenzeitung 1903 S. 139.

III. Die eben zitierte Verordnung fährt fort: „und erklären (Wir) demgemäß *kraft* der Uns nach § 4 Unseres Hausgesetzes v. 30. Dezember 1837 zustehenden *Hoheits*rechte, daß Hochdieselbe aus allen in der Zugehörigkeit zu Unserem Hause begründeten *Rechten*, Titeln und Würden von *jetzt* an ausgeschieden ist."

A. In dem angezogenen § 4 ist die besondere Familienaufsicht des Königs als Familienhaupt und infolgedessen vor allem dessen Befugnis statuiert, alle zur Erhaltung der Ruhe, Ehre, Ordnung und Wohlfahrt des Hauses dienlichen *Maſsregeln* zu *ergreifen*. Hieraus folgt, daß die erwähnte königliche Verordnung nicht von der Anschauung ausgeht, daß der Verzicht keiner Annahme bedarf. Denn würde sie dies, dann könnte die weitere Erklärung nicht auf § 4 basiert werden, da nach vollzogenem Austritt eine Anwendung jener nur über Persönlichkeiten, die noch Mitglieder sind, zustehende Familiengewalt rechtlich ausgeschlossen ist. In Wirklichkeit beruht die Verordnung auf der Anschauung, daß jener Verzicht überhaupt nur einen Verzicht auf die Mitgliedschaftsrechte, keine Austrittserklärung enthält und lediglich tatsächliche, keine rechtliche Bedeutung hat. Nicht eine vertragsmäßige Aufhebung der Mitgliedschaftsrechte unter Fortdauer der Mitgliedschaftspflichten nimmt die Verordnung an, sondern rechtlich unabhängig von jenem Verzicht, einseitig auf Grund seiner Familiengewalt erklärt der König Entziehung jener Rechte. Nicht durch angenommenen Verzicht, sondern durch eine „Maßregel", durch *Entziehung* kraft Hoheitsrechtes, sind die Rechte beseitigt. In der Erklärung beruft sich der König ausschließlich auf diesen § 4 — bei der Sachlage wohl begreifbar —; würde die Verordnung in der Verzichtserklärung den rechtlichen Beendigungsgrund sehen, dann wäre die nachfolgende „Erklärung" völlig überflüssig. Aus der Auffassung des Vorganges als Entziehung der Mitgliedschaftsrechte folgt dann: die Mitgliedschafts*pflichten* dauerten bis zum Scheidungsurteil fort. Erst hierdurch endigte die Mitgliedschaft und zwar sowohl die engeren wie die weiteren Sinnes. Vgl. hierzu S. 298ff.

B. 1. Zugleich läßt diese Verordnung nach ihrem ersten

Satze aber ersehen, daß, wenn der König der Verzichtswillensäußerung der Kronprinzessin rechtliche Bedeutung beilegen würde, er der Anschauung wäre, daß der Mitgliedschaftsverzicht zu seiner Rechtsgültigkeit der Annahme seitens der Familie bedürfte. Er würde damit eine Anschauung vertreten, welche von Theoretikern *Störk* teilt. Denn verstehen wir dessen System der Gründe freiwilligen, d. h. nicht ipso jure (wie bei Ehescheidung) statthabenden Austrittes recht, so verlangt er für jedes freiwillige Ausscheiden Konsens des Familienoberhauptes, teils „ausdrücklichen" (Austritt S. 33), teils stillschweigenden. Wohl erwähnt er letzteres Erfordernis nicht besonders, aber indem er a. a. O. S. 33 in dem Satze „In den vorstehend behandelten Fällen erfolgte der Austritt kraft ausdrücklichen Konsenses des Familienoberhauptes" ausdrücklich gesperrt druckt und fortfährt: „Ohne diese *ausdrückliche* Bewilligung legt die Familienmitgliedschaft regelmäßig eine gewisse Residenzpflicht auf", ist anzunehmen, daß er in den Fällen, die er stillschweigende Entsippung (will sagen: stillschweigenden freiwilligen Austritt) nennt (Agnatische Thronfolge S. 54) — davon in diesem Paragraphen unter IV B 2 —, eine stillschweigende Zustimmung als rechtlich notwendig voraussetzt.

2. Überdies sehen wir: beim ausdrücklich erklärten freiwilligen Austritt legt *Störk* sogar den Schwerpunkt auf die Konsenserklärung: „kraft" der ausdrücklichen Konsenserklärung läßt er bei ausdrücklich erklärtem Mitgliedschaftsverzicht den Austritt erfolgen.

3. a) Wir vermögen uns aus den unter Nr. I dargelegten Gründen dieser Auffassung nicht anzuschließen. Man wendet vielleicht noch ein: die Aufgabe der Mitgliedschafts*rechte* mag ohne Genehmigung rechtswirksam sein, aber wie sollten Mitgliedschaftspflichten ohne Zustimmung der Korporationsgewalten aufgegeben werden können? Allein hier ist doch zu bedenken: wie würde sich ein Mitglied entschließen, alle die Rechte und Vorteile, welche aus der Mitgliedschaft entspringen, aufzuopfern, wenn es nicht sicher sein könnte, damit zugleich, wenn es will, von allen Mitgliedschaftspflichten befreit zu werden. Beides läßt sich nicht aus-

einanderreißen: bedarf der Verzicht auf die Rechte keiner Annahme, so muß das Mitglied auch seine Pflichten ohne Zustimmung von anderer Seite abzuschütteln vermögen, wenn es gleichzeitig seine Rechte aufgibt.

b) Dazu kommt: würde der Verzicht auf *alle* Mitgliedschaft zu seiner Rechtsgültigkeit der Annahme bedürfen, so könnte hierfür mangels besonderer Bestimmung im Hausrecht Zustimmung des Familienhauptes nicht ausreichen, sondern es wäre dazu Konsens des Oberhauptes *und* der Agnaten notwendig; denn wie wir sehen werden (§ 40), fehlt jede Berechtigung anzunehmen, daß der Familienchef im Zweifel allein die Korporation des hochadeligen Hauses zu vertreten vermag.

C. Die Lehre von der Annahmebedürftigkeit des Verzichtes hat indes einen richtigen Kern.

1. Nur das Ausscheiden aus *aller* Mitgliedschaft, Aufgabe der engeren und weiteren Mitgliedschaft mit allen daraus entspringenden Rechten, ist ohne Annahme seitens des Hauses rechtswirksam. Will das Familienmitglied — abgesehen natürlich von den gar nicht hierher gehörigen Fällen, wo sich an eine freie Willensentschließung (Verehelichung, Thronbesteigung) von selbst diese Folge knüpft, — *lediglich* aus der besonderen Hausgewalt des *Familienhauptes* ausscheiden, so ist dies ohne Zustimmung des *letzteren* nicht möglich. Die Unterordnung unter diese besondere Familienaufsicht, die im Interesse des Staates geschaffen ist, steht nicht zur Disposition des im übrigen im Hausverband verbleiben wollenden Mitgliedes, auch dann nicht, wenn das Mitglied bereit ist, gleichzeitig auf die aus der engeren Mitgliedschaften entspringenden, ja sogar bereit ist, auf alle Mitgliedschaftsrechte zu verzichten. *Austritt lediglich aus der engeren Mitgliedschaft ist also nur im Wege der Vereinbarung möglich.* Herzog Karl von Braunschweig († 1873) konnte nicht einseitig aus der Familiengewalt seines Regierungsnachfolgers ausscheiden. Die Ausübung der Aufsicht bildet ein Recht und keine Rechtspflicht des Oberhauptes. Daher genügt Konsens des Oberhauptes allein.

2. a) Nicht für jedes Mitgliedschaftsrecht gilt, daß das

im übrigen in der Hausgemeinschaft verbleibende Hausmitglied auf dasselbe *ohne Zustimmung* verzichten kann.

α) Verzichtbar ohne Zustimmung von Haus bezw. Staat sind die Teilnahme an der Verwaltung des Hausvermögens und an der Familienautonomie, die vermögensrechtlichen Ansprüche gegen Haus oder Staat, die Thronfolge und Regentschaftsfähigkeit, die Thron- und Regentschaftsinhaberschaft und andere politischen Rechte (Sitz in der ersten Kammer, im Staatsrat), die Freiheit von Wehrpflicht, Steuern und ähnlichem, das Privileg von Z.Pr.O. § 219 (persönliches Erscheinen vor Gericht als Partei u. s. w.). Kein Zweifel, daß die Abdankung zu ihrer Rechtsgültigkeit der Bestätigung weder des Hauses noch derjenigen des Staates bedarf. Vgl. § 9 I A 3.

β) Nur mit Zustimmung des Familien- bezw. Staatshauptes sind die von diesem dem Mitgliede als solchem verliehenen Haus-, Hof- und Staatstitel und Rangstellungen verzichtbar.

b) Einer Zulassung durch Hausgesetz bedürfte der Verzicht auf durch Hausgesetz begründete Titel- und Rangstufen, auf die im Staatsgesetz begründeten Vernehmungs- und Eidesleistungsprivilegien (Z.Pr.O. §§ 375, 479, 482; Str.Pr.O. § 71), den erhöhten strafrechtlichen Schutz, die Standesregisterprivilegien und die Ausnahmestellung im bürgerlichen Recht und im Gerichtsstand. Siehe zu letztgenanntem Punkt *Störk*, Austritt S. 15 und über die Verzichtbarkeit öffentlichrechtlicher Vorteile überhaupt *Jellinek*, System der subj. öffentl. Rechte S. 325.

IV. Der volle Mitgliedschaftsverzicht kann *ausdrücklich* oder *stillschweigend* geschehen.

A. Der *ausdrückliche* Verzicht verlangt Abgabe gegenüber dem Familienhaupt als dem zur Entgegennahme von Erklärungen zuständigen Hausorgan. Einen solch ausdrücklichen Verzicht betätigte z. B. die Witwe des Kronprinzen Rudolf von Österreich anläßlich ihrer Verehelichung mit *Graf Lonyay* (1900). Diese Heirat als solche würde als Heirat mit einem rechtlich Unebenbürtigen keine Lösung der Hausmitgliedschaft zur Folge gehabt haben. Aber die Erzherzogin schied freiwillig aus dem österreichischen Erzhause aus und legte sogar den Titel einer österreichischen kaiserlichen Prinzessin nieder (siehe weiter § 30 III B 2 b).

1. a) *α*) Ein ausdrücklicher Verzicht liegt *auch* noch *vor*, wenn dem Wortlaute nach *nur* auf „*alle* aus der *Mitgliedschaft* fließenden *Rechte* verzichtet“ wird. Diese Wendung anders auslegen, hieße am Buchstabensinne haften. Denn wer *alle* die aus der Familienzugehörigkeit fließenden Rechte — und welch bedeutende sind darunter — freiwillig aufgibt, will auch der daraus fließenden rechtlichen Lasten ledig sein. Der Verzichtende würde das hervorheben, wenn er sich gegenwärtig hielte und er wüßte, daß und welche Pflichten aus der Mitgliedschaft entspringen. Sein wirklicher Wille ist, jedes rechtliche Band, das ihn mit dem Hause verknüpft zu lösen. Wenn die Kronprinzessin Luise von Sachsen erklärt, auf „alle Rechte, die ihr aus der Stellung als Kronprinzessin bisher zustanden“, verzichten zu wollen und der König demzufolge kundgibt, daß sie „aus allen in der Zugehörigkeit zum königlichen Hause begründeten *Rechten*, Titeln und Würden ausgeschieden“ sei, so hat hiermit beiderseits der Austritt aus *aller* Mitgliedschaft bezeichnet werden wollen.

β) Dasselbe gilt für die Auslegung der Zuschrift, durch welche der damalige österreichische Ministerpräsident Graf Taaffe unter dem 2. November 1889 dem österreichischen Herrenhause mitteilte, daß „Se. K. und K. Apostolische Majestät mit Allerh. Handschreiben vom 16. Oktober 1889 die freiwillige Verzichtleistung Se. K. und K. Hoheit des durchlauchtigsten Herrn Erzherzogs Johann (Nepomuk Salvator) auf *alle* ihm zukommenden *Rechte* . . . zu gestatten geruht haben“ (siehe *Störk*, Austritt S. 13).

b) Wenn auch die von dem Erzherzog Leopold Ferdinand von Toskana geforderte *förmliche* „Erklärung“ (siehe oben II B 2) lautet: „Ich verzichte auf alle mir durch Geburt als Mitglied des Allerhöchsten Hauses zustehenden *Ansprüche* und *Rechte, insbesondere* auch auf das Recht, als kaiserlicher Prinz und Erzherzog von Österreich, königlicher Prinz von Ungarn, Böhmen u. s. w. angesehen und behandelt zu werden,“ so ist trotzdem auf einen Austritt aus allen Mitgliedschaftsverhältnissen zu interpretieren. Die Wortfassung erklärt sich aus der diesbezüglichen Formulierung des österreichischen Hausgesetzes. Wohl ist dasselbe nicht publiziert — sogar sein Datum (3. Februar 1839) ist erst seit 1854 bekannt (siehe hierüber *Jellinek*, Der Einfluß des Religionsbekenntnisses u. s. w. S. 17 in der Heidelberger Festgabe für Bekker) —, aber nach Mitteilung einer Entscheidung des obersten Gerichtshofes vom 8. April 1863 Z. 2265 (Gerichtszeitung 1864 Nr. 27) enthält § 3 jenes Gesetzes die Bestimmung, „daß alle kaiserlichen *Familien*mitglieder das Recht haben, als Prinzen und Prinzessinnen des kaiserlichen Hauses öffentlich angesehen und behandelt zu werden, somit an allen ihnen als solchen gebührenden Rechten, Ehren und Vorzügen Anteil zu nehmen" (siehe hierzu *Opet* und Ehrenzweig in der „Zeitschrift für Notariat und freiwillige Gerichtsbarkeit in Österreich 1903 Nr. 13).

c) Freiwillig ausgeschieden aus ihrer bisherigen Mitgliedschaft, d. h. hier aus dem österreichischen Kaiserhause ist auch die *Kronprinzessin Stephanie* von Österreich, als sie die unebenbürtige Ehe mit Graf Lonyay einging. An sich hätte diese Mißheirat im Rechtssinne ihren Familiennamen und ihren Stand, d. h. die Zugehörigkeit zum hohen Adel und speziell die Mitgliedschaft in jenem Kaiserhause nicht beendigt, aber dieselbe schied freiwillig aus demselben aus und erhielt infolgedessen bürgerlichem Recht gemäß den Familiennamen ihres Mannes. In Konsequenz ihres Austrittes wurde der Gräfin, als sie sich in Österreich-Ungarn in ein Fremdenbuch unter einem anderen Namen als dem einer Gräfin Lonyay eintrug, von der Polizeiverwaltung die Mitteilung gemacht, daß sie mit Rücksicht auf den Verlust ihrer Mitgliedschaft im österreichischen Kaiserhause das Recht des Inkognitos der Angehörigen souveräner Häuser eingebüßt habe und daher hinsichtlich Namensführung, Fremden- und Meldungswesen dem gemeinen Rechte unterliege. Vgl. *Störk*, Austritt S. 10. Wenn die Polizei auch noch darauf hinwies, daß sie auch die Zugehörigkeit zum belgischen Königshause verloren habe und daher auch aus diesem Grunde des Inkognito*rechtes* verlustig gegangen sei, so war das insofern unzutreffend, als Prinzessinnen eines Staates ein Inkognito*recht* in anderen Staaten nur zukommt, wenn sie sich in Begleitung des Souveräns jenes ersten Staates befinden (siehe auch § 26 I E).

2. Kein ausdrücklicher (aber auch kein stillschweigender) Mitgliedschaftsverzicht liegt im ausdrücklichen *Thron-* und *Thronfolgeverzicht*.

a) Wer nach Thronanfall vor Regierungsantritt die Krone ausschlägt oder wer nach Antritt der Regierung von ihr *zurücktritt* (im letzteren Falle: *Abdankung*), scheidet damit nicht von selbst auch aus der Familie aus. Im ersteren Falle bleibt das Mitgliedschaftsverhältnis überhaupt unberührt, im zweiten Falle *steigt* es vom *weiteren Mitgliedschaftsverhältnis* zum *engeren* auf. Der zurücktretende Fürst gelangt, weil er Prinz wird, unter die Hausgewalt des neuen Herrn (siehe oben § 24 IV). Ausnahmen hiervon bedürften der Zustimmung aller Agnaten, also eines Sonderhausgesetzes, weil nach generellem Hausrecht alle Prinzen dieser landesfürstlichen Gewalt unterstehen. Im übrigen kann ihm sein Nachfolger einseitig oder vertragsmäßig eine Sonderstellung einräumen, soweit dies nach seiner Zuständigkeit als Familien- und Staatshaupt ohne Mitwirkung von Agnaten und Volksvertretung möglich ist, sich z. B. vertragsmäßig zu einer bestimmten Leistung an ihn verpflichten. Einen bestimmten Anteil an der Zivilliste vermag er ihm nicht abzutreten. Dieselbe ist öffentlichrechtliche, im Staatsinteresse zustehende Forderung. Sie kann daher weder verpfändet noch abgetreten werden (siehe unten § 38). Aus dem gleichen Grunde kann sich der Zurücktretende nicht eine Befreiung von der landesfürstlichen Hausgewalt seines Nachfolgers vorbehalten, noch weniger einseitig (§ 52) bedingt oder befristet zurücktreten.

b) *α*) Wer auf Thronfolge verzichtet, erklärt hierdurch allein noch nicht seinen Austritt aus dem Hause. Er bleibt Mitglied; sogar engeres, wenn er es war; was er verliert, ist nur sein Thronanwartschaftsrecht. Wenn Herzog Christian August zu Schleswig-Holstein unter dem 30. Dezember 1852[1]) „für sich (und seine Familie)“ dem Könige von Dänemark auch in dessen Eigenschaft als regierendem Herzog der Elbherzogtümer versprach, „den von dem Könige von Dänemark

---

[1]) Siehe Rechtsgutachten bezüglich der Herzogtümer Schleswig, Holstein und Lauenburg, erstattet vom Kronsyndikat 1866 S. 116.

in bezug auf die *Ordnung* der *Erbfolge* für alle unter dessen Szepter gegenwärtig vereinten Lande oder die *eventuelle Organisation* dessen Monarchie gefaßten oder künftig zu fassenden Beschlüssen in keiner Weise entgegentreten zu wollen", so liegt hierin wohl ein *stillschweigender* eventueller Thronanwartschaftsverzicht[1]), keineswegs aber die Erklärung, nicht mehr Mitglied des regierenden Hauses Holstein, d. h. Mitglied der jüngeren königlichen Linie des herzoglich holsteinischen Hauses sein zu wollen.

β) Daß der Thronfolgeverzicht keinen Rückschluß auf die Mitgliedschaftsstellung gestattet, zeigt der *befristete Thronfolgeverzicht.* Er begegnet bei Mitgliedern *und* Nichtmitgliedern.

αα) Wenn *Prinz Max von Sachsen* am Tage seiner ersten heiligen Messe auf die Thronfolge Verzicht leistete „bis auf den Fall des gänzlichen Aussterbens der Familie" (siehe *Störk,* Austritt S. 33), so ist kein Zweifel, daß er trotzdem Mitglied des sächischen Königshauses im weiteren und engeren Sinne blieb.

ββ) Andererseits scheiden Prinzessinnen, welche in männlicher Linie von Stammvater des Hauses abkommen (agnatische Prinzessinnen), sofern nicht bloß geltendes Staats-, sondern auch geltendes Hausrecht jede Weiberthronfolge ausschließt, mit ihrer Vermählung aus der Hausgemeinschaft rechtlich völlig aus. Trotzdem beschränkt sich, wenn die *Prinzessinnen* genannter Art kurz vor ihrer Verehelichung noch eine förmliche *Nachfolgeverzichtsurkunde* ausstellen, auch in diesen Häusern der Verzicht „auf den ledigen Anfall," d. h. auf die Dauer des Vorhandenseins der männlichen Linie. *Störk,* Austritt aus dem landesherrlichen Hause S. 37 f. ist in der Lage, die Abschrift einer solchen nach 1850 ausgestellten Verzichtsurkunde aus dem preußischen Königshause, also aus einem Staate mitzuteilen, bezüglich dessen es nach dem Wortlaut seiner Verfassung — Art. 53: „Den Königlichen *Haus*gesetzen *gemäfs* erblich in dem *Manns*stamme" — nicht ernstlich zweifelhaft zu sein vermag (siehe jedoch oben S. 52), daß

---

[1]) Hierzu Rechtsgutachten S. 120.

auch dem Hausrechte der regierenden Familie eine eventuelle Weibersukzession unbekannt ist. Auch hier lautet die Urkunde: „Wir und Unsere Erben und Nachkommen wollen daran (d. h. an Land und Leuten, Gütern) keine Forderung oder Ansprache machen oder haben, solange Könige und Fürsten aus diesem Königlich Preußischen Brandenburgischen Stamme entsprossen und geboren und deren *männliche* Nachkommen am Leben sein werden.“ Obschon also vor dem Ausscheiden aus der Hausmitgliedschaft stehend, verzichtet die Prinzessin doch nur unter zeitlicher Begrenzung. Sie will sich nicht jeder Thronfolgeaussicht begeben. Auch als demnächstiges Nichtmitglied des Hauses behält sie sich noch Anwartschaft vor. Wie sie den befristeten Verzicht vor ihrer Vermählung aussprechen kann, so vermag es auch nach derselben zu geschehen. Sie tut es dann als bereits gewordenes Nichtmitglied. Demgemäß besteht von Thronfolgeverzicht kein sicherer Rückschluß auf Mitgliedschaftsverzicht. Letzterer kann sich hiermit verbinden, vermag aber auch nachzufolgen oder vorauszugehen. — Man wende nicht ein: aus solchem Prinzessinnenverzicht rechtliche Folgerungen zu ziehen, ist unstatthaft; denn diese Tochterverzichte entbehren rechtlicher Bedeutung. Der Ausschluß der weiblichen Linie beruht juristisch nicht auf diesen Verzichten, sondern auf gesetzlicher oder gewohnheitsrechtlicher Norm (so die herrschende Lehre; siehe *Gg. Meyer* § 88); auch wenn die Tochter nicht verzichtet, ist sie ausgeschlossen (non renuntians pro renuntiata habetur)[1]). Zunächst hat der Verzicht unter allen Umständen die rechtliche Bedeutung der Aufgabe eines bestehenden Anspruches, wenn zwar nicht das Staatsrecht, wohl aber das Hausrecht oder zwar nicht das Hausrecht, wohl aber das Staatsrecht subsidiäre Weibernachfolge kennen. Aber auch sofern Staats- *und* Hausrecht die Frage der kognatischen Thronfolge übereinstimmend ordnen, ist der Verzicht nicht ohne rechtliche Wirkung, wenn er nicht unbefristet, sondern nur bis zum Eintritt des Aussterbens des

---

[1]) Vgl. königlich sächs. Hausgesetz § 15. Siehe auch *Binding*, Thronfolgerecht der Kognaten in Luxemburg S. 12; *Gierke* bei Holtzend. I 553.

Mannsstammes oder bis zum Wegfall aller nach gegenwärtigem Recht vorgehenden Thronanwärter („bis auf den ledigen Anfall") ausgesprochen wird. Unter dieser Voraussetzung kommt ihm zuvörderst im Falle des Ausschlusses subsidiärer Frauensukzession durch die gegenwärtige Rechtsordnung rechtliche Bedeutung zu. Denn hier bedeutet der Verzicht dann: ich erkenne an, daß ich nach geltendem Rechte kein Thronfolgerecht besitze, aber es ist möglich, daß dieses geltende Recht sich ändert; ich will keineswegs die Rechte im voraus aufgeben, welche mir in dem Momente des Wegfalls aller Agnaten nach dem dann vielleicht geltenden Haus- oder Staatsrecht zukommen; für den Fall, daß dann die weibliche Nachfolge eingeführt ist, will ich weder für mich, noch für meine Nachkommen verzichtet haben. Wenn das gegenwärtig geltende Recht eventuelle Weibernachfolge vorsieht, besitzt jene Verzichtserklärung in der gleichen Richtung allerdings nur politisch-tatsächliche Bedeutung. Sie besagt in diesem Falle: selbst wenn im Momente des Wegfalls aller nach heutigem Rechte vorgehenden Thronanwärter das geltende Recht geändert sein, d. h. alle kognatische Thronfolge abgeschafft sein sollte, will ich, bezw. meine Nachkommenschaft doch das uns nach heutigem Rechte zukommende Anwartschaftsrecht geltend machen; ich kündige somit an, daß ich bezw. meine Abkömmlinge dann die Frage aufwerfen werden, ob, was wir bestreiten, kognatische Thronfolgeansprüche ohne Zustimmung der Beteiligten beseitigt zu werden vermögen. *Tatsächliche* Bedeutung hat diese Erklärung soweit nur, weil, wie wir wissen (vgl. S. 208), in der Tat kognatische Sukzessionsrechte nach der historischen Entwicklung wider Willen der Berechtigten aufgehoben werden dürfen. Es könnte auffallen, warum dann neuere Hausgesetze in Staaten mit eventueller Kognatenthronfolge die Abforderung von Töchterverzichten noch rechtlich vorschreiben (Bayern V § 2, Sachsen § 15, Baden [Hausstatut von 1817] § 2). Sie tun es aus anderen Gründen, um die agnatische Sukzession gegen Anfechtung sicher zu stellen. Und hierin liegt dann die rechtliche Bedeutung dieses Töchterverzichtes. Denn die Verzichtsurkunde hat den Charakter eines Verzichtsvertrages. „Unwiderruflich“ (siehe die Urkunde bei *Störk*, Austritt S. 37) verzichtet die Prinzessin bis auf den ledigen Anfall. Zum Ausschluß durch Gesetz tritt also noch der Ausschluß durch Vertrag. Nur das meiningensche Gesetz vom 9. März 1896 Art. 2 erklärt einen solchen „Erbverzicht“ der Kognaten ausdrücklich für nicht erforderlich. Viel bedeutsamer allerdings ist, daß von den Staats- und Hausgesetzen, welche Weibernachfolge völlig ausschließen, keines die Töchterverzichte ausdrücklich für überflüssig erklärt. Damit geben diese deutlich genug zu verstehen, daß, wenn ein solcher besonderer Verzicht stattfindet, ihm keineswegs rechtliche Bedeutung mangelt.

Hauke, Die geschichtlichen Grundlagen des Monarchenrechts 1894 S. 112 Anm. 3 will dafür, daß der Thronfolgeverzicht als solcher nicht auch als Erlöschungsgrund der Hausmitgliedschaft in Betracht komme, beachtet wissen, daß den unter Thronfolgeverzicht heiratenden Prinzessinnen doch der Titel Prinzessin von X bleibe. Allein dies ist keineswegs ausschlaggebend. Auch aus dem Hause völlig ausscheidende Mitglieder behalten im Zweifel das ihnen bisher zustehende Titelrecht.

γ) Zurückerinnern möchte ich an die Anschauung der unbeugsamsten Vertreter der modernen Thronfolgetheorie, also vor allem an die *Bindings*. Nach ihm bestimmt der Staat die Reihenfolge der Throninhaber zwingend, in einer „keine Ausnahme zulassenden“ Weise. „Die staatliche Thronfolgeordnung ist aller Privatdisposition entrückt.“ Hieraus folgt oder richtiger, wird abgeleitet: erst nach Anfall des Thrones ist ein Verzicht möglich. Es gibt rechtlich nur einen Thron-, keinen Thronfolgeverzicht. Kommt letzterer vor, so entbehrt er rechtlicher Bedeutung (siehe *Binding* a. a. O. S. 20, 22 f.). Also fügen wir an: kann in einem Verzicht auf die Krone vor Anfall auch nie ein Mitgliedschaftsverzicht liegen. Das gleiche Resultat, zu dem wir gelangen, ist hier auf anderem Wege erreicht.

3. *Kein ausdrücklicher* Mitgliedschaftsverzicht, wie *Störk*, Die agnatische Thronfolge u. s. w. S. 54 meint, aber auch kein stillschweigender liegt in dem mit *Verheiratung* für die

Frau und sonst mit *Besteigung* eines *auswärtigen Thrones* sich ergebenden Mitgliedschaftsverlust. Die Aufhebung der engeren, im ersteren Falle auch weiteren Mitgliedschaft tritt hier ein, selbst wenn das sich vermählende, bezw. sich in den Besitz des fremden Thrones setzende Hausmitglied gar nichts davon weiß, daß jene Vorgänge die Beendigung der Unterordnung unter die besondere Aufsicht des Familienhauptes zur Folge haben. Daher können in jenen Willensakten unmöglich Handlungen erblickt werden, aus welchen — wie es nach dem Wesen der konkludenten Handlung unerläßlich wäre — mit Sicherheit auf das Vorhandensein eines Mitgliedschaftsverzichtswillens geschlossen zu werden vermag.

B. 1. *Stillschweigender* Mitgliedschaftsverzicht liegt vor, wenn sich das Mitglied an das Staatshaupt, das zugleich Familienhaupt ist, mit dem Ansuchen um Gestattung der *Annahme* (*dauernder* Führung) eines *anderen*, nicht notwendig bürgerlichen *Familien*namens (Gegensatz: Inkognitoname) wendet. Die beiden österreichischen Erzherzoge haben seinerzeit nicht bloß um Genehmigung ihres Verzichtes auf alle ihre Mitgliedschaftsrechte, sondern auch um Gestattung der Abänderung ihres Familiennamens (in „Johann Orth", bezw. „Leopold Wölfling") nachgesucht (siehe *Störk*, Austritt S. 15 und 41). Auch wenn sie nur das letztere getan hätten, wäre bei beiden auf eine Austrittswillenserklärung zu schließen. — *Triepel*, Der Streit um die Thronfolge u. s. w. S. 73 hält einen stillschweigenden Verzicht für unmöglich, könne doch nicht einmal auf den niederen Adel so verzichtet werden. Allein soweit dies zutrifft, ist es doch bloß die Folge einer ausdrücklichen gesetzlichen Bestimmung. Und dann kommt in Betracht: die Zugehörigkeit zum hohen Adel ist mehr als ein bloßes Titelrecht. Es bringt Unterordnung unter strenge Gewalten mit sich. Deshalb liegt zum Vergleich näher der Kronverzicht. Auf diese noch drückendere Last kann stillschweigend verzichtet werden, sowohl vor wie nach Antritt der angefallenen Krone. Vgl. *Seydel*, Bayer. Staatsrecht Bd. I S. 201. A. M. ist allerdings für die Thronentsagung nach Anfall *Hauke*, Die geschichtlichen Grundlagen des Monarchenrechts 1894 S. 136.

2. a) *Kein stillschweigender* Mitgliedschaftsverzicht ist bei *Eintritt in einen Orden*, bei Profeßleistung (professio religiosa) anzunehmen. Denn nach heutigem Rechte fehlt der Ablegung der Ordensgelübde Wirkung für das weltliche Leben. Vgl. *Friedberg*, Lehrbuch des Kirchenrechts 5. Aufl. § 88 VI und *Störk*, Austritt u. s. w. S. 32 f.

b) Dasselbe gilt bei Mißbrauch der Staatsgewalt, Austritt aus dem Staate, Niederlassung in anderen Staaten, Eintritt in *auswärtigen öffentlichen Dienst* oder *auswärtige Regentschaft*.

α) Früher (siehe darüber *Zöpfl*, Grundsätze des deutschen Staatsrechts 5. Aufl. Bd. I S. 773 § 279) war es keine seltene Erscheinung, daß man im Mißbrauch der Staatsgewalt durch den Fürsten einen stillschweigenden Verzicht desselben auf Regierungsrecht und sogar Hauszugehörigkeit sehen wollte. Das gerade Gegenteil ist zutreffend. Herzog Karl von Braunschweig machte doch sogar den Versuch, die Herrschaft gewaltsam zurückzugewinnen.

β) Wer seine *Entlassung aus dem Staatsverbande* nimmt, löst lediglich seine Beziehung zum Staate, nicht zum Hause, dem er angehört. Wohl stellt die besondere Hausgewalt ein Akzessorium der Staatsgewalt dar, allein hieraus folgt doch nicht auch, daß die Unterordnung unter jene Gewalt ohne Unterordnung unter diese nicht zu bestehen vermag. Die Dienstherrlichkeit des Staates macht sogar einen Bestandteil der Staatshoheit aus und doch vermag Staatsdienst- ohne Staatsangehörigkeitsverhältnis zu bestehen. Der Staatsdiener braucht nicht zugleich Staatsangehöriger zu sein. Es ist völlig unerfindlich, wie *Störk*, Austritt S. 31 behaupten kann: Der Austritt aus dem mecklenburgischen Staatsverbande hat ein Ausscheiden des Herzogs Heinrich von Mecklenburg aus der Hausgewalt und damit aus dem landesherrlichen Hause bewirkt. Siehe auch § 26 II A 2 c.

γ) Durch die *Niederlassung im Auslande* wird, selbst wenn sie mit Erlaubnis des Familienhauptes geschieht, nach Ablauf der gesetzlichen Frist (10 Jahre) grundsätzlich die *deutsche Staats- und Reichsangehörigkeit* verloren. Lediglich in einem Falle tritt dies nicht ein (Gesetz vom 1. Juni 1870 § 23):

„wenn der Deutsche mit Erlaubnis seiner Regierung bei einer fremden Macht dient.“ Also verliert auch das Hausmitglied seine Staatsangehörigkeit nicht, wenn es mit Erlaubnis des ja mit dem Staatshaupt identischen Familienchefs in fremden Staats- oder Hofdienst eintritt. Darüber hinaus gilt aber auch für Hausmitglieder gemeines Recht: das Gesetz vom 1. Juni 1870 statuiert für sie keine Ausnahme. Demzufolge endigt auch ihre deutsche Staatsangehörigkeit bei zehnjährigem ununterbrochenen gewöhnlichen Aufenthalte im Auslande. Ein Mitglied der koburg-gothaischen Familie, das in dieser Weise seinen ständigen Aufenthalt in Österreich oder Ungarn oder England nimmt, hört nach zehn Jahren auf, koburg-gothaischer Staats- und deutscher Reichsangehöriger zu sein, wenn es sich nicht immer wieder in die Matrikel des Reichskonsuls seines Wohnbezirkes eintragen läßt.

Hieran ändert sich auch nichts, wenn der Aufenthalt im Auslande *mit Erlaubnis* des Familienhauptes erfolgt. Die Erlaubnis, welche der Fürst dem Hausmitgliede als solchem erteilt, hat keine Wirkung für die Stellung des Hausmitgliedes zum Staate. Daß der mit Erlaubnis der Regierung geschehende Eintritt in fremden öffentlichen Dienst den Verlust der Staatszugehörigkeit durch Zeitablauf aufhält, ist die Folge besonderer Gesetzesbestimmung. Und gerade weil lediglich die Dienstnahme bei einem fremden Staate (und Hofe) und nicht auch die Niederlassung in einem fremden Staate mit jener Wirkung ausgestattet wurde, ist es ausgeschlossen, von jener Vorschrift über die hemmende Wirkung des auswärtigen Dienstes erweiternd auf eine gleiche, hemmende Wirkung auswärtigen Wohnsitzes zu folgern. *Störk* ist, wie wir bereits wissen (siehe oben § 26 I F und II A 2 b), anderer Anschauung. Er vertritt (Austritt S. 24) die Anschauung: *jedes* Mitglied (also Prinzessin *und* Prinz), welches mit *Zustimmung* des Familienchefs *durch* konsentierte Ehe seinen Aufenthalt im Auslande nehme, verliere nach zehnjährigem ununterbrochenen gewöhnlichen Aufenthalte daselbst die deutschen Staatsangehörigkeiten nicht. Den Grund hierfür erblickt Störk nicht in der besonderen Erlaubnis zur Niederlassung im Auslande, sondern im Heiratskonsense. Gewiß darf letzterer bei Verheiratung von solchen Familienmitgliedern nach dem Auslande, welche auch nach der Verheiratung noch unter der Familiengewalt des Fürsten bleiben, zugleich als Erteilung der Erlaubnis zur Niederlassung im Auslande angesehen werden, aber einmal dauert diese landesfürstliche Hausgewalt bei einem Teile nach dem Auslande sich verehelichender Prinzessinnen überhaupt nicht fort, kann also Heiratskonsens nicht jene Wirkung besitzen, weil nach der Vermählung solche Niederlassungserlaubnis nicht mehr erforderlich ist, und dann ist nicht zu verstehen, wie einer Erlaubnis, die der Persönlichkeit als Familienmitglied vom Familienhaupte erteilt wird, ohne weiters rechtliche Bedeutung auch für die Beziehung der Persönlichkeit zum Fürsten als Staatshaupt und gar für die Beziehung derselben als Reichsuntertan zukommen soll.

Ganz anders steht die Frage bezüglich der Einwirkung der Niederlassung in *anderen* Staaten auf die Hauszugehörigkeit.

Zweifellos läßt die Niederlassung in fremden Staatsgebieten die Thronfolgefähigkeit unberührt. Denn das steht fest, daß die Prinzessinnen durch Einheiraten in fremde Häuser nicht ihre Thronfolgefähigkeit verlieren, da dieselben ja sonst von der Gesetzgebung nicht für eventuell sukzessionsberechtigt erklärt werden könnten, indem doch das Reguläre die Verheiratung der Prinzessinnen und damit zumeist ihr Eintritt in fremde regierende Häuser ist.

Aber darum fragt es sich, ob mit dauerndem Aufenthalt in fremden Staaten nicht die Unterordnung unter die hausherrliche Familiengewalt ihr Ende erreicht.

Man möchte versucht sein, dies als die Meinung des *Reichsgerichtes* anzusprechen, wenn man in einer Entscheidung dieses Gerichtshofes vom 28. September 1891, mitgeteilt in der Sammlung der Entscheidungen des Reichsgerichts in Strafsachen Bd. XXII S. 141 ff., von einem Begriffe landesherrliches Haus in einem „engeren, auf die hausherrliche Familiengewalt des Souveräns als caput familiae, chef de famille, über seine, ihm *tatsächlich* und *unmittelbar* unterworfenen Familienangehörigen beschränkten Sinne“ und davon liest, daß sich ein bisheriges Mitglied aus Gründen des öffentlichen Rechts rechtlich *und tatsächlich* von der hausherrlichen Gewalt seines bisherigen Souveräns endgültig emanzipiert habe.

Unmittelbar handelt diese Entscheidung lediglich von der Frage, ob Souveräne nicht zum Deutschen Reiche gehörender Staaten noch als Mitglieder deutscher landesherrlicher Häuser im Sinne der § 97 des Reichsstrafgesetzbuches angesehen werden dürfen, welcher die Beleidigung von „Mitgliedern (deutscher) landesherrlicher Häuser“ analog der Majestätsbeleidigung, höher als gewöhnliche Beleidigungen bestraft. Aber weil das Reichsgericht als Voraussetzung der rechtlichen Unterworfenheit unter die Familiengewalt tatsächliche und unmittelbare Unterworfenheit verlangt, könnte man meinen, im Sinne des Gerichtshofes sei es, auch die in fremden Staaten sich dauernd aufhaltenden Mitglieder nicht mehr als rechtlich unter der Hausgewalt des Familienhauptes stehend zu erachten, da diese Familienangehörigen doch nicht mehr unmittelbar und sehr oft auch nicht mehr tatsächlich dieser Gewalt unterstehen.

Allein es wäre dies gewiß eine nicht im Sinne der Urheber jener reichsgerichtlichen Entscheidung liegende Verallgemeinerung. Denn sie würde Rechtsgedanken zuwiderlaufen, welche sich nahezu von selbst aus anderen hausgesetzlichen Bestimmungen ableiten.

In der Regel stellen die Hausgesetze den Satz auf, kein Mitglied der regierenden Familie dürfe ohne vorgängige Genehmigung des regierenden Herrn seinen Aufenthalt in anderen Staaten nehmen oder in den Dienst anderer Staaten treten. Das Recht des Landesherrn, eine solche Genehmigung zu erteilen, erscheint in allen Staaten als ein Bestandteil seiner Familiengewalt, ebenso wie die Befugnis, den Familienangehörigen die Heiratsbewilligung zu gewähren. Allein während hinsichtlich dieser letzteren Befugnis, was die Prinzessinnen angeht, gesagt wird: sie scheiden mit ihrer Vermählung aus dem fürstlichen Hause, d. h. der fürstlichen Hausgewalt aus, ist dies bei dem Eintritt in auswärtigen Dienst oder der Niederlassung im Ausland nicht gesagt. Zudem bemerkt das Hausgesetz von *Waldeck* noch: die Genehmigung zum Aufenthalt im Ausland dürfe ohne besondere dringende Gründe nicht versagt werden, wenn die betreffenden Mitglieder des fürstlichen Hauses in anderen Staaten mit Grundgütern *angesessen* sind. Also ist die Möglichkeit anerkannt, daß ein Familienmitglied in anderen Staaten sich dauernd aufhält und doch der hausherrlichen Gewalt unterworfen bleibt. Vgl. Reichger. i. Strafs. Bd. XXIII S. 240.

Freilich wird dauernder Aufenthalt einzelner Familienglieder oder ganzer Linien derselben in anderen Staaten die Familiengemeinschaft engeren Sinnes zumeist tatsächlich lockern, sei es, daß die auswärts lebenden Familienangehörigen ihre Pflichten gegenüber dem Familienhaupt in geringerem Grade oder gar nicht erfüllen, sei es, daß das Familienhaupt keinen Wert darauf legt, seine Familiengewalt über diese Familienglieder auszuüben. In dieser Weise war z. B. die Beziehung der gräflichen Nebenlinien in Lippe zu der fürstlichen Hauptlinie in den letzten Jahrzehnten erheblich gelockert. Teils unterließen die Mitglieder dieser Nebenlinien, die erforderlichen Konsense des Familienhauptes einzuholen, teils unterließ und verweigerte sogar der Landesfürst die Ausübung seiner Familiengewalt gegenüber diesen Nebenlinien. Allein die tatsächliche Nichtanwendung der Gesetze benimmt denselben noch nicht ihre rechtliche Existenz und Verbindlichkeit.

Anderer Anschauung als wir ist *Störk*. Er unterscheidet zwischen Niederlassung mit oder ohne ausdrückliche Erlaubnis. Im letzteren Falle soll freiwilliger Austritt durch dauernd *getrennte* Lebensführung, stillschweigende Entsippung vorliegen („Agnatische Thronfolge u. s. w." S. 54).

Störks Gedankengang ist zusammengedrängt folgender (a. a. O. S. 55 ff.; Austritt aus dem landesherrlichen Hause S. 33 ff.): In alten und neuen Hausgesetzen findet sich die Bestimmung, daß Apanagen und Wittümer nur mit Bewilligung des Familienhauptes außerhalb des Staates verzehrt werden dürfen und demgemäß eine Einbehaltung derselben erfolgt, sofern das berechtigte Mitglied ohne Vorwissen und Genehmigung des Fürsten außerhalb des Landes seinen Aufenthalt nimmt — vgl. z. B. königlich sächsisch Hausgesetz § 17. Hieraus folge eine Residenzpflicht der Angehörigen der regierenden Familie, die Eigenschaft der Mitgliedschaft als landesfürstlicher Dienst (hiervon schon oben S. 133). Wer sich dauernd und ohne Zustimmung des Familienchefs dieser Residenzpflicht entziehe, mache die Ausübung der monarchischen Familiengewalt rechtlich und praktisch unmöglich und scheide sich daher aus der Familiengenossenschaft seines Geschlechtes aus. Sogar der vornehmste und wichtigste familienrechtliche Anspruch, die Anwartschaft auf die Krone, wird so verloren!

Mit dem positiven Recht ist diese Auffassung nicht zu vereinigen. Erstens folgt aus jenem Verbot, Apanagen unerlaubt außer Landes zu verzehren, keine Residenzpflicht, sondern nur ein indirekter Zwang, im Lande zu bleiben. Will das Mitglied auf Apanage u. s. w. verzichten, so begeht es keine Pflichtverletzung. Zweitens aber knüpft das geltende Hausrecht an die Tatsache der unerlaubten Aufenthaltsnahme im Ausland nur die Wirkung des Apanageneinzugs und des Rechtes des Familienhauptes, eine der Ordnung und Wohlfahrt des Hauses angemessene Maßregel zu treffen. Was also höchstens aus jener Tatsache geschlossen zu werden vermöchte (aber ebenfalls unrichtig sein würde), wäre die Möglichkeit einer *Entziehung* der Mitgliedschaft von oben, nie und nimmer aber die Annahme, daß solche Mitglieder aus dem Hausverbande scheiden *wollen*, am allerwenigsten aus dem ganzen Hausverbande, höchstens aus der besonderen Aufsicht des Oberhauptes. Aber auch dies kann nicht *mit Sicherheit* aus jenem Tatbestande gefolgert werden. In weit stärkerem Maße liegt eine andere Folgerung viel näher: wenn der regierende Fürst ruhig zusieht, wie die Mitglieder des Hauses ohne seine Erlaubnis Aufenthalt im Auslande nehmen oder Ehen eingehen, und hiergegen nicht im Interesse der Ordnung oder Wohlfahrt des Hauses sachdienliche Maßregeln ergreift, so kann nicht sowohl darauf geschlossen werden, daß die Mitglieder, weil sie sich ihren Pflichten entziehen, auch auf ihre Rechte verzichten wollen — das kommt sehr oft vor, daß Pflichten vernachlässigt und trotzdem Rechte geltend gemacht werden —, als vielmehr darauf, daß der Fürst den Aufenthalt in anderen Staaten stillschweigend duldet. Von einer stillschweigenden Duldung der Niederlassung im Ausland, bezw. der Nichterfüllung von Pflichten kann gesprochen werden, nicht aber von stillschweigender Konsentierung freiwilligen Ausscheidens (siehe oben III B 1). In der Verlegung des Wohnsitzes nach anderen Staaten allein liegt keine Äußerung von Mitgliedschaftsverzichtswillen. Mit Recht ist *Triepel* a. a. O. S. 77—86 der Anschauung Störks entschieden ablehnend gegenübergetreten. Störks Konstruktion entbehrt des Anhalts im positiven Recht. Vgl. auch *Bornhak*, Annalen 1904 S. 58.

δ) Wegen *auswärtiger Regentschaft* Reichsg. i. Str. 23 S. 240.

V. Das volljährige weibliche Familienmitglied kann ohne Zustimmung von Eltern oder Ehemann auf die Mitgliedschaft rechtsgültig verzichten. Die Mitgliedschaft bildet keinen Bestandteil des Frauenvermögens.

VI. Der *Verzicht* auf die Mitgliedschaft ist nicht bloß, wenn infolge des Austritts anderen Mitgliedern Rechte zuwuchsen, sondern auch ohne dies *nicht* frei *widerruflich*, weil es keinen Eintritt in die Mitgliedschaft auf Grund einseitiger Erklärung der Mitglieder gibt; Wiedereintritt setzt „Aufnahme" voraus; es müßte denn der Austritt im Wege des Verzichtsvertrages geschehen und hierbei Widerruf vorbehalten worden sein.

VII. Wer aus *einer* hochadeligen Familie freiwillig ausscheidet, ist damit *noch nicht* auch aus den *anderen hochadeligen* Familien *ausgetreten*, welchen er angehört, gehört also noch dem hohen Adel an, ist noch ebenbürtig u. s. w. Denn wie die Zugehörigkeit zum hohen Adel nur durch Zugehörigkeit zu einem bestimmten hochadeligen Hause erworben wird, so geht sie auch nicht verloren, solange die Person wenigstens *einem* solchen Hause angehört. Die Anschauung von *Opet* (Deutsche Juristenzeitung 1903 S. 141), daß die vormalige Kronprinzessin Luise von Sachsen durch ihr Ausscheiden aus dem sächsischen Hause alle Merkmale der Zugehörigkeit zum hohen Adel, also auch die Ehrenrechte als kaiserlich österreichische Prinzessin verloren habe, ist somit unzutreffend. Nur „auf die Rechte, welche ihr auf Grund ihrer Stellung als Kronprinzessin von Sachsen zustanden", nur auf die „in der Zugehörigkeit zum sächsischen Königshause begründeten Rechte" hat die Kronprinzessin unter dem 9. Januar 1903 verzichtet. Vgl. S. 277f.

VIII. Da das Kronanwartschaftsrecht eine natürliche Wirkung der Mitgliedschaft darstellt (siehe oben § 9), wird im Zweifel mit der Mitgliedschaft auch die Sukzessionsfähigkeit aufgegeben.

e) Entziehung der Mitgliedschaft.

§ 30.

I. Ein *Ausschlufs* von der Mitgliedschaft auf rechtlichem Wege ist *grundsätzlich unmöglich.*

A. Jedenfalls steht zunächst soviel fest: wenn *haus*rechtlich eine solche Ausstoßung aus der Hausgemeinschaft zulässig ist, bedarf es weiter der *Zustimmung des Staates*, sofern der Auszustoßende nach Staatsrecht Thronfolgefähigkeit besitzt; denn es wird dann durch den Ausschluß auch das staatliche Thronfolgerecht verletzt, welches bestimmt, daß jedem Thronfolgefähigen auch ein „Erb*recht*" an der Krone zusteht.

B. Aber das Hausrecht läßt, soweit kraft *Geblüts* zum Hause Gehörige, also *Agnaten* und *Kognaten*, in Frage stehen, eine Ausstoßung nicht zu.

1. Unsere modernen Hausgesetze sprechen wohl aus, daß kraft Geblüts mit dem ersten Erwerber der Landeshoheit Verbundene unter Umständen trotzdem nicht Hausmitglieder *werden* sollen, aber nirgends findet sich in ihnen ein Satz, wonach es erlaubt sein würde, durch die Gemeinschaft des Blutes mit dem primus acquirens Verknüpfte aus der Familienzugehörigkeit wieder auszustoßen, wenn sie bereits Mitglieder des Hausverbandes *geworden* sind. In den meisten Hausgesetzen — z. B. dem Oldenburger Art. 11 — begegnet wohl die Bestimmung: „Eine von einem Prinzen oder einer Prinzessin mit einer Person unebenbürtigen Standes oder ohne landesfürstlichen Konsens geschlossene Ehe *überträgt* auf die in solcher Ehe *erzeugten* Kinder *keinerlei* Recht in bezug auf *Stand*, Titel, Wappen und begründet dem fürstlichen *Hause* gegenüber keinerlei Sukzessions- und sonstige *Verwandschafts-*

rechte oder Vermögensansprüche"; aber vergebens suchen wir in den genannten Gesetzen eine Vorschrift des Inhalts, daß denjenigen, auf welche durch Erzeugung Verwandtschaftsrecht zum Hause, d. h. Mitgliedschaft in demselben übertragen wurde, diese Rechte von den Hausorganen wieder entzogen zu werden vermöchten.

2. a) *Opet* (in der Deutschen Juristenzeitung 1903 S. 140) glaubt eine solche Bestimmung in dem allen neueren Hausgesetzen (Bayern, Sachsen, Hannover, Waldeck, Württemberg, Oldenburg, Koburg-Gotha) gemeinsamen Satze finden zu dürfen, wonach das Familienhaupt kraft seiner besonderen Familienaufsicht für befugt erklärt ist, „*alle* zur Erhaltung der Ruhe, Sicherheit, Ordnung, Ehre und Wohlfahrt des Hauses dienlichen Maßregeln zu ergreifen, soweit das Hausgesetz und die Verfassung nicht entgegenstehen" [1]). Nun bin auch ich entschieden der Meinung: wenn die Hausgesetze — anders als das oldenburgische Art. 14 — es unterlassen, einschränkend zu bestimmen, daß der Fürst gegen Verfehlungen der Mitglieder höchstens mit der Maßregel der Suspension der Apanagen vorzugehen vermöge, so ist jener begrenzende Zusatz „nach Maßgabe des Hausgesetzes", „nicht wider Verfassung und Hausgesetz" möglichst eng zu interpretieren, in erster Linie auf die Form der Verhängung (eventuelles Mitwirken des Familienrates) zu beziehen. Denn was sollte sonst die Betonung „*alle* Maßregeln" für einen Sinn haben? M. a. W.: Apanageneinbehaltung und ähnliches sind m. E. als Maßnahme landesherrlicher Familiengewalt selbst dann statthaft, wenn das Hausgesetz nicht ausdrücklich hierzu ermächtigt. Aber daß der Hausgesetzgeber dem Familienchef auch die Machtbefugnis einräumen wollte, einem durch *Geblüt* in die Mitgliedschaft Gelangten sein Mitgliedschaftsrecht zu nehmen, das halte ich nach dem Wesen des Hausverbandes als eines in erster Linie durch Abstammung geeinigten Körpers für ausgeschlossen. Das ist geradezu der *Fundamentalsatz* aller Hausrechte: die landesherrliche Familie begreift

---

[1]) Vgl. auch *mein*: „Der Begriff des landesherrlichen Hauses u. s. w." S. 13f.

alle vom ersten Erwerber der Landeshoheit in männlicher Linie *Abstammenden*. Und er sollte allein durch den Willen des Familienhauptes durchbrochen werden können? Das auf Geblüt zurückgehende Recht genießt schon nach ungeschriebenem Hausrecht, nach Hausobservanz und gemeinem Fürstenrecht, den höchsten hausrechtlichen Schutz. Allerdings kann dies Recht genommen werden, aber lediglich durch Hausgesetz, durch die Ordnungsgewalt des Hauses als eines Ganzen, durch Haupt und Genossen (Agnaten) zusammen. Gegen Opet auch *Triepel* S. 87. Vgl. aber auch oben S. 278.

b) Wohl halte ich daher mangels gegenteiliger Bestimmung der Hausgesetzgebung oder Hausobservanz wegen des Passus „*alle* ihm angemessen scheinende Maßregel" für erlaubt, daß das Familienhaupt einem nicht kraft *Geblüts*, sondern auf andere Weise (Vermählung, Aufnahme, Verleihung) zum Hause Gehörigen das Mitgliedschaftsrecht kraft seiner Hausgewalt entzieht, sofern dasselbe nicht auch Thronfolgerechte mit umfaßt, aber die Mitgliedschaftsstellung eines echten Agnaten und Kognaten kann das Familienhaupt selbst dann nicht einseitig vernichten, wenn darin — infolge Verzichts — Thronanwartschaftsrechte sich nicht mehr befinden.

c) *α*) Wenn ich sage: durch Hausgesetz kann es geschehen, so bedarf dies, was agnatische Mitgliedschaften anlangt, noch einer erklärenden Einschränkung. Zur Zeit des Erlasses des Gesetzes bereits entstandene Mitgliedschaften von Agnaten sind gegen Vernichtung durch Hausgesetz geschützt. Gegenüber solchen Rechten besitzen Hausgesetze keine rückwirkende Kraft. Ihre Beseitigung erfordert Zustimmung des Betroffenen bezw. seiner gesetzlichen Vertreter. Nur in der Form kann es also geschehen, daß ein Hausgesetz ergeht, welches für die *zukünftig* kraft Geblüts entstehenden Mitgliedschaftsrechte *generell* anordnet: Auch agnatische Mitgliedschaften können im Einzelfalle durch Spezialhausgesetz gegen den Willen des Betroffenen beseitigt werden, wenn es die Ruhe, Ordnung, Ehre, Wohlfahrt des Hauses erfordert. Dies widerspricht keineswegs dem Gedanken der successio ex pacto ac providentia maiorum. Zu allen Zeiten, wie wir noch sehen werden (§ 50), wurde hiermit für verträglich gehalten, daß der Agnat nicht nur über seine, sondern auch über seiner noch nicht erzeugten Nachkommen Thronfolgerechte disponieren, für sich und diese Nachkommen auf Nachfolge verzichten kann. Hierin liegt das Analogon.

β) Bis jetzt fehlt allerdings ein solches Gesetz. Würde es aber entstehen, so sei noch einmal daran erinnert, daß, wenn in der zu vernichtenden konkreten Mitgliedschaft auch noch, was im Zweifel anzunehmen, ein Kronanwärterrecht steckt, auf Thronfolge somit nicht verzichtet wurde, eine solche Entziehung durch die Agnatengesamtheit im Einzelfalle gegenüber dem *Staate* nur bei Hinzutritt eines entsprechenden Staatsgesetzes Wirksamkeit erhält. Wohl gestattet der staatsrechtliche Grundsatz der Thronvererbung eine Disposition der Berechtigten über ihre Anwärterrechte — freiwillig können dieselben darauf unbeschränkt und beschränkt verzichten —, aber eine Entziehung dieser Rechte wider den Willen ihrer Inhaber gestattet der Staat ohne seine Zustimmung nicht. Der ungestörte Übergang der Krone von Berechtigtem auf Berechtigten soll dadurch sichergestellt werden, daß Entziehung des Nachfolgerechts wegen *Unfähigkeit* oder *Unwürdigkeit* grundsätzlich ausgeschlossen ist.

γ) Nichts anderes als das Vorgetragene gilt zweifellos für die Rechtsfigur: Die Agnatengesamtheit hat das Recht, im Wege der Anwendung der hausrechtlichen Ordnungsgewalt vom Familienhaupt *Abdankungserklärung* zu fordern.

C. 1. Wie nicht durch Hausgesetz allein, kann natürlich auch *nicht* durch *Landesstaatsgesetz* allein Mitgliedschaftsrecht vernichtet werden. Wohl läßt sich sogar ein Fall rechtlicher Absetzung des Monarchen konstruieren — ein Monarch wird wegen körperlicher oder geistiger Regierungsunfähigkeit (nur hier ist es zulässig, nicht bei Regierungsunwürdigkeit) unter Regentschaft gestellt und nun wird durch verfassungsänderndes Gesetz der regentschaftlich vertretene Landesherr entthront (siehe *Anschütz* a. a. O. S. 574 und unten § 52) —, aber rechtsgültig auch gegenüber dem Hause, also voll rechtsgültig wird eine solche Absetzung und jede andere Mitgliedschaftsentziehung doch nur, wenn auch die Agnaten zustimmen, denn in diesem Falle wird auch in seinem Bestande gegenüber dem Staate selbständiges (siehe oben § 3) Hausrecht verletzt. In *Braunschweig* wurde 1830/31 in dieser Hinsicht in Form Rechtens verfahren. Als Herzog Karl infolge Aufstandes floh und infolgedessen für ihn als den an der Ausübung der Regierung tatsächlich verhinderten sein Bruder Wilhelm die Regentschaft übernahm, erfolgte die Entfernung des Herzogs von seinem Throne — die ganze Hausmitgliedschaft wurde ihm nicht genommen — nicht ohne Zustimmung der Agnaten. Freilich wäre vom Rechtsstandpunkte aus zu einem *haus*rechtlich gültigen Beschlusse auch seine Zustimmung erforderlich gewesen, da ein Hausgesetz fehlte, welches Entziehung agnatischer Rechte ohne Zustimmung des Berechtigten für zulässig erklärte.

2. Einsetzung einer Regentschaft für den verhinderten Monarchen bedarf keiner Zustimmung des landesherrlichen Hauses, weil nur das Recht zur Throninnehabung, nicht aber auch das Recht der Thronausübung auf vom Staate unabhängigem hausrechtlichen Titel beruht. Dies kommt daher, daß nach dem Abstammungsprinzip des Hausrechtes überhaupt nur der körperlich und geistig Regierungsfähige ein Thronanwartschaftsrecht besaß. Erst durch das moderne Verfassungsrecht des Staates wurde auch dem regierungsunfähigen Abkömmlinge des ersten Erwerbers ein Nachfolgerecht eingeräumt. Das Hausrecht hat in Konsequenz dessen entweder ausdrücklich in den neueren Hausgesetzen (durch Hinweis auf die staatsgesetzlichen Vorschriften über Regentschaft) oder im Wege der Observanz anerkannt, daß das Recht, welches das Hausmitglied im Wege der Abstammung erwirbt, in allen Fällen, also auch bei vorhandener Regierungsfähigkeit, aber sonstiger Behinderung, nur ein Recht auf Innehabung, nicht aber auf Ausübung der Staatsgewalt darstellt. Über die Einsetzung einer Regentschaft in Braunschweig für den „erbberechtigten Thronfolger“ im Jahre 1884/85 siehe unten § 51.

II. *Ausnahmsweise* kann Ausschluß von der Mitgliedschaft auf rechtlichem Wege erfolgen.

A. 1. Bei Eintritt in das Haus durch *Aufnahme* oder *Verleihung* kann vereinbart bezw. vorbehalten werden, daß unter bestimmten Voraussetzungen (z. B. bei Nichteinholung des landesfürstlichen Heiratskonsenses) ein Ausschluß aus der Mitgliedschaft erfolgen könne. Als das zuständige Hausorgan vermag sogar der Familienchef für sich allein benannt zu werden.

2. Zur Voraussetzung hat eine solche Ausstoßung aber immer, daß die Verleihung bezw. Aufnahme noch nicht auch staatsgesetzlich anerkannt ist; ist dies ohne jenen Vorbehalt geschehen, wurde dem neuen Hausmitglied vielleicht schlechthin auch von Staats wegen Thronfolgerecht zuerkannt, dann bedarf die Entziehung zu ihrer Gültigkeit auch gegenüber dem Staate staatlicher Zustimmung in Gesetzesform.

B. 1. Nicht durch Landes-, wohl aber durch *Reichsgesetz* kann *ohne* gleichzeitig entsprechendes Hausgesetz eine Entziehung der Mitgliedschaft und insbesondere des Thronfolge- und Throninnehabungsrechtes (Absetzung) erfolgen. Möglich ist es nur innerhalb der Bundeszwecke „zum Schutze des *Bundesgebietes* und des innerhalb desselben gültigen *Rechtes*, sowie zur Pflege der Wohlfahrt des deutschen Volkes“ und nur im Wege des verfassungsändernden Gesetzes, unter diesen Voraussetzungen aber auch wegen *Unwürdigkeit*.

a) Schon im *Deutschen Bunde* wäre eine solche Maßnahme möglich gewesen, wenn sie die Erhaltung der inneren Sicherheit *Deutschlands* erfordert hätte. Voraussetzung wäre allerdings Stimmeneinhelligkeit in der Bundesversammlung, also auch Zustimmung des in Frage kommenden Staates durch einen eingesetzten Regenten gewesen. Der Beschluß des Bundestages v. 2. Dez. 1830 bezüglich Braunschweigs vermag indessen nicht als Beispiel angeführt zu werden. Er ist autoritativ nur hinsichtlich der Fortdauer der Regentschaft bis zur Absetzung; die nötige definitive Anordnung für die Zukunft zu beraten und zu bewirken, *gibt* er den Agnaten des herzoglichen Hauses *nur anheim*. Und dann betrifft er lediglich das Staatsregierungs-, nicht das ganze Mitgliedschaftsrecht. Bloß die Entziehung des ersteren, nicht des letzteren gibt er anheim.

b) Im *Deutschen Reiche* hat der Bundesrat der eventuellen Notwendigkeit einer solchen Absetzung des Herzogs Ernst August von *Cumberland* durch einen Präventivbeschluß vorgebeugt. Um nicht veranlaßt zu sein, gegen den Herzog Ernst August wegen Nichterfüllung verfassungsmäßiger Bundespflichten mit Entziehung der Ausübung der Landesherrschaft, bezw. wegen Gefährdung des in Deutschland geltenden Verfassungsrechtes und der Sicherheit des Bundesgebietes mit Entziehung der Herrschaft vorgehen zu müssen, hat der Bundesrat durch Beschluß vom 2. Juli 1885 bereits den Regierungsantritt dieses Monarchen als für den inneren Frieden und die Sicherheit des Reiches gefährlich erklärt und damit ein provisorisches Interregnum mit Regentschaft kraft Landesrecht für das Herzogtum *Braunschweig* nachträglich gebilligt.

2. Über Verlust der Thronfolgefähigkeit aus *straf*rechtlichen Gründen siehe § 52.

C. Auf *völkerrechtlichem* Wege: eine oder mehrere Großmächte setzen im Wege internationaler Selbsthilfe (Geltendmachung des *Interventionsrechtes*) das regierende Mitglied einer Herrscherfamilie ab, weil durch seine Regierung wesentliche Interessen derselben ernstlich gefährdet werden.

III. Wohl zu unterscheiden von der Entziehung der Mitgliedschaft ist die *Entziehung von Titel und Rang* eines Hausmitgliedes. Eine solche ist hausrechtlich unbedingt zulässig und zwar gegen drei verschiedene Personengruppen: 1. gegen Mitglieder im weiteren und zugleich engeren Sinne, 2. gegen Mitglieder, die aus der besonderen Hausgewalt des Familienchefs ausgeschieden sind, 3. gegen frühere Mitglieder; nicht aber gegen alle diese Gruppen in gleicher Weise.

A. Gegen *Mitglieder engeren Sinnes* steht die Befugnis unbezweifelbar dem Familienhaupt als solchem ohne Mitwirkung der Agnaten zu. Wohl erkennt das *sächsische Hausgesetz* vom 30. Dezember 1837 dem Könige als Familienhaupt eine besondere Familiengewalt nur mit der Einschränkung zu, daß er alle zur Erhaltung der Ehre, Ordnung und Wohlfahrt des Hauses dienliche Maßregeln zu ergreifen berechtigt sei, „soweit das Hausgesetz und die Verfassung nicht entgegenstehen." Nach Hausgesetz §§ 2 und 3 haben die Mitglieder des Hauses bestimmtes Prädikat und bestimmten Rang. Aber trotzdem wäre es irrig zu glauben, daß der Familienchef nicht diesen Titel und Rang zu entziehen vermöchte. Wozu das „*alle* . . . dienlichen Maßregeln," wenn das Familienhaupt keines der Mitgliedschaftsrechte beseitigen oder suspendieren könnte, zumal ja die Hausgesetze, vom Oldenburger (Art. 14) abgesehen, es unterlassen, Maßregeln anzuführen, so daß man berechtigt ist, jene Einschränkung, soweit Hausgesetz nicht entgegensteht, in erster Linie auf die formelle Seite des Verfahrens zu beziehen?

B. 1. a) Aber auch gegen *Mitglieder*, welche (infolge von Verheiratung oder Thronbesteigung u. s. w.) aus dem *engeren Hausverbande ausschieden*, ist solche Entziehung zulässig und möglich, denn mit Austritt aus der landesherrlichen Hausgewalt erreichen ja nicht alle Mitgliedschaftsrechte ihr Ende (siehe oben § 12). Aber wem steht die Entzugsgewalt zu? Nach gemeinem Fürstenrecht, wie es als gemeinsame Rechtsüberzeugung aus den zugänglichen neueren Hausgesetzen hervorgeht, nicht dem Familienchef allein. Die besondere Familienaufsicht desselben ist in den genannten Gesetzen genau umschrieben; als eine Gewalt „mit bestimmten Rechten" wird sie bezeichnet (z. B. württ. Hausgesetz Art. 9). Wenn darunter auch die weiten Spielraum gewährende Befugnis sich befindet, alle für Erhaltung der Rechte, Ehre, Ordnung und Wohlfahrt des Hauses angemessenen Maßregeln zu treffen, so ist dem Familienhaupt damit doch nur ein umfassendes Recht gegen die eingeräumt, welche seiner Familienaufsicht unterstehen. Dazu gehören aber eben die aus engerer Hausgemeinschaft Ausgeschiedenen nicht. Zweifellos besteht eine Ordnungsgewalt auch über solche Mitglieder. Ohne Aufrechterhaltung von Ruhe, Ordnung, Ehre und Wohlfahrt des Hauses ist eine Existenz der Korporation nicht denkbar. Aber die Ordnungsgewalt steht dann eben nicht mehr dem Familienvorstand allein, sondern ihm und den Agnaten zusammen zu. Sukzessionsrechte können dem einzelnen Agnaten nicht ohne seine Zustimmung genommen werden, wohl aber andere Rechte. Haupt und die übrigen volljährigen Agnaten zusammen vermögen sie ihm zu nehmen. Entziehung von Titel und anderen Ehrenrechten ist Ausfluß der Hausautonomie, es müßte denn nach Sonderrecht (Gesetz oder Observanz) des einzelnen Hauses auch gegenüber solchen Hausmitgliedern noch der Familienchef für sich allein schon Zuständigkeit besitzen.

b) Letzteres scheint im *österreichischen* Kaiserhause der Fall zu sein. Wohl sagt, wie wir wissen (siehe oben S. 255), das österreichische Hausgesetz § 1: „Die Frauen Erzherzoginnen gehören nur insolange zum Erzhause, als sie nicht außer dem Erzhause standesmäßig vermählt sind"; allein da die Hausgesetze im allgemeinen nur die Rechtsverhältnisse der unter fürstlicher Hausgewalt stehenden Hausmitglieder ordnen, sind — wir legten das in § 26 dar — diese und ähnliche Bestimmungen anderer Hausgesetze dahin einschränkend auszulegen, daß die sich ebenbürtig verheiratenden Prinzessinnen in Häusern mit subsidiärer Kognatennachfolge nur aus dem Hause engeren Sinnes austreten. In solcher Rechtsstellung eines Hausmitgliedes weiterer Bedeutung zum österreichischen Herrscherhause befand sich demzufolge auch die Erzherzogin Luise von Toskana nach ihrer Vermählung mit dem sächischen Kronprinzen. Derselben wurden nun laut Mitteilung der amtlichen Wienerzeitung vom 27. Januar 1903 (siehe *Opet*, Deutsche Juristenzeitung 1903 S. 140) alle jene Rechte, Ehren und Vorzüge, welche ihr als einer „geborenen Erzherzogin von Österreich bisher gebührten", zwar nicht entzogen, sondern „suspendiert", aber nicht von der Gesamtheit der Agnaten, sondern vom Kaiser allein „in der ihm als Haupt des Erzhauses zukommenden Machtvollkommenheit," wie es in jener amtlichen Mitteilung heißt. Von einem freiwilligen völligen Ausscheiden der Erzherzogin aus dem österreichischen Kaiserhause ist nichts bekannt. Durch sächische Verleihung erhielt sie 13. Juli 1903 den Namen und Titel einer Gräfin von Montignoso.

2. Wie früher dargelegt (§ 26 I E), behält jedes Hausmitglied, welches seine volle Hausmitgliedschaft aus anderen Gründen als wegen Unwürdigkeit (Ausschluß) verliert, nach seiner Lösung vom Hause doch noch mindestens den bisherigen *Haustitel*, ähnlich wie das bei dem in Ruhestand tretenden Staatsdiener der Fall ist. Aber wie diesem gegenüber die Disziplinargewalt insofern das Dienstverhältnis überdauert, als demselben wegen Unwürdigkeit noch nachträglich

sein Staatsdiensttitel entzogen zu werden vermag, so gilt das gleiche auch für die *früheren Mitglieder* hochadeliger Familien.

a) Nicht gründet sich das diesbezügliche Recht, wie *Opet* in der Zeitschrift für „Notariat und freiwillige Gerichtsbarkeit in Österreich" 1903 Nr. 13 meint, wenn es dem Fürsten für sich allein zusteht, auf dessen Stellung als Landesherr, auf das Recht des Landesherrn, staatliche Auszeichnungen zu entziehen. Bei dieser Entziehung handelt es sich um keine Staatsangelegenheit; es bedarf daher auch keiner Mitwirkung des Staatsministeriums, nicht Staats-, sondern im Hausrecht begründete Titel werden entzogen. Wohl mag an den Besitz jener Titel auch das Staatsrecht Wirkungen knüpfen, aber diese Anknüpfung geschieht eben nur in dem Sinne, daß, wenn und solange die betreffende Persönlichkeit gegenüber dem fürstlichen Hause eine bestimmte Rechtsstellung einnimmt, ihr eine ähnliche auch innerhalb des Staatslebens zukommen soll.

b) *α*) Nicht ist eine Analogie zum Staatsdienstrechte auch insofern möglich, daß man sagt: wie dort die Befugnis, das Titelrecht noch nach Ausscheiden aus dem Dienstverhältnisse zu entziehen, einen Ausfluß der Disziplinargewalt des Dienstherrn darstellt, so bildet hier die nachträgliche Entziehung des Haustitels und, wenn er nach Hausrecht ebenfalls noch verblieb, des Hausranges einen Bestandteil der in der besonderen landesfürstlichen Familienaufsicht beschlossenen Disziplinargewalt des Landesherrn. Ein solcher Analogieschluß wäre zulässig, wenn diese Ehrenrechte vor Austritt aus der Mitgliedschaft nur solchen Mitgliedern zuzustehen vermöchten, welche unter der besonderen Hausgewalt des Familienhauptes sich befanden. So aber muß aus dem unter III B 1 a erörterten Grunde die Befugnis zu nachträglicher Entziehung von Titel und ähnlichen Ehrenrechten des Hauses dem Hause als Ganzem, d. h. dem Haupte und allen volljährigen Agnaten mit Ausnahme des etwa Betroffenen, vorbehalten sein. Jener Grund gestattet auch nicht hinsichtlich solcher Personen eine Ausnahme zu machen, welche bis zu ihrem völligen Ausscheiden Mitglieder engeren Sinnes waren.

β) *aa*) Freilich ist auch hier denkbar, daß Gesetz oder

Observanz eines einzelnen Hauses das Familienhaupt für sich allein schon für zuständig erklärt. Dies scheint im belgischen Königshause der Fall zu sein. Hier gibt es keine kognatische Thronfolge. *Prinzessin Stephanie* war daher durch ihre Vermählung mit Kronprinz Rudolf von Österreich aus dem belgischen Königshause völlig ausgeschieden. Auch als Witwe gehörte sie demzufolge allein der österreichischen Kaiserfamilie an. Bei ihrer Wiederverheiratung hatte sie demgemäß vom Rechtsstandpunkte aus lediglich die Eheerlaubnis des österreichischen Kaisers einzuholen. Ihre Ehe war auch ohne Einwilligung ihrer Eltern hausrechtlich gültig. Der König von Belgien besaß keinen *Rechts*anspruch darauf, daß seine väterliche Abmahnung Gehör fand. Er hatte ihr bereits mitgeteilt, wenn sie die Ehe mit Graf Lonyay eingehe, von seiner Seite ihr Titel und Ehren einer belgischen Prinzessin nicht mehr zuerkannt würden.

ββ) Unerfindlich ist mir, wie *Störk*, Austritt S. 9 die Verehelichung der Prinzessin Stephanie mit Graf Lonyay als einen Verstoß gegen das belgische Haus*recht* zu bezeichnen vermag. Er behauptet, für das belgische Königshaus gelte sowohl koburg-gothaisches Hausrecht, wie aus napoleonischer Zeit das Statut sur l'État de la famille impériale vom 30. März 1806. *Vauthier*, Das Staatsrecht des Königreichs Belgien 1892 S. 25 kennt kein für Belgien existierendes Familienstatut. Aber selbst wenn die von *Störk* genannten Gesetze in Anwendung stünden, so läßt sich aus dem koburg-gothaischen Hausgesetz keine Rechtspflicht zur Einholung der Heiratserlaubnis ableiten. Gemäß Art. 92 des koburg-gothaischen Hausgesetzes hatte die Prinzessin mit ihrer ersten Verehelichung aufgehört, Mitglied des herzoglichen Spezialhauses zu sein. Gemäß Art. 85 Satz 2 bedurfte sie übrigens nicht einmal zu ihrer ersten Vermählung der Zustimmung des Herzogs (siehe oben S. 269). Und das napoleonische Familienstatut gestattet überhaupt keine Anwendung, weil hier nur für die Schwestern des Stifters des Hauses, nicht aber für die Töchter des jeweiligen Herrschers der Satz aufgestellt ist, daß sie auch nach ihrer Verheiratung (also auch in ihrem Witwenstande) noch Untertanen der landesväterlichen Hausgewalt bleiben (s. oben S. 256). Übrigens sind im belgischen Königshause auch gar nicht diese napoleonischen, sondern die deutschrechtlichen Normen über die Bedeutung der Verehelichung von Prinzessinnen für die Hausmitgliedschaft rezipiert. Nimmt man an, daß das koburg-gothaische Gesetz in Belgien entsprechend als belgisches Hausgesetz gilt, so war gemäß Art. 92 desselben eine königliche Erlaubnis zur Wiederverheiratung nicht erforderlich. S. 10 bemerkt *Störk* selbst, die Prinzessin sei schon mit ihrer ersten Ehe aus dem belgischen Königshause ausgeschieden und doch soll die Heirat mit Lonyay gegen belgisches Hausrecht verstoßen! Würde das koburg-gothaische Hausgesetz in Belgien analog als Hausgesetz für das königliche Haus gelten, so wäre übrigens diese Entziehung der Ehrenrechte durch das Familienhaupt allein nicht aus dem Hausgesetze zu rechtfertigen.

γγ) *Opet* (Deutsche Juristenzeitung 1903 S. 141) meint, jene Verfügung, durch welche die vormalige Kronprinzessin Stephanie aller Titel und Ehren einer belgischen Prinzessin entkleidet wurde, sei nicht aufrechtzuerhalten gewesen, weil die Betroffene ja Mitglied des österreichischen Kaiserhauses gewesen sei. Allein aus diesem schied sie ja doch aus Anlaß ihrer Verheiratung mit einem rechtlich Unebenbürtigen freiwillig aus.

C. Derjenige, dem der Titel eines Hausmitgliedes entzogen ist, hat auch nicht mehr die Befugnis, sich zusatzweise „vormaliger *Prinz* von X", „geborene *Prinzessin* von Y" zu nennen. Dies würde Umgehung des Verbotes sein. A. M. *Opet*, Deutsche Juristenzeitung 1903 S. 141. Ein Herr Schulze, dem der Titel eines Staatsdieners aberkannt ist, hat nicht mehr die Befugnis, sich als „Schulze, vormals Landrichter" zu bezeichnen.

f) Mitgliedschaftsverjährung.

§ 31.

Kein Beendigungsgrund ist Nichtbetätigung der Mitgliedschaft während längerer Zeit, Nichterfüllung der Mitgliedschaftspflichten *und zugleich* Nichtgeltendmachung der Mitgliedschaftsrechte einen umfassenderen Zeitraum hindurch, *Mitgliedschaftsverjährung.* Eine solche hat sich im positiven fürstlichen Hausrecht nicht ausgebildet. Läßt aus der Nichterfüllung der Pflichten und Nichtgeltendmachung der Rechte sich mit Sicherheit auf den Willen, die Mitgliedschaft aufgeben zu wollen, schließen, so tritt auch, ohne daß diese Nichtbetätigung der Mitgliedschaft längere Zeit hindurch besteht, Beendigung der Familienzugehörigkeit infolge freiwilligen Austritts ein. Weil dieser ein Beendigungsgrund ist, hat sich kein Rechtsinstitut der Mitgliedschaftsverjährung ausgebildet.

g) Beendigung der Stellung als Dynastie. Völkerrechtlicher Untergang des Staates.

§ 32.

I. Beendigung der Stellung als Dynastie und völkerrechtlicher Untergang des Staates haben das gemein, daß dieselben nur das engere Mitgliedschaftsverhältnis beendigen, das weitere lediglich modifizieren.

II. Eine Familie kann ohne oder mit gleichzeitigem Untergang der völkerrechtlichen Persönlichkeit des Staates aufhören, regierende Familie zu sein.

A. 1. Das erstere ist der Fall, wenn a) nicht bloß der Throninhaber, sondern alle (volljährigen) Agnaten unter gleichzeitiger Aufhebung der eventuellen Sukzessionsrechte der Kognaten auf ihre Thronrechte verzichten; b) wenn im Friedensvertrage — hier bedarf es nach positivem Hausrecht keiner agnatischen Mitwirkung, soweit das Staatshaupt auch das hausrechtlich gültige Familienhaupt darstellt — das Staatshaupt unter vereinbarter Erhaltung des Staates als solchen seine Staatshauptstellung an das Staatshaupt des siegenden Staates abtritt[1]; c) wenn *α*) im Wege erfolgreichen Auf-

[1]) Möglich ist dabei, daß der Besiegte zugleich einwilligt, daß der Sieger den übernommenen Staat eventuell seiner Staatsnatur entkleidet. So „entsagte“ König Christian IX. von Dänemark im Wiener Frieden vom 30. Oktober 1864 nicht bloß „allen Rechten auf die Herzogtümer Schleswig, Holstein und Lauenburg zugunsten des *Königs* von Preußen und des *Kaisers*

standes im Innern oder β) Geltendmachung internationaler Selbsthilfe (Intervention) von außen die gesamte Dynastie ihrer Eigenschaft als regierender Familie entkleidet wird. Auch in den drei zuletzt genannten (b u. c α u. β) Fällen werden die bisher vorhandenen Thronansprüche rechtlich *nicht blofs suspendiert*, sondern rechtlich aufgehoben. Mit der Tatsache der Herrschaft des Familienhauptes hört nicht nur das Recht zur Herrschaft, sondern auch die Rechtsstellung als regierende Familie auf. Damit ist nicht gesagt, daß das depossedierte Haus nicht wieder zur Herrschaft im Staate gelangen kann. Gelingt es ihm, die nicht auf rechtmäßigem Wege oder durch Einsetzung seitens der Großmächte zur Herrschaft gelangte Familie wieder zu verdrängen, so gewinnt es wieder das Recht zur Herrschaft, aber nicht als Fortsetzung des alten Rechtes, sondern als neuerworbenes. Auch die Staatsakte der Zwischendynastie sind bis zu ihrer Aufhebung rechtsgültig. Vgl. oben S. 240.

2. Mit Verlust der Stellung als Dynastie beendigt sich für alle Mitglieder engeren Sinnes diese engere Mitgliedschaft; denn die besondere Hausgewalt des Familienchefs bildet, wie in § 6 geschildert, ein Akzessorium der Staatsgewalt, verschwindet somit mit jener. Im übrigen verwandelt sich die Mitgliedschaft weiteren Sinnes aus Zugehörigkeit zu einer regierenden in Zugehörigkeit zu einer vormals regierenden Familie.

B. 1. a) Ganz dasselbe gilt *erstens*, wenn der Fürst nicht bloß seine Staatsorganstellung, sondern den Staat als solchen im Wege völkerrechtlichen Erbvertrages unter Zustimmung der gleichzeitig auf ihre eventuellen Sukzessionsrechte ver-

---

von Österreich, sondern er verpflichtete sich auch, die *Dispositionen* anzuerkennen, welche die genannten Majestäten in bezug auf diese Herzogtümer treffen werden". Ähnlich Prager Friede vom 23. August 1866: a) In Art. 5 überträgt der Kaiser von Österreich auf den König von Preußen alle seine im Wiener Frieden vom 30. Oktober 1864 erworbenen Rechte auf die Herzogtümer Holstein und Schleswig; b) in Art. 6 verspricht er, die vom Könige von Preußen in Norddeutschland *herzustellenden* neuen Einrichtungen, einschließlich der *Territorialveränderungen*, anzuerkennen. Durch diesen Vertrag wurden die beiden Herzogtümer aus Dyarchien also Monarchien.

zichtenden (volljährigen) Agnaten an einen anderen Staat abtritt. Dem Staatsvertrag über die Abtretung der beiden Fürstentümer Hohenzollern vom 7. Dezember 1849 sind ausweislich seines Schlußabsatzes (*Schulze*, Hausgesetze III 775) auch alle majorennen Agnaten beigetreten. Sie alle haben dadurch aufgehört, einer landesfürstlichen Hausgewalt zu unterstehen. Ihre weitere Mitgliedschaft veränderte ihren Charakter wie oben.

b) Nicht anders gestalten sich die Wirkungen, wenn die Abtretung in einem Friedens*vertrage* auf Grund militärischer Niederwerfung geschieht. Nur bedarf es hier nach dem positiven Haus- und Staatsrecht, wie es sich entwickelte, keiner Zustimmung der Agnaten, weder zur Gültigkeit nach außen, noch zur Gültigkeit nach innen, vorausgesetzt, daß das abtretende Staatshaupt zugleich das hausrechtliche gültige Familienhaupt darstellt.

2. Endlich ergeben sich die nämlichen Folgen, wenn der Staat im Wege der völkerrechtlichen Okkupation, sei es nach vorausgegangener kriegerischer Niederwerfung desselben (Eroberung), sei es ohne solche, vernichtet wird. Ein Fall letzterer Art war die Einverleibung Schleswigs und Holsteins in Preußen durch Gesetz vom 20. September 1866. Hierin liegt eine „Disposition" des Königs von Preußen in seiner Eigenschaft als Monarch dieser Herzogtümer. Er vernichtete dadurch ihre völkerrechtliche Persönlichkeit, ihren Staatscharakter (Dereliktion), um sie als Monarch von Preußen zu okkupieren und dem preußischen Staatsgebiet verfassungsmäßig einzuverleiben. *Okkupation vernichtet alle bisher bestandenen Thronanwartschaftsrechte.*

3. Durch den Untergang eines Staates als völkerrechliche Persönlichkeit werden alle daran bestehenden Thron- und Thronanwartschaftsrechte rechtlich endgültig verloren. Es hat keine rechtliche Bedeutung, wenn die depossedierte Familie, sich den neuen Verhältnissen fügend, dieselben nur mit der Einschränkung anerkennt, daß sie zugunsten des neuen Staates auf alle ihre Rechte nur solange Verzicht leiste, als das diesem Staate einverleibte Gebiet nicht seine frühere staatliche Existenz wieder gewinnen würde. Nicht daß die

Anerkennung als solche rechtlich bedeutungslos wäre — sie verpflichtet zum Unterlassen der Anfechtung —, aber ohne rechtliche Bedeutung ist der Zusatz: „nur solange der vernichtete Staat nicht wiederhergestellt ist". Thronfolgerechte gehen mit dem Staate endgültig unter; entsteht derselbe wieder, so ist es rechtlich ein neuer Staat und die Thronrechte müssen neu erworben werden.

4. In allen den angegebenen Fällen werden also Thron- und Thronanwartschaftsrechte verloren. Aber in ihnen erschöpft sich die Familienzugehörigkeit nicht. Daher bleibt diese bestehen, wenn auch in modifizierter Gestalt: eingeschränkt auf Zugehörigkeit im weiteren Sinne und auf Zugehörigkeit lediglich zu einer ehemals regierenden Familie.

2. Die Beziehung der Verlustgründe zu der Mitgliedschaft weiteren oder engeren Sinnes.

§ 33.

I. Welche Mitgliedschaft durch Vermählung, Thronbesteigung, Ehescheidung, freiwilligen Austritt, Entziehung verloren wird, hängt in erster Linie davon ab, welche Mitgliedschaft das Mitglied besaß. War dasselbe nur Mitglied weiteren Sinnes (z. B. weil nur als solches „aufgenommen"), so kann nur diese Mitgliedschaft verloren werden.

II. Stand die ausscheidende Persönlichkeit in voller Mitgliedschaft, so sahen wir, daß 1. Vermählung für die agnatische Kognatin, sofern subsidiäre Weibersukzession gilt, nur die Mitgliedschaft engeren Sinnes beendet, 2. lediglich diese Wirkung auch der Besteigung eines fremden Thrones zukommt, 3. nichtvertragsmäßiger Mitgliedschaftsverzicht lediglich in bezug auf die volle Mitgliedschaft möglich ist, 4. Entziehung der Mitgliedschaft, soweit sie zulässig, auch nur für die engeren Sinnes zu geschehen vermag, 5. Beendigung der Stellung als Dynastie und völkerrechtlicher Untergang des Staates nur die engere Mitgliedschaft aufhebt.

III. Endlich zeigte sich, daß Vermählung und Thronbesteigung sowohl Erwerbs- wie Verlustgründe der Mitgliedschaft darstellen.

C. Die Entscheidung von Mitgliedschaftsstreitigkeiten.

§ 34.

I. Nach B.G.B. § 12 besitzt derjenige, dessen „Recht zum Gebrauch *eines Namens*“ von einem anderen bestritten oder dessen Interesse dadurch verletzt wird, daß ein anderer unbefugt den gleichen Namen gebraucht, die Befugnis, von dem anderen Beseitigung der Beeinträchtigung zu verlangen und, wenn weitere Beeinträchtigungen zu besorgen sind, auf Unterlassung zu klagen.

Wir wollen nicht in die Streitfrage eintreten, ob das Prädikat des niederen Adels einen Bestandteil des Familiennamens bildet oder nicht. Wir schließen uns der Meinung an, welche dies verneint. Der Adel ist ein Titel und kein Name; als Titel nicht wie der Name etwas privatrechtliches, sondern öffentlichrechtlicher Natur. Wenn die allein für schuldig erklärte Frau in dem Falle, da ihr von ihrem bisherigen Manne die Fortführung seines Familiennamens untersagt wird, zugleich auch das Adelsprädikat verliert, so ist dies nicht eine Folge davon, daß das niedere Adelsprädikat einen Bestandteil, sondern eine Folge davon, daß dasselbe eine Zutat zum Namen, eine Pertinenz desselben darstellt.

Sicherlich bilden keinen Bestandteil des Namens die hochadeligen Titulaturen. Denn sie stellen nicht bloß einen auszeichnenden Titel, sondern die Bezeichnung der *Zugehörigkeit* zu einer *Korporation* dar. Hieraus folgt, daß jedenfalls diese Mitgliedschaft selbst des Schutzes von B.G.B. § 12 nicht teilhaftig ist, einer Bestreitung bezw. unbefugten Inanspruchnahme derselben seitens Dritter nicht mit den besonderen Rechtsmitteln für Namensschutz, welche B.G.B. § 12 an die Hand gibt, begegnet zu werden vermag. Ebenso *Löning* a. a. O. S. 80.

II. Dagegen steht ein anderes, allgemeines Rechtsschutzmittel zu Gebote, die positive und negative *Feststellungsklage* aus Z.Pr.O. § 256, wonach „auf Feststellung des Bestehens oder Nichtbestehens eines Rechtsverhältnisses geklagt zu werden vermag, wenn der Kläger ein *rechtliches* Interesse daran hat, daß das Rechtsverhältnis durch richterliche Entscheidung *alsbald* festgestellt werde".

A. 1. § 256 hat ein bürgerliches Rechtsverhältnis zur Voraussetzung. Nun ist die Zugehörigkeit zur regierenden Familie wohl, rechtswissenschaftlich genommen, Zugehörigkeit zu einer juristischen Person des privaten *und* öffentlichen Rechts, aber andererseits doch eine *Familien*zugehörigkeit und darum im Sinne des positiven Rechtes etwas Privatrechtliches (siehe auch oben § 11 II) und demzufolge die Rechtsstreitigkeit über sie eine bürgerliche Rechtsstreitigkeit. Auch die standesherrlichen Familien sind ihrer wissenschaftlichen Konstruktion nach private und öffentliche Korporationen zugleich, nichtsdestoweniger erblickt das E.G. zum B.G.B. Art. 58 nicht bloß in den Vorschriften der Familie über ihre Güter, sondern auch in den Vorschriften derselben über ihre „Familienverhältnisse" schlechthin zivilrechtliche Normen.

2. a) Es läßt sich nicht behaupten, der Streit um die Mitgliedschaft sei auch positivrechtlich keine bürgerliche Rechtsstreitigkeit, weil sich aus ihr öffentlichrechtliche Wirkungen, die Thonfolgefähigkeit, die Gehorsamspflicht gegen die landesfürstliche Hausgewalt ergeben. Auch die Ebenbürtigkeit oder die gültige Ehe bildet eine Voraussetzung der Sukzessionsbefähigung und doch wird niemand behaupten, daß, wenn die Ebenbürtigkeit als solche oder die Ehegültigkeit als solche festgestellt werden soll, die Feststellung eines Zivilrechtsverhältnisses in Frage steht.

b) Hiermit ist der andere Fall nicht zu verwechseln, daß die Mitgliedschaftsfrage lediglich als Präjudizialpunkt eines Streites um die Thronfolgefähigkeit in Betracht kommt. Hier ist eine öffentlichrechtliche Angelegenheit streitig, bei deren Entscheidung eine zivilrechtliche Frage als Vorfrage zu erledigen ist, ebenso wie bei einer privatrechtlichen Streitigkeit, z. B. einem Streit um Anteil an den Nutzungen eines Familienfideikommisses der landesfürstlichen Familie das Moment der Thronfolgefähigkeit als Voraussetzung für das Bestehen jenes Nutzungsanspruches vom Zivilrichter geprüft wird. Vgl. hierzu Entsch. des Reichsgerichts vom 6. April 1898 in Gruchots

Beiträgen zur Erläuterung des deutschen Rechts 6. Folge, Bd. II (1898) S. 982; auch *Bornhak*, Annalen 1904 S. 57.

3. Auch eine Berufung auf das Reichsgericht, um die zivilrechtliche Natur des Mitgliedschaftsstreites zu verneinen, wäre unbehelflich. Wohl lesen wir in jenem Erkenntnis[1]) des Reichsgerichts vom 6. April 1898 bei Gruchot, Beiträge zur Erläuterung des deutschen Rechts 1898 (Bd. XLII) S. 985: „Darüber besteht kein Zweifel, daß die allgemeine Frage, ob jemand zum Adelsstande gehöre und berechtigt sei, das mit der Zugehörigkeit zu einer der *verschiedenen Klassen* dieses Standes verbundene *Prädikat* zu führen, da sie dem öffentlichen Rechte angehört und zwischen dem Beteiligten und dem Staate als Träger des Staatshoheitsrechtes zu entscheiden ist, der Erörterung im ordentlichen Rechtswege entzogen bleibt." Allein hieraus folgt lediglich: wenn nur der Titel, das Prädikat, den Gegenstand des Streites bildet, ist der Rechtsweg verbaut. Die Zugehörigkeit nicht bloß zum Stande des hohen Adels schlechthin, sondern zu einer bestimmten hochadeligen Familie ist mehr als der Streit um ein Standesprädikat; es ist der Streit um Mitgliedschaft in einer Korporation, um eine Mitgliedschaft mit vielen Rechten und Pflichten. Eine Teilfrage hieraus mag öffentlichrechtlich sein, aber der Streit um das Ganze ist als ein Streit um eine Familienmitgliedschaft dem Rechtswege geöffnet.

B. 1. An der alsbaldigen Feststellung des Bestehens der Hausmitgliedschaft können ein rechtliches Interesse haben: a) das landesherrliche Haus als solches, ein Mitglied desselben, ein anderes landesherrliches Haus oder ein Mitglied desselben, überhaupt jedermann gegenüber demjenigen, welcher *behauptet*, *nicht* Mitglied des Hauses zu sein, b) derjenige, welcher behauptet, Mitglied des Hauses zu sein, gegenüber dem landesherrlichen Hause als solchem, Mitgliedern desselben oder sonstigen Rechtssubjekten, welche diese *Mitgliedschaft bestreiten*.

2. a) Man könnte meinen wollen, dann sei der Streit um das Vorhandensein der Zugehörigkeit zum landesherrlichen

---

[1]) Dort auch frühere Erkenntnisse.

Hause kein zivilrechtlicher, wenn das landesherrliche Haus es ist, welches die Mitgliedschaft behauptet bezw. bestreitet. Das landesfürstliche Haus sei eine hoheitliche Korporation und wenn in Ausübung von hoheitlicher Gewalt die Mitgliedschaft einer Person behauptet bezw. bestritten werde, sei der Zivilrechtsweg wegen mangelnder bürgerlicher Streitigkeit unzulässig.

b) Gewiß ist der Zivilrechtsweg ausgeschlossen, wenn die Adelsbehörde des Staates, d. h. dasjenige öffentliche Organ, welches im Namen des Staates Adel verleiht, entzieht, erneuert, einem Gesuche um Adelsanerkennung nicht nachkommt. Hier vermag der Betroffene gegen jene Behörde nicht Feststellungsklage auf Vorhandensein seines Adels zu stellen. Die Behörde hat in Ausübung eines Hoheitsrechtes den Adel bestritten (vgl. *Otto Stölzel*, Rechtsprechung des preuß. Gerichtshofes zur Entsch. der Kompetenzkonflikte 1897 S. 8 [Urteil vom 19. Februar 1895] und hierzu *Löning* S. 81). Ganz dasselbe gilt, wenn die Polizeibehörde einem Untertanen das Recht zur Führung eines Namens bestreitet, weil zur Annahme desselben nicht obrigkeitliche Bewilligung eingeholt wurde. Auch hier ist, wie das Reichsgericht durch Erkenntnis vom 1. Juni 1897 (Entsch. in Zivils. Bd. XXXIX S. 302) zutreffend entschied, für eine zivilrechtliche Klage auf Anerkennung des Rechtes, diesen Namen zu führen, kein Raum. Aber hier liegt keine Bestreitung in Ausübung eines Hoheitsrechtes vor. Ohne alle Einwirkung auf die Willenssphäre des Betreffenden, ohne Ausübung irgend welcher Funktion, nur als Korporation, so als besäße sie gar keine öffentliche Gewalt, bestreitet die landesherrliche Familie einer Persönlichkeit ihre Mitgliedschaft. Bei solcher Sachlage kann auch das landesfürstliche Haus Kläger oder Beklagter in einem zivilgerichtlichen Feststellungsprozesse sein.

3. Voraussetzung der Klage ist ein *rechtliches*, nicht bloß ein soziales, wirtschaftliches, politisches *Interesse* an der Feststellung. Die Rechtsstellung des Klägers, ein vorhandenes oder mit großer Sicherheit zu erwartendes Rechtsverhältnis des Klägers muß aus der alsbaldigen Feststellung des Bestehens bezw. Nichtbestehens des Rechtsverhältnisses Vorteil haben.

C. Besitzt der Streit über die Mitgliedschaft zum landesherrlichen Hause die Natur eines Zivilgerichtsstreites, steht ihm der Zivilgerichtsweg offen, so fragt sich aber, wer ist zur Entscheidung zuständig, wenn 1. das landesherrliche Haus Beklagter ist, 2. das landesherrliche Haus oder irgend ein anderes Rechtssubjekt die negative Feststellungsklage gegen jemand erhebt, der seine Zugehörigkeit zum Hause behauptet.

1. Einen *besonderen Zivilgerichtsstand* besitzen nach E.G. zur Z.Pr.O. § 5 „der Landesherr und die Mitglieder der landesherrlichen Familie". Wenn gegen das Mitglied einer regierenden Familie Klage auf Anerkennung der Mitgliedschaft erhoben wird, geschieht es in Preußen z. B. vor dem mit dem Kammergericht verbundenen Geheimen Justizrat, welcher den allgemeinen, also auch den Zivilgerichtshof erster Instanz für die Mitglieder der Dynastie darstellt. Aber einen besonderen Gerichtsstand in Zivilsachen genießt nicht das landesherrliche Haus als solches. Demgemäß ist dieses vor dem ordentlichen Zivilgericht zu verklagen.

2. Wenn die landesfürstliche Familie gegen jemand, welcher behauptet, Mitglied derselben zu sein, negative Feststellungsklage erhebt, so hat dasselbe, weil es ja bestreitet, daß jene Persönlichkeit ihm zugehöre, nicht das für Mitglieder des Hauses zuständige Sondergericht, sondern das ordentliche Zivilgericht anzugehen, und dieses prüft nun, die materielle Seite zu diesem Zwecke vorwegnehmend, ob es zuständig sei. Gelangt es bei dieser Vorprüfung der materiellen Klagevoraussetzungen zu dem Ergebnis, daß die beklagte Persönlichkeit Mitglied des landesherrlichen Hauses sei, so erklärt es seine Zuständigkeit. Im anderen Falle weist es die Klage wegen Unzuständigkeit ab.

D. Der verfassungsmäßig *berufene* Vertreter der landesfürstlichen Familie im Rechtsstreit ist nicht das Familienhaupt allein, sondern das im Zweifel zu seiner Vertretung befugte Organ, die Gesamtheit der volljährigen Agnaten. Vgl. § 40.

E. Das Urteil, welches auf die besprochene positive oder negative Feststellungsklage ergeht, gewinnt allgemeinem Grundsatz (Z.Pr.O. § 325) zufolge Rechtskraft nur für das Verhältnis der Parteien gegeneinander. Die Entscheidungsgründe, welche auch Beziehungen des Klägers oder Beklagten zu anderen berühren, bilden lediglich eine Voraussetzung des Urteils und gehen daher nicht in Rechtskraft über, d. h. andere Gerichte können hierüber nochmals und anders entscheiden.

F. Ein Rechtssubjekt, das die Mitgliedschaft gegenüber dem sie Ablehnenden behaupten und gegenüber dem sie in Anspruch Nehmenden bestreiten kann, nannten wir noch nicht, den *Staat* als Obrigkeit. Nicht kommt dabei in Betracht der Staat als Gesetzgeber — als solcher kann er, unter Zustimmung des Hauses, Mitgliedschaft an- und, soweit nicht Hausrecht entgegensteht, aberkennen, also sichern und vernichten. Ebensowenig ist es der Staat als Richter, der dabei in Berücksichtigung zu ziehen ist. Allein das Verhältnis des Staates in seiner Eigenschaft als Verwalter, als vollziehende Gewalt zu der Frage steht in Erörterung.

1. Soweit der Staat in Ausübung eines bestimmten Hoheitsrechtes die Mitgliedschaft behauptet oder verneint, ist für die Feststellungsklage kein Raum, so wenn er es als Herr über die öffentlichen auszeichnenden Prädikate, in Ausübung seiner Hoheit, äußere Ehren zu gewähren und zu entziehen, tut. Soweit hier nicht ausdrücklich der Verwaltungsrechtsweg zugelassen, gibt es für das Individuum nur den Weg der Verwaltungsbeschwerde. Die Adelsbehörde entscheidet aus eigener Machtvollkommenheit über Besitz oder Nichtbesitz des Adelsprädikates.

2. a) Anders an sich, wenn der Staat ohne erkennbare Betätigung eines Hoheitsrechtes die Mitgliedschaft behauptet oder verneint. Der Rechtsstreit hierüber wird kein anderer dadurch, daß der Staat hieran als Kläger oder Beklagter beteiligt ist. Aber Voraussetzung der Feststellungsklage ist m. E. ein privatrechtliches Interesse. Ich weiß, daß in dieser Richtung das Reichsgericht schon anders entschied (siehe *Störk*, Agnatische Thronfolge S. 41), aber ich meine, wenn bei dem Worte „Rechtsverhältnis“ (Bestehen oder Nichtbestehen eines Rechtsverhältnisses) Privatrechtsverhältnis zu ergänzen ist oder ergänzt wird, dann kann das nämliche nicht bei dem im gleichen Paragraphen stehenden Ausdruck „recht-

liches Interesse“ unterbleiben. Nur wenn ein privatrechtliches Interesse des Staates durch die Frage berührt wird, vermag er also Feststellungsklage zu erheben. Siehe auch *Triepel* S. 91.

b) Nicht zu verwechseln mit einer Feststellung der Mitgliedschaft ist die Feststellung des Spezialmomentes der Thronfolgefähigkeit. Dieselbe ist in der ersteren Feststellung schon um deswillen nicht notwendig enthalten, weil es Thronfolgefähigkeit ohne Mitgliedschaft und Mitgliedschaft ohne Thronfolgefähigkeit gibt. Bildet nur die *Feststellung* der *Sukzessionsfähigkeit* den Gegenstand des Streites, so liegt eine öffentlichrechtliche nach Staats- und Hausrecht zu entscheidende, also keine zivilgerichtliche Streitigkeit vor. Vgl. die Zitate bei *Triepel* S. 91 Anm. 1, insbesondere *Arndt*, Können Rechte der Agnaten u. s. w. S. 48 Anm. 2.

III. Nichts steht einer Entscheidung des Mitgliedschaftsstreites im Wege des *schiedsrichterlichen* Verfahrens nach Z.Pr.O. § 1025 ff. im Wege. Nur muß, wenn ein agnatisches Mitgliedschaftsrecht in Frage steht, der eine Streitsteil das betreffende Mitglied sein, weil agnatische Mitgliedschaftsrechte nicht ohne Zustimmung vernichtet zu werden vermögen. Der öffentlichrechtliche Schiedsvertrag über eine Entscheidung lediglich der Thronfolgefähigkeit unterliegt natürlich nicht den Vorschriften der Z.Pr.O. §§ 1025 ff., sondern, soweit nichts besonders vereinbart wird, dem Rechte der Natur der Sache. Im letzteren Falle kann der Schiedsvertrag ebenfalls nicht nur zwischen Einzelpersonen, sondern zwischen Linien geschlossen sein, so daß festgestellt werden soll, welche Linie thronfolgeberechtigt sein soll. Dadurch ist nicht ausgeschlossen, daß der Schiedsspruch trotzdem nur bestimmt, welcher *Person* Sukzessionsanspruch zustehe. A. M. *Triepel* S. 106. Vgl. auch S. 320 unten.

IV. A. Eine „Verfassungsstreitigkeit“ kann das Mitgliedschaftsrecht bilden, wenn die Frage der Hausmitgliedschaft in einem Verfassungsgesetz geordnet ist, wie jetzt in dem *Meiningen*schen Gesetz vom 9. März 1896; aber nur dann, wenn die Mitgliedschaft zwischen Landesherr und Volksvertretung strittig ist, denn nur dann liegt nach der Terminologie unseres positiven Staatsrechtes Verfassungsstreit vor.

Vgl. *Laband*, Das Staatsrecht des Deutschen Reiches bei Marquardsen, 3. Aufl. 1902 § 11 S. 48. Also ist hierfür auch nicht der Bundesrat aus Reichverf. Art. 76 Abs. 2 zuständig.

B. Streitigkeiten über Thronfolgerecht bilden keine Verfassungsstreitigkeiten und keine Streitigkeiten zwischen Staaten, wenn die Streitsteile Mitglieder derselben oder verschiedener regierender Familien sind. Dann liegt wohl Thronfolge-, aber nicht Verfassungs- und nicht Staats-, sondern Fürstenstreit vor. Reichsverf. Art. 76 Abs. 2 und 1 sind somit nicht anwendbar. Trotzdem ist — vgl. *Laband* a. a. O. S. 48 — der Bundesrat aus allgemeinen Erwägungen und demgemäß auch ohne die Voraussetzungen des Art. 76 zuständig. Der gliedstaatliche Landesherr ist zugleich Bundesfürst. Es kann niemand Landesherr sein, der nicht zugleich beim Bundesstaate als oberster Vertreter des betreffenden Gliedstaates Anerkennung findet. Ob diese Anerkennung nach Rechtsgrundsätzen zu erteilen sei, bestimmt das im Zweifel zuständige Bundesorgan, der Bundesrat.

V. A. Die von allen bisher genannten Entscheidungsorganen getroffene Entscheidung kann nur insoweit *Rechtskraft* erlangen, als über die durch Klage oder Widerklage beantragte bezw. Schiedsvertrag vereinbarte Feststellung des Bestehens oder Nichtbestehens des Mitgliedschaftsverhältnisses (der Ebenbürtigkeit, Ehelichkeit, Thronfolgefähigkeit) *entschieden* ist (Z.Pr.O. § 322). Ist also z. B. beantragt oder vereinbart die Feststellung, ob eine Linie Mitgliedschaft oder Thronfolgefähigkeit besitze, und die Entscheidungsinstanz erläßt, weil sie wegen der Möglichkeit der Auffindung weiteren sachdienlichen Materials lediglich die Endentscheidung eines Teiles des Rechtsstreites für notwendig oder zweckmäßig erachtet, nur ein *Teilurteil*, so ist auch nur soweit das Urteil der Rechtskraft fähig. Ist beantragt, zu entscheiden, ob eine Linie sukzessionsfähig sei, und nur entschieden, daß dem Haupte derselben Sukzessionsfähigkeit zukomme, die Thronfolgefähigkeit der Abkömmlinge dieses Hauptes unentschieden gelassen, so ist die Entscheidung bloß bezüglich der ersten Frage der Rechtskraft zugänglich. Anderes gilt auch nicht für den Schiedsspruch. Darüber schon oben S. 319.

Der Satz *Bornhaks* in der Annalen des Deutschen Reichs 1904 S. 57: „Nach der Absicht der Parteien ist auch die Wirkung des Schiedsspruches zu beurteilen" entbehrt rechtlicher Bedeutung. Nach der Absicht der Schiedsrichter ist die Wirkung des Schiedsspruches zu beurteilen. Sollen sie entscheiden, wer, d. h. nach Meinung der Parteien: welche Linie ist sukzessionsberechtigt, und sie entscheiden bloß, welches Haupt hat Sukzessionsbefähigung, dann ist auch nur soweit eine Rechtskraft der Entscheidung möglich.

B. Die *rechtskräftige Entscheidung* über das Bestehen oder Nichtbestehen der Mitgliedschaft (Thronfolgefähigkeit u. s. w.) wirkt nur für und gegen die Parteien und deren Rechtsnachfolger (Z.Pr.O. § 325). Anderes gilt nur für Feststellung des Bestehens oder Nichtbestehens einer Ehe und von Rechtsverhältnissen zwischen Eltern und Kindern (Bestehen des Eltern- und Kindesverhältnisses, Ehelichkeit, Anerkennung der Ehelichkeit) gemäß Z.Pr.O. §§ 629 Abs. 2 und 643.

C. Auf Grund der Entscheidung über Nichtbestehen des Mitgliedschaftsverhältnisses (des Thronrechtes u. s. w.) kann dann Anspruch wegen *ungerechtfertigter Bereicherung* erhoben werden, denn wer auf Kosten eines anderen etwas ohne rechtlichen Grund erlangt hat, ist nach B.G.B. § 812 verpflichtet, diesem anderen das Erlangte herauszugeben. Auf Kosten des anderen ist etwas auch erlangt, wenn dadurch Vermehrung des Vermögens dieses anderen verhindert wurde. Derselbe war z. B., weil der nunmehr Weggefallene ihm vorging, vom Genuß einer Rente aus dem Hausvermögen ausgeschlossen.

1. a) Unter den Begriff der ungerechtfertigten Bereicherung fällt nur das Erlangen von wirtschaftlichen Werten („auf *Kosten*"). Hieraus darf aber nicht gefolgert werden, daß derjenige, welcher *ohne rechtlichen Grund* (z. B. weil Ebenbürtigkeit fehlte) *regierender Herr wurde,* nicht aufhören würde, Inhaber der Monarchenstellung zu sein. Vielmehr gilt gewiß, daß von ihm die Herausgabe der Monarchenstellung, die Abdankung, beansprucht werden *kann.* Allerdings ist er von dem Momente rechtskräftiger Feststellung des Nichtvor-

handenseins der Voraussetzungen für den Thronerwerb an nicht ipso jure verpflichtet, die Krone niederzulegen. Unzulässig ist der Schluß: wenn die Haus- und Staatsgesetze bestimmen: „zur *Sukzessions*fähigkeit wird rechtmäßige Geburt aus einer ebenbürtigen, mit Bewilligung des Landesherrn geschlossene Ehe erfordert", so darf um so mehr gefolgert werden, daß zum Thronbesitz, zur Throninnehabung diese Voraussetzungen erforderlich sind. Anzunehmen, daß der Verlust mit Wegfall der Erwerbsvoraussetzungen von selbst eintritt, geht ohne besonderen diesbezüglichen Rechtssatz nicht an.

b) Keineswegs resultiert aus dieser Sachlage jedoch, daß alle Regierungsakte des ohne rechtlichen Grund im Besitze der Herrschaft Gewesenen nunmehr als rechtlich ungültig gelten, dann, wie wir bereits früher betonten (§ 24), ist die Befugnis zur Ausübung der Staatsgewalt nicht durch rechtmäßigen Erwerb („rechtlichen Grund"), sondern nur durch den tatsächlichen Besitz derselben bedingt.

c) *α*) Anders steht es mit den Vermögenswerten, welche der Entsetzte infolge der rechtlich unbegründeten Throninhaberschaft (Regentschaft u. s. w.) erlangte (z. B. aus der Zivilliste), diese muß er herausgeben. Doch gilt hier B.G.B. § 818 Abs. 3: „Die Verpflichtung zur Herausgabe (des Erlangten oder dafür Erworbenen) oder zum Ersatze des Wertes (bei Unmöglichkeit der Herausgabe) ist ausgeschlossen, soweit der Empfänger nicht mehr bereichert ist," d. h. also z. B. die Zivilliste ausgegeben ist, ohne daß dafür erworbene wirtschaftliche Werte noch vorhanden sind.

β) Vom Eintritt der Rechtshängigkeit des Herausgabeanspruches an haftet derjenige, welcher ohne rechtlichen Grund etwas empfing, nach allgemeinen Vorschriften (§ 814 Abs. 4), d. h. auch dann, wenn nach Eintritt der Rechtshängigkeit der Zustand, daß er bereichert ist, wegfällt. Lediglich in dem Falle gerät der Belangte nicht in Verzug, wenn er in entschuldbaren Irrtum über das Bestehen des Herausgabeanspruches sich befindet (B.G.B. § 285). Dann befreit ihn die Unmöglichkeit der Herausgabe, sofern sie ohne sein Verschulden eintritt (B.G.B. § 292).

2. Analog sind andere Fälle zu entscheiden. Einschlägig sind hier die *lippischen Rentenprozesse* zwischen Angehörigen der gräflichen Linien Biesterfeld und Weißenfeld. Vgl. über die Tatbestände *Störk*, Die agnatische Thronfolge im Fürstentum Lippe S. 24 ff.; *Triepel* S. 14 ff.

D. Das Vermögensrecht der regierenden Familien.

1. Allgemeines.

§ 35.

I. Zwischen E.G. z. B.G.B. Art. 57 und 58 bestehen bedeutsame Unterschiede (siehe oben § 4), einer der bedeutsamsten betrifft das Vermögensrecht. Art. 57 hält aufrecht alle besonderen Vorschriften der Hausverfassungen und Landesgesetze in Ansehung der Landesherrn und der Mitglieder der landesherrlichen Familien. Den Landesherrn und die Mitglieder landesherrlicher Häuser betreffen auch die Vorschriften über das Vermögen des landesherrlichen Hauses als solchen. Also sind in Art. 57 auch vorbehalten die Sondervorschriften des Haus- und Landesrechts über das korporative Hausvermögen. Unter besonderem Rechte vermag demzufolge zu stehen *Hausvermögen und* Vermögen der *einzelnen Mitglieder*.

II. Anders E.G. z. B.G.B. Art. 58. Hiernach bleibt unberührt nur das „in Ansehung der Familienverhältnisse und Güter“ der vormals reichsständischen Häuser bestehende Sonderrecht. Demnach ist Sonderrecht bloß aufrechterhalten für standesherrliches Hausgut; das *Privatvermögen* der *einzelnen Mitglieder untersteht gewöhnlichem Recht.*

III. Nur in einem Punkt begegnet auch bei regierenden Häusern dieser Gegensatz. Daß gewisse Grundstücke nur auf Antrag ein Grundbuchblatt erhalten, kann nach *Grundbuchordnung* § 90 in Ansehung der souveränen Familien lediglich bestimmt werden für die „*Grundstücke*, welche zum *Hausgut* oder *Familiengut* einer landesherrlichen Familie gehören“, und außerdem nur für die Privatgrundstücke *eines* Mitglieds derselben: „für die *Grundstücke* eines *Landesherrn*“, aber nicht für die Privatgrundstücke der sonstigen (= einfachen) Mitglieder landesherrlicher Häuser.

2. Die einzelnen Vermögensmassen.

a) Hausvermögen.

§ 36.

I. Das Hausvermögen kann verschiedenen rechtlichen Charakter haben. Es kann sein

A. 1. *Hausgut* (Stammgut) im engeren Sinne. „Hausgut ist *satzungsmäfsig* zu einem einheitlichen Inbegriff zusammengefaßtes und gebundenes Sondervermögen“ (*Gierke*, Grundzüge des deutschen Privatrechts bei Holtzendorff-Kohler I 506).

a) Eigentümer des Hausgutes ist das landesherrliche Haus als Korporation.

b) Nur durch einstimmigen Beschluß aller volljährigen Hausagnaten kann über die Substanz desselben verfügt, auf Rechte desselben verzichtet oder dessen Folgeordnung geändert werden (Reichsgericht in Zivils. Bd. XXII Nr. 51, Bd. XXIV Nr. 38, Bd. XXVI Nr. 26).

c) Besitz, Verwaltung und Nutzung steht unentziehbar dem Familienhaupt zu. Die Nachfolge bestimmt sich nach Hausrecht. Die Agnaten haben unentziehbare Rechte auf Anteil am Genuß (feste Rente, Apanage), manchmal auch auf Anteil an der Verwaltung. Außerdem besitzen sie ein unentziehbares Anwartschaftsrecht.

d) Möglicherweise steht auch den Kognaten subsidiäres Folgerecht zu; die Töchter können Anspruch auf standesmäßigen Unterhalt und Ausstattung, die Witwen auf Wittum aus dem Hausgut haben.

2. *Hausfideikommifs.*

a) Das Hausfideikommiß der regierenden Familien ist, wie das Hausgut engeren Sinnes, Eigentum des Hauses als Ganzen und, wie dort, steht auch hier *einem* Familienmitglied jeweilig Besitz, Verwaltung und Nutzung und den übrigen Agnaten unentziehbares Warterecht zu und letztere *können* auch Anteil an der Verwaltung haben.

b) Im übrigen bestehen aber folgende Unterschiede.

α) Die übrigen Mitglieder haben nicht notwendig Genuß- oder Bezugsrechte.

β) Das betreffende Vermögen bildet hier nicht kraft Haussatzung, sondern kraft Rechtsgeschäftes (unter Lebenden oder von Todeswegen) eine besondere Vermögenseinheit, wobei allerdings die Möglichkeit besteht, daß alle Agnaten zusammen Stifter sind und die Stiftung in der äußeren Form eines Hausgesetzes betätigen; es beruht auf rechtsgeschäftlicher Stiftung; vor allem aber:

γ) *αα*) während beim Hausgut engeren Sinnes das Vermögen der Familie, der gegenwärtigen und den späteren Generationen, dem „Stamme", (als Stammgut) dadurch erhalten wird, daß *satzungsmäfsig* eine Verfügung über seine Substanz, ein Verzicht auf Rechte desselben und eine Änderung in der Folgeordnung *nur* durch einmütigen *Beschlufs aller Agnaten* zu geschehen vermag, wird hier der gleiche Zweck dadurch sichergestellt, daß der *Stifter rechtsgeschäftlich* den Vermögenskomplex für *unveräufslich* erklärt und den Inhaber verpflichtet, die Substanz unversehrt seinem berufenen Nachfolger zu hinterlassen;

ββ) ebenso wird nicht satzungsmäßig, sondern rechtsgeschäftlich (durch den Stifter) hier bestimmt, wer jeweils Inhaber, wer folgeberechtigt sei (eventuell auch Kognaten) und in welcher Ordnung sich die Anwärter folgen. Ein anschauliches Bild modernen Hausfideikommißrechtes gibt u. a. das oldenburgische Hausgesetz Art. 28—57.

3. *Freies*, d. h. nicht hausgutmäßig und nicht fideikommissarisch gebundenes *Korporationsvermögen* (sogen. *allodiales* Hausvermögen; „Hausallodium", siehe Koburg-gothaisches Hausgesetz Art. 60 ff.).

B. Das Hausfideikommiß kann *Domanial-Hausfideikommifs* oder *einfaches* Hausfideikommiß sein. Ersteres ist aus landesfürstlichem Kammergut gebildetes Hausfideikommiß, d. h. Fideikommiß, welches schon zur Zeit des alten Reiches der landesfürstlichen Familie als solcher (also als Pertinenz der Landeshoheit) mit der darauf ruhenden Last gehörte, hieraus sowohl den Unterhalt der landesherrlichen Familie *wie* die Kosten der Landesverwaltung zu bestreiten. Soweit letztere

Verpflichtung fehlte, hießen die Kammergüter *Schatull-* oder *Kabinettsgüter.*

II. Keineswegs muß das Hausvermögen rechtlich nur eine einzige Vermögenseinheit darstellen, so daß es nur *ein* Hausgut oder *ein* Hausfideikommiß, *ein* einfaches oder *ein* Domanialhausfideikommiß geben könnte. Vielmehr vermag das Familiengut in *verschiedene Vermögensmassen* zu zerfallen. Es sind nebeneinander möglich a) Hausgut, Domanial- und einfaches Familienfideikommiß, und b) mehrere Hausgüter, mehrere Domanial- und einfache Familienfideikommisse.

A. In Sachsen-*Meiningen* z. B., wo diese Frage neueste Regelung durch Gesetz vom 9. März 1896 erfahren hat, sind nebeneinander gegeben:

1. Das „*Domänenvermögen*". Dasselbe bildet nach der Regelung, welche die Eigentumsfrage durch sachsen-meiningensches Staatsgesetz vom 20. Juli 1871 (*Schulze* Bd. III S. 303ff.) erfuhr [1]), allerdings nur zu einem Teil „fideikommissarisches Eigentum" des herzoglichen Hauses und zwar des gothaischen Gesamthauses; zu einem anderen Teil ist es „Landeseigentum."

2. a. Das „*Hausfideikommifsvermögen.*" Dies ist ein *einfaches* Hausfideikommiß. Sein Eigentümer ist nicht das gothaische Gesamt-, sondern das herzoglich meiningensche Spezialhaus. Es besteht aus bestimmten, in jenem Gesetze vom 1871 genannten Gebäuden und Liegenschaften, bezw. aus dem aus deren Veräußerung gebildeten Kaufgelderfonds.

b) Das „*Sonderhausvermögen*"; ebenfalls ein *einfaches* Fideikommiß des herzoglichen Spezialhauses, gebildet aus den in Art. 14 des Gesetzes vom 9. März 1896 erwähnten Bestandteilen (Familienfideikommißstiftung in Wertpapieren des Testaments der Herzogin Marie vom 5. Juli 1883; herzogl. öffentl. Bibliothek nebst Kupferstichsammlung, Silberkammer, Bildersammlung, Münzkabinett, Haus- oder Familiensckmuck, Inventarien der Schlösser u. s. w.).

B. Ähnlich ist in *Oldenburg* zu unterscheiden:

---

[1]) Vgl. dazu *Rintelen,* Art. „Domänen" im Handwörterbuch der Staatswissenschaften 2. Aufl. Bd. III S. 193.

1. „Krongut". Das Krongut ist ein Teil des früheren Domänenvermögens. Dasselbe wurde durch eine Vereinbarung zwischen Großherzog und Landtag vom 5. Februar 1849, welche durch Staatsgrundgesetz Art. 179 zu einem wesentlichen Bestandteil des letzteren erklärt wurde, zwischen landesherrlicher Familie und Staat geteilt. Bisher waren dem Wesen des Kammergutes entsprechend alle Domänen Hofkammergüter; jetzt zerfällt das Kammergut in *Hof-* und *Staats*kammergüter oder, wie der Unterschied in jener Vereinbarung genannt wurde: ein Teil der Domänen bildet jetzt „Krongut der jetzt regierenden fürstlichen Familie"; das gesamte übrige Domanialvermögen wurde „Staatsgut".

2. a) „Fideikommiß des Großherzoglichen Hauses" (Hausgesetz Art. 28); b) „Hausstiftung", „gleich dem Hausfideikommiß ein in seiner Substanz unveräußerliches und unteilbares Familiengut des großherzoglichen Hauses" (ebenda Art. 44).

C. In *Preufsen* gibt es, da hier alle Domänen (seit Allg. L.R. Teil II Tit. 14 § 11) verstaatlicht sind, nur einfache Hausfideikommisse. Bekannt sind drei: 1) das königliche Hausfideikommiß, 2) das königlich-prinzliche Familienfideikommiß, 3) der Hausschatz [Krontresor] (siehe *Schulze*, Hausgesetze III S. 619 ff.)

D. Das Vorhandensein mehrerer einfacher Familienfideikommisse erklärt sich nicht selten aus der Tatsache, den nachgeborenen Linien eine selbständige vermögensrechtliche Stellung gegenüber der Hauptlinie zu gewährleisten: Neben einem Hauptfideikommiß wird ein *Sekundogeniturfideikommifs* für die zweite Linie, eine *Tertiogenitur* für eine dritte Linie errichtet. Die Fideikommißinhaberschaft ist also nach Linien getrennt, steht den Häuptern verschiedener Linien zu; das Eigentum aller Fideikommisse ruht dagegen im Zweifel beim Haus und nicht der Linie. Rückt die zweite Linie durch Erlöschen der ersten in das Hauptfideikommiß ein, so muß sie ihr bisheriges Fideikommiß an die dritte Linie weiter geben. — Eine „Sekundogenitur" kennt z. B. das königlich sächsische Hausgesetz § 42 ff. — Nicht bloß für eine, sondern für die Linien der nachgeborenen Söhne des Königs Friedrich

Wilhelm III. mit Ausschluß der jedesmaligen regierenden Linie bildet das Königlich-*Prinzliche* Familienfideikommiß in Preußen eine besondere Fideikommißstiftung.

III. Ein Hauptunterschied zwischen Domanial- und einfachem Hausfideikommiß selbst dann, wenn das Domanialfideikommiß des Hauses gar nichts mehr zum Staatshaushalt beizusteuern hat, ist der, daß das Domanialhausfideikommiß im Zweifel nur Eigentum der regierenden Familie als solcher darstellt, d. h. Eigentum der fürstlichen Familie *lediglich solange bleibt, als dieselbe die Herrschaft im Staate innehat.* Es ist dies noch eine Wirkung davon, daß das Kammergut eine Pertinenz der Landeshoheit bildete.

A. Wenn das Grundgesetz für *Schwarzburg-Rudolstadt* z. B. in § 9 sagt: „Das ganze Kammervermögen . . . verbleibt fideikommissarisches Eigentum des Fürstlichen Hauses“ oder die Verfassung von Reuß ä. L. § 17: „Das Kammervermögen ist Haus-, Domanial- und Familiengut (Familienfideikommiß) des Fürstlichen Hauses“, so bedeutet dies: das Kammervermögen ist solange fideikommissarisches Eigentum der fürstlichen Familie, als diese das Dominium, die Herrschaft über den Staat besitzt. Diesen Gedanken will das meiningensche Domänengesetz vom 20. Juli 1871 zum Ausdruck bringen, wenn es — im ersten Moment erscheint die Wendung widersinnig — die Tatsache, daß das Domänenvermögen daselbst teils als fideikommissarisches Eigentum des herzoglichen Hauses, teils als Landeseigentum in Anspruch genommen worden ist, als eine „*staats*rechtliche Eigenschaft“ desselben bezeichnet. Weil die Eigentümer des Domänenvermögens juristische Personen des Staatsrechts sind, sieht der Gesetzgeber auch das Objekt dieses Eigentums als etwas Staatsrechtliches an. Person des Staatsrechts ist die herzogliche Familie aber nur, solange sie in Meiningen herrscht. Hört sie auf dies zu tun, dann ist sie wirtschaftlich nur noch juristische Person des Privatrechts, ein Privat-, aber kein regierendes Haus mehr, all ihr Eigentum nur Eigentum einer Privatperson, Privateigentum. Vgl. § 58.

B. 1. Hieraus folgt: erreicht die Eigenschaft als regierendes Haus dieses Staates ihr Ende, ohne daß das betreffende

Haus erlischt, verliert das Haus jene Eigenschaft durch völkerrechtlichen Untergang des Staates (Einverleibung in einen anderen), so *hört damit von selbst das Eigentumsrecht der Familie an dem Domänenvermögen auf.* Dasselbe geht in das Eigentum des erwerbenden Staates über, ohne daß es einer Zwangsenteignung bedürfte. Der Eigentumsübergang erfolgt ohne weiters mit der Vernichtung der völkerrechtlichen Persönlichkeit des alten Staatswesens. Übereinstimmend *Max Huber*, Die Staatensukzession 1898 S. 150 und 60: „*Privat*eigentum der entthronten Dynastie bleibt ihr gewahrt"; „das, was *sie* (Monarch und Dynastie) in ihrer Eigenschaft als Regenten besitzen, das sogen. Krongut, geht als *Staats*eigentum auf den Zessionar (Okkupanten) über."

2. a) Aber dieser Vermögensverlust begründet zugleich einen *Schadloshaltungsanspruch.* Während das Vermögen aller anderen Rechtssubjekte des übergehenden Gebietes mit Ausnahme des Staates von dem Gebietshoheitswechsel unberührt bleibt, erleidet die bisher regierende Familie eine erhebliche Vermögenseinbuße, wird ihr also ein besonderes Opfer, ein Opfer, das andere nicht trifft, zugemutet und ergibt sich daher aus allgemeinen Erwägungen (siehe oben § 5) ein Anspruch auf Schadloshaltung. Vgl. auch *Schulze*, Hausgesetze Bd. II S. 28.

b) In dieser Weise ist auch *Preußen* gegenüber den Familien verfahren, welche es zur Zeit der Einverleibungen in den betreffenden Gebieten als bisher regierende anerkannte, also gegenüber dem kurfürstlichen Hause Hessen, dem herzoglichen Hause Nassau und dem königlichen Hause Hannover. Das Domänenvermögen dieser Herrscherfamilien wurde gegen Entschädigung zu preußischem Staatsgut erklärt, die Höhe der Entschädigung im Wege des Vertrages festgesetzt.

α) Bezüglich des *kurhessischen Hauses* seien folgende Urkunden angeführt.

αα) Zunächst der Vertrag der Krone Preußen mit der sogenannten Rumpenheimer Linie des kurhessischen Hauses, Landgraf *Friedrich* von Hessen vom 26. März 1873. Der Landgraf „entsagt (in Art. 1) für sich und seine Deszendenz zugunsten der Krone Preußen allen Ansprüchen auf die Regierung des früheren Kurstaates, sowie allen damit *zusammenhängenden* Rechten und Bezügen“ und erkennt in Art. 2 „das gesamte sogenannte Fideikommißvermögen des kurfürstlichen Hauses als Preußisches *Staats*eigentum“ an. Dagegen verpflichtet sich der Staat Preußen, nach dem Ableben des Kurfürsten Friedrich Wilhelm von Hessen für die genannte Linie ein aus einer bestimmten Rente, bestimmten Grundstücken und Mobilien vereinbarungsgemäß gebildetes *Privat*familienfideikommiß der kurhessischen Fürstenfamilie zu bilden. Vgl. *Schulze*, Hausgesetze II 121.

ββ) Die Agnaten der *Philippstaler Linien* des landgräflichen Hauses bestritten länger die Rechtsgültigkeit der Verwandlung des kurhessischen Domanialvermögens in preußisches Staatseigentum. Erst in einem Vertrag vom 13. Dezember 1880 (Preußische Gesetzsammlung 1881 S. 142) traten sie der Anerkennungserklärung des Landgrafen Friedrich bei, wogegen sich Preußen verpflichtete, ein „Privatfideikommiß der Philippstaler Linien der hessischen Fürstenfamilie“ zu bilden. Die Bestandteile des Fideikommisses, also die Höhe der Entschädigung, wurden vertragsmäßig festgesetzt.

γγ) Ebenso wurde mit der großherzoglichen Linie des hessischen Fürstenhauses unter dem 13. Januar 1881 (Preuß. Gesetzsammlung S. 153) eine Entschädigung vereinbart; sie besteht in einem eventuellen Sukzessionsrecht in das durch Vertrag vom 26. März 1873 konstituierte „Privatfamilienfideikommiß der Kurhessischen Fürstenfamilie“.

β) Ein Vertrag vom 18. September 1867 mit *Herzog* Adolf von *Nassau* (*Hahn*, Zwei Jahre preußisch-deutscher Politik 1866—67 S. 445 ff.) spricht aus, daß das *Privat*vermögen des herzoglichen Hauses „lediglich den anerkannten bisherigen Rechtsverhältnissen unterworfen bleibt“ (§ 3). Zur Befriedigung und *Ausgleichung* aller Ansprüche, welche an das mit allen Rechten und Verpflichtungen in das *Staats*eigentum der Krone Preußen übergegangene nassauische *Domänen*vermögen von seiten des herzoglich nassauischen Hauses gegenwärtig oder in Zukunft aus irgend einem Grunde erhoben werden möchten, wurden von Preußen vertragsgemäß die Mittel zu einem Familienfideikommiß des herzoglich nassauischen Hauses bereitgestellt.

γ) Daß das *hannover*sche Domänenvermögen preußisches Staatseigentum würde, war schon in der Kapitulation von Langensalza vom 29. Juni 1866 (*Hahn* a. a. O. S. 149) vereinbart, indem es daselbst nur heißt: „Se. Majestät Privatvermögen bleibt zu dessen Verfügung.“ Durch Vertrag mit dem König von Hannover vom 29. September 1867 wurde die Höhe der Entschädigung für Verlust des Domanialvermögens vereinbart und die Unverletzlichkeit des Privatvermögens der übrigen Hausmitglieder ausdrücklich anerkannt (§ 4 und 8; *Hahn* S. 448ff.).

C. Anderer Meinung als hier vorgetragen ist *Gg. Meyer*, Lehrbuch des Staatsrechtes § 94 Nr. 2 S. 260 und insbesondere *Cosack* in „Das Staatsrecht des Großherzogtums Hessen“ in Marquardsens Handbuch des öffentl. Rechts 1894 S. 5. Art. 6 der hessischen Verfassung vom 17. Dezember 1820 erklärt ein Drittel der damals vorhandenen Domänen für Staatseigentum. „Die übrigen zwei Dritteile — fährt Art. 7 fort — bilden das schuldenfreie unveräußerliche Familieneigentum des Großherzoglichen Hauses.“ Cosack S. 5 legt dies dahin aus, das großherzogliche Haus könnte die Domänen auch vindizieren, wenn es des hessischen Thrones verlustig gehen sollte. In der Tat hat der hessische Minister von Dalwigk bei Abtretung des hessischen Hinterlandes an Preußen 1866 das Eigentum der dort belegenen Domänen als ein Privatrecht der großherzoglichen Familie von der Abtretung ausschließen wollen. Der preußische Unterhändler erklärte hiergegen, Preußen habe auch gegen die Person des Großherzogs Krieg geführt, und lehnte ab. Was der preußische Unterhändler gesagt *hat*, ist unzutreffend, Kriegspartein sind juristisch nur die Staaten, nicht auch die Staatshäupter gewesen. Aber was der preußische Kommissar sagen wollte, ist richtig. Er wollte sagen, das großherzogliche Haus hatte das Eigentum daran nur als regierendes Haus. Art. 7 bedeutet: die zwei Drittel sind Eigentum der großherzoglichen Familie in ihrer Eigenschaft als derzeit regierendes Haus. Das Eigentum daran steht der jeweils regierenden Familie zu. Die des Thrones verlustig gehende besitzt lediglich einen Anspruch auf Schadloshaltung. Nicht einwenden läßt sich: was hat dann das Eigentum der Familie praktischen Wert? Es bleibt genug praktische Bedeutung. Diese zwei Drittel sind jedenfalls ihrer Substanz nach dem Zugriff der Staatsgläubiger entzogen.

D. Völlig ausgeschlossen ist es natürlich nicht, daß dem regierenden Hause auch, wenn es aufhört, regierendes zu sein, das Eigentum verbleibt; aber es setzt dies eine *besondere Bestimmung* voraus, die im voraus oder erst bei Gelegenheit des Eintritts jener Tatsache zu erfolgen vermag.

1. Nicht liegt ein solcher Fall schon vor, wenn das staatliche Kammergutsgesetz, wie z. B. das *Sondershauser* vom 14. Juni 1881 § 1, bestimmt: „Das Kammergut ist fideikommissarisches *Privat*eigentum des Fürstlichen Hauses." Privateigentum bedeutet hier lediglich: nicht Staatseigentum, keineswegs aber: Eigentum des Hauses als Privatfamilie.

2. Anders dagegen in folgenden Fällen.

a) Das sachsen-*meiningen*sche Domänengesetz vom 20. Juli 1871 bestimmt in Art. 12: „Sollte diese (d. h. die Regierung des Meiningenschen Spezialhauses, beziehentlich die des Gothaischen Gesamthauses im Herzogtum Meiningen) aus irgend einem Grunde *aufhören*, so tritt eine Teilung des Domänenvermögens ein, dergestalt, daß drei Fünfteile davon dem Herzoglich Meiningenschen Spezialhause als ein auch ferner nach den Hausgesetzen, Verträgen und Observanzen des Herzoglichen Gothaischen Gesamthauses vererbliches fideikommissarisches *Privat*eigentum dieses Letzteren, zwei Fünfteile aber dem Herzogtum Meiningen als Landeseigentum überwiesen werden." Dasselbe gilt nach Art. 14 für das „Hausfideikommißvermögen". Und bezüglich des „Sonderhausvermögens" bestimmt Gesetz v. 9. März 1896 Art. 16, daß, sollte der Mannesstamm des Spezialhauses erlöschen, die Fideikommißeigenschaft des Sonderhausvermögens endet und Allodialerbfolge eintritt. Ähnliche Bestimmungen finden sich bezüglich des Domänenfideikommisses des herzoglichen Hauses Sachsen-*Altenburg* im altenburgischen Staatsgesetze vom 29. April 1879 § 4 und 25 (*Schulze*, Hausgesetze III S. 317).

b) *α*) In der Vereinbarung Preußens mit dem *Kurfürsten* von *Hessen* vom 17. September 1866 § 2 (*Hahn* S. 347) findet sich der Satz: „Die rechtliche *Natur* des Kurfürstlich hessischen Familienfideikommisses (das ist hier in der Hauptsache Domanialvermögen) wird durch die gegenwärtigen Abreden nicht alteriert.“ Hieraus folgt: bis zum Ableben des Kurfürsten sollte das Fideikommiß Eigentum des kurfürstlichen Hauses trotz seiner Entthronung bleiben. Die Krone Preußen überließ dem Kurfürsten daher auch das lebenslängliche Recht der Nutznießung hieran.

β) In dem Abtretungsvertrag zwischen dem Fürsten von *Hohenzollern* und Preußen vom 7. Dezember 1849 Art. 8 ist bestimmt: „Sämtliche in den Fürstentümern belegene Fürstlich Hohenzollernsche Güter und Liegenschaften, wie solche gegenwärtig von den Fürstlich Hohenzollernschen *Häusern* besessen und von deren Hofkammern verwaltet werden, werden als wahres Fürstlich Hohenzollernsches Stamm- und Fideikommißvermögen Königlich Preußischer Seits anerkannt und verbleiben im Besitze der Durchlauchtigen regierenden Herren.“

IV. A. Steht das Eigentum an *Domanial*vermögen dem regierenden Hause als solchem zu, so folgt hieraus doch keineswegs, daß die Verfügung über das Kammergut, dessen Verwaltung und Verwendung, Staatsangelegenheit sei und demgemäß der Mitwirkung des Staatsministeriums, eventuell des Landtags bedürfe. Wie die Hausgewalt des Landesfürsten, bildet auch dies Eigentum nur ein Akzessorium der Landeshoheit und rechnen daher jene Befugnisse zur ausschließlichen Zuständigkeit des Familienhauptes und der Agnatengesamtheit, nur daß dem Hause im Zweifel die Verpflichtung obliegt, aus den Einkünften einen Beitrag zur Staatsverwaltung zu leisten.

B. Die Verfügung über das Domänengut, also z. B. seine Verwandlung in Staatsgut, ferner die Verwaltung und Verwendung des Domanialvermögens vermag jedoch auch durch den *Staat* im Wege der *Gesetzgebung* zu geschehen. Einer Zustimmung der Agnaten (durch Hausgesetz) bedarf es hier nicht. Insofern hat das fürstliche Hausrecht observanzmäßig seine Unabhängigkeit gegenüber dem Staatsrecht freiwillig aufgegeben. Den Hausmitgliedern entsteht nur ein Anspruch auf billige Entschädigung ihres Eigentumsverlustes (Anspruch auf Zivilliste, Apanage gegen den Staat).

C. 1. a) Ein solches Gesetz kann gegen den Willen der Agnaten, aber keineswegs gegen den des Familienhauptes zustande kommen, indem dieses oder sein Vertreter (Regent) in Ausübung der Staatshauptstellung jedes solches Gesetz zu verhindern vermag.

b) Um dem Vorwurf einer zu einseitigen Berücksichtigung der Interessen des Staates zu entgehen und eine solche auch für die Zukunft auszuschließen, hat der Landesfürst derartige Bestimmungen mit dem Landtag nicht im Wege des Gesamtaktes, sondern des Vertrages, d. h. nicht durch Gesetz, sondern durch *Übereinkommen* zwischen *Staat* und *Haus* vereinbart.

c) Dies bietet dem Hause einen doppelten Vorteil. Einmal sind dann bei Feststellung des Verhältnisses zwischen Staat und Haus auch die Agnaten zu rechtlicher Mitwirkung berufen, sofern die Vereinbarung sich auf mehr als die Verwaltung und Nutznießung des Familienhauptes bezieht, oder, wenn das nicht der Fall sein sollte, sich nicht auf die Regierungszeit des gegenwärtigen Familienhauptes beschränkt. Und dann kann jeder Teil unter den Voraussetzungen, welche die allgemeine Rechtslehre hierfür stellt, an Vertragsverletzungen Rechtsfolgen knüpfen, insbesondere eventuell von dem Übereinkommen zurücktreten, während ein Staatsgesetz über die festgestellten Umstände ohne Zustimmung beider Teile keiner Veränderung unterworfen zu werden vermag und eine vermögensrechtliche Verantwortlichkeit von Fürst und Landtag wegen Gesetzesverletzung ausgeschlossen ist.

2. a) Eine solche Vereinbarung finden wir u. a. in *Waldeck*. Dort war durch ein dem Staatsgrundgesetze vom 23. Mai 1849 beigefügte Vereinbarung das Domanialvermögen für Staatsgut erklärt. Die Verfassungsurkunde vom 17. August 1852 hob diese Vereinbarung wieder auf, indem sie in § 26 bestimmte, die rechtlichen Verhältnisse des Domanialvermögens sollten einstweilen nach demjenigen Stande beurteilt werden, in welchem sich dasselbe vor der Vereinbarung aus dem Jahre 1849 befand. „Die definitive Vereinbarung soll mit den Ständen ohne Verzug getroffen werden.“ Sie ge-

schah durch einen *Rezeß* vom 16. Juli 1853, den der Fürst 15. November 1853 genehmigte, aber erst 28. Oktober 1856 im Regierungsblatte veröffentlichte. Dieser Rezeß gilt heute noch.

b) Eine derartige Vereinbarung verliert dadurch nicht den die Agnaten schützenden Vertragscharakter, daß sie zu einem Bestandteil der Verfassung erklärt wird. Sie ist dann eben Vertrag und Gesetz zugleich. Durch ihren Charakter als Verfassungsgesetz wird der Schutz der Agnaten staatsrechtlich erhöht, ohne daß die vertragsmäßigen Rechte des Hauses Einbuße erlitten. Das Haus steht trotzdem nach wie vor zum Staate auch in Vertragsverhältnis; ohne Zustimmung der Agnaten kann das Rechtsverhältnis keine Änderung erfahren, soll nicht Vertragsbruch begangen werden.

α) Eine Rechtslage solcher Art finden wir augenblicklich z. B. in *Koburg-Gotha.* Am 1. März 1855 wurde zwischen dem herzoglich sachsen-gothaischen Gesamthause einerseits und dem durch Staatsministerium und Landtag vertretenen Herzogtum Gotha andererseits ein Vergleich über die Ausscheidung des Domänengutes und Staatsgutes aus dem bisherigen Kammer- und Domänenvermögen im Herzogtum Gotha geschlossen, inhaltlich dessen das bisherige Kammer- und Domänenvermögen in zwei Teile geteilt wurde, von denen der eine unter der Bezeichnung Domänengut als Eigentum jenes Gesamthauses, der andere unter der Bezeichnung Staatsgut als Eigentum des Herzogtums Gotha unwiderruflich anerkannt wurde. Ein Staatsgesetz vom gleichen Tage (*Schulze*, Hausgesetze III S. 297) bestimmt, dieser Vertrag gelte als Gesetz und genieße desselben Schutzes, welchen das Staatsgrundgesetz vom 3. Mai 1852 der Verfassung des Herzogtums Gotha gewähre.

β) In ähnlicher Weise geschah in *Oldenburg* durch Vertrag zwischen Großherzog und Landtag vom 5. Februar 1849 eine Sonderung des Domanialvermögens in Krongut und Staatsgut. Art. 179 des oldenburgischen Staatsgrundgesetzes vom 22. November 1852 verfügt hierzu: die Vereinbarung sei als ein wesentlicher Bestandteil des Staatsgrundgesetzes anzusehen.

γ) Interessant sind auch die Verhältnisse in *Lippe.* Hier

kam 1868 eine „Vereinbarung“ zwischen Haus (Fürst) und Ständen über die „Trennung des Staatshaushalts vom Domanialhaushalt“ zustande, wonach das Kammergut Familiengut blieb. Diese Vereinbarung wurde durch Verordnung vom 24. Juni 1868 als Landesgesetz publiziert. 1879 wurde sie wieder im Wege der „Vereinbarung“ abgeändert und sodann auch diese Modifikation unter dem 20. März 1879 als Landesgesetz verkündigt. 1898 fand wieder eine Umgestaltung jenes Vertrages von 1868 statt. Der Fürst band sich in der Verwendung der Nutzungen. Das kann er (bezw. der Regent für ihn) ohne Zustimmung der Agnaten lediglich für die Dauer seiner Regierungszeit tun. Trotzdem geschah es auf unbestimmte Zeit lediglich durch Gesetz (vom 25. März 1898).

c) Über die *Auslegung* solcher *Vereinbarungen* können zwischen den Vertragsteilen *Streitigkeiten* entstehen. Um festzustellen, ob die Zivilgerichte zur Entscheidung solcher Streitigkeiten zuständig sind, bedarf es einer Bestimmung der *rechtlichen Natur* der genannten *Verträge.*

α) Hier meinen wir nun: soweit die Verträge nicht die Frage der Leistung von Zuschüssen zur Staatsverwaltung betreffen, welche entschieden eine öffentlichrechtliche Last des Domanialvermögens darstellen, ist das Rechtsverhältnis zwischen Haus und Staat ein privatrechtliches. Denn es handelt sich um einen Vertrag des Eigentümers von privatrechtlichem Vermögen. Als Eigentümerin des Domänengutes schließt die regierende Familie die Vereinbarung ab, somit als Privatrechtssubjekt, und der Vertrag bezieht sich auf Verfügung über und Verwaltung von Eigentum. Diese rechtliche Natur erfährt eine Änderung auch dann nicht, wenn, was ja die Regel, das betreffende fürstliche Haus nur solange, als es regierendes in diesem Staate ist, somit lediglich als regierendes Haus das Eigentum am Domanium besitzt. Gewiß besitzt sie es dann nicht als *Privat*person und ist das Familienhaupt Inhaber des Fideikommisses nicht als Privatperson, aber damit hört das Haus noch nicht auf, in Hinblick auf das Eigentum am Domänengute Privat*rechts*subjekt zu sein, dasselbe als Privatrechtssubjekt zu besitzen. M. a. W. auch dann noch bleibt jene Vereinbarung ein *privatrechtlicher* Vertrag. Wenn ein mitteldeutscher Staat die Verwaltung seines Vermögens in größerem Umfange z. B. der Deutschen Bank überträgt, so besitzt dieser Vertrag nicht um deswillen öffentlichrechtliche Natur, weil der Staat Subjekt dieses Vermögens, also Privatrechtssubjekt nur solange ist, als er die Eigenschaft eines staatsrechtlichen Subjekts, d. h. die Eigenschaft eines Staates behält.

β) *aa*) An diesem zivilrechtlichen Charakter jener Vereinbarungen zwischen Haus und Staat wird auch dadurch nichts geändert, daß jene Vereinbarungen zu integrierenden Bestandteilen der Verfassung erklärt, somit zugleich mit der Eigenschaft eines Staatsgesetzes ausgestattet werden. Nicht alle Bestimmungen der Verfassungsurkunden sind öffentlichrechtlichen Wesens. Was sie enthalten, sind grundlegende oder die obersten Staatsorgane direkt oder indirekt betreffende Vorschriften. Den Bestimmungen der Verfassungsurkunden über den Volljährigkeitstermin des Staatshauptes und der Mitglieder der landesherrlichen Familie (z. B. preuß. Verf. Art. 54) eignet gewiß nicht staatsrechtliche Natur. Auch das Verhältnis des Familienhauptes zum Domänenhausfideikommiß wird dadurch nicht verändert. Nicht unmittelbar als Landesherr, sondern als Hauschef ist der Landesfürst Inhaber und eventuell Nutznießer jenes Fideikommisses.

ββ) Noch weniger läßt sich behaupten, Streitigkeiten aus der Vereinbarung würden dadurch zu Verfassungsstreitigkeiten zwischen Landesherr und Ständen. Denn Verfassungsstreitigkeiten im technischen Sinne liegen erst dann vor, wenn über Anwendung und Auslegung der Verfassung Meinungsverschiedenheit entsteht zwischen Landtag und Fürst unmittelbar in des letzteren Eigenschaft als Staatshaupt. Verfassungsstreit ist Streit zwischen den obersten Staatsorganen untereinander, nicht zwischen einem derselben und einem Mitgliede des fürstlichen Hauses oder der ganzen fürstlichen Familie.

γ) Aus dem Vorgetragenen erhellt, daß wir das Urteil des *Reichsgerichts* vom 15. Februar 1881 in den Entsch. in Zivilsachen Bd. III S. 410 über Auslegung des oben unter IV C 2 a angezogenen Waldecker *Rezesses* vom 16. Juli und 15. November 1853 nicht zu billigen vermögen. Jener Rezeß bestimmt bezüglich der Eigentumsfrage: „Hinsichtlich des Rechtes des Fürstenhauses am Domanialvermögen soll es bei dem durch die Verfassungsurkunde vom 17. August 1852 wiederhergestellten Verhältnis bleiben"; d. h. das Domänengut bleibt Hausgut der landesherrlichen Familie.

αα) Zunächst ist es m. E. unrichtig, daß der erwähnte Rezeß durch den Satz der Verfassung § 26: „Die ... definitive Vereinbarung (über die Eigentumsfrage) soll mit den Ständen ohne Verzug getroffen werden" ein integrierender Bestandteil der Verfassung selbst wurde.

ββ) Aber selbst wenn es der Fall wäre, so folgt hieraus noch nicht, daß das durch die Verfassung bezüglich des Domanialvermögens geschaffene Rechtsverhältnis lediglich ein öffentlichrechtliches, durch öffentlichrechtlichen Vertrag zwischen Landesherrn und Ständen geregeltes sei. Dadurch, daß der Vertrag nicht die Stellung des Fürsten als Privatperson berührt, folgt noch keineswegs mit zwingender Notwendigkeit, daß er die Eigenschaft des Fürsten als Landesherrn betrifft. Vielmehr bezieht sich der Vertrag auf die Stellung des Fürsten als Familienhaupt, auf das Verhältnis, in welchem er infolge des Eigentums des landesfürstlichen Hauses am Domanialvermögen als Hauschef zu diesem Vermögen steht. Die Zivilgerichte wären also für Streitigkeiten aus jenem Rezesse zuständig gewesen.

b) Das Privatvermögen der Hausmitglieder.

§ 37.

I. Wie bereits in § 35 bemerkt, geht auch in bezug auf das Vermögen der Hausmitglieder (Haupt, Gemahlin, Prinzen, Prinzessinnen, Gemahlinnen der Prinzen, Witwen) etwa vorhandenes Haus- und Landesrecht dem gewöhnlichen bürgerlichen Rechte vor und es gibt auch Haus- und Staatsgesetze, welche derartige Abweichungen schaffen. Wir führen beispielsweise die des bayerischen Rechtes an.

II. A. Das Privatvermögen des regierenden Herrn heißt *Schatullgut.* Das bayer. *Familien*statut von 1819 Tit. VIII bemerkt hierüber z. B. zunächst definierend, dazu gehöre, was der König durch Ersparnis aus den zu seiner Privatdisposition gestellten Einnahmen oder aus sonstigen Privattiteln erworben und dem Vermögen des Staates und der Krone (d. h. des Hauses) noch nicht einverleibt habe. Dann bestimmt es: 1) „Der Monarch ist in seinen Dispositionen hierüber an die Vorschriften der bürgerlichen Gesetze nicht gebunden.“ 2) Wenn der König ohne Hinterlassung einer letztwilligen Verfügung stirbt, so werden gemäß *Verfassung* Tit. III § 1 Abs. 2 die unbeweglichen Sachen, welche er für sein Privatvermögen neu erwarb, Staatseigentum, jedoch in der Weise, daß deren Nutzgenuß sich nach der bürgerlichen Intestaterbfolge vererbt; die bewegliche Verlassenschaft vererbt sich mangels letztwilliger Verfügung nach bürgerlichem Rechte, wobei jedoch, solange noch männliche Sprossen im königlichen Hause vorhanden sind, die Prinzessinnen ausgeschlossen bleiben. Eine Ausnahme besteht hinsichtlich der Mobilien, welche der König in eine wissenschaftliche oder Kunstsammlung des Staates hat verbringen lassen, ohne sie dem Staatsvermögen förmlich einzuverleiben. Näheres bayerisches *Staats*gesetz vom 9. März 1828. Dazu *Seydel* Bd. I § 54 S. 184.

B. Bezüglich der übrigen Glieder des königlichen Hauses verordnet das bayer. Familienstatut nichts abweichendes, sondern schreibt (Tit. VIII § 5) ausdrücklich vor: „Sie sind bei den Dispositionen über ihr Privatvermögen an die Beobachtung der bürgerlichen Gesetze gehalten, nach welchen auch die Erbfolge bestimmt wird.“

C. Ähnliche Bestimmungen finden sich z. B. in dem sachsen-*meiningen*schen Staatsgesetz vom 9. März 1896 Art. 14 Abs. 2, 17, 18.

III. Manchmal ist vorgeschrieben, daß sich unter gewissen Voraussetzungen Hausvermögen in Hausmitgliedervermögen verwandelt. So bestimmt das *meiningen*sche Verfassungsgesetz vom 9. März 1896 bezüglich des „Sonderhausvermögens“: „Sollte der Mannesstamm des herzoglichen Spezialhauses erlöschen, so endet die Fideikommißeigenschaft des Sonderhausvermögens und es vererbt, sofern der letzte Inhaber nicht anderweit verfügt hat, auf dessen nach der

22*

alsdann allgemein geltenden gesetzlichen Erbfolge (Allodialerbfolge) berufene Erben" (Art. 16).

IV. A. Auch das Privatvermögen der Mitglieder ist entweder freies oder gebundenes (fideikommissarisches). *Nicht jedes Fideikommifs, welches innerhalb des Kreises der Hausangehörigen begegnet, ist Hausfideikommifs,* d. h. *Fideikommifs, dessen Eigentum dem hochadeligen Haus als solchem zusteht.* Das Eigentum kann auch einem Hausmitglied oder einer Linie zustehen. Nur ersteres ist gemeinrechtlich möglich, weil ja nach ihm nur das hochadelige Haus als solches, aber nicht die Linie, jede Familie desselben, juristische Persönlichkeit besitzt (vgl. *Gierke*, Fideikommisse im Handwörterbuch der Staatswissenschaften 2. Aufl. Bd. III [1900] S. 885). Partikularrechtlich kommt es vor, daß jede Familie, also auch jeder Teil des hochadeligen Hauses, für welchen ein Fideikommiß errichtet wird, genossenschaftliche Organisation und damit juristische Persönlichkeit erhält, oder es wird dem Fideikommiß als solchem juristische Persönlichkeit beigelegt, das Fideikommiß somit zu einer Unterart der Familienstiftung gestempelt. In Preußen ist Eigentümerin die Familie, also die Linie als Genossenschaft. Wenn also in dem Abfindungsvertrage mit Preußen vom 26. März 1873 der Landgraf Friedrich von Hessen-Kassel sich verpflichtet, aus den in Aussicht gestellten Entschädigungswerten ein Privatfamilienfideikommiß der kurhessischen Fürstenfamilie zu konstituieren, so ist dieses Fideikommiß, wie schon sein Name ergibt, zweifellos ein Fideikommiß, das im Eigentum des hochadeligen Hauses Hessen-Kassel selbst, also nicht in dem der Rumpenheimer Linie steht. Alle Linien sind sukzessionsberechtigt: auch die Philippstaler. Anders dagegen das Fideikommiß, welches die Agnaten der Philippstaler Linien nach Vertrag vom 13. Dezember 1880 aus der ihnen bewilligten Entschädigung zu errichten verpflichtet waren. Hier wurden Eigentümer die beiden Philippstaler Linien als Familiengenossenschaft. Nicht wurden dieselben dadurch zu einem besonderen hochadeligen Hause, zu einem kurfürstlichen Spezialhause. Denn lediglich in Fideikommißangelegenheiten wurden sie zu einer juristischen Person. Vgl. S. 330.

B. Besonderes gilt oft nach *Hausrecht*, wenn das einzelne Hausmitglied (regierender Fürst oder einfaches Mitglied) unter *Vormundschaft* oder *Pflegschaft* steht. So bestimmt z. B. das *Oldenburger* Hausgesetz Art. 70, daß die Verwaltung des Privatvermögens von unter Vormundschaft oder Pflegschaft stehenden einfachen Mitgliedern des großherzoglichen Hauses durch die Hausfideikommißdirektion geführt werde und Vormund oder Pfleger nur ein Recht der Mitwirkung hierbei zustehe.

3. Die vermögensrechtlichen Ansprüche der Familienmitglieder gegen Staat, Haus oder Fürst.

§ 38.

I. In § 11 S. 124 legten wir der *Zivilliste* die Natur einer *öffentlichrechtlichen* Forderung des Herrschers als solchen an den Staat bei.

A. Zwei Bedenken sind in dieser Hinsicht zu überwinden.

1. Die Zivilliste ist nach den diesbezüglichen Verfassungsbestimmungen „auf die Einkünfte der Domänen und Forsten angewiesen“ (preuß. Verf. Art. 59), „auf die gesamten Staatsdomänen radiziert“ (bayer. Gesetz vom 1. Juli 1834 Art. 2), „auf den Ertrag der Domänen radiziert“ (bad. Verf. § 59; ähnlich hess. Verf. Art. 7). Damit ist zweifelsohne nicht bloß eine öffentlichrechtliche Verpflichtung der Staatsverwaltung gegenüber dem Gesetze begründet, vor Deckung der Zivilliste durch die Erträgnisse des Domänenguts aus letzteren keine anderen Staatsausgaben zu befriedigen, sondern es ist damit durch Gesetz auch dem Fürsten eine Berechtigung gegenüber dem Staate eingeräumt: Die Erträgnisse der Domänen, welche in die Staatskasse fließen, haften ihm in erster Linie für Befriedigung seiner Forderung. Er hat ein gesetzliches Pfandrecht an jenem Ertrage. Die Erträge des Domaniums sind privatwirtschaftliche Einnahmen; demgemäß ist auch das Pfandrecht an ihnen wohl privatrechtlich gemeint. In derselben Weise, wie ein Privatmann, haftet auch der Staat mit bestimmten Einkünften. Ist ein

privatrechtliches Pfandrecht zur Sicherung einer öffentlichrechtlichen Forderung denkbar? Folgt hieraus nicht, daß auch die Forderung selbst privatrechtlich ist? Allein auch die zollpflichtigen Waren haften für den darauf ruhenden Zoll und doch besteht nirgends ein Bedenken, in dem Zoll eine öffentliche Abgabe, also den Gegenstand einer öffentlichrechtlichen Forderung zu erblicken.

2. Zum anderen fragt sich, ob nicht wenigstens in den Fällen der Anspruch auf die Zivilliste privatrechtlicher Natur sei, wo derselbe auf Domänen radiziert ist, welche noch im Eigentum des landesherrlichen Hauses stehen, wie dies z. B. in *Baden* (Verf. § 59) und *Hessen* (Art. 7) der Fall ist.

a) Die Rechtslage ist wohl auch hier die: alle Einkünfte des Domanialvermögens fließen in die Staatskasse, werden Staatsgeld, also erhält der regierende Herr immerhin die Zivilliste zwar wirtschaftlich aus den Erträgnissen des Gutes, dessen Inhaber er ist, aber doch rechtlich aus fremden Vermögen. Allein es fragt sich, ob nicht daraus, daß der Landesherr privatrechtlicher Inhaber des Vermögens ist, aus welchem seine Zivillisteanspruch gedeckt wird, folgt, daß auch dieser Anspruch privatrechtlichen Wesens ist.

b) *Cosack* a. a. O. S. 5 glaubt dies annehmen zu müssen. Er legt dem Anspruch auf Zivilliste sogar dinglichen Charakter bei. Nachstehendes ist es, was ihn dazu veranlaßt. Die Domänen sind Hauseigentum, also ihre Substanz dem Zugriff der Staatsgläubiger entzogen. Aber an die Nutzung des Domanialvermögens können sie sich halten. Tun sie es, so haben sie aber auch die auf dieser Nutzung ruhende Last der Zivilliste zu tragen. Lehnen sie die Leistung derselben ab, so kann das großherzogliche Haus die Herausgabe der Domänen an sich beanspruchen, die Domänen also vindizieren. „So ist das Eigentum des großherzoglichen Hauses an den Domänen der denkbar schärfste Ausdruck dafür, daß das Recht des großherzoglichen Hauses auf die Deckung seines Hofhaltsbedarfs aus Staatsmitteln privatrechtlicher und zwar dinglicher Art ist.“

c) *α*) Davon, daß der Anspruch dinglicher Art ist, kann keine Rede sein, denn der Fürst hat ja nicht bloß einen Anspruch auf Hebung *aus* der Nutzung. Die Zivilliste fällt nicht aus, wenn die Domäneneinkünfte zu ihrer Deckung nicht hinreichen sollten. Und ferner besteht das Pfandrecht ja nicht an der Substanz, sondern an der Nutzung der Domänen, also an einem Recht des Staates und endlich steht der Anspruch auf die Zivilliste einem anderen Rechtssubjekt zu als das Eigentum an den Domänen; der erstere dem Landesherrn als solchem, das letztere der landesfürstlichen Familie.

β) Mit dem Gesagten ist auch die privatrechtliche Natur des Anspruchs verneint. Solche wäre noch möglich, wenn der Anspruch dem Fürsten als Familienhaupt zustände, aber er steht ihm unmittelbar als Staatshaupt, im unmittelbaren staatlichen Interesse zu.

d) Dabei sind wir aber weit davon entfernt, zu behaupten, daß in allen Fällen, wo der Fürst einen Anspruch auf Deckung aus den Erträgnissen des Domänenhausfideikommisses besitzt, dieser Anspruch publizistischen Charakters sei. Es gibt Fälle, wo diesem Anspruch zweifelsohne zivilrechtliche Natur eignet. Aber dann liegt eben auch kein Anspruch auf Zivilliste im technischen Sinne vor.

α) Es begegnet, daß der *Fürst*, dem als Familienhaupt an sich ja Nutzung und Verwaltung des Domanialhausfideikommisses zusteht, dem Staat nicht, wie in den bisher erörterten Fällen, die Nutzung und Verwaltung, sondern *nur* die *Verwaltung* einräumt, gleichzeitig aber seinen *Anspruch* auf *Nutzung* des Fideikommisses vertrags- oder gesetzmäßig auf einen bestimmten *Jahresbetrag fixiert*. Dieser Jahresrentenanspruch ist gewiß *privatrechtlicher* Natur; er steht dem Fürsten gegenüber dem Hausfideikommiß zu, aber es fehlen ihm auch die wesentlichen Merkmale der Zivilliste. Zum Wesen der Zivilliste gehört vor allem, daß dieser Jahresrentenanspruch gegenüber dem Staat und dem Landesherrn als solchem zusteht. Schuldner jener Forderung ist aber nicht der Staat, sondern das Haus und forderungsberechtigt aus ihr ist der Fürst nicht als Staats-, sondern als Familienhaupt. Beides kommt insbesondere darin zum Ausdruck, daß der Anspruch auf Zivilliste sich keineswegs mindert, wenn die Erträgnisse des Domänenvermögens zu dessen Deckung nicht hinreichen; hier dagegen liegt ein Anspruch auf Leistung aus den Erträgnissen des Hausfideikommisses und nur aus diesen vor. Vgl. oben S. 125. Erreichen diese nicht die Höhe der fixierten Rente, so entfällt der Anspruch soweit; der Staat hat nichts aus seiner Tasche zuzulegen. Darum heißt der Anspruch auch nicht Anspruch auf Zivilliste, sondern auf *Domänenrente.* Die Domänenerträgnisse dienen nicht nur als Pfandobjekt, sondern bilden den unmittelbaren Leistungsgegenstand.

β) Nicht völlig die hier geschilderte Rechtslage, aber wenigstens keine öffentlichrechtliche Zivilliste finden wir in *Schwarzburg-Sondershausen.* Wohl beruht das Verhältnis auf der Formel: der Fürst überläßt die Verwaltung *und* Nutzung des Kammergutes an die Landesverwaltung gegen Bezug einer Rente aus der *Staats*kasse; es scheint also nichts anderes als Bildung des Instituts der Zivilliste vorzuliegen. Allein sehen wir näher zu, so erweist sich das Verhältnis doch als ein solches anderer rechtlicher Natur.

αα) Nach dem Kammergutsgesetz vom 24. Januar 1881 (in der Fassung vom 15. Juli 1897) § 9 überläßt der Fürst die Verwaltung und Nutzung des Kammergutes der Landesverwaltung unter folgenden Bedingungen: a) sämtliche Einkünfte aus dem Kammergute fließen in die *Staats*kasse; „*dagegen* hat dem Fürsten die Staatskasse eine feste jährliche *Domänen*rente von 500000 Mk. in trimestrischen Fristen und in vier gleichen Teilen vorauszubezahlen“ (§ 11); b) übersteigt der Jahresertrag des *Kammer*gutes eine (gesetzlich) bestimmte Summe, so hat der Fürst auch noch einen (gesetzlich bestimmten) Anteil an den *Überschüssen* (§ 12).

ββ) Wohl erhält hiernach der Fürst eine feste, d. h. von dem Ertrag der Domänen nach unten hin nicht abhängige Rente und erhält dieselbe aus der Staatskasse. Aber das Verhältnis wird in § 7 zusammengefaßt in der Wendung: „Überlassung der Verwaltung und Nutzung des Kammergutes an die Landesverwaltung gegen den Bezug einer Domänenrente.“ Hier ist die Staatskasse also nicht besonders erwähnt. Dieselbe ist daher lediglich als das Überleitungsorgan gedacht. Die Einkünfte aus dem Kammergut werden, soweit sie an den Fürsten hinauszureichen sind, auch rechtlich nicht zu Staatsgeld. Was der Fürst erhält, ist Domänengeld, Hausfideikommißgeld. Die Kasse bildet bloß die Umleitungsstelle. Dafür spricht auch der Name Domänenrente und der Anteil an den weiteren Erträgen des Domaniums. Sollte die Domänenrente anderen rechtlichen Wesens sein, als dieser Überschußanteil, der doch wohl unbestreitbar privatrechtliche Natur besitzt? Der Staat ist Selbstschuldner nur insoweit, als er dem Fürsten einen bestimmten Domänenertrag garantiert.

B. Aus der Tatsache, daß der Anspruch auf Zivilliste dem Monarchen in erster Linie zwecks würdiger Repräsentation der Staatsautorität zusteht, folgt, daß er *unübertragbar*, *unverpfändbar* und *unpfändbar* ist und Streitigkeiten zwischen Fürst als Gläubiger über ihn und Staat als Schuldner für ihn nicht vor die bürgerlichen Gerichte gehören. Der Verwaltungsrechtsweg ist bezüglich solcher Streite auch nicht eröffnet. Also fehlt ein zu ihrer Entscheidung zuständiger Richter. Vgl. *Seydel*, Bayer. Staatsrecht I § 54 S. 183.

II. A. Die vermögensrechtlichen *Ansprüche*, welche den *übrigen Hausmitgliedern* als solchen (Gegensatz: als Regenten) gegen *Haus*, *Monarchen* oder *Staat* zustehen, erklärten wir bereits S. 124 für *privatrechtliche* Ansprüche auf standesgemäßen Unterhalt. Wir erwähnten dort bereits eine abweichende Ansicht, welche auch diesen Ansprüchen öffentlichrechtliche Natur zuspricht, wenigstens soweit dieselben sich gegen den Staat und nicht gegen das Haus richten (siehe *Jellinek*, Syst. der subj. öffentl. Rechte S. 178; *Seydel* a. a. O. § 63 S. 215). *Anschütz* S. 578 macht ausdrücklich diese Unterscheidung. Er erklärt Apanagen, Sustentationen, Wittum, Aussteuern u. s. w. da, wo diese Ansprüche nicht gegen den Staat sich wenden, für Institutionen nicht „des Staats-, sondern des Privatrechts“, für eine innere, autonomisch zu ordnende Angelegenheit des fürstlichen Hauses.

1. a) *α*) Nimmt man öffentlichrechtliche Natur an, so muß es aus dem gleichen Grunde geschehen, aus welchem es hinsichtlich der Zivilliste zu tun ist, und es sind dann auch die gleichen Folgerungen zu ziehen: Unübertragbarkeit,

Unpfänd- und Unverpfändbarkeit. Soweit der Anspruch nur gegen das Haus zusteht, entfielen diese Wirkungen.

β) Diese Konsequenzen stimmen nicht zum positiven Recht. Gleichgültig, ob die Apanage vom Staate oder nicht vom Staate zu leisten ist, wird das Beschlagnahmerecht der Gläubiger oder die Abtretungsbefugnis der Apanagierten beschränkt. In *Waldeck* wird die Apanage u. s. w. nicht vom Staate, sondern vom Fürsten als Nutznießer des Familien- und Hausfideikommisses gewährt. Es findet sich da — Hausgesetz § 43 — die Vorschrift: „Apanagen, Deputate und Wittümer können von den Gläubigern nur bis zu einem Dritteil ihres Betrages in Anspruch genommen oder mit Beschlag belegt werden. Auch sind die ohne Genehmigung des Fürsten vor Fälligkeit geschehenden, jenes Dritteil übersteigenden Zessionen der Apanagen etc., sowie sonstige Dispositionen über dieselben ungültig.“ In *Sachsen* und *Württemberg* ist es die Staatskasse, welche die Apanagen zu leisten hat, und doch lesen wir auch hier in den Hausgesetzen (Art. 18 bezw. 25): „Die Apanagen und Wittume der Prinzen u. s. w. können von deren Gläubigern nur bis zu einem Dritteil in Anspruch genommen und mit Beschlag belegt werden“ (ähnlich *bad.* Apanagengesetz § 15). Hier und dort setzt der Gesetzgeber somit als selbstverständlich voraus, daß die Apanagenforderung an sich pfändbar ist. Dann kann aber der Grund derselben nicht der nämliche, wie der für die Zivilliste maßgebende sein. Nicht in erster Linie wegen des Staates, sondern in erster Linie wegen des Individuums, nicht um der staatlichen Repräsentation, sondern um des Unterhalts des Individuums willen ist primär die Forderung begründet.

b) Und hierfür sprechen noch zwei weitere Gründe.

α) Die Apanagen u. s. w. müssen nicht unbedingt im Lande verzehrt werden. Verzehrung außer Landes bedarf höchstens landesfürstlicher Zustimmung (Baden [Apanagengesetz] § 13, Sachsen Art. 17, Württemberg Art. 24). Ist Verbrauch außerhalb des Staates statthaft, so kann erster Grund dieser Leistungen nicht der staatliche Repräsentationszweck sein.

β) Ferner stehen die Ansprüche nicht immer gegen Haus oder Staat, sondern manchmal auch gegen den regierenden Fürsten zu. Derselbe kann dabei in doppelter Eigenschaft in Betracht kommen: *α*) als Staatshaupt — dies dann, wenn er verpflichtet wird, die Apanage u. s. w. aus der Zivilliste, die er vom Staate erhält, zu bestreiten; *β*) als Familienhaupt — dies dann, wenn ihm die Verpflichtung als Nutznießer des Hausvermögens auferlegt wird. Es begegnet nun, daß ein und derselbe Fürst für die einen Leistungen als Staats-, für die anderen als Familienhaupt oder für ein und diesselbe Leistung als Staats- und Familienhaupt (Preußen) verpflichtet wird: soll da der eine Anspruch staats-, der andere bürgerlichrechtlicher oder ein und derselbe gemischtrechtlicher Natur sein?

B. 1. Sind alle Leistungen von Haus, Staat oder Fürst an die übrigen Familienangehörigen dem Privatrecht zuzuweisen, so unterliegt es keinem Zweifel, daß sie nicht unter den Begriff der Darreichung von Repräsentations-, sondern in erster Linie unter den Begriff der Gewährung von *Unterhaltsmitteln* fallen. Sie dienen zur Gewährung von standesgemäßem Unterhalt. Wohl begegnet dieser oder ein ähnlicher Ausdruck auch für die Zivilliste des regierenden Herrn — die hessische Verfassung Art. 7 z. B. begreift unter der Wendung „die zu den Bedürfnissen des Großherzoglichen Hauses und Hofes erforderlichen Summen“ nicht bloß die Apanagen u. s. w., sondern auch die Zivilliste —, aber nicht auf den Namen, sondern auf die Sache kommt es an und von diesem Gesichtspunkte aus kann es nichts auffälliges an sich haben, wenn der rechtliche Unterschied, welcher im übrigen zwischen dem regierenden und den nichtregierenden Mitgliedern des Hauses besteht, auch auf dem Gebiete ihrer vermögensrechtlichen Stellung zutage tritt.

2. a) *α*) Hieraus ergibt sich nachstehende bemerkenswerte Konsequenz: soweit der Unterhaltsanspruch des einzelnen Mitglieds oder der einzelnen Linie *nicht staats- oder hausgesetzlich auf eine ziffernmäfsig bestimmte Summe fixiert* ist, hängt die Frage, ob und in welcher Höhe Unterhalt zu gewähren ist, davon ab, ob und inwieweit die unterhaltsberechtigte Person

außer Stande ist, sich und ihre Familie selbst zu unterhalten. Vgl. schon oben S. 120.

β) Hiergegen kann nicht eingewendet werden: der Anspruch auf Unterhalt gegen das Haus ist historisch ein Äquivalent für Einführung der Primogenitur und der Anspruch auf Unterhalt gegen den Staat historisch ein Ausgleich für Überlassung von Nutzen und Eigen am Kammergut an den Staat. Denn was den ersten Punkt betrifft, so besaßen einen Rechtsanspruch auf Schadloshaltung lediglich diejenigen Hausmitglieder, welche zur Zeit der Einführung des Erstgeburtsgrundsatzes bereits Anwartschaftsrechte besaßen. Und den zweiten Punkt anlangend, darf nicht vergessen werden, daß das Kammergut ja nicht bloß den Bedürfnissen des landesherrlichen Hauses zu dienen hatte, ferner der Staat auch die Kammerschulden übernahm und endlich jetzt den Hausmitgliedern Anspruch auf Apanage u. s. w. auch dann zusteht, wenn die Erträgnisse des ehemaligen Kammergutes ganz und gar nicht zur Deckung all dieser Ansprüche ausreichen.

b) *α*) Die Folgerung ist demgemäß rechtlich wohl begründet, daß, falls die Höhe des Unterhaltes nicht gesetzlich festgelegt ist, das unterhaltsverpflichtete Rechtssubjekt grundsätzlich befugt ist, die Unterhaltsleistung zu kürzen, wenn der Unterhaltsberechtigte aus irgend welchen Gründen in der Lage ist, sich standesgemäß zu unterhalten. Nur soweit als die Zugehörigkeit zum landesherrlichen Hause einen bestimmten Repräsentationsaufwand mit sich bringt, bleibt der Anspruch auf Fortbezug der Apanage u. s. w. bestehen.

β) Ein Recht zur Minderung der Apanage kann sich z. B. ergeben, wenn das Hausmitglied durch Eintritt in ein Dienstverhältnis, sei es gegenüber dem eigenen oder gegenüber einem fremden Staate, oder durch gleichzeitige Zugehörigkeit zu einem anderen Hause und zwar in einem dem regierenden Haupte gradesnäheren Verhältnis bereits in die Lage versetzt ist, standesgemäß zu leben und zu repräsentieren.

γ) Der Gedanke ist anerkannt im *koburg-gothaischen* Hausgesetz Art. 106 und 107. In den vorausgehenden Paragraphen ist ein Recht der Prinzen und unvermählten Prinzessinnen auf Apanage und Sustentation statuiert. Und nun bestimmt Art. 106: „Die einem Prinzen des Herzoglichen Hauses zu zahlende Apanage fällt auf so lange weg, als der Prinz eine höhere Apanage von einem auswärtigen Staate oder Souverain bezieht“ und Art. 107 lautet: „Die Sustentation wird, falls die Prinzessin eine größere Sustentation von einem auswärtigen Staate oder Souverain bezieht, wegfällig auf die Dauer dieses Bezugs.“ Nicht weil sie ähnliches ausschließen wollten, sondern weil sie an derartige Eventualitäten nicht dachten, enthalten andere Hausgesetze nicht ähnliche Bestimmungen.

δ) Keineswegs ergibt sich eine Einschränkung der behaupteten Schlußfolgerung für das Einkommen, welches ein Hausmitglied aus einem fremden Dienstverhältnis bezieht, in das es mit Erlaubnis des Familienhauptes eintrat. Diese Erlaubnispflicht ist lediglich aus Gründen der Familiendisziplin eingeführt und vermag daher ihre Erteilung lediglich in bezug auf die Pflichten, nicht aber in Richtung der Rechte des Mitgliedes Wirkungen zu äußern, somit lediglich pflichtbefreiend, aber nicht rechtemindernd zu wirken. Nur hinsichtlich der Verhältnisse im koburg-gothaischen Hause ist anders zu entscheiden. Weil die Art. 106 und 107 lediglich auswärtige Apanagen und Sustentationen nennen, trotzdem das Gesetz (Art. 90) auch den Eintritt in fremde Dienste in den Bereich seiner Bestimmungen zieht, ist ein solches Minderungsrecht wegen Bezuges auswärtiger Diensteinkommen hausgesetzlich ausgeschlossen.

c) Ist die Höhe des Bezuges gesetzlich festgelegt, so vermögen Verhältnisse, wie die eben erörterten, nur im Wege der Gesetzesänderung Berücksichtigung zu finden, ohne daß eine solche Änderung rückwirkende Kraft besäße. Im Resultat übereinstimmend *Seydel*, Bayer. Staatsrecht Bd. I § 63 S. 217.

d) Die Zivilliste ist in erster Linie pekuniäre Ausstattung im Interesse des Staates; daher wird der Rechtsanspruch auf sie, auch wenn ihre Höhe nicht gesetzlich bestimmt ist, durch Fragen, wie wir sie vorstehend betrachteten, in keiner Weise berührt. Dagegen ist, falls die Höhe ihres Betrages nicht gesetzlich feststeht, wohl möglich, daß eine Apanage wegen

Besteigung eines auswärtigen Thrones dem Einzuge oder wenigstens einer Abminderung unterstellt wird. Die Frage gelangte im englischen Parlamente zur Erörterung, nachdem Herzog Alfred von Edinburg den Thron von Sachsen-Koburg und Gotha bestiegen hatte. Vgl. *Störk*, Der Austritt aus dem landesherrlichen Hause S. 26 Anm. 2. Siehe auch oben S. 120.

C. 1. a) Haus- bezw. Staatsgesetz beschränken sich zumeist darauf, für die einzelnen Arten von Versorgungsansprüchen nur eine Minimal- und Maximalsumme zu bestimmen und die *Festsetzung* der *Höhe* für den *einzelnen Fall* dem *Familienhaupte* zu *überlassen*. So bestimmt z. B. das *bayer.* Familienstatut Tit. VI § 1 und 3: Die Apanage „soll in einer Geldrente von höchstens 100 000 Gulden auf die Königliche Staatskasse angewiesen werden. Für die nachgeborenen Söhne des Königs wird sie niemals unter 80 000 fl., wenn sie etabliert und verheiratet sind, und nicht unter 60 000 fl., wenn sie vor ihrer Vermählung sich etablieren, betragen". „Die Apanagen werden nach dem in § 1 angeführten Maßstabe von dem Könige ... festgesetzt." Ähnlich sachsen-meiningensches Staatsgesetz vom 9. März 1896 Art. 8: „Der Herzog bestimmt die desfallsigen Beträge (der Apanage, Aussteuer, Ausstattung) nach seinem billigen Ermessen".

b) Selbstverständlich kann sich das Familienhaupt in seinem Ermessen *vertragsmäſsig* binden. Üblich ist dies hinsichtlich der Leistungen an die in die Familie durch Heirat eintretenden Damen. Der Fürst bindet sich in den Ehepakten über seine eigene Ehe und durch Aufnahme entsprechender Klauseln in die von ihm zu bestätigenden Eheverträge der Prinzen. Das meiningensche Gesetz vom 9. März 1896 spricht daher auch von „vertragsmäßiger Festsetzung der Wittümer". Dabei kommt vor, daß für den Fall, daß das Wittum in einem fremden Staate verzehrt werden sollte, ein Abzug vereinbart wird (sächs. Hausgesetz § 17).

2. Ausnahmsweise wird der Bezug von *Haus* oder Staat nicht durch Gesetz, sondern durch *Vertrag* mit dem Berechtigten vereinbart. So z. B. der *Apanagialvertrag* des Staates Bayern mit Herzog Wilhelm von Bayern vom 30. November 1803, wodurch der herzoglichen Linie des bayerischen Königshauses

eine Apanagialrente von 225000 fl. jährlich zugesichert wurde (abgedruckt in *meiner* Quellensammlung zum Staats- und Verwaltungsrecht des Königreiches Bayern 1903 S. 69).

D. Verschieden von der *Minderung* der Apanagen u. s. w. wegen mangelnder Voraussetzung ist Minderung aus *disziplinarrechtlichen* Gründen.

1. Eine Reihe von Hausgesetzen verfügt: „Alle Apanagen und Wittümer können nur mit Bewilligung des Fürsten außerhalb des Staates verzehrt werden“ (siehe oben II A 1 b), um daran die Bestimmung zu knüpfen: „Würde ein Mitglied ohne Vorwissen und Genehmigung des regierenden Herrn seinen Aufenthalt im Auslande nehmen, so werden die ihm ausgesetzten Einkünfte der erwähnten Art zurückbehalten. Ob und inwieweit eine Nachzahlung derselben stattfinden könne, hängt von der Entschließung des Monarchen (als Familienhaupt) ab“ (also kein privatrechtliches Rückbehaltungsrecht nur!).

2. *Oldenburger* Hausgesetz Art. 14 lautet: „Gegen Mitglieder, welche Vorschriften des gegenwärtigen Hausgesetzes verletzen, sich Ungehorsam gegen Anordnungen des Oberhauptes des Hauses zu Schulden kommen lassen, oder ein mit der Ehre des Hauses nicht vereinbares Verhalten beobachten, kann der Großherzog, wenn Ermahnungen sich als unwirksam gezeigt haben, die einstweilige Suspension des Bezugs der Apanagen und Unterhaltsbeiträge verfügen. Der Familienrat ist berechtigt, wenn die eine solche *Suspension* veranlassenden Umstände nicht gehoben werden, nach vorgängiger Androhung die *Entziehung* der gedachten Bezüge oder eines Teiles derselben auszusprechen.“

E. Zu erwähnen ist noch der Unterschied zwischen *apanagierten Prinzen und apanagierten Linien.* Die Apanage hat bald den Charakter eines bloß auf die Lebenszeit überwiesenen, bald den Charakter eines *vererblichen* Bezugs. Im letzteren Falle bekommen die Söhne zu Lebzeiten des Vaters keine besondere Apanage, sondern sind von diesem zu unterhalten. Nach dem Tode des Vaters wird die väterliche Apanage unter sie geteilt. (Bayern, Sachsen, Württemberg, Waldeck, z. T. Koburg und Gotha.)

II. Öffentliches Fürstenrecht.

A. Die Rechtsverhältnisse von Familie und Familienhaupt.

1. Die Gliederung des landesherrlichen Hauses.

§ 39.

I. A. 1. Die Mitglieder der regierenden Familien sind teils ursprüngliche (durch Abstammung, Verleihung, Aufnahme), teils angeheiratete (Gemahlinen, Witwen). Die ersteren zerfallen in Agnaten und Kognaten und solche, die den einen oder anderen (durch Verleihung, Aufnahme) gleichgestellt sind. *Agnaten* sind die von Männern der Familie abstammenden männlichen Mitglieder (mares a mare; die durch Männer verwandten Männer, der Mannesstamm); Kognaten sind die Weiber der Blutsfreundschaft und die durch Weiber verwandten Männer. Es gibt somit lediglich Agnaten, *nicht* auch *Agnatinnen*[1]). Der letztere Ausdruck, den z. B. *Störk*, Austritt S. 4 gebraucht, ist begriffswidrig. Die in männlicher Linie, also durch Männer abstammenden Kognatinnen sind gegenüber anderen Kognaten ausgezeichnet, aber sie sind doch nur Kognatinnen. Will man ihre besondere und nähere Beziehung zum Mannesstamm in ihrer Benennung zum Ausdruck bringen, so mag man sie als agnatische Kognaten (Prinzessinnen) oder als Halbagnaten bezeichnen.

2. Wenn die Thronfolge auf den *Weiberstamm übergeht*, so verwandeln sich die vorhandenen Kognaten, welche Abkömmlinge der den Übergang vermittelnden Prinzessin sind, in Agnaten; d. h. sie gelten rechtlich als Agnaten.

B. Dann zerfällt das Haus in *regierende* und *nichtregierende* Mitglieder. Gewöhnlich ist nur das Haupt regierendes Mitglied, aber es kann ja ein Familienangehöriger zugleich in einem anderen Staate regierender Herr sein.

II. Das hochadelige Haus kann zerfallen 1) in Linien oder 2) in Spezialhäuser oder 3) in Linien und Spezialhäuser.

---

1) Siehe auch *Binding* a. a. O. S. 38: „Die nassauische Prinzessin tritt mit ihrer Heirat aus dem nassauischen Hause aus, bleibt aber *Kognatin* desselben, solange sie lebt.“

A. 1. a) *Linie* oder Parentel ist die Gesamtheit der Abkömmlinge desselben Stammvaters; eine Linie wird durch ein Stammelternpaar und dessen (eheliche u. s. w.) Nachkommen gebildet. Soviel Väter (Stammelternpaare) sich in dem Hause finden, so viele Linien hat es. Jedes Haus vermag also aus einer Vielzahl von Linien zu bestehen. Diese sind voneinander genealogisch abhängig. Aus der Linie des Erzeugers entsteht die Linie des Erzeugten, aus *der* Linie des Vaters *die* Linien der Söhne. Je höher wir in der Reihe der Väter hinaufgehen, um so mehr steigt die Zahl der Linien, die auf *einen* Stammvater zurückgehen, und so läßt sich von *Haupt-* und *Unterlinien* sprechen.

b) Aber nicht bloß genealogisch, sondern auch rechtlich ist die Gliederung des Hauses in Linien wichtig. Das hochadelige Haus, das regierende, wie das ehemals regierende (standesherrliche), ist die Gesamtheit der Blutsfreunde, welche von dem ersten Erwerber der *Landeshoheit* (Staatsgewalt) eines bestimmten Landes (Staates) abstammen. Landeshoheit bildet also die Grundlage des sie alle einigenden Bandes. Die Landeshoheit ist aber erblich unter den Abkömmlingen ihres ersten Erwerbers und so kommt es, daß nach den Gründsätzen der Thronfolgeordnung sich auch die ganze Gemeinschaft gliedert. Die Thronfolgeordnung folgt der deutschrechtlichen Ordnung des gesetzlichen Erbrechts. Diese beruht auf der Blutsfreundschaft. „Blut fließt abwärts, es klimmt nicht“ (siehe *Gierke*, Grundzüge S. 548). So demgemäß auch das Erbe. Die Erbfolge ist Nachkommenfolge; wer dem letzten Inhaber der Landeshoheit dem Blut nach am nächsten steht, folgt ihm. Bluts-, nicht Gradesnähe entscheidet. Es gilt nicht Gradual-, sondern „Linealfolge“, Erbfolge nach Linien, nach Parentelen. Dasselbe ist geltendes Thronfolgerecht: „Die Krone ist erblich (im königlichen Hause) nach dem Rechte der agnatischen „Linealfolge“ (preuß. Verf. Art. 53).

2. a) Aber bedeutsam ist heute fürstenrechtlich nicht die Einteilung der Linien in Haupt- und Unterlinien, sondern die Einteilung in *Haupt-* und *Nebenlinien*. Daß die Linie des Erzeugten, die Unterlinie, thronfolgeberechtigt ist, wenn

die Linie des Erzeugers, die Hauptlinie, Sukzessionsrecht besitzt, folgt von selbst daraus, daß die Thronfolge Linealfolge, Nachfolge nach Linien ist. Die Linie des Vaters schließt hier notwendig die Linien, welche von den Söhnen ausgehen, ein. Ist der Vater thronfolgeberechtigt, so ist es die ganze Gruppe (Linie), welche von ihm als Stammvater ihren Ausgangspunkt nimmt. Aber diese Linien stehen sich heute in der Thronfolgeberechtigung nicht mehr gleich. Die Linie des ältesten Sohnes schließt die Linien der jüngeren Söhne aus. Es gilt Vorrecht der erstgeborenen Linie — die Kinder und sonstigen Abkömmlinge des verstorbenen älteren Sohnes schließen den noch lebenden zweitgeborenen Sohn von der Thronfolge aus. Es gilt „*Linealfolge nach Erstgeburtsrecht*“. Die Linie des älteren Sohnes schließt die Linien der jüngeren aus. Sie ist die Haupt-, die anderen die Nebenlinien. Der Gegensatz ist ein relativer. Der Kreis der Mitglieder, welche der Hauptlinie angehören, wird um so enger, je näher der als Ausgangspunkt der Hauptlinie genommene Throninhaber der Gegenwart steht. Im engsten Sinne ist also Hauptlinie die Linie des gegenwärtigen Throninhabers bezw., wenn dieser keine Nachkommen hat, die älteste Unterlinie der Parentel seines Vaters (Großvaters u. s. w.). Vgl. hierzu noch § 53.

b) Indes nicht notwendig ist die Hauptlinie gerade die älteste. Es ist möglich, daß ein älterer Prinz für sich und seine Nachkommen auf Thronfolge verzichtet oder die besessene Krone aufgibt (vgl. §§ 50 und 52), dann wird die Linie des jüngeren Prinzen die regierende oder Hauptlinie und die ältere bildet eine Nebenlinie.

c) *Hauptlinie* bedeutet also *regierende* Linie, Linie, aus welcher der regierende Herr des Hauses hervorgeht; Nebenlinie heißt: *nichtregierende Linie* des regierenden Hauses.

B. Die *Nebenlinien zerfallen* in hausrechtlich *beschränkt* und in hausrechtlich *vollkommen selbständige*.

1. Die beschränkt selbständigen Linien sind dies vermögensrechtlich oder in anderer Richtung.

a) Eine gewisse *vermögensrechtliche Selbständigkeit* und Absonderung tritt ein:

α) Wenn eine Linie als solche *apanagiert* ist (siehe S. 351), also da, wo das Prinzip der vererblichen Apanage gilt. Die apanagierte Linie bildet in Hinblick auf die Versorgungsansprüche ein abgeschlossenes Ganze. In Bayern z. B. erhalten die nachgeborenen Söhne eines Königs eine Apanage. Dieselbe vererbt in der männlichen Linie des zuerst apanagierten Nachgeborenen bis zu deren Erlöschen; beim Abgange einzelner Zweige der Linie wächst der eröffnete Anteil der Apanage den übrigen Zweigen der Linie gleichheitlich zu. Die Linie ist also vermögensrechtlich vom übrigen Hause abgesondert und stellt insofern eine selbständige Hausabteilung dar. Dies kann äußerlich durch einen *besonderen Titel* hervortreten. Dies ist z. B. im Hause *Reuſs* der Fall hinsichtlich der Besitzer des *Paragiats Köstritz*. Die seit Einführung der Primogenitur den Nachgeborenen zukommenden Versorgungsansprüche wurden früher zum Teil nicht durch Gewährung jährlicher Rentenzahlungen (*Apanagien*), sondern durch Überweisung gewisser Hausgüter zur Nutznießung (*Paragien*) erfüllt. Die neueren Hausgesetze verbieten die Unterhaltsgewährung durch Paragienverleihung. Es bestehen ausnahmsweise noch alte; so das 1687 in Reuß errichtete Paragiat Köstritz. Die Paragiatgüter bleiben Eigentum des regierenden Hauses und zwar Bestandteil des Hauptfideikommisses, bilden kein Sondervermögen der Paragiatslinie, aber diese genießt wirtschaftliche Selbständigkeit. Im Hause *Reuſs* ist dieser Sachlage dadurch äußerer Ausdruck verliehen, daß der jeweilige Inhaber des Paragiums den Fürstentitel führt, während sonst den nichtregierenden Mitgliedern des Hauses Reuß lediglich das Prädikat Prinz zukommt (vgl. dazu *Schulze*, Hausgesetze II S. 262 u. 359). Durch reußisches Hausgesetz vom 12. Juli 1893 wurde dieses Titelrecht des Köstritzer Paragiatherrn als ein nur ihm zustehendes Vorrecht außer allen Zweifel gestellt.

β) Wenn für eine Nebenlinie ein besonderes Fideikommiß des *Hauses* besteht oder die Seitenlinie selbst Eigentümerin eines besonderen Fideikommisses (eines *Linienfideikommisses*) ist. Ein Beispiel des ersten Falles liefert für die Regel das Sekundogeniturfideikommiß (siehe oben S. 327), ein Beispiel des zweiten Falles das Fideikommiß der Philippstaler Linien des hessischen Fürstenhauses (S. 340). Die Linie besitzt hier lediglich in *einer* Richtung juristische Persönlichkeit. Aus diesem Grunde ist sie noch nicht selbst hochadeliges Haus.

b) Die verhältnismäßige Selbständigkeit kann auch darin bestehen, daß die Nebenlinie an anderen Rechten und Pflichten in geringerem Maße beteiligt ist. Die Linie besitzt vielleicht nur beschränkten Anteil an der Ordnungsgewalt des Hauses — z. B. nur in den Angelegenheiten, welche sie selbst betreffen — und ist dafür auch der besonderen Familienaufsicht des Hauptes lediglich in gemindertem Maße — z. B. bloß der Pflicht, die landesfürstliche Heiratserlaubnis zu erholen — unterworfen. Diese Fälle begegnen praktisch, wenn die Nebenlinie eines Hauses sich einem anderen als *Nebenlinie anschliefst*, in dieses also als Nebenlinie „aufgenommen" wird (siehe oben §§ 22 und 25).

c) Die Fälle a und b können auch verbunden vorkommen. Eine Linie eines depossedierten Hauses möchte wieder die Staatsprivilegien eines regierenden gewinnen. Ihre Mitglieder schließen daher einen Mitgliedschaftsaufnahmevertrag mit einem stammverwandten Herrscherhause ab. Die neue Nebenlinie erhält keine Versorgungsansprüche (Apanage, Wittum u. s. w.) gegenüber dem Fideikommisse des sie aufnehmenden Herrscherhauses und keine Sukzessionsfähigkeit in ihm, auch nur in dem sie betreffenden Angelegenheiten einen Anteil an der Hausautonomie; dafür tritt sie aber auch nur in beschränktem Umfange in den engeren Verband der unter der landesfürstlichen Familiengewalt stehenden Hausmitglieder ein.

2. *Vollkommene Selbständigkeit* der Nebenlinie liegt vor, wenn die Nebenlinie selbst ein hochadeliges Haus, ein *Spezialhaus* darstellt (vgl. auch *Binding* S. 17f.). Auch diese Selbständigkeit zeigt Unterschiede und auch Abstufungen.

a) Geringer ist diese Selbständigkeit, wenn das als Nebenlinie in Betracht kommende Spezialhaus ein nichtregierendes ist. Z. B. das kurfürstliche Haus Hessen, die Rumpenheimer und die Philippstaler Linien, welche ein Spezialhaus des hessischen Gesamthauses darstellen, würden in das jüngere Spezialhaus dieses Gesamthauses, die großherzoglich hessische

Familie, im Wege des Aufnahmevertrages eintreten, um wieder Mitgliedschaft in einem regierenden Hause zu besitzen. Hier fehlt jenem Spezialhause, weil es aufgehört hat, ein regierendes zu sein, grundsätzlich die Familiengewalt des Familienchefs. Es würde eine solche also auch nicht nach Eintritt in das andere Haus besitzen. Aber es behielte Hausautonomie und Hausfideikommisse, auch seine bisherigen Titel. Die gleichzeitige Zugehörigkeit zu einem anderen Hause als Nebenlinie würde sich nur in dem Hinzutritt eines weiteren Titels und in der Anteilnahme an der privilegierten Stellung landesherrlicher Häuser und in der Unterordnung unter die Autonomie und (wenigstens teilweise) unter die landesfürstliche Familienaufsicht der anderen selbständigen Linie des bisherigen Gesamthauses zeigen. Letzteres würde als solches aufhören zu existieren, als hochadeliges Haus untergehen, wenn es nur aus diesen beiden sich vereinigenden Spezialhäusern bestand.

b) In keiner Weise unter der landesfürstlichen Familiengewalt des anderen Hauses steht das ihm angehörende Spezialhaus, wenn dieses selbst die Natur eines regierenden Hauses, *selbst Landeshoheit* besitzt: das Haupt einer natürlichen Nebenlinie besteigt einen auswärtigen Thron, erwirbt in einem anderen Staate Landeshoheit (z. B. in England, Belgien, Portugal) oder es tritt ein regierendes Haus in ein anderes regierendes Haus als Spezialhaus ein, z. B. das großherzoglich *oldenburgische* Haus als das jüngere Spezialhaus des herzoglich *gottorpischen* Gesamthauses in das *russische* Kaiserhaus als das ältere Spezialhaus dieser Gesamtfamilie. Bisher bildet das regierende Haus in Oldenburg nicht eine Neben-, sondern die „jüngere Linie des herzoglich gottorpischen Hauses“ und die russische Dynastie die „herzoglich gottorpische Hauptlinie“ (Oldenburger Hausgesetz Art. 3 und 4.) Dann würde das gottorpische Gesamthaus als hochadeliges Gesamthaus aufhören, zu existieren und das dermalige russische Kaiserhaus würde die Hauptlinie des russischen Kaiserhauses, die regierende oldenburgische Familie die ein völlig selbständiges Spezialhaus bildende Nebenlinie des russischen Herrscherhauses darstellen. — Nur die Linien Biesterfeld und Weißenfeld werden in der fürstlich *lippischen* Deklaration, betreffend Konsenserteilung (abgedruckt bei *Laband*, Thronfolge im Fürstentum Lippe 1891 S. 15), als „Nebenlinien" bezeichnet, der Zweig Schaumburg-Alverdissen ist Nebenhaus. Vgl. S. 364.

3. Ein hochadeliges Haus kann aus völlig unselbständigen, aus beschränkt *und* aus unbeschränkt selbständigen Nebenlinien, also aus *Nebenlinien* im engeren Sinne und *Nebenhäusern* (Spezialhäusern) bestehen. Ehe das Übereinkommen Preußens mit den Philippstaler Linien vom 13. Dezember 1880 zustande kam, durch welches letztere ein besonderes Privatfamilienfideikommiß erhielten, zerfiel das hessische Gesamthaus in a) eine vermögensrechtlich selbständige Linie, den *Rumpenheimer Zweig*, b) zwei vermögensrechtlich unselbständige Linien, *Philippstal* und *Philippstal-Barchfeld*, denn solange sie nicht auf ihre vermeintlichen Anrechte auf das bisherige Fideikommißvermögen des kurfürstlichen Hauses verzichteten, verweigerte Preußen die Stiftung eines Fideikommisses für sie; c) eine völlig selbständige Nebenlinie, das großherzoglich darmstädtische Haus.

4. a) Wenn eine ältere Linie auf Thron und Thronfolgerecht verzichtet, ohne aber gleichzeitig aus dem Hause auszutreten, so verliert sie natürlich auch den Charakter als Hauptlinie. Denn indem ihr Chef dem Throne entsagt und die übrigen Glieder seiner Linie auf Nachfolge verzichtet haben, ist das Haupt der nächsten Linie regierender Herr geworden und ist damit auch auf ihn die Familiengewalt übergegangen. Die ältere Linie steht somit unter seiner Familiengewalt und ist darum nur Nebenlinie.

b) Damit darf nicht der Fall verwechselt werden, daß eine ältere Linie ausscheidet, weil ihre Unebenbürtigkeit, die bisher unsicher war, rechtskräftig festgestellt wird. Denn diese Linie hört ja überhaupt auf, Linie zu sein. Durch Feststellung ihrer Unebenbürtigkeit ist das Nichtvorhandensein von Mitgliedschaft erwiesen.

C. Der Gegensatz von Haupt- und Nebenlinien weicht dem von *Haupt-* und *jüngeren Linien*, wenn alle jüngeren Linien zugleich Spezialhäuser sind. *Jede Nebenlinie ist eine jüngere Linie* — mag sie es auch nur künstlich sein (dies dann, wenn eine natürlich ältere Linie in eine jüngere als deren Nebenlinie eintritt) —, *aber nicht jede jüngere Linie ist eine Nebenlinie.*

1. a) Ein solcher Fall tritt ein, wenn ein Einheitsstaat in mehrere Staaten in der Weise zerlegt wird, daß die Mitglieder der in diesem Einheitsstaate bisher regierenden Familie Landesherren dieser neuen kleineren Staaten werden, ohne daß jene regierende Familie sich selbst als korporativer Verband auflöst. Alle Realteilungen innerhalb der deutschen Fürstentümer schufen ein solches Rechtsbild.

b) *α*) Philipp der Großmütige von *Hessen* († 1567) vereinigte alle hessischen Lande in seiner Hand. Unter ihm bildete das hessische Fürstenhaus also ein Einheitshaus mit Speziallinien, aber nicht mit Spezialhäusern. „Da seine Söhne nicht, so wie er fürs beste hielt, miteinander haushalten und das Land gemeinschaftlich besitzen wollten," führte er nicht Primogenitur ein, sondern er teilte: Testament vom 6. April 1562, dessen Inhalt seine vier Söhne im sogen. Ziegenhainer Erb- oder Brüdervertrag vom 25. Mai 1568 wiederholten. Das hessische Land wurde in vier Territorien zerlegt. In jedem derselben entstand so eine besondere Landeshoheit und demgemäß ein erster Erwerber der neuen Landeshoheit und damit ein neues landesherrliches Haus. So entstand ein aus vier regierenden Häusern zusammengesetztes Gesamthaus Hessen, denn das alte Einheitshaus Hessen verlor seinen Charakter als korporative Persönlichkeit nicht. Es blieb bestehen, weil die vier von ein und demselben Stammvater sich ableitenden Landesherrn gegenseitiges Thronsukzessionsrecht vereinbarten.

β) Im *sächsischen* Fürstenhause, in dem sogar heute das Teilungsprinzip noch nicht völlig beseitigt ist (Römhilder Rezeß vom 28. Juli 1791), haben infolge der Teilungen sogar drei Stufen von aus lauter regierenden Spezialhäusern gebildeten Gesamthäusern sich ergeben: *αα*) das „herzoglich sachsen-*gothaische Gesamthaus*", blühend heute noch in den drei regierenden Spezialhäusern Meiningen, Altenburg und Koburg-Gotha, *ββ*) das ernestinische Gesamthaus („ernestinisches Haus Sachsen" [koburg-gothaisches Hausges. Art. 118]), zerfallend in das Spezialhaus Sachsen-Weimar und das gothaische Gesamthaus, $\gamma\gamma$) das „sächsische Fürstenhaus“ (sächs. Verf. § 6), bestehend aus dem Gesamthaus der ernestinischen Linie und dem Spezialhaus der albertinischen Linie. Die Bewahrung des Hauscharakters trotz Teilung tritt besonders deutlich in der Gothaer Linie hervor. Das Domanialvermögen, das in den hierzu gehörigen Fürstentümern nicht zu Staatsgut erklärt wurde, bildet nicht Eigentum des betreffenden (z. B. meiningenschen) Spezialhauses, sondern des „gothaischen Gesamthauses“. Vgl. § 36 II A 1.

2. a) Eine solche Zerlegung eines Hauses ausschließlich in regierende Spezialhäuser nimmt dem als Gesamthaus verbleibenden Stammhaus als solchem den Charakter eines regierenden Hauses. Denn es fehlt dem Chef desselben als solchem (dem Chef des Gesamthauses) Landesherrlichkeit, Staatsgewalt.

b) Es ist also keine andere Rechtslage gegeben, als wenn das Gesamthaus aus regierenden und nichtregierenden Spezialhäusern besteht, wie dermalen das hessische Gesamthaus. Auch das hessische Fürstenhaus als solches erfüllt nicht die Merkmale eines regierenden Hauses. Anders das lippische Gesamthaus. Hier ist der Chef des Gesamthauses zugleich und als solcher Inhaber einer Staatsgewalt.

2. Die Hausorgane.

§ 40.

I. Die Organe des Hauses setzen sich teils aus *Angehörigen* desselben, teils aus *Nichtmitgliedern* zusammen. Sie sind teils mit dem Wesen des Hauses von selbst gegebene, also *natürliche*, teils freiwillig geschaffene Organe.

II. Aus *Mitgliedern* des Hauses gebildete Organe sind 1. natürliche (notwendige): a) das Kollegium der volljährigen geschäftsfähigen Agnaten, b) das Familienhaupt, 2. freiwillige: der Familienrat.

A. 1. Auch bei den regierenden Familien ist *oberstes* Hausorgan nicht, wie *Gierke*, Deutsches Privatrecht Bd. I S. 400 meint, der regierende Herr, sondern die *Gesamtheit der* volljährigen geschäftsfähigen *Agnaten*, es müßte denn

Hausgesetz oder Hausobservanz anderes bestimmen. Gierke gibt hierfür keine besondere Erklärung; wie mir scheint, gründet sich seine Meinung darauf, daß, wie er annimmt, für die Zuständigkeit des Familienhauptes die Vermutung spricht. Allein wie wir alsbald sehen werden, trifft diese Voraussetzung nicht zu.

2. a) Das Familienhaupt stellt in anderen als parlamentarisch regierten Monarchien gewiß das oberste Staatsorgan dar, indes hieraus folgt nicht mit zwingender Notwendigkeit, daß ihm auch innerhalb der Familie die oberste Organstellung zukommt. Ganz abgesehen davon, daß Staat und Familie ganz verschiedene Rechtskreise, bei welchen sich die Bestimmungen über Mitgliedschaft z. B. keineswegs decken, liegt der bedeutsame Unterschied vor, daß der moderne Staat seine Natur als Korporationspersönlichkeit rechtlich vom Staatshaupt verliehen erhielt, während sich die Korporationseigenschaft des landesherrlichen Hauses unabhängig vom Willen des Familienhauptes entwickelte. Spricht schon das Wesen jeder Korporation dafür, daß die Mitgliederversammlung das oberste Gemeinschaftsorgan bildet — vgl. Gierke a. a. O. S. 154 —, so macht beim landesherrlichen Hause die Geschichte seiner Entwicklung zur Korporation diese Vermutung zur rechtlichen Bestimmtheit. Zuerst war in den fürstlichen Geschlechtern eine kollegiale Verfassung vorhanden und erst der moderne Staat hat dem Familienhaupte innerhalb der Familie einen besonderen Zuständigkeitskreis, die fürstliche Hausgewalt, zugelegt. Infolge des Umstandes, daß die Agnaten der landesherrlichen Familie, solange das alte Reich bestand, nicht Untertanen des Landesherrn waren, selbst wenn sie im Lande wohnten, hat sich auch in den Jahrhunderten nach Gründung dieser Korporationen in denselben reine Korporationsverfassung, d. h. das Prinzip der Gleichberechtigung der Mitglieder erhalten. Und hieran änderte auch die Ausstattung des Familienhauptes mit einer landesfürstlichen Hausgewalt im modernen Staate nichts. In allen diesen neueren Hausgesetzen erscheint diese Hausgewalt grundsätzlich als eine Ausnahme von der Regel, als eine „*besondere* Aufsicht mit *bestimmten* Rechten“ (bayer. Fam.-

Stat. Tit. I § 2). Es ist keine Teilung der Gewalten eingetreten; so daß, wie im Staate bei dieser Lehre das Parlament das oberste Staatsorgan wurde, hier sich das Familienhaupt vom Agnatenkollegium losgelöst hätte und nun das höchste, durch die Gesamtheit der Agnaten nur in bestimmten Angelegenheiten beschränkte Familienorgan darstellte. Hinzukommt, daß jene besondere Familienaufsicht, wie wir in § 6 sahen, gar nicht als ein Stück (delegierter) Korporationsgewalt, sondern als ein Zubehör der Staatsgewalt rechtlich zu denken ist. Ausdehnung der Staatsgewalt bedeutet keineswegs auch Ausdehnung der Korporationsgewalt, Umgestaltung der Korporationsverfassung.

b) Insbesondere beweist aber das, was wir behaupten, das *Hausgesetzgebungsverfahren*. Die Autonomiegewalt des Hauses bildet das oberste Recht desselben. Diese Satzungsgewalt wird nun, materiell besehen, nicht von dem Familienchef, beschränkt durch eine Mitwirkung der Agnaten, ausgeübt, sondern sie wird ausgeübt vom Hause als einem Ganzen, von allen Agnaten unter bloßem Vortritt des Hauptes als des ersten Agnaten. Dies kommt darin zum Ausdruck, daß auch heute noch zum Zustandekommen eines Hausgesetzes *Stimmeneinhelligkeit* erforderlich ist. Während sonst bei Körperschaften zur Bildung der Satzung im Zweifel ein Mehrheitsbeschluß hinreicht, herrscht hier auch zurzeit noch der Grundsatz der Gleichberechtigung der Stimmen. Wo immer die agnatische Zustimmung besonders hervorgehoben wird, geschieht es mit den Worten „unter Zustimmung *der* Agnaten“ (bayer. Fam.-Stat. Eingang). Unter Zustimmung der Agnaten heißt unter Zustimmung sämtlicher Agnaten, wie das *hannoversche* Hausgesetz Kap. II § 3 sagt: „Es darf keine der hausgesetzlichen Bestimmungen, welche das Recht und die Ordnung der Thronfolge angehen, eine Änderung erleiden, es wäre denn, daß, außer der den Ständen . . . vorbehaltenen Zustimmung, auch *sämtliche* stimm- und sukzessionsfähige Agnaten, unter Vertretung der noch unmündigen, darein willigten“ (vgl. auch Hausges. für Koburg-Gotha Art. 119). Würde in das fürstliche Hausrecht das Majoritätsprinzip Aufnahme gefunden haben, so hätte sich für die Bezeichnung der Mitwirkung der Agnaten wohl schon längst der Name Familienrat oder Agnatenkollegium oder agnatischer Beirat eingebürgert. Wäre nicht dieses Prinzip der Einstimmigkeit noch in Geltung, so würde gewiß das Familienhaupt schon ein erhöhtes Stimmrecht gewonnen haben. So aber gilt heute noch: jedem Agnaten kommt nur *eine* Stimme zu, auch dem ersten, dem Agnatenhaupte. Weiteres über die Teilnahme des Familienvorstandes an der Hausgesetzgebung nach heutigem Rechte oben § 8.

c) Endlich sind die Vorschriften der Hausgesetze über die Zuständigkeit des Familienchefs in Betracht zu ziehen. Vergeblich suchen wir hier nach einer Bestimmung, welche besagt, zur *Vertretung* des Hauses nach außen sei für sich allein das Oberhaupt der Familie befugt. Das Fehlen eines solchen Satzes beweist, daß sich auch hier infolge der grundsätzlichen Aufrechterhaltung des Prinzips der Gleichberechtigung der Mitglieder die Norm in Geltung bewahrte, wonach alle Agnaten nur zu gesamter Hand zur Vertretung des Hauses nach außen befugt sind. *Die Rechte und Gewalten der Korporation werden im Zweifel durch die Gesamtheit der Agnaten ausgeübt und vertreten.* Wenn der Familienvorstand zur Vertretung der Hausfideikommisse allein befugt ist, so folgt dies nicht aus dem Wesen der Haus-, sondern aus dem Wesen der Fideikommißverfassung, hat sich doch im fürstlichen Fideikommißrecht trotz Staatshauptseigenschaft des Familienchefs und demzufolge trotz Überordnung desselben über die Hausmitglieder in staatsrechtlicher Hinsicht der Grundsatz unverändert erhalten, daß die Fideikommißstiftung Eigentum der regierenden Familie, nicht Eigentum des regierenden Herrn ist.

3. a) *α*) Keiner Hervorhebung bedarf, daß Hausverfassung und Hausobservanz das gemeine Fürstenrecht abändernd das Familienhaupt zum obersten Hausorgan erheben und den übrigen Agnaten nur die Stellung eines beschränkenden Organs zuweisen können. *Dazu ist aber erforderlich, dafs der Familienchef als der Träger des obersten Hausgewaltrechtes, der Hausautonomie, erscheint. In allen modernen Hausgesetzen aber wird diese unter den besonderen Rechten des Oberhauptes nicht*

genannt. Als Oberhaupt des Hauses übt nach ihr allein der Fürst nur eine besondere Aufsicht über die Familienglieder aus und nirgends rechnet zu dieser Aufsicht die Satzungsgewalt. Das macht besonders deutlich das *Oldenburger* Hausgesetz. Hier ist das Oberhaupt in vielfacher Hinsicht an die Mitwirkung des Familienrates gebunden. Obwohl der letztere vom Hausgesetze (in Art. 15) als das die Gesamtheit des großherzoglichen Hauses vertretende Organ bezeichnet wird, nennt ihn dasselbe doch nicht auch als das Organ, welches bei der Hausgesetzgebung mitwirkt, sondern als die hierbei Mitwirkenden erscheinen die einzelnen Agnaten als solche: Hausgesetz Art. 71: „Änderungen dieses Hausgesetzes können vom Großherzog nur mit Zustimmung sämtlicher dem Familienrat angehöriger *Mitglieder* des Großherzoglichen Hauses vorgenommen werden.“ Der Familienrat unmittelbar ist also kein Organ der Gesetzgebung, sondern, wie das Familienhaupt grundsätzlich, lediglich ein solches der Exekutive (und Gerichtsbarkeit).

β) Anderer Meinung über den Anteil des Familienchefs an der Gesetzgebung ist *Gierke.* Offensichtlich erblickt er in dem Familienhaupte den Träger derselben. Denn ohne dies wäre der Satz unverständlich (Deutsches Privatrecht I 155): „*Heute* steht in der hochadeligen Familie dem regierenden Herrn als Chef des Hauses eine Satzungsgewalt zu.“

b) Ebensowenig bedarf der Betonung, daß die Hausverfassung dem Familienhaupte das Autonomierecht teilweise zu *delegieren*, den Familienchef also mit einer *Hausverordnungsgewalt* auszustatten vermag. Ein Beispiel hierfür bildet das Recht des Familienhauptes, „*alle* für die Erhaltung der Ehe, Ordnung und Wohlfahrt des Hauses angemessenen Maßregeln zu treffen.“ Zweifelsohne vermag der Fürst kraft dieser Befugnis, auch allgemeine Verordnungen zu erlassen, so z. B. die, „daß alle Familienmitglieder, die seiner Hausgewalt unterstehen, verpflichtet sind, seine Heiratsbewilligung einzuholen“, eine Delegation durch Hausgesetz, welche, wie § 8 a. E. dargelegt, mittelbar auf staatliche Ermächtigung zurückführt. Die schon oben S. 357 erwähnte fürstlich *lippesche* Deklaration vom 10. Mai 1853 über Konsenserteilung bei Eheschließung bietet ein Beispiel solch delegierter Autonomiebefugnis. Sie ist nach ihrem Eingang erlassen „vermöge des Uns als regierendem Familien- und Stammeshaupt zustehenden Autonomierechtes“ und bezeichnet sich als eine „in Kraft eines Hausgesetzes erlassene (fürstliche) Deklaration.“

4. *Teilhaber* an der Ausübung der Korporationsgewalten sind nach gemeinem Fürstenrechte lediglich die *volljährigen geschäftsfähigen Agnaten.* Sie stellen die vollberechtigten Familienmitglieder, die Vollgenossen dar. Es widerspricht der deutschrechtlichen Anschauung, daß Minderjährige durch ihre gesetzlichen Vertreter daran teilnehmen. Lediglich dann besitzen letztere durch ihre gesetzlichen Vertreter bezw. eventuell Spezialvormünder [1]) ein Zustimmungsrecht, wenn wohlerworbene Rechte derselben Veränderung erleiden sollen. Dies ist dann aber nicht Zustimmung als Korporationsorgan, sondern Einwilligung sonderberechtigter Mitgliedschaft.

B. 1. Der *Familienrat* ist kein notwendigerweise vorhandenes Organ. Zumeist begegnet er als ein den Fürsten in Betätigung seiner Familienaufsicht beschränkendes Organ.

2. Besondere Ausbildung hat er in *Oldenburg* gefunden. Gebildet in der Hauptsache aus sämtlichen volljährigen, regierungsfähigen Prinzen (Agnaten) des Herrscherhauses, besitzt er nach jenem Hausrechte nachstehende Zuständigkeiten (Art. 19, 20, 15):

a) Mitwirkung bei Versagung von Ehekonsensen, Erledigung von Meinungsdifferenzen über die Erziehung des minderjährigen Fürsten; Zustimmung zu Kuratelverhängungen; Recht einer Einwirkung auf die Bestellung eines Vormundes für den minderjährigen oder an der Ausübung der Regierung verhinderten Großherzogs.

b) Schlichtung von Streitigkeiten zwischen Hausmitgliedern im Wege der Vermittlung.

c) Mitwirkung bei den wichtigsten Akten der Hausfideikommißverwaltung.

d) Organ zur Besprechung und Verhandlung gemeinschaftlicher Angelegenheiten der fürstlichen Familie und zur Kräftigung des Familiengefühls unter den Mitgliedern.

---

[1]) Wegen der Thronfolge s. § 50.

3. In *Bayern* (Fam.-Stat. Tit. X § 4—8) und anderen Staaten (z. B. Württ. Hausges. Art. 66) bildet der *Familienrat* lediglich ein fürstliches Ausnahmegericht über die Hausmitglieder, dessen Bildung im Ermessen des regierenden Herrn steht. Derselbe setzt sich dann nicht nur aus Mitgliedern des regierenden Hauses, sondern auch aus höchsten Staatsdienern zusammen, entsprechend der Tatsache, daß hier ein Familienorgan vom Staatsoberhaupte mit Ausübung der diesem als solchem, d. h. als *Staats*haupt (siehe oben S. 121) zustehenden Gerichtsbarkeit über die landesfürstliche Familie betraut wird. Vgl. S. 372.

4. Soweit der Familienrat aus Agnaten gebildet ist, gilt auch für ihn das Prinzip der Stimmengleichberechtigung, es müßte denn durch Hausgesetz, also unter Zustimmung der Agnaten anderes verfügt werden. Das *Oldenburger* Hausgesetz Art. 26 bestimmt: „Unter Zustimmung des Familienrates soll eine Geschäftsordnung für denselben als Familien*statut* vom Großherzog erlassen werden.“ In § 8 dieses Statuts oder Hausgesetzes ist normiert: „Die Beschlüsse des Familienrats werden nach einfacher Stimmenmehrheit der Anwesenden gefaßt, soweit nicht hausgesetzlich oder statutarisch etwas anderes bestimmt ist. Für die Erlassung von Familienstatuten bedarf es in allen Fällen der Zustimmung des Großherzogs.“ Sonst gibt nur dessen Stimme bei Stimmengleichheit den Ausschlag.

III. Lediglich aus Nichtmitgliedern sind gebildet die *Hausämter*, die *Hausbehörden*, d. h. diejenigen Organe, welche Angelegenheiten des *Hauses als solchen* in **dienstlicher** *Verantwortlichkeit*, also in Unterordnung unter Dienstbefehle, Dienstaufsicht und Dienstdisziplin des Familienchefs oder eines anderen Hausmitgliedes wahrnehmen.

A. 1. Sie zerfallen in *Ehren-* und in *angestellte* (oder Berufs-) *Beamte*. Erstere stehen lediglich in einem Amts-, letztere in einem seiner rechtlichen Natur nach dem Staatsdienst analogen öffentlichen Dienstverhältnis zum Hause, sind öffentliche Diener des regierenden Hauses („Hausdiener“). Vgl. Oldenburger Hausgesetz Art. 18: „Der Großherzog wird dem Familienrat nach seinem Ermessen (als außerordentliche

Beiräte) *Diener des* Großherzoglichen *Hauses* oder einzelner Zweige desselben zuordnen."

2. a) Nicht zu verwechseln mit den Hausbeamten sind die Ehren- und Berufs-Beamten ausschließlich der einzelnen Familienmitglieder, vor allem diejenigen des Familienhauptes, die fürstlichen und prinzlichen *Hofbeamten.* Die den einzelnen Hausmitgliedern vertragsmäßig Dienste Leistenden können in einem privat- oder in einem öffentlichrechtlichen Dienstverhältnisse stehen. Das erstere ist bei den Beamten der Verwaltung des Privatvermögens (*Privat*fideikommisse) der Fall; das letztere im Zweifel bei den Organen des der äußeren Repräsentation dienenden *Hofstaates.*

b) *α*) Maßgebend für den Unterschied von Beamten des fürstlichen Hauses (der Korporation) und des fürstlichen *Hofes* (des Hauschefs) ist die Art der zu erledigenden Geschäfte: ob *Korporations-*, oder *Familienhaupts-* oder *Staatshauptsangelegenheit.* Gleichgültig ist insbesondere bezüglich der angestellten Beamten, ob sie ihren Besoldungsanspruch gegen das Haus als solches oder gegen den Hauschef als Einzelmitglied haben. Auch der Staatsdiener muß nicht notwendig gerade aus der Staatskasse sein Gehalt beziehen. Nicht selten ist gesetzlich bestimmt, daß auf der Zivilliste nicht bloß die Ausgaben des fürstlichen Hofes, sondern ganz oder teilweise auch die des fürstlichen Hauses, d. h. der regierenden Familie als Korporation und der einzelnen Familienmitglieder lasten. Nach hessischer Verfassung Art. 7 z. B. stellt die Zivilliste „die zu den Bedürfnissen des Großherzoglichen *Hauses* und *Hofes* erforderlichen Summen" dar. Hieraus folgt aber lediglich, daß auch die Beamten des Hauses als Ganzen ihren Besoldungsanspruch gegen das Staatshaupt als solches haben. Ist für die einzelnen Hausmitglieder aus der Zivilliste z. B. eine Apanage ausgeworfen, so steht den Beamten des betreffenden prinzlichen Hofes ein Besoldungsanspruch lediglich gegen den apanagierten Prinzen zu. Überall in den Hausgesetzen heißt es: aus der Apanage hat der Prinz den Unterhalt für sich, seine Gemahlin und seine Abkömmlinge zu bestreiten, bis diese selbst in den Genuß einer Apanage treten.

β) Natürlich kann eine Angelegenheit zugleich Haus- und Familienhauptsangelegenheit sein, so die Verwaltung der Zivilliste, wenn sie grundsätzlich auch zum Unterhalt der übrigen Hausmitglieder bestimmt ist, wie z. B. die Zivilliste in *Preufsen* (der sog. *Kronfideikommifsfonds*).

3. In Preußen z. B. sind

a) *Haus*ämter das Hausministerium, die Direktion des kgl. Hausarchivs, das Heroldsamt, die Hofkammer der kgl. Familiengüter; Verwaltung des Hausschatzes.

b) *Hofämter* des *Königs*, königliche Hofämter:

α) *ehrenamtliche*, die obersten Hofchargen: Oberstmarschall, Oberstjägermeister, Oberstschenk, Obersttruchseß;

β) *berufsamtliche*:

αα) die Oberhofchargen: Obergewandkämmerer, Oberhof- und Hausmarschall (Oberhofmarschallamt), Oberzeremonienmeister (Oberzeremonienamt), Generalintendant der königlichen Schauspiele, Oberstallmeister (Obermarstallamt), Oberjägermeister (Hofjagdamt), Oberschloßhauptmann, Oberküchenmeister, kgl. Gartenintendant; Generalkapitän der Haustruppen;

ββ) Vizeoberhofchargen: Hausmarschall, Vizeoberzeremonienmeister, Vizeoberstallmeister, Hofmarschall;

γγ) Hofchargen: Schloßhauptleute, Zeremonienmeister, Schloßpfarrer, Hofprediger, Leibarzt, Schatullverwalter und Privatkanzlei des Königs, die Mitglieder der kgl. Schauspiele und kgl. Hofmusik, Hoftheaterintendanturen; Haustruppen;

δδ) ehren- und berufsamtlich gemischt: Oberstkämmereramt, dessen Vorstand (der Oberstkämmerer) Ehrenbeamter, dessen Direktor und vortragende Räte nebenamtlich Hausbeamte, der Direktor und die vortragenden Räte des Hausministeriums, sind.

B. 1. Möglich ist, daß ein Staatsdiener zugleich im Nebenamt eine Haus- oder Hofstelle bekleidet, z. B. der *Staats*minister des Auswärtigen zugleich das fürstliche *Haus*amt des *Haus*ministers. Aber ebenso kommt vor, daß die Verwaltung von Hausangelegenheiten (z. B. der Hausdomänen) Staatsbehörden als solchen übertragen wird. Gleicherweise ist demgemäß auch denkbar, daß das Staatshaupt kraft seiner Organisationshoheit *Staatssachen Haus- oder Hofämtern als* *solchen*, d. h. ohne daß deren Inhaber dadurch nebenamtlich zu Staatsbeamten und Staatsdienern werden, überträgt. Die Wirkung solcher Organisation ist, daß die Erledigung dieser Staatsgeschäfte aus der Verantwortlichkeit und Kontrasignatur des *Staats*ministeriums ausscheidet.

2. a) Nicht ausgeschlossen ist daher, daß einer *Haus*behörde als solcher außer den Haussachen zugleich Staats- und Hofangelegenheiten zugewiesen sind. Ein solches Hausamt ist das preußische *Hausministerium.*

α) Von *Haus*angelegenheiten sind ihm zugeteilt: Beratung, Wahrnehmung und Vertretung in persönlichen, Familien- und Vermögensangelegenheiten aller Hausmitglieder, Verwaltung und Verwendung des kgl. Hausfideikommisses, des kgl. prinzlichen Familienfideikommisses, des Hausschatzes, der kgl. Familiengüter im engeren Sinne, des Hausarchivs. Über das Hausministerium in Österreich siehe *Hauke*, Die geschichtl. Grundlagen des Monarchenrechts S. 119.

β) Von *Hof*angelegenheiten: unter Konkurrenz des Oberstkämmerers die Angelegenheiten der Chefs und Mitglieder der einzelnen königlichen Hofverwaltungen, die Verwaltung des dem Kronprinzen als Thronlehen verliehenen Fürstentums Oels, die Angelegenheiten der Provinzialerbämter.

γ) von *Staats*angelegenheiten *αα*) die Adelssachen [Heroldsamt][1]), *ββ*) streitige Gerichtsbarkeit bei Rechtsstreiten zwischen Mitgliedern des königlichen Hauses und freiwillige Gerichtsbarkeit (Testamentserrichtung, Nachlaßregulierung, Familienschlüsse, Ehesachen, Vormundschaften) über Hausangehörige und (siehe § 58) Angehörige des fürstlichen Hauses *Hohenzollern.*

b) Nebenamtlich ist der Hausminister *Staats*beamter. Nach Personenstandsgesetz vom 6. Februar 1875 § 1 ist der Standesbeamte vom *Staate* bestellt, also Staatsbeamter. Hinsichtlich des Standesbeamten für das landesherrliche Haus besteht lediglich die Besonderheit, daß hier der Standesbeamte nicht von der höheren Verwaltungsbehörde (§ 3), sondern vom Landesherrn bestellt wird (§ 72).

---

[1]) Vgl. Kekule von Stradonitz, „Über die Zuständigkeit des preußischen Heroldsamts" im Archiv f. öffentl. Recht Bd. XVIII S. 191.

3. Nur Staatsorgane sind das Geheime Zivil- und das Militärkabinett, die General- und Flügeladjutanten, militärischen Begleiter und Erzieher.

3. Die öffentlichen Rechte des landesherrlichen Hauses.

§ 41.

I. A. Das Haus ist Eigentümer des Hausvermögens — darüber § 36. Als öffentliche Befugnis steht ihm zu eine Ordnungsgewalt, zerfallend in *Autonomie* und *Familiendisziplinargewalt.*

1. a) Von der *Autonomie* haben wir eigentlich erschöpfend schon in unseren bisherigen Beweisführungen gehandelt (siehe insbesondere §§ 3, 8, 20 und 40), namentlich auch von ihrem Verhältnis zum staatlichen Recht. Wir wiederholen: *aus geschichtlicher Entwicklung* erklärt sich, daß diese Satzungsgewalt in allen mit der Thronfolge zusammenhängenden Materien gegenüber *Landes-*, *nicht* aber *Reichsrecht* eine vom Staate *unabhängige Rechtsquelle* darstellt, soweit *alte* Häuser, d. h. Häuser in Frage stehen, in deren Besitz die Landeshoheit sich schon vor dem Übergang ihres Staates zum Verfassungsprinzip befand (vgl. S. 140).

b) Ein Punkt bedarf in dieser Hinsicht noch der Erörterung: Wie kommt es, daß eine ganze Reihe von Verfassungen wohl die Bestimmung enthält, die Hausgesetze bedürften, soweit erforderlich, der Zustimmung der Volksvertretung, in keiner einzigen Verfassung sich dagegen eine Vorschrift des Inhalts findet, daß die Verfassungsgesetzgebung in die Thronfolge berührenden Angelegenheiten von der Mitwirkung des fürstlichen Hauses abhängig sei?

Binding a. a. O. S. 37 ist es, welcher diesen Einwand erhebt.

Eine Erklärung für diese Erscheinung gaben wir bereits nach dem dort notwendigen Zusammenhang auf S. 56. Hier sind noch weitere, allgemeinere Gründe nachzutragen.

Einmal erklärt sich diese Erscheinung daraus, daß beim Übergang zum Verfassungssystem das Parlament die neue, das Haus die alte Erscheinung war. Demgemäß werden in den Verfassungen grundsätzlich nicht die Rechte derjenigen

Faktoren aufgezählt, die bisher schon vorhanden waren, des Fürsten und des fürstlichen Hauses, sondern nur die Befugnisse des neuen Organs umschrieben, ebenso wie die Reichsverfassung im Prinzip nicht die den Gliedstaaten verbliebenen, sondern die von ihnen an das Reich übertagenen Hoheitsrechte zu gesetzlicher Darstellung bringt.

Dazu kommt aber noch ein zweites Allgemeines. Für das Zustandekommen des Staatsgesetzes als solchen schreiben die Verfassungen eine ganz bestimmte Form vor. An diesem Verfahren kann das Haus als solches nicht Beteiligung finden, weil der agnatischen Zustimmung das Staatsgesetz nicht als solches, sondern nur in seiner Eigenschaft als Hausgesetz bedarf. Für dies Zustandekommen der Hausgesetze fehlen dagegen solche Formvorschriften. Also kann hier das Parlament unmittelbar am Hausgesetzgebungsakt beteiligt werden. Vgl. dazu oben S. 53 ff.

2. Die *Disziplinargewalt* der *Familie* deckt sich nicht mit der „besonderen Familiengewalt" des Familienhauptes. Wie in §§ 6 und 8 a. E. erörtert, übt letztere der regierende Herr nicht im Namen des Hauses. Außerdem steht diese dem Herrn nur über Hausmitglieder im engeren Sinne zu. Also bedarf es daneben noch einer über Familienangehörige, welche aus der Familiengewalt des Hauptes ausschieden. Das Haus als solches besitzt sie. Dabei beschränkt sich dieselbe keineswegs auf die Hausangehörigen, welche nur Mitglieder weiteren Sinnes ist; sie konkurriert gegenüber den anderen Mitgliedern mit der fürstlichen Hausgewalt; denn sie folgt aus der Korporationsnatur des Hauses. Die erforderliche Ordnung innerhalb der Gemeinschaft macht sie notwendig. Sie überdauert sogar das Mitgliedschaftsverhältnis. Im Zweifel bedarf ihre Ausübung der Mitwirkung *aller geschäftsfähigen volljährigen* Agnaten mit Ausnahme des Betroffenen; aber mehr und mehr bildet sich die Hausobservanz, daß das Familienhaupt sie allein zu üben vermag. Siehe über dies alles bereits oben § 30. Gegen die Ausübung der Familiendisziplin fehlt *gerichtlicher* Schutz. Siehe hierzu § 42 II E.

B. Nur die Hausmitglieder, nicht das Haus als Korporation genießt *eximierten Gerichtsstand.* Vgl. § 34.

C. 1. Wie schon S. 88 und 121 dargelegt, bildet die *Gerichtsbarkeit*, welche dem regierenden Herrn über die Hausmitglieder vorbehalten ist, keinen Bestandteil seiner „besonderen Hausgewalt.“ Sie bildet keine Pertinenz der Staatshauptstellung, sondern ein Stück derselben, ist Staatsgerichtsbarkeit. Der Landesherr ist grundsätzlich durch die Verfassungen ermächtigt, sie allein — d. h. durch Verordnung — zu normieren. Es geschah regelmäßig in äußerer Verbindung mit dem Erlaß des echten Hausgesetzes, d. h. in einer Urkunde mit diesem, in einer Staatsverordnung für das Haus. Vgl. bayer. Verf. Tit. II § 8: „Die übrigen Verhältnisse der Mitglieder des königlichen Hauses — auch ihre Rechtsstellung *im* Staate — richten sich nach den Bestimmungen des pragmatischen Familiengesetzes“. Obwohl an sich nicht notwendig, hat der Fürst zumeist an der Herstellung dieser Verordnung die Agnaten teilnehmen lassen, ebenso, wie es auch vorkommt, daß eine staatliche Angelegenheit, die der Monarch allein zu regeln vermöchte, unter Mitwirkung der Volksvertretung geordnet wird.

2. Die Ordnung ist nun zumeist die, daß in Angelegenheiten des Privatrechts der Mitglieder ein höheres *staatliches* Zivilgericht als Sondergerichtshof erster Instanz bestellt wird, in allen anderen Angelegenheiten dagegen der regierende Herr selbst die Ausübung der Gerichtsbarkeit übernimmt (Kabinettsjustiz). Jedoch beides mit einer Einschränkung: der Fürst reserviert in größerem oder geringerem Umfang sich die Befugnis, wichtige Rechtsstreitigkeiten durch einen *Familienrat* als obersten Hausgerichtshof entscheiden zu lassen. Selbstverständlich vermag dies der Landesherr nur soweit, als der Gerichtsstand der Hausmitglieder nicht durch ein formelles Gesetz seine Regelung erhielt. Und immer behielt sich der regierende Herr die Bestätigung der Entscheidung vor, so daß dieselbe dem Namen Familien*rat* entsprechend juristisch nur den Charakter eines Rechtsgutachtens besitzt. Vgl. über das bayer. Recht z. B. bayer. Fam.-Statut Tit. X § 4 ff. und dazu *Seydel* I § 63 S. 213.

3. Ist ein Familienrat als solch besonderer *Hausgerichtshof* bestellt, so liegt *Delegation* von *Staatshoheitsrecht* an eine

öffentliche Korporation vor, eine Erscheinung, die ja im modernen Rechte zahlreiche Analoga besitzt.

4. Wo immer der Fürst selbst die Gerichtsbarkeit ausübt, also auch bei der Bestätigung der Familienratsentscheidung, ist Gegenzeichnung des staatlichen Justizministers erforderlich, weil Ausübung eines *Staats*hoheitsrechtes in Frage steht.

II. Der Hausverband beruht auf dem *Abstammungsprinzip*, nicht auf räumlicher Grundlage; die Unterordnung unter die Hausrechte und demzufolge deren Betätigung ist nicht an die Staatsgrenzen gebunden. Auch die auswärts (außerhalb des Gebietes eines Gesamthauses) sich aufhaltenden Familienmitglieder sind ihnen unterworfen.

4. Die landesfürstliche Hausgewalt im einzelnen.

§ 42.

I. Die besondere Hausgewalt des Familienhauptes bildet einen Grundbegriff des Fürstenrechts. Von ihrem Wesen sprachen wir daher schon in § 6 und, weil auf ihr der Begriff des landesherrlichen Hauses im engeren Sinne beruht, hatten wir von ihr fast in jedem Paragraphen bisher zu handeln. Wir verweisen im einzelnen auf die §§ 7, 8, 10, 12, 18, 21, 22, 25—30, 32, 33. In den §§ 6, 10, 11, 12 ist besonders ihr Inhalt skizziert und systematisiert. Wir rekapitulieren: Erteilung des Heiratskonsenses, Anordnung und Beaufsichtigung der Vormundschaften, Aufsicht über Kindererziehung und Haus- und Hofhaltung aller Mitglieder, Konsens für Aufenthalt und Dienst außer Landes und endlich Ehre, Ordnung und Wohlfahrt des Hauses hütende Familiendisziplin. Vgl. insbesondere oben S. 86f. und 124f.

II. A. 1. Die Ausübung der landesfürstlichen Hausgewalt ist an die Mitwirkung eines Staatsministers rechtlich nicht gebunden. Wohl bildet das besondere Familienaufsichtsrecht des Fürsten eine Pertinenz seiner Staatshauptsstellung, aber immerhin eben doch nur eine Pertinenz, eine Befugnis des Fürsten nicht als Staats-, sondern als Familienhaupt, somit keine Regierungsbefugnis (vgl. S. 89).

Die Erteilung einer Heiratserlaubnis wider Willen oder ohne Zustimmung eines Staatsministers entbehrt darum keineswegs der Rechtsgültigkeit. Es mag dadurch das Staatsinteresse verletzt werden, sie mag rückwirken auf die internationale Beziehung des Staates zu einem anderen Staate, aber dadurch wird die Heirat eines Hausmitgliedes noch nicht rechtlich zu einer Staatsangelegenheit, zu einem Staatsgeschäft, zu einer auswärtigen Staatsangelegenheit. Staatsangelegenheit ist nur die Beziehung von Staat zu Staat, von Staatshaupt als solchem zu Staatshaupt als solchem, aber nicht die Beziehung von Mitgliedern des einen Hauses zu solchen eines anderen. Der Staatsminister als solcher besitzt nur die Möglichkeit (nicht das Recht) der Vorstellung, aber nicht das Recht der Mitwirkung in Hausangelegenheiten. Rechtlich war die Erklärung des Königs von Preußen 1888, einer Verehelichung der Prinzessin Viktoria von Preußen mit dem zurückgetretenen Fürsten Alexander von Bulgarien wegen ihrer etwaigen Rückwirkung auf das Verhältnis Rußlands zum Deutschen Reiche die familienhäuptliche Einwilligung nicht in Aussicht zu stellen, lediglich eine antizipierte Betätigung der Hausgewalt, kein Regierungsakt.

2. Die Rechtslage ist keine andere, wie wenn ein regierender Herr sich weigert, dem Ansinnen eines anderen Staates nachzukommen, wonach er einem Prinzen seines Hauses die Zurückziehung von dessen Kandidatur für einen fremden Thron befehlen soll. Der *Erbprinz* Leopold von *Hohenzollern* bedurfte zur Erklärung der Bereitwilligkeit, den spanischen Thron (1870) zu besteigen, wenn er ihm angetragen würde, nicht der Erlaubnis des Familienchefs, denn Besteigung eines fremden Thrones ist nicht Eintritt in fremden Staats*dienst* (siehe oben S. 268), aber der König von Preußen konnte, wenn er davon erfuhr, wegen Schädlichkeit für die Ruhe und Wohlfahrt des *Hauses* demselben sowohl die Erklärung solcher Bereitwilligkeit untersagen, wie die Zurücknahme solcher Erklärung gebieten. Lehnte der König ab, von seiner Befugnis Gebrauch zu machen, so mochte dadurch das Interesse eines fremden Staates verletzt werden; die Verletzung eines Rechtes dritter Staaten lag dagegen darin ohne weiters nicht. S. S. 242.

B. 1. Darüber, was eine für Ehre, Ruhe oder Wohlfahrt des Hauses dienliche Maßregel ist, entscheidet mangels Einschränkung durch Hausgesetz ausschließlich das Ermessen des Monarchen. In Betracht kommt, daß es sich um Ehre, Ruhe, Wohlfahrt eines *regierenden* Hauses handelt. Vorgänge im Hause, welche der Ehre u. s. w. des Staates nachteilig sind, werden daher im Zweifel auch für die Ehre u. s. w. des Hauses abträglich sein. Nicht nur aus religiösen, moralischen, wirtschaftlichen, sozialen und ähnlichen, sondern auch aus politischen Gründen wird der Familienchef daher oft veranlaßt sein, seine besondere Familienaufsicht zu üben. — Zur Erhaltung der Wohlfahrt des Hauses wird das Familienhaupt beispielsweise handeln, wenn es zu einer unebenbürtigen Ehe die Zustimmung verweigert, um das Haus vor der Gefahr des Aussterbens zu bewahren.

2. Der *Vormund* besitzt mangels Sonderbestimmung des Hausrechtes lediglich die angemessenen Zuchtmittel des Rechtes der Kindererziehung (B.G.B. § 1800 und § 1631). Da das Familienhaupt als solches die Aufsicht über die Erziehung und Vormundschaft aller Hausangehörigen besitzt (z. B. *Oldenburger* Hausgesetz Art. 69), ist ein rechtlicher Konflikt zwischen elterlicher Erziehungs- und fürstlicher Hausgewalt ausgeschlossen. Dem Befehle des Familienchefs ist Vater und Vermund unterworfen. Das Familienhaupt darf „*alle* Maßregeln" treffen, auch dem Bürgerlichen Gesetzbuche widersprechende, sofern dies die besondere Hausobservanz oder das spezielle Hausrecht gestattet, was allerdings nur höchst selten der Fall sein dürfte. Nicht sind freilich solche vom gewöhnlichen Vormundschaftsrechte abweichende Maßnahmen schon dadurch ausgeschlossen, daß E.G. z. B.G.B. Art. 57 bestimmt, die Vorschriften des Bürgerlichen Gesetzbuches fänden lediglich Anwendung, soweit nicht besondere Vorschriften der Hausverfassungen abweichende Bestimmungen enthalten. Denn eine solch abweichende Bestimmung ist eben der Satz, daß das Familienhaupt alle zur Erhaltung der Ehre und Wohlfahrt der Familie angemessenen Maßregeln ergreifen darf. Daß das Familienoberhaupt die Vorschriften des Bürgerlichen Gesetzbuches einzuhalten hat, ergibt sich vielmehr daraus, daß es, wie wir alsbald sehen werden, jene Macht, derartige Maßregeln für Ehre und Wohlfahrt zu ergreifen, bloß inner-

halb der Grenzen von Hausobservanz und Hausgesetz besitzt, also nur soweit, als diese solchen Maßnahmen nicht entgegenstehen. Das Hausrecht kennt aber keine derartigen Abweichungen vom allgemeinen Vormundschaftsrechte, demgemäß vermag der Familienchef solche auch nicht anzuordnen.

C. Die besondere Familienaufsicht des Familienhauptes endigt im Gegensatze zu der allgemeinen Ordnungsgewalt des Hauses als solchen (siehe oben § 41 I A) mit ebenbürtiger Vermählung für Prinzessinnen und Witwen, mit Übernahme eines fremden Thrones für männliche und weibliche Familienmitglieder.

1. Die *kirchliche Trauung* geht der bürgerlichen Eheschließung nach. Daher vermag das Familienhaupt, wenn es die kirchliche Trauung nicht in der Konfession der seinem Hause angehörigen Braut, sondern nach dem Ritus der Kirche des Bräutigams für mit der Ehre des Hauses unverträglich erachtet, nach der bürgerlichen Eheschließung nicht mehr hindernd einzugreifen; wohl aber steht ihm diese Befugnis vorher zu. Es kann die Trauung nach dem Ritus der Religion seines Hauses zur Bedingung der Erteilung der Heiratserlaubnis oder der Genehmigung des Ehevertrages machen und ist auch berechtigt, wenn es nach Verleihung der Heiratsbewilligung oder nach Bestätigung der Ehepakten erst hiervon erfährt, das eine wie das andere zurückzuziehen. Über dem Interesse des Hausmitgliedes steht das des Hauses. *Alle* Maßregeln zu Nutzen und Frommen des Hauses kann der Chef treffen, somit auch solche, welche bereits begründete Rechte der Hausmitglieder wieder vernichten.

2. Der Familienchef besitzt Hausgewalt über das Familienmitglied, bis dasselbe regierender Herr in dem anderen Staate geworden, also der fremde Thron ihm angefallen oder die Annahme einer Wahl von ihm erklärt ist. Die Ausschlagung eines bereits angefallenen Thrones und die Abdankung nach Regierungsantritt vermag das Familienhaupt somit nicht zu befehlen. — Nur wenn *besonders vereinbart*, bleibt die engere Mitgliedschaft oder wenigstens ein Teil der besonderen Aufsicht des Familienchefs auch nach Vermählung und Thronbesteigung bestehen. — Im übrigen verweisen wir wegen dieser Materien (Heiratserlaubnis und Thronbesteigung)

in ihrer Beziehung zur fürstlichen Hausgewalt auf die §§ 18, 21, 27.

D. 1. Voraussetzung der Ausübung der Familiendisziplinargewalt durch das Familienhaupt ist, daß ihm die Maßregel als zur *Erhaltung* der Ruhe, Ehre, Ordnung, Wohlfahrt des *Hauses* als eines Ganzen, also nicht bloß des einzelnen Mitgliedes, insbesondere seiner selbst dienlich erscheint. Innerhalb dieser Grenze darf der Familienchef zu jenem Zwecke *alle* Maßregeln ergreifen, welche dem positiven Hausrecht, d. h. Hausgesetz, Hausobservanz, gewöhnlichem Fürstenrecht, entsprechen. Letztere Schranke ist auch dann zu ziehen, wenn das die Familiengewalt des Hausoberhauptes begründende Gesetz dieselbe nicht erwähnt. Sie folgt aus dem Wesen des Hauses als einer Korporation. An die Rechtsordnung einer Korporation sind alle Genossen gebunden, selbst das Haupt. In diesem Sinne begegnet auch, daß die Hausgesetze — z. B. das Oldenburger Art. 17 — vorschreiben, der Fürst habe bei seinem Regierungsantritte mittelst schriftlichen Reverses zu *unverbrüchlicher Aufrechterhaltung* der Vorschriften des Hausgesetzes und zu gewissenhafter Ausübung der in demselben ihm als Oberhaupt des Hauses beigelegten Rechte und Obliegenheiten sich zu verpflichten. Keineswegs will damit gesagt sein, daß der Familienchef nur solche Maßregeln ergreifen dürfte, welche „*das* Hausgesetz" zuläßt — meistens schweigen diese darüber —, sondern er darf, soweit nicht die Hausgesetzgebung ausdrücklich Schranken zieht (z. B. Oldenburg Art. 14; siehe S. 351), alle Maßnahmen betätigen, welche der Hausobservanz und dem gemeinen Fürstenrechte nicht widersprechen. Peinliche Strafen z. B. darf er somit nur im Wege der Gerichtsbarkeit verhängen. Ein anderes Verfahren würde dem gemeinen Fürstenrechte widersprechen. Siehe zu der ganzen Frage oben § 30 S. 298f.

2. Dagegen ist es keineswegs richtig, daß die Ausübung sich schlechthin innerhalb der Grenzen der Staatsgesetze (siehe *Seydel* I § 63 S. 210) bewegen muß. Wer im Verbande der landesherrlichen Familie sich befindet, steht in einem *besonderen* Gewaltverhältnis, dessen Pflichten und Beschränkungen den Freiheiten des allgemeinen Staatsangehörigkeits-

verhältnisses und der allgemeinen Rechtsordnung vorgehen. Wer dem landesherrlichen Hause zugehört, vermag sich gegenüber Beschränkungen seiner Aufenthaltsfreiheit, welche aus dieser Zugehörigkeit resultieren, nicht auf sein Grundrecht der *Freizügigkeit* zu berufen, sowenig, wie das Hauskind, die Ehefrau, der Soldat oder Staatsdiener hinsichtlich der Beschränkungen freier örtlicher Bewegung, welche sich aus dem Kindesverhältnis, der Ehe (Ehedomizil), dem Staatsdienst (Residenzpflicht) u. s. w. ergeben. Der Familienchef kann nicht nur in den vom Freizügigkeitsgesetz vorgesehenen Fällen die Mitglieder des Hauses an ihrer Aufenthaltswahl behindern. Vgl. *meinen* Art. Freizügigkeit im Handwörterbuch der Staatswissenschaften 2. Aufl. Bd. III S. 1261. Soweit Hausobservanz und gemeines Fürstenrecht dem nicht entgegensteht — und dies ist nicht der Fall —, kann das Familienhaupt dem Mitglied zwar nicht Privatrechte entziehen (außer durch Ordnungsstrafen), wohl aber in seine subjektiven öffentlichen Rechte eingreifen.

E. Gegen die Ausübung der besonderen Familienaufsicht als solche (z. B. *Verweigerung* des Heiratskonsenses) gibt es keinen *gerichtlichen Schutz*. Denn es handelt sich hier um Betätigung einer öffentlichrechtlichen Gewalt. Dasselbe gilt auch bei Nichterteilung der Heiratsbewilligung in denjenigen Fällen, in welchen dieselbe nicht wegen Unterworfenheit unter die Hausgewalt des Fürsten, sondern nur aus dem Grunde eingeholt wird, um der einzugehenden Ehe die Eigenschaft einer zur Fortpflanzung der Thronfolgefähigkeit geeigneten ehelichen Verbindung zu verschaffen.

B. Das Verhältnis der Familienmitglieder zum Staat.

1. Die Thronfolge.

a) Das Verhältnis von Thronfolgefähigheit zu Familienangehörigkeit.

§ 43.

I. Schon in § 9 und seitdem wiederholt — vor allem in den §§ 22, 25, 29, 33, 39 — hatten wir zu betonen, sowohl daß Thronfolgefähigkeit nur eine natürliche Wirkung der Zugehörigkeit darstellt, wie auch daß Thronfolgefähigkeit mangels besonderer Hausbestimmung (hannoversches Hausgesetz Kap. I § 3; siehe oben S. 239) keine Voraussetzung für den Erwerb der Hausmitgliedschaft darstellt und weder Verlust der Thronanwartschaft die Familienzugehörigkeit noch Verlust der Familienzugehörigkeit die Thronbefähigung notwendigerweise zur Beendigung bringt. M. a. W.: *es gibt Thronanwärterrecht ohne Hausmitgliedschaft und Hausmitgliedschaft ohne Thronanwärterrecht.*

II. Thronanwärterrecht ohne Hauszugehörigkeit besitzen z. B. Erbverbrüderte (als solche), Gesamtbelehnte oder sonst *vertragsmäßig* (z. B. oben S. 45) zur Nachfolge Berechtigte.

III. Hauszugehörigkeit ohne Sukzessionsanwartschaft ist gegeben, wenn:

A. Die Familienmitgliedschaft ohne Sukzessionsrecht *erworben* wird. Sukzessionsfähigkeit bildet lediglich eine natürliche Wirkung des Mitgliedschaftserwerbes, also kann sie bei Aufnahme, Verleihung (§§ 22, 25) ausgenommen werden. Aber auch bei Erwerb der Hausangehörigkeit im Wege der Abstammung vermag dies vorzukommen.

Agnatische, d. h. in männlicher Linie vom ersten Erwerber der Landeshoheit abstammende Prinzessinnen besitzen zweifellos Familienmitgliedschaft. Trotzdem besitzen dieselben bei Gültigkeit subsidiärer Kognatensukzession nicht notwendig Sukzessionsfähigkeit, sondern es kommt vor, daß das positive Recht ihnen lediglich die Fähigkeit beilegt, durch standesgemäße Verheiratung ihren männlichen Nachkommen Sukzessionsfähigkeit zu vermitteln. Anders ausgedrückt: nicht nach allen Rechten kann die Erbtochter Monarchin, regierende Fürstin werden; es gibt Verfassungen, die vorschreiben, daß nur die männlichen Nachkommen der Erbtochter die Regierung erwerben können; nur Kognaten, nicht auch Kognatinnen vermögen beim Übergang der Herrschaft auf den Weibesstamm in Besitz der Herrscherwürde zu gelangen; nur die bei Ableben des letzten regierenden Agnaten lebenden Kognaten, nicht auch die zu diesem Zeitpunkt vorhandenen Kognatinnen werden für diesen Moment als Agnaten fingiert. Die Regel bildet allerdings, daß bei diesem Übergang der Unterschied des Geschlechtes nicht berücksichtigt wird. So bestimmt z. B. eines der jüngsten Thronfolgegesetze, das Sondershauser vom 14. August 1896, welches dem § 13 des Staatsgrundgesetzes — allerdings nicht in dem hier in Betracht kommenden Satze — eine neue Fassung gab: „Nach gänzlichem Erlöschen des Mannesstammes im Fürstlichen Gesamthause Schwarzburg geht die Regierung auf die weibliche Linie *ohne Unterschied des Geschlechtes* über und zwar dergestallt, daß die Nähe der Verwandtschaft mit dem letztregierenden Fürsten und bei gleichem Verwandtschaftsgrade sowohl zwischen mehreren Linien als innerhalb ein und derselben Linie das höhere Alter den Vorzug verschafft." Anders dagegen das *badische* Haus- und Familienstatut vom 4. Oktober 1817 § 3: „Wenn der Mannsstamm Unseres Großherzoglichen Hauses erlöscht, so geht die Frbfolge auf die *männlichen*, ehelichen, ebenbürtigen Nachkommen der Prinzessinnen aus diesem Hause . . . über." Die Prinzessinnen bleiben hier trotz Vermählung Hausmitglieder (siehe oben § 26), aber sie besaßen vorher und besitzen jetzt keine Sukzessionsfähigkeit.

B. Das Sukzessionsrecht des Mitgliedes *ohne* gleichzeitigen *Verlust* der Zugehörigkeit zum regierenden Hause *aufhört*. Dies tritt ein:

1. *bei freiwilligem Thronfolgeverzicht.* Nach *Oldenburger* Hausgesetz Art. 16 § 1 schließt Verzicht auf die Staatserbfolge den Verzichtenden von der Teilnahme am Familienrat, aber keineswegs von der Hausmitgliedschaft aus. Herzog Christian August von *Augustenburg* hat durch Frankfurter Akte vom 30. Dezember 1852 eventuell auf seine Thronfolgerechte in den Elbherzogtümern verzichtet (siehe oben S. 284) hat damit aber keineswegs aufgehört, Mitglied des regierenden Hauses dieser Herzogtümer, d. h. Mitglied des dänischen Königshauses in seiner Eigenschaft als regierendes *herzogliches* Haus in Schleswig u. s. w. zu sein;

2. a) *bei unfreiwilligem Thronfolgerechtsverlust.* In § 30 legten wir dar, daß ein Ausschluß aus dem Hause durch das Haus und ohne verfassungsänderndes Gesetz durch den Staat

unmöglich ist. Wohl aber tritt kraft Reichsgesetzes Verlust der Thronfolgefähigkeit wider Willen ein bei *Verurteilung zur Zuchthausstrafe* und *richterlicher Aberkennung der bürgerlichen Ehrenrechte*. Alle Mitglieder des landesherrlichen Hauses, auch der Landesherr, unterliegen dem Reichs- und Landesstrafrecht (siehe oben § 4 a. E.), aber nur der Landesherr untersteht nicht der staatlichen Strafgerichtsbarkeit, wohl dagegen die übrigen Hausmitglieder. Sie besitzen lediglich einen bevorzugten Gerichtsstand. Demnach ist es nicht ausgeschlossen, daß das gegen sie anzuwendende Reichsstrafgesetz (z. B. bei hochverräterischem Unternehmen [R.Str.G.B. § 82]) für sie Verurteilung zur Zuchthausstrafe oder Aberkennung der bürgerlichen Ehrenrechte bewirkt. Nun haben Verurteilung zur Zuchthausstrafe und Aberkennung der bürgerlichen Ehren gemäß R.Str.G.B. § 31 ff. ausdrücklich wohl nur zur Folge, die eine dauernde Unfähigkeit zum *Dienst* im Heere und in der Kriegsmarine, sowie dauernde *Unfähigkeit* zur Bekleidung öffentlicher *Ämter* (einschließlich Anwaltschaft, Geschworenen und Schöffendienst), die andere den dauernden Verlust der aus öffentlichen *Wahlen* hervorgegangenen Rechte, der öffentlichen *Ämter*, *Würden*, *Titel*, *Orden* und *Ehrenzeichen* und für die Zeit der Aberkennung die Unfähigkeit, öffentliche Ämter, Würden, Titel, Orden und Ehrenzeichen zu erlangen, in öffentlichen Angelegenheiten zu stimmen, zu wählen oder gewählt zu werden oder andere *politische Rechte* auszuüben u. s. w. Allein trotz der Wirkung dieser Strafen nur in bezug auf öffentliches Wahlrecht, öffentlichen Dienst und öffentliches Amt und öffentliche Auszeichnungen und trotz des Prinzips der *Erb*monarchie wird doch die ausdehnende Auslegung erlaubt sein, daß, wer diesen gerichtlichen Strafen verfällt, auch die aus irgend welchem Titel (Abstammung u. s. w.) *erworbene* Fähigkeit dauernd verliert, höchstes öffentliches Organ, Herrscher zu werden. Die Mitgliedschaft zum regierenden Hause wird damit aber nicht verloren. Sie ist kein Amt und nicht bloß eine Würde; wohl aber werden verloren die mit der Mitgliedschaft verbundenen Würden, Titel, Ehrenzeichen, also Titel und Rang eines Prinzen u. s. w. Vgl. S. 302.

b) Nicht jeder unfreiwillige Thronverlust hat die nämlichen Rechtsfolgen. Ist jemand gezwungen, abzudanken, weil rechtskräftig festgestellt wird, daß er *nicht ebenbürtig* ist, so hört mit der Thronentsagung zugleich die Hauszugehörigkeit auf. Verliert jemand den Thron dadurch, daß ein ihm *vorgehender Postumus* geboren wird, so behält er Sukzessionsfähigkeit, verliert nur Throninnehabung. Vgl. S. 322.

b) Erwerb der Thronfolgefähigkeit.

§ 44.

I. Im Zweifel wird die Sukzessionsfähigkeit mit der *Hausmitgliedschaft* erworben. Hierüber vgl. §§ 15—24. Soweit hiernach das Anwartschaftsrecht kraft Abstammung entsteht, läßt sich von *gesetzlicher Thronfolge* sprechen.

II. Nicht als Folge der Zugehörigkeit zum regierenden Hause wird Thronanwartschaft *ausnahmsweise* in folgenden Fällen erworben:

A. *Durch Vertrag:*

1. Nicht mehr kommen als solche Verträge *Lehensverträge* als solche in Betracht. Nicht mehr die betreffenden *Lehensverträge* aus früherer Zeit, sondern lediglich damit zusammenhängende Haus- oder Staatsverträge können noch die Grundlage der ursprünglich auf Lehensrecht ruhenden Sukzessionsansprüche sein.

a) Was *Reichs*lehen angeht, also Territorien, welche ein Reichsstand unmittelbar vom Reich zu Lehen trug, so ist selbstverständlich ein Sukzessionsrecht das Lehens*herrn* bei Aussterben der vassallitischen Familie nicht mehr denkbar. Denn der Lehensherr hörte 1806 auf, rechtlich zu existieren, die Reichslehen wurden Allodien. Aber auch *Eventualbelehnte* oder *Lehensanwärter* können aus der hierin liegenden vertragsmäßigen Einräumung von Nachfolgerechten durch das *Reich* (Eventualbelehnung, Lehensanwartschaft) als *solcher* keine Sukzessionsansprüche mehr ableiten, denn Voraussetzung des Eintritts dieser Nachfolgeberechtigten war doch immer, daß das Lehen dem Lehens*herrn* eröffnet wurde; eine solche Lehenseröffnung tritt aber mit Aussterben der im Besitz des Fürstentums befindlichen Familie nicht mehr ein, weil es einen Lehensherrn nicht mehr gibt, das Lehen seit 1806 allodifiziert ist. Vgl. *Zöpfl*, Grundsätze des deutschen Staatsrechts 1863 Bd. I S. 726. Ein anderes gilt, wenn der Vasall oder dessen Nachkommenschaft durch besonderen Vertrag mit dem Eventualbelehnten oder Lehensanwärter bezw. deren Deszendenz sich zur Anerkennung dieser Reichslehenverträge verpflichtet hatten, also ihnen beigetreten waren oder der betreffende Fürst nach Wegfall der Lehenseigenschaft das Fortbestehen des Sukzessionsrechtes anerkannte. Allein dann ist es nicht der Lehensvertrag, d. h. der Vertrag zwischen Kaiser und Anwärter, auf welchem der Fortbestand des Nachfolgerechts basiert, sondern ein Vertrag zwischen Haus und Haus oder Staat und Staat. Durch *Staats*vertrag haben die Rheinbundsfürsten in der Rheinbundsakte Art. 34 die Fortdauer aller droits éventuels de succession vereinbart. Vgl. *Gg. Meyer* § 90 a. E. —

b) Ebenfalls nicht mehr auf den lehensrechtlichen Entstehungsvertrag läßt sich eine Nachfolge des Lehens*herrn* im Verhältnis der Territorialfürsten zueinander gründen. Es kam vor, daß ein Reichsstand außer vom Reiche auch von einem anderen Reichsstande Lehen besaß. Diese wurden nicht durch die Auflösung des Reiches als solchen Allod, sondern dadurch, daß die Fürsten sich gegenseitig im Rheinbund, bezw. deutschen Bund Souveränität: also Unabhängigkeit von der Gewalt des anderen zuerkannten. Dadurch wurde nicht bloß die *Ausübung* der in der Lehensherrlichkeit enthaltenen Gewalten aufgehoben, das darin aber für den Fall des Aussterbens der vasallitischen Familie enthaltene Heimfallsrecht unberührt gelassen (so der Bundesbeschluß vom 20. Januar 1848 in der Streitsache der behaupteten Fortdauer einer Lehensherrlichkeit Kurhessens über Waldeck; siehe *Schulze*, Lehrb. des deutschen Staatsrechts Bd. I § 104), sondern jene Anerkennung gegenseitiger Souveränität hob das Lehensverhältnis auch dem Rechte nach auf, suspendierte nicht bloß die Ausübung der darin enthaltenen Gewalten, weil das Wesen des bestehenden Lehensverbandes eben Vorhandensein eines mit Unabhängigkeit unvereinbaren Gewaltverhältnisses ausmacht. Nur dann kann eine Fortdauer des eventuellen Heimfallrechtes des bisherigen Lehensherrn angenommen werden, wenn dieses trotz Erlöschens der Lehensbeziehung ausdrücklich aufrecht erhalten wurde. Im Verhältnis von Rheinbundsfürsten untereinander ist dies der Fall. Unter den Begriff der droits éventuels de succession fällt ohne weiters auch das Folgerecht des Lehensherrn. So auch *Schulze* a. a. O. § 104; dagegen *Gg. Meyer* § 90 a. E. Anm. 7.

c) *α*) Auch bei der *Samtbelehnung* vermag der *Lehensvertrag* nicht mehr als Titel rechtlicher Sukzessionsansprüche fortzuwirken. Wohl bildet bei Mitbelehnung zu gesamter Hand (coinvestitura juris germanici) Lehenseröffnung für den Lehensherrn nicht Voraussetzung des Übergangs der vasallitischen Rechte des letzten Hauptvasallen auf die Deszendenz des ersten Nebenvasallen. Infolge der verbundenen Belehnung wird das Lehen dem Lehensherrn bei Aussterben der bisherigen Familie nicht eröffnet. Also hat der Wegfall des Lehensherrn auf die Frage des Übergangs keinen hemmenden Einfluß. Aber notwendig zur Fortdauer der Mitbelehnung ist *Möglichkeit* der Wiederholung derselben bei jeder Lehenserneuerung (vgl. *Gierke*, Grundzüge des deutschen Privatrechts a. a. O. I S. 500; *Zöpfl* a. a. O. I § 258 IV), eine solche ist aber wegen Wegfalls des Lehensherrn nicht mehr gegeben. Der Regierungsnachfolger ist nicht mehr in der Lage, um Lehenserneuerung, d. h. Wiederholung der Investitur an ihn, zu muten. Damit hat demgemäß das Folgerecht des Mitbelehnten aufgehört. Ohne Möglichkeit der Erneuerung derselben bei Lehnfall (Tod in der Linie des Hauptvasallen) keine Fortdauer des Folgerechtes. Hieraus, nicht etwa aus dem Umstande, daß das Folgerecht des Samtbelehnten privatrechtlicher Natur sei, erklärt sich die Beendigung seiner Ansprüche; denn das Lehen an Fürstentümern wurde keineswegs als etwas Privatrechtliches angesehen. Lehenrecht war Privat- und Staatsrecht zugleich, besaß je nach dem Gegenstand die eine oder andere Natur.

β) *Zöpfl* Bd. I § 258 S. 729 glaubt für die Fortdauer der Samtbelehnung anführen zu dürfen, daß die Samtbelehnung an solche, die nicht schon kraft Geblüts erbberechtigt waren, nicht ohne Einwilligung des Hauptvasallen erteilt werden durfte, die Samtbelehnung daher zugleich den Charakter eines Erbvertrages zwischen dem Haupt- und den Nebenvassallen besitze. Also wäre ein Haus- und der Lehensinvestiturvertrag (die Belehnung mit gesamter Hand) der noch gültige Rechtstitel. Allein der Hauptvasall willigte doch nur in ein Folgerecht auf Grundlage der Mitbelehnung. Vermag diese keines mehr zu vermitteln, so entfällt daher auch eine Verpflichtung zur Einräumung eines solchen aus Vertrag zwischen Haupt- und Nebenvasall. Denn nur in jenem Umfang entstand vertragsmäßige Bindung zwischen den Samtbelehnten.

γ) Lediglich sofern also eine Vereinbarung existiert, daß trotz Wegfalls der Möglichkeit der Lehenserneuerung das eventuelle Sukzessionsrecht fortdauern soll, besteht letzteres noch aufrecht. Ein solcher Vertrag liegt für das Verhältnis ehemaliger Rheinbundsfürsten zueinander in Rheinbundsakte Art. 34.

2. *Sukzessionsfähigkeit ohne Mitgliedschaft* wird erworben durch:

a) *Verträge des Hauses*, d. h. Verträge zwischen verschiedenen hochadeligen Häusern, *vertragsmäfsige Thronfolge.*

a) *Erbrechtliche Verträge.*

aa) Einfache *Erbverträge* kann das Haus auch mit einzelnen Individuen abschließen. Das Haus vereinbart für den Fall seines *Aussterbens* mit einem Individuum dessen Nachfolge. Denkbar ist dies vor allem, wenn nur mehr ein Agnat vorhanden ist.

$\beta\beta$) *Erbverbrüderungen* sind Verträge zwischen hochadeligen Häusern als solchen, wodurch einem Teile oder beiden (also gegenseitig) Sukzessionsrecht für den Fall des *Erlöschens* zugesichert wird. Wurde nur der einen Seite Thronanwartschaft eingeräumt, so pflegte der andere Teil andere Vorteile, z. B. Befreiung vom Lehensverbande, dafür zu erhalten, aber denkbar ist einseitige Zusicherung der Nachfolge auch ohne Eintausch eines Entgelts dafür. Erbverbrüderungen sind aus dem Grunde lediglich zwischen hochadeligen Geschlechtern möglich, weil das Wesen der Erbverbrüderung Vertrag von Familie als solcher zu Familie als solcher fordert, nur hochadelige Familien aber solche Einheit, d. h. Rechtspersönlichkeit besitzen. Vgl. *Schulze*, Lehrb. des deutschen Staatsr. I § 102 S. 239. Nicht ist damit gesagt, daß beispielsweise nicht auch einer anderen Familie oder lediglich einer einzelnen Linie eines hochadeligen Hauses Sukzessionsrecht vertragsmäßig vom landesherrlichen Haus in Aussicht gestellt zu werden vermöchte, aber es ist dann *Sukzessionsvertrag* mit einzelnen, nicht Erbverbrüderung im Sinne des positiven Rechts.

γγ) Über die Fortdauer der Gültigkeit *älterer*, d. h. vor Übergang zum Verfassungsstaate geschlossener Erbverbrüderungen handelten wir schon oben S. 49—52. An ihnen ist lediglich die Veränderung eingetreten, daß mit der Entwicklung des Persönlichkeitsstaates aus ihnen nicht bloß die Häuser, sondern auch die Staaten, in welchen die letzteren regieren, berechtigt und verpflichtet sind. Jedoch bleiben die Staaten lediglich solange berechtigt und verpflichtet, als in ihnen diejenigen Familien herrschen, welche jene Verträge abschlossen.

δδ) *Neue Sukzessionsverträge* jeder Art sind möglich. Ihr Abschluß ist keineswegs rechtlich bedeutungslos. Wohl haben dieselben dem Staat gegenüber ohne dessen Zustimmung durch Gesetz, die im voraus in der Verfassung geschehen kann, keine rechtliche Wirkung, aber die Parteien sind rechtlich gebunden. Kein Teil kann das eingeräumte Folgerecht frei widerrufen. Das zustimmende Staatsgesetz kann ja immer noch ergehen, vielleicht erst, wenn der Fall des Aussterbens seiner Herrscherfamilie zu besorgen ist. Vgl. auch oben S. 53.

Anders ist lediglich zu entscheiden, wenn ein Haus das Recht an der Krone erst vom Staate durch Verfassungsgesetz oder Wahl seit Übergang zum Verfassungsstaate erhalten hat. Dann ist die Anwartschaft nur erblich *in* diesem Hause. Das Haus besitzt das Recht vom Staate, also kann es für den Fall des Erlöschens des Hauses auch nur der Staat weiter übertragen (*Rumänien*, *Bulgarien* u. s. w.). M. a. W.: *Rechte am Throne, wie sie die seit der Zeit des alten Reiches regierenden deutschen Dynastien besitzen, können ohne Zustimmung des Staates nicht mehr neu entstehen und bleiben immer auch durch den Einzelstaat entziehbar.*

β) Nichterbartige Verträge. Gemeint sind damit Verträge, mittelst deren für den Fall des Aussterbens dem anderen Vertragsteil eine Krone nicht neu anfällt, sondern *zurückfällt*, also Verträge mit *Rückfallklausel.* Ein Haus hat einem anderen die Landeshoheit unentgeltlich oder gegen Entgelt (Kauf, Tausch u. s. w.) abgetreten mit der Bedingung, daß nach Erlöschen des erwerbenden Hauses (schlechthin oder im Mannesstamme) die Herrschaft von der erwerbenden Familie oder ihren Rechtsnachfolgern an das Haus, das ursprünglich zedierte, oder dessen Rechtsnachfolger zurückfallen solle. Ein Beispiel solcher Verträge führten wir oben S. 45 an. — Mit dem Übergang zum Persönlichkeitsstaat ist hier, solange die Familie, welcher der Rückfallsanspruch zusteht, eine regierende ist, auch der Staat berechtigt worden. Denn überall da, wo eine Familie als Besitzerin (Subjekt) einer Landeshoheit[1]) Rechte erwarb und Pflichten einging, wurden diese mit der Ausbildung des Persönlichkeitsstaates auch zu Rechten und Pflichten der Staatspersönlichkeit. — Selbstverständlich kann seit Entwicklung des Staates zur Staatspersönlichkeit derartige Verträge *neu* nur mehr der Staat als solcher schließen.

b) *Verträge des Staates* mit Einzelnen oder hochadeligen Häusern. Der Staat sichert für den Fall des Aussterbens der gegenwärtigen Dynastie einem Prinzen aus einem anderen Hause und dessen Deszendenz Nachfolge vertragsmäßig zu. Der Vertrag bedarf zur Gültigkeit gegenüber dem derzeitigen Herrscherhause der Zustimmung desselben. Denn das Recht auf Einrücken in die oberste Staatsorganschaft bildet ein vererbliches *und veräufserliches* Recht dieses Hauses, welches auf einer vom deutschen Einzelstaat unabhängigen Rechtsquelle beruht und daher mit Übergang des letzteren zur verfassungsmäßigen Staatspersönlichkeit keine

[1]) Dies ist bei Erwerb von Sukzessionsrechten infolge Abstammung nicht der Fall. Daher sind die Ansprüche der *lippischen Linie* Alverdissen nicht auch solche des Staates Schaumburg-Lippe.

Änderung erfuhr. Trifft somit das alte, d. h. schon in der Zeit vor 1806 regiert habende Haus eine andere Vorsorge für den Fall seines Aussterbens, so vermögen die hieraus Berechtigten das Recht der aus jenem Staatsvertrag Nachfolgebefugnisse Ableitenden nach Maßgabe der Erörterungen in § 34 (Bundesrat) anzufechten. Nur dann gewinnt ein solches vom Staat allein eingegangenes Versprechen ohne Zustimmung des alten Hauses rechtliche Vollgültigkeit, wenn das letztere ausstirbt, ohne über sein Thronrecht verfügt zu haben. Ein Heimfall ist wegen eingetretener Allodifikation nicht mehr möglich. Was die neue Dynastie dann aber erwirbt, ist ein neues Herrscherrecht. Mit dem alten Hause ist dessen Recht mangels Verfügung untergegangen.

B. Durch *Gesetz*.

1. Thronfolgefähigkeit ohne Hausmitgliedschaft vermag *erstens* durch *Hausgesetz* zu entstehen. Das im Besitze der Herrschaft befindliche Haus verfügt, wenn es sein Recht schon in der Zeit vor 1806 erwarb, über die rechtliche Kraft, für den Fall seines Erlöschens einer Einzelpersönlichkeit und dessen Deszendenz oder einer ganzen Familie Folgerecht zu verleihen. Weil es Thronfolgefähigkeit für den Fall des *Aussterbens* des gegenwärtigen Hauses ist, kann diese Thronfolgeverleihung durch einseitigen Akt als *testamentarische*, genauer als solche durch *testamentarisches Gesetz*, bezeichnet werden.

a) Erforderlich ist zur Gültigkeit eines solchen Gesetzes die Zustimmung aller geschäftsfähigen volljährigen Agnaten des Gesamthauses. Den Kindern des Prinzen Heinrich XXVI, (geb. 1857) aus der älteren Köstritzer Linie von *Reufs* j. L. mit Viktoria, Gräfin von Fürstenstein, welche den Titel von *Grafen* und Gräfinnen *von Plauen* führen, soll durch reußisches Hausgesetz vom Januar 1887 Sukzessionsfähigkeit verliehen worden sein, ohne daß der damalige regierende Fürst von Reuß ä. L. Heinrich XXII. zustimmte. Gilt im Gesamthaus Reuß nicht kraft Hausobservanz Stimmenmehrheitsprinzip, so war aber zu einem gültigen Hausgesetz Stimmeneinhelligkeit erforderlich. Natürlich vermag der Mangel durch Einholung der Zustimmung des jetzigen Fürsten ä. L., bezw. seines

Stellvertreters, des Regenten von Reuß ä. L. (d. i. des regierenden Herrn in Reuß j. L. Heinrich XIV.), jederzeit geheilt zu werden.

b) α) Zur Gültigkeit einer solchen Verleihung gegenüber dem Staate ist selbstverständlich ein übereinstimmendes *Staatsgesetz* notwendig. Auch hier gilt aber: schon ehe dies Gesetz ergeht, hat jener Hausgesetzgebungsakt Rechtswirkung. Sie zeigt sich darin, daß ohne Zustimmung aller Agnaten die verliehene Sukzessionsfähigkeit nicht wieder beseitigt zu werden vermag. Das Staatsgesetz wird vielleicht erst erlassen, wenn die Wahrscheinlichkeit des Aussterbens des Herrscherhauses naherückt. Trotzdem bleiben vorher die Agnaten gebunden, was gewiß von hoher praktischer Bedeutung ist.

β) Wie aus dem Eingang der wiederholt (siehe insbesondere oben S. 19) angezogenen *schwarzburgischen Anerkennungsurkunde* vom 21. April 1896 für den Prinzen Sizzo von *Leutenberg* hervorgeht, wurde bereits in den Ehepakten der Eltern desselben vom 24. November 1855 „unter Zustimmung der Agnaten", also durch Hausgesetz „festgesetzt", daß „der Deszendenz aus dieser Ehe (erst) nach dem gänzlichen Aussterben des Hauses Rudolstadt ein *Nachfolgerecht* in die Regierung des Fürstentums zustehen solle." Es wurde somit dieser Nachkommenschaft Nachfolgefähigkeit schon damals verliehen. Da erst nach Jahrzehnten die Wahrscheinlichkeit eintrat, daß das Haus Rudolstadt aussterbe (siehe oben S. 19), erging dann erst — 1. Juni 1896 — das entsprechende Staatsgesetz. Trotzdem konnten die einzelnen Agnaten die 1855 bereits eingeräumte Sukzessionsfähigkeit vorher nicht widerrufen. Wenn unter dem 21. April 1896 ein neues, auf diesen Fall bezügliches Hausgesetz erging, so folgt hieraus keineswegs, daß das alte nicht Rechtskraft besessen habe. Von anderem abgesehen (siehe darüber oben S. 196), verleiht dieses neue Hausgesetz bezüglich Rudolstadt keineswegs erst Sukzessionsfähigkeit — diese wurde hausgesetzlich schon 1855 begründet —, sondern dasselbe verwandelt nur das bisherige Nachfolgerecht aus einem ohne Hausmitgliedschaft mit Rechtswirkung vom Erlöschen des Rudolstädter Zweiges an in eine Nachfolgeberechtigung infolge Hausmitgliedschaft, d. h. es verleiht von diesem Zeitpunkt an dem Prinzen Sizzo das „agnatische Rechtsverhältnis", d. h. Agnatschaft.

γ) Wie schon S. 193 bemerkt (siehe dazu auch *Binding* S. 39, 41), genügt zum Zustandekommen eines Hausgesetzes, wenn nur noch *ein* Agnat am Leben ist, dessen Verfügung. Verleiht derselbe für den Fall seines Ablebens auf solche Weise einem Dritten Nachfolgefähigkeit, so läßt sich in einem engeren und dem Privatrechtsbegriff näherstehenden Sinne von *testamentarischer* Nachfolge sprechen. Ein Hausgesetz ist jederzeit widerruflich. Nennt der letzte Agnat sein diesbezügliches Hausgesetz *Testament*, so deutet er damit in der Benennung an, was auch ohne dieselbe gelten würde, daß er jederzeitige Zurücknahme vorbehält. Ähnlich das „Testament" des Königs der Belgier vom 2. August 1889 betreffend Kongostaat. Nur ist dies ein *Staats*gesetz des letzten (absoluten) Monarchen des Kongostaates.

2. Auch der Staat kann für den Fall des Aussterbens der gegenwärtigen Dynastie durch Gesetz Sukzessionsfähigkeit verleihen (*testamentarisches Staatsgesetz*). Art. 18 der *Oldenburger* Verfassung — siehe oben S. 22 — verweist auf ein derartiges Staatsgesetz. Bezüglich der Gültigkeit solcher Begründung von Warterecht ohne Mitgliedschaft durch *Staatsgesetz* gegenüber dem gegenwärtigen Hause gilt entsprechend das oben unter A 2 b bezüglich derartiger Verleihung durch *staatlichen* Vertrag Bemerkte. — Würde die *rumänische* Verfassung nur die Nachkommenschaft König Karls I. für erbberechtigt erklärt haben (siehe oben S. 238), so hätte zunächst an einen Sohn seiner Brüder die Sukzessionsfähigkeit durch Staatsgesetz verliehen werden können, worauf denselben dann König Karl von Rumänien früher oder später in sein Haus als Mitglied (Agnat) aufgenommen hätte.

III. A. Die *herrschende* Staatsrechtslehre steht bezüglich des Vorgetragenen freilich auf ganz anderem Standpunkte. Neubegründung von Sukzessionsrecht ohne gleichzeitigen Hausmitgliedschaftserwerb kennt sie *ohne Ausnahme* nur im Wege des *Staats*gesetzes. Abmachungen der Dynastien entbehren *rechtlicher* Wirkung, es müßte denn das Staatsgesetz dazu ermächtigen. Dann ist mittelbar doch wieder das Staatsgesetz der Rechtsgrund, wenn auch kein Spezialthronfolge-, sondern ein allgemeines Gesetz, die Verfassung (siehe *Binding* S. 47; *Anschütz* S. 574; *Gg. Meyer* § 90). Bezüglich alter Erbverbrüderungen trennen sich die Meinungen: wo die Verfassungen darüber schweigen, nehmen die einen Untergang derselben an (so *Binding* S. 41; *Anschütz* S. 574), während andere (so *Meyer* § 90) behaupten, das Stillschweigen der Verfassung bedeute Fortdauer der bestehenden Erbverträge; eine Aufhebung derselben würde einen besonderen Ausspruch erfordern. Über die Frage des Verhältnisses von Erbverbrüderung und Unteilbarkeitsprinzip sprachen wir oben S. 50.

B. *Cosack*, Staatsrecht des Großherzogt. Hessen S. 9, macht die allgemeine Ausnahme: Thronfolgerechte von Nichtstaatsangehörigen könnten durch einseitiges Staatsgesetz keine Änderung erleiden, insbesondere nicht solche auswärtiger Erbverbrüderter; denn „Ausländer" bräuchten nicht die Allmacht der Gesetzgebung eines fremden Staates anzuerkennen. Allein dieser Grund ist nicht ausreichend. Auch der Ausländer unterliegt der Staatsgesetzgebung, soweit diese eine innere Staatsangelegenheit betrifft, an welcher der Fremde beteiligt ist. Thronfolge ist aber nur innerhalb des Staates möglich. Es gilt also analog, was für im Inland befindliches Vermögen von Staatsfremden Rechtens ist.

c) Erwerb des Thrones ohne vorausgehende Thronfolgefähigkeit.

§ 45.

I. Der Erwerb der Herrscherstellung, ohne daß Besitz einer Thronfolgefähigkeit vorliegt, geschieht 1. durch ein- oder zweiseitigen Rechtsakt des *Erwerbers*, 2. ohne Willen des Erwerbers durch rein tatsächlich-*natürliche* Vorgänge.

II. A. Durch *einseitigen* Akt des Thronerwerbers wird die Herrscherstellung bei *Usurpation* erworben, sei es, daß der Staat schon vorhanden ist, sei es, daß er erst gleichzeitig im Wege der Revolution oder sonstwie zur Entstehung gelangt. Der tatsächliche Besitz der Herrschaft gibt das Recht zur Herrschaft. Der illegitime Herrscher kann selbstverständlich durch die Restauration des legitimen wieder verdrängt werden. Vgl. *Gg. Meyer* § 7 und oben S. 310.

B. Im Wege des *Vertrags* wird die Stellung begründet, wenn der neue Herrscher die oberste Staatsorganschaft dadurch erwarb, daß er seiner *Einsetzung* als Herrscher durch völkerrechtliche Intervenienten (Großmächte), oder durch *Staatsgesetz*, oder durch Bestimmung des letzten Herrschers (oder des Ministeriums u. s. w.) bezw. *Volks-* oder *Parlamentswahl* auf Grund eines Staatsgesetzes (der Verfassung), zustimmte.

1. Niemand, welcher dem betreffenden Staate angehört, ist ohne vorausgehendes verpflichtendes Gesetz verbunden, eine Krone zu übernehmen. Also geschieht der Erwerb durch Vertrag. Selbstverständlich kann ein Staatsfremder nicht zur Übernahme der Herrscherstellung gezwungen werden. Nimmt er sie an, so liegt demgemäß ebenfalls vertragsmäßiger Erwerb vor.

2. Bei Ernennung durch Wahl wird sich der Staat vorher vergewissern, ob die etwaige Wahl von dem in Aussicht genommenen Kandidaten auch angenommen werden wird. Geschieht dies in Vertragsform, also so, daß der Kandidat sich für den Fall der Wahl zur Annahme verpflichtet, so liegt ein vorausgehender Vorvertrag, nicht eine Offerte des Kandidaten vor. Denn es ist ja eine besondere „Annahme“ vorbehalten.

3. Mit der Begründung hört jedoch die Herrscherstellung auf, eine vertragsmäßige zu sein. Dann unterscheidet sie sich in keiner Weise von der durch Abstammung erworbenen, d. h. es gilt mit nichten der Satz — auch in Wahlmonarchien nicht —, daß der durch Vertrag zur Krone Gelangte derselben auch nur mit Zustimmung des Staates entsagen kann.

III. A. Die *Leibesfrucht* ist zweifellos noch kein Rechtssubjekt, also jedenfalls nicht thronfolgefähig. Fällt ihr mit der Geburt die Krone an, so hat das betreffende Kind demgemäß die Krone ohne vorausgehendes Vorhandensein eines Thronanwärterrechtes erworben.

B. Hieraus folgt keineswegs die Unzulässigkeit einer Einwirkung des zukünftig möglichen Throninnehabungsrechtes des aus der Leibesfrucht entstehenden Kindes auf die Anwartschaftsrechte anderer. „Künftige Rechte der Leibesfrucht" können bereits von der Rechtsordnung „Wahrung" finden, (vgl. B.G.B. § 1912.) Es ist ein Satz des geltenden Rechtes, daß, wenn die Gemahlin des letztregierenden Fürsten bei dessen Ableben oder Rücktritt, oder die Gemahlin bezw. Witwe eines nächstberufenen verzichtenden bezw. versterbenden Familiengliedes zu diesem Zeitpunkte sich im Schwangerschaftzustande befindet, die Krone nicht auf die nächstberechtigte lebende Persönlichkeit des Agnaten- oder Kognatenkreises übergeht, sondern ein Interregnum eintritt, bis durch die Geburt entschieden ist, ob durch dieselbe ein jenen derzeit nächstberufenen Personen vorgehender Throninhaber entstand. Es ist nicht richtig, wie *Triepel*, Das Interregnum (1892) S. 7, 49, 58 ff. meint, daß ein Interregnum lediglich eintritt, wenn der letztregierende Fürst, dessen Witwe noch schwanger ist, ohne sukzessionsberechtigte Deszendenz abgeht. Auch sofern solche vorhanden ist, hat Zwischenherrschaft stattzufinden. Nach Ableben des Königs Alfons XII. von Spanien am 25. November 1885 war der Rechtszustand nicht der, daß die spanische Krone der Prinzessin von Asturien anfiel und diese nur mit Vorbehalt des Widerrufs bis zur Entscheidung über das Ergebnis der Schwangerschaft ihrer Mutter die Krone ausschlug, um sich nicht der Notwendigkeit baldigen Rücktritts von der Regierung aussetzen zu müssen, und aus diesem Grunde ein Interregnum notwendig wurde, sondern der Thron fiel ihr gar nicht an. Ohne ihren Willen begann mit dem Ableben ihres Vaters eine Periode der Zwischenherrschaft bis zum 17. Mai 1886. Vgl. zu der ganzen Frage *Seydel* I § 66; *Anschütz* S. 575.

d) Die Sukzessionsordnung.

§ 46.

I. A. Klar liegt die Reihenfolge unter den *Agnaten* des regierenden *Hauses*, soweit Primogenitur nach Haus- bezw.

Staatsrecht gilt: Vorzug der älteren Linie vor der jüngeren, Vorzug der Erstgeburt unter Brüdern (*Linealfolge nach Erstgeburtsrecht*). Es entscheidet nicht die Gradnähe zum ultimus defunctus (oben § 39 II), nicht Gradualsystem.

B. Aber die Primogenitur gilt haus- und staatsgesetzlich nur soweit, als sie eingeführt ist, also nur für die Linie oder das Spezialhaus, das zur Zeit ihrer Einführung im Besitze der Regierung sich befand. Auf *Seitenlinien* und *Seitenhäuser*, welche alte eventuelle Sukzessionsrechte besitzen, konnte und kann die Primogenitur lediglich mit deren Zustimmung Ausdehnung finden. Vgl. *Meyer* § 87 S. 235.

1. Bezüglich der Reihenfolge, in welcher die Seitenzweige (Linien oder Häuser) berufen werden, ist gemäß unserer Bemerkungen in § 44 II A 1 eine Anwendung des Inhalts des ursprünglichen Lehensvertrages (der lex investiturae; siehe Reichsger. in Zivils. Bd. XIV Nr. 56) nicht mehr möglich. In Betracht kommt vielmehr in erster Linie den Linien und Häusern gemeinsames Sonderrecht, d. h. Hausverträge und Hausobservanzen. So gilt z. B., wie wir oben S. 47 darlegten, im gothaischen Gesamthause bei Erlöschen eines Spezialhauses heute noch zwischen den übrig bleibenden Spezialhäusern Teilung nach Häusern (Stämmen). Ganz allgemein bestimmt das *meiningensche* Staatsgrundgesetz vom 23. August 1829 § 3: „Die Staatserbfolge richtet sich, was das herzogliche *Spezialhaus* betrifft, vermöge der *Primogenitur*konstitution vom 12. März 1802 nach den Grundsätzen der *Erst*geburt und *Lineal*ordnung nach dem *Alter* der Linie; im übrigen nach den *Verträgen* und *Observanzen* des herzoglichen, großherzoglichen und königlich sächsischen *Gesamt*hauses“ (vgl. hierzu *Schulze*, Lehrb. des deutschen Staatsrechts Bd. I S. 232). Hieran ist auch bezüglich Sachsen-*Meiningens* nichts geändert durch die Novelle zum Staatsgrundgesetz vom 9. März 1896. Art. 4 dieser Novelle spricht zwar schlechthin aus: „Bei *keinem* Erbfall, welcher Art er auch sei — d. h. ob Anfall an Agnat oder Kognat, ob Anfall infolge Todes oder Abdankung u. s. w. —, darf das Herzogtum . . . geteilt werden; unter gleich nahen Linien schließt die ältere die jüngere aus.“ Angesichts des Um-

standes, daß § 3 des Staatsgrundgesetzes, „in Anschluß“ an welchen die Novelle erging, nicht bloß die Erbfolge innerhalb des herzoglichen Spezialhauses, sondern, wie der oben zitierte Passus „im übrigen nach den Verträgen u. s. w.“ bezeugt, auch die Nachfolge für die übrigen Zweige des sächsischen Fürstenhauses ordnet, könnte gefolgert werden wollen: also verbietet das neue Staatsverfassungsgesetz bei Aussterben des herzoglichen Spezialhauses Teilung. Allein der Abschnitt, innerhalb dessen jener Art. 4 steht, handelt, wie die ganze Novelle, lediglich vom herzoglichen Spezialhause, demgemäß dieser Abschnitt, wie deutlich Art. 2 ersehen läßt, lediglich von der Erbfolge innerhalb dieses Spezialhauses (siehe auch oben S. 49). Aber selbst wenn dies nicht der Fall wäre, müßte gesagt werden: dieser Art. 4 ist für die übrigen Zweige des sächsischen Fürstenhauses unverbindlich. Angesichts des Römhilder Teilungsrezesses vom 28. Juli 1791 (siehe oben S. 47) vermag er lediglich zu bedeuten, es sei *Wunsch* des Staates Meiningen, die jüngeren Linien möchten auf Teilung des Gebietes verzichten und sich mit einer Vermögensentschädigung begnügen.

2. Fehlt solch gemeinsam verpflichtendes Sonderrecht, so hat das gemeine Fürstenrecht Anwendung zu finden, welches zur Zeit der Entstehung des Sukzessionsanspruches maßgebend war. Dies ist verschieden für die Nachfolge von Seitenlinien und für die Nachfolge von Seitenhäusern.

a) War die Primogenitur nur für die *Linie* des Spezialhauses eingeführt, welche sich im Besitze der Herrschaft befand, und geht nach deren Aussterben die Krone auf andere Linien, welche von dem ersten Erwerber derselben Landeshoheit abstammen, also auf Linien des gleichen Spezialhauses über, so entscheidet langobardisches Lehenrecht, d. h. also die Nähe der Verwandtschaft mit dem letzten regierenden Herrn der erloschenen Linie. Entscheidend ist die Nähe der Parentel, und in der Parentel die Nähe des Grades, jedoch mit der Abwandlung, daß Brudersöhne ein Eintrittsrecht neben Brüdern haben (vgl. II Feud. 50, 37 und 11; siehe *Gierke*, Grundzüge des deutschen Privatrechts S. 556); m. a. W.: es gilt dann *Lineal-Gradualstystem*, d. h. Liniennähe und innerhalb der Liniennähe Gradesnähe (so auch Reichsger. in Zivils. Bd. V Nr. 38.) Gleich Nahe erben nicht gemeinsam, so daß nur, wenn sie sich einigen, Teilung einträte, sondern sie sind kraft Gesetzes (II Feud. 55 pr.) zur Teilung verpflichtet, wobei der Ältere teilt, der jüngere wählt, wenn sie die Teile nicht vertragsmäßig zu bestimmen vermögen. Nur dann unterbleibt die Teilung, wenn der Gegenstand rechtlich unteilbar ist oder die Parteien sich dahin verständigen, die Teilung zu unterlassen. Die herrschende Lehre (*Schulze* a. a. O. Bd. I S. 233f; *Gg. Meyer* § 87 S. 235) freilich meint, solcher Teilung oder gemeinsamen Regierung widerspreche die vom Wesen des Staates als einer öffentlichen Persönlichkeit geforderte verfassungsmäßige Staatseinheit. Allein diese Forderung ist lediglich eine solche der Zweckmäßigkeit, nicht eine solche des Rechtszwanges, eine politische, keine positivrechtliche. Siehe oben S. 50 f.

b) War das Erstgeburtsprinzip für ein Spezial*haus* (siehe oben § 39 II B 2) zur Einführung gelangt, so fehlt die Möglichkeit unmittelbarer Anwendung des Lehenrechtes, weil die Spezialhäuser kein lehenrechtliches Band verknüpft, die Bildung solcher innerhalb eines Gesamthauses nicht auf *Lehens*verträge zurückführt. Dem Geiste der Zeit ist angemessen, dem Rechte der Samtbelehnung und Erbverbrüderung entsprechend zu entscheiden, d. h. im Zweifel Teilung zwischen den übrigen Häusern gelten zu lassen. Das steht auch mit dem gemeinen Erbrecht in Übereinstimmung.

II. A. 1. a) Auch bei Sukzession der *Kognaten*, also der Nachfolge der vom ersten Erwerber der betreffenden Landeshoheit Abstammenden entscheidet über die Reihenfolge der Berufung die „*Nähe der Verwandtschaft*“ zum letzten Throninhaber, zum letzten regierenden Agnaten. In den zuletzt erörterten Fällen handelte es sich nur um Nachfolge der *Seiten*verwandten des letzten Besitzers, welche dem Mannesstamme des ersten Erwerbers angehören, hier steht in erster Linie die Nachfolge von *Abkömmlingen* des letzten Besitzers in Frage, aber solchen, welche dem Weibesstamme des ersten Erwerbers angehören. Erst nach ihnen kommen die kognatischen Seitenverwandten des letzten Agnaten an die Reihe. M. a. W.:

Die *Erbtochter* geht der *Regredienterbin*, d. h. der weiblichen Person vor, welche die erste Kognatin war, die, wenn nicht noch Agnaten vorhanden gewesen wären, die Krone erworben haben würde. Die Erbfolge geht nicht auf die Kognatin zurück, welche, wenn früher keine Agnaten vorhanden gewesen wären, die Krone erlangt hätte; oder wie wir nach dem Prinzip des Eintrittsrechtes der Abkömmlinge sagen dürfen: *Die Linie der Erbtochter geht der Linie der Regredienterbin vor.*

b) „Nähe der Verwandtschaft" zum letzten regierenden Herrn (Württ. Verf. § 7, Hessen § 5, Waldeck § 15, Schaumburg-Lippe Art. 3) kann an und für sich lineale oder graduelle Nähe bedeuten. *Gg. Meyer*[1]) § 88 S. 237 Anm. 5 ist anderer Meinung; er meint, der Ausdruck weise *lediglich* auf Gradualsystem, Gradesnähe, hin. Dieser Anschauung widerspricht nicht schon der Umstand, daß man den Gegensatz, ob Nähe der Verwandtschaft zum letzten Agnaten oder zu dem Agnaten entscheidet, welcher zuerst in dem Geschlechte des primus acquirens eine Kognatin ausschloß, durch Gegenüberstellung der Worte Erb*tochter* und Regredienterbin bezeichnet. Denn mit dem Worte Erbtochter ist noch nicht gesagt, daß auch die Abkömmlinge der Erbtochter näheren Seitenverwandten des letzten regierenden Agnaten vorgehen. Was dieser Ansicht entgegensteht, ist die historische Grundlage, die Geschichte des Thronfolgerechtes, der Geist des langobardischen Lehensfolgesystems und von ihm gebildete Observanz des fürstlichen Hausrechtes. Nach ihr heißt „Nähe der Verwandtschaft": Nähe nach Lineal-Gradualsystem, d. h. zuerst Nähe der Linie und erst innerhalb der Linie Nähe des Grades (so auch *Schulze*, Lehrbuch des Staatsrechts Bd. I S. 237, *Binding* S. 16 und 27). Bei gleichem Grade innerhalb der Linie entscheidet das Alter der Person, indem insoweit das in denselben Gesetzen sich findende Primogeniturssystem der Agnatenfolge analog auch auf die Kognatensukzession zu übertragen ist. Fehlt solche Primogeniturordnung für die Agnaten, so gilt gemeines Fürsten-, d. h. langobardisches Lehenrecht, d. i. Teilung.

---

[1]) Ebenso *Anschütz* S. 573.

2. Selbstverständlich kann die einzelne Verfassung anders ordnen.

a) *α*) Die sächsische Verfassung § 7 bestimmt: „Hiebei (d. h. bei Übergang auf den Weibesstamm) entscheidet die Nähe der Verwandtschaft mit dem letzten regierenden Könige, bei gleicher Nähe das Alter der Linie, und in selbiger das Alter der Person.“ Bei solcher Formulierung steht außer Zweifel, daß in erster Reihe nur die Gradesnähe in Betracht kommt, denn sonst könnte es nicht heißen: „bei gleicher Nähe das Alter der Linie.“ Im Königreich Sachsen gilt für den Übergang somit reine *Gradualfolge*, Gradualsystem.

β) In *Bayern* (Tit. II § 5) und Braunschweig (§ 14) gilt reine *Linealfolge* (kognatische Linealfolge) mit Erstgeburtsrecht; d. h. beim Ableben des Mannesstammes werden alle vorhandenen Kognaten als Agnaten fingiert und auf sie Primogenitur- und Linealfolge angewendet (siehe *Binding* S. 15, *Anschütz* S. 573).

b) In Württemberg (§ 7), Hessen (§ 7), Waldeck (§ 15), *Schaumburg-Lippe* (Art. 3) gilt das oben skizzierte gemeine Recht; ebenso in *Schwarzburg-Rudolstadt* (Gesetz vom 1. Juni 1896 Art. 2) und in Schwarzburg-*Sondershausen*. Die Bestimmung des Sondershauser Gesetzes führten wir oben S. 380 wörtlich an.

B. 1. Beim Übergang auf den Weibesstamm überwindet das männliche Geschlecht nicht die Nähe von Linie und Grad. Der entferntere Kognate schließt nicht die nähere Kognatin aus, aber bei gleicher Linie und gleicher Nähe des Grades geht gemeinrechtlich, d. h. nach Lehen*recht* das männliche Geschlecht vor (siehe *Gierke*, Grundzüge des deutschen Privatrechtes § 127).

2. Die neueren Verfassungen räumen beim Übergange unter gleich Nahen dem männlichen Geschlechte keinen Vorzug ein. Die ältere Tochter geht dem jüngeren Sohne vor. Ohne Unterschied des Geschlechtes geht die Krone auf den Weibesstamm über. Eine Ausnahme macht die badische Deklaration vom 4. Oktober 1817 (siehe oben S. 380). Sie läßt nicht die Prinzessin, sondern nur ihre *männlichen* Abkömmlinge antreten.

C. Die übrigen Verfassungen bevorzugen die Männer erst *nach* Übergang, weil sie jetzt als Agnaten gelten (siehe oben § 39 I B). Um den Gegensatz mit den Worten des *Sondershauser* Gesetzes vom 14. August 1896 wiederzugeben: „Nach dem ... Erlöschen des Mannesstammes ... geht die Regierung auf die weibliche *Linie ohne Unterschied des Geschlechtes* über, und zwar dergestalt, daß die Nähe der Verwandtschaft mit dem letztregierenden Fürsten und bei gleichem Verwandtschafts*grad* (Gradualfolge) sowohl zwischen mehreren Linien als innerhalb einer und derselben Linie (Linealfolge) das höhere Alter den Vorzug verschafft. ... Unter den *Nachkommen* des hiernach zur Regierung Berufenen (Prinzen oder Prinzessin) tritt der *Vorzug* des Mannesstammes mit dem Erstgeburtsrecht und der *reinen* Linealfolge wieder ein."

B. Daß in *Sondershausen* die Ausnahmebestimmung besteht, wonach bei dem Übergang *unebenbürtig vermählte* oder vermählt gewesene weibliche Mitglieder des Fürstenhauses selbst (nicht bloß ihre Abkömmlinge) trotz nächster Verwandtschaft zum letzten Agnaten von der Nachfolge ausgeschlossen bleiben, hatten wir schon in § 26 S. 253 zu berichten. Über die Verhinderung von *Personalunionen* bei Übergang der Thronfolge auf die Kognaten siehe oben § 27.

e) Der Thronfolgeverzicht.

α) Die Rechtskraft des Thronfolgeverzichts.

§ 47.

In schweren Konflikt mit dem positiven Rechte gerät, wie schon in § 3 II C 1 und § 29 IV A 2 b γ zu berühren war, die herrschende Thronfolgetheorie in der Lehre vom *Thronfolgeverzicht*.

I. Der Grundsatz, von dem die genannte Theorie in derjenigen Formulierung ausgeht, welche derselbe seitens ihres konsequentesten Verfechters erhielt, lautet: „Die (staatliche) Thronfolgeordnung ist *aller* Privat-Disposition entrückt" (*Binding*,

Das Thronfolgerecht der Kognaten in Luxemburg S. 20, vgl. auch *Triepel* S. 107 und dazu oben S. 39).

A. Weil nur die Thron*folge*ordnung der Privatdisposition entrückt ist, unterliegt keiner Anfechtung seitens der herrschenden Theorie der *Thronverzicht nach Regierungsantritt*, die Thronentsagung oder Abdankung. Denn die Thronfolgeordnung wird hierdurch nicht gestört. Der nach ihr Nächstberufene gelangt nur früher zur Krone.

B. Anders dagegen steht es mit Thronverzicht *nach Anfall, aber vor Regierungsantritt* und mit Verzicht vor Anfall. Beide stellen positivrechtlich eine Störung der gesetzlichen Thronfolgeordnung dar.

1. a) Es ist ein zweifellos in Geltung stehender, gewohnheitsrechtlich gebildeter Rechtssatz, daß *wer nach Anfall verzichtet, rechtlich so behandelt wird, als wäre er nie Herrscher gewesen*, die Krone ihm niemals angefallen (vgl. *Seydel* I § 66 S. 225). Der nach ihm die Krone Übernehmende sukzediert nicht ihm, sondern dem bisherigen Throninhaber. Dieser ist sein Regierungsvorgänger. Die gesetzliche Thronfolgeordnung ist gestört: Dem bisherigen Throninhaber folgt nicht der nach Gesetz ihm am nächsten stehende Anwärter. Die Thronfolgeordnung ist durch Privatdisposition unterbrochen. Und doch soll die erstere „keine Ausnahme zulassen"? Wie begegnet Binding dieser Erscheinung? Er behauptet, jener Rechtssatz, daß der sofort Ausschlagende rechtlich einem Nichtherrscher gleich zu behandeln sei, existiere nicht: Der im Augenblick der Thronerledigung durch die Verfassung auf den Thron Gerufene sei Monarch gewesen, selbst wenn er sofort ablehne. Seine Ablehnung sei in Wahrheit Abdankung. Die Stelle, die *er* eingenommen habe, werde jetzt besetzt; um seine, nicht um seines Vorgängers Sukzession handle es sich (S. 22).

b) Unbestreitbar wurde der also Verzichtende mit dem Thronanfall Monarch, weil die Krone von selbst anfällt. Aber dies schließt nicht aus, daß ein positiver Rechtssatz besteht, wonach der nach Anfall, aber vor Regierungsantritt Ablehnende rechtlich wie einer zu behandeln ist, dem die Krone gar nicht anfiel. Binding muß selbst zugeben, daß der in dieser Weise

Ausschlagende in der Reihe der Herrscher nicht geführt wird. Er wird weder im Haus- noch im Staatsrecht als König behandelt. Er ist kein zurückgetretener König; er genießt nicht die Ehren (Titel u. s. w.) und sonstigen Rechte eines solchen im Hause, am Hofe, im Staat, seine Gemahlin ist nicht zurückgetretene Königin, seine Söhne, was im Apanagenrecht von großer Bedeutung, nicht Söhne eines Königs. Wer trotzdem behauptet: der auf diese Art Ausschlagende ist rechtlich doch als König zu betrachten, seine Ablehnung ist Abdankung, der nach ihm die Krone Übernehmende sein, nicht des bisherigen Throninhabers unmittelbarer Nachfolger, stellt sich über das positive Recht, dem auch die wissenschaftliche Auslegung untertan ist. Z.Pr.O. § 331 bestimmt: „Beantragt der Kläger gegen den im Termine zur mündlichen Verhandlung nicht erschienenen Beklagten Versäumnisurteil, so ist das tatsächliche mündliche Vorbringen des Klägers als zugestanden anzunehmen“. Würde hier, wenn der Beklagte in Wahrheit dies Vorbringen nicht zugesteht, Binding die Auslegung für erlaubt halten: Der Beklagte, welcher in Wahrheit das Vorbringen nicht zugesteht, darf rechtlich nicht als es zugestehender behandelt werden?

2. a) Ebenso ist geltendes Recht, daß *Verzicht vor* dem *Anfall*, welcher bis zum Anfall nicht widerrufen wird, bezw. bei seiner Erklärung von der anderen Seite angenommen wurde, bei eintretendem Anfall rechtlich so behandelt wird, als wäre der Anfall gar nicht erfolgt. Der also Verzichtende wird bei der Thronerledigung übergangen (siehe oben S. 30). Es liegt also eine Störung der gesetzlichen Thron*folge*ordnung durch Privatdisposition vor. Wie ist dies mit jener Theorie in Einklang zu bringen?

b) *α*) Die weniger strenge Richtung behauptet, solche Privatdisposition sei zulässig, sie sei rechtlich wirksam, aber ihre Wirksamkeit bestehe lediglich darin, daß die Verzichtserklärung *bei* Anfall *nicht wiederholt zu werden brauche*, bis dahin sei sie für den Erklärenden widerruflich (so *Anschütz* S. 574). Was heißt dies anders als: Der Verzicht gilt als erklärt erst nach Anfall; die Krone fällt auch dem vorher Verzichtenden an; aber er wird einem *nach* Anfall Verzichtenden gleichgeachtet? Dies ist ein anderer Rechtssatz, als der tatsächlich in Geltung stehende. Dieser lautet: wer vor Anfall verzichtet, gilt bei Eintritt des Anfalls als nicht vorhanden, somit als einer, dem die Krone nicht anfällt. Nach jener Auslegung müßte der Wortlaut des Rechtssatzes sein: wer vor Anfall verzichtet, dem fällt die Krone doch an, aber er wird einem nach Anfall Verzichtenden gleichgeachtet. Diese Modifikation wird angenommen, um eine Thronfolgerecht vernichtende Wirkung des Verzichtes im Zeitpunkte seiner Erklärung und damit eine Disposition der Parteien über die Thronfolge nicht behaupten zu müssen. Zu diesem Zwecke werden zwei Fiktionen aufgestellt. Verzichtserklärung vor Anfall hat rechtlich die Bedeutung, daß nach Anfall die Ausschlagung nicht mehr *erklärt* zu werden braucht. Wer nach Anfall ausschlägt, gilt rechtlich als einer, der schon vor Thronanfall wegfiel. Durch diese zweite Fiktion wird aber — indirekt — eben anerkannt, daß der Verzicht bereits vor Anfall peremtorische Wirkung besitzt. Der Verzicht vor Anfall ist es, welcher bewirkt, daß nach Thronerledigung der Verzichtende als rechtlich gar nicht mehr vorhanden behandelt wird. Nicht bloß eine Verzichtswillens*erklärung*, sondern auch ein Verzichtswillensentschluß ist im Momente der Thronerledigung nicht mehr erforderlich. Der vor Anfall Verzichtende ist kein nach Anfall an ihn Ausschlagender, sondern ein die Krone überhaupt nicht Erwerbender.

β) Nach *Binding* S. 20 entbehrt die Verzichtserklärung vor Anfall der rechtlichen Bedeutung: „Ein Verzicht vor Anfall ist nicht freigegeben"; er ist rechtlich bedeutungslos. Diese Auslegung entfernt sich noch weiter vom positiven Rechte. Wir bemerkten oben: geltendes Recht sei, daß, wer nach Anfall verzichtet, rechtlich so behandelt wird, als sei er nie Herrscher gewesen. Genauer lautet der Rechtssatz: *ein nach Anfall Verzichtender wird rechtlich einem vor Anfall Verzichtenden gleichgeachtet.* Kommt aber einem nach Anfall Ausschlagenden dieselbe Rechtsstellung wie einem vor Anfall Verzichtenden zu, so muß Verzicht vor Anfall doch rechtliche Bedeutung besitzen. Die Behauptung: es gebe keinen rechtlichen Verzicht vor Anfall, stellt sich also über die Rechtsordnung, beseitigt Rechtssätze, überschreitet die zulässigen Grenzen juristischer Auslegung.

c) Dies finde noch einen Beleg aus jüngster Geschichte. Zur Zeit des Ablebens des Herzogs *Ernst II.* von Sachsen-*Koburg* und *Gotha* (22. August 1893) galt für die Thronfolge in diesen Herzogtümern noch unverändert die Bestimmung von § 9 des koburg-gothaischen Staatsgrundgesetzes vom 3. Mai 1852, wonach von der Nachfolge in die Regierung der Herzogtümer nur ausgeschlossen sind „der regierende König von England und der voraussichtliche englische Thronfolger dergestalt, daß die Regierung sofort auf den nach ihnen zunächst berechtigten Prinzen übergeht". Somit war, da Königin Viktoria schon aus dem allgemeinen Grunde fehlender Agnatschaft außer Betracht blieb, damals kraft Verfassung nur ausgeschlossen der englische Kronprinz, *Prinz Albert Eduard von Wales*, der jetzige englische König. Nach der eben dargelegten herrschenden Lehre vermag vor Anfall erfolgender Verzicht die Thronfolgereihe der Berechtigten vor Eintritt des Thronanfalls nicht zu ändern und entbehrt daher die Urkunde des Prinzen von Wales vom 19. April 1863, durch welche dieser nicht nur für sich, sondern auch für seine Nachkommen den jüngeren Linien auswich, für die Frage rechtlicher Bedeutung, welcher der sukzessionsfähigen Prinzen bei Thronanfall der „zunächst berechtigte" sei. Somit blieb der nach dem Prinzen von Wales „zunächst berechtigte" Agnat dessen Sohn *Georg* Friedrich Ernst Albert (geb. 1865), der dermalige englische Kronprinz und Prinz von Wales. *Ihm* also fiel laut Verfassung § 9 bei Ableben des in Koburg und Gotha regierenden Herrn die Krone an. Vom Standpunkte der herrschenden Lehre *muſs* somit erwartet werden, daß, wenn nicht er, sondern Alfred, der *Herzog von Edinburg*, die Regierung antrat, irgendwie offiziell verkündigt wurde, Prinz Georg habe die ihm *angefallene* Krone ausgeschlagen, also den für ihn von seinem Vater bereits unter dem 19. April 1863 ausgesprochenen Verzicht nach Anfall, obwohl er es hätte tun können, nicht widerrufen. Statt dessen beginnt das Regierungsantrittspatent des neuen Herzogs Alfred vom 25. August 1893 nach der Mitteilung von dem Ableben des bisherigen Herzogs mit den Worten: „Nach der für das Herzogliche Haus *gesetzlich* geordneten Erbfolgeordnung ist *Uns* nunmehr die Regierung beider Herzogtümer *angefallen* und haben Wir solche mit dem heutigen Tage übernommen.“ Die herrschende Anschauung muß in dieser Erklärung eine schwere Verfassungsverletzung erblicken. Nicht Herzog Alfred fiel die Krone an, sondern Prinz Georg. Von ihm mußte konstatiert werden, daß *er* den Verzicht, den sein Vater für ihn dreißig Jahre vorher erklärte, nicht widerrufe, denn er hatte ja früher noch keine Erklärung abgegeben, bezw. — Theorie Binding — von ihm mußte berichtet werden, er habe die ihm angefallene Krone ausgeschlagen. Weder von dem einen, noch von dem anderen eine Silbe; wohl ein starker Beweis dafür, daß anderes positiv Rechtens sein muß, als jene Lehrmeinungen behaupten.

d) Endlich sei daran erinnert, daß in den wenigen Gesetzen, wo der Verzicht vor Anfall ausdrücklich Erwähnung findet, dies niemals in dem Sinne geschieht, solchen Verzicht im Namen des Staates mit verpflichtender Kraft auszustatten. Daß der Verzicht als solcher schon rechtliche Wirkung besitze, wird als selbstverständlich angenommen, an diese Tatsache nur mit weiteren Vorschriften angeknüpft. Man vergleiche in dieser Hinsicht *Oldenburger* Hausgesetz Art. 16 § 1 (siehe schon oben S. 35): „Ein Verzicht auf die Staatserb*folge* ... schließt den Verzichtenden von der Teilnahme am Familienrat aus“ und *badisches* Haus- und Familienstatut von 1817 § 3: „Niemals kann diese (die kognatische) Landesnachfolge auf einen Herrn fallen, der schon zur Regierung eines anderen Staates *unmittelbar berufen* ist, indem entweder ein solcher weiblicher Deszendent, wenn ihn die Erbfolge trifft, der Regierung seines eigenen Stammlandes *entsagen* muß oder aber die Nachfolge im Großherzogtum Baden ... an den nächsten nichtregierenden Herrn übergeht.“ Über das eine vgl. bereits oben S. 380, über das andere oben S. 264.

II. Es sei nicht auch jetzt noch einmal darauf hingewiesen, wie die dargelegten Erklärungen des Thronverzichtes vor Anfall das gerade Gegenteil von dem zu bewirken vermögen, was nach jenen Anschauungen der Ausschluß jeder

Privatdisposition gewährleisten soll, Sicherung der Thronfolge vor Zweifel und Unsicherheit. Wenn der vor Anfall vertragsmäßig Verzichtende rechtlich nicht gebunden sein soll, vermögen die größten politischen Verwicklungen zu entstehen. Wir sprachen darüber schon oben S. 59ff. Was hier betont werden muß, das ist die weittragende *praktisch-rechtliche* Bedeutung der Auffassung. Je nachdem die eine oder andere Auslegung der tatsächlichen Vorgänge die juristisch zutreffende ist, ergeben sich ganz andere rechtliche Folgerungen für die Praxis.

A. Bleiben wir bei dem von *Binding* behandelten Spezialfall, der Frage der Thronfolge der Kognaten im Großherzogtum Luxemburg.

1. Der auszulegende Rechtssatz ist teilweise schon bekannt (siehe oben S. 209). Er lautet — nassauischer Erbverein von 1783 Art. 42 —: Wir wollen, daß in dem Falle des Erlöschens des *ganzen* nassauischen Mannesstammes „eine Tochter und zwar, wenn deren mehrere vorhanden, die Erstgebohrene oder in deren Mangel die *nächste Erbin des letzten Mannsstammes*, mit Ausnahme aller anderen, entfernteren, zur *Succession* berufen sein solle“.

2. Andererseits zeigt das nassauische Gesamthaus augenblicklich folgendes Bild. Die jüngere (ottonische Linie) zählt keinen Agnaten mehr. In Betracht kommen also, soweit die Agnaten nichts anderes hausgesetzlich verfügen, zunächst allein die Kognaten der älteren, der Walramischen Linie. Der Stammbaum ist dieser

Herzog Wilhelm 1792—1839

- Kinder erster Ehe
  - **Adolf**, geb. 1817 1839—66 Herzog von Nassau, seit 1890 Großherzog von Luxemburg
    - 1. **Wilhelm**, geb. 1852, Erbgroßherzog, seit 4. April 1902, Statthalter des Großherzogs von Luxemburg
      - 4 Töchter, die älteste: Marie, geb. 1894
    - 2. Hilda, geb. 1864, Gemahlin des Erbgroßherzogs von Baden
      - kinderlos
- Kinder zweiter Ehe
  - 1. Helene, 1831 bis 1888 Fürstin von Waldeck
    - Fürst zu Waldeck
  - 2. **Nikolaus**, geb. 1832, unebenbürtig verheiratet
  - 3. Sophie, geb. 1836, Königin von Schweden

B. Wir setzen — dem zu erwartenden natürlichen Lauf der Dinge zuwider — den Fall, Erbgroßherzog Wilhelm würde zur Zeit der Regierung seines Vaters sterben und nun

1. zunächst: Prinz Nikolaus würde erst nach Ableben des Großherzogs Adolf, also *nach* Thronanfall *verzichten*.

a) Der Erbverein Art. 42 sagt: Die nächste Erbin des letzten Mannesstammes ist zur *Sukzession* berufen. Hieraus folgt: nicht die nächste Erbin des letzten vorhandenen Agnaten, sondern: die nächste Erbin des letzten agnatischen Throninhabers, des letzten regierenden Großherzogs folgt diesem nach.

b) α) Nach *Bindings* Theorie war Prinz Nikolaus trotz sofortigen Verzichts doch regierender Herr in Luxemburg, Großherzog, also folgt die *ihm* am nächsten stehende Erbin. Da im Erbverein vorausgehend bestimmt ist, von mehreren Erbtöchtern folgt zunächst die erstgeborene, steht, was auch *Binding* S. 26 annimmt, der Erbverein auf dem Standpunkt der Linealfolge nach Erstgeburtsprinzip. Hiernach ist die nächste Erbin des Prinzen Nikolaus die Linie der selbst schon verstorbenen Fürstin von Waldeck, Helene. Nach *Bindings* Lehre würde somit nach dem Ableben des gegenwärtigen Großherzogs bei Ausschlagung des Prinzen Nikolaus der *Fürst von Waldeck* Großherzog von Luxemburg werden (Binding S. 27), und zwar nicht als Nachfolger des Großherzogs Adolf, sondern als solcher des Augenblicks-Großherzogs Nikolaus.

β) Die von uns vertretene Anschauung und auch die Meinung der weniger strengen Richtung der herrschenden Thronfolgetheorie erkennt den Rechtssatz als in Kraft bestehend an, daß der nach Anfall Verzichtende rechtlich so zu behandeln ist, als sei er nie Herrscher gewesen. Dann aber geht die Herrschaft ganz zweifellos nicht an die älteste Tochter des verstorbenen Erbgroßherzogs (Marie), sondern an die *Erbgroſsherzogin Hilda von Baden* über. Denn wenn eine Erbtochter („Tochter des letzten Mannesstammes") vorhanden ist, soll diese Großherzogin werden, selbst dann, wenn sie bei ihrer Vermählung Verzicht leistete; gilt doch schon nach allgemeinen Erwägungen (siehe oben S. 286f.) solcher Verzicht nur auf den ledigen Anfall.

2. An zweiter Stelle supponieren wir: Prinz Nikolaus habe schon *vor* Anfall vertragsmäßig *verzichtet*:

a) Nach *Anschütz* u. a. gilt hier als Rechtssatz: der Verzicht gilt als erst nach Anfall erklärt: Großherzogin wird also die Gemahlin des badischen Erbgroßherzogs, *Hilda*. Aber der Prinz kann bis zum Anfall und sofort nach Anfall seinen Verzicht frei zurücknehmen, dann wird er Großherzog.

b) Nach *Binding* kommt dem vor Anfall geschehenden Verzicht keine rechtliche Bedeutung zu. Prinz Nikolaus kann nach Anfall also noch annehmen. Tut er es nicht, so ist Grund seines Ausschlusses stillschweigende Nichtübernahme der Regierung nach Anfall, also Verzicht nach Thronerledigung. Demgemäß dieselbe Nachfolge wie unter 1 und in dem nämlichen Sinn: Großherzog wird der *Fürst von Waldeck*. Sein Regierungsvorgänger ist Großherzog Nikolaus.

c) *Wir* sagten: der vor dem Anfall Verzichtende wird im Momente des Anfalls als nicht vorhanden angesehen. Demgemäß folgt die Erbtochter des letzten regierenden Agnaten, *Hilda*. Erst wenn sie der Linie ihres Bruders im Range auswich, folgte dessen älteste Tochter Marie. — Erbgroßherzogin Hilda folgt unter allen Umständen, auch wenn Prinz Nikolaus seinen Verzicht wiederriefe. Er kann dies nicht einseitig, denn er ist vertragsmäßig gebunden.

β) Die Form des Thronfolgeverzichts.

§ 48.

I. A. Erstens kann der Verzicht vor Anfall ein *frei widerruflicher* oder ein *vertragsmäßiger* sein. Der Verzichtsvertrag kann gegenüber Einzelnen oder gegenüber dem ganzen Hause oder gegenüber dem Staate eingegangen werden. Es bestimmt sich der Umfang der Bindung hiernach. Wer sich gegenüber anderen Mitgliedern bindet, tut es noch nicht gegenüber Haus und Staat. Aus der Bindung gegenüber dem Hause folgt noch keineswegs eine solche gegenüber dem Staate. Das gleiche gilt umgekehrt. Wer seinen Verzicht dagegen dem Hause erklärt, erklärt ihn dadurch auch den einzelnen Hausmitgliedern (Agnaten und Kognaten), nicht aber anderen Sukzessionsberechtigten (Erbverbrüderten, aus anderen Verträgen durch Rückfallsklausel Berechtigten.)

B. Der herrschenden Staatslehre zufolge ist jeder Verzicht vor Anfall frei widerruflich; denn jede solche Verzichtserklärung ist rechtlich bedeutungslos. Um es mit den Worten *Seydels*, Bayer. Staatsrecht Bd. I § 60 zu sagen: „Die Berufung zur Krone ist nicht Gegenstand *vertrags*mäßiger Verfügungen. Eine *einseitige* Erklärung, welche vor Anfall der Krone abgegeben wurde, bindet den Erklärenden für die Zukunft nicht." Auch *Anschütz* S. 574: „Die Erklärung kann jederzeit bis zur Thronerledigung zurückgenommen werden." Vgl. auch oben S. 30.

II. A. Jeder Verzicht, der vor und der nach Anfall, kann *ausdrücklich* oder *stillschweigend* erklärt werden, eine Frage, welche schon oben § 29 bei der Lehre vom Mitgliedschaftsverzicht berührt wurde. Für stillschweigende Erklärung ist festzuhalten, daß eine konkludente Handlung (Unterlassung) nur dann vorliegt, wenn aus der Handlung (Unterlassung) *mit Sicherheit* nach den aus der Erfahrung entnommenen Regeln der Verzichtsentschluß festgestellt zu werden vermag; insbesondere muß das konkludente Verhalten *mit Sicherheit* auch den Willen erkennen lassen, sich unwiderruflich, also vertragsmäßig binden zu wollen.

B. 1. Ein Agnat schließt mit dem Staats- und Familienhaupt folgenden Vertrag: a) ich zediere für mich und meine Nachkommen an dich meine sämtlichen im Staate gelegenen Privatfideikommißgüter und verpflichte mich für mich und meine Familie, α) den Aufenthalt außerhalb des Staates zu nehmen, β) der von dir eventuell in Aussicht genommenen Ordnung der Thronfolge in keiner Weise entgegenzutreten; b) du versprichst mir α) eine Widerlage für die Abtretung jener Güter, β) die Übernahme gewisser Schulden, Pensionen u. s. w. Hier liegt zweifellos ein stillschweigender eventueller Verzicht des Agnaten auf Thronfolgerecht vor. Denn wenn jemand verspricht, einer vom anderen Teil eventuell vorzunehmenden Ordnung der Erbfolge nicht entgegenzutreten, so läßt sich aus solchem Versprechen mit Sicherheit auf einen eventuellen Verzichtswillen schließen. Aber nur der Vater gibt die Erklärung ab und nicht auch die Nachkommen. Unter ihnen ist ein volljähriger Sohn. Eine Erklärung desselben liegt nicht vor. Aus der Erklärung des Vaters kann aber nicht auf einen gleichen Willen dieses Sohnes geschlossen werden.

2. a) Nun folgt aber auch eine Erklärung des volljährigen Sohnes[1]). Er erklärt, daß er, von seinem Vater aufgefordert, seine Einwilligung erteile *α*) zur Aufhebung des fideikommissarischen Verbandes, welcher auf den in diesem Staate gelegenen Familiengütern ruhe, *β*) dazu, daß das Kapital, welches seinem Vater *für* jene *Güter* gezahlt werde, in Übereinstimmung mit einer gleichzeitigen Erklärung seines Vaters in einem anzukaufenden Güterkomplex angelegt und dieser zum Fideikommiß gemacht werde. Die Erklärung des Sohnes übergibt der Vater dem anderen Vertragsteil.

b) Hier ist gewiß konkludent, daß der Sohn diese Erklärung nicht bloß seinem Vater, sondern gegenüber dem anderen Teile abgeben, somit sich binden wollte, aber die Erklärung bezieht sich lediglich auf die Gutsabtretung und das Entgelt hierfür. *Mit Sicherheit* kann aus ihr nicht festgestellt werden, daß der Sohn *α*) eventuell auf sein Sukzessionsrecht verzichten wollte und *β*) wenn er es wollte, dies vertragsmäßig, d. h. nicht frei widerruflich tun wollte. Im äußersten Falle könnte nur angenommen werden, daß der Wille des Sohnes dahin ging, eventuell zu verzichten, aber sich Widerruf desselben unter der Bereitwilligkeit vorzubehalten, alles von der anderen Seite außer jener Widerlage Geleistete zurückzuerstatten. A. M. das Rechtsgutachten bezüglich der Herzogtümer Schleswig u. s. w., erstattet auf Grund königlichen Erlasses vom 14. Dezember 1864 am 11. September 1865 (erschienen 1866) S. 125.

C. Eine Form *stillschweigenden* Thronfolgeverzichts stellt insbesondere das *Unterlassen* einer *Rechtsverwahrung* gegen ein Staats- oder Hausgesetz dar, welches den Sukzessions-

---

[1]) Siehe dazu Rechtsgutachten bezüglich der Herzogtümer Schleswig u. s. w. erstattet vom Kronsyndikat (1866) S. 118.

anspruch, welchen man besitzt, schmälert oder übergeht, also nicht anerkennt. Der Protest *kann* vor Erlaß des Gesetzes, sobald der in seinem Rechte Bedrohte hiervon Kenntnis erlangt, erfolgen, und wird zweckmäßigerweise zu dieser Zeit ergehen, aber er muß in dieser Zeitlage noch nicht erhoben werden, um die Annahme stillschweigenden Verzichtes auszuschließen. Denn der Anspruch ist rechtlich erst geschmälert und verletzt, wenn das ihm entgegentretende Gesetz Geltung erlangt hat. Nach diesem Zeitpunkte ist für Protest gegenüber Hausgesetz anders zu entscheiden, als für Protest gegenüber Staatsgesetz. Das Staatsgesetz muß veröffentlicht werden. Nach seiner Kundmachung vermag sich niemand mehr damit zu entschuldigen, von ihm nicht Kenntnis erlangt zu haben. Der in einem Staate Sukzessionsberechtigte muß dafür sorgen, daß er von der Staatsgesetzgebung daselbst unterrichtet wird. Erfolgt die Verwahrung binnen billiger Frist nach Erlaß jenes Gesetzes nicht, dann muß stillschweigender Verzicht angenommen werden, allerdings, weil er nicht ausdrücklich gegenüber dem Hause oder Staate erklärt wird, ein frei widerruflicher. Hausgesetze bedürfen keiner Publikation zu ihrer Rechtsgültigkeit. Also kann hier stillschweigender Verzicht erst angenommen werden, wenn der Berechtigte, nachdem ihm das Gesetz bekannt geworden, binnen einer Frist, wie sie für Herstellung einer erfolgreichen Rechtsverwahrung billigerweise erforderlich ist, einen Protest anzumelden unterließ.

γ) Der Thronfolgeverzicht zugunsten bestimmter Dritter.

§ 49.

I. Die herrschende Anschauung hält, wie grundsätzlich jeden Verzicht vor Anfall, so insbesondere den *vor* Anfall *unter Bedingung und Vorbehalt* geschehenden Verzicht, den Verzicht zugunsten bestimmter Dritter, für rechtlich wirkungslos und doch begegnet der Verzicht vor Anfall in der Praxis gerade in dieser Form sehr häufig: als (gewöhnlich vertragsmäßige) *Rangausweichung*. Siehe hierzu bereits oben S. 19, 30f. 36ff. 41ff. 58.

II. A. Der im Range Ausweichende kann sich vertragsmäßig binden gegenüber denjenigen, zu deren Gunsten er ausweicht, oder nicht gegen diese, aber gegen andere, z. B. sein Haus oder den Staat, um dessen Krone es sich handelt.

B. 1. Wir setzen z. B. folgenden Fall: In einem Staate besteht das landesherrliche Haus aus drei Linien. Die Hauptlinie weist außer dem regierenden Herrn nur mehr einen Agnaten auf. Es ist nicht wahrscheinlich, aber es liegt nicht außer dem Bereich der Möglichkeit, daß die Hauptlinie bald erlischt. Die ältere Nebenlinie besteht überhaupt nur noch aus einem Agnaten, und mit ihm wird die Linie ausgehen, weil er in unebenbürtiger Ehe lebt. Obendrein veranlaßte ihn letzterer Umstand, freiwillig durch Vertrag mit Haus und Staat auf Staatserbfolge zu verzichten. Anders ist die Sachlage hinsichtlich der jüngeren Nebenlinie. Sie besteht noch aus mehreren Agnaten und ein baldiges Erlöschen derselben ist höchst unwahrscheinlich, aber alle Glieder derselben leben seit mehreren Generationen im Auslande und sind dort infolge Heirat mit dem reichen Fürstenhause daselbst mit beträchtlichem Güterbesitz ausgestattet, welcher den Heiratsklauseln zufolge an die Familie, aus der er kommt, zurückfallen würde, wenn Verlegung des Aufenthalts in fremdes Gebiet stattfände. Aus all den dargelegten Gründen hat auch diese Nebenlinie insgesamt auf Regierungsnachfolge verzichtet, indes zum Unterschiede gegenüber dem älteren Nebenzweige nicht schlechthin, sondern zugunsten eines ihr kognatisch nahe verwandten Prinzen eines anderen Hauses und dessen Deszendenz, allerdings nicht dem Prinzen gegenüber, sondern nur gegenüber ihrem Stammhause und dem Staate, auf dessen Thron sich das in Frage stehende Sukzessionsrecht bezieht. Nach der herrschenden Lehre würde diese ganze Vereinbarung rechtlicher Bedeutung entbehren. Die Verzichtenden wären nicht gebunden. Erst wenn ein Staatsgesetz erginge, welches jenes Geschlecht unmittelbar nach Erlöschen der Hauptlinie zur Herrschaft beriefe, würden sich Rechtswirkungen ergeben, aber dies wären nicht Wirkungen jenes Vertrages, sondern Wirkungen jenes Gesetzes.

2. Wir supponieren nun weiter: Der Volksvertretung jenes Landes wird ein dem Rangausweichungsvertrage entsprechender

Gesetzentwurf in Vorlage gebracht; allein sie ist der Meinung, nach jener verzichtenden Nebenlinie habe ein anderes Haus als das, zu dessen Gunsten diese Linie verzichtet hat, ein *Recht* zur Krone, aus einem älteren Vertrage, z. B. einer Erbverbrüderung. Sie will den Sukzessionsanspruch dieses Hauses, welcher hausrechtlich feststeht, auch staatsgesetzlich anerkannt wissen. Die Regierung ist damit einverstanden und es ergeht nun ein Gesetz, demzufolge nach Erlöschen jener Hauptlinie der Chef der erbverbrüderten Familie sukzedieren soll. Der herrschenden Lehre gemäß, welche Verzichtsverträgen vor Anfall alle Rechtskraft abspricht, somit auch Verzichtsverträgen zugunsten Dritter, würde ein solches Gesetz nicht anzufechten sein; von unserem Standpunkte aus dagegen wohl: die Nebenlinie hat nur für den Fall verzichtet, daß, wenn sie entsage, Nachfolger jener Hauptlinie das Geschlecht würde, zu dessen Gunsten sie entsagte. Für den Fall, daß dies nicht einträte, will sie nicht verzichtet haben. Das Gesetz verletzt somit das Sukzessionsrecht der Nebenlinie, das dieser nach altem Hausrecht zukommt und bisherigem Staatsrecht zukam. Erklärt die nach dem neuen Staatsgesetz unbedingt ausgeschlossene Linie nicht nachträglich freiwillig, sie verwandle ihren früheren beschränkten Verzicht in einen unbeschränkten, so entsteht also eine Thronfolgestreitigkeit, welche nach Maßgabe dessen, was wir in § 34 auch über Thronfolgestreite bemerkten, ihre Erledigung zu finden hat. Die Erweiterung ihres Verzichtes zu einem unbedingten versetzt die Nebenlinie gegenüber dem Prinzen, zu dessen Gunsten sie Verzicht geleistet hatte, nicht ins Unrecht, denn gebunden hatte sie sich ja nur im Verhältnis zu ihrem Hause und ihrem Staate; jenem Prinzen gegenüber war der Verzicht nach unserer Annahme von Anfang an frei widerruflich.

3. Der ursprüngliche Verzichtsvertrag ist so, wie wir ihn skizzierten, lediglich ein für die entsagende Linie Pflichten begründender. Nicht folgt aus ihm eine Verpflichtung des Staates, den Prinzen, zu dessen Gunsten jene Linie verzichtet hat, zur Nachfolge zu berufen. Unterläßt der Staat ein diesbezügliches Gesetz, so tritt eben im Momente des

Aussterbens die auflösende Bedingung jenes Verzichtes ein; die Nebenlinie, welche resolutiv bedingt entsagt hatte, übernimmt die Regierung.

4. a) Möglich ist natürlich, daß die Regierung die Verpflichtung übernimmt, einem anderen Sukzessionsgesetze als einem solchen, welches jenen Prinzen und seine Abkömmlinge zur Regierungsnachfolge beruft, nicht die Sanktion zu erteilen; aber die Übernahme einer derartigen Verbindlichkeit liegt noch keineswegs in dem Eingehen der Verpflichtung, einen diesbezüglichen Entwurf dem Landtage zu unterbreiten und dessen Annahme durch die Volksvertretung möglichst zu bewirken. Noch viel weniger ist eine derartige Verbindlichkeit in der bloßen Entgegennahme der Verzichtserklärung, im Abschlusse des Verzichtsvertrages als solchen enthalten.

b) Erteilt die Staatsregierung trotz Eingehens obiger Verpflichtung, einem Gesetze anderen Inhalts die Sanktion zu versagen, einem derartigen Gesetze ihre Zustimmung, so kann die Nebenlinie ihr älteres Sukzessionsrecht oder, wenn sie dies nicht tun will, einen Entschädigungsanspruch im Sinne des oben § 5 III Bemerkten geltend machen.

δ) Der Thronfolgeverzicht auch für Nachkommen.

§ 50.

I. A. Üblich ist es, Thronfolgeverzicht vor Anfall, welcher nicht bloß für die Person des Verzichtenden, sondern auch *für dessen Nachkommenschaft* geschieht, hinsichtlich letzterer *unter allen Umständen* für rechtlich wirkungslos zu erklären: „In allen Fällen kann der Verzicht nur das Sukzessionsrecht der verzichtenden Person wegschaffen, nicht auch Rechte Dritter beseitigen; z. B. kann ein Prinz „nicht für seine Linie“ abdanken; diesen Verzicht braucht niemand gegen sich gelten zu lassen.“ So *Anschütz* a. a. O. S. 574. Vgl. auch *Gg. Meyer* § 91 S. 246 und die daselbst Anm. 4 Zitierten.

B. Dabei ist hier der seltene Fall gegeben, daß scheinbar altes Haus- und neues Staatsrecht zu dem nämlichen Ergebnis führen. Nicht wie sonst nahezu immer Gegensatz zwischen altem und neuem Recht, sondern Harmonie beider

Rechtsordnungen ergibt sich in diesem Falle sogar vom Standpunkt der herrschenden Thronfolgelehre aus.

1. Der Standpunkt der modernen Staatsrechtslehre leitet die Unmöglichkeit eines Thronfolgeverzichts mit Wirkung auch zum Nachteil der Abkömmlinge des Verzichtenden aus der Annahme ab, daß heute *jeder* Sukzessionsberechtigte seinen Thronfolgeanspruch allein aus der Verfassung besitze. Der Verzicht eines Vormannes vermöge daher höchstens die Reihenfolge der Berufung zur Krone zu beeinflussen, keineswegs aber den Nachmännern das diesen verfassungsmäßig zustehende Recht zu benehmen. Was dem Abkömmling die Verfassung gewährt, kann kein Vorfahre ihm nehmen. Der Verzicht beschränkt sich auf die Person des Verzichtenden. Selbst die nach dem Verzicht geborene Deszendenz wird sukzessionsfähig. Vgl. *Gg. Meyer* § 91 S. 246 Anm. 4; *Seydel* Bd. I § 60 S. 201.

2. Und dazu kommt dann die Möglichkeit des Hinweises auf das Lehensrecht. Ihm zufolge trete jeder Lehensfolger als Sukzessor des Erstbelehnten in die diesem verliehene Stellung ein. Er sukzediere also kraft eigenen Rechtes, ex pacto et providentia majorum, und werde daher auch durch Versprechen seines Vorgängers, denen er nicht beitrat, nicht gebunden. Vgl. *H. O. Lehmann*, Deutsche Rechtsgeschichte und Grundzüge des deutschen Privatrechts in der Enzyklopädie der Rechtswissenschaft, herausgeg. von Birkmeyer 1901 S. 321.

II. Schon oben S. 33 und 34 deuteten wir an, daß den vorstehenden Auffassungen nicht unbedingt beigetreten zu werden vermag. Das wirklich geltende Recht unterscheidet.

A. 1. a) Allein die Willenserklärung der verzichtenden Person genügt, um damit auch auszuschließen die Entstehung von Thronfolgerechten ihrer zur Zeit des Verzichtes *noch nicht erzeugten, bezw. empfangenen Abkömmlinge.* Für diese noch ungeborenen Nachkommen kann jeder Thronanwärter ohne Zustimmung irgend eines Dritten auch heute noch verzichten. Würde dies nicht Rechtens sein, so wäre unerfindlich, wie der Gesetzgeber, welcher sonst auf eine möglichste Sicherung ruhiger Thronfolgeordnung aufs peinlichste bedacht ist, es unterlassen konnte, eine Vorschrift darüber aufzustellen, wer zur Nachfolge berufen ist, wenn dem Verzichtenden nach seiner Verzichtsleistung noch Abkömmlinge erblühen. Zweifellos würden sie berufen sein, wenn unterdessen eine Thronerledigung noch nicht eintrat. Aber wenn das Gegenteil geschah und die Krone schon auf eine andere Linie überging, was dann? Springt in diesem Falle die Krone sofort auf die Nachgeborenen zurück oder erst beim nächsten Thronfall oder erst, wenn die neue Linie erlischt? *Seydel*, Bayer. Staatsrecht § 60 meint letzteres. Dies verlange der Grundsatz der Linealfolge. Allein es gilt doch Linealfolge nach Erstgeburt. Das Prinzip ist gültig für das Vorgehen der älteren Linie gegenüber der jüngeren, nicht aber umgekehrt für das Vorgehen der jüngeren Linie im Verhältnis zur älteren. Also Unsicherheit über Unsicherheit und dies, trotzdem solche Verzichte auch für die künftigen Nachkommen nach geschichtlicher Erfahrung eine nicht seltene Erscheinung darstellen. Der im übrigen eine feste Thronfolgeordnung so sorgfältig erstrebende Gesetzgeber kann diese Erscheinung nicht übersehen haben. Wenn er trotzdem keinen besonderen Rechtssatz bringt, so gibt er eben damit das als zu recht bestehend zu erkennen, was der Thronfolgereihe alles Sprunghafte nimmt und ihr dadurch Sicherheit verleiht: der Vorfahre kann zum Nachteil noch *unerzeugter* (bezw. unempfangener) Abkömmlinge auf Anwärterrechte verzichten.

b) Das gleiche folgt aber auch aus dem Wortlaut der Verfassungsurkunden. Sie erklären die Krone für *erblich* im Hause des ersten Erwerbers. Erblich heißt hier: das Recht zur Krone wird durch Geburt übertragen. Ererbt in diesem Sinne, durch Geburt erworben kann aber nur eine Eigenschaft werden, welche die Eltern zur Zeit der Zeugung, bezw. Empfängnis noch besaßen. Haben sie dieselbe zu jenem Zeitpunkte infolge Verzichts schon verloren, dann können die nachher Geborenen sie auch nicht mehr ererben.

2. a) In der Tat begegnen demgemäß fortgesetzt Verzichte auch für unerzeugte Nachkommen, ohne daß irgend jemand in der Praxis an solcher Rechtsgültigkeit zweifelte.

Ohne diese Möglichkeit, für seine ganze noch unerzeugte Nachkommenschaft zu verzichten, wäre bei dem herrschenden Prinzip des Vorrechts der immer älteren Linie eine Rangausweichung ganzer Linien, eine Übertragung alterworbener Thronfolgerechte auf andere Häuser schlechterdings nicht möglich, bezw. heute hinfällig geworden.

b) Um Beispiele anzuführen: Der Prinz von *Wales* verzichtet 19. April 1863 (siehe oben S. 42) auf die Primogeniturnachfolge in Koburg und Gotha „für sich und seine (noch nicht vorhandenen) Nachkommen". Das gleiche tut unter dem 24. Juni 1899 Prinz Artur von *Connaught* „für sich und seinen Mannesstamm" (siehe oben S. 31). In einer Urkunde vom 6./16. März leistete Prinz Otto von Bayern Verzicht auf Vorrang für sich und seine Linie (siehe oben S. 35). Jede heiratende Prinzessin verzichtet „für sich, ihre Erben und Nachkommen" (vgl. *Störk*, Austritt S. 38 und oben S. 286).

B. Anderes gilt a) *für schon erzeugte* (*empfangene*) und für *minderjährige*, b) für *volljährige* Nachkommen.

1. Pütter, primae lineae jur. priv. princip. § 14, behauptet allerdings: neque repugnat *Germanicae* successionis principiis, ut quis intuitu suae posteritatis, in primis nondum natae, etiam in bonis avitis *nova*, quod attinet ad *ordinem* succedendi, statuat. Hält er somit zwar nicht eine Vernichtung von Sukzessionsrechten der Nachkommen für zulässig, so glaubt er doch, daß der Vorfahre die Reihenfolge unter seinen sukzessionsfähigen Abkömmlingen und zwar unter allen, also auch den großjährigen, zu ändern vermöge. Aus dem langobardischen und deutschen Lehenrecht (II Feud. 39, Sächs Lehnr. 32 § 1) ist noch mehr zu entnehmen. Nach ihm gilt: Wer sein Folgerecht bei Lebzeiten aufgegeben oder verwirkt hat, kann es auf Abkömmlinge nicht übertragen, weil diese ein eigenes Recht nicht schon mit der Geburt, sondern erst mit dem Ableben des Vaters erlangen (vgl. *Schröder* § 40 S. 415). Aber dies alles ist nicht gemeines Fürstenrecht geworden, bezw. was *Pütter* angeht, geblieben.

2. a) Auf Thronfolgerechte bereits erzeugter, bezw. *minderjähriger* Abkömmlinge, bezw. auf Vorrechte solcher kann der

Thronanwärter nur mit Zustimmung eines Spezialvormundes (eines Pflegers) verzichten oder richtiger: bezüglich derartiger Rechte minderjähriger Abkömmlinge kann nicht der Vater u. s. w., sondern nur ein Spezialvormund verzichten. Mit ihrer Erzeugung (Empfängnis) haben dieselben Aussicht auf ein künftiges eigenes, mit ihrer Geburt haben sie ein eigenes Recht auf Thronfolge erworben. Die Thronanwartschaft bildet eine Angelegenheit, an deren Besorgung der Gewalthaber verhindert ist, um die Worte des B.G.B. § 1909 zu gebrauchen, daher eine Pflegschaft im Sinne des B.G.B. § 1912 und 1909. Die Rangausweichung des Prinzen Artur von *Connaught* zugunsten des Herzogs von Albany hat für ersteren, wie oben S. 31 zu ersehen, ein Spezialvormund erklärt. Das *hannoversche* Hausgesetz von 1836 Kap. II § 3 verlangt (siehe oben S. 111) zu einer Abänderung der Thronfolgeordnung auch eine „Vertretung der noch unmündigen Agnaten" unter dem Gesichtspunkte der von ihnen bereits erworbenen eigenen Sukzessionsansprüche. Hiermit ist anerkannt, daß sie auch nur durch besondere Vertreter auf Folgerechte rechtlich Verzicht zu leisten vermögen.

b) Wie großjährige agnatische Abkömmlinge selbständige Teilhaber an der Ausübung der Satzungsgewalt des Hauses sind, so vermag von allen *großjährigen* Thronberechtigten auf ihr Anwärterrecht nur durch sie selbst, bezw. ihre gesetzlichen Vertreter (Vormünder, Pfleger) Verzicht geleistet zu werden.

III. Der Verzicht für noch nicht erzeugte Deszendenz kann auch gelegentlich der *Thronentsagung* ausgesprochen werden. Siehe § 52 II B.

f) Der Thronanfall.

§ 51.

I. A. Bei Erledigung des Thrones, sei es durch Tod oder Verzicht des bisherigen Inhabers oder aus anderen Gründen, fällt die Krone dem haus- und staatsrechtlich zunächst Berufenen von selbst an. Es bedarf keiner Erwerbshandlung. Der Kronerwerb ist kein Willensakt. Auch der Geschäftsunfähige, der Willensunfähige wird daher regierender Herr.

B. Dieser Grundsatz des ipso jure Erwerbs der Krone war bis vor kurzem unbestritten. In einer anonymen Veröffentlichung der letzten Jahre hat er Anfechtung erfahren. Die betreffende Studie „Die Thronfolge als Willensakt. Von einem Sozialmonarchisten“[1]) betrachtet die Frage lediglich vom Standpunkte des bayerischen Staatsrechtes, d. h. führt nur aus diesem ihren Beweis. Sie war — angeregt durch die besonderen Begebenheiten in Bayern damals — bereits 1886 entworfen, wurde aber erst — in umgearbeiteter Darstellung — 1900 der Öffentlichkeit übergeben. Ihr Resultat ist juristisch unannehmbar. Trotzdem verdient sie Beachtung ob ihres Scharfsinns und der Konsequenzen, zu welchen sie führt.

1. a) Die Schrift argumentiert folgendermaßen: Nach Tit. II § 1 der Verfassungsurkunde für Bayern „vereinigt der König alle Rechte der Staatsgewalt *in sich*“; er trägt in sich also auch das Recht der Gesetzgebung. Der Wille des *Königs*, wenn auch nur mit Zustimmung des Landtags, schafft die gesetzlichen Normen; der Wille des Königs geht demnach begrifflich der Rechtsordnung voran; *er* ist der Erzeugende, die Rechtsordnung das Erzeugte. Der Wille des Königs kann daher kein von der Rechtsordnung aufgezwungener sein; der Träger eines solchen Willens wäre ja nur das willenlose Werkzeug einer *ihm* vorausgehenden *höheren* Gewalt; er könnte unmöglich von sich sagen, daß er alle Rechte der Staatsgewalt in sich vereinige. Um sohin als König im Sinne der Verfassungsurkunde zu gelten, muß der verfassungsmäßig berufene Thronfolger notwendig seinen *Willen* auf den Besitz der Staatsgewalt richten und entsprechend betätigen; zur Thronfolge gehört wesentlich ein Willensakt. Wer die oberste Gewalt der Gesetzgebung in sich trägt, kann nicht König „von Rechts wegen“, d. h. zufolge rechtlicher Notwendigkeit sein. Wie *wir* die Sache formulieren wollen: *Der Thronfolger wird Herrscher nicht mit dem Anfall, sondern erst durch seinen Regierungsantritt.* „Der Satz, daß der Anfall der Krone

---

[1]) Von demselben auch: „Entwurf eines Wahlgesetzes nach dem Grundsatze der verhältnismäßigen Vertretung“. München 1899.

von Rechts wegen geschehe, kann nur dahin verstanden werden, daß die *Untertanen* sofort nach Erledigung des Thrones so zu handeln haben, wie wenn der zur Thronfolge verfassungsmäßig Berufene von der Regierung bereits Besitz ergriffen hätte".

b) Hieraus wird dann abgeleitet: Wer *bereits* König *ist*, verliert, wenn er willensunfähig wird, nicht auch die Krone; der Fortbesitz der Krone setzt keine beständige Erneuerung des Erwerbswillensaktes voraus; es genügt, wenn der Wille nicht in das Gegenteil verkehrt wird; dem willensunfähig gewordenen Monarchen wird der Reichsverweser nicht ohne seinen Willen als Stellvertreter gesetzt, da jener auf Grund der Rechtsordnung regiert, die nichts anderes ist, als der Wille des Königs. Aber wer zur Zeit des Anfalls einer geordneten Willensbestimmung unfähig ist, kann nicht Staatsoberhaupt werden, wenigstens sofern diese Willensunfähigkeit eine *dauernde* ist. Besteht die *Möglichkeit*, daß der zum Throne Berufene in früherer oder späterer Zeit einmal zur Ausübung der Staatsgewalt sich entschließt, wie dies bei dem wegen jugendlichen Alters Willensunfähigen der Fall ist, so kann der Berufene Herrscher werden und zwar wird er es von Rechts wegen mit Anfall; nur erhält er sofort einen gesetzlichen Stellvertreter. Wer beim Anfall nach dem augenblicklichen Stande der Wissenschaft und der Erfahrung mit Bestimmtheit als dauernd willensunfähig anzusehen ist, erhält keinen Verweser, sondern wird überhaupt nicht König.

2. Woran die ganze Beweisführung scheitert, ist nachstehendes:

a) Der Verfasser meint: wer ohne es zu wollen Herrscher würde und, weil er gar nicht abdanken könnte, Herrscher verbliebe, würde als willenloses Werkzeug einer *über* ihm stehenden Gewalt erscheinen und demgemäß könnte von ihm nicht behauptet werden, daß er „alle Rechte der Staatsgewalt in *sich* vereinige". Allein ohne die Frage zu berühren, ob diese Unabhängigkeit von einem höheren Willen im Staate nicht erheblicher Einschränkung unterliegt — an die Gesetze seines Vorgängers z. B. ist der neue König gebunden, bis ihm deren Aufhebung gelingt —, jedenfalls kommt die gedachte Unabhängigkeit dem Individuum erst zu, nachdem es König *geworden* ist; es verträgt sich daher auch mit jener Tatsache von der Vereinigung aller Staatsgewalt, die Gesetzgebung eingeschlossen, in der Hand des Monarchen, daß das König*werden* wider Willen des Individuums, kraft eines Gesetzes geschieht, welches über dem Willen des Individuums steht. Weil der gewordene König Herr über dem Gesetze ist, muß es nicht auch der werdende König sein.

b) Dazu kommt aber: jene Auffassung legt den Tit. II § 1 außer Zusammenhang mit dem übrigen Inhalte jenes Titels aus. Würde der Gesetzgeber haben bestimmen wollen, daß der dauernd Willensunfähige nicht Herrscher zu werden vermöge, warum sollte er dann nicht auch bestimmt haben, daß der dauernd willensunfähig werdende Monarch nicht Herrscher bleiben könne? Indem der Gesetzgeber Vorschriften über die Stellvertretung des regierungsunfähigen Königs gibt, läßt er ersehen, daß ihm Regierungsunfähigkeit kein Grund zum Ausschluß vom Kronerwerb ist. Hätte er sich in dieser Hinsicht in Widerspruch mit der sonstigen modernen Rechtsanschauung setzen wollen, dann würde er diese wichtige Abweichung vom übrigen deutschen Rechte deutlich formuliert haben. Wie er sonst in Tit. II § 3 die Bedingungen der Sukzessionsfähigkeit fixiert, so würde von ihm auch die Bedingung der Möglichkeit geordneter Willensbestimmung hinzugefügt worden sein. Letzterem Einwand will der Verfasser S. 12 begegnen: es werde behauptet, in jenem Satze des § 3: „Zur Successionsfähigkeit wird rechtmäßige Geburt aus ebenbürtiger, mit Bewilligung des Königs geschlossener Ehe erfordert“ seien die Voraussetzungen der Thronfolgefähigkeit erschöpfend aufgezählt; allein hierbei sei übersehen, daß sich § 3 zunächst nur auf die ordentliche Thronfolge beziehe, so daß hieraus keine Schlüsse hinsichtlich der Thronfolgefähigkeit gezogen zu werden vermöchten. Indies ersteres ist unrichtig. § 3 bezieht sich auch auf die kognatische Sukzession. Und dann sollte doch Regierungsfähigkeit auch eine Bedingung der ordentlichen Thronfolge sein. Im übrigen — meint der Verfasser — könne aus § 3 das Nichterforderlichsein der Willensfähigkeit deshalb nicht gefolgert werden, weil sich die Unerläßlichkeit der letzteren aus § 1 ergebe und Schlußfolgerungen aus dem, was vom Gesetzgeber *nicht* gesagt wurde, den Schlußfolgerungen aus dem, was vom Gesetzgeber *gesagt* wurde, stets weichen müssten. Allein § 3 ist der Sitz der Bestimmungen über die Voraussetzungen der Thronfolgefähigkeit. Hätte der Gesetzgeber in § 1 schon eine solche Voraussetzung aufstellen wollen, dann wäre er demgemäß verpflichtet gewesen, dies dort mit ausdrücklichen Worten zu tun.

II. A. 1. Da die Krone von selbst anfällt, ist die nächste Folge, daß auch derjenige Herrscher wird, welcher *verhindert* ist, die Regierung *anzutreten* bezw. abzulehnen, gleichgültig, welche Gründe ihn davon abhalten, die Regierung anzutreten oder auszuschlagen, seien es solche, welche in seiner Person liegen, wie Minderjährigkeit oder geistige Schwäche, seien es von außen an ihn herantretende, wie Abhaltung vom Antritt durch eine höhere Staatsgewalt oder durch eine Großmacht im Wege der Intervention oder Behinderung durch Kriegsgefangenschaft, Verschollenheit u. s. w.

2. Somit ist der an dem sofortigen Regierungsantritt oder dem Regierungsantritt schlechthin Behinderte, wenn ihm die Krone anfällt, nicht bloß ein an dem Regierungsantritt behinderter *Thronfolger*, sondern ein an dem Regierungsantritt behinderter *Herrscher*. In dieser Hinsicht besteht kein Unterschied nach der Ursache. So gut Prinz Otto von *Bayern*, obwohl er am Antritt der Regierung dauernd behindert war, nicht ein am Regierungsantritt verhinderter Thronfolger blieb, sondern ein am Antritt verhinderter König wurde, so, wie das gleiche bei dem gegenwärtigen „regierenden Fürsten" von *Reuſs* ä. L. oder aus anderem Grunde bei dem gegenwärtigen „regierenden Herzog" Karl Eduard von *Sachsen-Koburg- und Gotha* der Fall ist, ebenso ist *Ernst August Herzog von Cumberland* am 18. Oktober 1884, d. h. im Momente des Ablebens des Herzogs Wilhelm von Braunschweig Herzog von *Braunschweig* geworden, obwohl feststand, daß er an dem Beginn der Ausübung der Staatsgewalt vom Reiche gehindert werden würde, wenn nicht vor diesem Zeitpunkte ein die braunschweigische Verfassung abänderndes Gesetz erging,

welches erklärte, daß demjenigen Thronanwärter, welcher voraussichtlich an dem sofortigen Antritt der Regierung verhindert sein würde, die Krone überhaupt nicht anfallen, er also nicht Herzog werden, sondern, bis derselbe an dem Antritt der Regierung nicht weiter vom Reich gehindert sei, ein *Interregnum*, eine *Zwischenherrschaft* eintreten solle.

a) In der Tat ist ein solches Gesetz „zur Ergänzung der Landesverfassung" vorher in Braunschweig ergangen; es ist das Gesetz v. 16. Febr. 1879, provisorische Ordnung der Regierungsverhältnisse bei Thronerledigung betreffend. Das Gesetz bringt diesen Gedanken dadurch zum Ausdruck, daß es den bei Thronerledigung zur Nachfolge Nächstberufenen, für den Fall derselbe am sofortigen Regierungsantritte voraussichtlich behindert sein wird, auch nach Thronerledigung nicht als zum Throne gelangten neuen Herzog oder als neuen Landesfürst bezeichnet, sondern nur als erbberechtigten „*Thronfolger*" (§§ 1, 5, 6). Dasselbe tut die Novelle zu dem genannten Gesetz vom 9. Dezember 1902. M. a. W.: Das braunschweigische Verfassungsrecht stellt den Satz auf: Ist der Thronfolger voraussichtlich an dem Antritte der Regierung vorübergehend (§ 1) oder dauernd (§ 5) behindert, *so wird er gar nicht Herzog, sondern es beginnt dann ein Interregnum, also eine Regentschaft für einen fehlenden Monarchen, und diese dauert, bis ein Thronfolger vorhanden ist, welcher an dem Antritt der Regierung nicht behindert ist.* Das braunschweigische Gesetz macht in dieser Richtung keinen Unterschied nach den Gründen der Behinderung: „Um bei künftig eintretenden Thronerledigungen die verfassungsmäßige Verwaltung des Herzogtums gegen Störungen in den Fällen zu sichern, daß der erbberechtigte Thronfolger am sofortigen Regierungsantritte *irgendwie* behindert sein sollte, wird das Landesgrundgesetz ... durch nachfolgende Bestimmungen ergänzt", lautet § 1 und § 5 spricht schlechthin von dem „nicht weiter an der aktuellen Ausübung der Regierung behinderten Thronfolger", bezw. „von fortdauernder Behinderung des Thronfolgers am Regierungsantritte." Hieraus erhellt: auch wenn der Regierungsantritt wegen Minderjährigkeit oder Regierungsunfähigkeit (Geistesschwäche) oder Kriegsgefangenschaft oder Verschollenheit nicht zu erfolgen vermag, findet kein Thronanfall, sondern Zwischenherrschaft statt. Auch der minderjährige und geisteskranke Thronfolger wird nicht Herzog. Anders ausgedrückt: Das braunschweigische Regentschaftsgesetz v. 16. Februar 1879, bezw. 9. Dez. 1902 hat die singuläre Bestimmung geschaffen, *dafs Regierungsunfähigkeit und sonstige bei Thronerledigung vorhandene vorübergehende oder dauernde Behinderung an der Regierungsausübung zwar nicht definitiv, aber, solange bis die Behinderung behoben ist, von der Thronbesteigung ausschliefst.* Nach früherem Rechte darbte der voraussichtlich dauernd Regierungsunfähige überhaupt des Anwärterrechtes, so daß derselbe bei Thronerledigung übersprungen wurde, also die Krone weiterging. Das neue braunschweigische Verfassungsrecht hat nicht in gleichem Umfange die alten Rechtsgedanken aufgenommen: es schließt auch den dauernd Unfähigen nicht endgültig aus; um dies zu vermeiden, läßt dasselbe auch bei voraussichtlich dauernder Behinderung die Krone nicht an dem Behinderten vorübergehen, sondern statuiert, um dies zu verhindern, eine Zwischenherrschaft. Selbstverständlich hätte die Ordnung auch in der Weise zu geschehen vermögen, daß jeder vorübergehend oder dauernd vom Antritt abgehaltene Thronanwärter übergangen, aber zugleich bestimmt worden wäre, daß, wenn beim ersten oder einem folgenden derselben der Grund der Behinderung aufhöre, die Krone dann sofort jeweils auf den nicht mehr verhinderten Vormann zurückgehe.

b) Ausschluß von der Innehabung der Herrschaft, selbst nur vorübergehender, kann an sich durch Landesgesetz ohne Hausgesetz und Zustimmung des Betroffenen nicht geschehen, aber der braunschweigische Gesetzgeber war hier durch Reichsrecht (Eingang der Reichsverfassung) zu einseitigem Vorgehen in Erfüllung einer verfassungsmäßigen Bundespflicht verpflichtet und damit auch ermächtigt (siehe oben S. 302).

B. 1. a) Allein daraus, daß grundsätzlich auch derjenige Thronfolger, welcher zur Zeit der Thronerledigung behindert ist, die Regierung anzutreten und auszuüben, Herrscher *wird*, folgt ohne weiters nicht, daß er auch Herrscher zu *bleiben* hat. Jedenfalls ist nicht ausgeschlossen, daß der zwar an dem

Antritt verhinderte, aber willensfähige Monarch auf die Krone verzichtet, sei es, daß er die angefallene Herrschaft sofort ausschlägt, sei es, daß er sie erst nach Beginn einer Regentschaft an seiner Statt und in seinem Namen niederlegt. Allein auch bezüglich des Willensunfähigen (Geschäftsunfähigen) gilt nicht schlechthin, daß er regierender Herr bleiben muß. Wie in § 54 darzulegen sein wird, vertritt der gesetzliche Vertreter des Geschäftsunfähigen (Pfleger [Spezialvormund] im Verhältnis zum Vater; Mutter als Inhaberin der elterlichen Gewalt; Vormund) denselben nicht bloß in den seine Person betreffenden privatrechtlichen, sondern auch in derartigen öffentlichrechtlichen Angelegenheiten. Will der gesetzliche Vertreter die moralische Verantwortung auf sich nehmen, so kann er demzufolge an sich auch namens des Vertretenen die Herrschaft ausschlagen, bezw. niederlegen. Analogon ist die Ausschlagung einer Erbschaft nach B.G.B. § 1643, bezw. 1822. Eine Genehmigung des Vormundschaftsgerichtes ist nicht möglich, weil über dem Vormund des Fürsten nach Hausrecht in diesem Falle eine Obervormundschaft nicht besteht, und nicht notwendig, weil keine vermögensrechtliche Angelegenheit, wenngleich eine solche auch von wirtschaftlicher Bedeutung, in Frage steht.

b) Allein das moderne Staatsrecht hat dem gesetzlichen Vertreter zum Teile diese Befugnis genommen durch die Bestimmung: „Wenn der Herrscher dauernd verhindert ist, selbst zu regieren, *tritt* die Reichsverwesung ein, übernimmt derjenige volljährige Agnat, welcher der Krone am nächsten steht, die Regentschaft“ (bayer. Verf. Tit. II § 9; preuß. Verf. Art. 56; ähnlich Sachsen, Württemberg, Meiningen, Koburg und Gotha, Oldenburg, Sondershausen, Reuß j. L., Reuß ä. L., Schaumburg-Lippe, Waldeck und — nur für die Regierung des gegenwärtigen Fürsten von Lippe, Alexander, gültig — das lippische Gesetz vom 24. April 1895). Ausdrücklich fügen diese Gesetze zum Teile hinzu: Die Regentschaft tritt ein, wenn der Verhinderte nicht selbst Vorsorge traf oder treffen konnte. Ein anderer soll somit über sein Recht nicht disponieren können.

c) Wo solche Bestimmung fehlt, also in Baden, Hessen,

Weimar-Eisenach, Anhalt, Rudolstadt und — von obigem Spezialfall abgesehen — in Lippe, gilt der von uns oben aufgestellte Grundsatz: Der gesetzliche Vertreter des bürgerlichen Rechtes kann namens des Herrschers die Krone ausschlagen oder abdanken. Freilich ist diese Anschauung neu. Im Gedankengange *Cosacks*, Staatsrecht des Großherzogtums Hessen, liegt sie, indem dieser für Hessen schlechthin fürstliches Vormundschaftsrecht gelten läßt (S. 14); aber ausgesprochen wird der Rechtssatz nicht von ihm. Selbstverständlich kann Hausrecht, Hausgesetz oder Hausobservanz, die genannte Befugnis des gesetzlichen Vertreters ausschließen. Mehr und mehr wird sich wohl, infolge der staatsrechtlich zwingenden Verfügung der Regentschaft für solche Fälle in anderen Staaten, eine diesbezügliche Observanz ausbilden.

2. a) Aus der gleichen Erwägung resultiert an sich, daß der gesetzliche Vertreter für den geschäftsunfähigen *minderjährigen Herrscher* verzichten und der beschränkt geschäftsfähige minderjährige Fürst mit Einwilligung seines gesetzlichen Vertreters ausschlagen und abdanken kann (B.G.B. §§ 1630 Abs. 1, 1686, 1793). Daß der Vormund, wenn der Minderjährige beschränkt geschäftsfähig ist, allein verzichten kann, vermag wegen der hier nicht möglichen Kautel der Notwendigkeit obervormundschaftlicher Genehmigung nicht angenommen zu werden. Ist diese Sicherung des Vertretenen ausgeschlossen, so soll wenigstens, sofern dies möglich, nicht ohne Zustimmung des Vertretenen gehandelt werden dürfen.

b) Auch hier hat das moderne Verfassungsrecht die Handlungsfreiheit des gesetzlichen Vertreters, aber auch diejenige des Minderjährigen selbst beschränkt. Nach den Verfassungsbestimmungen von Preußen, Bayern, Sachsen, Württemberg, Meiningen, Koburg-Gotha, Oldenburg, Sondershausen, Reuß ä. L. und j. L., Schaumburg-Lippe, Waldeck und hier auch Altenburg tritt im Falle der Minderjährigkeit kraft Gesetzes Regentschaft oder Regierungsvormundschaft ein und hat für die ganze Periode der Minderjährigkeit bestehen zu bleiben, es müßte denn der Herrscher vorher für volljährig erklärt werden, was mit Wirkung auch auf die Regierungsfähigkeit in Meiningen, Altenburg, Reuß ä. L. und Schaumburg-Lippe durch besondere Organe, sonst nur durch besonderes Verfassungsgesetz zu geschehen vermag. In Meiningen erfordert die Volljährigkeitserklärung die Zustimmung des an Jahren ältesten regierenden Herrn des sächsischen Gesamthauses, in Altenburg geschieht sie durch diesen unter Zustimmung von Regent und Vormund. In Reuß ä. L. geschieht sie durch den Vormund unter Zustimmung des regierenden Fürsten von Reuß j. L., also des Regenten. In Meiningen vollzieht sie der Regierungsverweser unter genannter Zustimmung. Vgl. *Gg. Meyer* § 92 S. 249.

c) In allen übrigen Staaten gilt mangels abweichender Observanz obiges Recht, also in Baden, Hessen, Weimar, Anhalt, Rudolstadt, Lippe.

III. A. Im Gegensatz zum Thronfolgeverzicht *vor* Anfall, ist es im allgemeinen zutreffend, daß *Thronverzicht nach Anfall*, also nach Erwerb, aber vor Antritt nicht nur zugunsten einer bestimmten Person, auf Zeit, Bedingung oder Widerruf, erfolgen kann. Der Grund hierfür ist der, daß hier im Gegensatz zur Verzichtleistung vor Anfall bereits ein Übergang der Krone auf einen anderen kraft Gesetzes eingetreten und demgemäß ein Throninnehabungsrecht eines Nachmannes bereits entstanden ist. Die Zulässigkeit von Widerruf u. s. w. würde daher Rechte Dritter verletzen.

B. 1. Allein damit ist auch bereits angedeutet, auf welchem Wege trotzdem die ausgeschlagene Krone doch noch gewonnen zu werden vermag. Einseitiger Widerruf und einseitiger Vorbehalt ist grundsätzlich unmöglich, dagegen wohl *vertragsmäfsig vom Nachmanne eingeräumter* rechtlich zulässig. Wie der Thronanwärter vor Thronerwerb im Range ausweichen kann, so kann er es auch nach Antritt der Krone, soweit dadurch nicht Rechte Dritter verletzt werden. Indem die Haus- und Staatsrechtsordnungen die Krone dem Gedanken des Erbrechtes unterstellen, gestatten sie eine Disposition der Parteien hierüber, selbstverständlich nur innerhalb der Schranken des Grundsatzes der Lineal- und der Primogeniturfolge. Solange die Disposition der Parteien nicht die Folge hat, daß wider Willen der älteren Linie und des Älteren in der Linie die jüngere Linie und der Jüngere in der Linie vor der älteren Linie, bezw. dem älteren Anwärter zur Throninhaberschaft gelangt, ist eine Verfügung der Throninhaber und Thronanwärter nicht haus- oder staatsverfassungswidrig. Anders natürlich die herrschende Meinung. Vgl. *Gg. Meyer* § 91 S. 245; *Seydel* I § 60 S. 201.

2. Rechte Dritter, d. h. von Nachmännern des Nachfolgers des Ausschlagenden werden dann durch solche Vereinbarung nicht verletzt, wenn dieselbe vor der Ausschlagung abgeschlossen wird. Verpflichtet sich der Nachfolger zu dieser Zeit, zurückzutreten, wenn der Vormann die Herrschaft übernehmen will, so wird ohne Verletzung der Rechte Dritter die rechtliche Möglichkeit geschaffen, die Ausschlagung einer angefallenen Krone rückgängig zu machen. In Wahrheit hat in diesem Falle *eben der Vormann nicht auf sein Throninnehabungsrecht, sondern nur auf den Vorrang desselben vor dem des Nachfolgers verzichtet.* Ich sehe nicht ein, warum es irgendwie eines verfassungsändernden Gesetzes oder der Zustimmung der Agnaten bedürfte, wenn ein Thronanwärter wegen augenblicklich geschwächter Gesundheit die ihm angefallene Krone nicht übernehmen, sich aber deren Übernahme für den Fall der Besserung seiner gesundheitlichen Kräfte vorbehalten will.

C. 1. Aber nicht bloß im Wege des Vertrages kann solcher Rückfall der Krone vorbehalten werden; *einen* Fall gibt es sogar, wo auch ohne Vereinbarung kraft *einseitigen* Vorbehalts die vorher ausgeschlagene Krone nachträglich noch angetreten zu werden vermag. Es ist dies dann möglich, wenn dieselbe inzwischen keinem Dritten anfiel, also ein Throninnehabungsrecht eines anderen noch nicht entstand. Vgl. § 45 III.

2. Vorkommen kann dies z. B. bei folgender Sachlage. Beim Ableben des Monarchen steht nicht vollkommen fest, ob die Witwe desselben, bezw. die eines anderen Familiengliedes, welches dem nächstberufenen lebenden Thronanwärter vorging, sich im Schwangerschaftszustande befindet. Die nächstberufene Persönlichkeit will sich nicht der Eventualität aussetzen, nach kurzer Frist der Herrschaft verlustig zu werden und schlägt sie demgemäß aus, jedoch unter dem

Vorbehalt, sie anzutreten, wenn nach entsprechender Zeit nicht ein ihr vorgehender Thronanwärter geboren wird. Der Vorbehalt hat hier zur Folge, daß Zwischenherrschaft eintritt, also kein Nachmann die Herrschaft erwirbt. Daher steht nichts im Wege, daß sich der Vormann den nachträglichen Antritt vorbehält.

IV. Der *Regierungsantritt* ist *kein Regierungsakt*. Er bildet eine Voraussetzung des Regierens. Somit bedarf er keiner ministeriellen Gegenzeichnung.

g) Die Beendigung der Throninhaberschaft.

§ 52.

I. A. *Staatsrechtliche* Beendigungsgründe für die Throninnehabung gibt es folgende:

1. *Tod.*

2. Entsetzung durch *Spezialgesetz:*

a) Reichsgesetz (vgl. § 30 IV A).

b) Landesgesetz: Entthronung des regentschaftlich vertretenen Monarchen, sofern während der Regentschaft nicht ausdrücklich Verfassungsänderungen verboten sind, es müßte denn auch diese Bestimmung stillschweigend suspendiert werden; siehe *Anschütz* S. 574 und § 30 IV B.

3. Verlust kraft *allgemeinen Gesetzes*:

a) Es kommt vor, daß an die Besteigung eines fremden Thrones von der Verfassung allgemein die Rechtsfolge des Verlustes des einheimischen Thrones geknüpft wird (vgl. § 27).

b) Nach Thronerledigung hat die vorhandene nächste sukzessionsfähige Persönlichkeit den Thron bestiegen. Unerwartet wird innerhalb gesetzlich möglicher Zeit noch ein dem gegenwärtigen Throninhaber *im Sukzessionsrecht vorgehendes Kind geboren*, z. B. die Königinwitwe gibt unerwartet noch einem Thronfolger das Leben. Das Kind findet juristisch betrachtet die ihm gebührende Krone nicht vergeben; d. h. es bedarf nicht erst eines Rücktrittes des bisherigen Throninhabers. Ipso jure verliert derselbe mit der Geburt des Kindes den Thron, nachdem sich eine zum Throne rechtlich nähere Persönlichkeit nachträglich unerwartet eingestellt hat.

Der Beendigungsgrund ist nicht Abdankung kraft rechtlicher Verpflichtung. Vgl. auch „Thronfolge als Willensakt" S. 11 und unten unter II A.

4. *Abdankung:*

a) *Freiwillige*, sei es ohne, sei es mit vertragsmäßiger Bindung hierzu. Über einen hierher gehörigen Fall siehe § 51 II B; einen anderen bildet Rücktritt infolge Schiedsspruches.

b) *Unfreiwillige*, d. h. Abdankung, zu welcher man ohne frei übernommene Verpflichtung gezwungen ist; solche liegt vor, wenn ein rechtskräftiges *gerichtliches Urteil* ergeht, daß dem Throninhaber die eine oder andere Voraussetzung für Sukzessionsfähigkeit, z. B. Ebenbürtigkeit fehlt. Der Throninhaber wird hierdurch verpflichtet, die Throninhaberschaft herauszugeben; siehe oben § 34 V C.

B. *Völkerrechtliche Beendigungsgründe*: Absetzung oder Auferlegung der Pflicht zur Abdankung durch Geltendmachung internationalen Interventionsrechtes; Eingehung der Abdankungspflicht im Friedensvertrag; Entsetzung im Kriege.

II. A. 1. Wird der Throninhaber durch Spezialgesetz *abgesetzt*, so wirkt dies nur für seine Person, *nicht* für seine schon vorhandene, bezw. zwar noch nicht geborene, aber schon erzeugte (bezw. empfangene) *Deszendenz*; ja nicht einmal zum Nachteil der erst nach Absetzung erzeugten (empfangenen) Nachkommenschaft. Die bisher vertretene Lehre (siehe *Zöpfl* Bd. I § 279 a) ist derselben Meinung, aber mit der Einschränkung, daß diese erst nach Absetzung erzeugte Deszendenz erst nach der Linie des infolge der Absetzung zur Herrschaft gelangten Seitenverwandten zur Regierungsnachfolge komme, nicht schon nach Ausscheiden des letzteren selbst oder gar sofort mit ihrer Geburt. Wir sind letzterer Meinung. Näheres hierüber im folgenden Paragraphen.

2. Wenn bei völkerrechtlicher Entsetzung die entsetzende Macht zugleich bestimmt, auch die Deszendenz des Abgesetzten solle vom Throne ausgeschlossen sein, so ist dies selbstverständlich keine Rechtswirkung jener Absetzung, sondern selbständige Entziehung von Thronanwärterrechten.

B. 1. *Abdankung* ohne Vorbehalt hat Wirkung lediglich für die Person des Abdankenden. Bei völkerrechtlicher Abdankung kann zugleich den Nachkommen wie allen Anwärtern der Familie völkerrechtlich (im Friedensvertrag) die Verpflichtung auferlegt werden, auf ihre Nachfolgerechte zu verzichten. Sonst kann auch der Abdankende zugleich für seine Nachkommen Thronfolgeverzicht erklären, aber, wie in § 50 III dargelegt, lediglich für die *noch nicht erzeugten* (noch nicht geborenen). Anders die herrschende Lehre. Nur meint sie, diese Deszendenz gelange wegen des Prinzips der Linealfolge erst nach der Linie des durch den Verzicht zur Herrschaft Gekommenen zur Sukzession. Vgl. *Gg. Meyer* § 91 S. 246 bei Anm. 3; *Seydel* Bd. I § 60 S. 201. Wir sind der Anschauung: wird die noch nicht erzeugte Nachkommenschaft von der Abdankung nicht berührt, dann gelangt sie auch sofort nach der Geburt zur Herrschaft. Näher in § 53.

2. a) Wie der Abdankende gegenüber seinem Nachfolger vertragsmäßig für seine noch nicht erzeugte Deszendenz Thronanwartschaftsverzicht aussprechen kann, so vermag er andererseits auch *vertragsmäfsig* auf *Zeit* oder *Widerruf* abzudanken; was die herrschende Lehre (siehe *Anschütz* S. 574; *Gg. Meyer* § 91 S. 245; *Seydel* I S. 201) leugnet. Allein wie er in der Lage ist, auf diese Weise die angefallene Krone auszuschlagen (siehe § 51 I B), so ist er auch befugt, die besessene Krone unter solchen Einschränkungen aufzugeben *(Rangausweichung nach Regierungsübernahme)*. Das allgemeine Prinzip, kraft dessen dies angeht, erörtern wir im folgenden Paragraphen. Warum sollte es der Verfassung von Staat und Haus zuwider sein, daß ein König wegen geschwächter Gesundheit zurücktritt, sich aber die Wiederübernahme der Krone für den Fall der Erlangung besserer Gesundheit vertragsmäßig vom Nachfolger ausbedingt? Warum würde es unstatthaft sein, daß ein regierender Herr aus inner- oder außerpolitischen Gründen vorübergehend die Krone niederlegt?

b) In einem Falle kann er sich *einseitig* Widerruf vorbehalten, einseitig nur auf Zeit abdanken, ja sogar ohne solchen Vorbehalt zu einem genau bestimmten Zeitpunkt die niedergelegte Krone wieder übernehmen. Nach Antritt der Regierung wird Schwangerschaft der Fürstinwitwe oder der Witwe eines anderen vorgehenden Thronanwärters festgestellt. Der neue Herr legt sofort die Krone nieder. Wenn die Niederkunft ergibt, daß kein ihm vorgehendes Kind geboren wurde, so ist er berechtigt, die Krone wieder zu übernehmen. Sie fällt vorher keinem anderen an.

3. Ausgeschlossen ist *Abdankung zugunsten* einer anderen, als der haus- und staatsverfassungsmäßig, also objektivrechtlich zunächst berufenen Person. Auch wenn die letztgenannte Persönlichkeit sich vertragsmäßig verpflichtete, auf Thronfolge vor oder nach Anfall zu verzichten, um den Übergang der Krone auf jenen Dritten zu ermöglichen, ist Grund des Erwerbs der Krone durch jenen Dritten nicht die besondere Art des Abdankungswillens des Zurücktretenden, sondern der Wegfall des Vormannes infolge des Verzichtsentschlusses des letzteren.

III. Die Abdankung ist ein *Regierungsakt*; denn die Erklärung, daß ihm Untertanen und Staatsorgane nicht mehr zu gehorchen hätten, kann nur ein noch Regierender abgeben; eine Verfügung über eine Staatsorganstellung kann nur der Inhaber einer Staatsorganstellung besitzen; Aufgabe des Vermögens ist noch Betätigung der Verfügungsgewalt über dasselbe. Aber hieraus folgt nicht, wie *Anschütz* S. 574 meint, daß die Abdikation zu ihrer Rechtsgültigkeit der Zustimmung eines Ministers — in Betracht kämen *alle* Minister mit Portefeuille — bedarf. Dies folgt aus der besonderen Natur dieses Regierungsaktes. Wie der Minister zur Abdankung nicht der Zustimmung des Staatshauptes bedarf, so kann auch letzteres zu seinem Rücktritt nicht der Einwilligung des Ministeriums bedürfen. Übernahme und Niederlegung der Regierung sind gegenzeichnungsfreie Willensentschließungen des Monarchen. Soweit, als die alleinige Willensbestimmung des Ministers in bezug auf die Staatsorganstellung, muß auch in gleicher Richtung die Willensfreiheit des Monarchen gehen.

h) Primogenitur, Linealfolge und Parteiwille im Thronfolgerecht.

§ 53.

Am Schlusse der Darstellung des Thronfolgerechtes angelangt, vermögen wir als Charakteristika desselben zwei Prinzipien noch aufzustellen.

I. Verlust *vorhandenen* Throninnehabungs- bezw. Thronanwärterrechts *wider Willen* des Berechtigten beschränkt die Haus- und Staatsrechtsordnung auf das äußerste Maß; Beendigung von Throninnehabung und Thronanwartschaft *mit Willen* des Berechtigten gestattet sie sogar mit Durchbrechung von Primogenitur- und Linealfolgeprinzip. Ausnahmsweise räumt sie dem Parteiwillen die Befugnis ein, die *Entstehung* von Anwartschaftsrechten Dritter zu verhindern (Verzichte zum Nachteil noch unerzeugter bezw. noch unempfangener Nachkommenschaft).

II. A. *Das Prinzip der Linealfolge geht dem Primogeniturprinzipe nach.* Wird letzteres durchbrochen, so wird es sobald als möglich wiederhergestellt. Verliert die ältere Linie *wider* Willen die Krone, so kehrt letztere, sobald es die Umstände erlauben, wieder zu ihr zurück. Wird Rückkehr der Krone zur älteren Linie möglich, so hört Zugehörigkeit derselben zur jüngeren Linie auf. Primogenitur unterbricht Linealfolge; nicht schließt Linealfolge Primogeniturprinzip aus. Linealfolge im Verhältnis zum Erstgeburtsgrundsatze heißt nur: die Krone *springt nicht* auf den Lebensältern der *jüngeren* Linie, vom älteren auf den jüngeren Bruder über; *nicht* aber bedeutet sie: ausgeschlossen ist ein Zurückspringen von der jüngeren Linie auf den älteren Zweig, von dem Lebensälteren der zweiten Linie auf den Lebensjüngeren der ersten. Die Linealfolge wurde nicht eingeführt, um eine Rückkehr der Krone in die ältere Linie, sondern um einen Fortschritt der Krone in eine jüngere Linie vor freiwilligem oder natürlichem Ausscheiden der älteren zu verhindern. Das oberste Prinzip ist: die ältere Linie herrscht; *sowie also wieder eine ältere Linie, als die regierende, vorhanden ist, kehrt zu ihr von selbst die Krone zurück;* das Eintrittsrecht der

Abkömmlinge bildet im Verhältnis zum Vorrecht der Erstgeburt das sekundäre Thronfolgeprinzip.

B. Hieraus ergeben sich zwei Folgerungen:

1. Aus diesem Grunde endet sofort die Herrschaft eines Gliedes der eben zum Ältestenrecht aufgerückten jüngeren Linie, wenn nachträglich noch ein sukzessionsfähiges Mitglied der ausgeschiedenen bisherigen Vorlinie erscheint. Möglich ist letzteres bei Übergang der Krone auf eine jüngere Linie infolge Ausscheidens der älteren Linie, aus welchem Grunde dasselbe immer erfolgte, sei es wegen Aussterbens oder wegen Absetzung oder wegen Abdankung.

2. Aus gleichem Grunde ist es möglich, daß jemand *nur im Range ausweicht*, d. h. sich vertragsmäßig gegenüber dem Nachmann vorbehält, den Verzicht vor Anfall, die Ausschlagung nach Anfall, die Abdankung nach Regierungsantritt zu widerrufen. Die in der Praxis so vielfältig begegnende Rangausweichung ist der stärkste Beweis für den Vorrang des Primogeniturprinzips vor dem Grundsatz der linealen Folge.

2. Vormundschaft, Pflegschaft und Regentschaft.

§ 54.

I. Vollkommen zutreffend ist es heute, zu sagen: die Regentschaft ist keine Vormundschaft über das Staatshaupt, sofern man dadurch klarlegen will, daß die Sätze des bürgerlichen Rechts über Vormundschaft auf die Reichsverwesung nicht angewendet werden dürfen. Keineswegs wäre es aber richtig, damit ausdrücken zu wollen, Regentschaft und Vormundschaft seien sich nicht wesensähnlich. Die herrschende Lehre freilich scheint zu einer derartigen Auffassung geneigt. Man vergleiche z. B. *Anschütz* S. 576 oben, *Gg. Meyer* S. 251. Statt dessen gilt auch in der Gegenwart noch: würde das konstitutionelle Staatsrecht nicht ein besonderes Institut der Regentschaft geschaffen haben, so *fiele* auch noch in unseren Tagen die Ausübung der Regierung für den minderjährigen Monarchen unter die mütterliche Gewalt bezw. die Minderjährigenvormundschaft, die Regierungsausübung für den entmündigten Monarchen unter die Volljährigkeits*vormundschaft*, die Ausübung der Herrschaft für den noch ungeborenen Monarchen unter die *Leibesfruchtpflegschaft* im Sinne des *bürgerlichen Rechts*.

A. Laut B.G.B. §§ 1627 und 1793 umfaßt die elterliche Gewalt der Mutter und die vormundschaftliche Befugnis des Vormunds auch das Recht, für die *Person* des Kindes bezw. Mündels zu sorgen. Niemand zweifelt daran, daß die in dieser Befugnis enthaltene Berechtigung der Vertretung des Kindes bezw. Mündels in den die *Person* desselben betreffenden Angelegenheiten (B.G.B. § 1633) sich nicht auf Angelegenheiten des Privatrechtes beschränkt, sondern auch persönliche Angelegenheiten des öffentlichen Rechts umfaßt. Erwerb und Verlust der Staats- oder der Gemeindemitgliedschaft sind gewiß Vorgänge im öffentlichen Rechtsleben der Persönlichkeit. Wer zweifelt daran, daß es zu der Zuständigkeit des Vormundes rechnet, den Antrag auf Verleihung der Staats- oder Gemeindeangehörigkeit oder auf Entlassung aus dem Staatsverbande bei der öffentlichen Behörde zu stellen? Ausdrücklich bestätigt dies in einer Reihe von Bestimmungen das Reichsgesetz über Erwerb und Verlust der Bundes- und Staatsangehörigkeit vom 1. Juni 1870: § 8, § 14a, § 19 und § 21. Oder man denke an die Vertretung des Mündels durch den Vormund im Prozeß, in Geltendmachung von Armen- und sonstigen öffentlichen Unterstützungsansprüchen, in Anträgen auf Befreiung vom aktiven Militärdienst und ähnlichem. Auch ohne daß dies die Gesetze besonders verordnen, gehört solche Fürsorge für persönlich-öffentlichrechtliche Angelegenheiten des Mündels zu der Zuständigkeit des gesetzlichen Vertreters. Demgemäß auch die Ausübung der obersten Staatsorganschaft, da diese nicht sowohl eine persönliche Pflicht, als vielmehr ein persönliches Recht des Inhabers darstellt („Sukzessions*recht*").

B. Ist die Zuständigkeit des Vormundes derart auszulegen, dann gilt das gleiche für die ihm wesensverwandte *Pflegschaft*, es müßte denn das positive Recht ausdrücklich anderes bestimmen. Abwesenheitspflegschaft ist allerdings nur für Vermögensangelegenheiten möglich (B.G.B. § 1911), aber eine Leibesfrucht kann schlechthin „zur Wahrung ihrer Rechte", soweit solche einer Fürsorge bedürfen, einen Pfleger erhalten (B.G.B. § 1912), ein künftiges Recht ist auch die Throninhaberschaft.

II. Für *einen* Teil der persönlichen Angelegenheiten eines fremder Fürsorge bedürfenden Monarchen, für die Regierungsrechte desselben, hat das moderne Staatsrecht zum Teil eine Sondervertretung geschaffen, d. h. dieselbe von der Fürsorgebefugnis der elterlichen bezw. vormundschaftlichen Gewalt abgetrennt. Es ist das Rechtsinstitut der *Regentschaft*, wie es das Verfassungsrecht von Preußen, Bayern, Sachsen, Württemberg, Meiningen, Altenburg, Koburg-Gotha, Sondershausen, Reuß a. L. und j. L., Schaumburg-Lippe und Waldeck kennt. Die Staatsverwesung wegen in Aussicht stehender Geburt eines nächsten Thronanwärters könnte somit an sich in Form der Bestellung einer Leibesfruchtspflegschaft geschehen, allein da solche Fürsorge dem Vormund entzogen ist, darf davon ausgegangen werden, daß es nicht im Sinne des Gesetzgebers liegt, eine derartige Wahrnehmung von Regierungsrechten einem Pfleger zu übertragen. Es hat vielmehr nach Analogie der Minderjährigkeitsregentschaft eine Leibesfruchtsregentschaft stattzufinden.

III. A. Hieraus folgt, daß für den minderjährigen oder entmündigten Herrscher und für die Leibesfrucht eine *doppelte gesetzliche Vertretung* grundsätzlich besteht, eine mütterliche oder vormundschaftliche oder pflegschaftliche einer- und eine regentschaftliche andererseits. Für den minderjährigen Monarch handelt ein Vormund und ein Regierungsverweser.

B. Nur dann tritt dies nicht ein, wenn das Gesetz etwa ausdrücklich bestimmt: *der Vormund soll zugleich Regent oder der Regent zugleich Vormund sein.* Ersteres ordnet z. B. das Staatsgrundgesetz von *Reufs j. L.* § 9 hinsichtlich jeder Regentschaft an. Letzteres bestimmt die *koburg-gothaische* Gesetzgebung (Verfassung § 14 und Zusatzgesetz hierzu vom 15. Juli 1899 Art. 2) für die Minderjährigkeitsregentschaft: „Der Regierungsverweser ist zugleich persönlicher Vormund des Herzogs“; das *sachsen-meiningen*sche Verfassungsgesetz vom 9. März 1896 Art. 7 tut das gleiche für jede Regentschaft: „Der Regierungsverweser ist Vormund des Herzogs, ohne daß es der gerichtlichen Bestellung bedarf", jedoch mit einer Einschränkung nach anderer Richtung: „Zur Verwaltung des Privat*vermögens* des Herzogs ist ein besonderer Vormund zu bestellen."

C. Gerade umgekehrt bestimmen andere Rechte: Der Regierungsverweser darf nicht zugleich Vormund des Fürsten sein, so z. B. die *oldenburgische* Verfassung Art. 27: „Der Regent, mit Ausnahme der Mutter und Großmutter, kann die Vormundschaft über den minderjährigen Herzog nicht übernehmen". Ebenso das *waldeck*sche Hausgesetz § 13.

D. Die Regel ist, daß der Regent zugleich Vormund sein kann, aber nicht sein muß. Vormund des gegenwärtigen regierenden Herrn in *Reuſs ä. L.* (Heinrich XXIV.) ist ein Verwandter seiner verstorbenen Mutter, einer geb. Prinzessin zu Schaumburg-Lippe, der regierende Fürst von Schaumburg-Lippe, Regent gemäß der Verfassung § 7 als nächster volljähriger und regierungsfähiger Agnat der regierende Herr in Reuß j. L.

E. 1. Wo durch modernes Staats- oder Hausrecht für die ersatzweise Ausübung der Regierung bei Verhinderung des Monarchen nicht das besondere öffentlichrechtliche Institut der Regentschaft geschaffen wurde, bildet diese gesetzliche Regierungsstellvertretung des Herrschers (als Regierungsvormundschaft) einen Bestandteil der gewöhnlichen *elterlichen und vormundschaftlichen Gewalt*, für welche mangels fürstenrechtlicher Bestimmungen das gemeine bürgerliche Recht gilt. Dies ist auch die Meinung *Cosacks* a. a. O. S. 9. Elterliche Gewalt auch des Vaters kann in Betracht kommen; insofern, als die Möglichkeit nicht ausgeschlossen ist, daß der Vater auf den Thron verzichtete.

2. Vormund wird nach fürstlichem Vormundschaftsrecht zunächst derjenige, den der Vorgänger bestimmte. Wo der regierende Herr besondere Familienaufsicht besitzt, vermag derselbe, soweit nicht besonderes Hausrecht entgegensteht, dies schon aus dem Gesichtspunkte einer zur Erhaltung der Wohlfahrt des Hauses dienlichen Maßregel zu tun. Der gekorene Vormund muß nicht aus der Reihe und in der Reihenfolge der geborenen Vormünder gewählt werden; sonst

hätte die Möglichkeit der Vormundsernennung keine praktische Bedeutung. Der Regierungsvorgänger ist also in der Wahl nicht beschränkt. Die Verordnung des Fürsten Woldemar zu Lippe vom 15. Oktober 1890, wodurch derselbe für die Regierungsausübung nach seinem Tode Sorge trug, war rechtsgültig, wenn Prinz Adolf zu Schaumburg-Lippe als „Vormund", nicht als „Regent" bestellt war. Der Regent ist kraft Gesetzes berufen und zwar der unzweifelhaft nächste Agnat. Nur wenn besonderes Hausrecht es zuläßt, kann der Vorfahre die Person des Regenten bestimmen. Anders der Vormund, ihn kann der Vorgänger frei auswählen. Unterläßt er dies, so hat sich nach Vorbild der Vormundschaft für den deutschen König entwickelt: zunächst ist die Mutter, dann der nächste älteste regierungsfähige Schwertmagen berufen. Dazu *Schröder* S. 484; *Cosack* S. 9; *Zöpfl*, I S. 662.

3. Diese Regierungsausübung durch den zivilrechtlichen Vormund gilt mangels anderer Hausobservanz in Baden, Hessen, Weimar, Anhalt, Rudolstadt, Lippe und bei Regierungsausübung für verhinderte großjährige Fürsten in Altenburg.

IV. A. Für den *Fall* des *Getrenntseins von vormundschaftlicher und regentschaftlicher Gewalt* bedarf es einer Bestimmung über *Abgrenzung* der *Zuständigkeiten* zwischen beiden. Die Grenze ist einfach zu ziehen: alles, was Akzessorium der Staatshauptstellung als solcher ist, gebührt nach Recht und Pflicht dem Regierungsweser, also 1. die Ausübung der landesfürstlichen Hausgewalt, 2. die Verwaltung und Verwendung des Haus-Domanialvermögens für den Landesherrn, dessen Familie, Hof, Haus, Staat, sofern das Domanialvermögen dem Hause nur solange eigentümlich zusteht, als es regierende Familie in diesem Staate ist, 3. die Verwaltung und Verwendung des sonstigen Hausvermögens für gleiche Zwecke, 4. der Bezug und die Verwendung der Zivilliste für Hof- und Staatszwecke. Ersparnisse, welche aus den Erträgnissen des dem Landesherrn zur Nutznießung zustehenden Domanial- und sonstigen Hausvermögens oder aus der Zivilliste gemacht werden, gehen im Zweifel in das *Privatvermögen* des Fürsten über, welches unter der Verwaltung des Vormundes steht. Letzterer verwaltet das Hofkammergut (Haus*domanial*fideikommiß) dann, wenn das Eigentum daran der regierenden Familie als volles, d. h. auch nach Verlust der Herrschaft verbleibendes Privateigentum zukommt.

B. Besonderes Haus- oder Staatsrecht kann die Grenzen natürlich anders ziehen.

V. Die veränderte Rechtsstellung des Staatshauptes im modernen Staate, sein Einrücken aus einer Herrenstellung über dem Staate in eine Staatsorganschaft, hat mit sich gebracht, daß *Vorschriften* über die *Regentschaft*, also auch insbesondere darüber, *wann* eine *Regentschaft einzutreten* habe und wer Regent werde, der *Zustimmung* des *Hauses* oder der hiervon berührten Agnaten oder sonstigen Thronanwärter *nicht bedürfen*. Unabhängig vom Staatsrecht beruht auch auf altem Hausrecht nur das Recht zum Besitz und der Besitz der Herrschaft, nicht aber das Recht der *Ausübung* der Herrschaft, indem das Hausrecht in die Umbildung der Herrscherstellung in eine Organstellung observanzmäßig eingewilligt hat. Über das *Tätig*werden und Tätigsein des Organs bestimmt der Organismus, dem das Organ eingefügt ist, somit der Staat allein. Daß die *braunschweigischen* besonderen Regentschaftsgesetze von 1879 und 1902 an sich einer Zustimmung der Agnaten des Hauses bedurft hätten, weil sie dem Berechtigten den *Besitz* der Herrschaft zeitweilig vorenthalten, erwähnten wir bereits § 51 II B, aber auch zugleich, daß die genannten Gesetze trotzdem der Gültigkeit nicht ermangeln, weil sie zur Durchführung und insofern in Ermächtigung des Reichsrechtes ergingen.

VI. Gemäß unserer Erörterungen in § 53 verliert ein Reichsverweser aus dem Kreise der Thronanwärter kraft Gesetzes seine Regentenstellung, sobald der Thronanwärter, welcher gesetzlich vor ihm berufen, aber bei Anfall der Regentschaft noch nicht zu deren Übernahme geeignet war, in der Lage ist, die Reichsverwesung zu führen. A. M. *Seydel* I § 67 S. 235.

VII. In *Sachsen* (Verf. § 12) und *Oldenburg* (Verf. Art. 25) besteht die Besonderheit, daß *Verfassungsänderungen* während der Regentschaft der Zustimmung der Agnaten (als einer Art Regentschaftsrat) bedürfen.

VIII. Der *Volljährigkeitstermin* für den Monarchen ist in Preußen, Bayern, Sachsen, Württemberg, Oldenburg, Sondershausen nach Verfassung das vollendete 18. Lebensjahr, in Meiningen, Koburg-Gotha, Reuß ä. L., Schaumburg-Lippe und Waldeck nach Verfassung, in Reuß j. L. nach Hausstatut das vollendete 21. Lebensjahr. Vgl. *Gg. Meyer* § 92. Für die übrigen Hausmitglieder wird der Großjährigkeitstermin durch Hausrecht bestimmt, meist durch Hausgesetz, z. B. in Koburg-Gotha Art. 86, Oldenburg Art. 61.

IX. Von der gesetzlichen Stellvertretung, wie sie Regierungsvormundschaft und Regentschaft darstellen, ist die beauftragte Vertretung, die sogen. *Regierungsstellvertretung* infolge Bestellung durch den Vertretenen selbst, zu unterscheiden. Eine Art hiervon ist die Bestellung zum *Mitregenten* (a. M. *Gg. Meyer* § 93). Insbesondere der Thronfolger oder die Gemahlin pflegt zur Mitregentschaft berufen zu werden.

3. Die übrige Rechtsstellung zum Staate.

§ 55.

I. Bisher betrachteten wir die Stellung der Hausmitglieder zum Staate lediglich in der *einen* Richtung ihres Verhältnisses zu der Erscheinung des Rechtsinstitutes der obersten Staatsorganschaft: Thronanwartschaft, Throninnehabung, Thronausübung derselben.

Wie der Staatsdiener und Staatsdienstbewerber zum Staate aber nicht bloß als Staatsorgan, bezw. Staatsorganschaftsbewerber rechtliche Verbindungen unterhält, so auch das Hausmitglied. Familienhaupt und Familienangehörigen stehen zum Staate auch in gleichsam außeramtlichen Beziehungen, nicht nur in Beziehung zur Kronträgerschaft, sondern auch in Beziehung zum Staate als Gesetzgeber, als Richter, als Verwalter, zum Staate in Beziehung nicht bloß als Throninhaber, Thronanwärter und Thronausüber, sondern auch als *Privatleute*, als *Staatseinwohner*, *Staatsaufenthalter*, *Staatsangehörige*, *Staatsfremde*.

II. A. 1. Ihre Stellung als Mitglieder des Hauses vermag auch auf diese anderen Beziehungen zum Staate einzuwirken.

Wohl wissen wir bereits, daß *Hausmitgliedschaft* und *Staatsangehörigkeit* im besonderen voneinander völlig unabhängige Rechtsverhältnisse darstellen, nur die Möglichkeit besteht, daß ein und dieselbe Tatsache, wie z. B. Thronbesteigung und Vermählung, zugleich sowohl das Hausmitgliedschafts-, wie das Staatsangehörigkeitsverhältnis zu begründen oder zu beendigen vermag — vgl. die §§ 13, 21, 22, 24, 26—30 —, aber dies schließt nicht aus, daß, *wenn* die Familienangehörigen zugleich das eine oder andere, d. h. z. B. Staatsangehörige, Staatsaufenthalter, Staatsfremde sind, ihre Stellung als Mitglieder des regierenden Hauses zugleich auch jene anderen Rechtsstellungen modifizierend beeinflußt.

2. Grundsätzlich allerdings gilt: *soweit nicht eine besondere ausdrückliche oder konkludente Ausnahme für sie gemacht ist, stehen die Familienmitglieder, auch das oberste, wenn sie Staatsangehörige oder Staatsfremde, Staatsdiener u. s. w. sind, jedem anderen Staatsangehörigen, Staatsfremden, Staatsdiener u. s. w. völlig gleich.* Hiergegen spricht nicht der Umstand, daß das Gerichtsverfassungsgesetz unter den Deutschen, welche die Berufung zum Schöffen- und Geschworenenamt ablehnen dürfen (§§ 35, 85), wohl die Mitglieder einer gesetzgebenden Versammlung, nicht aber die Angehörigen des landesherrlichen Hauses nennt, und unter den Deutschen, welche nicht berufen werden sollen, wohl Minister und vor allem die Mitglieder der Senate der freien Städte, nicht aber die Glieder der landesherrlichen Familie (§§ 34, 85). Irrig wäre, hieraus zu folgern, dieselben sind nicht mit in die Liste aufgenommen, weil sie als solche, von selbst, von Schöffen- und Geschworenen- und sonstigen Untertanenpflichten befreit, überhaupt keine Untertanen sind. Denn hieraus erhellt lediglich, daß die Angehörigen von Herrscherhäusern als solche (anders als Mitglieder der ersten Kammer oder als aktive Offiziere oder Minister) nicht ablehnen und wohl berufen werden dürfen. Lediglich für das Familienhaupt und den Regent oder Regierungsstellvertreter besteht eine Ausnahme. Sie sind nicht sowohl von der Schöffen- und Geschworenenpflicht befreit, sondern unfähig zu diesen Ämtern; sie dürfen hierzu nicht berufen werden, weil dies dem Grundsatze der

Unabhängigkeit der Gerichte am allermeisten widersprechen würde. Der Fürst würde als Schöffe oder Geschworener leicht dominierenden Einfluß besitzen. Würde der Gesetzgeber von der Meinung ausgehen, daß die Mitglieder des landesherrlichen Hauses als solche nicht Reichsuntertanen sind, dann hätte es keiner Bestimmung darüber bedurft, daß sie von der Wehrpflicht befreit sind. Die Bestimmung des Wehrgesetzes vom 9. November 1867 § 1 bedeutet: „Falls die Mitglieder regierender Häuser Reichsangehörige sind, sollen sie der Wehrpflichtigkeit eines solchen nicht unterworfen sein." Vgl. *mein* „Das landesherrliche Haus u. s. w." S. 30.

B. Freilich fehlt es auch nicht an gegenteiliger Anschauung.

1. a) *α*) Vollkommen zutreffend ist und wir deuteten dies schon oben S. 130 an: da die Angehörigen des Herrscherhauses nicht zugleich Staatsangehörige sein müssen, ist es juristisch nicht völlig zutreffend, sie als rechtlich bevorzugte (und benachteiligte) Staats*angehörige* zu bezeichnen, aber hieraus folgt nicht, daß, weil die Mitglieder der regierenden Familie in ihrer dynastischen Eigenschaft Sonderrechte und Sonderpflichten haben, die Rechte und Pflichten, die aus anderen Rechtsbeziehungen zum Staate entspringen, für sie selbst dann nicht gelten, wenn bei ihnen die allgemeinen Voraussetzungen hierfür (Staatsangehörigkeit u. s. w.) gegeben sind. *Dem Satze Haukes*, die geschichtlichen Grundlagen des Monarchenrechts S. 128, *die dynastische Eigenschaft des Herrscherhausmitgliedes vertrage keine Beurteilung nach der Kategorie des Verhältnisses der übrigen Einzelpersonen zum Staatsverbande, vermag mit nichten zugestimmt zu werden.* Das Dienstverhältnis des als Offizier im Staatsdienste desjenigen Staates stehenden Prinzen, dessen regierendem Hause dieser Prinz angehört, unterscheidet sich rechtlich in keinem Punkte von dem Staatsdienstverhältnis irgend eines anderen militärischen Befehlshabers. Nicht als Oberst oder General, sondern als Mitglied des landesherrlichen Hauses genießt er besondere militärische Ehrenerweisungen. Wenn eine Landes- oder Gemeindesatzung den Staats- oder Gemeindeaufenthaltern

oder denjenigen, welche in dem betreffenden Gebiete Grundstücke besitzen oder Gewerbe betreiben lassen, gewisse Beschränkungen der Handlungsfreiheit auferlegt oder polizeilichen Vermögensaufwand ansinnt, wie es z. B. in Bau- und Feuerpolizeiordnungen geschieht, so unterliegen diesen Vorschriften auch die Mitglieder des regierenden Hauses, selbst der Herrscher („die Zivilliste"). Schon oben S. 130 begegneten wir der Anschauung, daß der Herrscher nicht seinen eigenen Befehlen unterworfen sein könnte. Auch der Regierungspräsident oder Bürgermeister erläßt Polizeiverordnungen; niemand zieht hier aus der Tatsache, daß jemand obrigkeitliche Gewalt besitzt, den Schluß, seinen eigenen Befehlen könne niemand unterworfen sein. Nicht als Regierungspräsident ist der Regierungspräsident den Polizeivorschriften unterstellt, welche er erläßt, sondern als Gesetzesuntertan. Zwei Rechtsstellungen vereinigen sich eben in einer Person wie so oft. Als Staats*organ* erläßt der Beamte und so auch der Herrscher Befehle, welche er als Familienvater, als Hausbesitzer, als Gewerbetreibender, mit einem Worte: als Staats*untertan* im weiteren Sinne, d. h. als Untergebener der Staatsgewalt (Staatsangehöriger, Staatsaufenthalter, Staatsforense) zu befolgen hat. Wohl ist es möglich, daß jemand Herrscher und Beherrschter zugleich ist. *Der Herrscher ist sein eigener, sein erster, sein vornehmster Untertan.*

β) Der preußische Abtretungsvertrag mit Hohenzollern vom 7. Dezember 1849 und die kgl. Verordnung dazu vom 19. Juli 1851 (*Schulze* III 779) spricht von „nicht zum königlichen Hause gehörigen Untertanen" (siehe unten § 58 II); sie bezeugen somit, daß auch die Mitglieder des königlichen Hauses preußische Untertanen sind.

b) Völlig entfällt natürlich jener Einwand im Verhältnis des Staatshauptes zu *Reichsgesetzen.* Hier ist das Staatshaupt nicht der den Befehl erlassende Herrscher, der Landesherr also von vornherein fremder Befehlsgewalt unterstellt. Den Beitrags-, An- und Abmelde- und sonstigen Pflichten, welche z. B. die sozialen *Versicherungsgesetze* des Reiches dem Arbeitgeber auferlegen, unterliegt der Landesherr demgemäß mangels besonderer Ausnahme als Unternehmer so gut wie irgend ein anderer Arbeitgeber. Auch das Mitglied des landesherrlichen Hauses hat einen Unterstützungswohnsitz, die Befugnisse der Gewerbe- und Preßfreiheit und das Recht des freien Zuges u. s. w. Vgl. jedoch S. 378.

c) Im allgemeinen gilt: *im Gebiete der inneren und der Militär- und auswärtigen Verwaltung stehen die Mitglieder des landesherrlichen Hauses, das Haupt eingeschlossen, allen anderen der Staatsgewalt irgendwie Unterworfenen grundsätzlich gleich.* Sie unterliegen dem gleichen Verfassungs- und Verwaltungs- und Militärrecht. Auch das nämliche Straf- und Handels- und Militärstrafprozeßrecht gilt für sie.

2. Zum anderen wurde gesagt (vgl. *Seydel* Bd. I § 63 S. 210), die Vorschriften des gemeinen Rechts *könnten* manchmal auch da, wo die Gesetze eine Ausnahme *ausdrücklich* nicht vorsehen, ihrem Zwecke nach für die Mitglieder des regierenden Hauses nicht *berechnet* sein.

a) Richtig ist — und wir betonten dies schon oben S. 440 —: nicht bloß dann, wenn die Gesetze die Angehörigen der Herrscherfamilie ausdrücklich ausnehmen, sondern auch dann, wenn dies aus der Natur der Sache oder Sonstigem zu folgern ist, finden die für sonstige Staatshoheitsunterworfene geltenden Vorschriften auf die Mitglieder der Dynastie keine Anwendung. Aber dieser stillschweigende Ausschluß der Angehörigen des Fürstenhauses vermag nicht bereits in dem Falle angenommen zu werden, wo feststeht, daß die Vorschrift nicht auch auf die genannten Rechtssubjekte *berechnet* sein *kann*, sondern erst dann ist die erwähnte Annahme erlaubt, wenn aus dem Zwecke der Vorschrift oder anderem *mit Sicherheit* erhellt, daß dieselbe auf jene Personen nicht *angewendet* werden *darf*. Gewiß verfolgten die gesetzgebenden Faktoren Österreichs, als sie den Satz aufstellten, jeder Staatsangehörige müsse eine Heimat, d. h. armen- und sicherheitsrechtliche Zugehörigkeit zu einer Gemeinde haben, hiermit nicht auch den Zweck, den Mitgliedern des österreichischen Kaiserhauses solch eine Zufluchtsstätte zu verschaffen, allein aus dem Fehlen dieser Absicht bei den Gesetzesautoren folgt noch keineswegs, daß die Angehörigen der Dynastie nicht nach dem objektivierten Gesetzeswillen, wenn sie österreichische Staatsbürger sind, wie ein jeder derselben, solch eine Heimatsberechtigung besitzen. Bestimmt kann angenommen werden, daß die gesetzgebenden Faktoren des Reiches bei Einführung des allgemeinen Wahlrechts zum Reichstag nicht auch besonders daran dachten, ein solches den Mitgliedern der regierenden Häuser zu verschaffen, wenn sie deutsche Staatsangehörige sind, allein hieraus resultiert keineswegs, daß sie solches Recht bei jener Voraussetzung nicht in Wirklichkeit besäßen. Der deutsche Landesherr und die Mitglieder der landesherrlichen Familie besitzen somit das *aktive Reichstagswahlrecht.*

b) Erst wenn *mit Sicherheit* angenommen werden kann, daß eine Vorschrift für die Mitglieder der regierenden Familien nicht angewendet werden *darf*, sind dieselben von den durch dieselbe begründeten Pflichten oder Rechten ausgenommen.

a) Das *Reichspaßgesetz* vom 12. Oktober 1867 reguliert in § 3 bezw. 10: „Bundesangehörige wie Ausländer bleiben verpflichtet, sich auf amtliches Erfordern über ihre Person auszuweisen". „Nicht außer Kraft treten die Bestimmungen über die Kontrolle neu anziehender Personen und der Fremden an ihrem Aufenthaltsorte". Dem Wortlaute nach unterliegen diesen Pflichten somit auch Mitglieder der deutschen landesherrlichen Häuser, seien sie Deutsche oder Nichtdeutsche. Allein zur Zeit des Erlasses des genannten Gesetzes bestand schon das Recht des Inkognitos der Mitglieder des landesherrlichen Hauses gegenüber den Organen der Fremden- und Sicherheitspolizei. Hieran wollte der Natur der Sache nach nichts geändert werden. Der Angehörige der regierenden Familie muß auf polizeiliches Erfordern nicht seinen Familiennamen angeben, sondern darf sich auch gegenüber der Fremdenpolizei seines Inkognitonamens bedienen, diesen in den Meldezettel einschreiben u. s. w. Ja diese Befugnis ist sogar erweitert; früher bestand sie lediglich gegenüber den Polizeiorganen des Staates, zu dessen regierender Familie die betreffende Persönlichkeit rechnet; jetzt besteht das Recht gegenüber allen Polizeibehörden genannter Art im ganzen Reiche.

β) Der Landesherr besitzt *aktives Wahlrecht zu Land- und Reichstag*, aber mit Sicherheit ist anzunehmen, daß eine für denselben oder einen Regierungsverweser abgegebene Reichstagswahlstimme, bezw. eine in dem Staate, welchem er bezw. ein Regent vorsteht, für ihn bezw. diesen Regenten abgegebene Landtagswahlstimme ungültig ist, bei Ermittlung der Wahlergebnisses also außer Ansatz zu bleiben hat. *Kein Landesfürst oder Landesverweser besitzt passives Reichstagswahlrecht, keiner ist in seinem Lande für den Landtag wählbar.*

aa) Nicht kann nach Analogie des Satzes: Niemand kann gleichzeitig Mitglied von Bundesrat und Reichstag (Reichsverf. Art. 9), bezw. von Herren- und Abgeordnetenhaus (preuß. Verf. Art. 78) sein, geschlossen werden: der Landesherr, Regent, Kaiser kann wohl zum Reichstag gewählt werden, für ihn abgegebene Reichstagswahlstimmen sind wohl nicht ungültig, aber nimmt er die Wahl an, so ist er verpflichtet, abzudanken, weil niemand zugleich Leiter des landesfürstlichen Stimmrechts im Bundesrate und Stimmenvertreter des deutschen Volkes zu sein vermag. Diese Auffassung vertritt *H. Edler von Hoffmann* in einem Aufsatze im Archiv für öffentl. Recht Bd. XVIII (1903) S. 259 über die Frage „Gibt es ein passives Reichstagswahlrecht der deutschen Landesherren?" Allein der bedeutsame Unterschied ist dieser: Mitgliedschaft im Herrenhaus *und* Abgeordnetenhaus bezw. Zugehörigkeit zu Bundesrat und Reichstag sind nicht ihrem Wesen nach unverträgliche Staatsstellungen; nur unzweckmäßig ist es, wenn beide in *einer* Person zusammentreffen; ohne besondere Gesetzesvorschrift könnte somit wohl ein und dieselbe Persönlichkeit beide Stellungen einnehmen, so gut sie Bundesratsbevollmächtigter und Abgeordnetenhausmitglied auch jetzt noch zu sein vermag. Anders dagegen das Verhältnis von Fürst und Volksvertreter. Dies sind ihrem Wesen nach unvereinbare Stellungen. Der Volksvertreter soll ja das Volk gegen den Fürsten vertreten. Der Fürst kann somit kein Volksvertreter gegen sich selbst sein. Und dann: der Bundesratsbevollmächtigte oder das Herrenhausmitglied bildet nur *ein* Mitglied eines großen Kollegiums und der

Bundesratsbevollmächtigte braucht überhaupt nicht stimmführendes Bundesratsmitglied zu sein und selbst der stimmführende handelt nach Instruktion. Hier dagegen der Fürst: im Lande besitzt er allein soviel Stimmgewicht bei der Gesetzgebung, wie das ganze Abgeordneten- und das ganze Herrenhaus allein, und im Reiche steht er über dem Bundesrate; er leitet die Stimmen im Bundesrat. Also reicht bei solchen Unterschieden nicht aus zu sagen: auch hier besteht lediglich die Alternative: die Wahl zum Abgeordneten ablehnen und Landesfürst bleiben oder diese Wahl annehmen und als Landesfürst abdanken. Abgeordneteneigenschaft und landesfürstliche Stellung sind ihrem politischen Gewicht nach zu unterschiedlich, als daß man glauben könnte, die Rechtsordnung ließe zu, sie in dieser Weise als politisch gleichgewichtig zu behandeln. Die Frage einer *Wahl* zwischen beiden kann der Gesetzgeber gar nicht aufgeworfen haben. Er kann gar nicht zugelassen haben, daß der Landesfürst (Kaiser, Regierungsverweser), solange er dieses ist, vor eine solche Wahl gestellt wird. Der Gesetzesgeber hat ihn von vornherein für untauglich zur Abgeordneten*wahl* erklärt. Er ist nicht wählbar. Eine Reichstagswahlstimme auf den Kaiser, einen Bundesfürsten oder Landesverweser ist ungültig; kein Landesherr besitzt zum Landtag seines Staates passives Wahlrecht. Zum Landtag eines anderen Staates kommt ihm, das Vorhandensein der allgemeinen Voraussetzungen hierfür angenommen, Wählbarkeit zu. Mit Recht bemerkt *Laband*, Staatsrecht des Deutschen Reiches bei Marquardsen 3. Aufl. 1902 S. 54: „Nicht wählbar zum Reichstage sind die Landesherren der deutschen Staaten als Träger der souveränen Reichsgewalt und Vollmachtgeber der Bundesratsmitglieder". Vgl. auch dessen großes Reichsstaatsrecht 4. Aufl. Bd. I S. 291.

ββ) *Hoffmann* meint über diesen Unterschied mit der Bemerkung hinwegkommen zu können (S. 259): „Gegebenenfalls könnte ein Fürst eher geneigt sein, auf seinen Thron zu verzichten, als ein Mitglied der Oberrechnungskammer — welches kraft Gesetzes nicht Angehöriger des Landtags werden kann — auf sein Amt". Er spielt hiermit die Frage auf das wirtschaftliche Gebiet hinüber. Allein nicht auf diesem, sondern auf politischem Gebiete liegen die Gründe, um derentwillen gewisse Stellungen für unvereinbar erklärt sind, bezw. unvereinbar sind. — Ein Landesherr besitzt erst dann passives Wahlrecht zum Reichstag u. s. w., wenn er aufgehört hat, Landesherr u. s. w. zu sein.

III. In §§ 13 IV, 29 V und 41 II haben wir schon betont, daß die besonderen Pflichten und die besonderen Rechte der Hausangehörigen mangels besonderer Ausnahme nicht durch Staatsangehörigkeit und Aufenthalt im Staate bedingt sind.

A. Das erstere folgt schon daraus, daß von den Pflichten, von welchen die Mitglieder landesherrlicher Häuser befreit werden, nur eine eine solche ist, welche lediglich dem Staatsangehörigen obliegen kann, die Wehrpflicht. Auch kein Vorrecht der Mitglieder regierender Familie ist ohne weiteres an die Voraussetzung des Besitzes der Staatsangehörigkeit gebunden. Es ist eine Folge besonderer Bestimmung, daß das Recht auf Sitz und Stimme im preußischen Herrenhause nur von preußischen Untertanen ausgeübt werden kann (kgl. preuß. Verordnung vom 12. Oktober 1854 § 7).

B. 1. So wenig die Rechte und Pflichten des Staatsangehörigen im Zweifel an den Aufenthalt im Staate geknüpft sind, so wenig ist dies bei den Rechten und Pflichten des Hausmitgliedes der Fall; verbietet solche Annahme zum Teil doch schon der räumliche Umfang der betreffenden Staaten. Natürlich kann auch hier eine *besondere* Bestimmung gegenteiliger Art sich ergeben. Bezüglich des Gerichtsstandes erwähnten wir S. 122 in dieser Hinsicht eine *lippische* Verordnung vom 15. Mai 1902. Ebenso schreibt die eben zitierte *preuſs.* Verordnung über das Herrenhaus vor: Das Recht auf Sitz und Stimme im Herrenhause kann nur von solchen geübt werden, welche ihren Wohnsitz innerhalb Preußens haben.

2. Die besondere *Gerichtsbarkeit* über die Familienglieder ist, wie wir sahen (siehe oben S. 121), ein Ausfluß der *Staats*gewalt, wirkliche oder delegierte Staatsgerichtsbarkeit; also unterstehen ihr im Auslande wohnende Hausmitglieder lediglich soweit, als dieselben als im Auslande lebende Persönlichkeiten nach den deutschen Reichsjustiz-, Straf- und Zivil-

rechtsgesetzen der deutschen Gerichtsgewalt unterliegen. Beispielsweise unterliegen sie also noch der Gerichtsbarkeit des deutschen Familienhauptes für Klagen, welche auf einen Geschäftsbetrieb oder Grundbesitz in Deutschland Bezug haben.

3. Die landesfürstliche *Familienaufsicht* bildet keinen Ausfluß, sondern nur eine Pertinenz der Staatsgewalt; demgemäß besteht sie uneingeschränkt auch gegen im Ausland lebende Familienangehörige, welche ihr grundsätzlich noch unterworfen sind. Vgl. S. 373.

IV. A. Andererseits gilt natürlich: die Mitglieder haben besondere Rechte und Pflichten *nur gegenüber demjenigen Staate, welcher ihnen dieselben einräumt bezw. auferlegt.* Vorrechte, welche ihnen das *Reichsrecht* zubilligt, wie z. B. das des Gerichtsstandes vor besonderem Gericht (höherem Zivilgericht oder besonderem Familiengericht), besitzen dieselben gegenüber allen Staaten, in welchen dieses Reichsgesetz gilt. Auch das bayerische ordentliche Gericht muß sich also für unzuständig erklären, wenn vor ihm ein bürgerlicher Rechtsstreit gegen ein oldenburgisches Fürstenhausmitglied erhoben werden will. Wenn dagegen das *preufsische* Ausführungsgesetz zur Zivilprozeßordnung vom 6. Oktober 1899 § 2 (siehe oben S. 128) bestimmt: „Die für die Vermögensverwaltung der deutschen Landesherrn und der Mitglieder der deutschen landesherrlichen Familien . . . bestehenden Behörden gelten im Sinne der Zivilprozeßordnung als gesetzliche Vertreter derselben für alle zu ihrem Geschäftskreise gehörigen Gegenstände mit den Rechten und Pflichten der gesetzlichen Vertreter einer nichtprozeßfähigen Partei“, so kommt dieses Vorrecht den Mitgliedern deutscher Herrscherhäuser lediglich vor den *preufsischen* ordentlichen Zivilgerichten zu.

B. Es ist eine Frage rein positiver Gesetzgebungs- bezw. Regierungspolitik, ob die besonderen Rechte und Pflichten allen oder nur einem Teile der Hausmitglieder zugestanden bezw. auferlegt werden wollen, ob nur den agnatischen oder auch den kognatischen Familienangehörigen. In Großbritanien und Irland wird z. B. allen, auch entfernteren, kognatischen Angehörigen des Hauses vom Staate Steuerfreiheit gewährt.

C. Die Stellung der Familienmitglieder im Völkerrecht.

§ 56.

I. A. Die Mitglieder des regierenden Hauses haben besondere Rechte und Pflichten *nur* gegenüber dem Hause, dem sie angehören, und gegenüber dem *Staate, dessen Herrscherhause sie zugehören*; gegenüber *anderen* Häusern und Staaten lediglich, wenn diese ihnen solche besondere Rechtsstellung zuweisen. So führten wir im vorigen Paragraphen eine Bestimmung des preußischen Rechtes an — § 2 des preuß. Ausführungsgesetzes zur R.Z.Pr.O. —, wonach nicht bloß die Mitglieder der preußischen, sondern aller *deutschen* landesherrlichen Familien in Preußen ein Vorrecht genießen, also z. B. auch die bayerischen und sächsischen Prinzen und Prinzessinnen. Dazu kommen dann die Privilegien des Reichsrechtes: dasselbe räumt z. B. die sogenannten Prozeßprivilegien (Vernehmung in der Wohnung, Eidesleistung durch Unterzeichnung der Eidesformel) den Mitgliedern des preußischen Königshauses nicht bloß vor preußischen, sondern vor allen deutschen Gerichten ein.

B. Nach § 5 des E.G. zur Zivilprozeßordnung darf durch Haus- oder Landesgesetz dritten Personen für vermögensrechtliche Ansprüche gegen alle Mitglieder landesherrlicher Häuser aus Privatrechtsverhältnissen der Gerichtsweg nicht verschlossen werden. Aber Haus- oder Landesrecht kann für solche Klagen ein besonderes Gericht und ein besonderes Verfahren bestimmen. Dies Gericht und dies Verfahren ist auch für Kläger aus anderen Staatswesen und das Verfahren auch für Gerichte anderer Gliedstaaten und das Reichsgericht bindend.

II. A. Soweit das Recht des anderen Staates und Hauses eine besondere Rechtsstellung nicht einräumt, gilt auch für das Hausmitglied in seiner Beziehung zu einem Staate, dem es nicht angehört, gewöhnliches Fremdenrecht. Es hat in infolgedessen insbesondere 1. gegenüber dem fremden *Hofe* kein besonderes Zeremonialrecht — es ist nur tatsächliche Sitte, internationaler Brauch, Völkergalanterie, gewisse Ehrenbezeugungen zu erweisen —, 2. gegenüber dem fremden Staate keinen Anspruch auf andere Behandlung, als er sie sonst dem Fremden erweist; es müßte sich denn im Gefolge des im auswärtigen Staate nicht inkognito reisenden Familienhauptes im Auslande befinden.

B. 1. a) Hieraus folgt, daß das *Familienhaupt* gegenüber fremden Staaten und deren Höfen eine besondere Völkerrechtsstellung einnimmt. Freilich nimmt es diese bevorrechtete internationale Stellung nicht sowohl als Familien-, sondern in erster Linie als Staatshaupt ein. In dem völkerrechtlichen Prinzipe der Unabhängigkeit eines Völkerrechtssubjektes vom anderen ist auch enthalten der Völkerrechtssatz der Unabhängigkeit des obersten, das Völkerrechtssubjekt repräsentierenden Organes des Völkerrechtssubjektes. Und zwar würde die Unabhängigkeit des Staates vom Staate auch gefährdet, wenn das oberste Staatsorgan nur in seiner staatshäuptlichen Stellung unabhängig wäre. Das Völkerrecht hat es daher in jedem seiner Rechtsverhältnisse gegenüber dem Auslande unabhängig gestellt, demgemäß auch als Familienhaupt und sogar als Privatmann, in allen seinen Privatrechtsverhältnissen, indem das Völkerrecht auch auf das Verhältnis des Staatshauptes zum fremden Staate den Rechtssatz in jeder Richtung anwendet: par in parem non habet imperium. Der Souverän, welcher im Gebiete eines anderen Staates einen Vertrag abschließt, der auch dort zu erfüllen ist, untersteht der auswärtigen Gerichtsbarkeit nur, wenn er sich durch völkerrechtlichen, staatsrechtlichen oder privatrechtlichen Vertrag verpflichtet hat, sich den auswärtigen Gerichten zu unterwerfen, oder wenn er freiwillig vor ihnen Recht nimmt. Vgl. *Edg. Löning*, Die Gerichtsbarkeit über fremde Staaten und Souveräne in der Festgabe der Juristenfakultät Halle für Fitting 1903 S. 145, 152.

b) Diese Unabhängigkeit von fremder Staatsgewalt steht dem Landesfürsten aber nur zu, soweit es sich um *Zivil- und Strafgerichtsbarkeit* handelt; dem fremden Verwaltungsbefehl und Verwaltungszwang unterliegt er, soweit er sich unter auswärtiger Gebietshoheit mit Person oder Vermögen befindet. Dafür ist er andererseits in diesem Umfange exterritorial nicht bloß, wenn und soweit er sich im *Auslande befindet* oder dort Gewerbe betreibt oder Grundstücke besitzt, sondern auch, wenn dies nicht der Fall ist. Ein Versprechen, das er eingeht, ist im Auslande zu erfüllen; trotzdem unterliegt er ohne seinen Willen nicht dortiger Zivilgerichtsbarkeit. Eine Ausnahme besteht lediglich für dingliche Klagen über unbewegliche Sachen. Tritt ein Souverän in fremden Staatsdienst, so unterliegt er auch fremder Disziplinargewalt.

c) Wenn sich der Souverän in seiner Heimat befindet, so ist er schlechthin von der auswärtigen Zivil- und Strafgerichtsbarkeit im angegebenen Umfange befreit; wenn er sich im Auslande befindet, ist es lediglich der Fall, sofern er sich daselbst als Souverän zu erkennen gibt, nicht unter falschem Namen inkognito sich dort aufhält. Im letzteren Falle will er wie eine Privatperson angesehen sein und wird er daher wie eine solche behandelt, selbst wenn der Regierung des Aufenthaltsstaates von seiner Anwesenheit Kenntnis gegeben wurde. Vgl. *Löning* a. a. O. S. 150.

d) Das Privileg gilt auch, wenn er im Kriege im Auslande sich befindet; auch der kriegsgefangene Monarch genießt es.

e) Weil das Sonderrecht auf der Staatshauptstellung ruht, endigt es mit dieser, also z. B. mit Abdankung.

2. Dies Privileg der Befreiung von Gerichtsbarkeit genießt das Staatshaupt, ob es sich im fremden Staate befindet oder nicht; drei andere stehen ihm nur bei Aufenthalt daselbst zu:

a) *Persönliche Unantastbarkeit.* Auch soweit der Fürst ausnahmsweise fremder Gerichtsbarkeit untersteht, ist es doch demgemäß unstatthaft, zur Erzwingung einer Handlung oder als Maßregel des Arrestes oder der Zwangsvollstreckung oder als Strafe über ihn Beschränkungen der persönlichen Bewegungsfreiheit zu verhängen. Aus gleichem Grunde sind auch die beweglichen Sachen, die zu seinem persönlichen Gebrauche oder zu dem seines Gefolges und seiner Bediensteten bestimmt sind, unverletzlich.

b) Ungehemmter Verkehr mit dem eigenen Staat.

c) Anspruch auf das Hof- und Staatszeremonial eines regierenden Fürsten.

C. Die Befreiung von Gerichtsbarkeit und persönliche Unverletzlichkeit und das Recht uneingeschränkten Verkehrs mit dem Heimatsstaat wird auch den in Begleitung des Souveräns im Auslande reisenden Familiengliedern zuteil, sie müßten denn noch Angehörige des Aufenthaltsstaates sein. Nicht kraft Rechtspflicht, sondern aus internationaler Kourtoisie werden die genannten Privilegien auch der allein reisenden Gemahlin eines monarchischen Staatshauptes eingeräumt.

III. Ganz anders ist natürlich die Rechtslage der Familienmitglieder in fremden Staaten, wenn sie, was sehr häufig, *zugleich* — sei es agnatisch oder kognatisch — *Angehörige der dort regierenden Familie* sind. Hiervon war bereits wiederholt — so S. 146 und S. 231 — die Rede.

Zweites Kapitel.

Das Recht der vormals regierenden Fürstenhäuser.

1. Der Begriff der vormals regierenden Familie.

§ 57.

I. Vormals regierende Häuser in dem hier gemeinten und der Sprache unserer Reichsgesetzgebung eigentümlichen Sinne sind alle deutschen Fürstenhäuser, welche *nach* 1815 *aufgehört* haben, *regierende* zu sein. Wir sprachen hiervon schon im § 14 S. 140.

II. A. Schon ehe ein Herrscherhaus aufhört, ein regierendes zu sein, zerfällt dasselbe in regierende und *nichtregierende* Bestandteile: in regierende und *nicht*regierende *Mitglieder*, eine regierende und vielleicht eine oder mehrere *nicht*regierende *Linien.* So sagt z. B. das *hannoversche* Hausgesetz von 1836 Kap. I § 3: „Mitglieder des Königlichen Hauses sind ... alle ... *nicht regierende Prinzen* und Prinzessinnen der Königlich-Hannoverschen Linie“ [1]); und in § 10 des Staatsgrundgesetzes,

---

[1]) Siehe auch *braunschweig*sches Regentschaftsgesetz vom 16. Februar 1879 § 6. Hiernach kann der Regent nur gewählt werden „aus den volljährigen, nicht regierenden Prinzen der zum Deutschen Reiche gehörigen souveränen Fürstenhäuser“.

bezw. Art. 8 des Hausgesetzes für *Koburg* und *Gotha* lesen wir übereinstimmend: „Dafern beim Aussterben der *regierenden Linie* zwei gleich nahe Linien vorhanden sein sollten, so wird die jüngere durch die ältere ausgeschlossen.“

B. Diese nichtregierenden Mitglieder bezw. Linien sind regelmäßig solche, welche *noch nicht* regiert haben, aber es vermögen auch solche zu sein, welche *überhaupt nicht regieren werden* oder *schon regiert haben.*

1. a) Wir wissen, daß Sukzessionsfähigkeit wohl die regelmäßige Voraussetzung bezw. die natürliche Wirkung der Hausmitgliedschaft darstellt, aber daß es auch nicht sukzessionsfähige Hausmitglieder gibt. Davon handelten wir in § 43. Im Wege der Verleihung oder Aufnahme können Persönlichkeiten Hausmitglieder werden, welche Thronfolgefähigkeit vorher nicht besitzen und solche durch den Eintritt in die Hausgenossenschaft auch nicht erwerben. Und ebenso ist möglich, daß Hausangehörige auf ihr Anwärterrecht verzichten oder dies sonst verlieren. Sie hören dadurch nicht von selbst auf, auch Familienglieder zu bleiben.

b) Auf der anderen Seite besitzt der zurückgetretene Monarch für die Regel (siehe § 52 II) keine Thronanwartschaft mehr, bleibt aber trotzdem Hausmitglied.

2. Was in den beiden angegebenen Richtungen für einzelne Mitglieder gilt, ist auch zugleich für Abkömmlinge derselben, also für ganze Linien möglich. Dabei ist zu betonen, daß der Ausdruck regierende Linie, wie der Ausdruck regierendes Haus, a potiori gebraucht ist. Regierende Linie ist die Linie, aus welcher der jeweilige Throninhaber hervorgeht. Wie beim regierenden Hause grundsätzlich alle anderen Mitglieder außer dem „regierenden Herrn“ nichtregierende Mitglieder darstellen, so besteht auch die regierende Linie grundsätzlich nur aus einem regierenden, im übrigen ausschließlich aus nichtregierenden Mitgliedern.

C. Somit ist der Begriff des regierenden Hauses auch nicht aufgehoben, wenn es sich, von dem regierenden Herrn abgesehen, nur aus Mitgliedern, welche überhaupt nicht regieren werden, oder nur aus Mitgliedern, welche schon aufgehört haben, zu regieren, zusammensetzt. *Nichts steht im Wege, daſs alle aufser dem regierenden Fürsten noch vorhandenen Mitglieder solche sind, welche auf ihr Anwärterrecht verzichteten, oder solche, welche die von ihnen besessene Krone niederlegten.* Wenn die regierende Familie — den regierenden Herren ausgenommen — sich aus drei Kategorien von Mitgliedern mischen kann, solchen, welche nie regieren werden, weil sie die Thronfolgefähigkeit nie besaßen oder verloren, solchen, welche sie besitzen, und solchen, welche regiert haben, so ist nicht abzusehen, warum das Herrscherhaus — das Familienhaupt ausgenommen — nicht auch nur aus einer dieser Kategorien sollte bestehen können. Regelmäßig besteht es ja aus solchen, welche regieren werden, und solchen, welche nie regieren werden (Gemahlinnen, Witwen), aber es ist doch auch möglich, daß es lediglich aus ersterer oder bloß aus der zweiten und ebenso, daß es nur aus der dritten Gruppe der Mitglieder sich bildet. *Insbesondere existiert somit die Möglichkeit, dafs es mit Ausnahme des Hauptes allein solche Mitglieder umfafst, welche nie regieren werden.* Aus welchem Grunde sie das nie tun werden, kann keinen Unterschied machen. Gleichgültig also ist, ob sie Anwartschaft nie besaßen oder ob sie die einmal besessene verloren, insbesondere aufgaben.

D. Bleiben wir beim letzteren Falle — Bestand des Hauses aus einem regierenden Herren und sonst lediglich aus Mitgliedern, welchen Thronanwartschaftsrecht fehlt —, so ist es weiter gleichgültig, in welchem Verwandtschaftsverhältnis dieselben zum regierenden Haupte stehen. Ohne Einfluß ist es daher, ob dieselben alle seiner Linie angehören, agnatische oder kognatische Abkömmlinge desselben, Gemahlinnen, Witwen seiner Linie sind, oder ob dieselben alle einer oder mehreren Nebenlinien angehören. *Möglich* also *ist*, daß *der regierende Herr das letzte Mitglied seiner, der Haupt- oder regierenden Linie darstellt*, alle anderen Hausangehörigen eine oder mehrere „Nebenlinien“, eine oder mehrere jüngere Linien bilden (vgl. über den Begriff Nebenlinie oben § 39 II A 2). Trotzdem stellen sie noch Mitglieder und Zweige eines regierenden Hauses dar. Sie sind nichtregierende Mitglieder eines regierenden Hauses, und zwar sukzessionsunfähige nichtregierende Mitglieder eines solchen.

III. Aus dem Erörterten ergibt sich eine wichtige Konsequenz für den Begriff des ehemals regierenden Hauses: *Auch dann ist eine fürstliche Familie eine vormals regierende, wenn dieselbe vor dem Aufhören der Regierung des letzten regierenden Herrn lediglich aus nicht sukzessionsberechtigten Mitgliedern von Nebenlinien bestand und der letzte regierende Herr dadurch zu regieren aufhörte, dafs er mit Tod abgeht.* In diesem Falle hören die Nebenlinien nicht auf, Bestandteile einer regierenden *Familie* zu bilden, ehe sie Bestandteile einer solchen geworden sind, sondern sie hören lediglich auf, Mitglieder einer regierenden Familie zu sein, ehe sie regierende *Linie*, Hauptlinie, einer solchen wurden. Das erfordert aber nicht das Wesen der Zugehörigkeit zu einer regierenden Familie, daß man Mitglied der Linie war, aus welcher der (letzte) regierende Herr hervorging; es genügt, wenn man einer nichtregierenden Nebenlinie angehörte, einer Nebenlinie, die niemals Regierungsrechte besessen hat, also vormals nie selbst regierte. Die Nebenlinie eines regierenden Hauses, welche selbst niemals regiert hat, kann sofort mit Aufhören der Regierungseigenschaft der Familie *Haupt*linie der letzteren als *vormals* regierender Familie werden.

A. Gesetzt den Fall, der letzte Kurfürst von Hessen (gest. 6. Januar 1875), welcher bekanntlich keine ebenbürtige Deszendenz hinterließ, wäre im Kampfe gegen Preußen gefallen, so würde bei der Vernichtung des hessischen Kurstaates, also bei Entthronung des kurfürstlichen Hauses dieses nur aus drei Linien bestanden haben, welche selbst nie *vorher* regierten, nie Regierungsrechte besessen, der Rumpenheimer und den beiden Philippstaler Linien. Dadurch wäre aber nicht ausgeschlossen gewesen, daß sie nunmehr als Linien eines *ehemals* regierenden Hauses galten. Dadurch, daß es der Nebenlinie eines regierenden Hauses versagt blieb, *regierende*, also Hauptlinie dieses Hauses zu werden, sie also *selbst niemals regierte*, ist nicht ausgeschlossen, daß sie nach Aufhören der Regierungsmöglichkeit mit dem Abgange des letzten regierenden Herrn der Hauptlinie nunmehr als Linie und zwar als Hauptlinie, selbständige Linie, d. h. nicht mehr Nebenlinie, eines ehemals regierenden Hauses, somit als ehemals regierendes Haus gilt. Die Rumpenheimer und die Philippstaler Linien bilden jetzt das vormals regierende kurhessische Fürstenhaus, obschon sie nie selbst regiert haben. Die Rumpenheimer Linie wurde aus einer nichtregierenden Nebenlinie eines regierenden Fürstenhauses zuerst Nebenlinie, dann Hauptlinie eines nicht mehr regierenden Fürstenhauses.

B. Der Fall, daß eine Linie eines regierenden Hauses, welcher selbst versagt blieb, Hauptlinie, also regierende Linie dieses Hauses zu werden, bei Depossedierung des Hauses die allein noch vorhandene Linie dieses Hauses bildet, ist in der Geschichte des *schleswig-holsteinschen* Herrscherhauses verwirklicht.

Bekanntlich zerfiel das Altoldenburger, d. h. das in Holstein regierende, also das herzoglich-holsteinische Haus in zwei große Zweige: königliche und gottorper Linie. Die ältere Linie hieß königliche, weil der ältere Zweig derselben, der Glückstadter, auch die Herrschaft in Dänemark erwarb. Obwohl dem jüngeren Zweige der älteren Linie, dem Zweige Sonderburg, jedes Erbrecht auf Dänemark fehlte, wurde er doch als jüngere königliche Linie des herzoglichen Hauses Holstein bezeichnet, so wie man etwa heute im koburggothaischen Hause auch von königlichen Linien desselben sprechen kann. Mit dem Abgange des Königs Friedrich VII. von Dänemark verlor das Herzogtum Holstein auch seinen letzten Herzog aus der älteren königlichen, aus der Glückstadter Linie. Diese starb mit ihm im Mannesstamme aus. Gleichzeitig hörte das Haus Holstein infolge bekannter Ereignisse auf, in Holstein zu regieren. Der jüngeren königlichen Linie, dem Zweige Sonderburg, war also versagt, *regierende* Linie zu werden. Trotzdem wurde sie ehemals regierendes Haus, weil sie Nebenlinie eines regierenden Hauses war. Wenn die regierende Linie des Hauses wegfällt und mit ihr das Regierungsrecht der ganzen Familie sich endigt, wird die erste Nebenlinie des bisherigen Herrscherhauses Hauptlinie eines vormals regiert habenden Hauses, obwohl sie selbst niemals regiert hat. Der Zweig Sonderburg wurde selbst dann vormals regierendes herzoglich holsteinsches Haus, wenn derselbe in allen seinen Teilen durch Verzicht oder aus anderen Gründen sein Thronfolgerecht verloren hatte. Denn wie wir wissen, hängt von Vorhandensein der Thronfolgefähigkeit der Fortbestand durch Abstammung erworbener Agnatschaft nicht auf. Der älteste Agnat der ältesten Linie der Nebenlinie Sonderburg wurde auf alle Fälle Haupt des vormaligen holsteinischen Fürstenhauses, ebenso wie der Kurfürst von Hessen Haupt des „vormaligen kurhessischen Fürstenhauses" (E.G. z. B.G.B. Art. 57) wurde. Es macht keinen Unterschied für die Stellung als *Haupt*linie eines *vormals* regierenden Hauses, ob die betreffende Linie Haupt- *oder* Nebenlinie des regiert habenden Hauses war. Durch Kabinettsordre vom 3. Juli 1893 hat der König von Preußen ausdrücklich „anerkannt", daß „das schleswig-holsteinsche Haus Augustenburger und Glücksburger Linie gegenwärtig einen selbständigen Zweig eines in Deutschland vormals souveränen Hauses bildet."

IV. Bedeutungslos für das rechtliche Wesen der vormals regierenden Fürstenfamilie ist, ob sie *freiwillig*, d. h. im Wege friedlicher Abtretung (Hohenzollern) oder *unfreiwillig*, d. h. im Wege der Okkupation der Herrschaft oder Gebietshoheit durch Dritte aufgehört hat, regierendes Haus zu sein.

2. Die Rechtsstellung der vormals regierenden Familie und ihrer Glieder.

§ 58.

I. A. 1. Das bisher regiert habende Haus als *Ganzes verliert* mit der Herrschaft im Zweifel das Eigentum am Domänenvermögen, das ihm bisher zustand (vgl. § 36 III), und seine Autonomie hört auf, in irgend welcher Richtung von gliedstaatlichem Recht unabhängig zu sein, bezw. Landes- oder Reichsrecht irgendwie vorzugehen; die Privilegien von E.G. z. B.G.B. Art. 57 Abs. 1 und den ähnlichen Bestimmungen der Einführungsgesetze der Reichsjustizgesetze hören auf. Die Familie behält juristische Persönlichkeit, aber nur eine vorwiegend privatrechtliche (vgl. oben S. 123 u. 141).

Doch hört sie nicht völlig auf, juristische Person des öffentlichen Rechtes zu sein, denn noch kann mit ihr, wenn sie aus der Zeit vor 1815 stammt, von einem regierenden Hause eine Erbverbrüderung, also ein Vertrag über ein öffentliches Recht abgeschlossen werden. Die Ordnungsgewalt des Hauses als solchen bleibt erhalten, aber als privatrechtliche.

2. Was das Haus gewinnt, ist lediglich ein Ersatzanspruch für Verlust des Domänenvermögens (vgl. § 36 III).

B. 1. Das *Haupt* des *Hauses verliert* die besondere Hausgewalt, weil dieselbe eine Pertinenz der Staatsgewalt gebildet hatte (vgl. S. 89 ff.). Durch besondere Hausobservanz kann sie sich erhalten oder durch sie oder Hausgesetz sich neu bilden (s. S. 95), aber dann nur als eine Gewalt im Namen des Hauses (S. 100) und von privatrechtlichem Wesen (S. 123). Selbstverständlich hat das Haupt keine Gerichtsbarkeit und sonstige Hoheit über die Hausmitglieder mehr.

2. a) α) *Alle* Hausmitglieder werden grundsätzlich frei von Unterordnung unter eine besondere Familienaufsicht des Familienhauptes, aber büßen auch alle Privilegien in dem Staate ein, welchen ihre Familie regierte. Sie hören auf, privilegierte Untertanen, bezw. privilegierte Staatsfremde zu sein. Sie verlieren somit insbesondere Ehrenrechte im Staat, vermögensrechtliche Ansprüche gegen ihn, besonderen strafrechtlichen Schutz ihrer Ehre, Prozeß- und Steuerprivilegien, Befreiung von Wehrpflicht und Militärlasten, Sitz im Staatsrat und der ersten Kammer, vor allem Thronfolge- und Regentschaftsfähigkeit.

β) Was alle Mitglieder *behalten*, ist nur *Ebenbürtigkeit* in dem oben S. 115 gemeinten Sinn und Titel (Wappen u. s. w.), aber nicht Rang von Mitgliedern regierender Häuser. Ohne Vertrag v. 26. März 1873 hinderte nichts, daß der Landgraf von Hessen nach dem Tode des letzten regierenden Kurfürsten den Titel eines Kurfürsten von Hessen annahm. Ohne besondere Verleihung seitens des Königs von Preußen konnte das Haupt jedes Zweiges des schleswig-holsteinschen Fürstenhauses sich *Herzog* zu Schleswig-Holstein nennen. Nicht erwarben die Mitglieder, mangels besonderer Bestimmung, einen Entschädigungsanspruch für ihnen entgehende Ansprüche auf Unterhalt durch den Staat, denn solche standen ihnen nur zu als Mitglieder *regierender* Familien. Die Notwendigkeit erhöhter Repräsentation (Zivilliste) fällt überdies weg. Bei Übernahme der Domänen auf den Staat übernahm dieser auch Domänenlasten und Domänenschulden.

b) Dagegen sind alle Mitglieder aus privilegierten Untertanen, Aufenthaltern, Forensen des Staates, den ihre Familie regierte, geworden, wenn sie nicht in einem dritten Staate Staatsangehörigkeit besaßen, *einfache Untertanen* der neuen Dynastie im alten Staate oder gewöhnliche Untertanen des neuen, ihren früheren Staat in sich aufnehmenden Staatswesens, welche Staatsangehörigkeit sie allerdings durch Verjährung mittelst Auswanderung oder Austritt aus dem Staatsverbande zu beendigen vermochten (Niederlassung des Hauses Hannover in Österreich). Selbstverständlich bleibt auch das aus dem Untertanenverband des neuen Erwerbers ausgeschiedene Mitglied des ehemals regierenden Hauses hinsichtlich seines in dem verlorenen Staate noch befindlichen oder aus demselben zu beziehenden Vermögens nach den Regeln der Gebietshoheit der Herrschaft der neuen Dynastie unterworfen. Das Vermögen des Königs von Hannover unterlag auf diese Weise vom 2. März 1868 (preuß. Verordnung vom 2. März 1868; bestätigt vom Landtag 15. Februar 1869) bis zum preuß. Gesetz vom 10. April 1892 der Beschlagnahme.

C. Die Rechte, welche Haus und Mitglied behalten (Autonomie, Ebenbürtigkeit, Titel), stehen ihm nicht bloß in dem Gebiete, das sie beherrschten, sondern überall im Gebiete des neuen Reiches und des früheren deutschen Bundes zu. Denn es sind dies Rechte, welche jedes *deutsche* hochadelige Haus überall in Deutschland besitzt. *Diejenigen Rechte, welche das Haus und seine Glieder nicht speziell als regierendes, sondern als schlechthin hochadeliges besafsen, wurden durch Beendigung der Dynastieeigenschaft nicht berührt.* Die Rechte des hochadeligen Hauses und Standes als solchen beruhen nicht mehr auf Besitz eines Gebietes, wenn auch einzelne Rechte der Standesherrn durch Verlust der standesherrlichen Besitzung enden, sondern sie beruhen „auf der geschichtlichen Tatsache, daß dem Hause zur Zeit des alten

Reiches Reichsstandschaft zukam" (so *Löning*, Über Heilung notorischer Mißheiraten S. 53 im Einklang mit der herrschenden Lehre). Das Recht der Autonomie, Ebenbürtigkeit und Titelführung wird daher durch Verlust von Gebietshoheit oder Standesherrschaft nicht berührt.

II. A. Selbstverständlich kann die *neue Dynastie* die *Rechtsstellung* der vormals regierenden Familie und ihrer Angehörigen zu einer *besonderen* gestalten, zu einer *besseren*, als die anderer Untertanen oder Staatsfremden, oder zu einer *schlechteren*, letzteres natürlich nur, wenn und soweit sie der Gewalt der neuen Dynastie untersteht. In letzterer Hinsicht ist die Beschlagnahme des Vermögens des letzten Kurfürsten von Hessen durch Preußen mittelst Gesetz vom 15. Februar 1869 zu erwähnen, die erst nach dessen Tod durch Gesetz vom 26. Juli 1875 aufgehoben wurde. Derselbe war preußischer Untertan geblieben; er lebte nur die letzten Jahre seines Lebens ausschließlich im Ausland (Böhmen).

B. Die Einräumung einer *besseren* Rechtsstellung, als sie dem einfachen Untertanen, Aufenthalter und Forensen zukommt, kann seitens der neuen Dynastie spontan erfolgen oder in Erfüllung *vertragsmäfsigen Versprechens.*

1. Die Fürsten von Hohenzollern verloren infolge Abtretung ihrer Staaten an Preußen u. a. auch die besondere Familienaufsicht (vgl. S. 90f. und § 32 II B 1 a) und die Mitglieder des Hauses Privilegien gegenüber den hohenzollernschen Staaten. Daher wurde in Art. 12 des Abtretungsvertrages vom 7. Dezember 1849 vereinbart: „Die beiden Hohenzollernschen Fürstenhäuser behalten, der Abtretung Ihrer Fürstentümer ungeachtet, *innerhalb* des *Preufsischen* Staates Ihren bisherigen *Rang* und die damit verbundenen Vorzüge, auch *soll* Ihnen und insbesondere Ihren jedesmaligen hohen Chefs, im Falle Ihrer etwanigen *Niederlassung* im preußischen Staate, eine Ihren verwandtschaftlichen und sonstigen Verhältnissen zum Königlich Preußischen Hause entsprechende *bevorzugte* Stellung vor allen anderen nicht zum Königlichen Hause gehörigen *Untertanen* Seiner Königlichen Majestät *gewährt* werden. Das Nähere hierüber bleibt einer besonderen Feststellung vorbehalten, welche sich in

dem vorausgesetzten Falle einer Niederlassung der Durchlauchtigsten Fürsten *im* Preußischen Staatsgebiete auch auf die hinsichtlich des *Gerichtsstandes*, der Vormundschaft etc. Ihnen etwa einzuräumenden Ehrenvorzüge zu erstrecken haben wird.“

2. a) Gegenüber dem herzoglichen *Hause Nassau* ging Preußen keine derartigen Verpflichtungen ein (vgl. Vertrag vom 18. September 1867 bei Hahn S. 445), ebensowenig gegenüber dem *Kurfürsten* von Hessen, der sich ja nur „in der *Ausübung* seiner Regentenrechte“ gehindert sah (vgl. Vertrag vom 18. September 1866 bei Hahn S. 346 ff.) Dagegen wurde „den *sämtlichen* Mitgliedern des hannoverschen Königshauses“ im Vertrag vom 29. September 1867 (bei Hahn S. 448 ff.) versprochen, daß sie von der Einkommensteuer befreit bleiben sollten, desgleichen von der Gebäudesteuer, soweit sie dies nach der früheren Gesetzgebung waren.

b) Weiter gingen die Versprechungen gegenüber den kurhessischen Nebenlinien, sobald sie auf die Regierung des früheren Kurstaates, sowie allen damit zusammenhängenden Rechten und Bezügen vertragsmäßig Verzicht leisteten (vgl. § 36 III B 2).

α) In dem Vertrag mit *Landgraf* Friedrich von Hessen vom 26. März 1873 Art. 14 erklärte Preußen wohl einerseits nur: „Seiner Majestät dem Könige von Preußen bleibt vorbehalten (also keine Bindung!), den Mitgliedern der Rumpenheimer Linie der kurhessischen Fürstenfamilie eine ihren verwandtschaftlichen und sonstigen Verhältnissen entsprechende Stellung zu gewähren,“ aber andererseits wurde vereinbart: „Die Freiheiten, welche den Mitgliedern dieser Linie bezüglich Ihrer Güter und in persönlicher Hinsicht bisher zugestanden haben, insbesondere die Freiheit vom Militärdienste, die Nichtheranziehung Ihrer Pferde zum Kriegsgebrauche, die Steuerfreiheit, die Portofreiheit etc. soll Ihnen, so weit und so lange dies nach der jeweiligen deutschen und preußischen *Gesetzgebung* zulässig ist, erhalten bleiben.“ Bestimmte Gesetze dieser Richtung zu erlassen, versprach Preußen hier nicht; nur als Verwaltung wollte es sich binden. Hierin liegt der Unterschied gegenüber dem Vertrage mit Hohenzollern.

β) Das gleiche bestimmt nahezu wörtlich Art. 8 des Vertrags vom 13. Dezember 1880 mit den beiden *Philippstaler Linien*. Nur heißt es hier: „eine der Würde ihres Hauses entsprechende Stellung zu verleihen".

c) Keine ähnliche Vorschrift enthält das oben S. 81 angezogene preußische Gesetz vom 1. April 1885 betreffend Schadloshaltung des herzoglich *schleswig-holsteinischen* Hauses.

III. Ob freiwillig oder in Erfüllung eines vertragsmäßigen Versprechens Vorrechte gegenüber anderen Untertanen bezw. Fremden eingeräumt werden wollen, ist bedeutungslos für die Frage, welches Staatsorgan solche Privilegien gewähren kann.

A. 1. Ausnahmen von der *Reichs*gesetzgebung kann nur ein Reichsgesetz, also Bundesrat mit Reichstag schaffen. Das Reich steht den Verträgen frei gegenüber, sogar soweit sie das bürgerliche Recht berühren, da nach E.G. z. B.G.B. Art. 56 unberührt nur bleiben, d. h. dem neuen bürgerlichen Recht des Reiches nicht weichen Staatsverträge, die ein Bundesstaat mit einem ausländischen Staate vor Inkrafttreten des B.G.B. schloß, also nicht Verträge desselben mit einem deutschen Fürstenhause.

2. Somit war es keine Rechtsverletzung, daß vor der Reform der *Reichsjustizgesetze* vom Jahre 1898 den Mitgliedern der Fürstenhäuser Hannover, Kurhessen, Nassau nicht die oben S. 128 und 129 aufgezählten Prozeßprivilegien und privilegierten Gerichtsstände zugebilligt waren. Auch wäre es nicht einmal eine Vertragswidrigkeit gewesen, wenn dieselben dem fürstlichen Hause Hohenzollern vorenthalten worden wären. 1896—98 erhielten jene drei Fürstenhäuser die gleichen reichsrechtlichen Privilegien, welche das Haus Hohenzollern besaß bezw. neu empfing, auf ihre Bitte vom Gesetzgeber des Reiches zuerkannt. Nur ein Unterschied besteht. Die Privilegien des *Personenstandsgesetzes* (siehe oben S. 128 und 150), welche die regierenden deutschen Fürstenhäuser mit der Familie Hohenzollern teilen, fehlen den drei genannten vormaligen Dynastien. Das Haus Schleswig-Holstein scheint anläßlich der Reform der Reichsjustiz- und des Erlasses der Reichszivilgesetzgebung einen Antrag versäumt zu haben. Es genießt daher nicht einmal die Zivil- und

prozeßrechtlichen Vorrechte standesherrlicher Häuser (vgl. S. 140).

3. Die Vorrechte, welche das Reichsrecht verleiht, gelten gegenüber allen deutschen Staatsorganen, aber nicht weiter. Vgl. oben § 56 I.

4. Keines der ehemals regierenden Häuser genießt besonderen strafrechtlichen Schutz gegen Beleidigungen seiner Mitglieder.

B. 1. a) Der regierende Fürst des Einzelstaates, also z. B. der König von Preußen, kann den fürstlichen Familien, welche seit 1815 aufgehört haben zu herrschen, im Wege der *Verordnung* soweit Vorrechte verleihen, als die Verleihung des Vorrechtes nach dessen Natur nicht den Weg des Gesetzes erforderlich macht. Preußische Verfassung Art. 4 schreibt vor: „Standesvorrechte finden nicht statt“, d. h. die Verleihung solcher bedarf eines verfassungsändernden Gesetzes. „Nur mit Vorrechten nicht verbundene Auszeichnungen“ vermag der König allein zu verleihen (Art. 50). Somit kann der König ohne Zustimmung des Landtags den Mitgliedern der regierenden Familien gewisse Staatstitel, Staatsprädikate und bestimmten Staatsrang verleihen; so z. B. die „Verleihung“ des Titels Herzog zu Schleswig-Holstein und des Prädikats „Hoheit“ an den Herzog Ernst Günther von Schleswig-Holstein, deren in der Begründung zu jenem Schadloshaltungsgesetze vom 1. April 1885 S. 8 (siehe oben S. 82) mit den Worten Erwähnung geschieht, es sei dies „ein auf neuerer Allerhöchster Verleihung beruhender Titel“.

b) Ungehindert auch durch eine Mitwirkung des Staatsministeriums ist der König in der Bestimmung des *Hofranges.*

c) Durch Verordnungen vom 19. Juli 1851 bezw. 14. August 1852 (*Schulze* III S. 779 ff.) und 2. August 1875 hat demzufolge der König von Preußen hinsichtlich der fürstlichen Familie Hohenzollern geordnet Rang, Titel, Wappen, Prädikat (Chefs: Hoheit), Hofstaaten, Verleihung der Rechte einer öffentlichen Behörde an die fürstliche Hofkammer und auf Grund der vorhandenen Gesetzgebung (insbesondere Gesetz vom 26. April 1851 über die Hausgerichtsbarkeit) die Gerichtsbarkeit des Hausministeriums über jene Fürstenhäuser (siehe

§ 40 III B) und ihre Abgaben- und Portofreiheit. Das fürstliche Haus Hohenzollern ist im Herrenhause, aber nicht im Staatsrat kraft Verordnung vertreten[1].

2. a) Durch *preufsische* Gesetze erhielt das Haus Hohenzollern Freiheit von der Einkommen- und Kommunalsteuer, wie das königliche Haus (siehe oben S. 128f.); ebenso das Recht der Vertretung im Prozeß durch seine Behörden (vgl. § 55 IV A). Das gleiche Recht besitzen die Häuser Hannover, Kurhessen, Nassau; ebenso Freiheit von Einkommen-, aber nicht von Kommunalsteuer. Das Portofreiheitsrecht der Familie Hohenzollern hat das Reichsrecht beseitigt. Dagegen besitzt sie, nicht aber die drei anderen Häuser, in Streitsachen Gerichtsstand vor dem Geheimen Justizrat (Gesetz vom 26. April 1851).

b) Auch innerhalb Preußens fehlt dem herzoglichen Hause Schleswig-Holstein jedes gesetzliche Vorrecht. Da es keine standesherrliche Familie ist, steht es sogar hinter den mediatisierten Geschlechtern zurück. Seine Mitglieder stehen dem gewöhnlichen Untertan, bezw., soweit sie Ausländer sind, dem gewöhnlichen Staatsfremden vor dem preußischen Gesetze völlig gleich, schlechter somit, als die Mitglieder standesherrlicher Familien.

3. Natürlich haben vom Einzelstaat verliehene Privilegien nur für deren Gebiet Wirkung.

IV. Wie die Mitglieder vormals regierender Familien dadurch alle Rechte von *Angehörigen* regierender Häuser erlangen können, daß sie in ein solch regierendes Haus durch Aufnahme eintreten, hiervon wurde schon in den §§ 22, 25 und 39 gehandelt.

---

[1]) Vgl. *Hue de Grais,* Der preußische Staat, I. Staatsverfassung und Staatsbehörden 1903 S. 60.

Alphabetisches Sachregister.

A.

Abdankung 63, 211, 243, 283ff., 300, 321f., 382, 401, 449ff.
Aberkennung der bürgerlichen Ehrenrechte 381. — Der Mitgliedschaft 313—323.
Absetzung 290, 300, 381, 428.
Absolute Monarchie, ihr Einfluß auf die Art des Zustandekommens der Hausgesetze 104ff.
Abstammung s. Geburt.
Abtretung 58, 311, 333.
Adel, alter 168, 170. — Hoher s. Haus, hochadeliges. — Niederer 161ff.
Adelssachen 369.
Adelsverleihung und Ebenbürtigkeit 205f.
Adoption s. Annahme an Kindesstatt.
Agnaten 143, 352. — Gesamtheit derselben 360ff. — Letzter Agnat mit unebenbürtiger Deszendenz 193. — Verleihung der Agnatschaft an Unebenbürtige 184ff. — S. auch Thronfolge.
Agnatische Kognatin 143, 145, 248, 352. — Thronfolgerecht derselben s. Thronanwartschaft.
Ahnenprobe 187.
Albany, Thronfolgeverzicht zugunsten des Herzogs von Albany s. Connaught.
Allodium 325, 340.
Altenburg s. Sachsen-Altenburg.
Altfürstliche Häuser 152, 162f.
Altgräfliche Häuser 152, 162f.
Anerkannte Ehen 182.
Anerkennung der Standesmäßigkeit 179. — Völkerrechtliche 115.
Anfall 417ff.
Anfechtung der Ehelichkeit 148.
Anhalt, Anna Föse 203. — Thronfolge und Hausgesetz 17, 185.
Annahme an Kindesstatt 143.
Annexion 311.
Anschluss an ein anderes Haus 246, 357.
Anwartschaft s. Thronfolge.
Anzeige von Familienereignissen 125, 127.
Apanagen 249, 346ff., 355. — Einfluß der Zugehörigkeit zu einem anderen Hause, der Übernahme von Offiziersstellung u. s. w. auf sie 119. — Entstehung 81. — Herausgabe 322. — Rechtliche Natur 124, 345f.
Aufenthalt außer Landes 87, 125, 269, 290ff., 378. — Einfluß auf die Staatsangehörigkeit 133.
Aufgebot 150.
Aufnahme in die Mitgliedschaft 232ff., 244ff.
Aufsicht s. Hausgewalt.
Ausland s. Aufenthalt.
Ausschluss aus dem Hause s. Mitgliedschaft.
Ausstattung 124, 249.
Aussteuer 124, 252, 345f.
Austräge 138.
Auswärtige Krone s. Thronbesteigung und Personalunion.
Auswärtiger Staat s. Aufenthalt und Thronbesteigung.
Autonomie nichtregierender Häuser 95, 193, 370ff. — Regierender Häuser 65ff., 103ff., 193, 362f., 370ff. — Standesherrlicher Häuser 66ff., 139, 193.
Austritt aus dem Hause 257ff., 274ff.

B.

Baden, Apanagen 249, 346. — Domänenvermögen 124, 342. — Hausgesetze der absoluten Zeit 104. — Hausgesetz von 1817: 56, 107. — Kognatenthronfolge 264 f., 379 f., 399, 404. — Personalunion 263 ff. — Rechtliche Natur der Hausgesetze 106. — Thronfolge und Hausgesetz 14 f. — Luxemburg 406.

Bayern, Apanagen 119 f., 350 f. — Hausgesetze über die Stellung der Hausmitglieder 92 f. — König Otto von Griechenland 35, 119. — Landesfürstliche Hausgewalt 88. — Landesherr als Hausmitglied 100. — Ob agnatische Mitwirkung 105, 109. — Personalunion 263 ff. — Rangausweichung des Königs Otto von Griechenland 34. — Rechtliche Natur 105. — Thronfolge und Hausgesetz 20. — Vermögen der Hausmitglieder 338 f.

Beamte s. Hausbeamte.

Beendigung der Mitgliedschaft s. Mitgliedschaft.

Behörden s. Hausbehörde und Vertretung.

Beleidigung s. Ehre.

Belgien, Name der Prinzen und Prinzessinnen 232. — Prinzessin Stephanie 255 f., 281, 283, 307 f.

Bereicherung, ungerechtfertigte 321 ff.

Bestätigung, kaiserliche, für Hausgesetze 178, 206. — Für Ebenbürtigkeitsverleihung 206.

Besteigung eines fremden Thrones s. Thronbesteigung.

Beurkundung s. Personenstandsgesetz.

Bevollmächtigte s. Vertretung.

Bis auf den ledigen Anfall 287.

Braunschweig, Ordnung der Rechtsverhältnisse der Hausmitglieder 93. — Regentschaft 300, 301 ff., 421, 438. — Thronfolge und Hausgesetz 20. — Verfassung 10.

Braunschweig-Lüneburg s. Gesamthaus.

Buchungsfreie Grundstücke 138, 323.

Bulgarien, Fürst v. B. 101, 119, 374.

Bundesakte 152 f., 178.

Bürgerliche Rechtsstreitigkeit 83.

Bürgerliches Recht s. Hausrecht.

Bundesrat 302 f., 320, 388.

Bundesstaaten 320.

C (s. auch Z).

Connaught, Herzog und Prinz von C. s. Sachsen-Koburg und Gotha.

Chef s. Familienchef und Gesamthäuser.

Christliche Religion 115, 183.

D.

Dänemark 45, 309.

Depossediertes Haus s. Haus, nichtregierendes.

Depossedierung 309 ff., 429.

Dienst, Eintritt in fremden Dienst 125, 268.

Direkte Steuern s. Steuerfreiheit.

Disparagium 212.

Dispensation vom Haus- oder Staatsgesetz 186.

Disziplinargewalt im nichtregierenden Hause: 97, 230, 304. — Im regierenden Hause: des Hauses als Ganzen 230, 304, 371 f. — Des Oberhauptes 87, 127.

Domanialhausfideikommiss 325 ff.

Domanialvermögen 124, 325 ff., 341 ff. — Vereinbarungen über dasselbe 336 ff.

Dynastie, neue 240 f. — Beendigung der Stellung als D. 309.

E.

Ebenbürtigkeit 151 ff., 211. — Außerdeutscher Familien 115, 152 f., 171 ff. — Beseitigung oder Änderung des Prinzips 177. — Besonderes Hausrecht 151 f., 167. — Der altfürstlichen Häuser 162 ff. — Der altgräflichen Häuser 162 ff. — Der neufürstlichen Häuser 162 ff. — Der neugräflichen Häuser 162 ff. — Der reichsständischen Häuser 163 ff. — Der Standesherren 115, 152, 179. — Frage der Aufhebung des Prinzips 175 ff. — Kreis der

ebenbürtigen Familien 152. — Nach gemeinem Recht 115, 164ff. — Privatrechtliche Natur 78, 126f. — Veränderung durch Haus- oder Staatsgesetz 177f. — Verleihung an Unebenbürtige 184ff. — Verleihung von Adel vor oder nach Abschluß der Ehe 205f.
Ehe, unebenbürtige des letzten Agnaten 193. — Zur linken Hand 219ff., 173, 179.
Ehehindernisse 150.
Ehelichkeit des Kindes 147ff.
Ehesachen, Gerichtsbarkeit 139.
Ehescheidung 270ff.
Ehescheidungsrecht, landesherrliches 273.
Eheschliessung 210ff., 244, 248, 257ff., 288. — Des Familienhaupts 176. — Einwilligung der Eltern 150. — Form derselben 150. — Konsens des Chefs eines Gesamthauses 222. — Konsens des Familienhaupts 125, 126f., 216f. — Als Ausfluß der Hausgewalt 87, 91, 118, 180f., 217, 221, 252, 267, 307f., 374ff. — Als Bedingung der Sukzessionsfähigkeit 91, 118, 212, 214, 217, 237, 267. — Als Voraussetzung der Hausmitgliedschaft 180ff., 212ff., 217. Folgen der Nichteinholung des Konsenses 214ff. — Gründe der Verweigerung 217.
Eheverträge, Bestätigung derselben 125, 127. 219.
Ehre, erhöhter strafrechtlicher Schutz 116, 127, 281, 291.
Ehrenämter 368.
Ehrenchef eines Gesamthauses 91, 127, 222.
Ehrenrechte, Aberkennung derselben 381, 296. — Der Mitglieder landesherrlicher Häuser 116, 127, 304. — Im internationalen Verkehr 116.
Eidesleistung 128, 281. 449.
Eigentum der landesherrlichen Familie s. Hausvermögen.
Einkommensteuer 128, 464.
Einquartierungslast 117, 129, 139.
Einsetzung als Landesherr 392.
Einverleibung 311.
England, Ebenbürtigkeit 172. — Königin Viktoria 230f., 241. — Prinzgemahl 132f., 222ff. — Thronfolge in Koburg-Gotha s. Sachsen-Koburg und Gotha.
Enteignung 379.
Entlassung aus dem Hausverband s. Austritt aus dem Staatsverband 290.
Entsagung s. Thronfolge u. Thron.
Entschädigung 79, 321ff., 329ff.
Entscheidung über Mitgliedschaftsstreitigkeiten u. s. w. s. Mitgliedschaft.
Entsippung 279, 294ff.
Entsetzung s. Absetzung.
Entziehung der Mitgliedschaft s. Mitgliedschaft. — Des Titels u. s. w. s. Titel.
Erbeinigung s. Erbverbrüderung.
Erblichkeit der Krone, rechtliche Bedeutung 33, 426.
Erbfolgeverzicht s. Thronfolge.
Erbtochter 397.
Erbverbrüderung 44, 49, 52, 84, 198, 208, 210, 237, 240, 251, 379, 386.
Erbverträge 385ff.
Erlaubnis s. Aufenthalt, Eheschließung, Eintritt, Hausgewalt.
Ernennung s. Hofstaat.
Erscheinen vor Gericht 118, 128, 274, 281.
Ersitzung der Hauszugehörigkeit 233, 239.
Erster Erwerber der Landeshoheit 7, 60.
Erstgeburtsrecht 354ff., 394ff. — Abänderung durch Parteiwillen 34. — Einführung mit Entschädigung 80.
Erworbene Rechte 79.
Erziehung der Prinzen u. s. w. 86, 125.
Eventualbelehnung 383ff.
Eventualsukzession 144.
ex pacto et providentia majorum 7, 299.
Exterritorialität 128, 449.

F.

Familie s. Haus.
Familienangehörigkeit s. Mitgliedschaft.
Familienaufsicht s. Hausgewalt.
Familienchef s. Familienhaupt.
Familiendisziplin s. Disziplinargewalt.
Familienfideikommisse s. Hausfideikommiß.
Familiengerichtsbarkeit s. Gerichtsbarkeit.

Familiengewalt s. Hausgewalt.
Familienhaupt, nichtregierendes 84, 89. — Regierendes 84, 86, 88, 280, 318, 360 ff. — Stellung im alten Reich 87 — s. Hausgewalt und Landesherr.
Familienname 230, 271, 373. — Annahme eines anderen 289.
Familienrat 100, 116, 365 f., 372.
Feststellungsklage 313 f.
filia non renuntians pro renuntiata habetur 286.
foemina est finis familiae 144.
Forensen 439 ff.
Fourage 129.
Frankreich, Hausgesetz für die erste kaiserliche Familie 88, 143, 625.
Freie Herren 153 f. 158, 162.
Freiwillige Gerichtsbarkeit 75, 128, 129.
Freizügigkeit 378, 443.
Fremdenpolizei 255, 274, 283, 289.
Fremder Staat s. Aufenthalt und Thronbesteigung.
Fremder Staatsdienst s. Dienst.
Friedensleistungen für die bewaffnete Macht 129.
Friedensverträge 311.
Fürst 139. — Im Mittelalter 153 ff., 158 ff. — Regierender Fürst s. Landesherr. — Stellung zum Staat früher 1, jetzt 1, 23.
Fürstenhaus, sächsisches 18.
Fürstenhäuser, europäische s. Ebenbürtigkeit.
Fürstenrecht, allgemeines 136, 140 f. — Öffentlichrechtliches 140 f. — Privatrechtliches 78, 140 f. — s. auch Hausrecht.
Fürstin regierende 132, 229, 244, 256.
Fürstingemahl 132, 222 ff., 244, 257. — Kindererziehung 226.
Fürstliches Haus 13.

G.

Gebietsabtretung 58, 311, 333.
Geblütsrecht 9, 142, 298.
Gebührenfreiheit 128.
Geburt 1. — Als Entstehungsgrund der Familienmitgliedschaft 142 ff., 244. — Als Entstehungsgrund der Staatsangehörigkeit 146.
Gegenzeichnung 54, 369, 374, 421, 428.
Geheimer Justizrat 317.
Gehorsamspflicht 126.
Gemahlin der Prinzen 145, 249 — Des regierenden Herrn 224 f.
Gemeindeeinkommensteuer 129.
Gemeindedienste 129.
Gerichtsbarkeit, freiwillige und Hausrecht 75, 128, 129, 369. — Über die Hausmitglieder 121, 366, 369, 372, 447 f., 450. — Über die Standesherrn 138 f.
Gerichtsprivilegien 117.
Gerichtsstand, privilegierter 117 f., 121, 129, 141, 281, 317, 447, 449 — Der Standesherrn 138. — In Preußen 317. — In Lippe 102, 122, 447.
Gerichtsverfassung und Hausrecht 77.
Gesamtbelehnung 379.
Gesamthaus, braunschweig-lüneburgisches s. hannoversches Königshaus. — Chef desselben 89, 127. Einteilung 233 ff. — Erlaß von Hausgesetzen desselben 107, 194 ff. — Gottorpisches 60, 91, 357, 456. — Gothaisches 47. — Hessisches 234, 356, 358 f. — Nassauisches 209. — Oldenburgisches 60, 91. — Russisches 109, 152, 180, 215, 266. — Schwarzburgisches 19, 36, 41, 56. — Sächsisches 18, 47, 359 f. — Protest gegen Meiningen 113.
Geschworenenpflicht 440 f.
Gottorp s. Gesamthaus.
Gradualsystem 394 ff., 398.
Gräfliche Häuser 152.
Grafenbänke 160.
Grafen s. Reichsgrafen.
Grossbritanien s. England.
Grundbuchordnung und Hausrecht 75, 128, 129, 323.
Grundsteuer 129.
Grundstücke, buchungsfrei 138, 323.

H.

Hand, ärgere 151.
Handelsrecht 78.
Hannoversches Hausgesetz. — Erlaß desselben 105, 107, 111.
Hannoversches Königshaus 140, 266. — Aufnahme in dasselbe 239. — Abfindung 331. — Chef des-

selben 90. — Ebenbürtigkeit 152. — Ordnung der Rechtsverhältnisse der Hausmitglieder 93, 459, 464.
Hauptlinie s. Linie.
Haus, hochadeliges 159. — Altes 152. — Ebenbürtigkeit 151 ff. — Jur. Persönlichkeit 103. — Privatrechtliche Seite 140. — Anderes 254. — Königliches 10 f. — Landesherrliches (regierendes) 96 ff. — Begriff, engerer 96. — Begriff, weiterer 96. — Bereich der Sonderstellung 138 f. — Ebenbürtigkeit 115, 152 f., 171. — Hausangelegenheiten 369. Juristische Persönlichkeit 103. — Kognaten als Hausmitglieder 145, 211, 250 f. — Kreis der Mitglieder 210. — Ordnungsgewalt desselben 97, 127, 304. — Recht am Throne nicht vom Staate verliehen 7 ff. — Recht desselben 140. — Vertretung desselben 280. — Nichtregierendes 452 ff. — Depossedierung 309 ff. — Ebenbürtigkeit 115. — Ordnungsgewalt 230, 304. — Recht desselben 140. — Rechtsstellung 140 f. — Vermögen 81, 329 ff.
Hausallodium 325.
Hausämter 366 ff.
Hausangehörigkeit s. Mitgliedschaft.
Hausbeamte 366 ff.
Hausbehörden 360 ff.
Hausbeschluss 272 f.
Hausdomänen s. Hofdomänen.
Hausfideikommiss 5, 116, 324 ff, 337, 340.
Hausgerichtsbarkeit s. Gerichtsbarkeit.
Hausgesetze, Arten 153, 192, 198. — Beseitigung von Unebenbürtigkeit 194 ff. — Der absoluten Zeit 104 f. — Des letzten Agnaten 193. — Faktoren der Hausgesetzgebung 103 ff., 362 f. — Form der Hausgesetze 197. — Kaiserliche Bestätigung 178, 206. — Keine Gegenzeichnung 54. — Keine Publikation 54. — Landesherrliche Bestätigung 178. — Mitwirkung der Agnaten 94 ff., 116, 128. — Name 55. — Nur vom Staatshaupt erlassen 56. — Über die Rechtsstellung der Mitglieder 92 ff., 305. — Unechte Hausgesetze 93. — Verschiedene Gruppen derselben 14 ff. — Vom Staat zum Teil unabhängig 24, 42, 95, 122, 140, 333, 370. Wesen der Hausgesetze 147. — Zustimmung der Agnaten 94 ff., 116. — Zustimmung der Stände früher 23, heute 55, 56, 114, 236 — s auch Hausrecht.
Hausgewalt der regierenden Häuser als solchen 95 f., 115, 140. — Nichtregierender Häuser 84, 90, 95. — Landesfürstliche 140, 237, 305. — Bedeutung 96, 97, 129. — Besteigung eines fremden Thrones 99, 135, 229 ff., 242, 267. — Entstehung 84 f. — Gemahlinnen und Witwen 145. — Inhalt 86 f., 298 ff., 303, 373. — Nicht auf Staatsangehörige beschränkt 95. — Und Hausrecht 100. — Während der Regentschaft 92. — Wesen 89, 92, 99, 121 f.
Hausgut 324 ff.
Hausminister 368 ff.
Hausmitgliedschaft s. Mitgliedschaft.
Hausorgane 360 ff.
Hausrang s. Rang.
Hausrecht fürstliches 136 ff. — Geht gewöhnlichem Recht vor 65, 128. — Und bürgerliches Recht 65, 128, 129, 281, 375. — Und Konkursordnung 128, 129. — Und Strafprozeßrecht 128, 129. — Und Thronfolge 140, 145, 370. — Und Zivilprozeßrecht 128, 129. — Verhältnis zum Staatsrecht 7, 24, 42, 57, 77, 95, 122, 140, 370.
Haustruppen 368.
Hausverfassung 65 ff.
Hausvermögen 116 ff. 323 ff.
Hausverordnungsgewalt des Landesherrn 94.
Heimatsrecht 443.
Heiratskonsens s. Eheschließung.
Herausgabe von Bezügen 321 ff.
Herrenhaus 116, 128, 447, 464.
Herrenstand 157.
Hessen, Großherzogliches Haus 234, 356, 358. — Entschädigung von Preußen 330. — Erbverbrüderung 49 ff. — Hausvermögen 331. — Heiratskonsens 212. — Hinterland 331. — Thronfolge und Hausgesetz 21. — Zivilliste 342 f.
Hessen-Kassel 234, 357, 358. — Landgräfliches Haus 234 f., 329 f., 340. — Philippstaler Linien 234, 330,

340, 356, 358, 461. — Rumpenheimer Linie 81, 234, 329 f., 358, 461. — s. auch Kurhessisches Haus.
Hochfrei 154.
Hofangelegenheiten 367 ff.
Hofämter 367 ff.
Hofdienst 367 ff.
Hofdomänen 327, 368.
Hofrang s. Rang.
Hofstaat 127. — Bestätigung 116, 125, 126.
Hohenzollern, fürstliches Haus 140. 460 ff. — Abtretungsvertrag 58, 311, 333. — Beseitigung von Unebenbürtigkeit 191. — Hausgesetz von wem erlassen 105, 107. — Hausgewalt 90. — Hausvermögen 333. — Heiratskonsens 215. — Leopold v. H. 374 — s. auch Rumänien.
Holstein s. Schleswig-Holsteinsches Haus.

I.

Individualsukzession 354, 394.
Inkognito 255, 274, 283, 289, 444, 450.
Interregnum s. Zwischenherrschaft.
Johann Orth s. Österreich.

K.

Kabinettsgüter 326.
Kaiser, römisch-deutscher. — Bestätigung von Hausgesetzen 178, 206.
Kammergut s. Domanialvermögen.
Kammerschulden 348.
Kirchengebet 127.
Koburg und Gotha s. Sachsen, Koburg und Gotha.
Königingemahl s. Fürstingemahl.
Kognaten 250 f. 352. — Als Hausmitglieder 145, 211, 250 f., 379 f. — Ausscheiden aus der Familie durch Heirat 98. — Thronbesteigung 98. — Eintritt in die Familie durch Heirat 211. — Schmälerung ihrer Rechte 208. — Staaten mit Kognatennachfolge 143, 252. — Staaten ohne Kognatensukzession 252. — Thronfolge derselben 52, 99, 143 f., 379 f. 396 f. — Und Heiratskonsens 213.
Kognatin 143, 145, 248, 264, 352.
Kommunalabgaben 128 f., 464.
Konstitutionelles Staatsprinzip, Einfluß auf die Form der Hausgesetzgebung 107 f.
Korporation 103, 275.
Kreissteuer 129.
Kreistagswahlen 128.
Krone s. Thronfolge und Throninhaberschaft.
Krongut 327.
Kurfürstliche Häuser 161.
Kurhessisches Haus 81, 140, 329 f., 356. — Chef desselben 90. — Hausvermögen 329 f., 333.
Kuriatstimmen 160.

L.

Landesgesetz, Begriff 65 ff.
Landgräflich hessisches Haus 81, 329 f., 340, 445, 461, 464.
Landesherr als Hausmitglied 100, 213. — Als Staatsuntertan 130, 442.
Landestrauer 115, 127.
Landstände s. Hausgesetz.
Landtag s. Hausgesetz.
Legitimation 147.
Lehensanwartschaft 383.
Lehensherr 382 ff.
Lehensrecht 385.
Leibesfrucht 382, 393, 427 f., 434 ff.
Leiningensches Fürstenhaus 176, 179.
Leopold Wölfling s. Österreich.
Leutenberg, Prinz Sizzo von Leutenberg 19, 37. — s. Schwarzburg.
Linealerbfolge 353, 394 ff. — Abänderung durch Parteiwillen 34, 426, 432 f.
Lineal-Gradualsystem 396.
Linie 352 ff. — Apanagierte 351, 355. — Hauptlinie 102, 353 ff. — Männliche 144. — Nichtregierende 354, 452 ff. — Regierende 354. — Weibliche 98, 143, 250.
Linienfideikommiss 355.
Lippe, agnatische Rechte 63, 260. — Brüdervergleich 168. — Domanialvermögen 335 f. — Heiratskonsens 357, 364. — Gerichtsstand der Familienmitglieder 102, 122. — Haus Lippe 102 f., 254, 357, 364. — Rentenprozesse 323. — Schiedsspruch 117, 168 ff. — Thronfolge und Hausgesetz 17. — Thronfolgeschiedsvertrag 40. — Zweige desselben 147, 294.

Lippe-Biesterfeld, Adelheid Gräfin v. L.-B. s. Sachsen-Meiningen.
Lonyay 255f., 281, 283, 307.
Luxemburg, Erbverbrüderung 53, 209. — Weibernachfolge 144f., 209, 402ff.

M.

Majorität 362.
Mecklenburg, Ehekonsens 182. — Hausgesetz, agnatische Mitwirkung 107. — Heiratskonsens 215, 218. — Prinz Heinrich von Mecklenburg s. Niederlande.
Meiningen s. Sachsen-Meiningen.
Militärdienst s. Apanage und Dienst s. a. 441.
Militärlasten 117.
Militärstrafgerichtsbarkeit und Hausrecht 78, 128.
Militärstrafrecht 78.
Minderjährigkeit 416, 424.
Minister 369, 374.
Ministerialen 153.
Ministerverantwortlichkeit s. Gegenzeichnung.
Missheirat 164f., 192ff., 212f. — Privatrechtliche Natur 78.
Mitglieder landesherrlicher Häuser 352. — Früher reichsunmittelbar 85, 87. — Nichtregierende 352. — Ordnung ihrer Rechtsstellung durch Hausgesetz 93f. — Staatsuntertänigkeit derselben 85. — Weibliche 251.
Mitgliedschaft im nichtregierenden Hause 452ff. — Im regierenden Hause 352. — Im engeren Sinne 96ff., 118f., 244f., 312f. — Ausschluß v. d. Mitgliedschaft s. u. Entziehung 297ff. — Im weiteren Sinne 96ff., 118f., 244f., 312f., 373. — Der Herrscherin 229. — Der Kinder der Herrscherin 231. — Der Kognaten 143. — Der Prinzessinnen 143. — Erwerbsgründe 142ff. — Erwerb mittels Aufnahme 232ff. — Entziehung 278, 295, 297ff., 305. — Inhalt 96f. — Bei Aufnahme 102. — In der Familie engeren Sinnes 118ff. — In der Familie weiteren Sinnes 118ff. — Kann sehr verschieden sein 117. — Mehrfache Mitgliedschaft 146f., 263ff., 296. — Pflichten 126ff. — Rechte 115ff. — Verzicht darauf 116, 274, 281. — Rechtliche Natur 78, 101, 123, 125. — Unabhängig von Thronfolgefähigkeit 100, 116, 379. — Streitigkeiten über Mitgliedschaft 123, 125, 313, 388. — Und Staatsangehörigkeit 130ff. — Verjährung 309. — Verleihung 232ff. — Verlust aus strafrechtlichen Gründen 303, 381. — Verlustgründe 248ff. — Verzicht 235f., 257ff., 274, 289. — Wirkungen, natürliche 116. — — Notwendige 115. — Zufällige 116f.
Mitregent 439.
Morganatische Ehen 173f., 179, 219ff.

N.

Nachgeborener 382.
Nachkommen, Verzicht für sie 413ff.
Name s. Familienname.
Napoleon 88, 143, 256, 307f.
Nassauischer Erbverein 145, 209.
Nassauisches Fürstenhaus 140, 461. — Abfindung 330. — Chef desselben 90. — s. auch Luxemburg.
Naturalisation 132.
Naturaldienste 129.
Naturalleistungen 129.
Nebenlinie 102, 246. — Begriff 102, 353ff. — Aufnahme als Nebenlinie 233ff., 246. — In Lippe 102.
Neufürstliche Häuser 162ff.
Neugräfliche Häuser 162ff.
Niederlande, Königin Wilhelmine 230f., 259. — Prinz Heinrich von Mecklenburg 132, 224ff., 231, 258f.
Niederlassung s. Aufenthalt.
Niederlegung s. Abdankung.
Norwegen 172.

O.

Oberhaupt der Familie 88. — s. Familienhaupt.
Obervormundschaft 125.
Öffentliches Recht 44.
Okkupation 311.
Oldenburg 357. — Agnatische Zu-

stimmung zum Hausgesetz 109, 111. — Apanagen 351. — Ebenbürtigkeit 152, 179. — Familienrat 100, 365 f. — Hausgesetzgebung über die Stellung der Hausmitglieder 92 f. — Hausgesetz und agnatische Zustimmung 94. — Hausgesetzgebung und Stände 35, 56. — Hausvermögen 326 ff., 535. — Landesherr als Hausmitglied 100. — Privatvermögen der Hausmitglieder 341. — Rückfallanspruch des Hauses Holstein 45, 92, 387. Russische Linie 60. — Staatsgesetzgebung für den Fall des Aussterbens 92, 390. — Ständische Zustimmung zu Hausgesetzen 114. — Thronfolge und Hausgesetz 21. — Thronfolge und Verfassung 46. — Thronfolgeverzicht 35, 60, 404.
Österreich, Ebenbürtigkeit 172, 175. — Erzherzog Franz Ferdinand 174. — Erzherzoginnen 255. — Erzherzog Johann (Orth) 282, 289. — Erzherzog Leopold von Toskana (Wölfling) 259, 277, 282, 289. — Erzherzogin Luise von Toskana 271, 273, 277, 296 f. — Hausgesetz 254, 282. — Kognatenthronfolge 305. — Kronprinzessin Stephanie 255, 256, 281, 283, 307 f., 305. — Religionsbekenntnis des Herrschers 184. — Schleswig-Holstein 310. — Vermählung der Erzherzoginnen 305.
Orden, Eintritt in einen solchen 290.
Ordnungsgewalt der hochadeligen Häuser 115, 304.
Organe des Hauses s. Hausorgane.

P.

Pacta gentilitia 153.
Paragiat Köstritz 355.
Paragium 81, 355.
Parentel 353.
Parlament s. Landstände u. Landtag.
Patrimonialstaat 57 f., 225.
Persönlichkeitsstaat 386 f.
Personalunion, Verhinderung solcher 261 ff.
Personenstandsgesetz 128, 139, 369, 462.
Pflegschaft 341, 417, 433 ff.
Philippstaler Linien 234, 330, 340, 351, 358, 455, 462.
Plauen, Graf von Pl. 389.
Politische Rechte 128.
Portofreiheit 128.
Portugal 228, 231.
Post s. Portofreiheit.
Postumus 382, 393. 427, 428.
Preussen, Erbverbrüderung 49 ff. — Erwerb von Hohenzollern 58. — Gerichtsstand 317. — Hausvermögen 327 ff. — Prinzessinnenverzicht 52, 285 f. — Thronfolge und Hausgesetz 14. — Weibersukzession 52, 285.
Primogenitur s. Erstgeburtsrecht.
primus acquirens s. Erster Erwerber der Landeshoheit.
Prinz 211, 257.
Prinzessin 143, 211. — Heirat derselben 144, 248 ff. — Nachkommen 145, 250.
Prinzessinnen, angeheiratete s. Gemahlin.
Prinzessinnenverzicht 52, 275 f.
Prinzgemahl s. Fürstingemahl.
Privatfürstenrecht, gemeines der Ebenbürtigkeit 153 ff. — Rechtliche Natur 5, 136.
Privatvermögen 116, 323, 338 ff.
Privilegien, Aufhebung 83.
Professleistung 290.
Prokuratoren (Stellvertreter) bei Eheschließung 150.
Protest 410,
Prozessprivilegien 117, 118, 128, 138, 449.
Publikation s. Hausgesetze.

Q.

Quartierlast s. Einquartierungslast.

R.

Raina, Gräfin von R. 110, 195, 203.
Rang, Hausrang 202, 249, 303. — Hofrang 204, 303. — Staatsrang 204, 249.
Rangausweichung 236. — Nach Anfall 426, 433. — Nach Regierungsantritt 430, 433. — In Schwarzburg-Sondershausen 19, 197. — Vor Anfall 34, 36, 44, 197, 410.
Rechtsschutz 79 ff., 313 ff.
Rechtsstreitigkeit, bürgerliche 83.

Rechtsverwahrung s. Protest.
Regentschaft 300, 301, 419, 421 ff., 424, 433 ff. — Fähigkeit der Hausmitglieder hierzu 116. — Familiengewalt desselben 92. — In Bayern 31. — Kein Austritt aus dem Hause 290, 296.
Regierungsrechte 123.
Regierungsstellvertreter 439.
Regierungsunfähigkeit 182 f., 300, 302, 421 ff.
Regierungsunwürdigkeit 182 f., 300, 302.
Regierungsverwesung 433 ff.
Regierungsvormundschaft 433 ff.
Regredienterbin 397.
Reichsadel s. Adel.
Reichsangehörigkeit 134.
Reichsfreiherren 157 ff.
Reichsfürsten 139, 152, 158 ff.
Reichsfürstenrat 158.
Reichsfürstenstand 158 ff.
Reichsgrafen 152, 157 ff.
Reichsritter s. Ritterschaft.
Reichsständische Häuser 152, 159 ff.
Reichstag 159.
Reichsunmittelbar 84 ff.
Reichsverfassung von 1849 13.
Reichsverweser 433 ff.
Religion, christliche, s. christliche Religion.
Rentenherausgabe 323.
Reuss ä. L. 10. — Thronfolge und Hausgesetz 14. — Gesamthaus s. d. — Ebenbürtigkeit 152. — Hausgesetz über Heiratskonsens 109, 180, 215, 266. — Paragiat Köstritz 355. — Regentschaft 421, 436.
Reuss j. L. 14, 109, 389.
Rheinbundsakte 383 ff.
Rheinbundsstaaten 88.
Ritterschaft 153.
Römhilder Rezeß 47, 395.
Rückfallsklausel 387.
Rückwirkende Kraft 185, 200, 205.
Rumänien 238, 390.
Rumpenheimer Linie 81, 329 f., 340, 356, 358.
Russland 60, 172, 175, 183, 357.

S.

Sachsen (Königreich) agnatische Zustimmung zum Hausgesetz 109. — Erbverbrüderung 49 ff. — Geschiedene Kronprinzessin Luise von Sachsen 271, 273, 277 f., 282, 296, 305. — Heiratskonsens 215, 218. — Prinz Max von Sachsen 285. — Ständische Zustimmung zu Hausgesetzen 114. — Thronfolge und Hausgesetz 18. — Unpfändbarkeit der Apanagen 346.
Sachsen-Altenburg, Hausgesetz und Thronfolge 14. — Heiratskonsens 181. — Teilbarkeit 48.
Sachsen-Koburg und Gotha, agnatische Zustimmung zum Hausgesetz 109. — Apanagen 349. — Auswärtige Throninhaber 241 f. — Besteigung eines fremden Thrones durch Hausmitglieder 99, 307. — Domanialvermögen 335. — Ebenbürtigkeit 151. — Familiengewalt 269. — Fürst von Bulgarien 101, 119. — Heiratskonsens s. Eheschließung 210 ff. — Herzog Alfred 241. — Herzog Karl Eduard 241. Personalunion mit England 261 ff. — Staatsangehörigkeit bei Thronbesteigung 134. — Ständische Zustimmung zu Hausgesetzen 114. — Teilbarkeit 47. — Thronfolgeänderung 58. — Thronfolge nach Staatsrecht 42. — Thronfolge und Hausgesetz 18. — Thronfolgeverzicht des Prinzen von Wales 42, 261 ff., 265. — Thronfolgeverzicht der Connaughts 30, 38, 41, 58. — Und englische Prinzen 42, 131, 134, 231, 403 f., 416, 417. — Regentschaft 421, 435. — Vormundschaft 435.
Sachsen-Meiningen, agnatische Zustimmung zum Gesetze vom 9. März 1896 113. — Ebenbürtigkeit der Prinzessin Adelheid von Lippe-Biesterfeld 112. — Ehekonsens des Landesherrn 181, 216. — Hausrechtliche Bestimmungen im Staatsgesetz vom 9. März 1896 112, 177. — Hausvermögen 117, 326 ff., 332. — Inhalt des Gesetzes vom 9. März 112, 114. — Teilbarkeit 48, 394 f. — Thronfolge und Hausgesetz 14, 112. — Personalunion mit anderen Staaten 261 ff. — Prinzessinnen 250. — Privatvermögen der Mitglieder 339 f. — Vormundschaft 435.

Sachsen-Weimar, Thronfolge und Hausgesetz 17, 185.
Sachsenspiegel 167.
Sächsisches Fürstenhaus s. Gesamthaus, sächsisches.
Sachverständiger, Vernehmung als Sachverständiger 118, 274, 281.
Samtbelehnung s. Gesamtbelehnung.
Schadenersatz bei Depossedierung 329ff. — Bei Einführung der Primogenitur 80. — Für Verletzung von Anwärterrechten 79.
Schatullgüter 326, 338.
Schaumburg-Lippe, Ordnung der Rechtsverhältnisse der Hausmitglieder 92f. — Rechte an Lippe 63, 102, 147, 254, 260. — Thronfolge und Hausgesetz 20.
Schiedsgericht 319ff., 429.
Schiedsspruch s. Lippe.
Schiedsvertrag über Thronfolge 39.
Schleswig-Holsteinsches Haus 45f., 81, 140, 284, 311, 387, 408f. 456f., 458, 462ff. — Rückfallansprüche an Teilen von Oldenburg 45. — Schadloshaltung 81. — Verhältnis zum Altoldenburger Haus 91.
Schöffenpflicht 440.
Schutz 79ff., 378.
Schwabenspiegel 167.
Schwarzburg, Prinz Sizzo von Schw. s. Leutenberg.
Schwarzburgisches Gesamthaus 19, 36, 41, 56.
Schwarzburg-Rudolstadt, Ehepakten des Fürsten Friedrich Günther 110, 195, 389. — Hausvermögen 327. — Nachfolge des Prinzen Sizzo von Leutenberg 19, 36, 56, 110, 187ff., 195f., 204. — Thronfolge und Hausgesetz 17, 185, 197.
Schwarzburg-Sondershausen Domanialvermögen 124, 332, 344f. — Hausvermögen 332. — Kognatenthronfolge 251, 380, 399. — Nachfolge des Prinzen Sizzo von Leutenberg 19, 26, 56, 110, 187ff., 195f., 389. — Thronfolge und Hausgesetz 18, 56, 197. — Unebenbürtige Ehe und Thronfolge 253.
Schweden 172f.
Seitenhaus 394f.
Seitenlinie 394f.
Sekundogenitur 263ff., 327.
Semperfrei 154.
Serbien 174.
Sizzo, Prinz von Leutenberg s. Leutenberg.
Souveränität 104ff.
Spanien 172, 374, 393.
Spezialhaus 233ff., 352ff.
Spezialvormund 417, 424.
Staat, nichtsouveräner 270. — Persönlichkeitsstaat 1, 3. — Patrimonialstaat 57 f. — Seine Gesetzgebungshoheit 26. — Verfassungsstaat 4.
Staatsangehörigkeit, Allgemeines 130ff., 299f., 440. — Des einen fremden Thron Besteigenden 134. — Des Fürstingemahls 132f. — Ehescheidung 273. — Eheschließung 255. — Von Ehefrau u. Kindern 135.
Staatsdienst, Austritt 275. — Auswärtiger s. Dienst. — Begründung 28.
Staatsdomänen 327, 341.
Staatsgesetzgebung, stillschweigende 59. — Verhältnis zu Hausrecht s. Hausrecht.
Staatsrat 116, 128.
Staatsrecht, Verhältnis zum Hausrecht 7, 44.
Stammgut 127, 324.
Stammvater s. Erster Erwerber.
Standesbeamter 139, 369.
Standesgemässe Ehe s. Ebenbürtigkeit.
Standesherren, Sonderrechte 138ff. 240. — Ebenbürtigkeit 115, 152, 172, 176, 179. — Gerichtsstand 138; s. auch Autonomie.
Standesherrenrecht 65ff., 82, 137ff., 240.
Standesregister 128, 139, 281.
Statthalter 261, 264.
Stellvertreter s. Prokuratoren.
Stempelsteuer 129.
Steuerfreiheit der Standesherrn 82, 138. — Regierender Häuser 117, 128f., 448.
Stimmrecht 362ff.
Strafgerichtsbarkeit 381. s. auch Gerichtsbarkeit.
Strafrecht und Hausrecht 78, 281.
Strafrechtlicher Schutz s. Ehre.
Streitigkeiten s. Mitgliedschaft.
Sukzessionsfähigkeit s. Thronfolgefähigkeit.

Sukzessionsordnung 394 ff.
Sukzessionsverträge 386 ff.
Sustentationen 345 f.
Suzeränität, Stellung des suzeränen Fürsten als Familienmitglied 119, 270.

T.

Teilung des Staatsgebietes 47, 50. 394.
Telegraphengebühren 129.
Tertiogenitur 327.
Testament 153, 198, 388, 390.
Thronanfall 417 ff.
Thronanwartschaft der Agnaten 142 ff. — Der Erbverbrüderten s. Erbverbrüderung. — Der Kognaten 52, 99, 143 f. — Der vertragsmäßig Berechtigten 45, 84, 379. — Entziehbar 3 f., 79 ff., 82. — Nicht entziehbar 3, 63, 79. — Nicht vom Staate verliehen 7 ff.
Thronbesteigung, fremder Thron 98, 289. — Folgen seiner Übernahme 99, 119, 241 f., 244, 260 ff., 269. — In bezug auf Staatsangehörigkeit 134. — Genehmigung der Übernahme 242, 374, 376.
Thronfolge nach den verschiedenen Verfassungen 14 ff. — Ohne Hausmitgliedschaft 379. — Rangausweichung s. diese. — Rechtliche Natur 2, 4, 23, 33, 137. — Gemischtrechtlich 2. — Hausrechtlich 4. — Privatrechtlich 2. — Rein staatsrechtlich 2. — Subsidiäre der Kognaten 144 f.; s. auch Kognaten und Hausrecht 7, 24, 42, 57, 77, 95, 112, 140, 145. — Vertragsmäßige 385 ff. — Verzicht auf dieselbe 399 ff. — Allgemein 29 f., 34, 284 ff., 380 ff. — Befristeter 285 f. — Für die Nachkommen 30, 413 ff. — — Nach Anfall 63, 284 ff., 288, 423 ff. — Nach Regierungsantritt 63, 211, 274, 284 ff., 400 ff. — Vor Anfall 30, 44, 59, 100, 198 ff., 274, 284, 288, 380 ff., 400 ff. — Zugunsten bestimmter Dritter 30, 235, 410 ff.
Thronfolgefähigkeit der Kognaten 143. — Entziehung derselben 22 ff., 235. — Keine Bedingung der Hausmitgliedschaft 100. — Keine notwendige Folge der Hausmitgliedschaft 116. — Und landesfürstlicher Heiratskonsens 181 ff. — Und Unebenbürtigkeit 185 ff.
Throninhaberschaft, Beendigung kraft Gesetzes 262, 265, 428 ff. — Durch Abdankung 283 ff., 288, 322, 382. — Christliche Religion 183. Regierungsfähigkeit 182 f.
Thronverzicht s. Abdankung.
Titel 127. — Entziehung 303 ff., 308. — Haustitelverleihung 202 f. — Nach Austritt aus dem Hause 145, 231, 255, 272 ff., 305. — Staatstitelverleihung 204 ff.
Töchterverzicht 52, 285 f.
Toskana s. Österreich und Sachsen.
Trauung, kirchliche 376.

U.

Übernahme eines fremden Thrones s. Thronbesteigung.
Übertragbarkeit von Zivilliste u. s. w. 345 f.
Unebenbürtige Ehe 212 ff., 253, 259. — Ihre Anerkennung als ebenbürtige 222.
Unebenbürtigkeit 153 ff. — Beseitigung 192 ff.
Unehelichkeit 148 f.
Unfähigkeit s. Regierungsunfähigkeit.
Unfreiheit 153 ff.
Unpfändbarkeit der Zivilliste u. s. w. 345 f.
Unteilbarkeit s. Teilung.
Unterstützungswohnsitz 443.
Untertan 130, 439 ff.
Unverpfändbarkeit 345 f.
Unvordenklichkeit 239.
Unwiderruflich 288.
Unwürdigkeit 300, 302, 305.
Usurpation 240, 310, 392.

V.

Venia aetatis 425 f.
Verehelichung s. Eheschließung.
Verfassungsstreitigkeit 319 f.
Verfügung, letztwillige 153, 198.
Verjährung 239, 309.
Verleihung der Hausmitgliedschaft 233. — Von Titeln 202 ff.

Verlobte, Stellvertretung bei Eheschließung 150.
Vermählung s. Eheschließung.
Vermögen 323 ff.
Vernehmung vor Gericht 117 f.
Vertragsmässige Thronfolge 45, 84, 210, 387.
Vertretung des Hauses durch den Familienchef 280, 318, 363 ff. — Im Prozeß durch Vermögensverwaltungsbehörden 128, 448.
Verwahrung s. Protest.
Verzicht 198 ff., 216, 274.
Virilstimmen 160.
Vizekönig 265.
Völkerrecht 26, 48, 449 ff.
Volljährigkeit 337, 417, 439.
Von Gottes Gnaden, rechtliche Bedeutung 8 ff.
Vormundschaft 140, 341, 375. — Hausrecht 116, 417, 424, 433 ff.
Vorspannleistung 229.

W.

Wählbarkeit 445 ff.
Wahl zum Landesherrn 240, 392.
Wahlkapitulation 164 f., 178, 198, 205, 207.
Wahlrecht 445 ff.
Waldeck, Agnatische Zustimmung zum Hausgesetz 110. — Apanagen 346. — Domanialvermögen 334 ff., 337 f. — Ebenbürtigkeit 152. — Ordnung der Rechtsverhältnisse der Hausmitglieder 92 f. — Thronfolge und Hausgesetz 20. — Wittum 346. — Zustimmung der Stände zum Hausgesetz 56, 110, 114.
Wappen 127.
Wehrpflicht, Befreiung hiervon 117, 118, 128, 441, 447.
Weiberlehen 208.
Weibernachfolge s. Kognaten.
Weibesstamm, weibliche Linie s. Linie.
Widerruf 288, 296, 407, 426, 430.
Wittum 124, 345 f., 350.
Witwen s. Gemahlin.
Württemberg, Apanagen, teilweise Unpfändbarkeit 346. — Christliche Religion des Königs 183. — Hausgesetz von 1808: 86. — Hausgesetz von 1828: 56. — Ordnung der Rechtsstellung der Hausmitglieder 93. — Ständische Zustimmung zu Hausgesetzen 114. — Thronfolge und Hausgesetz 20.

Z.

Zession der Apanagen u. s. w. 345 f.
Zeuge, Vernehmung als Zeuge 118, 274, 281.
Zivilliste 124, 128, 322, 341 ff.
Zivilprozess 128 f.
Zivilstandsregister s. Standesregister.
Zuchthausstrafe 381.
Zwangsversteigerung und Hausrecht 75, 129.
Zwischenherrschaft 393, 428.

Deutsche Arbeitgeber-Zeitung 1903, Nr. 52:

. . . muss dieses Buch, das wohl bald in keiner Bibliothek eines bedeutenderen Kaufmanns oder einer Erwerbsgesellschaft fehlen wird, und das geeignet ist, jeden auftauchenden Zweifel bei einer Bilanzierung zu beheben, aufs angelegentlichste und beste empfohlen werden.

Deutsches Handelsmuseum 1904, Nr. 1:

. . . Von diesen hohen Gesichtspunkten aus, vom privat- wie öffentlichrechtlichen, behandelt Professor Rehm in dem Werke das schwierige, so vielfach verwickelte Bilanzrecht. Mit umfassender Belesenheit in der bezüglichen juristischen und volkswirtschaftlichen Literatur, mit durchdringendem Scharfsinn, hat er ein standard work geschaffen. . . .

Handels-Akademie 1903, Heft 47:

. . . Dieses Buch hat in der ganzen kaufmännischen Literatur hinsichtlich seiner Gründlichkeit und Vielseitigkeit nicht seinesgleichen. Es ist zur Erläuterung reich mit Schematas und Tabellen durchsetzt. Obwohl es in der Hauptsache für Juristen bestimmt ist, so werden kommerziell und juridisch vorgebildete leitende Personen des Kaufmannsstandes es mit vielem Gewinn benützen können, denn die Deutlichkeit des Verfassers lässt nirgends etwas zu wünschen übrig.

Zeitschrift für Aktiengesellschaften, XI. Jahrg. Nr. 2:

. . . Der äussere Eindruck, den Rehms Werk macht, ist ein bedeutender, die umfassendste Arbeit, die über das Bilanzwesen jemals geschrieben worden ist, liegt vor. . . . Alles ist breit und tief erörtert und der Verfasser zeigt sich nicht nur als Meister des rechtlichen, sondern auch des technischen Teiles. Seine Fachkenntnisse wetteifern mit dem allenthalben angewandten riesenhaften Fleiss. . . .

Der Haupttreffer Nr. 40 v. 16. XI. 1903:

. . . eines umfassenden gewaltigen Werkes, welches nicht nur unser ganzes Interesse, sondern unsere rückhaltlose Bewunderung wegen der Gründlichkeit und Gediegenheit in der Behandlung der Materie geradezu herausfordert. . . . Wir müssen ganz speziell darauf hinweisen, dass Rehms Arbeit in jeder Frage erschöpfende Erklärung und Aufklärung bietet und daher eine fühlbar gewesene Lücke ausfüllt und dass dasselbe für Verwaltungen wie für Buchführer geradezu unentbehrlich ist. Jeder, der mit Bilanzen zu tun hat und sie versteht, ein anderer, der bisher wohl solche nach dem Herkommen aufgestellt hat, ohne sich für die Begründung der einzelnen Ziffern, für die Konsequenzen so recht interessiert zu haben, alle werden gut tun, sich Rehm zum Freund und Ratgeber zu wählen. . . .

Kolibri 360 GmbH
Ferdinand-Jühlke-Straße 7
99095 Erfurt, Deutschland
produktsicherheit@kolibri360.de